日本戦前映画論集

――映画理論の再発見――

Rediscovering Classical Japanese Film Theory ― An Anthology

●監修● アーロン・ジェロー／岩本憲児／マーク・ノーネス

ゆまに書房

凡例

1　本書は戦前映画理論の基本となる批評、評論、エッセイなどを体系的に編纂・翻刻したものである。

2　収録文における表記は原則として底本にしたがったが、漢字は新字体に、仮名遣いは現代仮名遣いに改めた。ただし、送り仮名など、現代表記とずれがあり判読しにくいと思われる文字にルビを付した。また、原文に明らかな誤字や脱字が認められる場合は、適宜修正した。

3　収録文において、外国人名などのカタカナ語、難解な用語、外国映画の邦題が原題とかけ離れている場合は、編者による補足をきっこう（〔　〕）で示した。ただし、一部の語については、表記を現代の一般的な形に均した場合がある。また、補足内容が多い場合は、文中に番号を振り、編者註として文末に記した。

4　収録文における著者の文章と文字の使い方にきわめて特徴あるもの、たとえば稲垣足穂・尾崎翠・双葉十三郎（とくにカタカナ語）などは、原文の表記を残した個所もある。

5　映画作品題名・書名・雑誌名は二重かぎ括弧（『　』）、論文題名はかぎ括弧（「　」）で包んだ。

6　解説・解題中の引用は、原文の表記をかぎ括弧で包んだが、読みやすさを優先し修正した場合がある。

日本戦前映画論集　目次

第4章　リズム・前衛・モンタージュ

第5章　機械時代の芸術

第6章　トーキー論

第7章　批評家と批評論

序説　日本と理論のコンプレックス

アーロン・ジェロー

これまでの映画理論の歴史本や理論集は圧倒的に西洋中心である。フランス、ドイツ、イタリア、ロシア、イギリスなどの限定された国からの理論家ばかりで、それは単なる無知ゆえの選択というよりは、映画理論の定義そのものがそれ以外の文化圏の理論活動を度外視しているようにも見える。戦前の日本映画を海外で初めて高く評価したノエル・バーチは「理論という概念そのものが日本とは無縁である」と結論づけた（*To the Distant Observer*, 一三頁）。もちろん西洋におけるヨーロッパおよび西洋に属するものであるヨーロッパ中心主義は目新しいものではないが、映画理論の場合では、海外で発行されている書物に限らず、岩崎昶『映画の理論』（一九五六年）や岡田晋『映画と映像の理論』（一九七五年）などでさえも、日本人名を目にする事はほとんどない。それはなぜだろうか。

一つは、日本には映画理論や理論家が少ないという考え方だ。例えば、『日本映画理論史』（一九七七年）という唯一の日本の映画理論史を著した佐藤忠男はこう述べる。

これまで、日本でも、映画理論に関する本は数多く出版されているが、その多くは、翻訳書か、または外国の映画理論の紹介書である。なかに、日本人が独自に書いた映画理論書もいくつかあるのだが、なぜか、それが次の世代の論客によって検討されることは少なく、従って発展的に継承されることがない。（三二一頁）

残念なことに日本には、映画理論家、と呼び得る人はきわめて少ない。映画理論家として一貫した仕事をして、多数の理論的著書を書いた人としては、今村太平の名をあげ得る程度であろう。（七頁）

ここでの「映画理論家」の定義は偏狭すぎるようだ。その定義なら、理論活動に専念したわけではないロシアのセルゲイ・エイゼンシュテインやドイツのルドルフ・アルンハイムといった映画理論史の著名人でさえも理論家ではないことになる。様々な「理論家」が存在するだろう。

ただ佐藤が述べるように、「理論」という継続的なシステムは確かに日本の映画界において十分に確立していない。果たしてそれは理論する人が単に少ないからであろうか。本書でも紹介されるが、戦前でさえも今村太平や中井正一、戸坂潤、権田保之助、谷川徹三、瀧口修造、高木場務（三浦つとむ）、大熊信行、中條百合子（宮本百合子）、稲垣足穂といった面々が映画に対して高度な思想的追究を繰り広げた。その多くはエイゼンシュテインやアルンハイム等の海外理論と対等に議論を展開し、映画や映像の本質のみならず、近代、ネーション、メディア、記号論、大衆、時空間、資本主義のような現代の根本的な問題をも突き詰めた。アンドレ・バザンよりも先にモンタージュ批判と長回しの推奨をした杉山平一や、ジル・ドゥルーズより先にベルクソン的な映画時間の分析を行った長江道太郎のように、西洋の映画理論に先立つ理論化もみられる。海外にさえ存在しないオリジナルなアイディアも発見できる。現在でも十分に通用する理論もあれば、今となっては時代遅れのような思考でさえも、戦前の映画界の思想的な状況をよく物語っている。戦前の映画論は豊潤で高度であることはまぎれもない事実だ。

だが残念なことに、それは「理論」とは呼称されていないことが多い。哲学の分野でも類似する現象が見られる。海外では日本の哲学が哲学として紹介されることは少なく、また日本でさえも「哲学」というよりもむしろ「思想」

として論じられてきた。映画の分野では用語の問題もある。佐々木能理男のように堂々と「理論」を使う論者もいれば、北川冬彦のようにそれを回避した人もいたが、現在は日本における映画言説に対して「映画理論」よりも「映画論」という語がより多く使用されている。

日本の映画界において「理論」は一種のコンプレックスになったかのようだ。疑いの余地もなく、海外で最も活用されている映画理論の入門書の著者であるダドリー・アンドリューが提示した映画理論の定義――「映画の能力についての概略的な《スキマティック》観念を系統立てる」（*The Major Film Theories*, 五頁）――に当て嵌まるのだが、それでも「理論」とは呼ばれない。それは、コンプレックス（複雑）でありながらコンプレックス（精神的な複合）でもあると見なしていいかもしれない。

哲学の例を加味すれば、これは思想における一種の新植民地主義的な産物とも言えないでもない。抽象的な思考である哲学や理論の場は西洋にあり、具体的思考（例えば映画批評）は非西洋にもある、という考え方である。明治時代から続く西洋化への重圧はともかく、邦画よりもアメリカや西欧の映画が優位であるという思潮は、日本の映画知識人の長年の主流である。思想の世界的不平等性を体験することも、もしくはその西洋思想側に身を置くことによって普通の映画大衆より自らの優位性を強調することもあり、意識的にも無意識的にも日本において（さらに非西洋において）映画理論をすることは至難な技である。

その理由もあって、日本で映画についての考察が多様な形で現れたということが、ここで主張したいことの一つである。批評、評論、随筆、エッセイと、その形は様々であったが、「映画の能力についての概略的な《スキマティック》観念を系統立て」たり、映画の根本問題について思考したりすることは全部同じであり、理論であると言っていいのではないかと筆者は問題提起をしておく。

何よりも興味深いことは、映画について考えることの問題を意識した人が少なくはなかったという事実だ。既存の美学の学問に異議を唱えた権田保之助、映画を「無媒介の媒介」として捉えた中井正一、日本固有な理論を想像した寺田寅彦、「漫想」を提示した尾崎翠――様々な視点から映画を考えることによって、言語、思考、学問や哲学そのものについて問い投げかけた。つまるところ映画理論は理論についての問い直しの場でもあった。それもまた「理論のコンプレックス」の一側面であったのかもしれない。

この理論に対する自己反省は前言した新植民地主義に対する抵抗なのかどうかは議論する余地がある。少なくともこの「理論のコンプレックス」が存在するからこそ、ここで簡単にナショナル・シネマに伴うナショナル・セオリー、つまり日本の映画理論を日本の独特な思想として誉めたたえることは難しい。もちろん本書の目的の一つは日本の映画論の素晴らしさを読者に再認識させることだが、「日本」という範疇は自明なものではない。理論を考えることは「場」を考えることでもあり、戸坂潤は特にそのようなネーションのイデオロギーを批判した。戦時中の評論家が、いかに切実に映画を通して日本というネーションの構築を試行したかを見ると、「日本」と「理論」の関係は単純に所与されたものではない。「理論のコンプレックス」は「日本のコンプレックス」とも言えないでもない。

こういう問題があるからこそ日本の映画理論の歴史は面白い。現在海外では、デジタルメディアの到来に伴い、「映画の死」を宣告しようとばかりに、多くの映画研究者は、映画とは何か（とはなんだったのか）の問いに回帰した。またそれに並行して、映画理論の古典の定番を問い直して、さらには古典以外の未知なる映画理論の中にでさえ、他の答えを模索している。日本や中国、映画理論の古典として君臨していた限られた国以外の映画理論が今ようやく表舞台に出始めた。日本の映画理論を研究することは、映画について斬新な答えを発見するだけでなく、映画理論そのもの、その地理学とその複雑な歴史を問い直す契機ともなる。そして、それは映画の再発見に繋がるかもしれない。

今村太平『映画理論入門』板垣書店、一九五二年。

岩崎昶『映画の理論』岩波書店、一九五六年。

岡田晋『映画理論入門』白揚社、一九六六年。

岡田晋『映画と映像の理論』ダヴィッド社、一九七五年。

佐藤忠男『日本映画理論史』評論社、一九七七年。

岩本憲児、波多野哲朗編『映画理論集成』フィルムアート社、一九八二年。

アーロン・ジェロー「日本・映画・理論」四方田犬彦ほか編『日本映画は生きている1　日本映画は生きている』岩波書店、二〇一〇年。

アーロン・ジェロー「映画の批評的な受容——日本映画評論小史」藤木秀朗編『日本映画叢書14　観客へのアプローチ』森話社、二〇一一年。

Dudley Andrew, *The Major Film Theories* (London: Oxford University Press, 1976).

Noël Burch, *To the Distant Observer: Form and Meaning in the Japanese Cinema* (Berkeley, CA: University of California Press, 1979).

Aaron Gerow, "Introduction: The Theory Complex," *Review of Japanese Culture and Society* 22 (December 2010).

（Aaron Gerow　イェール大学教授）

第1章　活動写真の現在と将来

解説

アーロン・ジェロー

映画は映画論とともに育ってきた。リュミエールのシネマトグラフやエジソンのヴァイタスコープが十九世紀末日本に到来する以前からも、それらについての記事が紹介され、到来直後は機械の説明やその魅力についての言説がより一層現れた。この不思議な発明は一体何なのか、という根本的な問いははじめから存在し、その後も何らかの形で継続されていった。本章では初期映画論の六つの例を紹介したい。

同塵市隠の『活動写真術自在』にも見られるように、初期の映画論には二つの傾向があった。一つは、新しい西洋の科学文明の象徴として映画を説明すること。もう一つは、映画を当時の見世物興行の立場から解釈すること。多くの場合、両傾向が奇妙に混合して、その結果、映画の科学性が見世物的な特徴にもなった。その後の映画理論は、その混合状態から映画を救い出し、メディアとしての独自性を合理的に探るのだ。

だが、映画の新しさに対して反感を持った人は少なくなかった。大流行したフランス映画『ジゴマ』（一九一一）が上映禁止になるほど映画が社会に悪影響をもたらすと危惧された。映画を支持している論者たちは、必死にその弁明と正当化に奔走した。その手法は主に映画を既存の芸術に結びつけるか、あるいは映画の独自な芸術としての存在を説くか、という二系統であった。前者の例としては、映画を実際快く思っていなかった文豪の坪内逍遥でさえも、演劇の革新を促す相手に映画に期待を寄せ、絵巻や草双紙といった日本の伝統文化形態に映画の前身を見出し、映画の存在価値を裏付けた。

既存の芸術との関係で映画を認めることは、映画を単なる付録として考えてしまう恐れがあるため、多くの論客は新しい独自の芸術として映画を論じた。一九一〇年代において『キネマ・レコード』『活動之世界』や『キネマ旬報』誌面上に展開された帰山教正らによる日本映画の改革論——大まかには純映画劇運動と呼ばれる——が、ショット割りの少なさ、クロースアップの欠如、女形や弁士の活用といった演劇的な要素が見られる当時の日本映画を批判することによって、映画芸術の独立を訴えた（第2章を参照）。谷崎潤一郎と小山内薫は、独特の映画論においてのみならず映画制作に乗り出すほどその改革運動に加担した。

映画を芸術として認めることによって正当化するという論法は、より美学的かつ哲学的な根拠も必要だが、それは困難でもあった。日本語による初めての美学・哲学的な映画分析であった中川四明の『形似神韻 触背美学』に見られるように、コンラート・ランゲが代表する当時のドイツのロマン主義美学は、ただ機械的に現実を複写することは芸術的創造ではないと、映画芸術を認めていなかった。

この問題は長らく日本の映画理論に影を落とした。多くの論者は、ランゲのような美学の芸術定義を否定することはせず、映画は機械的に現実を複写する措置ではないのだから芸術になりうる、と反論した。ランゲを引用する小山内や、のちの清水光や沢村勉などは、映画が現実と異なるところ——例えば白黒であること、無声であること——を指摘し、そこから生まれる映画と現実のギャップにこそ、映画作家の芸術的創造の場を見つけた。谷崎のように、映画のリアリズムを否定せずとも、現実には存在しない世界を実存するかのように創造できる映画の可能性も強調された。だが、看過できないのは、映画の芸術性を論じる人の多くが、映画そのものが芸術であると論じなかったことである。映画理論によくみられる傾向なのだが、映画の現在よりもその未来の可能性を対象にし、当時の映画の非芸術性を批判することによって、より芸術的な未来像の実現を図った。小山内の「キノパントミーム」は、その一例である。論者によって、政治的もしくは文化的な立場、それとも歴史的な背景の相違から、映画の未来像も異なってくるが、映画論はこのように映画の分析のみならず映画の構築にも関与した。

ランゲのような美学の芸術定義に対するもう一つの争い方は、それ自体を否定することである。その道に進んだ者は比較的に僅かであったが、のちの機械美術派、プロレタリア映画運動家やリアリズム論者の中にあった。映画を全く新しい美の代表として論じた権田保之助はその先駆者とも言える。現実から決して離れず、大衆による創造を受け入れることによって日常生活に溶け込んだ映画芸術は、モダン時代を率先する美だと権田は強調する。

ここで注目すべきことは、権田が既存の美学だけではなく、学問そのものに反旗を翻したことである。当時、すでに映画以外の分野の方法論や、純映画劇運動が一九一〇年代後半から紹介され始めた海外の映画理論が介入する中、「通俗な事柄を通俗に書いた」権田は、現状の映画にふさわしい理論の言葉を探っていた。「映画理論」という言葉はまだ存在しなかった時代だが、映画について語るべき言葉は何か、をめぐる理論、美学や哲学に対する自己反省的な問いかけはすでに始まった。

【参考文献】帰山教正『活動写真劇の創作と撮影法』増補再版、正光社一九二一。小松弘「コンラート・ランゲの映画美学再発見」『映像学』三四号、一九八六。『日本映画初期資料集成』全一四巻、復刻版、三一書房一九九〇―九二。アーロン・ジェロー「『ジゴマ』と映画の〝発見〟　日本映画言説史序説」『映像学』五七号、一九九七。『活動写真界』全三巻、復刻版、国書刊行会一九九九。『キネマ・レコード』全六巻、復刻版、国書刊行会一九九九―二〇〇〇。アーロン・ジェロー「日本・映画・理論」四方田犬彦ほか編『日本映画は生きている１　日本映画は生きている』岩波書店二〇一〇。

解題

①　同塵市隠「活動写真の前途」

【出典】『活動写真術自在』大学館、一九〇三年、五五―五八頁

同塵市隠（どうじん しいん）はペンネームであり、他には『動物界奇談』（一九〇三）といった著作もある。本名に関しては様々な憶測がある中、同塵市隠は渋江保（しぶえ たもつ 一八五七―一九三〇）であるという藤元直樹の説が有力。森鷗外の史伝小説で取り上げられている漢方医の渋江抽斎（一八〇五―五八）の子息で、渋江保が鷗外に伝えた情報の中で『活動写真術自在』が自作として紹介されていることが説の主な根拠。渋江保（本名は成善）は慶応義塾大学卒。愛知中学校長や慶応義塾の教師などを経て、新聞記者を務めながら、複数の筆名で、多くの翻訳や著作を残した。催眠術や心霊学に関する怪奇本が多いが、羽化仙史というペンネームで書いた『月世界探険』（一九〇六）の冒険小説は、日本のＳＦ小説の初期例として注目される。

『活動写真術自在』は、大東楼主人著『自動写真術』（一八九七）と駒田好洋著『活動写真説明書 附エジソン氏史伝』（一八九七）に続いて、日本で発行された映画関係書籍としては三番目となる（他に豊洲散士著『実地応用近世新奇術』〈一八九七訂正再版〉があるが、映画をめぐる章はなぜか『自動写真術』の丸写しである）。それらの小冊子と比べて二〇

二頁に及ぶ『活動写真術自在』の主な内容は、映画のみならず写真や幻燈に関する撮影や映写の技術的な説明である。日本到来直後の映画は、明治社会における科学に対する強い関心の中で語られることが多かったが、心を記録できる「撮心機」などを紹介する市隠の「活動写真の前途」（『活動写真術自在』の第10章の一部）は、まるでSF小説のようだ。映画の未来が「現物と少しも違はぬように」なるという最後の予測は、アンドレ・バザン等が後に呈したリアリズム理論の先駆けにも見える。が、今村三四夫が「キワもの出版」と称した『活動写真術自在』は、科学的リアリズムの世界よりもむしろ見世物の世界に立っており、当時の映画の見世物的側面をも物語っている。とはいえ、このように映画の現在よりもその未来を想像・創造しようとする後の映画理論の傾向は忘れてはいけない。（A・G）

【参考文献】 今村三四夫『日本映画文献史』鏡浦書房一九六七。藤元直樹「同塵市隠を知っていますか」『映画論叢』八号、二〇〇四・三。藤元直樹「渋江抽斎没後の渋江家と帝国図書館」『参考書誌研究』六〇号、二〇〇四・三。

② 中川四明「非芸術の幻想」

【出典】『形似神韻 触背美学』博文館、一九一一年、一五三―一五九頁

中川四明（なかがわ しめい 一八五〇―一九一七）（諱は重麗《しげあき》）は京都中学を卒業し、長らく教職に携わったのち、新聞記者となる。正岡子規から詩を学び、俳誌『懸葵《かけあおい》』を創刊。ドイツ語からの翻訳や俳諧を発表しながら、俳諧を例に当時としては新しい学問の美学の解説を図った、ドイツ美学を日本に紹介した一人である。『平言俗語 俳諧美学』（一九〇六）と『形似神韻 触背美学』（一九一一）はその代表作。近代児童文学の発展にも貢献した。

『触背美学』においては映画に関する記述は長いものではないが、おそらく日本語による初めての美学的な映画分析である。この書において中川が紹介するドイツ美学は主にコンラート・ランゲ（一八五五―一九二一）のそれであり、

ランゲの芸術の定義において、芸術は幻想である。例えば、彫刻は動きの幻想を提示しているが、実際に動いていない。真の芸術は現実の幻想を創り出すが、その現実をただ模写するのではなく、現実とその幻想の間のギャップの認識から、作者や見る者の美学的な想像が生まれる。中川は、禅の公案から「触背」、芭蕉から「不離不即」という概念――つまり、芸術は現実には触れるが、同時に背を向けなければならぬ――を援用しながら、日本の伝統と西洋美学の相互融合を試みている。映画に関して中川は、ランゲの『芸術の本質』の第二版（一九〇七）を踏まえながら、映画の芸術性を否定する。映画内の動きは動きそのものであり、芸術的な動きの幻想ではない。動いている物はもちろん実際そこには存在せず、幻想として表示されてはいるが、中川にとってそれは機械が創った「馬脚を露わす」非芸術的な幻想にすぎない。後続の映画理論家の多くは中川の結論を否定するが、ランゲの芸術の定義は否定せず、映画の記録性の芸術性を長年拒んだ。のちに中川の触背美学の復活を図ったのが、一九二〇年代から固定化した古典的映画スタイルを批判したモダニストの稲垣足穂であることは興味深い。（A・G）

【参考文献】 北川鉄夫「中川重麗「触背美学」」『映画評論』一九四一・七。牧野守「草創期の映画美学に関する書誌的研究」『映像学』五四号、一九九五。稲垣足穂『足穂映画論：フィルモメモリア・タルホニア』フィルムアート社一九九五。牧野守「映画における京都学派の成立」『アート・リサーチ』一号、二〇〇一。神林恒道編『京の美学者たち』晃洋書房二〇〇六。

③　権田保之助「活動写真の哲学と文明」

【出典】『活動写真の原理及応用』「第七章　活動写真の哲学　活動写真の文明（結）」内田老鶴圃、一九一四年、四三九―四五四頁

権田保之助（ごんだ　やすのすけ　一八八七―一九五一）は東京帝国大学文科大学哲学科（美学専攻）卒。若い頃から安

部磯雄らの社会主義思想に傾倒した。東京外語学校でドイツ語を学び、帝大で美学を専攻したが、卒業後に進んだ道は社会学的な調査である。高野岩三郎の下で参加した『月島調査』は有名だが、一九一七年頃から映画などの娯楽に関する調査を自ら実施して、『民衆娯楽問題』（一九二一）や『民衆娯楽の基調』（一九二二）などでまとめた。帝大の講師職を辞して、一九二一年から大原社会問題研究所の研究員となった。戦争が近づくと、権田の「民衆娯楽」が次第に「国民娯楽」に変わり、彼自身も文部省等の国家機関との関係が強くなる。戦後はNHK常任理事に就任。

おそらく学生時代から準備した『活動写真の原理及応用』は、権田の最初の著作であるだけでなく、ヴァチェル・リンジーやヒューゴ・ミュンスターベーグという世界映画理論史上の先駆者の名著より先に発行された。この四五四頁に及ぶ大著の大部分はカメラや映写機の技術の説明に当てられるが、巻末においての映画の文化的な分析は、権田の美学への決別とも言える。近代が産み落とした映画という大衆文化を無視してきた学者に対して、権田は新しい文明を作り出す映画の革命性を力説する。映画は、資本主義によって可能になった大衆による芸術への参加から、実用的、かつ日常的新芸術の実現であり、権田が意志的、実際的、直感的、統覚的、動的と称する現代思想をも体現する。それは古い美（と美学）を更新して、新しい美を形成する。前章では、それを「形式美」に対する「内容美」と名付けたが、それは月並みな「内容VS形式」の「内容」ではなく、文字通り見る者が作品の「内」に自らの日常生活の意味を「容」れることができる美だ。従って映画によってこそ大衆が初めて芸術の主体になり、映画はその生活と文化の表現となる。こうして、権田はカルチュラル・スタディーズより以前に大衆による意味生成の社会学的研究を提唱した。（A・G）

【参考文献】『権田保之助著作集』文和書房一九七四—七五。アーロン・ジェロー「権田保之助と観客の映画文明」『メディア史研究』一〇号、二〇〇〇。岩本憲児『サイレントからトーキーへ』森話社二〇〇七。

④ 坪内逍遥「活動写真と我が劇の過去」

【出典】『逍遙選集』第七巻、第一書房、一九七七、二九九―三〇七頁

坪内逍遥（つぼうち しょうよう 一八五九―一九三五）は東京帝国大学文学部政治学科を卒業、後に早稲田大学教授となった。学生のころから外国小説を研究して、やがて『小説神髄』（一八八五）を上梓し、日本の写実主義文学の土台作りに貢献。シェイクスピアとの出会いから、全戯曲の日本語訳という一つのライフワークが生まれた。島村抱月の文芸協会の会長を務めるなど、演劇の近代化に大きな役割を果たした。

晩年「映画嫌い」と告白した逍遥は、それでもなお映画に対して寛容であった。一九一五年の「活動写真と我が劇の過去」では、改善すれば映画が演劇の良いライバルになりうると評価した。さらには、エイゼンシュテインから今村太平まで、日本の伝統文化に映画的ともいえる要素を指摘したことは有名だが、逍遥はまさにその先駆けである。しかも、俳句や絵巻を取り上げた他の論者に対して、草双紙を指摘した逍遥はユニークである。その伝統を踏襲していない日本の映画製作者や観客を咎めたが、よく見ると逍遥が分析した草双紙には、ある種の時間性や記録性以外に、モンタージュのような独特な映画様式が示されず、劇的な要素の記録として、または演劇の革新を促す役割以外に、映画に特別な価値が論じられていない。それでも、映画嫌いを告白した一九三〇年の「劇と映画に就いて」は、映画を「缶詰」として批判したが、その記録性については高く評価をしていた。しかも、版画や写真が「缶詰」ではないと述べた逍遥にとって、明らかに映画嫌いの素因は、映画が複製機械だからではなく、他の芸術の二番煎じになることがあるからだった。すなわち晩年に起こった逍遥の映画芸術の再評価は、ロッテ・ライニンガーの『アクメッド王子の冒険』（一九二六）などのアニメーションに見られる映画オリジナルの創造性を発見したことがきっかけだった。

このように、明治知識人の典型ともいえる逍遥は、後に日本映画のお家芸ともいえるアニメーションの最初の理解者の一人となった。実作にも関わり、影絵映画『商人と猿の群れ』（一九三二）ほかがある。（Ａ・Ｇ）

【参考文献】 坪内逍遥『逍遥選集』全一二巻＋別冊五巻、第一書房一九七七―七八。「人形映画『魔法の時計』」および「劇と映画に就いて」（ともに一九三〇）は別冊第五巻に収録。逍遥協会編『坪内逍遥事典』平凡社一九八六。

⑤ 谷崎潤一郎「活動写真の現在と将来」

【出典】『谷崎潤一郎全集』第六巻、中央公論新社、二〇一五、三八七―三九四頁

谷崎潤一郎（たにざき じゅんいちろう 一八八六―一九六五）は日本の近代文学を代表する作家の一人。初期の作品に見られる西洋的なモダンは、映画に対する強い関心にも反映される。映画を題材にする小説『人面疽』（一九一八）や『肉塊』（一九二三）などを精力的に発表する傍ら、一九二〇年四月、大正活映という横浜の新興撮影所の文芸顧問となり、栗原トーマス監督のもとで、『アマチュア倶楽部』（一九二〇）や『蛇性の婬』（一九二一）計四本の脚本を執筆。一九二一年一一月退社し、関東大震災後関西に移る。『春琴抄』（一九三三）など、その後の小説はモダン趣味から距離を置いて日本の伝統文芸に近寄るが、谷崎が完全に映画を見限ったか否かに置いては議論の対象になっている。『細雪』（一九四三―四八）や『鍵』（一九五六）など、映画化されている作品は多い。

一般誌である『新小説』で発表された「活動写真の現在と将来」は、当時の純映画劇運動の主張を反映して、谷崎の名声が映画改革に力を貸したものであった。一九一〇年代の日本映画に見られる新派や旧派の演劇の模倣、女形の採用、弁士の説明などを強く批判し、製作者の無知と責任を追及した。そこには、作者の立場から映画の魅力をもの語った。なかでも演劇と比較して、映画の永久性、そのモダニティと自由――とりわけクロースアップなどカメラに

よる視点の変更可能——を特に賞賛し、映画の独自性を主張した。本エッセイは、基本的には映画の現実性を強調しているが、無声と白黒といった要素はあえて芸術に必要な自然の「純化」であると説明する。それに基づいた、もっとも谷崎らしい指摘は、このリアリズムを利用することによって芝居よりリアルに「夢幻的」な物語を描くことができ、海外にも日本的な世界を紹介することができるということであった。それは現実性ありきの虚構性だが、興味深いのは『人面疽』などの小説では、谷崎は、さらに深く、映画における現実と虚構の境界線の曖昧さ、そしてそれに伴う映画の不気味さを求めた。このように小説も映画理論の一つの媒体となり得ている。（A・G）

【参考文献】千葉伸夫『映画と谷崎』青蛙房一九八九。Aaron Gerow, "Celluloid Masks: The Cinematic Image and the Image of Japan," *Iris* 16 (Spring 1993). Joanne R. Bernardi, "Tanizaki Jun'ichirō's 'The Present and Future of the Moving Pictures,'" in *Currents in Japanese Culture*, ed. Amy Vladeck Heinrich (Columbia University Press, 1997). 野崎歓『谷崎潤一郎と異国の言語』人文書院二〇〇三。Thomas LaMarre, *Shadows on the Screen: Tanizaki Jun'ichirō on Cinema and "Oriental" Aesthetics* (Ann Arbor : University of Michigan Center for Japanese Studies Publication Program, 2005).

⑥　小山内薫「映画劇最後の到着点」

【出典】『活動雑誌』一九二三年四月号、八八—九二頁

小山内薫（おさない　かおる　一八八一—一九二八）は東京帝国大学英文科卒。一九〇七年に柳田國男、島崎藤村らと「イプセン会」を結成した後、一九〇九年には市川左団次と自由劇場を創立し、日本においてヨーロッパ近代演劇の紹介に貢献した。自然主義演劇のみならず表現主義演劇に関心を持ち、一九二四年に創立した築地小劇場は新劇運動の震源地となった。一九二〇年に松竹キネマに入り、総指揮のもとで『路上の霊魂』（一九二一）を発表し、多くの映

画人の育成に携わった。短編『お前だ、お前だ』（未公開、一九二一）とトーキーの実験作『黎明』（一九二七）を監督した。

「映画劇最後の到着点」は小山内が松竹在籍中に、自らの映画界体験を総括したかのような講演の速記録である。撮影所の不合理に対する不満が露わになるが、だからと言って映画を見限った訳ではなかった。映画劇の到着点は消滅であるという彼の主張は、「劇写真」であるしかない当時の映画が、言葉を必要とする演劇を無声映画において模倣する矛盾によって成り立たなくなることを意味している。小山内は映画本来の姿として、空想を扱う「キノパントミーム」を提唱した。その点では、パリでディアギレフのバレエを見て受けた衝撃から「芝居などはいらない」という彼の思いは、おそらく映画に託した、結局実現できなかった夢だったかもしれない。ある文書では文学からの映画の解放を訴えた小山内が、一方では映画における文学的な要素の必然性を説いたり、彼の映画論には矛盾が多かった。しかしながら、映画に対する意見は「一切発表しない」、「実行の内に表はさう」（「文明の程度を量る標準」一九二〇）と宣言した小山内は、「シネマトグラフ」（一九二七上演）など映画上映が取り入れられた彼の幾つかの戯曲を参照すると、理論化する前、つまり芸術の区別がつけられる前の総合芸術としての映画に魅了されていた。小山内に「単純な原始的な」と評された映画は軽蔑すべき低級な娯楽ではなく、却って「近代の芸術」の「特色」であろう。（A・G）

【参考文献】小山内薫「文明の程度を量る標準」『活動画報』一九二〇・六。中沢弥「小山内薫とメディア」『湘南国際女子短期大学紀要』一一号、二〇〇四。岩本憲児『サイレントからトーキーへ』森話社二〇〇七。

① 同塵市隠 — 活動写真の前途

② 中川四明 — 非芸術の幻想

③ 権田保之助 — 活動写真の哲学と文明

④ 坪内逍遥 — 活動写真と我が劇の過去

⑤ 谷崎潤一郎 — 活動写真の現在と将来

⑥ 小山内薫 — 映画劇最後の到着点

同塵市隠

活動写真の前途

小生《わたくし》は、以上九章に於て〔本書では省略〕、活動写真の撮影術《とりかた》から説き始めて、X光線の撮影術に及ぼし、更らに又一歩を進めて、撮心術は出来ぬものであるかということを論じ、暹羅《シャム》〔現在のタイ〕の宮廷に映心鏡があるという話から、支那の学者が英国で心の写真を始めた話をしました。そこで本章では、活動写真の前途、即ち活動写真が如何なる点に迄進歩するかということに就て説きましょう。

英国の碩学ミルという人が、今日《こんにち》は、あらゆる学問技芸只其の初歩に達したのみであると言いましたが、実に其の通りであります。無形の学問は姑《しばら》く置き、只有形理学のみに就て言いましても、人間は、まだ空中を自由自在に飛行することが出来ない、水中を自由自在に遊泳することが出来ない、過去歴史上の出来事を眼前《めのまえ》に現わすことが出来ない、星界の人類（若し果して星界に人類が棲息するならば、）と面話し、又は消息を通ずることが出来ない。幽界、魔界の有無を詳《つまびら》かにして、愈《いよい》よ之ありと知ったらば、彼れ等と対話をするというようなことが出来ない。かように算《かぞ》え来るときは、実に出来ないものだらけである。而《そう》して写真術、又は活動写真術の如きも、また其の一つであります。

写真が鏡に映したと同じように出来たならば、さぞ宜《よろ》しいでありましょう。活動写真が実際と寸毫《すこし》の差違《ちがい》もないように出来、且《か》つ之に今日《こんにち》のより百段も上等の蓄音器が添うたならば、嘸《さぞ》面白いでありましょう。然るに嗚呼今日では、そんな事は思いも寄らないことであります。して見れば、そう言うことは、決して待ち設けることの出来ないことでありますか。否々決してそうでありません。人間というものは、今日よりも遙かに優った動作《はたらき》の出来るように組み立てられて居る動物であります。千里眼、百里耳ということは、ほんの昔話のように聞いて居ましたが、現今では、有病的だか、健全的だかは姑《しばら》く置いて、人には、戸障子を隔てて先《さ》きの物が見えるという説もあります。

又電話という百里耳もあります。是《こ》れが追々進歩したならば、真正《ほんとう》に百里、千里先きの声が聞えるようになりますよう、又海中遊泳機の如きは、小生《わたくし》の友人が現に良《よ》好い物を発明調製しつつあります。空中飛行機の如きも、同氏の工夫しつつあるものは、天の羽衣ようのものを着て飛行《ひぎょう》するのであります。此の二物《ふたつ》が旨く行《ゆ》くか行かないかは、別問題として、早晩誰れかの手に出来るには相違《ちがい》ありますまい。

星界の人類と消息を通じようとの計画《くわだて》は、疾《と》くよりあったことであります。或る考案に拠れば、火星が一種特別の赤色を呈するのも、火星固有の色にはあらずして、同処に棲息する人類が、地上の人類と消息を通ぜんが為めに符号《しるし》を示すのであるといいます。其の当否は知らず、地上の学者が火星と消息を通ずることを工夫し居るのは、事実でありますから、いつか一度は、行われないとも限らない。

既に他の方面が個様《かよう》であります以上は、写真術に於ても亦進歩して、黒白《こくびゃく》濃淡凡て実物と少しの相違もないようになることは、受合《うけあい》であります。

活動写真術が進歩して、現物と少しも違わぬようになりましたならば、歴史上の必要物になるのは申す迄もなく、或は孝子忠僕の類が悪人の行為を訐《あば》くに究竟《くっきょう》の道具ともなりましょうし、又は何事に拘わらず、争論の生じたる場合の証拠物にもなりましょう。而《そう》して光線屈折の理に基き、面《まの》あたり其の物を見ざるも、蔭《かげ》でも取ることが出来るようになったら、頂上でございましょう。

非芸術の幻想

中川四明

○非芸術の幻想は無意識の幻想なり、知らず識らず模倣の為めに欺かるるの幻想なり。故に其の作品は、唯だ自然に即《つ》くを以て目的とし、離れて想化するを好まず、従て其の製作、愈《いよい》よ巧妙なれば、益《ますま》す芸術に遠かり、似而非芸術の伴に入らざるを得ず。要するに不離密着を以て主眼とするの芸術たり。撮影、パノラマ、活動写真の類皆之《こ》れに属す。

孑孑《けつけつ》〔ぼうふら〕の茶柱に似て非なる哉　　俯　仰

○されば茲《ここ》に斯《かか》る似而非芸術を説くの必要なしと雖《いえど》も、之《こ》れが為めに、芸術美の本体を一層明白に認識するの便ありて、幻想の無意識なると有意識なるとが、如何に其間に重大なる意味を有するかにも想い到るを得て芸術美の益《ますま》す貴く、非芸術の幻想の益す賤しき所以も悟るを得べきか。

芸画術画（図画見聞志）

孟蜀〔中国王朝の後蜀時代〕一術士あり、画を善くすと称す、蜀主庭の東隅に於て、野雀一双を画かしむ、俄かに衆禽〔鳥の群れ〕の集り之れに噪ぐあり、黄筌〔蜀王朝の画家〕をして庭の隅に於て、野雀一双を画かしむ、則ち衆禽の噪あるなし、蜀主

筌に問う、対て曰く、臣画く所のもの芸画なり、彼れ画く所のもの術画なり。（画学大全谷文晁編）

非芸術の幻想は実に芸画にあらずして此の術画に類す。古人既に此の言あり。而して今尚お蜀主に類する人なきにあらざるなり。

（一）　撮影

○撮影の非芸術たるは、少しく事理を解するものの皆認むる所、敢て細説するを要せじ。撮影は自然の産物のみ、化学の作用のみ、些《いささか》も芸術の性質を有せざるなり。若し夫《そ》れ自然を奴隷的に模倣するを以て芸術とせんには、其精細なること撮影の模倣に如《し》くものなけん。されど芸術は此の如く模倣を以て目的とするものにあらず。況や撮影は唯だ自然の外形をのみ写し、絵画の如く気韻を写し、趣致を写し能わざるをや。是を以て撮影は、絵画の布局を真似たるもの纔《わずか》に芸術に類する観を得るのみ。されば風景に於ても、肖像に於ても、或は光線の向背に意を用い、或は位置の遠近に斟酌を施し、総て絵画の如く為し得らるる限り選択もし、変更もし、斯《かく》て撮影したるもの、纔に芸術の趣味を帯び得るに過ぎざる也。要するに尋常普通の撮影は自然其儘なるが故に、宛《さな》がら壁間の玻璃鏡〔ガラスの鏡〕に、窓下の人影、欄外の風光の、映れるが如く、此れと彼れとの別あるも、彼れ此れ全く相同じく、即《つ》きて離れざるものたるを以て、唯だ真を認めて仮を認めざるに均しく、吾人の心裡に幻想を生ずるに由なきなり。

○されば縦《よ》しや将来に於て、色彩を有するまでに進歩することあるも、撮影は到底芸術を以て視る可《べ》からず、唯だ撮影帖に挿み、若くは覗機関《のぞきからくり》の娯楽を以て婦女子の為めに喜ばるるのみ、高尚なる美的享楽は得て望む可からず。或は云う亡き人の面影を偲び、又は曾遊の跡を追想し得るの便ありと。然かも斯《かか》ることは芸術以外のことに属す。

幼児写真
眼も鼻も涼しさに口嘯《うそぶ》くや　寒骨

（二）　体視鏡

○撮影を応用して、一歩進みたるを体視鏡《ステレオスコツプ》とす。初め俗呼で枕目鏡と称したれども今は其の形状改まり、写真双眼鏡という。試みに之《こ》れを窺《うかが》えば、吾人の視覚を欺き、宛《さな》がら空間あり、奥行ありて人物其他皆立方体の観あるべし。然かも唯だ見て奇なるのみ、何等芸術的美あるなし。

○絵画は遠近法を以て空間の幻想を起さしめ、遠近あるの観をなせども、同時に又画の平面に描かれたるものたるを忘れざらしむ。之《こ》れに反して体視鏡は、現実に空間あるが如く幻視せしむる作用あり。畢竟《ひっきょう》是れ其の鏡中に挿入したる二面の撮影が、絵画と同じく平面なれども、左右全く相同じき図にあらずして、光学的作用ある透鏡《レンズ》を透し、両眼に映じ、合して一影の仮観を与え、巧に欺きて誤認せしむるのみ。

○然るに斯くまで巧に欺きて、空間の現実に存するが如き仮観を与えながら、鏡裏に現われたる人物は絶えで動かざるなり。動かざるものは、猶お画中の人物の如く、動かざるの故を以て自から幻想を破毀《はき》す。是に於て一方に眼を欺く空間あれども、他に動かざる人物あり、従て、現実の如き空間ありて現実の如き運動なく、恰も跛《びっこ》の如き感じを与え、益《ますま》す奇怪にして毫も芸術的の感興を与うるを得ず。

生きているものにて寒き海鼠哉　几董

（三）　活動写真

○活動写真は体視鏡に反し、現実に類したる活動ありて現実に類したる空間を欠く。刻みて速写したる続き絵が目のあたり掠め去るを視れば、吾人の視覚は知らず識らず欺かれて活動を認むと雖《いえど》も、茲《ここ》にも矛盾あるを免かれざるなり、何となれば影像が平面にして立体形ならず、立体形ならざる影像が同じ平面を辷《すべ》り走れるに過ぎざるを以てなり。

○されば真実に活動せる観あるにも拘らず、自から裏切りして馬脚を露わし、為めに吾人の空想も、一方には遊び、一方には遊ぶを得ず跛的の幻想たるを免かれず唯だ奇なるのみ。殊に色なく声なし。斯る活動には雑音喧噪の伴うを常とす。然るに活動写真には之を欠き、多くの馬の駆けるにも、曾《かつ》て鉄蹄の響を聞かず、王公の歓迎にも、帽を振りながら万歳の声を聞かず、宛《さなが》ら吾人をして聾《つんぼ》ならざるに聾なるが如き異感あらしむるなり。

狂言は南無ともいわず壬生念仏　　太　祇

○尚お理論的に一歩進めて、活動写真に蘇音器を用い、社会の時事を写し、独り活動のみならず、空間も色彩も共に現実の観あらしめたりとせば如何。ここに至れば幻想を妨ぐるものは、写真を繰り出す方法の彼れが如くなると、影像を布帛《ふはく》に映すの彼れが如くなるとのみ。斯くても尚お美的興感は得て望むべからず。何となれば縦《たと》い眼を掠め去る絵が、写真より一層現実なるに至るも、尚お且《か》つ鏡にうつれるものか、然らずば双眼鏡にて窺えるものの如く、歴史家には或は必要の具となりて、時事を其儘《そのまま》後世に伝え、親しく目睹耳聞《もくとじぶん》の感覚あらしむの益あるも芸術趣味の享楽は何等得る所無きを以てなり。芸術の特色なる個性現われず、作品に創作の痕絶えて無く、唯だ観て驚歎措く能わざるは、理性の娯楽と機械の発明とのみ。愈よ進みて愈よ非芸術の幻想を増し得るのみ。

権田保之助

活動写真の哲学と文明

活動写真の文明について

活動写真と文明、活動写真と哲学、読者の中には或は私が気でも狂ったんじゃあるまいかと御心配遊ばす方が御有りか知れませんが、決してそうではありません。其の取合わせが、一寸《ちょっと》見ますと、余《あま》り突評詞もない様なので、驚かるる方もありましょうが、これには私に考えがある訳なのです。

私は思います、あらゆる事柄が文明に関係がある様になって来なければ、何等の価値もないものであると。私は此の本で面倒な価値論を致そうとするのじゃありませんが、文明ということから離れた知識、文明という背景を有していない研究は価値がないものであって、如何なるものでも文明と交渉が出来て来る時に、はじめて其処に価値が生じて来るものなのであると考えます。十九世紀の自然科学《ナツールウイッセンシャフト》の時代が去って、二十世紀の文明科学《クルツールウイッセンシャフト》の時代が現われて来る此の時代思潮は、私の此の価値の考に裏書きするものじゃあるまいかと思うのであります。……私は今の或る学者が、文明ということには何の顧慮もしないで議論を弄んでいるのを見て心外に堪えないのであります。例えて見ますと、文明と交渉のない政治史はそれは徒らなる事実の堆積にすぎませぬ。文化を顧慮しない美術史家は骨董屋の番頭さん以外の存在の理由を失っています。文明と相響く所のない芸術はそれは隠居さんの道楽にすぎますまい。私はある種の学者が所謂「概念の遊戯」をしているのを歯痒く思っています。そして更らに「術語の濫用」をし、否な「術語の無駄使い」をしているのに腹が立ってなりません。六ケ敷相な勿体振った題目を掲げて人を驚かせ、徒らに大切な術語や概念を浪費して、文明と何の交渉もない議論をしているのを私は不真面目な遊戯と思って居ります。其れと同時に如何な些細なこと卑近な事柄でも、其れを研究して最後に文明と交渉させるまでに進んだならば、其れが真の研究と称すべきものであろうと思うのです。世の中にはいろいろ高尚な題目や、立派な事柄があります。文学といい、芸術といい、道徳といい、宗教といい行く所として崇高な論題が転がって居ます。然るを極めて卑近な、極めて俗臭の多い此の「活動写真」の研究を思い立ちましたのも、其の根源《もと》はと云えば、前に申した様な考から、高尚な題目を無駄に犬死にさせている人が多い様だから、せめては卑俗な題目を取扱って真面目な研究の対照にして見度いものという謀反気《むほんぎ》だったのです。此の本は通俗な事柄を通俗に書いたものですが、其の間にも聊か用意はあるつもりです。即ち先ず活動写真の過去、現在、未来を調べて其の本質を明かにし、進んで一方には其の応用の御話をして実用の側面から文明に影響することを究め、他方には其の美を調べてそれが享楽の側面から文明に関係のあることを御話したのです。そして此章では凡べての研究を一纏めとして見様《よう》と思うのです。ですから大袈裟に申すと、本書は活動写真を中心とした文明論です。活動写真を籍《か》りて表わした価値論であると申して宜《よろ》しいと思います。こんな事を申すと「貴様こそ概念の遊戯者で、術語の浪費者だ」との御叱りを蒙るか知れませんが、私の意向丈《だ》けは御了解を願い度い。そして如何に詰らぬ事柄でもどれ程卑近な事実でも研究の仕方によっては一つの纏った組織的知識になるものであるということを御承知下されば満足に思います。

尤も此の「活動写真と文明」という問題に就いては、詳しく御話しますと随分長くなりまして、此の本をもう一冊書かなくてはならない位になりますから、其れは何れ機会を見ての御話としまして、此章には其の大体の概略を御話して此の研究の結論としようと思うのです。

第一節　現代思潮と活動写真

活動写真は何故現代に流行するのか。現代人は何故に活動写真を好むのか。これには何か理由《わけ》がなくてはならない。私達は先ず以て現代思潮というものを調べて見ようと思います。そして其の中に活動写真が流行する基礎があるかどうかを究めて見ようと思います。

（一）哲学思想と活動写真

現代の思潮の研究としては、先ず以て哲学思想の変遷を見る必要があります。此処にはベルグソンやオイツケン〔編者註1〕の哲学に就いて議論をするつもりじゃないんでして、ただ現代の哲学思想の傾向を御話しすれば宜敷《よろし》いと思います。と に角カントやヘーゲルの時代は過ぎて仕舞《しま》いました。そして新らしい哲学の傾向が出来て居ります。知に立とうとした哲学は滅びて、意志に拠ろうとする哲学が現われて来ました。知的連想や推論に基礎を置いた哲学に代った経験の哲学も、其のあまりに煮え切らない態度で今の人の心を継ぐことが出来ずして、今は直観的統覚的色彩の濃い哲学思想の全盛時代となりました。従って哲学上の論題までが其の中心を移動させて仕舞《しま》いまして、宇宙観とか世界観とかいうものは其の玉座を追われて、人世観というものが哲学の中心問題となりました。世界の根元とか、宇宙と人とか、人生の理想とかいう議論は哲学上の昔噺となりまして、実生活の事実が哲学上チャキチャキの問題となっています。概念や観念が其の権威を失墜して、生活と実感とが高調される時となりました。此の様にして外形に纏まる概念の建物を作ろうとする行想《ゲダンケンガンク》は旧くなって、内容に徹底し実感に共鳴する直観が時代の寵児となっているのです。「動は静の一変形」と見た思想は倒れて「静は動の一分位《フェーズ》」であると見る考えが生まれて来ました。そして移り行く刹那を肯定し拡充する動的人世観が現代人の帰趣を暗示しています。主知《インテレクチユアリズム》説が破れて主意《ボリユンタリズム》説が興って来たのも、純理論《ラシヨナリズム》が倒れて実際論《プラグマチズム》が生れて来たのも、ベルグソンの哲学が喜ばれるのも、皆其の為めです。意志的——実際的《プラグマスチツク》——直観的——統覚的《アツパセプチーブ》——動的——実生活の肯定——内容の拡充、これが現代を支配しつつある哲学思想なのです。活動写真が何故現代人の心をそそるのか、現代人が殆んど心酔的態度でこれに対するかということの説明は、聡明な読者に対しては蛇足だと思います。

(二) 文芸思潮と活動写真

次に私達は文芸思潮の消長を知り度いと思います。文芸思潮も前の哲学思想の変と遷別のものではありません。尤も文芸と一口に云いましても、文学と美術とでは其の発達と消長の工合が違います。美術の方はどうしても文学よりも遅れ勝《がち》になって居るのです。けれども其の何れにも現代思潮の色彩が同じく表われているのは事実です。文学上の自然主義によって、旧い型に嵌った形式の上に立とうとする古典主義《クラシシズム》の文学が倒れました様に、芸術上の写実主義によって旧い芸術が頽れて仕舞《しま》いました。自然主義や写実主義や、それ自身では何等偉大なる文芸を創作することが出来ませず、又偉大なる文芸なるものを創作しないことが其等の主義の本領とも見得る位でありましたが、しかし其れは旧い連想と推理と想像と三段論法とによっていた浪漫主義や象徴主義や古典主義を破る大功蹟がありました。そして直観と実感と事実とを力説して、実生活を高調する急先鋒となりました。そして其の後に生れた新浪漫主義、新象徴主義、新古典主義は「新」の付かない昔のものとは其の内容が全然違っています。直観と実感との洗礼を受けた自然主義後の文学は全然面目を新たにして仕舞《しま》ったのです。芸術だってその通りです、写実主義を通って印象主義となり後期印象派となり、新象徴派となり、立体派となった新らしい芸術は、人の実感情調、否思想までも其のまま取って其の中に充そうとしています。しかも連想とか推理とかいう旧い手管《てくだ》は使いません、直ちに人の直覚に訴えます。直接人の直観に現われる様にするのです。現代人は三段論法の様な推論の遊戯に何等の興味をも感じなくなりました。刹那刹那に生活に響いて来る隙目《ギャップ》のない刺激を要求する様になっています。今の様な文芸が現われて来るのも当然です、仍《よっ》て現代思潮の傾向を察することが出来ましょう。活動写真の基礎としての現代思潮はこんなです。活動写真が何故に現代人の……？　なんて尋ねられるだけ野暮です。そして答えるだけ間抜です。

第二節　現代生活と活動写真

私は更らに進んで現代の生活というものの特徴を考えて見度いと思って居ります。そして其れが活動写真とどんな交渉に立っているかを調べて見様《よう》と思うのです。

現代生活とはどんな特徴を持っているのでしょうか？　思想も文芸も、哲学も宗教も、法律も道徳も、何でも残らず社会の現象は皆其の時代の経済組織から生まれ出るものであるというあの唯物史観の立場は別としまして、時代の生活は其の時代の経済組織から生ずるものと云うことが出来様《よう》と思います。ですから現代生活の特徴を知ろうとなれば、現代の社会経済組織を探究する必要があるのです。然らば現代の経済組織はどんな特徴を持って居るでしょうか。

(一) 芸術の企業化

現代の社会経済組織は資本主義の時代です。需給経済の時代が過ぎて、営利経済の時代となりました。資本主義経済の特長は、顧客の需要に対する生産ではなくて、資本家の営利の為めの生産という所にあります。従って旧い自己生産は廃せられて、機械生産が行われる様になります。分配の方法も大層変ります、小資本の小商人は大資本の企業者の為めに圧倒されて仕舞《しま》います。資本主義経済とは、ですから大資本を以て生産し分配するということなのでして、御客本位でなくて企業家本位なのです。そして凡べての物を企業化しようとする恐ろしい勢力を持っているのであります。生産には素晴らしく大仕掛の機械を用いてどんどんと作り出します。交換には大袈裟な交通機関を動かして、どしどしと輸《はこ》びます。分配にはデパートメントストアー式の大規模で、ずんずんと売り捌きます。その様にして何でもかんでも企業にして仕舞《しま》うのです。其れは唯だ経済の範囲にある物ばかりに限らないので、驚いてはいけません、経済とは全く反対の極に立っている芸術をさえも企業化しようとするのです。そして其の一例は今流行の応用美術で、他の例は此の活動写真なのです。活動写真が現代資本主義時代に隆々として四辺を圧するの勢がありますのも、其の一因は此処にあると申さねばなりません。

(二) 時間促急

資本家が企業をしますのは、お客様の注文如何というのに依るのではありませんで、唯だ自分の卸した資本に対する報酬が多く得られればよいのであるということは前に御話した通りでありますが、其の様に卸した資本に対する多くの報酬を得、儲《もうけ》をする為めにはどうしても其の資本の回収を出来る丈《だ》け早くしなくてはなりません。資本家には其の生産とか分配とかいうこと其事が決して興味があるのではありませんで、唯だ、今いう通り、それでお金儲がされさえしますれば満足するのでありますから、出来る丈《だ》け早く生産分配などいう経過を済ませて資本と利益とを得、又其の増した資本で生産を続けるという様に、其のひっくり返しを早く早くと大急ぎをします。これが現代生活に正直に影響しまして、時間促急《テンポペシユロイニグング》という姿となって現われるのです。言い換えれば生活の韻律《リズム》が早くなるのですな。田舎から都会へ出て御覧なさい、都会の生活の韻律《リズム》が早いのに驚かれましょう。それと反対に、都会から田舎へ行きますと、生活の韻律《リズム》ののろいのに間が抜けた様な気持がしてどうしても一生懸命の自己が活躍しないのです。けれど現代の生活は時間促急の中にあるんです。前章〔本書では省略〕で話した様に活動写真が緊張感を維持する為めに、事件の進行を促急する所がやがては現代生活のこの情調に相応ずる所でして、活動写真が現代人に喜ばれる有力な一原因と申さねばなりません。

（三）充実的生活

大規模の機械生産は生産過剰を生じ易いのです。そして代償は廉《やす》くなります。それで企業者間の競争は出来得る丈《だ》け品質を吟味して顧客の注意を惹こうと勉める様にさせます。此の様にして品質が一様で価の低廉なという物が一般に供給される様になります。昔の人は、高くても、又品が実際は不便なものでも、珍稀なものでありさえすれば之を喜んだものですが、今の人は、廉くて実用的なものであれば之を尊びます、数が少なかったり珍らしかったりする必要はないのです。今の人は、生活が世智辛《せちがら》くなったのにもよりましょうが、一体に実用的です。昔の人の様に馬鹿な贅沢や、余計な部屋を作ることや、形式一遍の着物を拵えることやをしなくなりました。誠にいいことですが、これは大いに前の経済組織による結果です。つまり言えば実生活の高調なんです、生活内容の充実なのです。形式の纏りに重きを置く芸術が喜ばれないで、内容の力に中心を定め様《よう》とする芸術が歓迎され、生活の外に楽しむ芸術が現代から敬遠せられて、生活其物の中に楽しむ芸術が喝采せられるのはこの為めにです。活動写真が歓迎される大原因は現代生活の此の側面にあるのではありますまいか。

第三節　活動写真と文化

活動写真には、前に御話申した通り、現代思潮と現代生活との上に其の基礎があるのです。所がそれは唯だ現代の思潮や生活から保護され、其れによって存在の基礎を与えられているばかりではなく、更らに逆に新しい文化を創作する一原動力となっているのであります。

（一）活動写真と文化の普遍

活動写真は前節で述べた通り「芸術の企業化」です。低廉の価で芸術を販売するものなのです。今迄は享楽をすることが出来なかった社会の下層階級に芸術を楽しましむることが出来るのです。芸術的情調には此れまで風馬牛相関しなかった民衆をして其の恩沢を蒙らしむることが出来るのです。いいえ其ればかりではありません、土地の不便な為めに都会の文化に触れる機会がなかった地方に、華やかな都会思想を吹き込みます。或る人は大いに慨歎する様ですが、文化の上からは喜ぶべき現象と申さねばなりません。しかしそれに止まりません、東洋の文明をして西洋の文明に接近させるのです。西洋の芸術、西洋の思想を此れ迄我国に伝えたものはいろいろあります。けれど、最も切実に、最も一般的にこれを行ったもので活動写真に優るものがありましょうか。

要するに、活動写真は文化の横と縦との区別を撤廃するものです。横の区別とは上下階級の間の文化の区別をいいまして、縦の区別とは距離による文化の区別をいうのです。此の様にして活動写真は文化の普遍ということに於て優秀な特長を持っているものであると云わなくてはならぬのであります。

(二) 一新芸術としての活動写真

此の様に社会一般の文化を普遍にさせる力を持っている活動写真には、前に詳しく御話した通り、独特な他のものの真似の出来ない美がありますが、扨《さ》て社会に普遍的に文化が行き渡りますと、其れを基礎とした一つの新らしい芸術としての活動写真が渾成《こんせい》される様になるのであります。そして其の時に、はじめて文明が渾熟するのです。現代文明が独特の華を咲き実を結ぶ時が来るのです。

(三) 概念の改造と価値の創作

其の時になると「美」の概念が改造されます。現代は「美」の概念が動揺している時なんです。静かだとか、優しいとか、穏かだとか、珍らしいとか、稀だとか、非実用的だとかいうものに対する美は、漸《よう》やく其の重要さと其の意味とを失い掛けて、動とか、凄いとか、雄大とか、同種の整一とか、実用的だとかいうものに対する新しい美が、歩一歩、私達の頭の中に動き出しました。斯くて旧い美の概念の根底に斧を置くこととなっています。然るにあの活動写真が、普遍的文化の基礎の上に一新芸術として樹立された其の時は、其の斧が旧い幹を砕いた時なんです。美の概念が改造された秋なのです。美の概念の改造！、これはやがて生活の概念の改造を意味するものではありますまいか。生活価値の創作を語るものではあるまいか。

美的概念の改造！……生活価値の創作!!……新文明の誕生!!!……活動写真の為めに、私達一同は其の前途の光栄を祝そうじゃありませんか。

編者註

〔1〕　ドイツの哲学者ルドルフ・オイケン

坪内逍遥

活動写真と我が劇の過去

合巻、絵巻物、及び役者絵の事

我が国の劇を、若し根本から刷新しようと望むならば、今よりも幾層倍の新工夫を加えて、思い切って活動写真を流行らせるのが一方法だと思う。

外国でも、次第に活動写真が、従来俗間に歓迎されていた大小のメロドラマやローマンス風の劇を劇場から駆逐しかけているという話である。此勢いで進むというと、主として目に訴える甘口な劇を掃蕩する原動力としては、或いは活動写真の方が、イプセンよりもショーよりも、其他の作者、批評家よりも有力な働きをするかも知れない。米国の或批評家は、沙翁〔シェイクスピア〕劇の如きも、ロバートスン〔編者註１〕のハムレットの断末魔《デッスシーン》さえも、無言の活動写真で観た方が、恐らく趣きが深かろうと言っている。成程、如何に演出法が進歩しようとも、クレーグ〔編者註２〕、バーカー〔編者註３〕らの象徴式が何《ど》れ程成功しようとも、演ずる俳優自身の人格や芸風がそれに相応しなかったら、白廻《せりふまわ》しや表情や声柄は如何《どう》しても生々《なまなま》しい現代式とならざるを得ないであろう。果してそうだとすると、寧ろ原作の名文句をば自宅で善く読み味っておいて、只科介《しぐさ》や表情や姿態だけを観賞する為に活動写真へ出掛けるというのが得策であるかも知れぬ。

「あらゆる劇の骨組は、是非とも科介劇《パントマイム》式に出来ていなければならぬ」と言った某専門作者の語は、現代の、思想《アイデヤ》本位の新作劇に対しては必ずしも真理でないが、少なくとも十九世紀以前に成功した大抵の名作にはほぼ当嵌る格言だと言ってよい。言い換えれば、昔の劇は、内外共に、概して目先きの面白味に重きを置いた。そういう目先き第一の、大味な劇は、按《おも》うに、今の敏感な、怜悧な、察しのよい観者に取っては、寧ろ黙劇《ダムショー》式の暗示だけに止《とど》めておいた方が、含蓄もあり余韻もあって、却って感興が深いでもあろう。

併し、斯うは言うものの、流石に外国の名作は、如何に目先き第一だといっても、メロドラマ式だといっても――沙翁の作とても、大分メロドラマ式なのだが――本来が抒情詩風であったり、演説《オレーシヨン》式であったり、或いは散文で書いてあっても、美辞や警句に富んでいたりして、まだしも耳で聴かなければならぬという部分が多いのだから、一概に活動写真で沢山だともいいかねるが、我が国の劇となると、浄瑠璃劇や歌舞伎劇は無論の事、明治に出来た活歴劇や新派劇、或いは最近の新作の多数までが、幾《ほとん》ど悉《ことごと》く頭から活動写真式に出来上っている上に、特に耳に聴かねばならぬ部分といっては、浄瑠璃劇の或一場又は或一章を除くの外は、頗る貧少なものだと言ってよい。だから若し彼の原色式や発声式の活動写真を更に巧みに利用し、同時にあの厭《いと》うべき非文学的な説明の内容や弁士の口吻等を改良し、且《か》つ特に劇として見せる用意をもして、少なくとも容貌、姿態、科介《しぐさ》、表情の上だけでは第一流のに比しても劣らない程の俳優を使用し、大道具や小道具にも十分の意を用いて映写するような活動写真が成立つこととなったならば、どうであろう？　私はそれが我が現在の諸演劇の頗る恐るべき競争者となるのは、蓋し疑うまでもないであろうと思う。

今までも各処の活動写真館で、次第に勢力を占めつつあるは、旧劇もしくは旧劇式のフィルムである。併し、現在は、其内容其者《もの》が劣悪、非芸術なのに加えて、同じく非芸術的な弁士の口吻や付白《つけぜりふ》やチョボや鳴り物が折角の含蓄を破壊したり、余韻を蹂躙したりする上に、何等の色彩もない、いやに白ッちゃけた狭くるしい舞台面に、偽髪《かつら》仕立の、贋《まが》い石膏のような、死人のような緞帳面《づら》がグロテスクな、不自然な化粧、隈取りをして、いやな、非人間的な目付きをしてシャチコバって出没するのが如何にも醜く思われるので、かりにも芸術の積りで、それに対した時分には、愉快に観ていられるものでない。けれども、それは、今の興行者の目的が、吾々の望む所とは別だからのことで、苦情をいうのは見当ちがいである。次ぎには材料が粗末だからである。万一にも物好きな活動写真の興行者があって、私が前にいった所を利用し、思うさま劇界を引掻き廻し、その混雑に紛れて大利得《もうけ》をしようという欲張りと茶目振りとを発揮し来るような事があった日には、立廻りや闇闘《だんまり》や人形振りを性命とする我が旧劇の如きは、真先きに一大恐慌を経験しない訳にはゆくまい。

　而して其然らざるを得ない所以の原因は、頗る遠くして且《か》つ深いのである。

　私は、世界中で、最も早く活動写真の可能性を直覚し、一種特別な、創意的な方法で、千変万化してそれを実行していたのは、恐らく我が国の外には無かろうと思う。我が国では、少なくとも百三四十年以前から、言わば、原始的活動写真とも言うべきもののフィルム製造に着手し、着々其規模を拡張し、今から百年前頃からは怖ろしい長尺物をさえも製り始めた。そうして年々に製り足して竟《つい》には何百何十間に亘《わた》る程のが幾らも出来た。其発生の始めには、画面が、今の廉物《やすもの》の幻燈画に比して更に粗末な、更に幼稚な、ほんの子供だましに過ぎなかったのだが、それがおいおい大人向きになり、やがて滑稽物を主として映写するようになり、それがまたいつの間にか残酷な人殺しの画面を主とするようになり、又更に発達して怪談味が加わり、人情味が濃くなり、竟には立派な、のべつ幕なしのメロドラマとまでも発展した。勿論、それらは総て、今の普通の写真同様、黒と白《ブラック・アンド・ホワイト》式で、無彩色であったのだが、其内容は中々凝ったものであった。或いは其頃大当りをした歌舞伎劇其儘なのもあったが、多くは、古い浄瑠璃や歌舞伎の成功した部分だけを抜粋して、言わば交換排列《バーミューテーション》といったような塩梅式に、繰返し繰返し、千状万態に組合せ綴り合せたに過ぎない風の新作物であった。おまけに、それに使用される俳優は、中ごろからは全部第一流の歌舞伎役者で、例えば彼の永木の三津五郎、鼻高の幸四郎、七代目団十郎、半四郎、菊之丞などが、其第一満開期《エフロレセンス》の、此種類の活動役者であったのみならず、尚お一種の発声機関までも、初めからそれに付属させてあって、中には其説明が中々立派な美辞でもあり警句でもあった。其幾部分は今の人が之を芸術品扱いにしても、強《あなが》ち不当で無いような名文章であった。

それは日本式の影画のことをいうのかと訊《き》く人もあろう。

いいえ、そうではない。

黄表紙から合巻、二冊、三冊の合巻から二十篇、五十篇、七十篇、九十篇の草双紙と発達した我が説明付の画小説なるものの変遷は、言わば、一種の、幼稚な、原始的の、併《しか》しながら頗る複雑な活動写真画の進化史ではあるまいか？

画を主位に置いて文章を従位に置く我が国文学の特質は、遠く土佐、住吉の画巻物――是れもまた歴とした一種の芸術的活動写真画である！――に濫觴しているが、近代に近づくに随って此画巻式は一頓挫し、同時に画を主とするよりも文を主とするようになって、挿画ということが始まり、それが、お伽草子や浮世草紙やに至って次第に盛んになり、八文字屋物に伝わり、宝暦から天明、天明から文化、文政までの滑稽本や洒落本や読み本や人情本にまでも及んでいる。が、之《こ》れと同時に画巻物式――即ち、原始的活動写真式――の方も、一たん頓挫こそはしたれ、決して根が絶えたのではなく、夙に操り芝居や歌舞伎の絵尽しや狂言本や乃至番付等に其血脈を復活し、つづいて赤本黒本、青本にそろそろ新しい根を延ばし、黄表紙の流行に伴って次第に敵討物の枝葉を繁らせ、所謂合巻草双紙の大進歩によって、竟に精巧複雑を極めたる――時には驚くべき長尺の――活動フィルム式の一種不思議な大画ばなし集と発達したのである。

而してそれらのフィルムは、今尚お幾らも保存せられている。前後百数十年間に亘《わた》って、少なくとも六七百種は、今尚お完全に保存されてあると断言しても差支《さしつかえ》はないであろう。其内容は、幾んど悉く劇であると前にいったが、それは決して比喩ではない。明かに悉く劇式であり、剰《あまつさ》え役者は悉く其頃の名優の肖像なのである。それのみならず、すべて表紙画は原色式であって、極彩色になっている。いや、そればかりではない。是等のフィルムの一々へ、例の説明を添えるに当って、文字は幾んど悉く表音字で、（即ち平仮名ばかりで）しかもそれを六号活字式の細印刷でやったなぞは、新仮名主張論者もしくは羅馬字論者の舌を巻かざるを得ざる大ハイカラであると同時に、其言葉づかいの品位の如きも、到底今の活動弁士輩の企て及ばざる所である。

骨董の広く愛玩せられ、浮世絵の珍重される今日でも、草双紙ばかりは――『田舎源氏』其他少数を除いては――最も劣俗なものとばかり貶《おと》しめられていた。きのうまでは六百部、七百部と夥しく、冊数では或いは何十冊にも及ぶ程――しかもそれがあちらにもこちらにも――保存されてあったのだが、もう十年もたたぬうちに、その大半は紙魚の餌食となり、或いは端本となり、紙屑ともなるであろう。芸術品としては、あの通りの内容、品質の物だから、彼等の亡滅は、敢て多く嘆息するにも当らない。けれども彼等の描写している所は、幾んど悉く我が過去の劇であり、過去の演劇の舞台面であり、過去の名優の肖像であり、且《か》つ其科介《しぐさ》、表情、姿態、扮装であるのだと思わざるを得ざるに至って、そこに初めて是等の準フィルムに一種の新意義と新価値とが生じて来るのである。此理は、下に語る劇の錦絵と相連関するに及んで、一層明白になろうと思う。

草双紙のよりも錦絵に見えている我が歌舞伎劇の写生画は、其原色であると、画工の用意と努力が一層周緻であるとの為に、更に一層活動写真に接近している。鳥居一派や春章や春英や春好らの古い処は暫く別として、役者絵の全盛期ともいうべき豊国、国芳の競争時代の演劇画を取って御覧。無論、画家自身の目的は、最も多く好劇者の話頭に上る舞台上の種々の局面《シチュエーション》、古来の有名な種々の型、若しくは贔屓贔屓に喜ばるる各名優が特殊の姿態《ポーズ》、乃至顔面表情等を多少美化し又は誇張して最も鮮かに描き出そうとしたのに外ならなかったのでもあろうが、公衆の歓迎と其饜《あ》くことなき要求とは、時に画工をして同一の局面《シチュエーション》を——単に姿態《ポーズ》と位置とを変えて——十枚、十幾枚と画かしめた。豊国も十数枚を画き、国芳も十数枚を画いた場合には、一局面の画にして、優に三十枚に垂《なんなん》とした例もあったらしい。で、若しそれらを悉く集めて、巧みに順序を正して排列すれば、今の活動写真が「助六」や「勧進帳」や「実盛《さねもり》」や「保名《やすな》」の型を写すのと殆んど同じような結果（しかも原色のままで）目撃することが出来るのである。殊に八代目全盛期の当り狂言には、一局面を姿態《ポーズ》の変化を主として十数葉に画いたのが幾らもある。

　浮世絵大流行、錦絵大珍重の今日にも、役者の肖顔画だけは（写楽、春章等の古い処の他は）全く閑却されていたのだが、斯ういう風に観察すると、第一、それが、外国には決して例の無いことでもあり、歌舞伎の型や舞台面や扮装をほぼ忠実に伝え得たものという点に意味もあり、かたがた単純な骨董趣味以外の感興を惹起することになる。またそれだけの意義と価値とを付して見るが当然な事だと思う。況んやそれが、利用の法宜《よろ》しきを得たならば、我が劇の将来に意外な一波瀾を捲起す一大原力となるまいものでもないと思うと、私は世間の浮世絵研究家に対って、多少此方面の新努力を望まざるを得ない。単に線画様式としての特徴、若しくは伝彩法、若しくは木版色摺の手際なぞから見たなら、同じく役者絵と称しても、春章一派や写楽のなぞは豊国や国芳らと同日にして論ずべきものでないのは頭から解ったことだが、若し鑑賞の目安を改めて、専ら肖顔とか、舞台面とか、姿態の写生とか、活動写真式とかいう点に重きを置いて観たならば、前者はまた到底後者の敵でないらしい。春章、写楽らは、其点から見ると、芸術本位に過ぎて居り、主観的になり過ぎているともいえる。

話が少々外《そ》れはじめた。私の言おうとしたのは、約言すると、左の如くになる。

我が劇は、過去に於ても、現在に於いても、明かに活動写真式に出来ているのである。即ち劇の要求と活動写真の要素とを等分に具えている。だから若し活動写真の興行者にして、何等かの動機から我が劇を圧倒しようと試みることがあるとすると、迚《とて》も外国では望みがたい程の著しい度合にでも、それを成し遂げることが出来るであろう。而してそれは活動写真の興行者に取っては、大儲けの手段であると同時に、我が芸術界に取っては或いは物怪《もつけ》の大幸ともなるであろう。何故なれば、斯くして株を奪われた我が劇は、——少なくとも其第一流を除くの外は——是非とも全く新しい方面に向って新領地を拓《ひら》かなければならぬ必要を感じ、為に大きに真面目になり、作も随って新しくなり芸術もまた随って新しくならざるを得ないであろうからである。之《こ》れと同時に、生残った旧式劇の第一流どこの俳優とても、絶えず活動写真に圧せられはせぬかという不安を感ずる所から、自衛の為だけにでも、今日以上の工夫もし、努力もするであろう。

そうすれば、そこに自ら一種の劇界刷新の機運が動きはじめるでもあろう。と考えて見るというと、活動写真なるものもまた頗る侮りがたい用をなすものだといえる。

私は、此考えが、どうか私の只一時の空想たるに止まってしまわぬようにしたいものだ、と祈って居る。

編者註

〔1〕英国の著名な舞台俳優、J・フォーブス・ロバートスン
〔2〕英国の舞台演出家、ゴードン・クレイグ
〔3〕英国の舞台演出家、グランヴィル・バーカー

活動写真の現在と将来

谷崎潤一郎

予は別段、活動写真に就いて深い研究をしたこともなければ、広い智識を持って居る訳でもない。しかし久しい以前から、熱心なる活動の愛好者であって、機会があればPhotoplayを書いて見たいとさえ思って居た。その為めに二三冊外国の参考書を読んだ事もあり、日活の撮影所などを見せて貰った事もあった。従って、門外漢ではあるが、一般に活動写真と云うものの将来に対する考えや、特に日本の興行者に対する不平や不満足や、随分茲《ここ》に述べて見たいと思う事が沢山ある。

活動写真は真の芸術として、たとえば演劇、絵画などと並称せらるる芸術として、将来発達する望みがあるかと云えば、予は勿論あると答えたい。そうして、演劇や絵画が永久に滅びざるが如く、活動写真も亦、不朽に伝わるであろうと信ずる。有体《ありてい》に云うと、予は今日の東京の孰《ど》の劇団、孰《ど》の劇場の芝居よりも、遥《はるか》に活動写真劇を愛し、且《か》つそれ等の或る物のうちに、歌舞伎劇や新派劇の企及し難い芸術味を発見する。少しく極端かも知れないが、西洋のフィルムでさえあれば、どんな短い、どんな下らない写真でも、現在の日本の芝居に比べれば、ずっと面白いと云いたいくらいである。

芸術に甲乙はないとしても、その形式が時勢に適応するものは益々発達し、時勢に背反するものは自然と進歩しないようになる。能狂言が、歌舞伎劇に劣らない内容を有して居ながら、後者ほど流行しないのは其の為めであろう。今日はデモクラシーの時代であるから、貴族趣味の芸術はだんだん範囲を狭められて行くに違いない。此の点に於いて、演劇よりも更に一層平民的な活動写真は、最も時勢に適合した芸術として、まだ大いに発展改良の余地があると思う。或いは将来、演劇が能狂言を圧倒した如く、活動が立派な高級芸術となった暁に、演劇を圧倒する時代が来るかも知れないと思う。

ちょいと考えて見ただけでも、活動写真が演劇に勝って居る点は非常に多いが、その最も顕著なる特長は、実演劇の生命の一時的なのに反して、写真劇の生命の無限に長い事であろう。（今日ではまだフィルムの寿命が永久不変ではないけれど、将来必ず、其処迄発達するに違いない。）実演劇とフィルム劇との関係は、恰も言語と文字、若しくは原稿と印刷物との関係に匹敵する。実演劇は、限られた観客を相手にして、其の場限りで消えて行くのに、写真の方では一本のフィルムを何回も繰り返して、至る所に無数の観客を呼ぶ事が出来る。此の特長は、観客の側から云うと、居ながらにして各国の俳優の演技を、極めて廉価に而《しか》も甚だ簡便に見物し得る利益がある。そうして俳優の側から云えば、殆んど世界中の見物を相手にして、絵画や文学のように複製だの翻訳だのと云う間接の手段を待たず、自己の芸術を直接に発表し、而も後世永遠に伝えることが出来るのである。古来の偉大なる詩人や画家や彫刻家が、自己の芸術に依って永遠に生きて居る如く、彼も亦フィルムに依って不朽の生命を保つことが出来る。俳優に此れだけの覚悟がつくと云う事は、その芸術をどれ程高尚にさせ、真剣にさせるか分らないと思う。現在の俳優が、他の芸術家に比較して、品性に於いても見識に於いても多く堕落して居るのは、主として其の使命の一時的であると云う事実が頭に沁み込んで居る結果に相違ない。若しも自分の演技がゲエテの詩の如く、ミケランジェロの彫刻の如く、永く後世に認められ、千載の後までもクラシックとして尊重せられる所以が明かになったなら、彼等も必ず其れ相応の抱負を持つようになるであろう。

以上に述べた所だけでも、活動写真が将来芸術として発達する要素は充分であると予は信ずる。しかし其の他の特長を数えて見れば、第二に、取材の範囲が頗る広汎であって、而も如何なる場面に於いても、（写実的なものでも夢幻的なものでも）芝居ほど嘘らしくないと云う事実を挙げたい。云う迄もなく、演劇が所期の効果を奏する為めには、いかなる際にも真実らしくなければならない。段々世の中が進んで来て、見物の神経が昔よりも鋭敏になって居る今日、演劇は動《やや》ともすると嘘らしいと云う感じを免れない。此の点に於いても、活動写真はより多く時勢に適合しては居ないだろうか。今日の人が、象徴的の演出として賞美して居る能狂言も、足利時代の人々には写実として見えて居た。そうして、能狂言の後に一層写実的な歌舞伎劇の起った如く、此れからの世の中は、更に一層写実的な活動写真によって風靡されはしないだろうか。予にはどうも、そうなるらしく感ぜられる。

写真劇が、いかなる場合にも写実らしいと云う事は、同時に其れが芝居よりもっと写実的な戯曲にも、もっと夢幻的な戯曲にも適して居る事を証拠立てる。写実劇に適する事は説明する迄もないが、例えば全く芝居にする事の出来ないダンテの神曲とか、西遊記とか、ポオの短篇小説の或る物とか、或いは泉鏡花氏の「高野聖」「風流線」の類（此の二つは嘗て新派で演じたけれど、寧ろ原作を傷つけるものであった。）は、きっと面白い写真になると思う。就中《なかんずく》ポオの物語の如きは、写真の方が却って効果が現われはせぬかと感ぜられる。――たとえば「黒猫」「ウィリヤム・ウィルソン」「赤き死の仮面」など、――

それから、第三の長所としては、場面の取りかたが自由自在で、多趣多様の変化に富んで居る。此れは脚本作家に取っても、実演用の戯曲を作る場合と違って、面倒な約束に縛られる煩いがなく、どれほど便利であるか分らない。限られた面積の舞台の上に組み立てる物と異り、いかなる雄大な背景でも、いかなる大規模な建築でも、欲するままに使用し得るのみならず、長年月の間に、遠隔の土地に起った事件をも、僅か数時間の物語に短縮する事が出来る。而して是れが又、取材の範囲を広汎にする所以である。

或る場面の内一部分を切り抜いて、大きく映すと云うこと、即ちディテイルを示し得ること、此れがどのくらい演劇の効果を強め、変化を助けて居るか分らない。此の意味に於いて、写実的の場面は実演劇の其れよりも一層絵画に近づいて居る。実演の舞台では、絵画と同じ構図を取る事は不可能であるが、写真劇では立派に其れが行われる。且《かつ》、俳優と観客との位置に、絶えず一定の距離を持って居る芝居とは違って、或る時は咫尺《しせき》の間に迫り、或る時は十町も二十町も離れ得る活動劇の俳優は、動作に於いても表情に於いても、充分に自己の技能を発揮する事が出来る。見物の側から云っても、立見のお客には顔が分らないと云うような、不公平が全くない。

殊に、俳優が実物より拡大される結果として、実演の舞台では其れ程目立たない、容貌や肉体の微細なる特長までが、極めて明瞭に映し出される。俳優はもはや実演の際の如くけばけばしい粉飾を以て其の年齢や肉体や輪廓を胡麻化すことは出来ない。美人の役は是非とも美人の俳優が扮しなければならず、老人の役は是非とも老人が勤めなければならない。（西洋の写真では大概そうなって居る。）此れは、一方に於いて虚偽の技巧を駆逐する効能があると同時に、他方に於いては、俳優に固有な持ち味《あじ》——柄と云うものを尊重する傾向を生み、随《したが》って技芸の領域を複雑にし、深甚にする利益があろうと思う。

人間の容貌と云うものは、たとえどんなに醜い顔でも、其れをじっと視詰めて居ると、何となく其処に神秘な、崇厳な、或る永遠な美しさが潜んで居るように感ぜられるものである。予は活動写真の「大映し」の顔を眺める際に、特に其の感を深くする。平生気が付かないで見過ごして居た人間の容貌や肉体の各部分が、名状し難い魅力を以て、今更のように迫って来るのを覚える。それは単に、映画が実物よりも拡大されて居る為めばかりではなく、恐らく実物のような音響や色彩がない為めでもあろう。活動写真に色彩と音響とがない事は、其の欠点なるが如くにして、寧ろ長所となって居るのであろう。ちょうど絵画に音響がなく、詩に形象がないように、活動写真も亦、たまたま其の欠点に依って、却って芸術に必要なる自然の浄化――Crystallization――を行って居る形である。予は此の一事に依っても、活動写真が芝居よりは高級な芸術として発達し得る可能性を認むる者である。（キネマカラーと云う物があるが、現在のところでは、予はあまりあれを好まない。）そうして、前者は後者よりも、一層絵画や彫刻や音楽の精神に近くはないかと思って居る。

以上に列挙した活動写真の長所の多くは、予が新しく説明する迄もなく、既に誰にでも分り切った事実である。ただ、此の分り切った事柄を、改めて書き列ねた所以のものは、主として日本の現在の、活動写真の当事者に読んで貰いたいからである。少くとも彼等は、此れだけの長所を充分に認めて居ない。――認めて居るまでも、利用して居ないと信ずるからである。

予は前項に述べた活動写真の特長に基いて、ここに彼等に二三の警告を発したい。

目下の場合、日本特有の活動劇を撮影する営業者、舞台監督、俳優諸氏に、先ず以て要求したいのは、徒《いたず》らに芝居の模倣をするなと云う一事である。自由にして自然なるべき活動劇を、窮屈にして不自然なる実演劇の束縛の下に置くな、と云う事である。

たとえば、彼等は、一つの場面を写すのに、いつも芝居の舞台面を念頭に置いて居る。殊に旧派の俳優の如きは、相変らず薄っぺらな、横に長い二重舞台を使って、其の上に多勢並んだまま、一つ所で長い間筋を運んで居る。此れ等は全く、活動写真の長所を殺して居るのである。

西洋では、酒を飲んで酔払う光景を写すのに、役者に本物の酒を飲ませて、実際に酔わせる場合があると云う。俳優に全体の筋を知らせないで、その場その場を撮影させて行く舞台監督もあると云う。そのくらい自然を貴ぶ活動写真に、芝居の型通り見えを切ったり、変な立ち廻りをしたりする必要は断じてない。就中予が滑稽に感ずるのは、活動劇が依然として男優の女形を使用する事である。彼等はまだ、実演舞台と同じような扮装をして、其れで見物が欺かされると思って居るらしい。白粉を濃くすれば自然の白い肌に見え、墨で皺をかけば老人に見える積りで居るらしい。

老人は老人が扮し、女は女が扮するのは勿論のこと、成るべくなら頭も鬘《かつら》を使わないで、禿頭でも自毛頭でも丸髷でも銀杏返しでも、地頭《じあたま》で間に合わす方がいいと思う。殊に散髪物は、日本にはいい鬘がないのだから、是非地頭でやって欲しい。

芝居の模倣をして居る間は、活動劇はいつ迄立っても芝居を凌駕する事は出来ない。此れは要するに、活動劇には自ら異った天地があり、使命があると云う事を、自覚して居ない結果であって、今の活動俳優が、他の俳優に軽蔑されるのは寧ろ当然と云わねばならない。

尤も其れは俳優の罪ばかりでなく、弁士を待たなければ分らないような脚本を上場する、営業者の罪が大半を占めて居る。

予は決して、機関車の衝突だの、鉄橋の破壊だのと云う、大仕掛けな物を仕組んでくれろと云うのではない。何より先ず自然に帰れと云うのである。そうして、忠実に平淡に、日本の風俗人情を写して見ろと云うのである。尾上松之助氏や、立花貞次郎氏の映画よりも、青山原頭のナイルスの宙返りや、桜島噴火の実況などの方が、予に取ってはどんなに面白かったか分らない。活動写真は、筋は簡単であっても、ただ自然であり真実であるが為めに面白い場合が非常に多い。

何も最初から、高尚な文芸写真を作れなどとは要求しない。通俗な物で結構であるから、活動写真本来の性質に復《かえ》り、正しき方法に依って、映写して貰いたいと云うのである。例の名金や、〔編者註1〕拳骨なども、極めて俗悪な筋であるが、写真にすると小説では分らない自然の景色や、外国の風俗人情が現われて来る為めに、大人が見ても充分に興味を感ずる。金色夜叉だとか、己が罪だとか、小説としては余り感心出来ない物でも、日本の自然や風俗を巧に取り入れて、西洋流の活動劇にしたら、きっと面白いに相違ない。

けれども若し、一歩を進めて、日本に偉大なる興行者、偉大なる舞台監督、偉大なる俳優が出現し、我が国古来の有名な小説物語の類を、活動写真に取るようになったら、どんなに立派な、どんなに荘厳な映画が出来るであろうか、想像するだけでも、予は胸の躍るのを禁じ得ない。たとえば平家物語のようなものを、実際の京都や、一の谷や、壇の浦を使い、当時の鎧衣裳を着けて撮影したなら、恐らく「クワオ・ヴァディス〔クオ・ヴァディス〕」や「アントニイとクレヲパトラ」にも劣らないフィルムが出来るだろうと思われる。平安朝の竹取物語なども、トリック応用のお伽劇としては絶好の材料である。

そう云うフィルムが沢山製作されるようになれば、舶来物の輸入を防遏《ぼうあつ》して、却って此方からどしどし輸出する事が出来る。東洋の歴史、人情を写した活動写真は、きっと西洋人の嗜好に投ずるに違いない。音楽や文学や演劇に於いては、日本の芸術家が欧米に認められる事は至難であるけれど、活動俳優にはそんな故障は少しもない。若し日本の俳優の名が、チャーレス〔チャールズ〕・チャップリンのように世界中の津々浦々に響き渡ったら、日本人として快心の出来事ではないか。名声を欲する者は宜《よろ》しく活動俳優となるべしである。

最後に予は活弁と云うものの可否に就いて一言したい。日本に、映画の伴奏に用うる適当な音楽さえあれば、活弁を全廃して貰いたいのだが、現在の要求としては、出来るだけ活弁のしゃべる機会を少くして貰いたいと思う。西洋音楽を用いる事の出来ない場合に限って、映画の効果を妨げない範囲で、簡略に筋を説明すれば足れりと思う。

西洋写真は、中に出て来る英語の文句を日本語に翻訳して、西洋音楽を蔭《かげ》で奏すれば沢山である。静な、品のいいピアノの音色などは、日本の写真にも随分応用の範囲が広く、史劇などに用いても其んなに不調和ではないように感ずる。已むを得ず弁士が説明する場合には、成る可く映画中に出て来る文句に従って、それを巧に朗読するくらいに止めたいものである。全体の筋を最初に割ってしまったり、掛け合いで台辞のやりとりをしたりするのは、絶対に禁じてしまいたい。

予は一体に弁士が嫌いであるが、帝国館の染井三郎にだけは感心して居る。稀にはヨタを飛ばす事があるけれど、概して説明が簡潔にして要領を得て居るし、音声が明瞭で力があって、而も映画の効果を妨げるような憂いがない。弁士もああなるとないよりは増しかも知れない。日本の活動写真界を通じて、頭がいいと思われるのは彼の男だけである。

編者註

〔1〕いずれも米国の連続活劇映画

小山内薫

映画劇最後の到着点

一

映画劇は将来どういう風に変わって行くかぼんやり考えた事があるので此講演を引き受けた時、出たらめにそういう題にして了《しま》って、それから少し本を調べて自分の考えに近いものを見出した、その本の中に書いてあった事を話して見ようと思う。先ず最初に映画劇がどうなるか結論を先にいうと其到着点は映画劇がなくなると思う。それは乱暴な断言のようであるが、詳論すれば強《あなが》ちそうでもない事がわかろうと思われる。

何故《なにゆえ》かというに、今日行われているのは映画劇でなくて実は劇写真である。写真で作られた芝居ではなくて、芝居を写真にとったものである。では芝居――ドラマとは何かといえば、ドラマは人間の動作と言語から成っている。殊にドラマにとって一番重大な者《ママ》は言語である。扨《さて》今日の映画劇が劇写真であるとすれば言葉がなく動作ばかりである。夫《それ》でいう迄もなく弁士が必要になるのである、でなければ一向面白くない。それは可なり高級の写真についてで低級なものでは一人一人の声色を使う。子供なら子供の声色、甚だしいのになると源之助なら源之助のを使うのである。

がこれは強ち排斥出来ない。それで終《しま》いかというに人間の写真と声色とでは満足出来ず、更に人間その者《ママ》を要求する、現に私の子供の一人などは尾上松之助の崇拝者であるが、あの松ちゃんが挨拶に出る時は何を措いても見に行く。これが一歩すすめば扮装して貰いたくなる、更に実際に演じてもらいたくなる、そうすれば活動写真はなくなって了《しま》う。以上は私がボンヤリと考えただけで、それについて学問的な理窟は持合せていない。所が私が偶然読んだ本にそれが説かれてある。その本の事は入手した時慶應大学でも話した事があるが、独逸のシュトゥットガルト〔編者註１〕大学の美学及美術史の教授コンラード・ランゲの著で、非常に常識的で、私の考えに近い。勿論同学者――独逸の学者の事であるから、面白くないかと思うが美学的根拠がある。今日行われている映画劇は物を言わぬ舞台劇である、写真から出来た芝居ではなくて芝居から出来た写真である。ところが活動写真劇はその本質上写真の連続に依って作られた芝居でなければならない、活動写真劇の本質は人間の動作、顔の表情でなければならぬ、それも出来る丈《だ》け緊縮した人間の動作、象徴的に取扱われた人間の行為でなければならぬ――人間の動作その儘《まま》という事は活動写真劇では許されない、それを圧搾した者でなければならぬ。

二

然るにその圧搾された動作を実際の景色の中でやる、活動写真では背景が本統の景色でなければならぬ事になっているからである、ところが圧搾された動作を自然景の中でやる、そこに非常な矛盾がある。一番明かな例は松之助の写真を見るとわかる。芸の巧拙、鬘の巧拙は別として、昔の劇の扮装動作は自然景とは調和しない。現に西洋でも此矛盾を感じている人がある。そこで動作の方を成るべく本統の方に近づけようとする、動作から象徴的な特質を取除けようとする、之で推して行くと活動写真劇の理想は出来得る限り、自然と一致した動作に依って作られたものでなければならぬ事になる。語を換えれば、出来得る限り作者の個性を没却しなければならぬ事である。

そうなると最後は非芸術的なものとなる。芸術品は個性を持たなければならぬ、二人の画家が富士山を同じ月に同じ日に同じ時間の同じ位置で書くとする。もし機械ならこの二つは全く同じものになる。ところが画家だと二つが非常に違う、個性があらわれるからだ。芸術の妙味はそこにある。個性がないと芸術でない、個性をなくして了《しま》うのは非芸術的なものを作る事になる。本当に実際に近くするのは芸術品を作る事にはならない。そういう誤りは活動写真の本質を知らぬから起る事で、従って芝居でやっているものを平気で写真に撮る。それを映画化されたの何のというがドラマはどうしても言葉なしでは表現出来ない。もし出来ればドラマは存在の意義がなくなる。〔編者註2〕タイトルなどというものは問題にならない。あんな非芸術的なものがあろうか、第一非常に興の起って来た時にその興味を中断したり短い場面に度々出て来たりするので非常に邪魔になる、活動写真には言葉がない事が必要である。

それでは将来の映画劇はどうしたら好いか、それには先ず活動写真全体の将来について論じて而して今日の所謂映画劇がどうなるかを考えて見よう。

一体活動写真を映画劇だけだと思うのは間違いで、其外にまだいろいろな種類がある、第一は実写《ナツウアフフィルム》これは重要なもので、先ず新聞記事的なもの、例えば国家的な出来事、議会の開院式とか国民大会とか祭礼、諸種の会合、公の建築の棟上式、又は落成式、いろいろの記念像の除幕式、軍艦の進水式といったように沢山活動写真にすべきものがある、今度のジョッフル元帥入京の写真なども取って置く必要がある、これらは新聞と同じ程度に、少くとも新聞に写真が余計入れられるのと同じで、こういったニュースがもてはやされる。

それに付帯したものとしては、政治的傾向をもったドラマを撮るも好い。独逸の例で言うと、以前カイゼルの美徳を伝えたものが作られた。バワリヤのルドウィッヒ二世〔編者註3〕の苦悶と死とを役者にやらせて、そして皇室の徳を公に知らせた事もある。現に摂政宮殿下が外国へ行かれて盛んに活動写真にとられたが、あれは吾々が拝見しても非常にいい感じがする。平生は非常に離れているものが非常に近く親しみがついたような気がする、外国人と吾々との間とか皇室と吾々との間とかの隔たりが全く取れる。あらゆる意味から大変有益なものである。

第二は人間の生活を映すもの、諸方の国民の生活、農業、工芸等の実況を撮って、さながら旅行して地方の生活状態を見るようにさせる、これも大変有益である。

第三は宣伝的な写真、或一会社の職工がどのように働いているか、そして其会社は職工に対してどれ位親切であるかというような事を知らせるもの、ただ広告ばかりではなく事業の有様を宣伝することにも利用される。併《しか》し此三種は芸術的に扱うのは難しい。実写の方では景色《けいしょく》が芸術的に映される、それは西洋でもそうで、甘ったるい活動写真劇を見るのを恥る人でも風景の写真なら少しも恥ないで見る。松竹キネマ株式会社でもいろいろ活動写真を作り、昨年暮れなどは一と月に二十本も撮ったと云うがどうも却々《なかなか》好いものが出来ない、けれども唯一つ私の感心したのがある。それは田頭《たがしら》という技師が撮った日本アルプスの実写で、あれ程のものは外にない。そういう訳で風景は決して馬鹿に出来ない、次は動物の写真。これは従来狩猟家や自然界の研究をしている学者にのみ興味を持たれていたが、やり方によっては子供に喜ばれる。動物の運動が芸術的に撮れない事もない。殊に動物の保護を宣伝する為めには好い。シュトゥットガルト市では諸鳥保護同盟が、その目的の為に立派なものを作っている。独逸のウーファ会社には文化部なるものがあって大分動物を映した、それればかりでなく植物、医学、農芸、地理などに関するものを撮っている。

三

それから最後に芸術的なフィルム、これは或様式をもたねばならぬスティル〔スタイル〕、それは文章にも絵画にもある、芸術である以上はこれが必要である。一体様式は工芸的なテクニックから生まれる。そのスティルが要る。然るに今日のには特種な様式がない、芝居と競争しているからである。芝居には複雑な思想を表現する言葉というものがある、所謂映画劇にはそれがない、弁士の説明は活動写真に撮《ママ》って決して本質的なものではない。言葉のないものが言葉があるものと競争するから様式がなくなるのだ。では活動写真の様式とは何か。と云うに非常な単純な動作、人間の目に直接に写って来るだけのものに限られる、それ以外に出ると活動写真はいけないものになる、少しでも文学的であってはならぬ。ただ目の芸術、アルファベットの芸術でなければならぬ。だから民衆的な芸術なので、そこが貴いのである。誰にもわかるそういう特質をもっている。だから文学的に取扱わなければならない脚本は、芸術的な写真を作ろうとする為に保留されなければならぬ。従って映画劇の要素としては単純な、直ぐ目に映じてくる動作でなければならない。その結果、非常にプリミティーブなものになる、芝居では耳をも大いに働かさねばならぬものであるが、映画劇はその必要はなく形式も内容も原始的なのが好い。そう云うと或は映画劇が軽蔑されるように思われるか知らぬが、原始的な事は近代の芸術では、賤《いやし》まるべき処ではなくて、そうである事が特色なのである。御承知の通り近来独逸に表現派なるものが興っている、あの派は自ら原始派とは云わぬが、要するに非常に単純な原始的なところに強さを求めている。少し前の時代の印象派と表現派との区別はそこにあると云われる、印象派は技術上複雑な理屈がある、表現派にはむずかしい美学的な理屈はない。「物を見るな、内にあるものを表現せよ」と云う。

表現派の人は沢山いるがパウル・クレニ〔クレー〕など云う人になると、この間資生堂にあった子供の自由画の展覧会へ出してもいいような、単純な原始的な絵を描いている。こう云う処まで来ている。それと同じ事で今の映画劇は原始的になるのは近代的になるので、劇場は頭の進んだ人の見るもの、活動写真は子供や教育のない人の為めのものであって差支《さしつかえ》ない。単純、である点に力を求める、アクセントをつける。自然そのもの、人間の実際活動では弱いから、もっと象徴的な、誇張したものをよしとする、そこで大げさに生真面目なものでなく漫画的な傾向に進んで行く。漫画は知らるる通り立派な芸術である。ドオミエの絵をミケランジェロの芸術に列《なら》べた人さえある位である。漫画だとて決して馬鹿に出来たものではない。

四

普通活動写真の滑稽物をコメディとかルスト・スピイル〔編者註4〕とか言っているが、あれも芝居との競争から付けられた名で何も、無理にそんな文学的な名を付けなくて好いのである。笑劇でもバアレスクでも好いのである。ところで、ああ云うものを褒めるのかと云うにそうではない。現今行われているようなのはいけない。笑わせるのはいいが漫画的にして笑わせるがいいのだ。では漫画即ちカリカチュールとは何かといえば、其作者の本統の自分の深刻な経験から生れ出たもので、真実を比べて置いて、それを掻き廻したものだ。それに芸術的な様式が出て来るのである。一方から云うと、映画喜劇の使命はそのカリカチュールを人間の動作であらわすにあるのだと云う。著者は曾てスツットガルトでこう云う写真を見たといっている、題は『蝿の女王殿下』〔編者註5〕といい、舞台は亜米利加でベエカアという蝿で儲けた、蝿王といわれる金持の宮殿、非常に広いので玄関を入ると絵図がなければ迷って了《しま》う程である。そこに一人のお嬢さんがあってお婿さんが来るのが遅れるのでヤキモキしている、そしてお婿さんの友達が来たのをお婿さんと間違える。その扱い方が非常に漫画的でその婚礼の日にお嬢さんが湯に入る時、十二人の侍女が二十四本の手が身体《からだ》をこするといった処がある。婿が漸く来て玄関を入ろうとするけれどもなかなか入れない、その急いでセカセカした足どりが模様のある敷石の上を段々に早くなる処を写したり、又家来が料理を運ぶところがリズミカルであったりする。又婿が酔ってよろけて行くのが極めて音楽的であった、こういうのを漫画的と称するのである。

次はトリックフィルム、之は他の芝居や何かでは出来ない、活動写真だけのもの、例えば自動車に轢かれて二つになった身体が又一つになるといった風のものである。その次は童話即ちメルヘン、これが将来大きな地位を占むべきであろうと思う。あらゆる国の童話を扱うのである。空想的な童話劇の写真は今迄にもあったが、碌なものはなく真面目にやって居ないのが欠点で、ガリバア旅行記やアンデルセンものさえまだ立派なものは出来ていない。是迄出来ているものではパウル・ウエーゲナアのプラアグの大学生、ゴオレム、山の神様などが此の種類に属するものである。最近評判であった『カリガリ博士』なども云わば一種のメルヘンである。お伽噺の芸術上の価値については岩波書店から発行している雑誌『思想』の第一号に吾々の先生のケエベルさんが書かれている。併《しか》し或人は仮令《たとい》お伽噺はいいとしても、子供に見せるのは危険ではないかと異論を称《とな》える人があるかも知れないが、この世の中に真実は有り過ぎる。であるから精神の自由を要求する。子供の頭にもそれが大変大事で目で感ずる世界を離れた世界に遊離させることが必要である。勿論精神の自由はあらゆる芸術が与えるものなので決して心配はない。ただ表現の形式を正しい形にするのが難しい。お伽噺を映画にする為めには若い画家を発見しなければならぬ。景色でも衣裳でも書いて了《しま》う必要がある。カリガリ博士も皆拵《こしら》えたものである、であの中で一番いやな処が初めの方の実景を使ったところである。

五

次に舞踊、露西亜のバレエなど取〔撮〕ったのがある。『シェヘラザアド』が或映画劇の中にとってあったが、其当時あまり注意されなかった。本当にいい舞踊のはない。最近アンナ・パブロバ、カルサビーナのが出来たらしい。この著者の書いた時分にはまだいいのが無く、有って難しい、例えばイサドラ・ダンカン、ダルクローズの学校の生徒の舞踊、但しサーシャ・ナイデルの裸おどりも可《いけ》ないと云っている、裸体は非論理的である。舞踊の写真には音楽がぴったり合わねばならぬ、それにはいい指揮者が入用である。其他運動の方面、乗馬、遊泳、フット・ボール、テニス、コート等のものを此の中に入れるがこれは芸術的ではない。

最後に此著者はキノパントミーム無言劇の写真がなければならぬと云っている。映画劇は元来そうである筈であるけれども、今日《きょう》のは前にもいった通り劇を活動写真に翻訳したもので本統の意味の無言劇ではない。しかし西洋には多少ある、単純な動作、生々した進行を写した一幕のものや三幕物などいろいろある。要するに本統に言葉のない芝居で、これは勿論活動写真の本質とはピッタリ合う。

以上ずっと述べた如く芸術的な写真としては第一が滑稽劇、お伽劇舞踊という順序で最後に無言劇にならなければならぬと云う。こうなると今日《こんにち》の所謂映画劇は無くなって了《しま》う。私の考えは先ずそうである。これは突飛の議論のようでいて、よく考えればそうでない、理想的に発達した暁にはそうなるべきである。『カリガリ博士』を見て感心した事には全くあれには言葉が入《い》らない、弁士がなくてすむ、二度目に新声館で見た時、弁士は説明が出来ないと言訳していたが、そう真に感じたのならば、この感じは軽蔑出来ない。十年前私が巴里のシャンゼリゼエ座で露西亜の舞踊劇を見た時はもう芝居などはいらないと思った。音楽、踊、背景、光線など渾然たるものとなって言葉はなくともいいと考えた。その後『カリガリ博士』を見た時も全く言葉などはいらないように感じられた。活動写真もここまで来れば本物である。

——二月十五日——（東京朝日映画研究講演会速記）

編者註

〔1〕原文表記はスワットガルト、ランゲは当地の美術館でキュレーターを務めた
〔2〕インタータイトル、説明・台詞の字幕
〔3〕バイエルンのルートヴィッヒ二世
〔4〕ドイツ語で喜劇、ルストシュピール
〔5〕ルビッチ監督のドイツ映画

第2章　活動写真の諸相

解説

マーク・ノーネス

サイレント時代、日本の映画産業は世界でも活発な一つが今日まで残る作品は極めて少ない。そのため私たちがこの時代へ歩み寄ろうと思う場合、映画評論や映画理論に頼らざるをえない。そこで私たちが目にするのは抜本的な改革の時代の図式であり、映画に関する言説が映画を記述すると同時に実際の映画製作へ影響を与えている。

初期の映画は舞台を映像に収めたものに近かった。話の筋書きは観客によく知られたものであり、さらに話術で補っていたため、映画自体が担う語りとしての役割は軽かった。しかし、やがて評論家は日本の作品を輸入された作品と比較しはじめるようになる。その結果、映画の本質とはなにか、映画が芸術性を持ちうるのかといった論争へと発展することとなるのだが、これらのうちもっとも力を持っていたのは純映画劇運動であった。

純映画劇運動を先導した評論家たち、とりわけ『キネマ・レコード』（『フィルム・レコード』改題、一九一三―一七）や『活動之世界』（一九一六―一九）や『キネマ旬報』（一九一九―）で筆を揮った評論家らは日本映画は西洋映画に遅れをとっていると論じていた。彼らは日本映画を特徴づける弁士に依存した物語りの構成、女形、芝居がかった演技、比較的少ないインタータイトル（説明や会話の文字字幕）といったものを、ハリウッドを至上とする目的論のなかに位置づける。これはすなわち、エリートの評論家らは日本映画をデペッシュ・チャクラバティが言うところの「歴史の待合室（the waiting room of history）」へと置くことによって、自らの身を「第一が西洋、あとはその他（first the West, then the rest）」とする極めて近代的な認識論的立場に置いたということである。日本映画はハリウッド映画のようになり日本国外で認められて初めて真っ当な映画となる。

彼らの中でも最も著名なのは帰山教正。多くの著述、なかでも著作『活動写真劇の創作と撮影法』で帰山は映画製作の技術的な側面に焦点をあてるという奇妙な方策をとる。ここに収められた選集において、帰山はもっぱら撮影技師に頼る映画を批判する。そのような映画はどうしてもある種、舞台を映像に収めたものにならざるを得ない。他の映画制作スタッフの仕事の価値を高めていくようなやり方によって、おそらくより映画らしい映画になるであろうという。

このような考えは、映画の本質に関するこの時期の批評家の関心事を典型的に示している。帰山、覆面隠士、川添利基のような書き手は、映画というメディアの特性を理解するため、そして究極的には映画の変化を求めて舞台芸術や文学、絵画などの他の芸術と比較をした。これは予備知識や弁士の「支え」を必要としない自己完結したストーリーにするために女形や弁士を排除し、映画的な語りを再構成することを意味した。

弁士は非常に大きな注目を集めた。このセクションの選集では、きっぱりと拒絶をする帰山から弁士らの驚くべき人気を認める覆面の筆者まで、様々な立場があることを示している。結局、弁士はサイレント時代の最後まで日本映画において無くてはならないものであり続けた。とはいえ、弁士の実践は覆面の筆者が主張した線に沿って変化した。かつては大げさであった演技は抑えた調子となり、「説明」は脚本により忠実になった。アーロン・ジェローが論じているように、表現の力点は劇場というローカルな空間から、（国家的な）映画製作の場へと移行したのである。

覆面の筆者はこの時期の著作で第二の強い傾向について指摘している。それは映画の上からの管理と組織化への強い願望である。とりわけ一九一一年のフランスの犯罪映画『ジゴマ』シリーズを巡る騒乱からというもの、人々は映画が社会に与える影響に対し不安を感じるようになった。ここに集められた著作が示唆するように、議論の内容は芸術的な側面と社会的な側面が複雑に組み合わされたものだ。江戸川乱歩のエッセイでは観客が感じた畏敬の念を垣間見ることができるが、私たちにとって無声映画期に映画が与えた大きな影響力を正しく認識することは難しい。橘高広が以下に論じているように、映画の否定しがたい力は、なにより生産的で有益な目的のために（少なくとも橘の定義上）使われることとなった。同様に、川添の弁士観は最終的にはエンターテイナーというよりも教師に近いものへと変貌していった。

日本映画は彼らエリートの評論家が求めた多くの変化を実際に経験することとなった。女形は消え、女優がその役割を果たすようになり、演技はより現実的なものとなった。映画はそれ自体で完結した物語を構成する脚本に基づくようになった。ショットの数と種類が増えると同時に、インタータイトルは大幅に増加した。そして、日本映画はハリウッド映画的なスタイルへと適合していった。これらの批評や理論的著述がそういった変化を作り出したのか、あるいは単にそれらを記述しただけなのか。その程度に関しては議論の余地がある。とはいえ、これらが理論と実践の相互作用を例証するものであることに疑いはない。（翻訳：松本弘法）

【参考文献】夢想兵衛『映画説明の研究』朝陽社一九二三。長谷正人「検閲の誕生：大正期の警察と活動写真」『映像学』五三号、一九九四。牧野守『日本映画検閲史』パンドラ二〇〇三。岩本憲児『サイレントからトーキーへ―日本映画形成期の人と文化』森話社二〇〇七。岩本憲児編『日本映画の誕生』森話社二〇一一。岩本憲児「映画雑誌の草創期『キネマ旬報』以前・以後」『関西学院大学図書館報　時計台』八七号、二〇一七・四（http://hdl.handle.net/10236/00025711）。Noël Burch, *To the Distant Observer*. University of California Press, 1979. Aaron Gerow, *Visions of Japanese Modernity*. University of California Press, 2010.

解　題

①　帰山教正「活動写真劇の要素」

【出典】『活動写真劇の創作と撮影法』（増補再版）正光社、一九二一年、一―一二頁

帰山教正（かえりやま　のりまさ　一八九三―一九六四）は東京高等工業学校（現 東京工業大学）機械科卒。後の『キネマ旬報』にも連なる同人誌の立ち上げとそこでの評論（ペンネームでは「夏渓山人」「水沢武彦」）、また、演芸界の因習から脱し日本映画の革新を求めた「純映画劇運動」の主導者として名高い。一方、本人には、当時の高等学校かつ近代社会の先端技術を修める学科を出た者としての自負が強かったのだろう。映画史的には「運動」以降に消えた印象で語られがちだが、後に小型映画の解説書などを何冊か上梓し、技術系の専門家として晩年まで映画を稼業にしていた。後章には、帰山が欧米の文献を渉猟して蓄えた脚本創作や演技についてのテクニカルな知識に加えて、舞台装置、カメラの機構、フィルム媒体や特殊撮影など、映画の技術的知識が披瀝されている。理工学系の細かい数値を用いた説明で、映画の技術的専門性を強調する帰山の視点は、他の論者にはない特徴だ。

日本映画史上の〈運動〉としては、帰山と『生の輝き』（一九一九）を共同で制作し、その後の映画史で名匠と評された村田実のようなこの時代の監督たちも、作品で革新を体現した点で重要である。また、「純映画劇」という呼称も一九一七年の初版にはあまり見られないので彼の造語とも言えないのだが、歴史叙述ではむしろ帰山の名がその

「運動」の代名詞として語られることが多い。おそらくその所以が採録したこの章にある。論述は、事物の形態・動きをとらえモノクロで表現する映画の媒体的固有性や、演劇人と技術者が分業協力する米国型映画制作の合理的近代性を際立たせるために、演芸興行の流れをくむ人々が映画に持ち込んだ大衆演劇や活動弁士が担う話芸の要素を舌鋒鋭く批判する。この点が、「純映画劇」が何を革新するのかのマニフェストとして読めるのである。他方でこれが、帰山が専門とする映画技術や制作の方法論の重要性を、どこか西洋映画の近代性を背にした啓蒙的態度によって主張するものである事にも注意したい。（洞ケ瀬）

【参考文献】 帰山教正『活動写真劇の創作と撮影法』飛行社一九一七、増補再版、正光社一九二一。『映画の性的魅惑』文久社一九二八。『シネ・ハンドブック』日本アマチュア・シネマ・リーグ一九三〇。『小型映画の撮影と映写』誠文堂一九三〇。帰山教正、原田三夫編『小型映画講座第二巻　映画製作法』東方書院一九三一。岩本憲児『「時代映画」の誕生—講談・小説・剣劇から時代劇へ』吉川弘文館二〇一六。

② 覆面隠士「弁士評論」

【出典】『活動之世界』第三巻第九号、活動之世界社、一九一八年九月、三〇—三八頁

著者は不詳。次号にある継続連載では「一記者」とあるため、誌面編集部の一員だろう。初期時代のファンに愛読された映画雑誌『活動之世界』や『活動写真雑誌』で、創刊当初に誌面を賑わしていたのが弁士の話題だった。この論説はその名残を感じさせるが、当時のように弁士を映画スターのように崇めるのではなく、その必要を消極的に訴える内容になっている。

弁士の意義を論ずる点では、帰山教正の採録論文にある弁士否定と対照をなすが、内容はむしろ「純映画劇」を踏

まえている。著者の考えの根底にあるのは、芸術表現を視覚か聴覚へ働きかけるものに二分し、映画をもっぱら視覚に属する表現とすることで、聴覚に働きかける音楽や弁士の語りを視覚に反するものとみる見方だ。意識されているのは明らかに、映写装置の光学的な媒体性に映画の本質をみる帰山のような論者の主張で、著者はこれに賛同する。だが、それでも弁士が必要だとするのが著者独自の論点であり、その論拠として弁士が日本の大衆に依然として支持され続けているという、欧米とは異なる地域固有の現状を重視する点こそが、欧米近代主義的な帰山の論と真に対照をなす部分だろう。

「教育」を担うことに社会的意義を見出そうとした当時の業界の動きを批判する後半部分では、映画を楽しむ観客の娯楽的興味にこそ弁士の語りは寄与するべきと力説されていて興味深い。これは、退廃として批判されがちな「娯楽」そのものの意義を論じた権田保之助の民衆娯楽論とも軌を一にしている（また権田にも弁士論がある）。

映画に対する弁士のあり方という問題は、この後も日本の映画言説で度々論じられた主題で、何冊かの著作や地方の映画雑誌などに議論が残る。また、近年の映画研究の定説では、こうした弁士の役割の変化の背景に、東京における活動写真興業取締規則の制定（一九一七）で映画が検閲対象となり、社会的に自律した表現と見られ始めたことがあるとされている。（洞ケ瀬）

【参考文献】 夢想兵衛『映画説明の研究』朝陽社一九二三。権田保之助『映画説明の進化と説明芸術の誕生』非売品・大島秀夫、一九二三（『権田保之助著作集・第四巻』文和書房一九七五）。松木狂郎ほか『説明者になる近道』説明者同人会一九二六。小林貞広『新聞に見る初期日本映画史―名古屋という地域性をめぐって』学術出版会二〇一二。

③　橘高広「映画の破壊力と建設力」

【出典】『映画劇と演劇』内田老鶴圃、一九二二年、六五―六八頁

橘高広（たちばな　たかひろ　一八八三―一九三八　ペンネームは立花高四郎）は早稲田大学専門部英文科卒。一九二〇─三〇年代をかけて数々の映画書を発表し、この時代の映画言説を担った重要人物である。警視庁で検閲官を務めながら精力的に映画評論を行うという異色の経歴を誇り、所々で語られる検閲実務の経験談は戦前初期の映画検閲を考える上で見逃せない。新聞記者から警視庁へ転じたとされるが、さらに朝日新聞記事によると、一九一七年六月に警視庁保安課警部から検閲係長へ異動となり、同係を一九三一年六月まで務めたとある。ただし官僚名簿に名前が出ないところを見ると、課内の地位は低かったのだろう。帝大、早大の学生を集めて映画研究会を主催し、後の映画人を育てたとも言われる。

これまでの橘論では、専ら知的権威と社会常識を頼りにする筆致が「印象批評」と評され、検閲官とファン観客の立場が同居する批評態度の曖昧さが注目されてきた。他方で、著作を広く見ると、データ収集（本書にも、当時の演劇演目の上演回数がまとめられる）とその分類・分析を駆使した社会科学的な装いや、社会を揺るがす映画の影響力を検閲によって民衆教化の手段に導こうとする啓蒙主義的筆致が一貫してもいる。出典の本書の内容は特に、そうした観点から映画と演劇を論じたものだ。

採録章の内容は、日本で最初期のプロパガンダ論にあたる。ここでは、一般的な政治宣伝よりも商業宣伝の方法が英語文献から紹介されている。だが注目すべきは後半にある、プロパガンダだと気づかせない宣伝を奨励している部分だ。これは、本書の「映画政策時代」の章でも橘の言葉で強調されるだけでなく、一九三〇年代の帰山教正や、四〇年代の今村太平などのプロパガンダ論にも同様の論旨が引き継がれる点で重要である。また「社会事業と活動写

真」の章では、弁士の説明で宣伝意図が曲げられないように、一場面に表現するのは一つの宣伝だけに限るとする、橘が「一場一義」と呼んだ方法論も示されている。（洞ケ瀬）

【参考文献】 橘高広『民衆娯楽の研究』警眼社一九二〇。『映画劇と演劇』内田老鶴圃一九二二。『現代娯楽の表裏』大東出版社一九二八。立花高四郎『活動狂の手帖』洪文社一九二四。『映画一夕話』清香社一九二八。『これ以上は禁止―ある検閲係長の手記』先進社一九三二。牧野守「活動写真街道を駆け抜けた二足の草鞋の証言者」『最尖端民衆娯楽映画文献資料集・第一五巻』ゆまに書房二〇〇六。

④ 江戸川乱歩「映画の恐怖」

【出典】『江戸川乱歩全集』第三巻、春陽堂、一九五五年、二七六―二八〇頁

江戸川乱歩（えどがわ らんぽ　一八九四―一九六五）は早稲田大学政治経済学部卒。作家初期の一九二五―二六年にかけて、乱歩は映画に関する随筆を数本書いている。それらの一つ「映画横好き」には、デビュー前の遍歴時代に行った活動弁士への弟子入り志願や、権田保之助やミュンスターバーグの著作を読んで映画監督に志願したことが綴られており、乱歩が持っていた映画への執心が感じられる。小説にも映画への言及が多く、『蜘蛛男』（一九二九）では映画撮影所が舞台となる。

採録した文章では、フィルム機構の故障や劣化が生み出すトラブル映像など、映画劇の外側に焦点を合わせる目新しい映像論が語られている。だが人気作家の筆に凄味が現れるのは、そうした映像が生み出す非現実的な不気味さ、危機感や恐怖といった感情を言葉に描出している部分だ。しかもそれを自らの心の内よりも、映写機・スクリーン・観客の間に生じる何かとしてとして具体的に論じている点には目を見張る。スクリーンと乱歩の間に現れる立体映像

の錯視は典型的だが、クロースアップが観客に知覚させる想像的な（聞こえない）声や引火するフィルムと燃える映像など、いわば劇場空間全体に現象する映画の非物質的な側面が言葉巧みに著わされている。

ここにはないものの、乱歩の映画論は劇の内容についても論点が鋭い。探偵小説と映画の関係性を検討する随筆「探偵映画その他」や「映画いろいろ」には、映画のフラッシュバック表現を探偵小説に近似した技法として論じている個所もあり、その批評眼の高さがうかがえる。また、『鉄路の白薔薇』（一九二三）や『最後の人』（一九二四）など、当時の人気映画が作家の視点で論評されてもいる。こうした乱歩の論は、大正時代に映画がどう見られていたのかを考察する素材としても価値が高い。初期の映画関連随筆は、単行本『悪人志願』にまとまる。また乱歩にはこの後も、映画合評会での発言や映画評が数あり、晩年まで続く。「映画」などのテーマで乱歩を検証するには、次のレファレンスブックが役立つだろう。（洞ケ瀬）

【参考文献】江戸川乱歩『悪人志願』博文館一九二九（同書名／江戸川乱歩推理文庫四八、講談社一九八八。『江戸川乱歩全集』二四巻、光文社文庫二〇〇五）。平井隆太郎、中島河太郎監修『乱歩文献データブック』名張市図書館一九九七。『江戸川乱歩執筆年譜』名張市図書館一九九八。平山雄一『江戸川乱歩小説キーワード辞典』東京書籍二〇〇七。

⑤　川添利基「映画劇の本質」

【出典】『映画劇概論：映画劇への「第一の門」』駿南社、一九二七年、三一―三八頁

川添利基（かわぞえ としもと　一八九七―不詳）は、一九二〇年代中頃から海外の映画・演劇書の翻訳や、自著の映画解説を精力的に上梓した人物だ。早稲田大学、立教大学の英文科に在籍した記録がある。初期の活動は、同人誌出版や劇団員から始まり、小説集なども出していた（『凝視』一九二五）。また、松竹キネマと東亜キネマで脚本家として働

き、劇映画の実制作も経験しているためか、本書の内容も映写装置から、舞台セット、照明、観客、撮影監督、劇場、フィルムの色彩などまで論じ、幅広い。ただ、この採録論文からうかがえるのは、著者の映画論の根底にあるのが演劇・身体表現的な要素であるという点だ。

本論では、舞台演劇とも絵画とも小説とも異なる映画の固有性が説かれるが、その根拠として強調されるのが「アクション」という人間の身体性に関わる要素である。後章の説明では、これは主に無声映画俳優のパントマイム的動作を指す。映画ではこの無声のアクションによって、物語だけでなく俳優の「魂」や匂い・音までも情動的に伝えられる。だからこそ映画は、言葉で書かれる小説だけでなく、俳優の身体アクションがあっても、やはり言葉で物語を語る舞台劇とも異なると著者は言うのだ。また、「アクション」には俳優だけでなく映像に写る物体の動きも含まれるという、映画の物質性に触れるような論点もあり興味深い。だが川添の結論では、それは「撮影監督」の表現が生み出す動きと説かれるため、物質性も監督という身体に結局帰されている。

こうした川添の議論が、英米の映画文献に多くを負っている点も重要だ。本書では特に、川添自身が訳したオースティン・レスカァボラの『映画芸術研究』と、ヒューゴ・ミュンスターバルグの『映画劇』（久世訳）が論の下敷きになっている。舞台劇と映画劇の違いはほぼレスカァボラの論の通りに説明されており、「観客」を論じる章はミュンスターバルグ理論の要約にあたる。川添の論は、海外理論の日本での受容を考えるには格好の題材だろう。（洞ケ瀬）

【参考文献】ミュンスターバーグ『映画劇―その心理学と美学』久世昂太郎訳、大村書店一九二四。レスカァボラ『映画芸術研究』川添利基訳、聚芳閣一九二四。川添利基『キネマ・ハンドブック―映画辞典』聚芳閣一九二五。『映画劇―筋と脚本の書き方』事業之日本社一九二六。『映画劇概論―映画劇への「第一の門」』駿南社一九二七。『映画俳優入門』事業之日本社一九二七。ヴィイ・オー・フリーバーク『映画美論―スクリーンの上の美に就いて』川添利基訳、内外社一九三二。

①　帰山教正——活動写真劇の要素

②　覆面隠士——弁士評論

③　橘高広——映画の破壊力と建設力

④　江戸川乱歩——映画の恐怖

⑤　川添利基——映画劇の本質

活動写真劇の要素

帰山教正

一、芝居と活動写真劇の相違点

舞台演劇（芝居）と活動写真劇（映画劇）とは全く異った性質のものであって、一寸《ちょっと》考えると芝居を活動写真で撮影したものが直ちに映画劇と云う事が出来る様に思われるのであるが、本当の映画劇と云うものと芝居とは全々異った特徴を有して居った演劇と離して独立したものとして扱われなければならないものである。演劇には色彩があり音響があるけれども映画劇には色彩もなく（フィルムの染色による限定された色彩はあるが完全なものではない、又天然色とても同様である）又音響もない（発声活動写真と云うものがあるが映画そのものから発する自然なものではなく機械的に画《え》と合わせるものである）只動作があるのみである。

今他の諸芸術と分り易く比較をして見ると、絵画と云うものは形と色彩に由る芸術であり、音楽は音響に関する芸術であり、文学は文字を通じて吾々の心に感ずる思想であり、彫刻は形態の芸術である。この様に考えて見ると演劇は形と色彩と音響等の総合芸術とも云う可きもので、活動写真はフィルムを通じて映される所の、形の流動に関する芸術でなければならない。（映画劇の芸術論は後章〔本書では省略〕を参照）活動写真が芸術的に特殊な独創的なものを持って居る事は映画芸術と云う新しいものが生れ出てやがて確固たる地位を保つことが出来るのを示している。

活動写真劇の価値如何は脚色上に於て又撮影上に於て、活動写真が有する総ての範囲を最も巧みに応用するとせざるとに帰するものであって、換言すれば即ち活動写真の本質たる、形態、動作、限定されたる色彩等の範囲内に於て是等を十分にフィルム内に発揮せしむることである。

尚平易に云えば活動写真に由って表現し得る範囲は、万物の形態とその動作をそのまま再現することが出来るのと、限定された色彩を使用し得ることである。故に映画劇の脚色に於ては、弁士の声色や、鳴物の音響などで補足されなければならない様な脚色をするのは非常に間違った事で、映画芸術をより多く遠ざかった作品となってしまう。純粋な映画劇と云うものは本来字幕や音楽を以て補足されないものでなければならない筈である。何となれば活動写真映画の映された影は弁士の声色や音楽師の音楽とは真の連繋は持っていない、オペラの俳優とそのオーケストラとの如き連繋はないのである。

然し実際上現今の処では、映画劇がまだ真の芸術と云う域には到達して居ない、仕組まれる処の筋書は、すべて殆んど写実主義のものであるから、どうしても文字を以って説明する必要が起って来る、同時に文字を以て説明する以上は弁士の説明や声色も当然付随して居るのである。映画が写実主義から進歩して極めて象徴的なものとなって来て始めて映画の芸術的独立も確立し、弁士の説明も声色も、又鳴物も不必要となるのである。たとえ写実を追って居るとは云え、なる可《べ》く活動写真の本質に近づいて、出来るだけ字幕の説明を廃し、見ることに由って十分理解される様に映画劇を脚色することは大切な事であって、脚色者は芝居から全く離れた所に在って、その本質を発揮して行くことが大切な事である。

脚色者ばかりでなく、監督も俳優も技師も今申した点に注意して当らなければならない。然して映画劇に於てそれらはどうあらねばならないかと云う事に就て順次実際的に述べて行こうと思う。

二、活動写真劇の構成素質

映画劇を作るに当って、活動写真の本性を十分に了解しなければならない。そして映画劇の価値は大体に於て脚本及その創作上の価値と技術上の価値とを共に考えねばならない。舞台演劇に於ては分類すると、作者、俳優、背景及道具方、音楽師、或は光線係と云う様に様々の分業があるが、活動写真に於ても作者、監督、俳優、背景道具方、技師、等様々な業務がある。

凡そ其の構成素質及分業の有様を分り易く一つの表に作って見ると次の如くである。

映画劇
- 脚色法
  - 考案（プロット）
  - 脚本（シナリオ）
    - A.種類及目的
    - B.映画劇としての価値
- 演出法
  - 構図上の舞台装置
    - A.舞台設計
    - B.道具及配置
    - C.彩光
  - 撮影督監法
  - 俳優動作
    - A.衣装及化粧法
    - B.演技術
- 写真術
  - 撮影法
    - A.位置及彩光
    - B.カメラ技巧
  - 現像及印画―印画と色調

構成素質

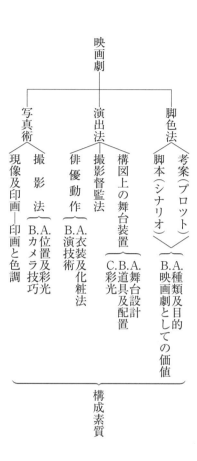

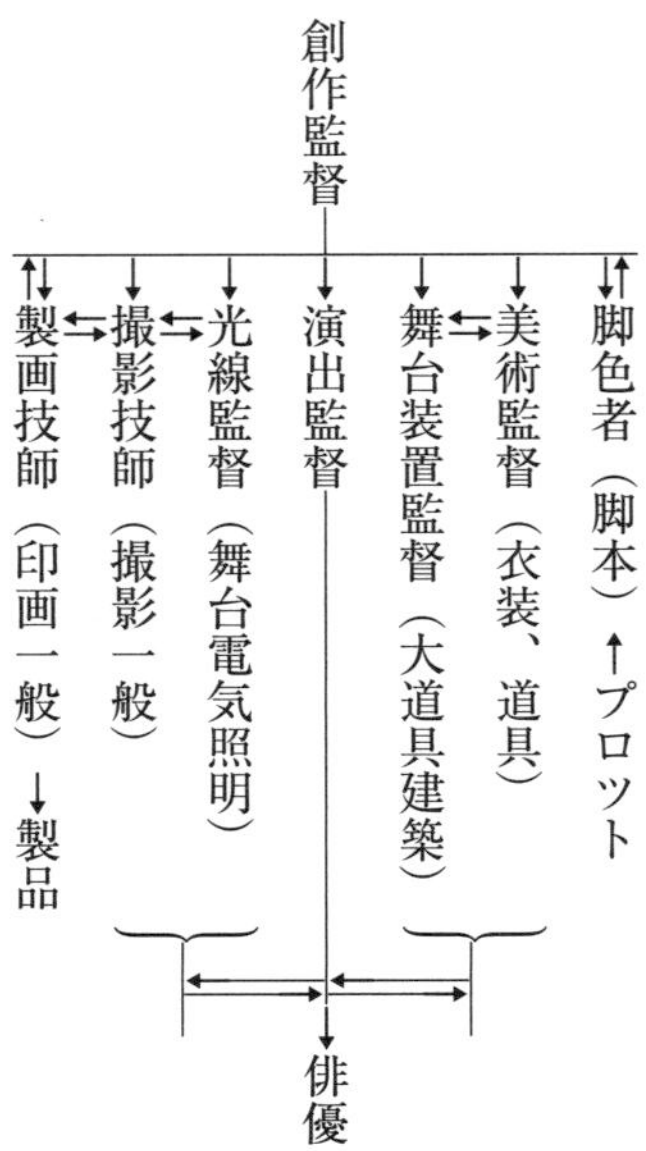

普通活動写真劇の要素は脚色法、演出法、写真術の三つを以て三大要素として、この三つの各部分を更に細別すると表示の如くになって、分業の実地を以て示せば次の表の如く、創作の総監督は各部の分業者を統一の完全によりて始めて良好な映画劇を得るわけである。通常監督と称すると演劇の舞台監督に対比して、演出監督即ち撮影監督を以て映画創作者の如くに考えられている（事実に於て我国などでは判然としていないため表示の様に分業的ではない）然し適切なる方法としては創作総監督は各部監督を指導し、専ら演出と云う撮影の中心事項に対して、演出上の才能ある監督をして撮影の監督をせしめるのである。英語に対称すると創作監督［Producer《プロデューサー》］、脚色者［Scenario《シナリオ》 Writer《ライター》］、美術監督［Art《アート》 Director《ディレクター》］、舞台装置監督［Technical《テクニカル》 Director《ディレクター》］、演出監督［Director《ディレクター》］或は［Managing《マネジング》 Director《ディレクター》］、光線監督［Lighting《ライティング》 Director《ディレクター》］、撮影技師［Cameraman《カメラマン》］或は［Photographer《フォトグラファー》］、製画技師［Developing《デヴエロービング》 & Printing《プリンティング》 Operator《オペレーター》］などである。

文学が書籍の活字を通じて其思想を伝えらるる如く活動写真はフィルム印画を通じて表現せらるる一種の無言劇

[Pantomine]《パントマイム》であって、フィルムは即ち書籍で写真術は即ち印刷術に当る可きものである。然し印刷術の方は、それがどれ程拙劣であっても文字さえ間違いがなければ文章それ自身の価値には影響しないが、若しも写真術が拙劣であれば映写さるべき映画の価値は非常に減退せられる。故に写真術は一種の印刷術ではあるが単なる活版術ではなく活動写真の生命の大切な一部分であることを記憶せねばならない。又映写さる可き影は演劇に於けるパントマイムとは又其趣を異《こと》にし、より多く説明的であり且《かつ》表現さる可き範囲が広い。そして動作、背景、写真技巧、タイトル、限定されたる色彩等の範囲で演劇に於けるパントマイムより遙かに鮮明な表現を為し得るのである。

すべて活動写真劇は固有の独創的本質のものと表現せられるのであるから、どれ程立派な舞台演劇でも、文芸品でも、そのまま活動写真技術に由って撮影したからと云って其作品は決して価値あるものとはならない、活動写真化せられて後始めて価値づけられるのである。そして完全な映画劇を作る為には前に示した様に脚色法、演出法、写真術の三つが相伴なって行かねばならない、換言すれば、脚色者、各監督、俳優、写真技師等の完全なる処置に由って映画劇が価値を示すのである。

三、誤れる日本の映画劇

我国の映画劇は其の最初の出発点を誤っていた為にその災を現今にも及ぼしている。即ち芝居をそのまま撮影したものが活動写真劇で、活動写真は謂ゆる写真術に過ぎない、声がないから弁士で補足すると云う様な考を一般撮影者が持っていた。これがそもそもの誤を作った原因で、映画劇は芝居とは全く異った立場をもって居る事やその有利な特徴を無《な》しにしてしまっていたのである。その堕勢で、近頃映画改良が行われて日本映画の誤を指摘しても興行者は旧弊を保持して容易に改める事の利益あることを敢行しない。非常な誤った考で且《かつ》不利益なことと云わねばならぬ。

今その誤れる諸点を摘録して見ると次の如くである。

一、脚色法＝舞台演劇台本の如く科白《せりふ》を主とし、動作及場面転換を主とせざること。

一、演出法＝科白によって動作するため、声色を入れざれば劇の意味不明なる場合多く、映画劇の要求に反すること。

一、写真術＝撮影上の規定及技術上に欠点多きこと。

活動写真映画は世界語の印刷であると称《とな》えられている位にその表現法の宜《よろ》しきを得ば、何処の国の人が見ても了解せられ得る性質のものである。活動写真表現の第一要素は動作を以て表現する点であって、動作を去ってしまったならば映画は全く価値を有しない。芝居を安価で見せるのが活動写真である如く考えたならば大なる誤である。義太夫出語りで太閤記十段目と云う様なものを映写したとする。これ等は舞台で実物を見る方がどれ程価値があるか知れない。然し今川中島の合戦とか又は大平洋上の一場と云う様な材題はこれを只映画劇として価値あらしめる他舞台演劇の遠く及ばないことである。活動写真は其の本質の発揮が明白なる程興味も増加し価値もあらわれて来るのであると云う事を悟らなければならない。徒《いたずら》に芝居を活動写真に撮影する如きは最も誤れる且《かつ》拙劣な仕事であって、活動写真の本質は何処に在るかと云う事を考え、それをとらえる事が最も利益ある方法である。

我日本の製作者及び興行者はもっともっと活動写真の本質と云う事に触れ、声色を入れなければならない様な狭い範囲の映画から離れ、もっと広い立派な映画を製作する様につとめなければならない、そしてこれが即ち真の民衆を引きつけ得べき映画であって、芝居の下《もと》に服従しつつ声色入の映画が一般民衆の興味に適応したものだと云う先入観念からその蒙を啓くことになるであろう。

活動写真の本質に適う可き映画を製作する各方法に就てこれから詳細に述て行くつもりであるが〔本書では省略〕、

映画劇の改良向上の為め大に我斯界の人々に向って反省をしてもらい度《たい》のである。そしてそれが即ち活動写真の真の福利となるのである。

弁士評論

覆面隠士

一、映画説明の必要

我国に於ける現在の映画界に在っては、映画説明者即ち弁士なる者は必要不可欠《かくべからざ》る重要な職分を有して居る。即ち西洋写真に於ては、映画の内容の進行を補足すべきサブタイトルが原文なるが故に、外国語に堪能ならざる観客の為には最小限度に視るも弁士は字幕と同等の必要さを保有する。殊には人情風俗を異《こと》にせる外国写真は、単に字幕の翻訳のみでは充分に映画の筋及び気分を領得する事が出来ないから、或程度迄の筋の変化及び充分の説明を補足するの必要を認めなければなるまい。

日本映画に於ては、在来の夫《そ》れは脚本俳優の演出及び場面接続、撮影法、字幕等の不備よりして、殊に弁士に待つ所が多い。特に台本が科白《せりふ》に重きを置く事及場面の取扱方等に於て頗る舞台劇の形式を墨守せるが故に、勢い泰西の映画以上に煩瑣なる説明方法を用いなければならない。されば現在の日本写真には弁士以外に声色方なる者が居て、舞台劇の科白と同様のものを使って居る、この声色方なる者は仮りに否定するとしても尠《すくな》く共《とも》普通の説明者迄も捨て去る事は、遠い将来は識らず現在日本物の程度では到底企て及ばざる事であろう。

乍《しかしなが》ら併吾人は説明者に余りに重大なる価値と負担とを与え過ぎてはならぬ。説明者が必要であると謂《い》う意味は決して絶対的積極的のものではない、又説明と言う字義以上に他に肝要なる目的や権能を賦与せしむる事も適当ではない。詳言すれば如何なる映画に対しても説明の必要は決して必然的のものでなく、寧ろ映画として卓越して居ると言う意味は、軈《やが》て説明をより多く不用とすると言う意味にさえ解せられるのである、映画劇の特質が沈黙劇《サイレントプレー》たるに在り、且《かつ》すべての劇的進行を眼に訴えるという点より推して、耳に訴える説明が積極的には大して意義を成さないものである事は当然と謂わなければなるまい。

二、説明者は積極的意義あるか

茲《ここ》に於て論者は次の疑問を提出するかも知れない。即ち「人間の感情生活は複雑なる感覚の刺戟が統合し調和したる時に最も強烈となるものであるから、単に眼のみに訴えるよりも同時に耳に訴える事の方が、より多く有効ではないか」と。然り此主張は主張としては確に正当である。けれ共《ども》弁士の説明なるものが直ちに吾人の感情の琴線に触れ来って映画の有する眼に訴える特殊的気分情調と調和し、且《か》つ能く其れを高潮せしめ得るものであろうか。非常に卓抜なる説明者が映画の情調気分を或程度迄助成し得る事は、吾人も往々にして経験する所ではあるが、併し此の如き巧妙なる説明に於ても、一面獲《う》る所あると同時に一面失う所の尠《すくな》くない事を知らねばならぬ。

何者《なんとなれば》説明は第一に人間の理解力に訴える場合が多くして、感情に即して之を儻動せしむる場合は、事実上の説明が正確であり詳細である程愈々《いよいよ》困難となり勝ちのものであるからである。

第二には映画的技巧及びそれに含まるる情緒が繊細になり複雑に渉るに従って、吾人の注意力及び感官は眼のみに集注して、其処に純一なる情緒的雰囲気《アトモスフィア》を醸成し、劇的夢幻的な節調《メロディー》が、自由に脳裏に作用せられる事が出来るからである。此の如く注意力が画面に集中され、感情が視覚を透して急迫せる場合に、猶且《か》つ説明をも併せて受け入れねばならぬとしたら、勢い注意力及び感情は其の一方の聴覚の為めに妨げられ、或程度迄の説明上の効果はあるにしても、劇的気分の純一性は幾分破壊されて二元的となり、情調の上の力の弱められる事は何としても避け難い。

第三に耳感は眼感に比して受容の範囲も狭く力も弱いにも拘らず非常に鋭敏であるから、映画の場面の単なる説明は、場面と相違して居ないにしても、夫《そ》れが耳を通るが故に気分に於て幾分画面と適《そぐ》わない場合が往々にある、従って映画に適合する聴覚は、音楽の如き最も節調的《メロディアス》なものに在りては勿論有効であろうが、濁音騒音に近い弁士の説明声は、鋭敏な耳感に溷濁した或る不快感を伴わしめる事が寡《すくな》くない。

第四に映画は其の本来の性質よりして発達に従って場面の転換数を増加する事となり、其沈黙的説明の特色を発揮するの傾向を有する事は言う迄もない、然るに一方弁士の説明をしてヨリ以上に生命あり興味あるものならしめんには勢い映画の本質に負《そむ》いて成《な》る可《べ》く一場面の長続を要求せねばならぬ。此の相反せる両者の矛盾は到底相殺しなければならない。

三、重大なる弁士の地位

以上の四点よりして説明者の説明が絶対的積極的の意義を有するものでない事が頷《うなず》かれるであろう。乍併《しかしながら》是等欠陥があるにも拘らず、我国活動写真観覧者の為には事実上弁士は映画俳優に次で最も重大なる位置と人気とを保って居る。各館は挙《こぞ》って優秀なる弁士を雇傭せんとして、多額の給料を支払い、観客は馴染の映画女優に於けると同様の熱心さを以て馴染弁士を声援し評判する。土屋〔松濤〕の声色を聴くべくオペラ館を覗き、内藤〔紫漣〕の説明に牽《ひ》かれて帝国館に這入るものは、必ずしも弁士志願の青年や、好事者《ものずき》許《ばか》りの仕事ではない。浅草六区の人気は石井〔春波〕必ずしも伝次郎〔大河内〕に劣らず、生駒〔雷遊〕の学生界に於ける評判は又五郎〔初代中村又五郎か〕の娘連に於けるものに匹儔《ひっちゅう》〔匹敵〕する。

斯く弁士が絶対的意義を映画に於て有し得ないにも関わらず、而も重大なる地位と声名を斯界に占守して居る事は、頗《すこぶ》る不可思議な現象とも見做されるが、其原因は我国映画界の特質で且《かつ》欠陥と謂《い》うべき点に基いて居るのである。即ち我国に於ける映画発達の経過に徴《ちょう》するに、外国写真の字幕《タイトル》を観客に理解せしめる手段を、字幕の翻訳的技巧の方面に執《と》らずして、口授的通訳の方面に執った。此通訳は訳者の説明技巧の進歩に伴って、次第に単なる通訳の境域を離れて、映画に含まれた事件の展開及び夫《そ》れに随う気分情調を巨細《こさい》に言語に依って再現し、映画の内容を説明すると同時に、映画其物の劇的価値と言語に依って、より多く増進せしめんとするようになった。

此の説明法の進歩は、一面より眺める時は、映画劇に舞台劇と同一効果を与えんとする努力である。是を善意に解釈すれば平面的（一概にそう言切る事は出来ないが）な映画劇を、立体的ならしめると言い得るが、他面より瞻《み》れば前に述べたる如く、気分の統一性を損じ映画本来の一元的視感本位なる特質と背馳すると言い得よう。殊に声色に到っては最も極端に此弊を示して居る。

乍併《しかしながら》娯楽物の根本目的は、畢竟するに観客を娯《たの》しましめるに在るが故に、若し弁士の説明が日本人に対しては特殊なる興味を喚起して映画の劇的効果を一層大ならしめる限り、それは映画本来の特質と幾分背馳すると雖《いえど》も、猶且《か》つ重要と認めなければならない。而して現在の日本に於ては聢《たし》かに此意味の重要さを弁士に認めなければならない。即ち我国の活動写真は此点に於て、外国の夫《そ》れとは異なれる或特質を有せる物と称し得るであろう。従って此特殊的性質を有する我活動写真界に於ては、夫《そ》れが理想的究竟的なると否とに拘らず、兎に角弁士は欠く可《べか》らざる重大要素と認むべきである。此に於いてか吾人は猶一歩進んで、説明者の任務の真相を探究して其範囲を明確に断定しなければならない。

四、説明者の任務と通俗教育

吾人は先ず第一に、説明者の任務は、単に映画の説明に止まるべきものか、乃至は他に副目的として特殊な意義を認むべきものか、而して又其説明とは如何なるものかを研究しなければならない。即ち是に依って吾人は自ら最も妥当なる説明者の意義及び職分を決定する事が出来ると信ずる。

吾人は、過ぐる日に相当に教養《カルチユア》ある一弁士が、観客に向って次の如き意味の詞《ことば》を主張するのを聴いた事がある。曰く、「従来弁士は余りに自己を視蔑《みくび》り過ぎて居た。彼等は単に写真を機械的に説明するのみで、落語家や講釈師同様な低級な芸人を以て自ら甘んじて居た。併《しか》し今後の弁士は如斯《かくのごと》き低劣な地位を以て安んじてはならぬ。少年諸君に写真を説明するに当っては、其知識を啓発して飽迄《あくまで》通俗教育の任を尽すの覚悟がなくてはならぬ」と。

吾人は此弁士が一般弁士界の知識思想の低劣にして何等の識見も抱負も無く、徒《いたずら》に愚劣なる駄弁を弄して無智なる観客を惑すという事を痛罵した点に於ては双手を挙げて賛成する者であり、さりながら、茲に、弁士を以て通俗教育の任務あること説くに到っては酷《はなは》だ疑問を懐くものである。抑《そもそ》も教育特に少年教育乃至通俗教育等は、啻《ただ》に学術知識を伝授する専門学教授とは全く異なって、常識的感情的方面に於て、未だ固定しない生地のままなる単純幼稚なる少年子弟を教育するのが本分である。換言すれば人間の精神を智と情意とに分つ場合に、情意の教育即ち徳育的方面に最も緊密重大なる交渉を持たねばならぬのである。従って教育上の負担乃至責任は、他の専門教育に比較して知識的には高級ならざるに拘らず、教育的目的に於ては却って甚だ重大なものでなければならない。されば幼少者、低級者を教導すべき教育家は、人格的及び教育上の才能《タレント》の上に於て殊に老練にして謹正なる有資格者が当ることになって居るのである。此の如き重大にして且《かつ》困難なる任務を、単一なる娯楽物の説明者に過ぎざる弁士に敢てせしむる事が果して適当且《かつ》可能であろうか。

但し上記の説を唱えた弁士は相当な学識と、教育上の経験とを有して居るとかの事であるから、或は其人自身は映画説明を藉《か》りて通俗教育に資する能力を有するかも知れない。併《しか》し説明者が一般悉く通俗教育と謂《い》う、単に説明以外の特殊なる目的を以てスクリーンの前に臨むという事は、寧ろ二重の意味に於て危険であり僭越であり、且《かつ》又反って岐路に陥るものであるまいか。換言すれば説明者には其固有の職能と目的とが存して居る。即ち忠実に熱心に在りのままの映画の筋及び気分を観客の胸に伝達するにある。この本来の職能以外の副目的をも有するものとせば恐らく真の職能は夫《そ》れが為に或程度まで阻礙《そがい》〔阻害〕され、それに傾注さるべき勢力も従って減殺されるに到るであろう。更に一歩を進めて、其副目的たる通俗教育なるものも、本来其の人に非ざる人に依って企てられる所より、反って大《おおい》に危険なる結果を醸すの惧《おそ》れがありはしまいか。弁士が通俗教育を云為《うんい》するは、恰も古来の演劇が勧善懲悪の主旨に基いて、国民道徳に裨補《ひほ》〔補助〕せんとし、俗悪なる浪花節が武士道鼓吹の大旆《たいはい》〔大旗〕を翳《かざ》すのと同一轍ではあるまいか。何れにしても映画なり演劇なりは人を訓誨教導するの具に非ずして寧ろ全く純なる娯楽物である。それに依て観客の観照眼を満足せしめ、高尚なる意味の娯楽的職能を完うすれば充分なのである。然るに若し説明者が強いて人を教育する事を企図するが如きは最も僭越なる鳴滸《おこ》の沙汰と云うべきである。

茲《ここ》に一言すべきは、同じ映画中に在っても、実写写真乃至教育写真等が自《おのずか》ら別物なる事である、是等の写真に対し説明者の執《と》るべき態度は勿論通俗教育の意味を持たねばならぬ、唯だ之を以て全体的に映画説明を通俗教育の手段と断定するの早計たるは言う迄もないのである。何者《なんとなれば》、教育写真実写写真は其特殊なる目的に依《よっ》て製作されたものであって、普通の映画劇とは全然其目的を異《こと》にする物であるからである。此差別を混同して、映画劇説明者が教育家を以て自任し、説明中に安価な自己の意見を挿入したり、映画中の人物や事件に独断的な解釈を下したり、甚しきは映画とは何等の交渉すら無き説教的議論を喋々するが如きに到っては、映画の真なる気分特色を破壊して、劇的価値を滅却するのみならず、低級観客に意外の誤解妄見を抱かしめて、教育的にも趣味的にも大《だい》なる悪影響を及ぼさしめないとは限らないのである。

説明者は如何なる場合と雖《いえど》も映画の内容に主観的判断を与える権能はない筈である。映画に対して芸術的価値判断、即ち観照をなすは観客の特権で、説明者が高圧的教示的に観客に自己の判断を強いる事は、既に説明の領域を超越せる潜上《せんじょう》の沙汰である。同様に映画の道徳的価値判断も説明者は絶対に関与すべき問題でない。或映画が社会に如何なる影響を与うるかは当局者及び社会が各其の立場より判定して居るべき筈である。説明者は唯其の許されたる範囲に於て忠実なる態度を以て摯実《しじつ》〔真摯〕なる説明を為せばよいのである。而して其れが説明者の生命の全部でなければならない。

五、説明者の芸術

映画が独立せる総合的芸術である事は、吾人の既に屢《しばしば》闡明《せんめい》せる所である。然らば其総合芸術の観照に必要なる職分を有する説明者の説明にもやはり芸術的意義が頒《わか》たるべきものであろうか。

既に第二章に於て詳論したるが如く、此論題は理論としては極めて容易に解決し得られる。即ち厳正なる理論上よりしては、説明者は映画に絶対的積極的必須なものでない。日本に於て或る特種の事情の為めに、便宜に従うて偶《たまた》ま重要な地位を持って居るというに過ぎないのであるから、仮令《たとえ》活動写真が如何に立派な芸術であろうとも説明は独立したる一個の完全な創造的芸術とは謂《い》われないのである、ただ茲《ここ》に芸術品なる映画劇を解説して、其本質的なる気分情景を観客に伝達する任務を持って、より多く忠実に真実に映画の有する芸術味を伝え、其劇の効果を損わざる様に理解せしめると言う点に於て、之を消極的従属的及び間接的に芸術的意義あるものと認める事は出来るかも知れぬ。即ち説明は映画芸術に依存し随伴するが故にのみ、映画の保有する芸術の一部に与《あずか》るのである。如何なる卓越せる名説明と雖《いえど》も、厳正なる意味に於ては、断じて独立せる創作的芸術とは言われないのである。

猶お言を進むるなら、説明がより多く映画に忠実で其の映画の気分情調にしっくりと当嵌《あては》まる如くなるに連れて、其説明は愈々《いよいよ》非独立的非創造的色彩の濃厚となりゆくべきものではなかろうか。何《なんとなれば》者第一に進歩せる泰西の映画劇は元来説明者を使用せず、而《しか》も筋や思入れを鮮明に繊巧に表現し得るのであるから、独立した芸術的形式を採るが如き説明は、反って映画に即して其真味を伝えるという点に不充分となる筈である。故に映画に忠実なる説明は、寧ろ辞句上の修飾や整備を棄てて、印象風な或は朗詩的な断続的形式の方が成功する様に思われる、即ち映画の光景《シーン》と説明とが純一に渾融抱擁する時に其説明は最も完全に有効となるのである。但し此点に於ては従来饒舌な喧囂《けんごう》〔喧騒〕な煩瑣な弁士の説明に馴致せられた日本の観客は頗《すこぶ》る不幸と謂《い》わなければならない。何《なんとなれば》者、長い習慣よりして現在では何等説明無くしても充分瞭解し得る場面にしても、或は亦静寂な光景《シーン》が説明に依って反って其気分を破壊される如き場面にしても、弁士の説明無くしては甚だ物足りなく感ずる様な場合が屢《しばしば》あるからである。

此の如く説明其物が独立せる芸術的意義を有し得ないものであるから、其の説明者自身も亦独立せる芸術家と謂《い》い得ないのは当然である。然るに、前章通俗教育者を以て標榜せる者と同様、芸術家を以て自ら許し、説明者の限界を肆《ほしい》ままに超越して、顧みぬ説明者の現存しつつあるに至りては真に憂うべき限りである。

六、結論

如上の妄見を撤したる、真実なる映画説明者の任務は、既に述べたるが如く忠実なる映画の解説者であらねばならぬ。映画其物に没入して夫《そ》れと渾然融合し、而《しか》も映画の有せる意味気分情調を、誤りなく誇張なく端的に全的に、あるがままに表現せしめ得る時、其説明は最も卓抜優秀なる説明と謂《い》い得る。吾人は今此点に就て具体的に評論する事を罷《や》めて、次なる個人評論に於て吾人の翹望《ぎょうぼう》〔切望〕し期待する所を明かにしたいと思う。乃ち如上の理論を経とし、実際的具体的なる説明上の条件――例えば弁士の音声、音量、音調、態度等――を緯として、順次都下著名の弁士若干を引来って厳正なる批判をして見よう。

橘高広

映画の破壊力と建設力

従来は映画の破壊力ばかりが認められて、もう一面あることに気付かれていなかった。社会は映画の悪感化の偉大な力に驚いた。不良少年少女、強盗殺人、それも之《こ》れも映画の悪影響を証拠立てる唯一の材料として見られ、大阪を始め、警視庁、各府県の警察部は公安風俗の為め、映画の検閲を開始したことは周知の事実である。併し映画には構成力の偉大なものが潜在して居ることが、此頃漸く解って来た。即ちコンストラクチヴ〔コンストラクティヴ〕・パワーの強いことが、教育家の中に遅蒔乍《なが》ら知れ渡って来たのである。

早く言えば、映画の一長一短が判然したと云うに過ぎない。殊に実験心理学者が、耳に聴いたことは十分の一を記憶し、眼に見たものは十分の三、聴いたり視たりしたのは十分の五を記憶すると云う研究の結果を発表して以来、映画がヴィジュアル・インストラクションに利用されることが愈々《いよいよ》多くなって来る傾向がある。甚しいのは、文典の教授にも活動写真を応用する。

教育映画に次で、宣伝映画は之《こ》れ亦大流行である。協調会の懸賞映画、鉄道省の乗客公徳宣伝映画、貯金、簡易保険宣伝映画、発明思想宣伝映画其他色々あるが何れも官署や公共のもので、実業家がプロパガンダ映画に不熱心なのは不思議でならないのである。実業家のプロパガンダ映画とは広告映画のことであって、二三実例がないでもなけれど未だ十分とは言えない。実写ものの中に、看板位が出たので、もう広告映画の目的を達した如く思っては困る、必ず劇の形式を取ったものを作るまでに行かぬと宣伝力に乏しい。アーネスト・デンチと云う人は『活動写真に依る広告』の一書を公刊して、評論して居る。一読して、記憶に残る所々を抄録して見る。

一回焼付けた映画は、如何に乱暴に使っても六ケ月は使えて、一呎《フィート》五十仙《セント》、一巻五百弗もあれば広告映画は出来る。広告映画の上々なものは、商品の製作方法を撮影したものであって、准教育映画ともなる、つまり広告の為めの広告映画とならぬ所に、広告の目的を達せれる利益がある。最近には、其を喜劇に仕組む。レミングトン・タイプライター会社では悲劇に仕組んだ。筋は、父の死に依って娘は一家の生計を立てなければならぬようになった、夫《それ》からタイピストになり、レミングトン・タイプライターを買って大いに働いたと云う甘いものだが、自動車会社だって同一筆法で行ける。

それから自家に於て取扱って居る商品製造所が遠隔の地にある場合、顧客に対し、又は会社の株主に対して、説明する必要がある場合、鳥渡《ちょっと》応接間の片隅でも見せられるのは映画でなければ出来ぬ、万一之を映画に依らぬとすれば、如何しても数千数万の大金を投じて、現場へ案内又は視察させなければならぬが、広告映画ではその手数やそれ丈《だ》けの金は要しない。広告映画を利用して居る会社は、鉄道会社が多く、その日帰りの旅と云う様な画題で、郊外散策地方を紹介する。次では自動車会社、タイヤ製造会社、製靴会社、発動機会社、製紙会社、石鹼会社等があり、パール・ホワイト、リリアン・ウオーカー、マーゲリット・スノー、メリー・フーラーの如き女優を使ってやる。

斯の如くして製作した映画は幾何かの電気代を支払って常設館の興行に挟んで貰うのである。勿論観客には、夫《それ》が広告映画であることを知らす必要はない所か、絶対に知れない様に仕組まなければならぬ、観客は広告映画を見る為には、観覧料を支払うものではない。

デンチ氏の語は以上で、英国の如きは、早くもプロパガンダ映画の中毒を来して居る。日本ではまだ其処迄に行かぬ。そして教育映画の内、歴史地理の参考映画、インダストリアルフィルムは是非とも実業家諸君の手に依って製作して貰い、当面の教育映画の不足を補充して行ったら、一挙両得、映画の還元作用も行われ、社会奉仕の精神に叶う様に考えるが、かかる方面の計画に就いては、先覚者の多い大阪市に対し、私は大なる期待を以て居る。

江戸川乱歩

映画の恐怖

私は映画を見ていると恐ろしくなります。あれは阿片喫煙者の夢です。一インチのフィルムから、劇場一杯の巨人が生れ出して、それが、泣き、笑い、怒り、そして恋をします。スイフトの描いた巨人国の幻が、まざまざと私たちの眼前に展開するのです。

スクリーンに充満した私のそれに比べては、千倍もある大きな顔が、私の方を見てニヤリと笑います。あれがもし、自分自身の顔であったなら！　映画俳優というものは、よくも発狂しないでいられたものです。あなたは、自分の顔を凹面鏡に写して見たことがありますか。赤児のように滑らかなあなたの顔が、凹面鏡の面《おもて》では、まるで望遠鏡でのぞいた月世界の表面のようにでこぼこに、物凄く変っているでしょう。鱗のような皮膚、洞穴のような毛穴。凹面鏡は怖いと思います。映画俳優というものは絶えずこの凹面鏡を覗いていなければなりません。ほんとうに発狂しないのが不思議です。

映画の技師は、暗い部屋の中で、たった一人で、映画の試写をする場合があるに相違ありません。そこには音楽もなく［無声映画］、説明もなく、見物もいないのです。カタカタカタカタという映写機の把手《ハンドル》の軋《きし》りと、自分自身の鼻息のほかには何の音もないのです。彼はスクリーンの巨人たちとさし向いです。大写しの顔が、ため息をつけば、それが聞こえるかも知れません。哄笑すれば、雷のような笑い声が響くかも知れません。私たちが、見物席の一ばん前列に坐って、スクリーンと自分の眼との距離が、一間《けん》とは隔たぬ所から、映画を見ていますと、これに似た恐怖を感じることがあります。それは多く、しばらく弁士の説明が切れて、音楽も伴奏をやめている時です。私たちは時として、巨人たちの息づかいを聞きわけることが出来ます。

映写中に、機械の故障で、突然フィルムの廻転が止まることがあります。今までスクリーンの上に生きていた巨人たちがハッと化石します。瞬間に死滅します。生きた人間が突如人形に変ってしまうのです。私は映画を見物していて、それに逢うと、いきなり席から立って逃げ出したいようなショックを感じます。生物が突然死物に変るというのは、可なり恐ろしいことです。

甚だ現実的な事を云うようですが、この恐怖には、もう一つの理由があります。それはフィルムが非常に燃え易い物質で出来ている点です。そうして廻転が止まっている間に、レンズの焦点から火を発して、フィルム全体が燃え上がり、劇場の大火をかもした例はしばしば聞くところです。私は、スクリーンの上で、巨人たちが化石すると、すぐにこの劇場の大火を連想します。そして妙な戦慄を覚えるのです。

あなたには、こんな経験はないでしょうか。

私は、いつか、場末の汚ない映画館で、古い映画を見ていたことがあります。そのフィルムはもう何十回となく機械にかかって、どの場面も、どの場面も、まるで大雨でも降っているように傷ついていました。多分時間をつなぐためだったのでしょう。それを、眼が痛くなるほど、おそく廻しているのです。画面の巨人たちは、まるで毒瓦斯に酔わされでもしたように、ノロノロと動いていました。ふと、その動きが少しずつ、少しずつのろくなって行くような気がしたかと思うと、何かにぶッつかったように、いきなり廻転が止まってしまいました。顔だけ大写しになった女が、今笑い出そうとするその刹那に化石してしまったのです。

それを見ると、私の心臓は、ある予感のために、烈しく波打ち始めました。早く、早く、電気を消さなければ、ソラ、今にあいつが燃え出すぞ、と思う間に、女の顔の唇の所にポッツリと、黒い点が浮き出しました。そして、見る見る、ちょうど夕立雲のように、それが拡がって行くのです。一尺ほども燃え拡がった時分に、始めて赤い焔《ほのお》が映り始めました。巨大な女の唇が、血のよう燃えるのです。彼女が笑う代りに、焔が唇を開いて、ソラ、彼女は今、不思議な嘲笑を始めたではありませんか。唇を舐《な》め尽した焔は、鼻から眼へとますます燃え拡がって行きます。元のフィルムでは、ほんの一分か二分の焼け焦げに過ぎないのでしょうけれど、それがスクリーンには、直径一丈もある、大きな焔の環《わ》になって映るのです。劇場全体が猛火に包まれたようにさえ感じられるのです。

スクリーンの上で、映画の燃え出すのを見るほど、物凄いものはありません。それは、ただ焔の恐怖のみではないのです。色彩のない、光と影の映画の表面に、ポッツリと赤いものが現われ、それが人の姿を蝕《むしば》んで行く、一種異様の凄味です。

あなたは又、高速度撮影の映画に、一種の凄味を感じませんか。

我々とは全く時間の違う世界、現実では絶対に見ることの出来ぬ不思議です。あすこでは、空気が水銀のように重く見えます。人間や動物は、その重い空気をかき分けて、やっとのことでうごめいています。えたいの知れぬ凄さです。

私は或る時、こんな写真を見たこともあります。

スクリーンの上半分には、どす黒い水がよどんでいます。下半分には、えたいの知れぬ海草が、まっ黒にもつれ合っています。ちょうど無数の蛇がお互いに身をすり合せて、鎌首をもたげてでもいるように。海底の写真なのです。それが、いつまでもいつまでも何の変化もなく映っています。見物たちが退屈しきってしまうほど。と、海草の間からフワリと黒いものが浮きあがって来ます。やっぱり海草の一種らしく見えるものです。何であろうと思っていますと、その黒いフワフワしたものの下から、ポッカリと白いものが現われて、それが、矢のように前方に突進して来ます。ハッと思って見直すと、もうそこには、画面一杯に女の顔が映っているのです。藻のようにかみの毛を振り乱した、まっぱだかの女の顔が。それから、彼女はいろいろに身をもがいて、溺死者の舞踏を始めます。

水中の人間を、同じ水の中から見る物凄さは、海水浴などでよく経験します。そして、それは高速度撮影の映画から受ける不思議な感じと、似た味わいを持っています。

これも場末の映画館で発見した、一つの恐怖です。小屋の入口で、お客に一つずつ紙の枠に、右には赤、左には青のセルロイドを張りつけた、簡単な眼鏡を渡します。何の故ともわからずに、私はそれを受取って小屋の中へはいります。見ると正面の舞台には、「飛び出し写真」という文字を書いた、大きな立看板が立ててあります。なるほど、実体鏡の理屈で、映画に奥行をつける仕掛けだなと、独り合点をして、それでも、その飛び出し写真の番を待ち兼ねます。

やがていよいよそれが映り始めます。ただ見ると、赤と青とのゴッチャになった、何とも形容の出来ない、（それ故ちょっと凄くも感じられる）面面ですが、木戸で渡された色眼鏡を通して見ますと、それがちゃんとととのった奥行きのある形になるのです。ここまでは至極あたり前のことで、何の変てつもありません。が、さて映画の進むにつれて、実に不可思議な現象が起り始めるのです。

写真はすべて簡単なもので、画面に人間とか動物とかが現われて、それがズーッと見物の方へ近づいて来るとか、何か手に持った品物を前方へつき出すとか、ほんのちょっとした動作を、幾場面も撮《うつ》したものにすぎません。例えば一人の男が現われて、非常に長い木の棒を見物の方へそろそろと突き出します。ある程度までは、その棒は画面の中で延びています。たとい奥行がついても画面の中で奥行がついているに過ぎません。（ここまでは普通の実体鏡と同じことです）ところが、ある程度を越すと、棒の先端が画面を、少しずつ少しずつ見物席の方へはみ出して来ます。そして、前の方の見物たちの頭の上を通り越して、空中を進みます。まるでお伽噺《とぎばなし》の魔法の杖のように、どこまでもどこまでも延びて来ます。私は余りの恐ろしさに、思わず眼鏡を脱《はず》します。するとそこには、やっぱりゴチャゴチャした赤と青との画面が、無意味に動いているばかりです。

又眼鏡をかけますと、棒の先端はもう眼の前二三寸の所まで迫っています。それでもまだ少しずつ少しずつ延びているのです。そして、二寸、一寸、五分と迫って来て、ハッと思う間に、その棒の先が、グサッと目につきささります。

同じようにして、恐ろしいけものが、私に向って突進して来たり、スクリーンから吹き出すホースの水が私の眼鏡をぬらしたり、もっと恐ろしいのは、一つの髑髏《どくろ》が、まっくらな空中を漂って来て、私の額《ひたい》にぶつかったりします。むろんそれらは皆一種の錯覚に過ぎないのだけれど、色眼鏡を通して見た、妙に陰鬱な世界で、こんな不思議に接しますと、ちょうど、醒めようともがきながら、どうしても醒めることの出来ない、恐ろしい悪夢でも見ているようで、その映画が終った時、私の腋《わき》の下には、冷たい汗が一杯にじんでいたほども、変な恐怖を感じたものです。

これはよくあることですが、映画のあと先が傷つくのを防ぐために、不用なネガチブのフィルムが継ぎ合わせてある、それがどうかした拍子に、スクリーンへ現われることがあります。例えば一つの映画劇がおきまりのハッピイ・エンドで終るとします。見物たちは多少とも興奮状態に居ります。そして、いよいよこれでおしまいだ。さて拍手を送ろうとしている彼等の前に、ふと不思議なものが映ります。それは、劇の筋とは全然関係のない、しかもネガチブの（光と影とが正反対になっている）景色や人物などです。

一ばん恐ろしいのは、それが人物の大写しである場合です。そこには白い着物を着た白髪頭の、大仏のような姿がうごめいています。むろん顔はまっ黒です。そして目と唇と鼻の穴だけ、白くうつろになっているのが、その人物を、まるで人間とは違ったものに見せます。あれに出くわすと、私は突然映画の廻転が止まった時と同様の、或いはそれ以上の恐怖を感じます。映画というものは、何と不思議な生き物を創造することでしょう。

映画の恐怖。活動写真の発明者は、計らずも、現代に新しい戦慄を、作り出したと云えないでしょうか。

映画劇の本質

川添利基

映画劇とは何か？――そういう質問をされた時、私達は直ちにそれに対する完全な答が出来るでしょうか？　私達は、常には出来るような気がしているにちがいありません。しかし、いざ改まって答えようとなると、勇敢に答え得られる人は恐らく余り多くはないだろうと思います。もし、答えられたとしても、それは完全な答ではなく、映画劇に対する説明の一部分であるにしか過ぎないだろうと思います。

かくの如く、私達は「映画劇」というものが一通り解ったような気はして居ながら、事実に於てはまだ本当に解っては居ないというのが、現在の状態だと言っても言い過ぎではなかろうと思います。そこで、この小著の目的は、「映画劇とは何か？」ということを闡明《せんめい》し、最後には「映画劇は芸術か？」というところまで突きつめてみたいと思うのでありますが、その第一歩として、私達は、先ず映画劇はどういう要素によって組み立てられて居るか？――という、その映画劇を構成して居る各要素についての研究から歩を進めて行きたいと思います。

映画劇はいかなる要素によって構成されて居るか？――私達は、それを先ず三つの要素に分けることが出来ると思います。その第一は、文学的要素であります。そして第二は絵画的要素、第三は音楽的要素であります。この他に、彫刻的要素、建築的要素の二つを加える論者もありますが、しかしそれは絵画的要素の中に含めることの出来るものでありますから、今挙げた三つの要素によって構成されるものとみる説の方が妥当ではないかと思います。

さて、この三つの分け方は、極く大ざッぱであって、これだけでは充分とは言いがたいのであります。それで、私達はこの三つの分け方を、更に説明してみたいと思います。即ち、文学的要素とはプロットを意味し、絵画的要素とはセットとライトを意味し、音楽的要素とは画面の転換によって生まれるリズムとテムポを意味するものであると言ったなら、一層はッきりして来るだろうと思います。しかし、この他に、映画劇にはアクションという大切な要素のあることを私達は知って居ます。そして、このアクションなる要素こそは、他の芸術に於ては全く見ることの出来ないものであって、映画劇独特のものであると言って差支《さしつか》えないのであります。

映画劇研究の方法

そこで、「映画劇とは何か?」そして「映画劇は芸術か?」という問題を研究し、その解答を得るには、映画劇を構成するこれらの諸要素に就いて一々の考察を費してみなければならないと思います。しかも、それらはそれぞれ異った方法と操作とによって出来上るものですから、それらに就いても一応は注意を向けてみなければなりません。その上に、それらの諸要素を材料として、一つの映画劇に纏め上げる映画劇の構成家が居ます。それは撮影監督であります。私達は、その撮影監督の仕事に就いても多くの考察を費さなければなりますまい。従って、私達の研究の順序と部門は、次のような表にして掲げることが出来るだろうと思います。

（1）文学的要素
- プロット（シナリオ）
- アクション（俳優その他）

（2）絵画的要素
- セット
- ライト
- 調色及び染色（現像）

（アクション・セット・ライト → （カメラ））

（3）音楽的要素
- カッティング
- 編集
- 撮影技巧（カメラ）

（4）撮影監督

（5）観客

この順序と部門に従って研究を進めて行ったら、映画劇の本質は自ら明かになって来るにちがいありません。しかし、私達は説明を一層明確ならしめるために、各論へ入るに前に先立って結論を先に掲げ、それから各論へ入って行った方が便利かと思います。それ故に、この小著の最後の目的であるべき「映画劇の本質」に関する章を、真先に廻した次第です。

映画劇の本質

私達はも早、映画劇は舞台劇の代用物である、舞台劇の模倣であるという妄言に惑わされはしますまい。しかし、一時は、こういう妄言が盛に発せられ、また或る点までそれを信じて居た人々も少くはありませんでした。事実また、映画劇の発生当時には、それは真実でもあったのです。映画劇を最初に撮影した人々も、映画劇にはそれ自身に立派に別の芸術としての存在性、特殊性のあることには気がつかずに、舞台で見る芝居を映画にしてみよう位の気であったにちがいありません。そしてそれは、或る時代までそれで通って来たのであります。

しかし、映画劇には、それ自体に、立派に新しい芸術として存在して行ける性質があったのでした。それは、映画劇というものが生れると同時に持って生れた性質であって、私達はただ永い間それに気がつかなかっただけのことです。そして、決して後から理屈を作り上げて、無理に映画劇を芸術に祭り上げたのでもありません。それ故に、私達がこの小著の中で分析し、解明してみようとするところも決してそれによって映画劇に芸術性を付与するのでもなければ、またそれだけの価値なきものを無理に価値付けようとするのでもありません。映画劇は生れると同時に既に芸術であったのです。芸術たる充分の価値ある性質を持って居たのです。私達はただ、そのあるがままの映画劇から、私達の気がつかないで居た知識を引き出してみようとするに過ぎないのです。

さて、映画劇は、舞台劇の代用物ではないが、しかしそれは舞台劇と同じ要素の幾分を持って居るということは事実です。私達は、その要素を文学的要素と名づけました。即ち、舞台劇に於てもプロットという文学的要素が必要である如く、映画劇に於てもプロットは必要なのであります。そして、そのプロットは、映画劇に於ても舞台に於ても、同じように性格描写によって観客にその意味が伝えられるのであります。しかし、その性格描写の方法に至って、映画劇と舞台劇とには非常な相違が出来て来るのであります。即ち、プロットを物語る媒介物に、映画劇と舞台劇とでは、甚しい相違があるのです。舞台劇の方は言葉によってプロットを物語るのに反して、映画劇に於てはアクションがそれに代って居るからであります。

曾て、映画劇は屢々《しばしば》言葉を持って居ないと言って非難されたものでした。しかしそれは、映画劇を舞台劇の代用物であると考えるからこそ起る非難であって、舞台劇とは全く異った、別の芸術であるとしたら、その非難は当然消えなければならない非難であります。違った性質を持って居るものを、それが同じでないと非難するのは、月と太陽が同じでないと非難するのと同様、滑稽を通り越して居ると言って差支《さしつか》えないかと思います。なお映画劇に言葉がないと言うことは、映画劇にとっては非常に幸なことなのですが、それは各論へ入ってから述べることとします。

次に、映画劇には絵画的要素があります。しかし、だからと言って、映画劇は絵であるということは出来ないのであります。それは、舞台劇と共通の要素を持って居ても、映画劇は決して舞台劇でないのと同様です。絵画に於てはすべての構図が静止して居るのに反して、映画劇に於てはすべての構図が常に動いて居るではありませんか。しかしこの相違は、単に静止と運動の相違だけに止まる相違ではなく、この相違が因となって絵画芸術と映画芸術との間には、著るしく異った性質が生まれて来るのであります。なお、映画劇に色彩がないという非難も、映画劇に言葉がないという非難と同様的《まと》をはずれた非難でありますが、これに就いても後章〔本書では省略〕で詳述する機会があると思いますから、ここでは余り立入らないこととします。

映画劇はまた、小説的手法をも持って居ます。それ故に、映画劇は小説の模倣であるとも言われそうですが、しかしそれは実に小説と似て非なるものであることは、余りくどく説明する必要もありますまい。なるほど映画劇は小説と同様に、主人公の行く処へは何処へでも観客が追いて行けるという点が似ては居ます。小説の主人公が山へ登れば読者も山へ登り海へ行けば読者も海へ行く。そして映画劇の観客も、その主人公が山へ登れば共に山へ登り、海へ行けば共に海へ行く……という風に、この二つの芸術の手法が非常に似て居るように思われます。然し——然しです。この二つの芸術の手法は、一見甚だしく似て居るようで、その実は非常に違って居るのであります。小説の方は読むものです。然るに映画劇の方は見るものです。そして、見る努力の方が、読む努力に比較して非常に楽で、従ってその受ける印象が非常に強いものであることは、経験によって私達はよく知って居ます。しかも小説は文字によって主人公の行く場所を描写しなければなりません。しかし映画劇は直ちにそれを観客の眼に映すことが出来ます。このことは決して、それ故に小説は映画劇に劣るという論拠とはなりませんが、と同時に手法の似て居ることが映画劇の不名誉にもならない筈です。何故なら、文字による描写は小説の特色で、観客の眼に直ちに愬《うった》えることは映画劇の特色であり、そしてその各々の特色はお互に他を傷つける原因とはならないからです。私達はただ、相違して居ることが明かになれば足りるのです。比較によって、一方の価値を傷つけたり、低下させたりしようとするのではないのですから……。

なお、今は主人公の例だけを言いましたが、しかし小説にしても映画劇にしても、読者なり観客なりを引っぱって行くのは、主人公に限ったわけではありません。女主人公、副主人公、その他どんなつまらない役目をつとめる人物でも同じことですが、ただ小説の方では、それが非常に困難であるのに反して、映画劇にあっては非常にそれが容易であるという相違があります。しかも、小説に於ては、違った場所に居る人物の状態を、同時に描写するということは困難である、否殆ど不可能であるのに反して、映画劇に於てはその困難が易々と取り除かれて居るではありませんか！

然し、映画劇では小説のように心理描写が出来ない――などという考えを起すのは止めましょう。これも、舞台劇や絵画の場合と同様、全く性質を異にした芸術なのですから……。しかも、映画劇の巨匠達は、映画劇に於ける心理描写の可能を実証してくれて居ます。が、これも後章〔本書では省略〕に譲りましょう。

さて、私達はこれ以上の他の芸術との比較は止めましょう。それは、徒らに私達の愚さをさらけ出すようなものですから。

兎に角、映画劇とは、他の姉妹芸術と共通の要素を材料として成り立って居るものではあるが、しかしそれが一つの映画劇に纏め上げられた時には、それらの要素はもう早文学でもなければ舞台劇でもなく、また絵画でもなくなり、従って全く別の新しい芸術——第八番目の芸術となるのであります。そしてそれは、アクションによって、人間の眼を通して人の感覚と感情と智力に愬《うった》える感覚的芸術となるのであります。

第3章　マルクス主義とプロレタリア映画運動

解説

岩本憲児

日本映画に社会主義思想が入り込んだ最初の作品は何だろうか。その明白な痕跡を一九四五年以前の映画に探すなら、一九二〇年代後半から三〇年代初頭にかけて製作された、いわゆる「傾向映画」になるだろう。傾向映画とは、商業映画の中で、その題材や思想が社会主義的な方向へ「傾いた作品」を指す。もう少し広げると、たとえ不明確な思想であっても、社会構造の矛盾を突き、体制への不満や不平を暗示し、既成の道徳に疑問を呈するような作品が傾向映画と呼ばれた。非商業映画のなかには、プロレタリア映画運動から生まれた反体制の記録映画や煽動映画もあり、短編が多かった。

日本における最初期の社会主義思想は、アメリカのキリスト教社会主義から影響を受けている。一八九〇年代後半、まもなく映画が誕生する頃である。一九〇〇年には治安警察法が公布され、集会・結社・言論の取締りが強化された。一九一七年にロシア革命が起こり、マルクスとレーニンの革命思想が日本に飛び火する。二〇年には日本社会主義同盟が結成され、社会民主主義・共産主義・無政府主義（アナーキズム）・労働運動などが結集し、一九二一―二二年には日本共産党が非合法下に結成された。日本国家はこれに厳しい弾圧を加え、一九二五年四月公布の治安維持法を機に、言論や多種の表現活動を制限して、映画の製作と批評活動にも検閲を強めた。

傾向映画の時期よりひと足早く、労働運動の中へ寄席の話芸や映画など大衆娯楽を持ち込んだ人に高松豊次郎（一八七二―一九五二）がいる。彼は「民力涵養映画」を製作し（一九二〇）、独自の活動を行なったが、労資協調と文部省への同調など、既成の社会教育にとどまった。一方、傾向映画の代表作には、内田吐夢監督『生ける人形』（一九二九）、溝口健二監督『都会交響楽』（同年、いずれもフィルムは現存せず）、鈴木重吉監督『何が彼女をそうさせたか』（一九三〇、フィルムはほぼ現存）などの現代劇があり、時代劇にも伊藤大輔監督『斬人斬馬剣』（一九二九、フィルム一部残存）、辻吉郎監督『傘張剣法』（同年）、古海卓二監督『戦線街』（一九三〇）などあるが、検閲でズタズタに削除され、フィルムも残っていない作品が多い。

本章には、マルクス主義の影響を受けた五本の論考を再録した。村山知義・佐々元十・岩崎昶の三名はプロレタリア映画運動の中心にいた人物であり、大森義太郎はマルクス主義経済学者で評論家、平林初之輔はマルクス主義に強い関心を向けた文芸評論家である。プロレタリア映画運動はプロレタリア文化運動に包括され、その発端は『種蒔く人』の創刊（一九二一、第一次）や先駆座の演劇活動（一九二三）にあった。これらは第一次世界大戦後の反戦・平和・国際協調に共感して、続くプロレタリア文学と演劇運動を引き起こした。一九二五年一二月、日本プロレタリア文芸連盟が結成され、紆余曲折を経て、一九二八年三月、全日本無産者芸術連盟（略称「ナップ」）、そして一九三一年一一月、日本プロレタリア文化連盟（略称「コップ」）へと至る。日本プロレタリア映画同盟（略称「プロキノ」）は一九二九年二月、ナップ傘下に誕生した。その前身は左翼劇場映画部（のちナップ映画部）で、発足時の役員には、委員長の今東光ほか、佐々元十、中島信らが選出された。綱領には、プロレタリア映画の生産、反動的映画の批判克服、映画への政治的抑圧の撤廃が掲げられた。プロキノは『新興映画』を創刊（一九二九・九）、検閲による発禁を受けては誌名を『プロレタリア映画』（一九三〇・八）、『プロキノ』（一九三二・五）と変え、弾圧で一九三四年には解散状態となった。これらの雑誌はマルクス主義の国際的な連帯意識により、資本主義批判・帝国主義批判はむろんのこと、映画による労働者・農民の権利闘争、植民地主義批判、女性解放運動、検閲制度批判などをテーマにして積極的に論評を行なった。『新興映画』創刊号の責任編集者は今東光、村山知義、岩崎昶の三名、編集員は上田勇、中島信、松崎啓次、佐々元十、岸松雄、北川鉄夫の六名である。

この時期、『映画往来』や『映画評論』『新興映画』などの雑誌にはもちろん、総合雑誌や文芸誌などにも、マルクス主義やプロレタリア文化運動に連なる評論が多数掲載された。筆者には池田壽夫、上村修吉、神原泰、北晴美、木村利美、佐々木能理男、武田忠哉、並木晋作ほか、論争も活発だった。武器としての小型映画論に関しても、佐々元十のほかに、柳沢詩暁「小型映画運動雑感」(『映画往来』一九二八・九)、木村利美「機関車・武器・移動撮影隊」(『映画往来』一九二八・一〇)、北晴美「小型映画の奪還」(『映画往来』一九二九・四)、村山知義「小型映画とその効果性」(『文学時代』一九二九・六)、北晴美「小型映画に依る運動の可能性」(『映画往来』一九二九・七)などがある。「シナリオも亦、武器だ」を巻頭言の最初に置いたシナリオ誌、『映画工場』(一九二七・一二創刊)も出ている。日本で左翼思想は一時期に旋風を起こしたが、映画に関する中心理念――製作(制作)の主体を労働者の手へ、民衆の手へ、生活者の手へ――は政府の弾圧により挫折した。

【参考文献】松崎啓次・新興映画社編『プロレタリア映画運動の展望』大鳳閣書房一九三〇。日本プロレタリア映画同盟編『プロレタリア映画のために』共生閣・そろばんや書店一九三一。『綜合プロレタリア芸術講座』(全五巻)内外社一九三一。プロキノを記録する会編・牧野守解説　復刻版『昭和初期　左翼映画雑誌』(『新興映画』『プロレタリア映画』『プロキノ』他を収録、別巻に解説と解題、回想文、総目次など)、『日本社会主義文化運動資料一〇』戦旗復刻版刊行会一九八一。並木晋作ほか『日本プロレタリア映画同盟〔プロキノ〕全史』合同出版一九八六。佐藤洋「プロキノ研究史がかかえる問題」『立命館言語文化研究』、二三巻三号、二〇一一・一。

解題

①　村山知義「映画人と近代味」

【出典】『プロレタリア映画入門』前衛書房、一九二八年、三―八頁

村山知義（むらやま ともよし 一九〇一―七七）は東京帝国大学の哲学科を中退して、一九二二年、第一次大戦後のドイツへ遊学、諸芸術の潮流に接して感激したが、社会の疲弊と退廃にも驚き、戦争へ大きな疑問を抱く。帰国後、前衛芸術の実践と理論で、また『朝から夜中まで』の舞台装置（一九二四）で大きく注目される。それより早く、映画館（赤坂葵館）のデザインを手がけたことから、映画をよく見るようになり、マルクス主義へ傾倒しつつ、映画論をいくつもの雑誌に書いた。それらをまとめて『プロレタリア映画入門』に収録、その巻頭の文章が「映画人と近代味」（一九二六・四）である。彼は日本の近代芸術史上、幅広い領域で活躍した多才かつ精力的な芸術家でもある。前衛芸術（美術、ダンス、意識的構成主義）、絵画（肖像画、絵本・童話絵）、散文（小説、評論）、舞台（戯曲、演出、俳優、舞台装置、衣装）、映画（シナリオ、美術、監督、アニメーション）等々、音楽以外の多領域に及んだ。

村山知義は映画『日輪』（村田実監督、一九二六・五公開）の装置を担当したものの、結果は不本意に終わった。彼はその原因を、映画会社が営利本位のためにあまりに経費と時間を惜しむことにあると見た。その反省から、「映画人と近代味」では映画業界に向けて改革の必要性を強く訴え、その鋭い批判は以降も一貫して、プロレタリア映画運動

へ傾いていく。彼にとって、当時のプロレタリア映画は革命後のロシアにしかなかった。ただし、『プロレタリア映画入門』は、著者の随想を集めたものであり、書下ろしの理論的な著作ではない。その内容は、（一）映画上映・興行に関する文、（二）映画製作に関する文、（三）映画の短評、（四）映画と美術の関係、（五）芸術写真論、に分けられる。みずからのシナリオ創作は、プロキノの機関誌『新興映画』へ、「印刷機」（一九二九創刊号）、「スポーツ」（同年一〇）、「手」（同年一二）、「犬」（一九三〇・一）などを発表した。（岩本）

【参考文献】 村山知義『スカートをはいたネロ』（戯曲とシナリオを収録）原始社一九二七。『プロレタリア映画入門』前衛書房一九二八。共編『プロレタリア映画の知識』内外社一九三二。岩本憲児編『村山知義　劇的尖端』森話社二〇一二。

② 大森義太郎「芸術の階級性に関する断片――映画を中心にして」

【出典】『経済往来』一九二七年七月号、日本評論社、一六〇―一六七頁

大森義太郎（おおもり よしたろう　一八九八―一九四〇）はマルクス主義経済学者、評論家。東京帝国大学経済学部卒業後、同大学助教授。無産階級評論誌『大衆』の編集同人となり、二七年の労農派結成に参加、出版が困難になった『大衆』を『労農』誌の創刊（一九二七）へと移行させた。〈労農派〉は、日本型資本主義と天皇制の解釈をめぐって、〈講座派〉グループを批判、鋭く対立した。一九二八年、共産党員と同調者の一斉検挙、いわゆる三・一五事件に際して大学を追われたが、大森は多様な分野におよぶ評論で活躍した。彼は極左主義を採らず、共産党には距離を置き、一九三〇年代半ばからは統一戦線運動を提唱、三七年に検挙され、翌年病気のため保釈されたが、四〇年七月に没した。

大森義太郎は大衆を引き寄せる映画に強い関心を持ち続けた。本書収録の「芸術の階級性に関する断片」は彼の映

画に関する最も早い時期の記事と思われる。ここで、アメリカ映画は有産階級の魅力を描き、彼らを弁護し、観客民衆を礼拝させ隷属させる、また、日本映画でも愛国心に訴え、帝国主義を容認させるものがいくらもあると論じており、この見方は同時期の村山知義や、すぐあとの岩崎昶とも共通している。

大森の文章は「読物三篇」の一つとして、『経済往来』（日本評論社、創刊一九二六）に掲載された。同誌の筆者には経済界の大物・藤原銀次郎（のち政界へ）、キリスト教社会主義の先駆者・安部磯雄、経済評論の草分け・高橋亀吉、無政府主義（アナーキズム）運動家・石川三四郎、ジャーナリストで文芸評論家・千葉亀雄、社会主義理論家・山川均、社会主義者で第一次共産党の結成者・堺利彦、大正デモクラシー（民本主義）の旗手・吉野作造ほか多士済々である。同誌は一九三五年に『日本評論』と改称、『中央公論』『改造』に続く総合雑誌へ成長した。大森義太郎の映画論は映画雑誌のほか、『改造』にもしばしば発表されており、特に保釈後は映画演技論で論争を起こした。彼の葬儀にはスターの高峰三枝子が参列したという。（岩本）

【参考文献】大森義太郎『史的唯物論』共立社一九三二。『まてりありすむす・みりたんす』中央公論社一九三四（改版、黄土社一九四八）。「映画の社会学」『改造』一九二九・一二。「映画と学生」『映画年鑑』一九三六年版、第一書房。大森映『労農派の昭和　大森義太郎の生涯』三樹書房一九八九。

③　佐々元十「玩具・武器——撮影機」

【出典】『戦旗』一九二八年六月号、戦旗社、二九—三三頁

佐々元十（ささ げんじゅう 一九〇〇—五九）、本名は佐々木高成、東京帝国大学仏文科中退。プロキノの活動家として知られるが、実際の活動はプロキノ結成（一九二九・二）より早く、トランク劇場のカメラ班であった。トランク

劇場は一九二五年設立の「プロ連」の演劇部門にあり、翌年二月、大争議が起きていた東京の共同印刷社へ出動したのが最初で、移動演劇のはしりとなった。そのカメラ班は佐々元十一人であったが、実際には一九二七年の五月にメーデーを撮影したときが移動映画のはじまりともいえる。ただし、革命後のロシア（ソ連）では、移動演劇も移動映画も実行されており、その影響があった。佐々元十は一六ミリや九・五ミリなど小型映画による記録映画運動を推進、岩崎昶を巻き込んでプロキノの最前線に立ち、『一九二七年東京メーデー』（一九二七）『野田醤油争議実況』（一九二八）『こども』（一九三〇）など、実践活動に携わった。

佐々元十の代表的な評論の一つが「玩具・武器―撮影機」である。これはプロレタリア映画製作のために小型撮影機を使う、実践活動に向けての声明書である。冒頭の「シネアストの役割と実際」の一行目の文章に、「シネアストを仮に映画批評人に限ってみる」とあるように、筆者はフランス語の「シネアスト」――映画監督を指す――と異なる使い方をしており、ここでのシネアストは映画を批評的にとらえる人々のことである。これらシネアストを「機工性に関するシネアスト」と「階級的シネアスト」に分け、前者は批評を映画技法へ集中する人々、後者が批評を「鋭い武器」として使う人々となる。「再び映画行動について」、そして「撮影機及日常的持ち込み」で核心にふれていく。それにしても、外国語の多様が気になるところだ。本評論掲載の『戦旗』は「ナップ」発行の機関誌で、一九二八年五月の創刊。

彼の多数の評論には、商品としての映画を受動的に消費する観客ではなく、生産者かつ生活者の立場から映画をとらえなおす、「プロレタリアートによるプロレタリアートのための」映画生産・上映活動が基本にあった。（岩本）

【参考文献】松崎啓次・新興映画社編『プロレタリア映画運動の展望』大鳳閣書房一九三〇（佐々元十「日本映画の階級性」「実写映画の階級性」を収録）。新興映画社編・代表者 佐々元十『プロレタリア映画運動理論』新芸術論システム叢書、天人社一九三〇。佐々元十「映画とマルクス主義」日本プロレタリア映画同盟編『プロレタリア映画のために』京都共生閣一九三一。岩本憲児「プロレタリア芸術運動と日本映画：佐々元十の言説をめぐって」『芸術学部紀要』五七号、日本大学芸術学部二〇一三・三。

④　岩崎昶「宣伝・煽動手段としての映画」

【出典】『映画と資本主義』往来社、一九三一年、一〇二―一一九頁

岩崎昶（いわさき　あきら　一九〇三―八一）は東京帝国大学独文科卒。若いころから映画に強い関心を向け、岩崎秋良の名で『キネマ旬報』に執筆を始めた。当初はドイツ、次いで革命後のロシアに目を向けてマルクス主義へ傾斜、プロキノ創立期に参加して、機関誌『新興映画』の編集責任者の一人となる。「宣伝・煽動手段としての映画」は『新興芸術』の一九二九年一〇月創刊号と一一月号に分載され、その後、『映画と資本主義』に一括再録された。全七つの小見出しによって構成された当論文は本書（『日本戦前映画論集―映画理論の再発見―』）の収録に際して、紙数の制約上、その「1　映画と観衆」および「7　映画と小市民」を割愛した。冒頭と最後を外したことになるので、簡単に補足しておきたい。

「1　映画と観衆」で筆者は、映画の発明が新しい印刷術の始まりにも匹敵し、いまや「思想の運搬に於て、イデオロギー決定の上に於て、映画の課せられている任務は更に積極的であり、更に意識的である」と強調する。また、映画という新たな活字は、読者である観衆に概念ではなく、「動作と具像」を与え、それは直接に視覚的であり、この上なく通俗的でありながら感銘的であり、言語を持たない国際的活字でもある。それゆえに、宣伝・煽動手段として映画の効用があると言う。以下、統計的数字を並べて、主要国の映画館数、人口、観客数、人口に対する観客比率

等々を比較し、いかに映画観客数が膨大であるかを読者に示している。「2」から「6」までは本文の内容が示すとおり、具体例を挙げながら、平明に説かれている。最後の「7 映画と小市民」では、観客の大半が小市民とプロレタリアートだから、ブルジョワ映画（商業映画）は階級差や社会的対立を隠している。現在の小市民映画はそのような目隠し映画である、と批判する。視覚的情報と感銘を与える商業映画の中の隠されたイデオロギー、本論文の主題は明確である。岩崎昶は戦前戦後の映画批評家を代表する一人であり、映画製作にも業績を残した。（岩本）

【参考文献】 ＊第10章④、第13章③の解題も参照のこと。岩崎昶『映画と資本主義』往来社一九三一。『映画の芸術』協和書院一九三六。『占領されたスクリーン―わが戦後史』新日本出版社一九七五。『ヒトラーと映画』朝日新聞社一九七五。『日本映画私史』同一九七七。『映画は救えるか　岩崎昶遺稿集』作品社二〇〇三。

⑤ 平林初之輔「米国化の機関としての映画」

【出典】『平林初之輔遺稿集』平凡社、一九三二年、四一一―四一五頁

平林初之輔（ひらばやし はつのすけ 一八九二―一九三一）は早稲田大学英文科卒。プロレタリア文学と芸術に関する理論家・評論家で、一九二〇年代から三〇年代初めに活躍。芸術と政治は別という「政治的価値と芸術的価値」（一九二九）で論争を起こした。一九三一年、文学と映画の研究および国際文芸家協会大会に出席のため渡仏したが、パリで急病、三九歳の若さで客死した。マルクス主義、唯物論の立場から『種蒔く人』『文芸戦線』『改造』ほかの雑誌・新聞に多数の評論・随筆を発表する一方、探偵小説の創作、思想関係書の翻訳などもあり、執筆の対象は多岐にわたる。「トーキー時代来る」「文学とフィルム」「チャップリン巴里に来る」「コンラッド・ファイトの変化」「映画と子供」「トーキーを見て」「米国化の機関としての映画」「芸術の形式としての小説と映画」など、映画にも関心を

持ち続けた。後者の二つを本書に収録。

「米国化の機関としての映画」（初出は『改造』一九二九・二）には「アメリカニゼーション」と、ルビがある。内容は平易に書かれているので説明は不要と思われるが、映画史に関して若干の補足をしておく。冒頭の、日本におけるアメリカ映画のボイコットとは、アメリカで「排日移民法」(Immigration Act of 1924.) が制定され「日本人は入国も国籍取得も不可」とされた。日本ではこれを「人種差別法」とみて、政府・民間ともに憤激、映画界でもアメリカ映画排撃運動が起こった。ただし、アメリカ映画の人気には勝てず、運動はすぐにしぼんだ。エジソンに関しては、いまとなれば不正確。彼はシカゴ万博にキネトスコープを出品しなかったし、動く人物の最初の一般公開は一八九四年、日本で最初にキネトスコープが上映されたのは明治二九年（一八九六）、フランスのシネマトグラフによる上映は翌年である。本旨は大森義太郎や岩崎昶とも共通するが、アメリカ映画は日本人に外形だけの影響ではなく、「心的生活」にも影響を与えたことをユーモラスに述べつつ、その良き効果を見落としてはいない。（岩本）

【参考文献】平林初之輔『無産階級の文化』早稲田泰文社一九二三。『文学理論の諸問題』千倉書房一九二九。プロレタリア科学研究所編『芸術とマルクス主義』文泉堂書店一九三〇。『平林初之輔遺稿集』平凡社一九三二。『平林初之輔文芸評論全集』全三巻、文泉堂書店一九七五（中巻は前掲『平林初之輔遺稿集』の復刻）。

① 村山知義 — 映画人と近代味

② 大森義太郎 — 芸術の階級性に関する断片——映画を中心にして

③ 佐々元十 — 玩具・武器——撮影機

④ 岩崎昶 — 宣伝・煽動手段としての映画

⑤ 平林初之輔 — 米国化《アメリカニゼーション》の機関としての映画

村山知義

映画人と近代味

一

映画は最も若い最も近代的な芸術である。従ってその映画に従事する人々は最も近代的であるべきである。

こういうテーゼがなり立つべきである。

しかし実際に於いては、全然成り立っていないのである。

何故か？

近代的であるべき筈の、そして近代的であり得る映画が、決して近代的でないからである。全く古臭いからである。

従って映画人もまた決して近代的でないばかりか全く古臭いのである。

二

ごく外面的な観察者は、しかし、現在我々の持っている映画を、充分に近代的であると信じ、従って映画人である我々が時代の尖端に立つもののようにうぬぼれて、ほくそ笑んでいる。そして映画を近代的でないという者が現われようものなら、「愛する我等の映画のために」牙をむき出すのである。

映画は成程近代的であり得る手段を持って居る。この事は最早や喋々する必要はない。ただしかしそれは「手段」であるに過ぎない。それを真に近代的な理解の上に立って駆使しないならばそれは死んでしまうばかりか、かくも近代的であり得る手段を擁しながら、しかも古臭い理解に依ってしか運転されなかったとしたならば、映画も映画人も、飛んでもなく古臭いと云われなければならない。

従って真に近代的な理解を持っていない映画人は好んで、映画を「限局」したがる。この限局イズムを奉ずる限局イストは仲々多い。愚教師と称する男の如き、その最も勇敢な闘士である。

彼等は、映画をこの「手段」に限局してしまおうとするのである。何とこれは映画の近代味を、従って彼等の近代味を安全ならしめるための最良の方法ではあるまいか?

彼等は云う。映画は芸術でも、その他の何でもない。映画は映画だ、それっきりだ。映画は闘争の手段でも、宣伝の道具でもない。それは、芸術的である必要も、教育的である必要も、その他如何なる「的」である必要もない。映画は映画的であればよい。それっきりだ、と怒号するのである。

従って彼等の好む真に映画的なる映画とはノンセンス映画の他であることは不可能となる。

こういう一群の連中がある。こういう連中は浮薄なディレッタントの層に多く見出される。彼等には時代の真の姿を見る内的外的のどんな可能性もないのである。最も古臭い映画人の一つのタイプである。

またこういうタイプもある。

このタイプに属する連中は映画は商売だという。

このタイプの人間の中に積極的消極的の二種類がある。

積極的商売イストは「売り物だ、買手がつけばいいんだ。買い手の好み通りにこっちも塩梅して行けばいいんだ。それをやれ芸術の何のと夢をくってる奴は阿呆だ」という。ちょっとした大学を出て会社の宣伝部とか映画雑誌の編集とかで、ちょっと上の方の位置を占めている層に見出される。自分達は現実的だと自負しているのである。

消極的商売イストは、積極的商売イストの下に使われている人々や、スタジオの下づみになっている人達に多い。彼等は前者にくらべると幾分ニヒリスティックである。何故と云えば、前者は商売の景気がよければ、自分達の懐もあたたまるし、またあたたまらない迄も、太陽が朗かに見えるのであるが、後者は、映画商売の景気がよかろうと悪かろうと、大した関係はないからである。彼等はつぶやく。「何とか云ったたってしょうがないじゃないか。どうせ商売なんだ。それっきりなんだ。ぐずぐず云ったってどうにもなりやしない。云うだけ野暮だ。」

それからまたこういうタイプのものもある。これはごく最近生れたのであって、「超然イスト」と呼ばるべき一群である。彼等はさかしげにいう。

「我々の欲する映画は真に左翼的なるプロレタリア映画である。その他の映画は映画ではない。しかるに真のプロレタリア映画はロシアにしかない。我々日本人は遂に真の映画からは絶縁されている。我々は運命に見はなされたものだ。憂鬱なる哉。」

こう云って彼等は現実に流れつつある映画から超然としているのである。

これも一応近代的らしく見えるが、実は、プチブルのプチブルたる所以を明かに曝露した古臭い連中である。

さて、しかし、右に述べたタイプの人々は、それでも、映画と、その近代味に何とか理屈をつけなければいられない人々である。従って、批評家と称する人達の中に多い。次にここに映画製作者のタイプが来る。此の人々は、極端な資本主義的、並びに封建主義的映画製作組織のために全くしめつけられ、遂には骨抜きにされ、ただ食うため、自分の位置のため、興行価値のためにのみ映画と関係しているのである。彼等の多くは全くのニヒリストである。映画の近代味などというものとは何の関係もない。

最後に純粋の商売人が来る。製作配給会社の幹部連中や興行師達である。この連中にとっては映画も大豆も同じことである。

競争会社を圧迫し、我利のために国産映画を奨励し、国家権力の援助を希望し、人気役者をつくり、他社からひっこ抜き、奇抜な宣伝法を考え、民衆株を企業株に転ぜしめる策を講じ、映画労働者を愈々《いよいよ》搾取するために極力封建的な制度を撮影所内に保存し等々がその仕事の全部であって、映画の近代味とか映画人の近代味とかいうことは、ここでは全くマイナスの意味でしか問題にならない。

三

それならば、近代的の映画とは何であるか?

それは、新しい世界観に立った映画である。現在の社会組織の真の姿を見極めた人々に依って造られた映画である。資本家の奴隷でない映画である。戦闘する映画であり、宣伝する映画であり、曝露する映画であり、組織する映画であり、教養する映画である。

四

成程プロレタリア映画はロシアにあってロシアにしかない。しかし、そしてさればこそ、我々が映画戦野に於てなすべき仕事は山のようにある。

資本主義的並びに封建主義的製作配給興行組織がどんなに映画を損うかを曝露しろ。

映画労働者をアジしろ。

反動映画の現行犯をつかまえろ。

観客に訴えかけろ。

顧客を組織しろ。

検閲制度改正のために努力しろ。

優秀な映画芸術家を我々の陣営に引っ張り込め。

どんなに小規模でもいい。どんなに幼稚でもいい。我々の映画をつくるために努力しろ。

映画という手段の優秀なテクニックを学び取れ。

五

ゴルフズボンが、高速度撮影機が、モガ女優が、メガホンが、フラッシュバックが、ノンセンスが、水物株が、ロケーションが、文化住宅セットが、そんなものが映画の近代味であるなどとは、ある特定の階級の人だけの云える、また云わざるを得ない悲しい告白に過ぎないのである。

大森義太郎

芸術の階級性に関する断片——映画を中心にして

芸術の問題は、マルクス主義にとって、いろいろな視角からして、考案されうるであろう。このごろさかんな論議の的になっておるように、文芸運動としてこれを取扱うことは、そのひとつである。そこでは、無産階級解放運動において、芸術がいかなる任務を、また、いかにして、果すべきかが問題である。芸術に携っておる者が、無産階級解放の戦線において、どんな持場を占めるべきかの考察であるとも云い表すことができよう。これに対して芸術の問題のいまひとつの側面を挙げることができる。史的唯物論の問題としてのこれの省察である。この後者——それにわたしは、ここで、かかわろうと思う。しかし、ただ断片的に。

□

このためには、芸術のさまざまな領域に、ひろく眸を遣るべきであろう。だがしかし、それは、いま、わたしに試むべくもない。わたしは、ただ、自分にとって比較的に親しみの深い映画のみに限ろうと思う。それゆえ、正しくいえば、わたしのここでの意図は、芸術一般の階級性を論じることにあるのではなくて、ただひとり、映画の階級性について語ることに存する。

□

映画は芸術でない、というひとがある。こうした魯鈍な抗論に、わたしは別に答えない。それは、およそ、芸術の固定した概念を偏執するところから出てきている。

□

有産者社会である。

芸術がそれに属するところの社会意識形態は、生産関係に適応する。有産者社会における基本的な生産関係は階級構成である。芸術は、有産者社会において、法律や政治上の機構と並んで、この階級構成――支配関係を支える柱の役を荷わせられている。芸術のこうした社会的性質を、具体的の芸術について、証すことが必要である、――史的唯物論にとって。ときとしては「芸術のための芸術」という綾羅《りょうら》をもってまで飾られたこの聖壇に白日の輝きを差し入らしめねばならない。

□

これのみでは、足りない。有産者芸術は、またそのものとして、あれやこれやの相をもっている。これに対して、史的唯物論は――プレハーノフの言葉を籍《し》らしめよ――「ある一つの社会条件にあっては一つの気持が支配し、他の条件にあっては他の気持が彼等を支配するが故である、」ことを明らかにする課題をもつ。

□
有産者芸術の有産者性を、いちばん簡明に示しているものは、その内容であろう。映画についていえば「ストーリ〔ー〕」である。

□
まず、有産階級の露骨な、積極的な弁護である。いくらかの程度においてなら、ほとんどすべて――といってもよかろう――の映画がそうである。が、ひとつわたしの記憶に残っている、おもしろいものを挙げるなら、『永遠の都』（ゼ・イターナル・シティ〔The Eternal City〕、ファースト・ナショナル作品）がある。それは恋物語にからませて、ファッシズムの麗しさを、映画のゆえにまことにヴィヴィッドに、宣伝したものである！　読者は、わたしが、わざわざ、名もない作品を拾いあげてきたかとも思われるか？　それはアメリカでの一流の監督のうちに数え入れられるジョージ・フィッツモリスの作品であり、バーバラ・ラマーとライオネル・バリモアが主役なのである。

それまでとはいわなくとも、さきごろまでほとんどアメリカの流行であったところの「西部開拓劇」は、みな、アメリカ建国の精神を煽ったものである。アメリカの帝国主義の展開には愛国心が、いやが上にも、必要である！

そして、最近の日本映画に国粋映画のいかに多いことか！「忠臣蔵」、「荒木又右衛門」、「乃木大将」、等々と、数限りなく。

□

あからさまに資本家制の擁護を志してはいなくとも、有産階級の生活への頌詞、讃歌たるもの。眼を奪う綺羅びやかな客室、宝石と軽羅《けいら》〔薄絹〕の海である劇場、シャンデリヤの光あかるい料亭。此処に描き出される彼等のものうい生活のくさぐさ、彼等にのみ重要さをもつ葛藤。

有産者の生活を描くことが、ただちに有産者芸術ではない、しかし、それに批判の解剖刀が擬せられていないかぎり、なかんずく小ブルジョアを、また無産階級をして、有産者的なる生活の儚《はか》ない夢に耽らしめる。ここから、彼等を支配階級の礼拝と隷属へと導く路が拓かれる。

□

この点でチャーリーの『巴里の女性』（ザ・ウーマン・オブ・パリス）は注意をひく。そこには巴里に生活するブルジョアの退屈な生活に対するそくばくの批判と嘲笑がある。しかし、それとても、はなはだ力の弱いものたるをまぬかれない、そしてあの映画全体のうちの一部分にすぎない。

□

そのほかには、――しかも数多くはない――母の愛、兄弟の情、おしなべていえば、殉情的な人道主義。この、小ブルジョアに典型的なイデオロギー。

□

無産者の生活を写したものがないではない。ロンドンの貧民窟、ニューヨークの裏街は、両三度ならず、映写幕にのぼされる。しかし、それは、ほとんどまったく、ただ好奇心を動すための意味しかもたない。土人の生活が描かれ、支那街が舞台にとられると同じで。

無産者の生活を濃やかに理解して、そこに動きつつある新なるものを見出そうなどとは、決して企てられることがない。

例をムルナウの作品、『最後の人』（ザ・ラースト・ラーフ）〔ドイツ映画の英語題名〕にとる。永くホテルの門番を勤めていた老人が、年老いたがゆえに、洗面所の番人に貶される。着慎した自慢の金モールの制服を、いまは着けることのかなわない身になったのを、娘の結婚式に是非ともそれで飾ろうと、盗み出すことまでもする。ふとした機会でこの老人が大金持になる。そのとき彼は以前に自分を救ってくれたことのある夜番を、こんどは、その貧しい生活から解き放してやる。

ここには貧しい人々の生活がある。けれども、老人が、年老いてからより惨酷な生活に投げ落されること、老人の、金モールへのなんの意味もない偏愛、彼の街の人々のその金モールに対するわけのわからない尊敬、こうしたものに対する僅かの批判も見出すことができない。

ことわっておこうと思う。わたしが批判というのは、何か理屈をいうことの意味ではない。映画についていうならば、ただ字幕によってこれを果すことをいっているのではない。もちろん、芸術的な取扱いによる批判を指しているのである。

□

映画は民衆的である、といわれる。この、ぼんやりした民衆という言葉の内容を考えておく必要があろう。映画は、なるほど、非常に多くの人々によって観賞されることができる。また、経済上からもそれが必要である。ひとつの映画の費用でも、随分と大きなものである。よし、最近の『ベン・ハー』が三百万ドルの巨額を要したと伝えられるのは稀な場合であるにせよ。だからこそ、映画は、割合に廉くも沢山の観客を必要とする。そこで製作者の恣意は著しく制限されて、いわゆる民衆の好尚に従わねばならなくなる。

しかしながら、その民衆は、決して、無産階級ではない。映画を、そして映画製作者の重要な需要を形成するほどにしばしば、見ることは、今日の無産階級の生活には許されない。日本の例をとれば、入場料五十銭は、このごろは普通であるから。

映画館に行って見るがいい。客席を占めるほとんどすべては学生である。明日の糧を思煩うことの、まずない人々である！

□

映画が明日の芸術であるということが正しいとするならば、それはいわゆる民衆的ということにあるのではなくて、むしろ、それが近代技術の最高の発展を、よく芸術的に利用している点にあるのではないか。

□

映画を論じる際に、例えばその階級性を明らかにするときに考察をば上にのべたストーリ〔一〕にのみ限局することははなはだしく不充分である。

わたしは、映画にとって、ストーリは、少くとも、特に重要なものではないように思う。が、それはしばらく措く。

ストーリは、映画に特有なものではなく、他の二三の芸術に共通なものである。それゆえ、特に映画的なる方面、いわば映画の技巧的な側面に注意を向けることが、極めて必要である。

□

ちょうど絵画について、線、色、構図が分けられるように映画においてもその技巧的領域は、種々に区別することができる。

コンティニュイティ（continuity）〔撮影台本〕、ダイレクティング〔監督、演出〕、アクティング、セット、ライト、字幕、撮影、エディティングなど。

これらは、いうまでもなく、区別されるとはいえ、また全体に統一して観察さるべきものである。

□

技巧の問題に関して、特に注意をひくのは、ルービッチであろう。その代表的の作品は『結婚哲学』（ザ・マリッジ・サークル）。

ここにひとつ問題がある。いわゆるルービッチの作品はこれをルービッチに帰せしむべきであろうか？　例えば『結婚哲学』はルービッチのダイレクティング、ポール・バーンのコンティニュイティ、ハンス・タレーリのエディティングである。この場合、あの作品をルービッチに帰することは不当ではあるまいか？　『モーション・ピクチャ・ダイレクティング』の著者ピータ・ミルンはコンティニュイティ・ライタ〔撮影台本作者＝脚本家〕こそ映画を真に創る《クリエイト》者だといっている。しかし、他の場合はさておいて、ルービッチの場合は、その作品をルービッチの名のもとに呼ぶことは不当ではなかろう。あの独特な匂い、わけても異色あるその手法は、その作品の総てに、よし表面のコンティニュイティ・ライタとエディタ〔フィルム編集者〕とが変っても、常に変ることなく、伴われているのだから。

そこでルービッチの技巧を見る。彼のもつ特質は、場面転換の巧緻にある。いささかの隙もないほどに整ったコンティニュイティにある。クローズ・アップを多く使いながら、それを、極りなく自在に、組合せてゆく。ロング・ショットからクローズ・アップまでを、急速度で、畳みあげてくる。ロング・ショットから、いきなり、クローズ・アップにもってゆく。移動撮影、トレイル〔移動撮影〕を、ほどよく、入れる。軽快、精緻、繊細——、それがルービッチの技巧の持ち味である。それは、紅茶をのみながら、香り高いトルコ煙草をくゆらしながら、ふっと眺めるに適《ふさわ》しいものである。そして、これこそ、世紀末ブルジョアジの心理に、またなく、恰好のものではないか！

ひとは多く、ルービッチが家庭のとりとめもない挿話を好んで題材にすることを、彼にあるエロティッシ味を、しばしばいう。しかし、彼について注意を向けるべきものは、その技巧であろう、これあるがゆえにこそ、彼の題材が効果をもってきているのである。

ルービッチのいわば亜流、サン・クレア〔Malcolm St. Clair〕においては、ルービッチの技巧が、そのうまさを喪われて、癖ばかり現してくる。それだけに、サン・クレアに、ルービッチの技巧のルービッチ的なところを見得るともいえようか？

□

シュトローハイムも、ルービッチとは全く違いつつ、鋭い特質を具えたひとである。

古く一九一九年の作、『アルプスおろし』（ザ・ブラインド・ハズバンド）このかた、数多くはないけれど、その作品はいつも同じ一貫した特色をもっている。しかし、なんといっても、最近の――その『メリー・ウィドウ』を見ないがゆえに――『グリード』は最もシュトローハイムらしいものである。

シュトローハイムの特色は、息づまるほどに克明な描写にある。そのいちばんよい例は、『グリード』の最後の砂漠の場面である。一面に乾き切った砂漠を写す。砂にまみれた足どりが現れる。大粒の汗の流れやまない顔が映る。暑さにいきれ返って曇るかと思われる熱国の太陽が見える。また、ただ茫々と、一とひらの樹影もない砂漠。シュトローハイムは正面からひた押しに押す手法をとる。それは、ルービッチ側の筆を弄するのとは、全く異なる。

いったい、この『グリード』はストーリ〔ー〕においても、普通の映画とは大分に違っている。それはあくことなき「貪婪《どんらん》」の悲劇である。ただ、この場合にも「貪婪」がただ人間の邪悪な心として取扱われている。これを生むところの背景、近代社会が欠けている。それは、わたしから見れば、抽象的である。

このことは、彼の技巧についても見られるのではないか？　実際、彼の描写は、ときとして、すばらしい効果をあげる。それにもかかわらず、全体としてみると、現象の表面にとどまり勝ちである。個別的である。しばしばあくどさと執拗さを感じさせるのは、そのためであろう。

そして、このことは、ブルジョアジーの機械的な、また常に表面的であるイデオロギーと密接な連関をもっている、とわたしは考える。

□

他の技巧、例えば映画にとって特に重要な意義をもつ撮影技巧などについても、いろいろなことが見られる。思いつくままをいってみれば、ジー・タヴリュー・ビッツァ〔G. W. Bitzer〕、ジョン・セイツ〔John F. Seitz〕、チャアルズ・ヴァン・エンガ〔Charles Van Enger〕の間の差、また、それらの差のもつ意味の考案ということも、試みられうるのではなかろうか。

□

いわゆる欧洲物とアメリカ物とを比べて見ると、アメリカ物の、概していえば、テンポの早く、力強いことが感じられる。――もちろん欧洲物に特に多いフラッシュ・バックは別にしての話だが。おおざっぱな云い方をすれば、アメリカものは明るく生々としている。そのよい例はロイドの喜劇である。欧洲物では特殊技巧、いまいったフラッシュ・バック、移動撮影、『最後の人』に見られたような入りこんだレンズの使い方なぞが著しく目につく。伸びのびとしていないというところがある。

これには、今日なお「上り坂」にあるアメリカの資本主義ということが考えられる。

□

映画の歴史は、まだ、短い。フォトプレイらしいフォトプレイの最初だといわれる、グリフィスの『国民の創生』（ザ・バース・オブ・ア・ネイシャン）の作られたのは一九一五年である。

映画のゆくべき路を指示することは、まだむずかしい。無産者的なる映画芸術を、技巧的の方面についてまで明かにするのは、今日、不可能であろう。

佐々元十

玩具・武器——撮影機

シネアストの役割と実際

シネアストを仮に映画批評人に限ってみる。

序に、古風なシネマニア——映画が日本に将来され或は日本に生誕したその「演劇の映画」であった頃からの古風なファンたち、各輸入会社や各スタジオの寄生虫であり文章的サンドイッチマンとなった彼等の多彩な営業雑誌に終始する連中を除外し、更に、モダンな映画人——シネマが芸術であり、自らがシネアストであることそれ自身に限りない誇りを感じ、洪水の如き映画的愚衆《メディオクル・シネマテック》に救われ難い十九世紀流の憎悪をいだく連中、今、こうした映画王国に於ける考古学者、幇間、犬儒、ペシミスト、リベルタン等、等の一切を除外して、今の現段階の、シネアストの役割とその実際を一べつしてみよう。

即ち、キネマの「機工性」に関するシネアスト、並びに階級的シネアストに就いてである。

映画批評人——彼等の多くは実際にスタジオ等で自ら体験していないにしても——が、近来著しく、キネマの機工性に関する及びその機工性とその他の諸要素間との研究、批評を書き或は翻訳紹介に努めはじめた。

撮影機、カメラアングル、構図、採光、カッティング、テンポ、時間の全景、空間の全景、移動、二重焼、オーバー・ラップ、フラッシュ・バック、機械と監督と演技、その編集現像——露出度、マグナスコープ、等、等。これらに関する緻密な資料考察は、すべての真撃なシネアスト、それがシネマ殿堂の豪奢な円天井の下にいる実際家であると否とを問わず、又、映画をして明白への芸術行動の第一線に立たしめようとする階級的シネアストであると否とを問わず、ともに、衷心から喜ぶべき現象であるとおもう。

殊に我国の現状下にあって、我々の映画行動は、レーニンの意味深い言葉「資本主義の重圧の下に作り出したところの、その知識、技術の蓄積の合理的発展として現われねばならぬ」を今一度、慎重に、繰り返そう。最後に階級的シネアストたちの「夥しい進出」である。彼等は各自が開拓者となって、新らしい世界観の下に、未曾有の——といって映画生誕以来三十年の月日しか経っていないのだが、その未知の映画行動のために、その指導理論、及び実験理論のために戦ってきた。——現に戦いつつもある。

そして、一体、何が戦いとられたか。

映画の反資本主義性であろうか。映画美学に於ける過去の清算であろうか。コンラッド・ランゲからルドルフ・クルッツに至る映画論の一切的止揚だと云うのか。レジェー純粋映画〔『バレエ・メカニック』〕がどう破滅したか。シャルロ〔チャップリン〕・エピゴーネンは如何程、あまりにも「昨日」的であるか。それから例の『第五階級』〔ドイツ映画〕が何のエポック・メーキングであるか。『ホテル・インピリアル』〔アメリカ映画『帝国ホテル』〕が『栄光』〔アメリカ映画〕が——なおも毎月のように何時までアンチ・ミリタリズムかミリタリズムかの言葉で嘲笑戦を続けられねばならないか。映画の大衆性は映画の宣伝力は。プチ・ブル批評家の啓蒙は——キネマ・ファナティカ〔熱狂者〕へのアジテーションは——決しておろそかにしてはならない。等、等。……

我々は所謂彼等シネアストたちに、実に数多くの正しい批評と理論を聞いたのである。只いかにしても遺憾と思われる点は、彼等の中のある者は飽くまでも机上的であり、あまりにもシネアストであり、抽象的堂々巡り――希臘以来の「思索の思索《ノエシス・ノエマ》」以外のなにものでもなく、畢竟、左翼追随の純温室的批判、自らの陣営内に於ける「紙屑」と「出鱈目」の起草者であることである。

真の階級的映画批評家たちよ！　君たちのペンは、徹頭徹尾鋭い武器でなければならぬ。

この闘争なく、只徒らな「左翼的」辞句の羅列家に止まるなら、君たちは、プロレタリアートに巣喰う卑劣な道化者《アルルカン》でしかない。醜い一種の裏切者でしかあり得ない。

再び映画行動に就いて

私は以前に映画行動の限度に就いて、その二三の当面的企図を列挙した、即ち、検閲制度改正期成同盟への参加、プロレタリヤ映画批判の普及、映画説明者連盟の結成、映画研究所創立である。

ところが、なお、我々の喜びとすべき二三の事実を付加しておかなければならない。

映画従業員組合の創立、日本プロレタリヤ映画連盟の機関紙発刊、左翼劇場映画部の確立等である。

映画従業員組合は当然生誕すべきものであった。今猶お、多分に封建的遺制の下にある、即ち、親分乾分制度、受負制度の重圧の下にある従業員がその経済的対立を彼等自身の結束によって獲得するのは「我国映画界のため」に云っても有意義である。

この創立と展開は実に至難のことに相違ない。

我々はその積極的、消極的な時宜を得た支持に充分努力しなければならない。

映画説明者連盟は着々と、しかし、今は、deep current の中にある。

×　×　×

日本プロレタリヤ映画連盟は旧「映画解放」旧「映画工場」両者〔いずれも映画雑誌名〕の自己否定によるより高き発展であると云う。その正しき成長を飽くまで期待する。

×　×　×

左翼劇場映画部は、やがて、ＮＡＰＦ〔ナップ＝全日本無産者芸術連盟〕東京支部の下に独立すべきもの。あらゆる他の階級的映画団体と共同戦線を張ることを声明し、現在「日常的持ち込み」を具体化しつつある。その他全可能の映画行動を闘争している。

読者諸君の積極的支持を願って止まない。

撮影機及び「日常的持ち込み」

以上述べたところは、我国現段階に於ける映画行動の諸相に就いてではあるが、一般には階級的映画批判以外には充分認められていない。

すべてがそれ程萌芽的であり初歩的である。

我が左翼劇場映画部は、今一つ、萌芽的企画を試みつつある。

小撮影機による撮影と××〔伏字、検閲削除対象〕式日常的持ち込みである。

小撮影機とはフィルモ、シネコダック、Pathe-baby〔パテ・ベイビー〕を云うのである。小撮影機に対する嘲笑は、彼がなお所謂シネアストであり、シネマ殿堂の夢に終始していることの証左である。

でなければ彼自身現段階への何等見透しのつかぬ低脳児であるか、それともプチブル的卑怯者かである。

謄写板による文芸行動もあり得る時にはペンと紙のそれもあり得る。活字――雑誌出版等々はそれがより広汎な大衆の中に持ち込まれるが故に意味をなすのである。

それ故、小撮影機による撮影は、近代的絶対主義の重圧の下にあって、しかも、その「生誕の新しさ」並びに極度な経済的薄弱さ」に於て――ブル機関の積極的利用の不可能な場合、我々に許されたる唯一の映画生産の途である。

我々はブル機関の積極的利用を度外視してはならぬ。それはブルジョア技術等の徹底的獲得と同様にである。

この意味では左翼劇場映画部はスタンダード・フィルムによる撮影も可能なのであるがこれは第二次の企画に属している。

配給、持ち込みに於ても同じことが云える。

去る四月十七日、報知講堂の「映画の夕」の出しものに於て佐々水孝丸君が『栄光』及び『流血船』を選んだのは当を得ている。映画批判の対照として白系フィルム（この場合、栄光）を利用し或いは逆宣伝に利用するのも正しい映画行動の一つである。

さて、何故に、Pathe-baby の如き――従来ブルジョアの高価な或いは安価な玩具としてしか存在しなかった小撮影機が、煽動映画の撮影及びその×××的日常的持ち込みにまで役立ち得るか。

まず、その経済的条件に於ての可能性にある。即ち価格の比較的低廉な点にある。

例を Pathe-baby に取ろう。四月以後の改正定価にて、撮影機Y.65 カメラ・モーターY.35 映写機Y.80 其他鞄、取枠、アタッチメント、ファインダー、タンク現像器、現像薬、シルバー・スクリーン等で生フィルム一缶（三十米）Y.3 反転現像が普通である。

次にその機工性に於ける限度であるが、その撮影現像に就いては Pathe-baby に於てはもっとも多くの不備な点を持ちながら、なお且《か》つ、殆どあらゆるトリックの可能性がある。

一、距離に関するもの。全景、近景、近写、七分身、半身、接写、一米半以上は常焦点でそれ以内はアタッチメントをそれぞれ使用する。

一、位置及び角度に関するもの。移動撮影、旋回、撮影は自動回転機の装置によって悉く可能である。

一、レンズの作用に関するもの。アタッチメントの使用によって焦点をかえて、アウト・フォーカス、ソフト・フォーカスが可能である。

一、窓とスクリーンに関するもの。セルフェーン〔セロハン〕やガーゼによる白ぼかし、又映画面の円形、菱形、鍵形等。

一、回転速度に関するもの。正しい自動回転機は一秒十六齣であり、ハンドルの場合もそうであるが、活劇の場合の一齣落しのクランクをするかハンドルを弛緩せしめて効果をあげる。高速度撮影も可能である。

一、露出技巧に関するもの。Pathe-baby は逆回転の利かない致命的欠陥をもつのであるが、私自身は、体験上、取枠を暗室内にて巻き直して二重露出の技巧を行っている。場面転換の際のオーバー・ラップも不完全ながら可能である。

一、其他、フェード・イン、フェード・アウト、アイリス・イン、アイリス・アウトは現像の技巧として同じく不完全ながら可能である。

一、カットバック、フラッシュ・バックは完全に可能である。

最後に、もっとも重大な限度―― Pathe-baby 映写機による映画面のマキシマムに関する実験である。この一事こそ小撮影機が「日常的持ち込み」の使命を果し得るか否かの岐路である。

第一次段階としての映画行動たり得るか否かの課題である。

実験によると、映画面――七呎《フィート》――六呎――まで可能である。なお光源増大器、電燈抵抗器の使用をもって鮮明度の増加を計り得る。観衆は、スクリーンの掛額的な装置により五〇〇人は充分に許容し得る。（伴野商店の言によれば一〇〇〇人まで可能と云う）

かくして我々は、左翼劇場映画部は、すでに、映画生産並びに日常的持ち込みに着手しつつある。そして我々は他の階級的シネアストたちとともに、一切の有産映画芸術の批判克服、映画に加わる専制的暴圧反対、等々に於て提携するとともに、この日常的持ち込みに於ても、プロレタリアート解放のための映画の組織的生産並びに統一的発表の共同を期したい。我々の、現段階に於ての映画作品は、もとより、階級意識を醒ましめるもの、現社会相のバクロ及び社会的諸矛盾の徹底的剔抉《てっけつ》等であるべきとおもう。

未組織大衆は意識的参加者となり、組織大衆はその闘争意志を汲み取る、かかる作品こそ我々の不断の努力によって生産されねばならない。

なお、我々に客観的並びに経済的条件が許す映画生産の途は徹底的写実主義によるの外あるまい。Sur-realisme である。そして、全素材は無産階級の欲するが如くアレンジしトランスファーされなければならぬ。

それ故、写実映画に於ける「編集」はその使命遂行の最も重大な決算を意味する。

×　×

我が左翼劇場映画部は、すでに、

『野田争議実況』――いかに野田七千の、兄弟とその家族たちは戦ったか、悲壮な労働学校生徒たち、争議団員のピケッチング、家族の炊き出し、洗濯、自転車隊のデモンストレーション等の光景。

『帝大ニュース』――いかに百万円の安田大講堂はキ然として空高く聳え立っているか。サーベル（軍事教練）とイエスキリストの道とのビラがいかに弾圧反対のビラと対照をなしているか。

『街頭』――街頭に現われたる社会相のバクロ、ゴウ奢な歓楽場と飢餓線上に立つ人々、等々の街頭光景、最後に歴史の頁に於けるプロレタリアートのヴィヴィドな姿、跫音。

五月一日に於ける未来への光景。

――等の実写映画がある。

が我が左翼劇場映画部は、映写機、シルバー・スクリーン等々を購入する資力がない。

その寄金募集をして、現在約その半数の金額を得た。我等の映画行動を支持せよ！

そして我等の日常的持ち込みに参与せよ！

左翼劇場映画部は東京市外淀橋角筈八六にある。

岩崎昶

宣伝・煽動手段としての映画

＊1及び7は省略、解題参照。

2＊

映画と宣伝。

宣伝・煽動手段としての映画の価値を正当に認識するためには、所謂宣伝映画なる熟語、そしてその概念の無意味さを知る必要がある。

日本の優れたる風光を外国に紹介し、遊覧客を招致するために製作された映画、フジヤマ、ゲイシャ、日光、温泉、等を我々は宣伝映画と呼び慣している。それ等は、ある時は疾病の予防法を教え、郵便貯金を奨励し、保険を勧誘し、等、等の目的を以て撮影される。その場合、我々は直にそれ等のフィルムに盛り込まれた目的を感得する。肺結核の恐怖を体得し、貯金を開始し、生命保険に加入する。併し乍ら、多くの場合、公会堂、小学校講堂等を利用して映写される宣伝映画は無料である。無料で見せるからには、見せる方に見せるだけの魂胆があるに相違ない、という疑惑が直に働く。この種の宣伝映画は、目的意識がすぐに見え透く。

老衰した盲目の母親を持った一人息子一太郎君が、召集令を受け取って、母親を彼女のすべての老衰と盲目との中に置き去って、「君国のために」、「憎む可き仇敵を膺懲《ようちょう》し」に出征する。勇ましい日章旗、万歳、一太郎やあい！我々は時にこの種の軍国美談なるものを見せられる。しかもこれらは×××〔伏字、検閲削除対象〕活動写真株式会社の、製作にかかる商業映画であって、その公開に当っても、公会堂、小学校講堂の恩恵を蒙ることなしに、名誉ある入場料を徴収して、普通の常設館に於て、堂々と行なわれる。こうなると善良にして疑う所なき観客は、これを宣伝映画と考えない。彼等が、正当なる観覧料を支払ったという事実をして、その映画が宣伝映画でないことの証明にしてしまう。その実、単純な観客は、その巧妙にたくまれた宣伝に煽てられ、偽瞞《ぎまん》され、しかもその欺瞞に対してまで金を支払うという二重の偽瞞《ぎまん》に陥っていることを自覚しない。

　市民的な用語例に於ける「宣伝映画」の無意味さは大略斯の如きものである。何故なら、目的を持たない映画、従って宣伝映画でない映画などというものは、幻想に過ぎないのであるから。

　我々は現在製作されているすべての映画に就いて、その陰微の目的——時にそれが未だ目的とまで意識的に突詰められていない場合、傾向乃至趣味の程度に止まっていることがあるが、その傾向乃至趣味なるものも結果として一つの重要な宣伝価値なのである。——を摘発することが出来る。それは、或は帝国主義戦争への進軍喇叭《らっぱ》であり、愛国主義、ショーヴィニズム〔国粋主義〕の鼓吹であり、宗教を利用した反動宣伝であり、ブルジョワ社会の擁護であり、××に対する抑圧であり、労資協調の唱道であり、小市民的社会的無関心への眠り薬——要するに、資本主義的秩序の利益のためにのみ専一に工夫された思想的からくりである。

　一九二八年四月モスクワに於て開催されたソヴェート中央委員会の席上で、映画について、

「映画を、労働者階級の手中に置き、ソヴェートの教化と文化の進歩の任務に関して大衆を指導し教育し組織するための手段とすること。」

が決議された。ソヴェート映画の任務は、世界の映画市場に於て、資本主義的宣伝の澎湃《ほうはい》たる浪に抗して、××主義的プロパガンダをなすことにある。

世界は今、第二次大戦のための準備としての、イデオロギー闘争の渦中に在る。そして、映画はその五十九億の観衆と共に、この闘争の秤血《しょうけつ》に決定的な重量を加えることが出来るのである。

3

映画と戦争。

資本主義的宣伝映画の中で、最も重要な部門を占めているものは、戦争映画である。

映画に戦争が取り入れられたのは、既に古い。映画が漸くその揺藍期を脱するや否や、我々はローマ、バビロニア、エジプト等の兵士が戦うのを見た。これは当時の映画が舞台に対して持っていた唯一の長所、即ち自由なロケーションと巨大なセットと大衆撮影とを利用したスペクタクルとしての魅力を最大限度に於て発現させるために考案された。キラキラした古代の鎧、城壁をめぐらした都市、神殿、怪奇な偶像、槍、盾、矛、火箭、キャタパルト〔発射器〕、そんな異国風な、また当時としては壮麗な、道具立てが、映画的に未だ素朴な大衆の目をいきなり眩惑して、その人気に投じたのであった。が、初期に於けるこの種の戦争は結局大仕掛けなサーカス、トーナメント、等の興行物と変りなかった。古代ローマ帝国やカルタゴは、現代の映画の観衆の祖国ではない。戦争は、唯その動的な煽情的な視覚によって、彼等を興奮させ面白がらせたに過ぎなかった。

近代の戦争を導き入れて、その中にはっきりと意識された宣伝的要素を盛り込んだ最初の映画製作者は、D・W・グリフィスであろうと思う。彼は『国民の創生』The Birth of a Nation『アメリカ』America 等の、南北戦争に取材した映画に於て北軍のヒロイズムを讃美し、合衆国建国の精神と称するものを正常化し美化した。これ等は、後に続いて来た多くの好戦的映画の様に、積極的に対外戦争を鼓吹したものではないが、元来国民的に雑多な分子を有する人種博物館の様な合衆国に、その住民に、確固とした国家的概念、愛国心を涵養することを目的とした。「百パーセントのアメリカ人」というスローガンが流行し、アイルランドから来た巡査にも、シシリーから来た八百屋にも、ニガー〔黒人、差別語〕にも、アメリカ・インディアンにも、このレッテルを捺しつけようとした、「アメリカ化」運動の有力な武器であったのである。

「アメリカ化」の過程は、欧洲大戦の勃発、アメリカの参戦、それに伴う急速な帝国主義化を契機として完成された。アメリカは、対独宣戦と共に百万の軍隊をフランスに輸送しなければならなかった。急ごしらえの募兵が始まり、急ごしらえの海軍拡張が行われた。煽動的な行進曲を吹奏した軍楽隊が各地方の都会のメイン・ストリートを練って廻り、辻々にはポスターが貼られ、新聞はこの時とばかりに「アメリカ市民」の義務を説いた。煽てに乗り易い青年達は、ある者は志願しないと恋人に愛想をつかされるが故に、ある者は生活に倦怠を感じているが故に、またある者は、「海軍に入って世界を見る《ジョインザネーヴィーアンドシーザワールド》」ために、募兵に応じた、この際に於けるアメリカ政府の宣伝たるや、有史以来最も大規模で且《か》つ効果的なものであった。

この宣伝戦に於て、最も重要な役割を演じたのは、新聞と映画とであった。この時期に於て、本来の意味の戦争映画が初めて作られた。

スペインの狂熱的反独家ブラスコ・イバニエスの原作による『黙示録の四騎士』The Four Horsemen of the Apocalypse『我等の海』Mare Nostrum 等を代表作とする戦争映画に於て、アメリカの支配階級は、ドイツの軍隊が如何に兇悪であり、ドイツの潜水艦が如何に非人道的であるか、を描写して、単純なヤンキー達を巧妙に煽動した。

しかも、ヤンキー帝国主義がその本来の鋭鋒を現わし初めたのは、大戦終了後に至ってであり、大衆の軍国化が平時に於て不断に行われる可きことが理解されて来た。

一九二〇年代の前半にあって、世界中の人類の頭脳を切実に支配していたものは、何よりも生々しい戦争の記憶であった。そこに、世界大戦という重大な歴史的事件を、国民的叙事詩の姿に於て、芸術的に再現する欲望が生じて来るのは自然である。そうして作られた映画がまた大衆の興味と感情とに切実に迫って行くことも自然である。この有利な情勢を忽ちにして利用したのがヤンキー帝国主義である。戦争の叙事詩が、最も好戦的な煽動意図を以て作られることになった。

戦争映画の絶えざる系列が生じた。『大進軍』Big Parade,『つばさ』Wings, 以下、多くの反動的宣伝映画の名を挙げるの煩にたえない。勿論、それ等は、戦時中の純粋な煽動映画の様に露骨ではない。より自然に、より暗黙の中に、宣伝の目的を達す可く、メロドラマ的な恋愛による適当の甘さと、人道主義的な戦争批判を申し訳けに挿入した薬味とを添えて、舌触りよく作られている。しかも、その念入りな仮面にもかかわらず、その究極の目的とする処はひとしく、××××××の本質に対して大衆に目かくしを与えること、アメリカ軍隊のヒロイズムを讃美すること、そして時には軍隊生活の放埒な面白さを宣伝すること、なのである。（私はここで、この種の戦争映画の完全なリストを掲げ、その代表的な数個の例によって、私の叙述を更に具体的に進める紙面と時間とがないことを遺憾に思う。いずれ他日加筆補正するの機会を持つことと信ずる。）

戦争と映画に就いて述べて来た是等の事実は、勿論、決してアメリカにのみ存在する特殊現象ではない。否、むしろ、他のすべての帝国主義強国に於て、競って行われているのである。ドイツは我々の眼前に『エムデン』Emden『世界大戦』Der Weltkrieg 等を呈出したし、フランスは『ヴェルダン―歴史の幻想』Verdun: Vision d'histoire『エキパージュ』L'Equipage 等を製作し、イギリスは『黎明』Dawn、日本は『砲煙弾雨』『地球は廻る』『蔚山《うるさん》沖の海戦』等によって、極力「軍事思想」の普及に腐心している。

戦争映画に就いての叙述を終るに際して、二三の例外的現象としての戦争反対の傾向に触れないことは不当であろう。

我々は『大進軍』の中に於ても、二三の個別的な場合に、余りに感傷的であるにしろ、とに角戦争に対する呪咀の気持ちが描かれているのを見た。その心理は、『栄光』What Price Glory にあって、更に積極的に表白されている。併し乍ら、それ等には、戦争に対する確固とした批判、態度というものが一定していない。かつて、チャップリンが『担え銃』Shoulder Arms に於て、戦争を戯画化したのと同じ程度の認識しか持ち合せていない。

これに比べれば技術的に非常に卓れた戦争映画『ホテル・インピリアル』〔帝国ホテル〕Hotel Imperial のプロデューサー、エーリヒ・ポマーの製作した『鉄条網』Barbed Wire は、その結末に於ける人類愛の高唱の嗤う可き誇張さえなかったならば、帝国主義戦争を痛烈に諷刺した名喜劇『弥次喜多従軍記』Behind the Front と共に、反戦映画の範疇に所属せしめることが出来るであろう。

4

映画と愛国主義。

愛国的宣伝映画も矢張り世界大戦後の顕著な現象である。何故ならば、この種の映画は、その外形上の差違こそあれ、究局に於ては×××戦争への意識的準備であり、鼓舞である点で、そのショーヴィニズムに於て、その好戦性に於て、戦争映画と本質的に連関しているものなのであるから。

では、その目的とする処は何であるか。

直接には国体観念、国旗の尊厳を宣伝し、間接には×力を奨励し、右翼政党に人気を吸収し、外国との資本市場の争奪に際しては直に××行動に出ることを妥当化するのである。

この種フィルムの最も活発な影響は、主として国会議員選挙、大統領選挙等の重大なる時期に於て見られるので、ことにドイツに於ける国粋党の如きは、ナショナリズム映画によって多くの投票をかち得ることが出来ているのである。

『フリードリヒ大王』Fridericus Rex（これは日本では、すっかり短縮して、『ライン悲愴曲』と改題された。）という、プロイセン勃興の歴史映画の如きは、その中で最も成功した。それは、丁度大戦後のインフラチオーン〔インフレーション〕の時代に、ことにドイツ革命の失敗に続いて来た反動の真只中にあって、ブルジョワジーの巧妙なプロパガンダであった。貧窮し、餓え切った小市民達は、このフィルムの中で精脱なフリードリヒ大王の近衛兵の行進を見、七年戦争の華々しい勝利を見て、再びありし日のカイゼルの治世を想起して、無智な安価な感激に拍手し足を踏み鳴らし口笛を吹いたのである。

それに続いて、国民的英雄ビスマークの伝記が映画化された。ヒンデンブルグの伝記が映画化された。

『ビスマーク』(1) Bismarck は、その製作のみのためにビスマーク映画株式会社が設立され、二部作、二十数巻、の大作品として撮影されたが、この帝国主義的政治家の一生に於けるあらゆる愛国的、煽情的な要素があます処なくその中に詰め込まれた。

『ヒンデンブルグ』Hindenburg は、この老将軍の大統領当選――それが、如何に映画『フリデリクス・レックス〔フリードリッヒ大王〕』や『ビスマーク』に負う処があったことであろう。――を機として、彼の人気取りのために作られた。

原註（1）

『ビスマーク』〔ビスマルク〕映画の公開の時に配布されたプログラムには次の様な説明が掲げられていた。

「我々のフィルムの祖国的な目的 der vaterländische Zweck はまたその内的な組立や筋の時間的制限をも規定する。それ故に、ビスマークの少年時代は極めて簡約的なプロローグで取扱われている。（中略。）そして、この物語は一八七一年のドイツ建国を以て終る可きである。何故ならば、それに続く国内的な争いや、また彼の退隠〔引退〕や、は曇った思い出を呼び起して、観客を結合せず、却って離反させ、この映画全体の祖国的な目的にそむくものであるから。この映画の主要部分は、即ち、一八七四年、ビスマークが政治的生活に入った時から、一八七一年までを一つの完成した戯曲として取り扱う。（下略）」

一九二七年の春、ドイツ国粋党の領袖の一人であり、アウグスト・シャール書房の事実上の所有者であるフーゲンベルグは、ドイツ随一の大会社ウーファ社の財政的危機に乗じて、その株の過半を買い占め、ウーファ社総支配人の椅子に坐った。これによって、ドイツの映画事業と、その影響力とが全くナチオナリストの掌中に把握された。フーゲンベルグはウーファ社のプロダクシオン・プランに直ちに彼の政治的主張を露骨に示した。その最も世界的な例は『世界大戦』(2) Weltkrieg の二部作である。

これに対して、社会民主党の内閣は直に牽制的手段に出た。即ちドイッチェ・バンクをしてフーゲンベルグに対抗してウーファ社株に投資せしめたのである。ドイツの独占的大映画会社をナチォナリストの宣伝機関たらしめないためには、止むを得ない方法であったのである。

『世界大戦』は、その抄略された形に於て、日本にも紹介されたから、それが如何なる傾向と主張を持ったものであるかは、今更詳説する必要はないと思う。表面上は、『世界大戦』は一九一四年から一九一七年までの戦争中に撮影された各国（主として、独、仏）の実写を、純然たる歴史的客観によって、編集した、フィルムによるドキュメントであることを標榜している。そしてそれは、自国軍の勝利、その勇敢、その愛国のみ描いた、アメリカ式戦争映画に比べれば、如何にも実写的である、けれども、注意深い観察者は直に見ることが出来る。タンネンベルグの戦を始めとして、常にヒンデンブルグ将軍の勝利のみが、幾度となく繰り返して写されている。そして、戦時に於て幾度となく祖国を救った将軍は、平和にあっても大統領として祖国のために尽している。という字幕と共にこの映画は終わるのである。

原註（2）

『世界大戦』の公開に際して、このフィルムに就いて、ある将軍は次の如き所感を新聞に発表した。

「戦争の惨禍は全く恐る可きものである。併し乍ら、我々は戦争を是認するものである。何故ならば、戦争の中に於て、自らの職務を辱かしめることより以上に怖る可き運命はないのであるから。我々の青年達は、戦争の恐怖に対して、平静な沈着と確固たる意志を以て進んで行かねばならない。であるから、この映画の凄惨な場面は決して嫌厭すべきものではなく、却ってこの映画に意義を与え、価値を加えるのである。」

〔原著者補足〕

この範疇に属するフィルムとして、『公子ルイ・フェルディナンド』Prinz Louis Ferdinand,『ウー・九号』U. 9,『カッツェンシュテーク』Katzensteg『リュッツォウの猛襲』Lützows wilde verwegene Jagd,『シルの士官達』Schill chen Offiziere,『エムデン』Emdn,『我等のエムデン』Unser Emden, その他のドイツ映画、『ナポレオン』Napoléon,『ジアンヌ・ダーク』Jeanne d'Arc, ——但し、日本に輸入されたカール・ドライヤー作品とは別。——等のフランス映画、『コロネル及びフォークランド島の海戦』The Battles of Coronel and Falkland Islands. 等のイギリス映画を列挙することが出来る。

アメリカに至っては、『ピーターパン』Peter Pan,『レッドスキン』Red Skin 等の童話、メロドラマの中に於てまで、スターズ・アンド・ストライプス〔星条旗〕の尊厳を説教する機会を見出している。

5

映画と宗教。

宗教が、あらゆる時代を通じて、支配階級の御用をつとめて来たことは、既に幾度も立証されている。それは東洋に於ては、仏教的な忍従と現世の蔑視を教え、西方に於ては、基督教的平和主義となって、現存する階級社会の積極的改革を阻もうとする。

二十世紀に於て、宗教は昔日の権威と信仰とを失っているにもかかわらず、否、むしろ失っているが故に、その支配階級に対する忠実な奴僕振りはますます露骨に、自覚的になって来た。

物質文明の発達が比較的に遅れている国々にあっては、宗教は未だに大きな宣伝・煽動力を持っている。資本主義は、そこで、宗教と映画とを結合して、同時に利用することが出来る。

『十誡』The Ten Commandments『クリスチャン』Christian『ベン・ハー』Ben Hur『キング・オブ・キングズ』King of Kings『ユダヤの王、ナザレのイエス』I. N. R. I. の如き基督教宣伝映画、『亜細亜の光』Die Leuchte Asiens『大聖日蓮』等、等、等の仏教映画、は、全世界の愚夫愚婦、善男善女のポケットから感激の涙と共に確実な賽銭をせしめ、商業的方面から見ても最も収益の多いフィルムである。あらゆる宗派の中で、ローマン・カトリックの教会は、映画の利用について最も意を払っていて、毎年一回映画会議を開催してその年度に於ける全世界的宣伝プランを議定している。

我々の周囲に於ては、最早宗教の力は殆んど無視されている。本願寺、日蓮宗、などが巡回映写隊を組織して、主として地方の農民の信仰をつなぎ止めようとして努力をしている位が関の山である。併し乍ら、これを以て直に、宗教の世界的無力を推定することは出来ない。ソヴェートの文化革命の過程に於て、宗教に対する闘争が未だに打ち捨てられずに実行されている事実だけでも、その間の事情を了解し得るであろう。

〔原著者補足〕
最近のソヴェート映画『生ける屍』Der lebende leichnam の中にも、我々は宗教に対する闘争が明らかなプログラムとして取り上げられているのを見ることが出来る。

6

映画とブルジョワジー

資本主義的生産方法と、ブルジョワ政府の監視と、に制約される現在の映画の殆んどすべてが、ブルジョワジー擁護のために役立たされていることは、既に明らかとなったことと信ずる。

併し乍ら、ここでは特に、映画とブルジョワジーとの相関関係をより狭義に限って、市民有産階級の光栄と支配とに直接に奉仕する映画の一種属を取り扱うのである。

この種の映画には三つの概括的な区別がなされ得る。

その第一種は、封建的、乃至貴族的社会に対抗しての、ブルジョワジーの勝利を謳歌する任務を果す。従って、その殆んど全部は、市民的社会の勃興期に取材する歴史映画である。大名、或は貴族の野獣的な横暴。その下に塗炭の苦を嘗めている農民、商工階級。そして遂にフィルムの七巻目に至って、ブルジョワジーは蜂起し、極めて映画的なクライマックスと、壮大なモブ・シーンをそこに展開する、というのがその典型的な段取りである。唯、大多数のフィルムに於ては、ブルジョワジーが決して一つの階級的総体として蹶起しないで、一人の（恐らくはアリストクラシー出身の、若くて、しかも眉目秀麗な！）英雄によって指導され、力点がその個人的なヒロイズムに置かれるのである。その最も性格的な作品として読者は『ロビン・フッド』Robin Hood,『スカラムーシュ』Scaramouche,『悲恋舞曲』A Night of Love を思い出せば足りるであろうし、日本の時代劇、ことに剣劇映画の中にも、我々はその少なからぬ例を持っている。

けれども、我々はまた、その歴史的時代にあって、新興ブルジョワジーの演じた革命的な役割と現在のプロレタリアートの闘争との間に大きなアナロジーを見出すことが出来る。そして作者が意識的なアクセントをそこに集中した時、優秀な作品が生まれ得る。『熊の結婚』『農奴の翼』『スコティン城』『忠次旅日記』等はその僅少な代表である。

第二種はプロレタリア××反対の映画である。

『ウォルガの船唄』Volga Boatman は、内務省の検閲に於て大問題を惹起し、結局警視庁によって上映を制限されるなどの憂目を見たフィルムであったが、その内容とする処は何であったか。『テムペスト』Tempest も数巻に亘《わた》るカットによって辛くも公開を許されたフィルムであるが、それは如何なる主題を選んでいたか。

これ等のフィルムは、ロシアのプロレタリア××を背景としているというだけの点で、禁止、若しくは重大なる切除を受けたのである。しかも、それは、要するにプロレタリア××を無統制なる暴民の一揆として描いているのである。無教育不道徳なる農民、労働者が多数をたのんで、貴族の城砦に押し入り、家具を破壊し、美しい少女に××を働らき、酒に酔い、徒らに流血を好む。それはプロレタリアの勝利に、ことさらに暴虐の仮面を被せ、泥を塗り、以て小市民階級を反××的ならしめるための、ブルジョワジーの宣伝であったのである。ここに、我々は有産社会守護のための宣伝映画が、日本の××階級の××に於て、禁止されたという、奇怪にして且《か》つ愉快なる現象を見る。

尤も、『ジァンヌ・ネイの愛』Liebe der Jeanne Ney,『最後の命令』The Last Command に於ける十月××の切除については、検閲は充分にその果す可き処を果しているのであるが。

最後に『メトロポリス』(3) Metropolis を典型とする一連の、労資協調映画が来る。『メトロポリス』に就いては、今更ここに縷述するに及ばない。『頭と手との間には心臓がなければならない。』というスローガンを掲げた、社会民主主義者が、資本家と労働者とは、闘争によることなしに、相互的な協力と愛とによって新しい社会を建設し得ることを説教した、バベルの塔以前の御伽噺である。

原註(3)

『メトロポリス』を論難攻撃して男を挙げたイギリスの改良主義的ジャーナリスト、H・G・ウェルズは、その近著 The King Who Was a King―The Book of a Film に於て、戦争の絶滅に就いて、ジュネーブの政治家達をも赤面せしめるような反動的デマゴギーを飛ばしていることは滑稽千万である。

平林初之輔

米国化《アメリカニゼーション》の機関としての映画

アメリカの映画資本は、今日少くも、全世界の映画の六七割若しくは七八割を支配しているであろう。一昨年の英帝国議会で、アメリカ映画防遏のことが問題になったことがあるし、日本でも近年、アメリカ映画のボイコットが企てられて、短期間ではあるが実行されたことがあった。ヨオロッパ大陸、特に南部ヨオロッパの大部分の映画及び濠洲、南アメリカ等の映画も恐らく大部分アメリカの映画資本によって動かされているであろうと思われる。

映画は一つのスペクタルとして、最も大衆的であり、最も実際生活に食い入りやすい要素を備えている。この点から見ると、アメリカの映画資本が全世界の映画の大半を支配しているということは、全世界が挙ってアメリカナイズしつつあることを物語る。というのはアメリカ映画が必らずしも、露骨なアメリカの国家的背景をもっているわけではないが、映画というものは、極く低い民衆の隅々にまで、視覚をとおして、行きわたるものであるから、その宣伝力の強大なことは他に類例がない。欧洲大戦当時、交戦国は互に映画を最も重要な武器として中立国の国民に宣伝した。ロシアでは労働者の政治教育に映画が利用されて、重要な教育機関とされている。日本でも、禁酒や貯蓄の奨励から赤化防止の宣伝にまで映画が利用されている有様である。

映画は前にも言ったような直接眼に訴えて、イメージをのこすものであるから、記憶に便利であるのと、いくらでも複製して、同時に数ヶ所数十ヶ所数百ヶ所の常設館で数万数十万の大衆に短時間に接触せしめることができるとのために、不知不識の間に観衆に宣伝し、観衆を感化し得るものであるから、アメリカの映画資本が全世界を風靡していることは、アメリカの金融資本が全世界を風靡していることと同様に、資本主義列国にとって油断のならぬことであるかも知れぬ。イギリスなどでは、アメリカ映画を駆逐するために、国家が、補助をして自国の映画製作を奨励している位である。

一八九〇年、シカゴに開かれた万国博覧会に、トマス・エジスンの映画撮影機が現われてから通算しても、映画の歴史はまだ四十年に満たない。そしてエジスンが、はじめて映画を作製し、人間の動作をカメラにおさめたのは五年後の一八九五年フィッツゼラルド嬢のダンスを撮影した時である。しかも当時の映画は数十呎《フィート》せいぜい二三百呎に過ぎないもので映写時間一分にも足らぬ位なものであったから、ただ好奇心のためにのみもてはやされただけで、娯楽機関として、更に独立の芸術として映画の地位が確立して来たのは二十世紀にはいってからであると言った方が適当である。

日本にはじめて映画が輸入されたのは明治三十三年頃らしく、電気館が映画の常設館として設立されたのは明治三十六年だということである。因みに活動写真という訳語は福地桜痴の命名によるのである。いずれにしても映画の歴史は約三十年と見るのが至当である。

この短時間の間に、本場のアメリカでは、映画工業は今や、数十億の資本を擁する屈指の大産業《ビッグインダストリー》の一つとなり常設館の数は二万を超え、一躍して興業界の王者となり、ホリウッドは或る意味に於て、全世界を無形の領土とするキングダムとなって、遂に国際問題をさえ惹起するに至ったのである。

日本も亦、映画に於ては完全にホリウッドの属国である。どんな田舎の常設館へ行ってもアメリカ映画の一本位プログラムにのっていないところはなく、大都市には西洋物（その大部分はアメリカ物）の上映を専門とする常設館と、西洋物以外に映画を見ないことに決めている多数のファンとが見られる。ホリウッドのスターのブロマイドはどんな田舎町の絵葉書屋の店頭にでも並べられて、日本の映画のスターの写真と相俟って、明治時代の芸者の絵葉書を完全に駆逐してしまった。更に新聞雑誌に映画の占めるスペースは益々増大し、映画専門の定期刊行物も十種以上にのぼっているであろう。農村の朴訥な若い衆から都会の女学生、会社員、中学校の国語の先生に至るまで、ロナルド・コールマンとか、リリアン・ギッシュとか、ハロルド・ロイドとか、クララ・ボウとかいう名前の二つ三つを知らぬものはなくなった。

かくの如き恐るべき浸透力をもつアメリカ映画が、日本人の生活の上に、影響を及ぼさずしてやむ道理がない。映画はアクションとテンポの芸術である。その最も代表的なものはアメリカを本場とする活劇と喜劇とであろう。活劇が日本に飜訳され、日本化したものが所謂剣劇である、多くの人は剣劇はただ反動的な、懐古的な趣味に投ずるばかりのものと見ているようであるが、私は必らずしもそればかりではないと思う。スクリーンの芸術の生命ともいうべき、アクションとテンポは、日本では剣劇によって、最も手っ取りばやく実現される。日本の映画は小量生産の悲しさに、自動車や、飛行機や、短銃や、爆弾を無数に使用した、大規模な高価なやりかたでアクションとテンポとを現わすわけには行かないので、それが剣劇となってあらわれたのであるととるのも確かに一面の解釈であろうと思う。

喜劇は、最近日本でも、ぼつぼつ試みられようとしているが、悉く失敗で、こればかりは全く日本の映画の模倣し得ざるアメリカ映画の独壇である。これは日本の映画に喜劇スターが一人もないのを見てもわかる。

このアメリカ映画の本領とする活劇と喜劇とは、日本人の生活を、今現に、急激に変化しつつある。カフェのウェートレスの服装から、ボーイ・スカウトの服装に至るまで、映画の影響のあとをとどめぬものはなく、チェス縞のズボンや、ロイド眼鏡や、断髪の流行等も映画と直接の関係がある。そしてその最も端的な産物は、モダン・ガール、モダン・ボーイの徒であろう、カフェも、洋酒も、ダンスも亦映画と無関係であるとは言えない。

だが、アメリカ映画の影響はそうした外形だけにとどまっていない。日本人の心的生活《メンタルライフ》をも刻々にアメリカナイズしつつある。日本人は或る西洋人が言ったように笑いを禁ぜられている国民ではないが、長い間の鎖国と、専制政治と封建的道徳とのお蔭で、喜怒哀楽を色に現わさぬを誇りとして来た国民である。男は苦み走ってむっつりしているのが男らしく、女はうつむいて、だまっているのがしおらしいとされていた。アメリカ映画は、こうした日本人伝来の「美風」を急速に破壊しつつある。日本の家屋に窓が多くなったと正比例して、日本人の表情は明るくなり、日本人の行動は軽快になった（勿論まだ本場のメリケンから見るとぐずぐずして鈍重極まりないが）、銀座の歩道を歩く婦人の速度が速くなり姿態が直立して来たと正比例して、日本人の顔面筋肉の運動が活発になった。アメリカ映画を見ない人と映画ファン特に喜劇ファンとの顔面筋肉の比較研究を解剖学者にさせたらきっと興味ある数字が得られるであろうと、私は冗談でなく信じている。わけても映画の影響による心的生活の変化の最も著しい例は男女の恋愛の意志表示が大胆になったことであろう。

アメリカはかつて、金をつかって、宣教師を送ったり、教会をたてたりしてやろうとして成功しなかった、後進国に対するアメリカニゼーション・ムーヴメントを今日、金を儲けながら、そして気むずかしい顔をして説教をするかわりに、笑ったりあばれたりしながら易々と成功せしめているのである。その点でアメリカの大統領が、映画業者やスター連を表彰したかどうかは寡聞なる私はまだ知らぬが、アメリカの立場に立って見ればたしかに表彰に値する。

一九一八年にフランスの戦線で、多少の手柄をたてたジェネラル・パーシング〔編者註1〕よりも、チャーリー・チャップリンの方が恐らく世界の文化史にあずかるところは偉大であろう、と私は、これも真面目に考えるのである。

日本人のアメリカニゼーション！　ときいて、国難来と大騒ぎすることは、近頃国難ずきな政治家にまかせておけばよい。アメリカニゼーションは、日本では嘉永六年からはじまっていることで、今更うろたえる必要はない。日本の特殊性が、漸次うすれて西洋化してゆくことを歎くなら、映画より先きに、代議政治も、裁判所も、学校も、新聞も、鉄道も、電信も全廃してしまわねばならぬ。

ただ今日、西洋化（ウエスタニゼーション）のかわりにアメリカニゼーションの方がより色濃くなって来たのは、他でもない、アメリカの資本が、ヨーロッパの資本を征服したという簡単な事実の反映である。資本主義の社会に於ては、資本の力がオールマイティである――物質界に於ても、精神界に於ても、私たちは、アメリカの剃刀で髭を剃りアメリカのタクシーに乗って、アメリカの映画を見て、さて、アメリカ綿で織った木綿の布団にくるまって寝ているのである。これは今日どこの国へ行っても大同小異であろう。偉大なる哉資本の力！

編者註

〔1〕第一次大戦時、アメリカのヨーロッパ派遣軍総司令官

第4章　リズム・前衛・モンタージュ

解説

岩本憲児

欧米諸国および日本で映画産業が活発に台頭してくる一九一〇年代、映画の魅力は劇映画を中心に広く大衆をとらえていった。その魅力にいち早く注目した知識人や詩人のなかには、映画の特徴を「リズム」にあると見た人々もいる。たとえば、アメリカのヴィクター・O・フリーバーグは『映画劇制作法』（一九一八）の中で、絵画的構成美の要素の一つにはリズムがあり、これはハーモニーとともに、動態を記録する映画美においても重要な要素であると考えた。この要素を前面に押し出して、映画創造の根本に置いた批評家がフランスのレオン・ムーシナックである。彼の「映画のリズム」論（一九二三）、この記事に注目した新進の批評家・飯島正がこれを『映画世界』（一九二四・八）の中で紹介、日本でもリズム論が知られる先駆けとなった。これに就いては解題でふれるが、飯島正は以後もジャン・エプステイン（当時の表記は、エプスタン）、ルネ・クレールらの映画論を紹介しつつ、具体例として、アベル・ガンス監督の大作『鉄路の白薔薇』（一九二三）を挙げている。この映画が日本で公開されたのは一九二六年初頭である。

このころ、日本でも映画の本質、特質の議論が活発化するとともに、映画の表現法をめぐる議論も盛んになってきた。その大きな流れは三つあり、いずれも外国からの影響が大きかった。一つは飯島正、内田岐三雄ら、フランスの文学や映画に詳しい批評家たちで、彼らは映画制作の新傾向や新様式に強い関心を持っていたので、「フランス映画芸術派」とでも呼べるし、映画の前衛に興味を持っていたので、「前衛映画派」とでも呼べるだろう。ただし内田岐三雄は「前衛映画」の呼称は誤解を招くと批判したのだが、わかりやすくもあるので、こう呼んでおこう。二つめは、ロシア革命（一九一七）以後のロシア映画（革命後はソヴィエト映画、またはソ連映画）からの影響である。フランス映画はある程度、日本で公開され、フランス映画ファンを獲得していったのに比べて、革命後のロシア映画はなかなか日本での公開が許されなかった。政府が、日本の国体を危うくする革命思想を忌避したからである。三つめは機械芸術論の動向、これは本書の第5章を参照してほしい。

昇曙夢、袋一平、馬上義太郎らはロシア語から、また他の人々は英独仏語を介して、製作状況・思想・表現法などを日本へ伝えた。岩崎昶はドイツ語から「モンタージュ」montage概念を翻訳した。この時期に関しては、第3章の「マルクス主義とプロレタリア映画運動」、その解説と収録論文、およびそれぞれの解題も参照されたい。

「前衛映画」をめぐっては、「フランス映画芸術派」と「ロシア・モンタージュ派」（プロレタリア文化運動派）の間に対立が起きている。前者にとって「前衛」とは映画表現の前衛、芸術の前衛であり、後者にとってはマルクス主義の、革命運動の前衛でなければならなかった。なかで『映画往来』（一九三〇・六）は「フランス前衛映画批判」特集を組み、否定派の意見を多数載せている。対象になった作品は、ディミトリ・キルサノフ監督の『メニルモンタン』（一九二四―二六）と『秋の霧』（一九二九）、ジョルジュ・ラコンブ監督の『地帯』（一九二八）、ジェルメーヌ・デュラック監督の『貝殻と僧侶』（同年）、マン・レイ監督の『ひとで』（同年）。村山知義はこれらの「前衛映画」を痛烈に批判、否定した。プロレタリア映画運動の推進者であった佐々元十や中島信も批判的立場をとった。いわゆるプチブルのお遊びという批判だったので、彼らの誤解、いや多くの批評家の誤解を説こうと、内田岐三雄は本章収録の「前衛映画　総論」を書いた。

革命後のロシアにとっても映画の制作と表現技術は重要であり、「モンタージュ」がそのキーワードとなった。ロシア語のモンタージュはフランス語由来で、原意は「機械の組み立て、据え付け」だが、革命後のロシア映画人たちは「映画編集」の意味を超えて、唯物論、科学論を下敷きにモンタージュを映画表現の根本と考え、各自の「モンタージュ論」を述べた。日本では革命ロシアの代表作『戦艦ポチョムキン』（一九二五）も『母』（一九二六）も公開されなかったとはいえ、時代劇の『斬人斬馬剣』（一九二九）や現代劇『何が彼女をそうさせたか』（一九三〇）などにその影響が現れている。また二〇年代日本では、ドイツ表現主義映画の影響も交り、前衛的映画として衣笠貞之助監督の『十字路』（一九二八）や『狂った一頁』（一九二六）が生まれている。フィルムは現存していないが、溝口健二の『都会交響楽』（一九二九）に、検閲修正前の試写を見た批評家たちが絶賛して、映画の主題（階級闘争）と表現法（ロシア的モンタージュ）に驚いている。検閲側も映画の左翼的傾向に監視を強め、作品の却下、場面や文字の削除、修正等を強制した。一方、これら商業映画とは別に、中井正一ら小型映画による実験的作品や、アマチュアの映画作品に、ヨーロッパ前衛映画の強い影響を見ることができる。中井正一はモンタージュを機械芸術の新しい映画語とみなした。

【参考文献】佐々木能理男・飯島正『前衛映画芸術論』天人社一九三〇。プドーフキン『映画監督と映画脚本論』佐々木能理男訳、往来社一九三〇。プドフキン『映画創作論』佐々木能理男訳、映画評論社一九三六。袋一平『ソヴェート・ロシア映画の旅』往来社一九三一。ティモシェンコほか『映画監督学とモンタージュ論』上田進訳編、往来社一九三一。フリーバーグ『スクリインの上の美に就いて』川添利基訳、内外社一九三二。満井達『モンタージュ論と有音映画論』往来社一九三三。昇曙夢『ソヴェト芸術の二十年』大東出版社一九三七。飯島正『前衛映画理論と前衛芸術』白水社一九七〇。

解題

①　飯島正「映画のリズム」「映画小論」

【出典】『シネマのＡＢＣ』厚生閣書店、一九二八年、三―九頁

飯島正（いいじま ただし 一九〇二―九六）は東京帝国大学仏文科卒。映画批評家としてだけでなく、同時代のフランス文学や欧米文学全般の新動向にも詳しく、小説や詩の翻訳・紹介を行い、みずから創作も試みた。「映画のリズム」の初出は『映画世界』（一九二四・八）。著者初の単行本『シネマのＡＢＣ』の冒頭に再録された。

「映画のリズム」はムーシナック（文中では〈ムウシナック〉）が『ル・クラプイヨ』誌（一九二三・三）に発表した同じ題名「映画のリズム」（Le rythme cinématographique）から取られているように、ムーシナックから大きな閃きと共感を得ている。筆者は映画の本質的表現とは何かを問いかけ、それが映画のリズムにあることを、ムーシナックの言葉を引用しつつ確認している。初出時に二ヵ所あったフランス語からの引用文は単行本では削除された。日本語訳の重要な変更は「映画を製作することは映画をリズム化する事に外ならぬ」（『映画世界』）の「製作」（原語はmonter）が、『シネマのＡＢＣ』では「編集」に訳し変えられ、「編集」の意義が強調された。『さらば青春』『過去よりの呼声』は筆者お気に入りのイタリア映画。

「映画小論」の初出は『映画時代』（一九二六・八）。ジャン・エプステイン（文中では〈エプスタン〉）の映画論を皮切

りに、ルネ・クレール、アベル・ガンス、ジェルメーヌ・デュラック、そしてムーシナックと、ムーシナックを除く同時代のフランスの先端的監督（多くが前衛映画作品を制作）の考えが断片的につらなっている。冒頭の「映画はレンズを通して生れる。／レンズは一つの目だ」以下の一連の言葉は重要だ。エプステイン、飯島正、そして文脈は異なるが、革命ロシアのヴェルトフ（キノグラース＝映画眼）、中井正一へと続く、レンズと目の相互作用と映画の特質を重ねた考えである。「シネマのリズム」の三つの因子はクレール説の紹介で、「ヴィジオン」はヴィジョン、画面（ショット）のこと。「場面」には画面と、いわゆる場面（シーン）両方の意味があるが、ここでは後者の意味。（岩本）

【参考文献】飯島正『映画の研究』厚生閣書店一九二九。『トオキイ以後』厚生閣書店一九三三。『日本映画史』上下、白水社一九五五。『フランス映画史』改稿版、白水社一九五六。『映画のなかの文学 文学のなかの映画』白水社一九七六。『ヌーヴェル・ヴァーグの映画体系』全三巻、冬樹社一九八〇―八四。『ぼくの明治・大正・昭和 自伝的エッセー』青蛙房一九九一。

② 内田岐三雄「前衛映画　総論」

【出典】『欧米映画論』書林絢天洞、一九三五年、三―一一頁

内田岐三雄（うちだきさお 一九〇一―四五）、本名は内田胖《ゆたか》。東京帝国大学法学部卒。映画批評家。フランスをはじめ欧米映画に詳しく、日本映画評の筆も執っている。一九二九年から数年フランスに滞在、一般の映画はむろん、レヴューや前衛映画も数多く見て、主に『キネマ旬報』へ寄稿した。第二次世界大戦末期、アメリカ軍の空襲により被災死。

出典『欧米映画論』の「まえがき」によれば、内容の多くは著者が以前に書いた既出の記事、評論をまとめたものであるが、すべてに加筆訂正したとある。同書全体の構成は第一編「前衛映画」、第二編「ルネ・クレール」、第三編

「アメリカ映画」、第四編「欧米映画雑記」、最後に「欧米映画監督素描」となっており、本書（『日本戦前映画論集―映画理論の再発見』）に収録したのは第一編「前衛映画」の冒頭「Ⅰ総論」に当たる個所である。最初の見出しに「誤道（導か?・）された名称＝前衛映画」とあるように、筆者はまず「前衛映画」という呼称が日本で誤解を招いたことを論じている。そこには、名指しこそされていないが、筆者が左翼陣営からの猛烈な批判――たとえば『映画往来』誌の「フランス前衛映画批判」特集（解説参照）――を意識していたことがわかる。プチブルの退嬰的、逃避的作品という批判である。そこで彼は、「前衛映画」はグループ名ではなく、そう呼ばれてもよい作品はいくつかの「芸術的前衛」に限られること、目下は「芸術の解放」から「社会改革」を目標とする過程にあると弁明したのである。もっとも、同書刊行のころ、フランスの左翼陣営は日本同様、弾圧によって衰退していた。本書に収録できなかった「Ⅱ各論―作品紹介」では、1絶対映画・純粋映画、2韻律的構成、3物語短編、4映画詩、5反商業的作品、6実写・記録、7超現実主義映画等々の具体例が示される。だが、興行の難しさと検閲、二つの理由から、作品の多くが当時の日本では未上映に終った。（岩本）

【参考文献】内田岐三雄『映画学入門』前衛書房一九二八。『欧米映画論』書林絢天洞一九三五。共編『シナリオ文学全集』河出書房一九三六―三七、第六巻の『前衛シナリオ集』（一九三七）では内田が序論を執筆、前衛映画全般を解説（収録シナリオには、「狂熱」、「貝殻と僧侶」、「アンダルシアの犬」、「ババウオ」、「母」、「人生案内」ほか計八本）。岸松雄『日本映画人伝』早川書房一九五三（内田岐三雄論あり）。

③　高原富士郎「モンタージュ論の発生と展開」

【出典】『映画評論』一九三一年一月号、映画評論社、三四―三九頁

高原富士郎（たかはら ふじろう 一九〇八―四四）は一九二〇年代末から三〇年代初頭にかけて映画雑誌へ寄稿し、研究的な評論を発表、映画の表現技術に強い関心を見せた――とくに革命後ロシア（ソ連）の映画制作論や、トーキー台頭期の映画制作法など。松竹蒲田の助監督を経て、東宝の文化映画部へ入り（一九三七）、翌年には満映（満洲映画協会）の演出部へ移って、『知心曲』（一九三八）『人馬平安』（一九四〇）『運転時来』（一九四一）などを監督している。新京で病死か。

「モンターヂュ《ママ》論の発生と展開」は、当時各誌に出ていたロシア映画の創作理論の紹介・翻訳に目をとおしていた筆者が、自分なりにまとめた文章である。筆者自身は英語がよく読めたようだが、日本語で読めるロシア関係の記事や理論的言説にはドイツ語やフランス語からの重訳も多く、用語や概念のあいまいさがつきまとい、いま読み返すと翻訳の誤解や筆者の誤読もあって、文章には難解さが残る。しかし、執筆のころ（一九三〇）、問題のロシア映画は日本では上映できず、クレショフ、プドフキン、エイゼンシュテイン、ヴェルトフら、気鋭の若き監督たちの各説も断片的な紹介が始まったばかりだった。「モンタージュ」という言葉は一九二八年、岩崎昶がドイツ語からロシアのティモシェンコ説を紹介していたが、多くの映画人、批評家たち、映画ファンにはその外来語の意味が十分にはつかめなかったと思われる。本論は現場志向、制作志向を抱えた筆者が、「モンタージュ」各論の整理を試みたのである。この言葉に関しては、岩崎昶がしばしば解説を書いているが、本章ではあえてロシア派、プロレタリア文化運動派とは別の（共感を寄せていたかもしれないが）高原富士郎の文を再録した。現在の読者には難解な個所に拘泥せず、要点だけを大きくつかみ出すよう読んでいただきたい。なお、モンタージュの問題は本書収録の「映画と機械」（第5章①）も参照。（岩本）

【参考文献】セルディス『トオキイと映画芸術』高原富士郎訳、映画評論社一九三〇。高原富士郎『トオキィ技巧概論　映画の文章法』書林絢天洞一九三五。エイゼンシュテイン『映画の弁証法』佐々木能理男訳、往来社一九三二、角川文庫一九五三。クレショフ『映画監督論』馬上義太郎訳、映画評論社一九三七。『エイゼンシュタイン映画論』袋一平訳、第一芸文社一九四〇。岩本憲児『ロシア・アヴァンギャルドの映画と演劇』（「モンタージュ理論、日本へ」の章）水声社一九九八。＊プドフキン、ティモシェンコの訳書は「解説」の「参考文献」参照。

④　中井正一「春のコンティニュイティー」

【出典】『中井正一全集』第三巻、久野収編、美術出版社、一九六四年、一四三―一五一頁

中井正一（なかい　まさかず　一九〇〇―五二）は京都帝国大学文学部哲学科卒、美学を専攻、機械芸術や映画に強い関心を持ち、「機械美の構造」（『思想』一九三〇・二）で注目される。一九三〇年九月、京大美学の仲間とともに『美・批評』を創刊。三三年四月、京大で滝川事件が起こり、中井は抗議運動に参加、『美・批評』は中断し（五月）、翌年に再開するも一〇月で終刊。中井はすぐに『世界文化』（一九三五―三七）を、ついで『土曜日』（一九三六―三七）を創刊したが、『世界文化』における反ファシズムの自由思想が治安維持法違反となった。戦後は国立国会図書館の副館長就任（一九四八）。一九三七年、中井は辻部政太郎らと一六ミリ映画を発表した。カラー中編の『海の詩』（辻部）と短編の『十分間の思索』（中井）。実験映画の先駆的作品であるが、フィルムは行方不明である。

「春のコンティニュイティー」の初出は『美・批評』六号（一九三一・三）。「コンティニュイティー」は映画用語でもあるが、ここでは原意の「連続性」と考えてよいだろう。筆者は、「映画的なるもの」を特徴づけるのが「モンタージュ」だと述べる。映画的なるものはいま初めて生まれたのだと。つまり映画のモンタージュが「連続性」を特徴づける。数字を並べた『春』（一九二九）の計測の記録。これは革命直後にクレショフ・グループが行なった映画の

形式分析を想起させる。『春』はロシアのミハイル・カウフマン監督による詩的映像で、日本では一九三一年に公開された。この文章には科学の目（分析）と音楽性（リズム）と詩が融合しており、筆者がこれぞ「映画語」と感じた興奮も伝わる。文中の「ノエマティッシュ」は現象学用語で、「志向内容」を指す。以下、映画の題名を補足すると、『新と旧』は『全線―古きものと新しきもの』（一九二九、日本公開一九三一）。『ツルクシーヴ』はヴィクトル・トゥーリン（文中では〈ツーリン〉）監督の記録映画（一九二九、日本公開一九三〇『トゥルクシヴ』）。『セントペテルブルグ終焉』は『聖ペテルブルグの最期』（一九二七、日本未公開）、『ラ・ルー』は『鉄路の白薔薇』（一九二三、日本公開一九二六）。（岩本）

【参考文献】 中井正一『美学入門』河出市民文庫一九五一。『日本の美』宝文館一九五二。『美学的空間』弘文堂一九五九。『美と集団の論理』中央公論社一九六二。久野収編『中井正一全集』三巻、美術出版社一九六四。辻部政太郎編『生きている空間―主体的映画芸術論』てんびん社一九七一。木下長宏『中井正一　新しい「美学」の試み』リブロポート一九九五。高島直之『中井正一とその時代』青弓社二〇〇〇。後藤嘉宏『中井正一のメディア論』学文社二〇〇五。岩本憲児『サイレントからトーキーへ　日本映画形成期の人と文化』森話社二〇〇七。

① 飯島正 ― 映画のリズム　映画小論

② 内田岐三雄 ― 前衛映画　総論

③ 高原富士郎 ― モンタージュ論の発生と展開

④ 中井正一 ― 春のコンティニュイティー

映画のリズム

飯島正

映画が映画として立って行く本質的なものは何であるか。演劇の実真でもなく小説の挿絵でもない本当の映画が依って自らを表明し得る本質的表現は何であるか。私は之を盲蛇におそれず的に考えて見ようと思う。

一つ一つの場面は明らかに一つの写真である。いかにもそれがよい風景でも、よい舞台装置でも、よい俳優の演伎がうつされてあっても、要するに矢張り写真である。更に之が動いていても、ただ動いている写真というだけである。こんな動いている写真を見ているより、少し位料金が高くても、芝居を見に行く方がどんなに良いか分りはしない。少くとも芝居は本物が動くからである。写真はただ機械的の記録に過ぎないからである。又チカチカする字幕だけを読みに映画常設館を訪れる人もあるまい。机の前で静かに書を繙くに越したことはない。場面場面の各々に映画の芸術的基礎づけが見出せないとしたならば、映画は場面と場面の無数の連続である、そこに之を求めねばならぬ。即ち映画の価値は場面場面の個個にはない。場面場面の連続から生ずる場面個個以外のあるものにあるのである。即ちスクリンに映し出された場面の連続の時間的経過の裡に映画の価値があるのである。場面そのものだけの舞台装置、俳優の演技、が良くなければならないことは、勿論なのであるが、それ以上にコンティニュイティということは映画の重要な要素であって、映画の死活問題は凡そここにあると云ってもいい位である。又コンティニュイティがいくらよくても、カッティング、エディティングが良くなければ、全く映画は成立しないのである。時間というものは、映画の芸術的存在の大なるファクタである。幾多の場面が或は長く或は短く、時間的に連続的に映写幕に映写される。われわれは眼に依って、之を感じ採る。この辺は全く音楽の耳に於けると同様である。即ち映画の映画たる所以は眼を通じて感ぜらるるリズムに在るのである。

前号に於てわたくしはフランスの映画批評家レオン・ムウシナックを諸君に紹介した。ムウシナックは『ル・クラプイヨ』の一九二三年三月十六日号で「映画のリズムに就いて」という一論文を発表している。批評界でも随一の頭の良い人だけに、秀抜の意見が実に多い。彼の言を引くと――

「映画を編集することは映画をリズム化することに外ならぬ。」（第九頁）――

のである。

俳優が絶大な演技を映画に於てわれわれに見せる。それは決して悪いことではない。実に有難いことである。舞台装置がヨゼフ・ウルバンが作ったように夢幻的な美しいものであるとする。之を見るものは写真ながらも美しいものに思う。フランセス・メリアンが書いたようないかにもやさしい情のこもった字幕が模様つきで映写される、決して悪い気持のするものはない。しかし之では映画は出来ぬ。映画のリズムがその映画に存在しない限りは。

更にムウシナックに依ると、――

「映画の価値を決定的に定める特殊的価値はリズムである。」（ibid.）

美しい映画は美しい光のシンフォニである。

映画にとって筋はかなり役目が小さい。映画のよさは筋にはない。筋から云えば映画は到底小説や戯曲に及ばないかも知れない。又及ぼうとしなくたっていい。しかしある程度の水準までに内容が行っていないと困る。その人の頭を疑われるような内容を公々然と製作し自負さえもしている米国の名監督をわれわれは知っている。と云って勿論筋がいくらよくても良い映画は出来ないことも亦真である。映画の筋は、製作者が作品を通じて自己創造発表の方便であるだけで結構である。この意味で、わたくしはアウグスト・ジェニナの『さらば青春』をジェンナロ・リゲルリの『過去よりの呼声』と同じく愛したいのである。

米国映画の監督者は、あまりにクラフツマンシップが発達し過ぎている。もっと精神的にならねばならぬ。欧洲の監督者は映画を知るに晩かったが、彼等は芸術家である。そこが彼等の強味であり未来ある点だ。米国映画排斥の決議がされた今日、やがて押し寄せて来るであろう所の欧洲映画に対して、わたくしは多大の期待を持っている。

映画小論

私は私の映画に着手するのに、かの旅行者が汽車発車の間際にやって来て、尚六個の行李を預けねばならず、切符も買わねばならず、又坐席も取らねばならない、こういう気持で、作るべき新映画に対したいものだ。出発する。だが一体どこへ行くのだろう。

――ジャン・エプスタン――

映画はレンズを通して生れる。

レンズは一つの目だ。エプスタンの所謂「非人間的分析の特性を与えられた目」だ。それは我々の見るを得ざるものを見る目だ。シネマの目、レンズは我々の目を以てしては侵し得ざる境地を発く。しかも未発見、未採掘の鉱脈が目前に満ち満ちているのだ。

レンズは我々の目とは違った角度を以て物を眺める。我々が三角だと思ったものが、四角かも知れない。そうかと思っていると或は六角かも知れない。レンズに依って世界が新たに開かれる。

レンズを通った影像はセルロイドに印せられる。

影像は力強い表現力を有する活字だ。

シネマはこの万華鏡的活字によって自らを表明する芸術である。

或は、シネマは、相関連しリズム付けられた影像の有機的連続より生ずる芸術である。と云ったらどうであろうか。

映画のリズム、即ち視覚的リズムは、目で見ていれば分るようなものの、わたくしには的確な説明が与えにくい。

映画のリズムという言葉を盛に用いているレオン・ムウシナックなども、この視覚的リズムたるや未だシネマによって誕生を見たのみであって、我々の目は之を捕え味うべくあまりに習練が積まれていない、それ故映画のリズムに対する概念も今の所漠然たるものである事はやむを得ない旨を述べている。

リズムの専門的知識を有しないわたくしは他人の説明で満足せざるを得ないが、比較的新らしいリズム説だとルネ・クレエルの紹介している Sonnenshein〔編者註1〕の云う所に依れば、リズムとは——

「時間に於ける出来事の連続であって、その連続を把握する我々の精神のうちに、出来事の、或は連続を成す一連の出来事の持続期間中に於けるあるプロポルシオン〔プロポーション〕の印象を作るものである。」

というのである。これをシネマに就いて考えると、これに空間の観念が加えられなければなるまい。何となればシネマは時の芸術である、と同時に空間の芸術であるから。

それ故に、シネマのリズムについて考えるとここに三つの因子が数えられる。

(1)各ヴィジオン〔ヴィジョン、画像〕の持続時間。

(2)場面の交互になること、或はアクシオンのモチイフの交互になること（内的行動）

(3)対物レンズに依ってレジスタされた物体の行動（外的行動＝俳優の演技、背景の動揺性……等。）（ルネ・クレエルに依る）

然しこの三つの因子をはっきりと上述の如くここに書いたものの、その各々の因子間の関係を遽《すみやか》に確定することは難しい。

映画に於いて相関連せる影像がかくの如き複雑なるリズムによって調和せられ映し出さるる時、此処に映画美が生れる。

映画美は云い難く説き難い。何となれば映画美は既存の芸術、例えば小説戯曲等の概念を以て律することが出来ぬから、又そういう概念を以て律せられ易いからである。アベル・ガンスは「光の音楽」だと云った。ジェルメエヌ・デュラックは「視覚的サンフォニイ」だと云った。併し之はただ耳に入り易くせんが為に、他の芸術の言葉を借りて来ただけの事である。「音楽」と云い「サンフォニイ」と云う、映画が音楽と密接なる関係にある事は明らかであるらしい。デュラックは次のような事を云っている。

「我々が皆作ろうとしている完全なるフィルムはリズム付けられた影像から成っている視覚的サンフォニイだ。そしてそれは音楽家の感覚（sensation）のみが整頓し映写幕に投げ出すのである。音楽家は常に物語のインスピレイションのもとに書くものではない。最も多くの場合は感覚のインスピレイションのもとに於てでもある。」

併し飽くまでも音楽は音楽、映画は映画であることは云う迄もない。唯映画が比較的音楽に近い芸術であると云うだけである。だがデュラックがシネマは主に感覚のインスピレイションの下に描くと云う、音楽との類似点をそこに見たのは面白いと思う。又或人は映画的理解力を豊富にせんが為には音楽の力を借りる事はかなり有効な手段だと云っているが、之は極めて合理的な方法であると云うべきである。ムウシナックは先ず視覚的リズムに慣れしめんが為に音楽的映画を作らん事を奨めている。普通映画常設館に於て音楽を映画に伴奏せしめているのは暗黙の裡にこの理を物語っているのである。

現今の映画はその筋を多く小説戯曲に求めている。映画が興行価値を有せずしては容易に存在を許されざる今日これは止むを得ない事であるかも知れない。

シネマは独立せる芸術である。それ故にシネマの為のオリジナル・ストウリが必要であるということは確かに正当である。併し何でもかんでもオリジナル・ストウリに限らねばならぬというのには――わたくしは近頃一寸首をひねるのである。オリジナル・ストウリと云うのも小説も戯曲も、少くとも今の状態では五十歩百歩ではあるまいかと思う。オリジナル・ストウリが未だ所謂ストウリの範囲を脱せぬ以上、この区別はまず無駄である。要は映画独特の美が表現されればいいのである。映画美は単純なるテエマを中心としてそれに影像のオルケストラシオンを施す所に生れる。物語が小説が戯曲が如何なる関係があるだろうか。物語や小説や戯曲は映画美を発揮するテエマを提出する口実たり得るのみである。故に「この映画の筋は映画的でない。」とか「この映画の筋は劇的だ。」とか「この映画の筋は小説的だ。」というのは一応は正しいかも知れぬ。が「映画的でなく」「劇的で」「小説的だ」という是等の映画の筋に対する言葉は実はある点迄その映画の映画的表現が足りないという事を示すに過ぎないのであって、かくの如きはある意味に於て映画美はその筋そのものには存在し得ない事を如らぬものの言と云わなければなるまい。

映画にとっては、実はその所謂ストウリは凡ど口実に過ぎないものであるが、現在に於ては是非共必要なるものである。わたくしは今急にそれを撲滅せんとするものではない。むしろ之を利用せんとするものである。わたくしが云う迄もなく有能なる映画監督者は既に之を述べている。（「アベル・ガンスの告白」参照）。尚アベル・ガンスの如きは既に之をその傑作『車輪』〔日本上場名『鉄路の白薔薇』〕に於て実行している。『車輪』に於ては次のような多くのテエマがあるものと見る事も出来る。

「鉄路の歌」「車輪の歌」「爆進する機関車」「山上の輪舞・ジジフの死」等。

その他内田岐三雄君が『キネマ旬報』大正十五年一月一日号で書いている如く「鉄路の薔薇」「車輪の男」「花——さよなら及びお出むかえ」等もここにあげられるだろうと思う。

それ故に映画をその全体としてのみ見る立場は、正しくはあるが、危険もあると思う。ガンスの如く製作動機よりして作品を分立せしめているものもある位であるから。かのグリフィスの『ウェイ・ダウン・イイスト』〔邦題『東への道』〕の如き『幸福の谷』の如きこうした見地から観察すれば遙かに『プロウクン・プロッサムズ』〔邦題『散り行く花』〕に優れたるものがあると私は信ずるのである。

現在の映画製作者にとって自己の芸術的慾求を満足せしめ同時に観衆を満足せしむる方法のうち有効なる一つは、筋を有名なる小説なり戯曲なりにとって、観衆を牽引し、その映画の中にいくつかのテエマを求めて、そこに自分の映画的表現の全力を尽す、そういう方法ではあるまいかと思う。

最近ルナチャルスキイ〔編者註2〕は巴里で新聞記者に語って、「監督は脚本をいかに変化しつぎはぎしてもかまわぬ」という意味の事を述べて、人々を驚かしたが、これを映画の場合にとって見れば更に適切になる。映画に於ては原作の筋は筋だけのものであって、映画的表現は更に其処から脱出したものであるからである。脚色ではなくて創造だからである。

「シネマは何を措いても先ずシネマたるべし。」と云ったランドリ〔編者註3〕の言葉が実現されるのは果して何時だろうか。それよりも第一、毎日毎日新発見所発掘に急がしいシネマは一体どこまで行くのであろうか。

編者註

〔1〕Ｅ・Ａ・ソネンシャイン、英国の古典学者

〔2〕革命後ロシアの文化指導者、評論家

〔3〕リオネル・ランドリ、フランスの映画評論家

前衛映画　総論

内田岐三雄

誤道《ママ》された名称＝前衛映画

先ず最初に断って置きたいのは、この前衛映画という名称の誤りであるという事である。もっとも、我が国では、この前衛映画という名称が通り名となっているので、僕も今仮りにこの書物中でも忍んで此の名称を用いているのであるが、実際には、こうした名称の存在しているのは、恐らくは我が国だけの事であって、この種の映画の製作されたフランス（ドイツもそうであろうが、この種の映画の最も盛んに作られたのはフランスであった）にあっては、この前衛映画の名称は存在しては居らぬのである。

では何故に、この前衛映画なる名称が我が国で発生したかといえば、それは最初に此の種の映画の数本を輸入した輸入当事者の功利的観念が、商品として売る便宜のために其れ等に前衛映画の名称を付したのであり、又、当時、海外の事情に不識であった我が国の批評家達が、それをその儘に受け入れて、無反省の中に誤道《ママ》を広める手伝いをなしたからに外ならない。もっとも、海外にあっても最も初期に於ては、前衛映画という名称が使用されていた、とも僕は考える。だが、それは流派の種類が少なく、芸術的前衛といった作品のみが作られていた時代の事に属する。で、映画の流派が数を増して行くにつれ、前衛映画なる漠とした名称を以てしては、その総てを規定包容する事が不正確、不可能となり、従って此の名称も過去のものとなった。（我が国に輸入された『時の外何物もなし』『秋の霧』『港町にて』『貝殻と僧侶』『ひとで』の中、その一本だにても、海外にあっては前衛映画の名称を以て呼ばれた事実はないのである。）

また我が国では併せて、次の二つに関して誤った観念が行われている。

その一つは、前衛映画作者（アヴァンギャルディスト）が互いに相寄って、一つのグループを形成していた、という観念である。だが、これは事実に反している。彼等の間には団体的の組織はなかった。

も一つは——これは最も重要なことであるが——前衛映画とは、畢竟するにプチブルジョア的芸術のものであり、イデオロギーに於て退嬰的、逃避的なものに終始していた、という観念である。だが、これも事実に反している。もっとも、我が国に招来した数本のみを見る事によって、この観念を樹立したことには、僕とて特に異存はないのであるが、論者の中には、はやまって我が国に来ぬ（新しい）彼等の作品をも、一様に斯く解釈して、これを論断している傾きがある。これは、独断であり、また最も甚だしい暴言である。この前衛映画の足跡を検するときには、僕はそこでは、最初は芸術の解放のみを目標としていた映画が次第に、社会改革を目標として行った行程を認めるのである。

その発生、そして発達

前衛映画の最も盛んに作られ、また最も数多くの流派を生み出したのはフランスであった。そして、この前衛映画が、その形式と内容と主張とを時代とともに推移、進歩させつつではあるが、長い命脈を保ったのもフランスであった。

前衛映画の発生は、これは一九二四年の頃、映画が漸く芸術たらんとしての第一の形式と内容との確立の階段に到達した時、その確立は表にはこれより益々盛んならんとする気勢を示してはいたものの、裏には安途と固定とを秘めていた。前衛映画はこの盛んなる風潮に乗り、而して一方、固化した従来の映画の型を、形式にも内容にも打ち開かんとしたものであった。映画には余りにも先進芸術――文学、演劇、などからの借り物がある。その重荷から解放されて、映画それ自体の独自なる表現を以て、そして独自なる芸術を生み出そう――これが前衛映画作者と呼ばれた新人達の意図であった。新しい領域、新しい技術、そして新しい内容。これを彼等は求めたのである。そして此処で、我々は数人の前衛的映画人の名をヨーロッパ各国に於て、数える事が出来る。ドイツではエッゲリング、ハンス・リヒター、ワルター・ルットマン、イギリスではオスウェル・ブレイクストンその他、そしてフランスではフェルナン・レジェ、ルネ・クレール、ジェルメーヌ・デュラック、アンリ・ショメット、ｅｔｃ……

だが、何をいうにも、フランスに於て、この新映画運動は最も盛んになった。トーキー以前に於て、映画理論の最も盛んであり、又、進歩していたのはフランスであった。時には理論倒れしている位の盛んさであった。この理論の隆盛は、故ルイ・デリュックによって曙光を浴びたフランス映画界の各映画第一線作家マルセル・レルビエ、アベル・ガンス、ジャン・エプステイン、そしてロシヤから渡って来たアルバトロス社の一団、等の華々しい理論と作品の実行とともに、そしてフランス人の個性たる個人の自己主張を励まし各人が各々独立的に映画を作り、己が理想と理論とを実行に移す気勢を生んだのであった。だが、フランス映画界では理論は直ちに実現を見る組織にも恵まれていたのである。それというのは、フランスに於ける映画会社網というのが、常に数個の大会社を除くほかは小資本のいわば個人の独立会社ともいう可き小会社の群生から成り、製作並びに配給にも、便宜なのである。更に加うるに、この時代にあっては、前衛映画館 Cinéma d'avant-garde（後年に至っては、この名称は特殊映画館 Salle Spécialisée と代った。上映される作品が映画館の呼称に適わしくなって来たからである）なるものが数個にまでも存在し、個人の製作した特殊な映画は、その流派の如何を問わず、優れたるもの、研究の価値あるものならば、何人の作たるをも問わずして上映し、これを選ばれたる観客の前に提示したのである。理論――実行――上映の道はかくしてフランスに於ては、才ある人物にとっては、いわば容易に近かったのである。「キャメラ一台持てば直ちに己れの理想と芸術とを世に問うふことの出来る」幸福な時代であった。

参考までに、この当時に存在し、世界の映画アマトゥール〔アマチュア〕の間に話題となっていた巴里の特殊映画館を左に列記して見よう。

ヴイユウ・コロムビエ（一九二四年開館。ジャック・コポオの立てこもった演劇の揺籃劇場が、今度は映画の実験室となったのである）、ステュヂオ・デ・ジュルシュリーヌ（一九二六年創設）、ステュヂオ・廿八（一九二八年創設）、以上の三つを最も知名なるものとして、その他、更にロイユ・ド・パリ、ステュヂオ・ディアマン、レ・ザグリキュルトゥール〔編者註1〕、等の数館をも数えていた。

その流派と功績

その作られた映画の等しく抱くものは、反商業主義の立場であり、芸術的前衛の理想であり、自己の意の儘の独立製作であり、従来の映画の形式と美学とを打破して新しい領域に魅力を見出さん願い、であった。そして、その映画は、映画新美学の探求であり、映画の新形式への摸索であり、また映画の表現と技術への試験であり、映画能力の従来の限界を越えたところに於ける発揚でもあった。即ち、芸術的の前衛であり、実験室の映画であり、新技術への追求であった。で、此処で流派より、これを見れば、我々はここに、絶対映画、純粋映画、音楽の視覚化、映画詩、韻律的構成、生活の断片、写真的モンタージュ、ファンテジー的小品、そして後年に至っては超現実主義映画（スユルレアリスム映画）の発生を見るのである。

これらの映画の世に与えた功績は、その当時にあっては、映画芸術化運動、映画を商業的束縛と芸術から解放して、そしてそれに新しい生命を与えることであった。そして後より来る者に残した功績は、商業主義への反抗の精神であり、映画表現能の開拓であり、新技術の発見であり、そして映画の領域の拡大と従来の型からの脱却であった。で、此処で我々は、ルネ・クレール、ヨリス・イヴェンス、ジャン・エプスティン、ピエール・シュナル、ディミトリー・キルサノフ、ジャン・ヴィーゴ等のその後即ち現在活躍しつつある人々が、一度はこの前衛映画作者であった事実を想い起して見る。その時は、彼等の映画に、如何に、この新人たりし日の精神と技術の修得とが良い影響を、身につけて、及ぼしているかを見出すのである。だが、この前衛映画の誕生と苦闘との功績は、更に他のグループにある映画作者にも、意識的に、また無意識的にでも、いい影響を与えているのである。この故にこそ、――と一概には断言し得ないにもせよ――アメリカ映画の画一的な映画作法と表現とに比して、フランス、ドイツの映画には、特異なる題材と映画常識を打ち超えた新しい優れた表現とが屢々見出されるのである。これを最近の例にとれば、ジュリアン・デュヴィヴィエの『にんじん』に於ける、にんじんの幸福感を表現した、彼がマチルドや名付親と遊ぶ、あの野の場面である。そして又、G・アレクサンドロフの『陽気な連中』に於ける数場面、殊に海岸の場面の如きはジャン・ヴィーゴの『ニースに就いて』を全く想起せしめる。（ソヴエト・ロシヤの映画が、前衛映画に影響されたところは、甚だ多いと僕は見る。これは僕が滞外中に見る機会を得た数々の映画の経験から推して云うのであるが――）

その衰微、そして敗北

我が国の映画論で最も多く見受けるのは、前衛映画はブルジョア末期の芸術であり、そしてその包合する思想、イデオロギーのために自ら時代に取り残され、崩壊滅亡したものである、という論断である。だが、これの誤謬である事は、既に前述した通りである。然し、前衛映画もその初期にあっては、イデオロギー的には、この非難を甘受しない訳には行かなかった。一つには、この当時の社会状態が、後年ほどには急迫したものではなかった故もあるが、その作者の多くは、芸術家であり、美学者であり、詩人であり、写真師であり、音楽家であり、またディレッタントであり、熱情家ではあったが、その社会意識に於ては、余りにも「芸術家」であり過ぎたのである。彼等は新世界観を必要だとは思っていなかった。映画を従来の軌道から己れの主張と満足とへ奪う、或いはそこに誕生せしめる、のが全身全霊をあげての仕事であり、神命なのであった。

だが、地球が廻り、時世が変るにつれ、これが変って来た。作者達そのものにも新しい時代の人々が登場して来たのであるが、居残った作者それ自身の中でも、社会観が成長して来たのである。彼等は、芸術のための芸術、感情と感覚と観念の飛躍、戯れ、などの昂奮と眩惑とから醒めて、己れの周囲を眺め出して来たのである。で、或る人々は、より人生に近い、人生の真実をキャメラで描こうとした。又、或る人々は、更に進んで、社会制度の矛盾と欺偽とを嘲った。また、それを暴露しそれと戦闘する意図をあらわにして来た。

だが、この時である。弾圧の手が伸びるとともに、トーキーの時代が来た。弾圧の手はこれらの作品の上映を禁じた。トーキーは、これらの作品の製作を妨げた。トーキーとなってからは、サイレント時代とは比較にならぬ程の資本が必要なのである。キャメラ一台あっただけでは、映画は作ることは出来ないのである。そして、斯くして、進歩的に、革命的にと生長し、突進して行こうとした前衛映画は、制度と資本との下に、その前進を続けて行くことが不可能となった。前衛映画の歴史の中に、僕は、始めに芸術の獲得のために闘い、次いでそれが良い意志の下に生長し、社会改革のための闘いとなり、ここで無惨なる敗北に血ぬられたる闘士の姿を見るのである。

編者註

〔1〕　正しくは「ラ・サル・デ・ザグリキュリトゥール（農業会館）」

高原富士郎

モンタージュ論の発生と展開

1

モンタージュ論を最初に唱えたのは、革命後、現在ソヴェット映画界の先達と云うべきレオン〔・レフ〕・クレショフであった。

勿論、それより以前にモンタージュなる言葉はアメリカに於けるカッティング、或はエディティングの意味でフランスに於て用いられては居た様である。これは不徹底な意味でか、或いは一つの機械的操作を意味するにすぎなかった。ただ飯島正氏によれば、レオン・ムーシナックはリズムの研究よりしてモンタージュの重要性をみとめ「フィルムをモンタージュすることはフィルムをリズムづけることに外ならない」と彼の有名なる名著「Naissance du Cinéma 映画の誕生」に書かれて居るそうである。これあたりにモンタージュに対する真意が解されかけて居る様に思われる。

クレショフに於ては、彼は先ずモンタージュの性質を研究し「モンタージュの第一の性質は明白なる幾つかのアクションが同時に起ることである。そしてそのアクションはどこに異った土地に起ろうと、そしてその主題は、三つ、四つ又は五つのことなった様に展開されるのである。この異なれる線は平行的に組立てられエクラン上に一つの全体をなすのである」と云う意味のことを述べて居る。

これは、已に彼がなすはるかに以前アメリカに於てグリフィスの行った所の方法の理論づけにすぎない。

クレショフはさらに、モンタージュに空間征服即ち、映画的空間を創造する性質があることを述べて居る。

さらに進んで、彼の理論はモンタージュの心理に支配することに及んで居る。これは後に、ヴェルトフ、プドーフキン等によって発展されるロシヤ映画のモンタージュの一つの大きな特長をなすものの最初の理論づけであると思われる。

「ここにギリシャ正教の司祭の部屋がある。ニコライ二世の像が壁にかかって居る。一方に赤衛軍が街を占領する。恐ろしくなった司祭はその肖像を裏返しにする。するとそのツアーの像の裏にはレニンの像があって、それがほほえんで居た。普通に用いられるレニンの肖像は私も知って居る。そのレニンはほほえんで居ないのだ。所で、この映画の場面は実に滑稽な感じがした。観客はみんな快く笑った。それに私は何度も自分の印象を確めて見た。たしかにレニンの像はほほえんで居る。それから後にこの時使ったレニンの像を見せてもらった、レニンの像では全くまじめな顔をして居る。この時のモンタージュはこう云う風になされたのであった。無意識的に、この重々しい顔に滑稽な個所に丁度あてはまって居るような表情をば与えたのであった。即ちモデルは変形させられたのであった」(飯島氏訳)

それにクレショフは連続的な譬喩的なモンタージュの原始的なるものを唱えて居る。

この外に、クレショフの創見は俳優に及んで居る。彼はこれを「モデル」と呼んだ。前述の訳文にも見えるが、彼に於て暗々に俳優も又額の像と同じく、モンタージュの材料にすぎないと云う意見が現れて居る。これらのクレショフの創見はプドーフキンによってまとめられ、一つの体系となった。

2

「プドーフキンは一九二〇年クレショフのステュディオであらゆる映画の実際の仕事――演技・監督・カッティング・撮影をば学んだ。」（ソヴェット映画――エイゼンシュテインとプドーフキン――ルイ・ロッォウィーク、佐々木（富）高原共訳、『映画評論』一九二九年一二月号）

プドーフキンに於ては、クレショフの発見せる映画的空間は完全に構成され、これに加うるに、モンタージュの性質となるべき他の一つ、映画的時間が結び合されて、映画に於ける両契機が完成されて居るのを見るのである。

「映画の制約は物質を欺瞞するものでなくただ、時間及び空間をば欺瞞するにすぎない。であるから、人間をば人工的にスクリーンのために調製することが出来るものでなく、その人間を発見しなければならないのである。」

これはかのクレショフの俳優モデル派の根本的見解より一歩進めた論である。更に「窮極に於て映画俳優は大抵の場合自ら演技するものであり、監督の仕事は彼のもって居ないものを形式することを彼に強制することにあるのでなくして、むしろ彼のもって居るものを出来るだけ判然と取り出すことにある。」（プドーフキン『映画脚本と監督』佐々木能理男氏訳）

プドーフキンは俳優を否定し去っては居ない。ここに於いて彼は、後に述ぶべきエイゼンシュテイン等と論を異にする。

私は、彼のモンタージュ一般論に返らねばならない。

クレショフに於て漠然と意識されたモンタージュ論が、プドーフキンに於て「モンタージュは映画芸術の基礎である」との言葉の下に一応組織されたのを見るのである。

彼の『映画脚本と監督』にある如くに、プドーフキンは映画の監督として真の意味でグリフィスの後継者でないかと思われる。そして、彼のモンタージュ論はグリフィスの実際に行った所の理論づけ、そこには、クレショフより受けたるロシヤ独特のものは元より入って居るが、であるとさえ考えられないことはないのである。

プドーフキンの映画の時間的構成の研究は映画リズムの研究に及び「モンタージュなる総合的仕事は単に撮影さるべき個々の場面・要素・物体の発見のみに止まらず、それらのものが現わさるべき順序の作成のなかにも成立する。すでにのべた様にこの順序の組立てるに際しては造型的内容のみでなく、個々のモンタージュ断片の長さをも考慮しなければならない。即ちこれらの画面が結合さるべきリズムが考慮されなければならない。このリズムによって観客をば昂奮させ得ればまた冷静にも出来る。」（佐々木氏訳同前）

ここに前述のムーシナックの言と同様なる言葉を見るのである、ムーシナックが当時ロシアのモンタージュ論に影響されないで書いたものであると思われる故に、ムーシナックの論はリズムの研究よりして、モンタージュの重要性をようやく見出したと反対に、プドーフキンはモンタージュ論よりして、リズムを説いたのである。ここに重大なる相違が見出されるであろう。

3

プドーフキンと同じく、クレショフの門下より出たと云われ彼の反対の立場にあって独特のモンタージュ論を吐く者にヂガ・ヴェルトフがある。

ヴェルトフは人も知る「映画眼」運動の指導者として、所謂「仕組まれざる映画」を主張する。その「仕組まれざる映画」とは何を云うのであるか、一寸彼の言葉に耳藉《か》そう。

「映画眼の過去は、映画芸術の辿って居る進路をば変更させるべき苦闘である。演技的な映画から記録的な映画に、劇場の舞台より生活の実舞台へ、世の全体の映画芸術はその中心点を置きかえるための苦闘である」（Die Form. 1929. Juli）

これによれば、彼の主張はプドーフキンの映画に於ける演技、劇、の否定しないものに対して、全く正反対の立場と云うべきである。「映画眼」は混沌たる実社会の中に入り込み実生活そのものの中からして、目的のテーマをば組立てるのである。

「映画は、総合的な組立法をば行わんとする。キャメラを通して最も特徴あるものと、最も合理的なものをば引出そうとするのである。そしてその拾い出されたる個々の部分の一切を極めて視覚的なリズムの中に、極めて、視覚的なる形式に入れんとするのである」（引用同前）

即ち、この主張は「映画眼」は完全に演劇や文学語から区別された所の「記録的映画語」をこしらえんとするのである。

そして、映画に於ける事実性現実性は強くここに主張されて居る。これに反して、プドーフキンに於ては、映画はモンタージュ断片を要素として、文芸が文章より成立する様に構成される。がしかし、彼にあってはその各断片は已に現実そのままの再現でないのである。

「映画眼の製作はテーマを選んだ日よりして、モンタージュされる。そしてこの仕事はその作品が決定的な形式となって、フィルムが上映されるに至って始めて完成するのである。言い換ればモンタージュは製作の始めから終りまで行われるのである。モンタージュとは個々のカットをば映画作品に統整することであり、撮影されたカットをもって、映画作品をば書き下すことであるが、カットを集めて、個々の場面をば作り上げることでなく、又ストーリーを

作り上げることでない」（引用同前）

これに於て、ヴェルトフの理論も、その相反せるプドーフキンの理論と同様にその根底に於ては、モンタージュなるものの基礎として、それをもって展開され、理解されている。

ではこの相返せる二傾向は何を示すものであるか？　これは当然モンタージュ論の発展形式の現れでなくてはならぬ。

「その当初に於て活動写真は二つの傾向を示し、それにしたがって二つの道をばたどった。一つは想像への道であり、他は現実への道である」（拙訳、セルデス著『トーキーと映画芸術』）

在来の映画に已にこの二傾向は現われて居る。思うに、クレショフに於て唱えられたモンタージュの理論も映画の理論として当然二方面をたどった。このことはクレショフに於て已にあらわれ、彼は明にプドーフキンの先達として、「想像の遺」をたどって居るのである。故に、ヴェルトフの理論に於て見る「現実」の主張は当然の理論であると云わねばならない。

4

ここに前述の「現実」「想像」のいずれにも属せずして、独特のさらに進んだと見るべきモンタージュの理論をもつエイゼンシュテインがある。

モンタージュ断片間のクレショフ式空間的の結合はエイゼンシュテインにあっては単なる記述的方法の部分的場合に変更された。さらに又「ヴェルトフの偶然的断片の偶然的結合（？）は内部的に綿密に構成されたる断片の組織的衝突となったのである。彼のモンタージュはあくまでも意識的である。

さらに彼にあってはモンタージュは物象の形態ばかりでなくして、その抽象的観念をもまた表現する所の「言葉」としてみとめられるに至ったのである。ここに於て、ヴェルトフの「映画的言葉」は彼に於て理論づけられた完全なる「映画語」が創造されるに至ったのである。

かくて、クレショフに於てモンタージュされた断片の一列が単に明瞭なしかし結局に於て何等かの視覚的現象の自然主義的記述を与えたにすぎなかった場合の如き、そう云う一つの方面に沿って平行的に流れ行く断片の連続的連鎖に関しては今や問題にされないのである。

ここに記述的な効果より表現的効果へと移行したモンタージュの発展の道程が現われて居る。

エイゼンシュテインはあくまで表現的な効果を重ずる。彼はアトラクションのモンタージュを提唱した。それは観客の心を深き印象に引きつけ理論的な効果を挙げんとするものである。

さらに彼のモンタージュの研究は進み生理的根拠にさかのぼり、効果を収めんとする。

そして、彼の唱うるオーヴァートーン・モンタージュの概念はモンタージュ論として最高度にあるものと云わねばならない。

「在来の正統的モンタージュに於ては、中心をなすものが前後関係によってのみ解釈される、丁度象形文字がただその前後関係との側にあって、解釈の鍵をなして居る小さいしるし、或いは孤立によってのみ時としては全く正反対をなす様な場合さえある特別の意味と言葉の発音さえ決せられる様に。

『古きものと新しきもの』に用いたるモンタージュはかかる特別の主位をなすものによる正統的モンタージュとはことなっている。」（『映画評論』一九三〇年六月号、拙訳「映画の四次元」）と云い、まず在来のモンタージュとのことなりをとく。それは、断片の複合的なすべての効果をば全体として印象せしめる様にする。これは外面的には混然たる様であるが、生理的の本質によって固々統一されて居るととくのである。そして一作品の全体的性質はそれを形成するすべてのアピールの複雑な一致としての全体的な集合である、と云う。彼はあくまで全体的の効果を重ずるのである。

ここに彼は所謂相剋の概念をとくのである。「作品の基礎的性質はその構成的アピールが目的を達した過程に関せずして、全体として人間の脳髄の外皮に全体的完全な効果たらしめんとして製作されて居る。かくして得たる全体物は欲せられたる如き、衝突の連合の中にまとめられ、それにより、モンタージュをとく全く新しい可能性が開かれるのである。」（引用同前）

ここに彼のモンタージュ論が、ヴェルトフ、プドーフキンと異なり、抽象的概念を表現せんとする、効果を目的とする理智的なるものであることがわかる。

ここにエイゼンシュテインの理論よりして彼は俳優をば全くみとめない。ヴェルトフも同様であるが、彼の俳優をみとめないのは映画劇をばみとめざると同様の理由よりであるが、エイゼンシュテインにあっては多少ことにすると考えられる。彼は映画は大衆のものであり、大衆の行動をば表現すべきものであるとする。それはイデオロギーよりして当然の論であるが、演劇を見すてた彼として（私の、エイゼンシュテイン研究参照本号）個人的なる俳優をみとめないことと考えられるのである。

5

最後に、私は前述のモンタージュ論者のトオキイのモンタージュに関しての理論を多少しらべて見ることにする。

エイゼンシュテイン、プドーフキンとアレキサンドロフは、一九二八年七月二十日付をもって、トオキイに関して共同宣言をなして居る。
「トオキイの最初の経験的なる労作は目で見える所のタブロオ〔画面〕と確然たる不調和に向って導かれねばならない。」
「未来には目で見るタブロオと耳で聞くタブロオとの新しきオーケストラ的対位法の創造を作り出すことである。」
(『映画の研究』飯島正氏訳)

これによれば彼等の主張する所はトオキイに於ける一つのオーケストラ的対位法の創造である。

彼等は視覚的要素をも聴覚的要素をも各々モンタージュの要素と認め二つのタブロオの不調和に向って行くのを主張する。

ここにトオキイのユニバーサリティの問題が可決される。

前記と同様なことをエイゼンシュテイン自身も述べて居る。
「映画に於てモンタージュの役割の巨大なることをみとめモンタージュを単なるフィルム接合の方法と考えずに、映画芸術の要因と見るが如き監督によってこそトオキイは最もよく生かされるであろう」(『トオキイ論』天人社版山内光氏訳)

さらにプドーフキンの言葉をも引けば、「私はエイゼンシュテインと同様にモンタージュを映画芸術の最強の要素と思っている。故に音響はモンタージュ構造の中に新しい一要素として取り入れられねばならない」(引用同前)

これは前よりやや積極的にトオキイに於ける音響の取扱いの原則を明かにのべていると思われる。

さらにヴェルトフについて見れば、彼は「ラジオ眼」をば提唱する。それは「聴覚的なラジオに作変された映画眼への道」とのべて居る。而して「それは視覚的聴覚的映画として構成されると云い、さらに技術的な発見はラジオ眼即ち音声記録的な映画文字に仕組まれざるものを獲得するための最も威力ある武器を供給する」(Die Form 1929. Juli)

要するにヴェルトフの主張の加入によって「映画眼」より「ラジオ眼」となった彼の活動は一層に有力になって行くことを述べて居るにすぎぬ。

かくして、各個独自のモンタージュ論はエイゼンシュテインに於てもヴェルトフ、プドーフキンに於てもトオキイのために多くは改変されないのである。

そして音声をそのモンタージュの一要素に加え、名理論を益々複雑に発表せしめて行くことを予告して居るにすぎない。

春のコンティニュイティー

中井正一

すべてが冷たく、涸れて、凍っている冬が次第に崩れて、……春がくる。朗らかな、暖かい、みんな芽ぐみはじむる春がくる。歴史の幾コマかは絶えずいつも時代の冬の中に浸された。そして、永い間人々は春を待つ。

その春があのシベリヤのステップを覆う塁雪の上に、白い靄《もや》をキリキリと巻かせながらきた。人々は狂おしくそれをむかえ、「時」をシナリオとし「太陽」をカメラとし、映画春はそれをしもかき抱く。

われわれは演劇的なるものと、映画的なるものとを分けうるとするならば、一言にしていえば、前者は要素としての性格《カラクテール》になりきることを無限の目的としている芸術的複合構成であり、後者はその性格《カラクテール》にはすでに単なる要素であり、それを出発点として複合構成さるる芸術である。それがモンタージュとしもよばるるならば、すなわちそれである。これまでの映画において、演出のうまさはまだ演劇的なるものにしかすぎない。映画的なるものは、そのほかのものでなければならない。その意味で今までの映画は演劇的映画にしかすぎない。小説より演劇にうつる過程にあたかも読む演劇《レーゼドラマ》があったように、今のキネマはまだドラマにしかすぎない。

映画的なるものは、今初めて生まれはじめたとも考えられよう。
『新と旧』、『ツルクシーヴ』、『春』。
映画は今新しく、みずからの中に潜める、未知の咆哮の声を、森のかなたに聴きつけたかのようである。映画はあまりにも永く、みずからを羊と信じて、羊の群れの中にみずからを置きすぎていたともいえよう。

メイエルホリドと劇場を共にしていて後に映画に走ったエイゼンシュテインの主張は常に、演劇から裂きとられんとする映画の姿を浮きださしめる。「いかなる下稽古も不必要であった。労働者たちは、それがどんなふうになされたかをあまりにもよく知っている。」『新と旧』では「トラクターはソヴィエート同盟の活力素であり、私のこんどの映画の主人公なのです。」とのべている。プドフキンも『セントペテルブルグ終焉』では、主人公を個人ではなく社会的テイペン（類型）に置いている。

しかし、かの二人のではまだ映画は演劇よりすっかりもぎとられてはいない。真の映画のみずからの力の覚醒はヴェルトフにより、エスター・シュウブによりツーリンによりうながされつつある。春のカウフマンもまたその一人である。

そして彼らの美学の基礎はマルキシズムとフロイドの上に立っている。マルキシズムは彼らに集団的構成の巨大なる情趣、個性的性格より類型的集団性格への転換を刺戟し、フロイドは彼らに人の内面的リアリズムと、連想作用の中の特殊な法則性を研究せしめている。かつてアベル・ガンスが『ラ・ルー』の上に試みんとしてまだ完成するにいたらなかった連想の対立と転換と統一性がかなりの程度まで深めらるるにいたった。それは視覚を通しての、連想性の音楽化であり、また文学のまた詩の数学化でもある。

連想の対比、そのテンポ、構成と解体、それらの研究は映画の美学にとっては今やまさに必要なことがらである。そして、映画にあるべき個有のテンポの把握は人間の生理機能、呼吸、脈搏、歩調の時間的統計の研究とあいまってわれわれの緊急の課題でもある。

そのためには一場面のコマのもつ情趣の標準性の実験について、独断的ならざる集団的総合研究を私たちは期待しなければならない。

これらの観点の上からわれわれは春を考察する時、異常なるカメラワークの実験的効果と、カッティングの切れ味のすばらしさについて、かつてわれわれの脳裡に設計的にエントヴェルフェン〔独語、立案する〕されるもののすべてが敢然としてなげつけられ、しかも、そのすべてが異常なる成功にまでもたらされていることを知ったのである。

われわれはあの映画を見て、一つの安堵とともに、また嫉妬に似た憤りをすら感ずる。まだ冷たい雪の中にいて、遠い国の「春」の訪れを聴くの思いがある。

われわれはあの映画をいろいろの方面から分析してみる必要がある。今ここにかかげんとするものは、あの映画のコンティニュイティーの時間的調子についての研究である。不完全ながら筆者がストップウォッチ、辻部政太郎君筆記でできるだけの努力をもって正確を期した。

春　$\frac{60}{100}$秒標準　∴1＝0.6秒　日本数字は字幕，fはフラッシュバック，〜〜リズム（京都松竹座にて）

I．**峠**　三 f f f 5 2 2 2 3 f f f f f 4 3 4 4 f f f f 6 5 7 10 10 15 4 3 2 4 4 3 2 2 4 6 f f 2 4 4 10 7 7
5 4 4 4 6 3 f f 5 6 3 4 13 10 5 5 5 10 5 7 4 3 4 3 2 4 4 7 7 6 6 11 7 10 3 2 7 7 2 2 10 13 7 7 4 4 4 9 6
3 7 2 11 9 10 7 10 7 2 3 6 4 5 2 2 5 七 5 5 20 2 4 6 2 3 8 3 2 10 2 六 2 13 3 4 2 五 5 5

Ⅱ. **春きたる** 10 5 5 5 4 四 2 17 2 4 二 2 10 5 5 5 5 13 11 5 3 3 2 1 6 5 五 三 5 4 5 3 5 1 四 10 6 4 4 5 6 6 11 7 10 4 10 5 六 7 6 6 3 2 6 2 f f 3 6 3 2 2 3 6 12 6 3 3 3 3 10 2 3 1 六 2 3 3 11 10 6 6 5 3 4 6 7 4 7 7 20 10 4 4 4 4 4 4 4 10 4 7 6 2 f f f f 5 8 f f f f f 2 1 2 3 1 1 1 8 14 6 10 6 七 5 7 5 10 5 2 10 7 二 4 3 3 3 二 5 10 6 5 10 6 5 3 2 6 f f f f f f 4 3 6 6 8 5 17 10 20 10 10

Ⅲ. **春の営み** 二 三 4 5 4 3 2 5 f f 4 f f f f f f 3 f f 1 1 f f f f 5 5 f 3 f 5 4 6 10 f f 7 f 6 f f f f f f f f f f f f f f f f f f f 2 4 f f f f f f f f 4 3 2 f f 20 2 10 3 f f f f 3 3 3 5 f f f f f f 7 5 4 (overrap) 10 (o) 12 (o) 14 3 3 2 4 5 f f 3 3 4 6 4 5 5 5 5 4 3 5 5 3 7 4 4 10 2 2 2 20 11 10 5 10 5 5 11 3 11 f f 5 f f f 6 2 4 4 (double print) 6 6 3 3 7 f f f 4 f f 4 7 4 3 f f f f f f 1 f f f 5 6 4 4 4 f f f f f f f f f f f f f f 1 1 1 4 f f f f f f f f f f f f 4 4 4 四 4 3 3 4 4 4 4 4 10 f 6 6 10 (double) 5 5 3 7 5 三 5 五 2 三 3 (〰〰) 6 (〰〰) 7 6 3 15 五 f f 11 10 f f 7 (〰〰) 10 5 f f

Ⅳ. **春の生物学** 4 6 12 4 4 10 11 6 11 f f 6 3 6 2 6 5 3 3 4 f f 3 f f 10 3 5 10 3 4 3 2 7 6 6 5 7 8 4 4 10 4 5 2 2 1 7 3 3 10 15 f f f 3 3 4 5 5 f f 2 二 二 3 3 2 f f 4 10 5 三 15 5 f f f 8 1 1 1 f f 7 f f 9 11 4 5 3 2 3 5 f 3 3 5 9 10 4 4 6 7 f f f 5 5 f 5 1 4 f f 6 3 4 4 4 f f f f 3 3 7 6 10 5 7 7 4 4 5 三 10 5 5

Ⅴ. **二つの人生** 9 4 4 4 4 3 2 f f f 5 5 3 4 4 7 7 4 6 5 四 3 15 6 一 1 一 一 f 10 一 一 一 6 7 f 15 5 f 7 5 f 7 (〰〰) 15 f f f 6 (〰〰) 10 4 14 4 6 6 5 f f f f f f f f f f f f f f f (字幕ヲマジウ) 6 8 8 1 1 4 f f f f f f 4 9 9 7 6 6 8 10 3 5 10 10 一 一 15 6 4 4 4 4 3 3 10 4 7 7 5 f f 7 f 4 4 6 35 (齣ヌキ, 戯画化) 10 (戯画化) f (最速) 7 五

Ⅵ. **再び春の営みについて** 7 (〰〰) 6 6 7 7 五 f f f 6 11 10 f 4 3 5 f 4 (o) 6 (〰〰) 15 5 四 14 14 5 10

5 5 6 9 7 10 6 5 f f 8 f f f f f f f f（〜〜）4 4 5 8 f f 5 5 4 f f 11 10 f f f f 6 5 4 f f f 6 f f f f f f f f 15 f f f 5 f f f 5 f f 7 f f f f f f f f f f f f f f f f f f 11 12 4 13（スローモーション）7 9 4 6 6 20（スローモーション）20（スローモーション）15 f f f f 5 3 6 f f f f f f f 3 f f f f f f f 2 2 2 2 2 2 3 f f f 4 4 4 f f 4 1 1 1 3 3 2 2 2 2 2 2 2 2 1 1 1 1 f f f f f f f f f（〜〜）4 4 4 14 4 f f f f f（〜〜）＜上下（〜）（二重焼付）10 f f f ＜上下（〜〜）7 7 6 f f f（〜〜）7 20 End.

Ⅰ．峠……………………4.01　∴2.46s（平均）
Ⅱ．春きたる…………………5.19　∴3.09s
Ⅲ．春の営み………………3.15　∴1.86s
Ⅳ．春の生物学……………4.16　∴2.50s
Ⅴ．二つの人生……………3.97　∴2.38s
Ⅵ．再び春の営みについて…2.99　∴1.79s

この表がわれわれにものがたるものは、すなわちこれまでの映画の形式のきわめて大胆なる破壊である。すなわち第Ⅵ巻に見るごとく、一シーン平均一・七九秒の急テンポをあえてなして、しかもそれがわれわれにリズミカルな激しい効果をあたえる。すなわち映画がすでに絵画的要素を極端に抜け去って、音楽的要素ならびに言語的要素に変容せんとしつつある。すなわちそれをハッキリ見ることを要せず、一つの言葉におけるがごとく、ただ連想のモメントとしての役にしかそれは立っていない場合が多い。すなわち〇・六秒以下の影像が十二ないし十九連続的に出現することは、それが各箇的に視覚的影像としてもつ意味は非常に僅かである。すなわち観念連合のその複合のもつ芸術的形式であらねばならない。

それは、いわば、これまで色彩と線の構造のみによる視覚性だけでなく、また言語構造でも、聴覚構造でもない新しい感覚的構成がそこに出現したことを知るのである。

許さるるならばそれは**映画語**《キノザッツ》――字幕の意味とは全然別に――とも、また他の意味では**映画音**《キノトーン》――トーキーの意味とは全然別に――ともいわるべき新しき芸術的形式がそこに出現するわけである。

あたかも音の高低のごとく、明暗の正しき計算のコマ数による対比をもって、しかもその影像が表象的連想において深いニュアンスをもつとする。それはそのテンポと明暗と硬軟の調子においては、ノエマティッシュに音の対象的関連において置かれる。しかし、その表象的対比の構成は、文学的意味記号の構造をもつ。それは**映画眼**《キノキイ》のもつカメラワークを越えて、それが見る**時間の美わしさ**である。表象転換の**映画語**《キノザッツ》が、その**映画音**《キノトーン》に融合して、特殊の時間的感覚的形式を切り開いていくのである。この映画の新しき手法の獲得は、人の見る意味、聴く意味、語る意味をことごとく変転せんとする人類の感覚の将来を約束するかのようである。

いう言葉、書く言葉、印刷する言葉、電送する言葉と転じた言葉の歴史は、今いずれの国語にも翻訳することを要しない見る言葉の領域をもつにいたった。文法をもたない、語尾変化のない率直な言葉をもつにいたったといえるであろう。なぜなら言葉とは常に意味を志向せしめる記号《ツアイヘン》にしかそれがすぎないとしたら、その記号の複合は一つの語《ザッツ》である。○・六秒の馬の影像は、それはその馬であるよりも、人々の記憶のうちにいっぱいにひろがる馬への指示である。一つの記号である。それを通して馬の意味を志向する。その馬の影像が再び○・六秒の将軍の影像とダブる時、そしてそれがよきテンポで交替する時、人は飾られたる馬の志向する意味構成への自分の位置づけと、飾られたる将軍の表象の志向する意味構成への自分の位置づけとの、二つの意味空間の方向性において、リズミカルな運動を経験するであろう。あたかも、意味の凸凹の中に快くバウンドしながらわれわれは進行するであろう。そして魂はそのなめらかな進行の中に子どものようにその見えざる掌をたたくであろう。そこに**映画語**《キノザッツ》のもつ特殊な**音構成**《トーン》が生じているのである。

モンタージュは新しき**映画音**《キノトーン》へその道を展くべきである。あたかも音楽でリーマン〔ドイツの音楽学者〕が一つのober C〔基音Cより上の〕がそのまま無限の長音階と短音階をその背後に背負うといったように、映画においても、一つのコマは明暗と緩急の無限の光の構成と、表象の無限の交錯をあたかも深い数学のごとく背後にしているといわなければならない。映画の現状はまだまだである。一つの出発点にしかいない。この表で見るごとく、**春**はあのすばらしいカッティングとカメラワークにもかかわらず、旋律の美わしさはただ第Ⅴ、Ⅵ巻にのみ見いだされて、ほかではあまりにも乱雑なテンポであることは残り惜しい気がする。また表象転換、連想対比のモンタージュもよき材料をもちながら見のがされたる多くのものがあった。すなわち**春**は**映画眼**《キノキイ》によって把えられたる春であって、**映画語**《キノザッツ》として、**映画音**《キノトーン》として、まだ反省すべきものをもっている。そしてそれは実にわれわれにおいてのこされている重大な課題でもある。

しかしわれわれの春はまだ浅い。冷たい、涸れた、凍ったものがいっぱいである。
春はまだあの空のうちに眠っている。

第5章　機械時代の芸術

解説

山本直樹

「機械美」を標榜する芸術運動の日本への紹介は、一九〇九年五月、オリジナルの出版からわずか三ヶ月後に森鷗外によって訳されたフィリッポ・トンマーゾ・マリネッティの「未来派宣言」を嚆矢とする。その後第一次大戦による混乱を挟みながら、神原泰、村山知義、仲田定之助などによって、イタリア未来派、ロシア構成主義、バウハウスの作品およびマニフェストが次々と紹介されてゆくが、機械の造形と機能性のうちに美的感覚（あるいは従来の美の概念そのものを否定する新たな価値観）を見出すこの立場が日本に本格的に根付くのは、一九二三年の関東大震災以後のことである。復興の名の下に、デパートやカフェーに代表される近代建築や、鉄橋や地下鉄などのインフラ整備によって面貌を大きく様変わりさせてゆく東京と歩調を合わせるかのように、日本の芸術家たちも一九二〇年代末から三〇年代初頭にかけて、機械そのものを主題とする作品（古賀春江の油彩画「海」〈一九二九〉、横光利一の小説『機械』〈一九二九〉、堀野正夫の写真集『カメラ・眼×鉄・構成』〈一九三二〉など）を発表するようになった。

日本における「機械芸術」の流行に関して、とりわけ重要な役割を果たしたのが美術史家・板垣鷹穂（一八九四―一九六六）である。元々ルネサンス美術の専門家として出発した彼は、一九二九年から三三年に至るわずか四年のあいだに、『機械と芸術との交流』（一九二九）『新しき芸術の獲得』（一九三〇）『優秀船の芸術社会学分析』（一九三〇）

など、計一二冊もの単著を発表している。さらに板垣は機械と二十世紀芸術との交流をより包括的な視点から捉えるため、岩崎昶（映画）、坂倉準三（建築）、吉川静雄（音楽）など他分野の専門家とともに雑誌『新興芸術』を立ち上げるとともに（本章所収の清水・中井論文は『新興芸術』によって編まれたアンソロジー『機械芸術論』に収録）、ジガ・ヴェルトフ、ラースロー・モホリ＝ナジ、ル・コルビュジエら同時代作家による「機械芸術」の実践と理論化をいち早く紹介することにつとめた。

板垣による「機械芸術」の提唱は、同じく隆盛を極めていたプロレタリア芸術運動を巻き込むことで、さらに社会的影響力を強めてゆく。機械技術の発展とそれに付随する進歩主義的イデオロギーの拡散は資本主義・社会主義いずれの体制下においても見られるため、この現象にこそ二十世紀文化の本質を見るべきだというのが板垣の主張であったが、プロレタリア陣営はこうした板垣の立場を階級意識の欠如あるいは「機械のフェティシズム」として激しく非難した。彼らの反論においてとくに興味深いのは、実際の機械の利用条件を規定する社会的・経済的背景のみならず、機械を操作する人間＝労働者の主体性を強調したことである。その結果「機械芸術」に関する議論は、「ブルジョワ」対「プロレタリア」という階級的対立に加え、「人間」対「機械」あるいは「芸術」対「科学」といったより本質的な対立関係を孕むこととなった。

この点を踏まえて、本章収録の論文を眺めて見ると、それぞれの書き手が機械＝映画装置の導入によって人間の知覚を凌駕する新たな認識のあり方を切望しつつも、ふとしたはずみに従来の「美」あるいは「芸術」の概念を再導入してしまう箇所が目につく。それがもっともはっきりと現れているのが、清水や平林によるモンタージュ擁護だろう。複製技術ゆえ映画は芸術になり得ないとする当時の意見を前に、彼らはモンタージュの導入によって、映画監督もみずからの美的創造力を直接フィルムに反映させることが可能になったと主張する。しかしこの立場は、それが文字の選択や構成によって文章を完成させる小説技法をモデルとしているため、トーキーの導入以後、映画作家がシナリオを通じてより直接的に意見を表明することが求められると、一気に有効性を失ってしまう。またこの点は、なぜ日本において、数学的正確さを追い求めたヴェルトフや弁証法的アプローチを徹底させたエイゼンシュテインではなく、ハリウッド古典映画の「分析的編集」に近い考えを有するクレショフやプドフキンのモンタージュ論が人気を博したのかを理解する一助ともなるはずだ。

人間中心主義的な美の概念を批判する「機械芸術」の主張を映画理論に取り入れるとすれば、やはりそれが既存の美学体系や認識のあり方をいかに変化させていったかを論じるのが有効であるように思われる。中井・寺田・長谷川論文はいずれもこの立場に立っており、とりわけ長谷川の用いる「複製芸術」の語から連想されるように、彼らの議論はヴァルター・ベンヤミン、あるいはアドルノやホルクハイマーらのフランクフルト学派のそれと非常に近しいものを持っている。ベンヤミンの「複製時代における芸術作品」が戦前の日本で翻訳紹介された記録は残っていないが、日独の理論家たちを結びつけるこの同時代意識は、これら二国間の交流のみならず、二十世紀の文化生産の様式と近代化の過程を特徴づける「世界性」というより大きなコンテクストにおいてこそ考察されるべきだろう。

【参考文献】板垣鷹穂『機械と芸術との交流』岩波書店一九二九。新興芸術編『機械芸術論』天人社一九三〇（復刻版、ゆまに書房一九九一）。小林多喜二「『機械の階級性』について」小林多喜二・立野信之編『プロレタリア文学論』天人社一九三一（復刻版、ゆまに書房一九九一）。花田清輝「機械と薔薇」『アヴァンギャルド芸術』未来社一九五四（復刻版、講談社一九九四）。牧野守編『日本モダニズムの興隆一―三「新興芸術」』『日本モダニズムの興隆四―五「新興芸術研究」』、ゆまに書房一九九〇。海野弘編『モダン都市文学6　機械のメトロポリス』平凡社一九九〇。馬場伸彦編『コレクション・モダン都市文化45　機械と芸術』ゆまに書房二〇〇九。

解題

①　清水光「映画と機械」

【出典】『機械芸術論』新興芸術編、天人社、一九三〇年、四六—六八頁

清水光（しみず ひかる 一九〇三—六一）は三高を経て京都帝国大学哲学科卒、長らく京都絵画専門学校（現・京都芸術大学）において哲学および美学を講じた。大学在学中から映画批評への興味を示し、一九二五年、三高や同志社の映画研究会のメンバーを集めて雑誌『映画随筆』を創刊。清水に加え、香野雄吉（加納龍一）、松崎啓次の三人が編集に当たった。その後、同じく京大の後輩である長江道太郎とともに『映画芸術』を刊行、ソヴィエト映画理論ならびプロレタリア映画運動の紹介につとめた。清水自身は生涯京都を離れなかったものの、京大哲学科の先輩である谷川徹三、林達夫の推薦を受けて、一九二〇年代後半から三〇年代にかけて岩波書店の『思想』に一〇編の映画論文を発表。さらに同時期にはオリエンタル写真工業により刊行されていた『フォトタイムス』へも活躍の場を拡げ、モホリ＝ナジや新興写真に関する文章を発表した。清水による映画論は、のちに『映画と文化』（教育図書一九四一）にまとめられている。

本論文における清水の立場は、「近代の社会の近代性は夫《そ》れが機械を基礎とする点に存する」という一文に集約されており、そこから彼は機械的なものを非芸術的なものとして排除してきた従来の芸術論に対する異議申し立てを行

う。その際彼の立脚点となるのは現代建築と映画であり、この二つの「機械芸術」はもともと建築用語として生み出された「モンタージュ」という概念によって結びあわされる。ただし、現代建築の「現代性」が使用する建築資材の物質性や合目的性によってそのデザインが決定されるという点にあるのに対し、清水が映画のモンタージュによって強調するのが、映画監督の美的創造力の発露である点に注意したい。つまり本論文では「芸術」としての映画の正当性を強調しようとするあまり、映画の持つ機械性が映画監督の旧来の知覚を刷新するものとしてではなく、むしろその主体的関与を保証するものとして限定的な役割を担わされているのである。（山本）

【参考文献】清水光『映画と文化』教育図書一九四一（復刻版、ゆまに書房二〇〇三、同書収録の那田尚史「清水光『映画と文化』解説」も参照）。杉山平一「清水光について」『映像学』二八号、一九八三。牧野守「香野雄吉の映画と建築についての論考」『映像学』四一号、一九九〇。牧野守「映画における京都学派の成立」『アート・リサーチ』一号、二〇〇一・三。

②　中井正一「機械美の構造」

【出典】『中井正一全集』第三巻、久野収編、美術出版社、一九六四年、二三九―二五五頁

第４章④「春のコンティニュイティー」でも明らかにされたように、中井（経歴に関しては第４章④の解題を参照）は「機械美」という概念の要諦を、個々の機械に備わる造形的・力学的価値ではなく、機械という存在それ自体が具現化する一つの性格、すなわち「数学的物理的正確さをもって構成されたる機械性の見る見かた」の把握と表現に求めた。このような理解自体は、コルビュジェやヴェルトフの実践をもとに板垣鷹穂が定式化した「機械のロマンティシズム」から「機械のリアリズム」へという流れを踏襲したものにすぎないが、中井の独自性は二十世紀美術を特徴づけるこうした同時代的動向を、「模倣」と「技術」と「普遍的実在」とを目標とする「ギリシャ的芸術観」への回帰

として捉えるところにある。しかも中井によれば、これは単なる復古主義ではなく、ブルジョワ個人主義の克服の上にたつ、弁証法的歴史観に則って理解されなければならない。その結果、中井による「機械美」概念においては、ロマンティシズムそのものにさえ自己否定を通じた再規定の契機が与えられ、「すべの個人をオルガナイズしその細胞組織の中に暗い集団の構造を形成せんとする」欲望に彩られた新しい機械のロマンティシズムの可能性が模索されることになる。

本論文と同時期に書かれた他の論考において、中井はこの新しいロマンティシズムに「物理的集団的性格」という名称を与え、そこからのちに「委員会の論理」として知られる彼自身の思想体系を築き上げていった。その過程で中井が目指したのは、個人の欲望にもとづく近代資本主義の止揚として達せられるべき社会主義の実現を、彼の専門たる美学の立場から擁護することであり、それゆえ彼の理論は今村太平を始めとする同時代の「左翼的」批評家に大きな影響を及ぼしている。しかしこのことはまた、社会主義の一変種である全体主義の勃興に対して日本の映画理論がどのように対応していったかを知る上でも、中井の存在を無視できないことを意味する。（山本）

【参考文献】中井正一『中井正一評論集』長田弘編、岩波書店一九九五。杉山光信「言語・映画の理論と弁証法の問題―中井正一論の試み」『戦後啓蒙と社会科学の思想』新曜社一九八三。北田暁大「〈意味〉への抗い　中井正一の「媒介」概念をめぐって」『〈意味〉への抗い　メディエーションの文化政治学』せりか書房二〇〇四。後藤嘉宏『中井正一のメディア論』学文社二〇〇五。

③　平林初之輔「芸術の形式としての小説と映画」

【出典】『平林初之輔遺稿集』平凡社、一九三二年、一一六―一二六頁

本論文において平林（経歴に関しては第3章⑤の解題を参照）は、映画の持つ特異性を彼の専門分野である小説との比較によって明らかにしようとする。ただし本書所収にあたり、前半部（一から五まで）が割愛されているので、以下に概略を示しておきたい。平林はまず「一、映画とは何か」と読者に問いかけることから議論を始め、この一見単純に見える問題が、存在論・形態論いずれの観点からも容易には答えられない複雑さを孕んでいることを指摘する。続く二～四では「映画は芸術か」（二）という問題を、「映画と写真」（三）「映画と演劇」（四）という対比のもとに論じつつ、「芸術と工業とは、何物かが創造されているか否かという一点に於いてのみ区別される」という彼自身の「芸術」の定義を持ち出すことで、映画の芸術性が肯定される。そして「五、映画の特異性」において平林は映画独自の創造行為へと目を転じ、三次元的空間から二次元的平面への移行、フレーミングによる視界の限定、カメラによる遠近法の強調などを、映画の機械性にもとづく事物の形式化の例としてあげる。と同時に彼は、カメラ移動やショットサイズの変更、そしてモンタージュによる時空間の圧縮や変形を通じて「映画は最後の形式化を受ける」という点を強調することも忘れない。

このように映画という表現形式を基礎づける諸条件を明らかにしたあと、平林は本題である映画と小説との比較に移ってゆく。しかし「モンタージュは映画人が文学から学びとった様式である」という一文からもわかるように、実際に本論文において前景化されるのは、これら新旧二つの芸術形式の相違というより、その近似性である。しかも彼の見立てによると、この近似性が音や色彩を持たない無声映画においてこそ際立つというところが興味ぶかい。本文の末尾で平林はトーキーの出現を演劇への回帰として否定的に捉えているが、もし彼がもう少し長生きしていたら、一九三〇年代半ばから起こる文芸映画の流行をどのように論じたであろうか。（山本）

【参考文献】ヴィクトル・シクロフスキー『文学と映画』八住利雄訳、原始社一九二八。『映画文化叢書2　映画と文学』第一芸文社一九四一（波多野完治「映画と文学の心理描写」今村太平「映画と文学」などを所収）。飯島正『映画と文学』シネ・ロマンス社一九四八。菅本康之『モダン・マルクス主義のシンクロニシティ 平林初之輔とヴァルター・ベンヤミン』彩流社二〇〇七。

＊他の文献に関しては第3章⑤の解題を参照。

④ 寺田寅彦「映画の世界像」

【出典】『寺田寅彦全集』第八巻、一九九七年、岩波書店、一四三―一五三頁

寺田寅彦（てらだ とらひこ 一八七八―一九三五）は五高を経て東京帝国大学物理学科卒。実験物理学や地震研究の第一人者として東大で教鞭を取る一方、夏目漱石門下の俳人・随筆家としても知られ、吉村冬彦、藪柑子など多数の筆名を用いた（本論文も初出は吉村冬彦名義）。随筆家としては文学から映画、美術や音楽、ジャーナリズムに至るまで非常に多岐にわたるテーマを、自然科学の知見にもとづきながら平易な文章で書き下し、各分野の職業的批評家からもつねに一目置かれる存在であり続けた。寺田による映画論としては本論のほかにも「ニュース映画と新聞記事」「映画と生理」「映画雑感」など多数存在するが、なかでもエイゼンシュテインに触発される形で、モンタージュと東洋文化の親和性を論じた一連の文章（「ラジオ・モンタージュ」「青磁のモンタージュ」「映画芸術」）が出色であり、「モンタージュ芸術技法は使用するメディアムが何であっても可能である」という彼の言葉には、海外発の映画理論をみずからの問題意識に合わせて能動的に読み替えていこうとする心意気が感じられる。

本章の他の論者と異なり、本論文における寺田の焦点は映画が「芸術」であるか否かということ以前に、映画によって描き出される世界像が、物理力学的な視点から見ていかに現実とは相反するものであるかを確認することにある。映画においては現実世界の法則が、空間把握、因果律、熱力学第二法則いずれの観点においてもことごとく侵犯

あるいは変更されており、まさにそのことによって我々がそれまで疑うことなく保持してきた「質量」「時間」「空間」といった基本的範疇の意義を根底から再検討させる契機となりうると論じる。これをいいかえれば、寺田は映画の機械性を媒介とする新しい認識論の地平を予見しているのであり、この視点は後年、戸坂潤の「映画の認識論的価値と風俗描写」（本書第8章）や長江道太郎の「時間」（本書第12章）においてさらに深く掘り下げられることになる。

（山本）

【参考文献】寺田寅彦『寺田寅彦全集』八巻、小宮豊隆編、岩波書店一九九七。岩本憲児「寺田寅彦と映画」『早稲田大学大学院文学研究科紀要』二九輯、一九八三（岩本憲児編『サイレントからトーキーへ　日本映画形成期の人と文化』森話社二〇〇七に再録）。「軽快な俳諧としての映画」『寅彦と冬彦―私のなかの寺田寅彦』池内了編、岩波書店二〇〇六。「板垣鷹穂と寺田寅彦―映画の世界像をめぐる二人の立場」『芸術学部紀要』五三号、日本大学芸術学部二〇一一。

⑤　長谷川如是閑「原形芸術と複製芸術」

【出典】『日本映画論』大日本映画協会、一九四三年、三八―五三頁

長谷川如是閑（はせがわ　にょぜかん　一八七五―一九六九）は東京法学院（のちの中央大学）法学科卒。一九〇三年、陸羯南が主催する新聞『日本』の記者としてジャーナリズムの道へと進み、その後米騒動をきっかけとする筆禍事件により引責辞任するまで、長らく『大阪朝日新聞』社員として健筆を振るう。朝日退社後は「文明批評家」を自称し、マルクス主義をも容認する進歩的立場から、『現代国家批判』（一九二一）や『日本ファシズム批判』（一九三二）など、反権力的色彩の濃い著作を刊行する。一九三三年に治安維持法違反容疑で取り調べを受けたあたりから、「日本的文化」の特異性と優位性とを説く保守的立場へとシフトし、戦時中は日本文学報告会の設立に深く関わった。戦後を迎

えても筆勢はなお衰えることを知らず、一九六九年に九四歳でその生涯を終えるまで、三千点を越す著作群を残している。

長谷川による映画論は一九三〇年代後半から一九四〇年代前半に集中しており、その大半が大日本映画協会の機関誌『日本映画』に発表された。本論文で目を引くのは、やはり「複製芸術」という語の使用であるが、ここからすぐに長谷川をベンヤミンとの比較において論じるのは早計である。というのも、映画の独自性がその複製可能性にあるという点は、谷崎潤一郎の「活動写真の現在と将来」（本書第1章⑤）を始め、古典的映画理論においては洋の東西を問わずごく普通に見られるものであるし、長谷川の論述のみに焦点を絞ったとしても、それが「原形芸術」を「複製芸術」の上位においている点で、むしろ退歩的な立場を示していることは否めないからだ。事実、この点は同時代の論者の批判の対象となっており、たとえば経済学者・大熊信行（本書第7、8章を参照）は「内的衝動と外的表現との結合を直接的に受け取ること」を命題とする長谷川の芸術観に対し、それが「新しい芸術形式を包摂しえないという意味では、一つのドグマではあるまいか」とさえ述べている。ベンヤミンの立場が長谷川、大熊のどちらに近いかはもはや説明するまでもないだろう。（山本）

【参考文献】 長谷川如是閑『日本映画論』大日本映画協会一九四三（復刻版、ゆまに書房二〇〇三）。大熊信行『文学のための経済学』春秋社一九三三（『芸術社会学』潮出版一九七四に再録）。多田道太郎『複製芸術論』勁草書房一九六二。W・ベンヤミン『複製技術時代の芸術作品』川村二郎ほか共訳、紀伊国屋書店一九六五。

①　清水光　—　映画と機械

②　中井正一　—　機械美の構造

③　平林初之輔　—　芸術の形式としての小説と映画

④　寺田寅彦　—　映画の世界像

⑤　長谷川如是閑　—　原形芸術と複製芸術

清水光

映画と機械

1

現代の諸々の芸術の中に於て映画は新興の芸術であり、最も近代的なる芸術であるといわれる。これは自明のことである、とも考えられる。事実、現代の諸芸術の中に於いて、時間的に映画は最も遅れて発生し発展した芸術であり、その故にその芸術性が化石化せる美学者によって否定された映画史上の伝説時代も実は最近のことに属するからである。然し時間上、最後に現れたものが最も新しいということに異議はないにしても、最新のものが最初に亡びないと誰が言いうるであろう。芸術の名を僭して現れる幾多の珍奇なる現象がその好奇性を失うと共に直に社会的存在を失うことは余りにもしばしば起こる事実である。映画が単に新奇なるのみでなく新興の芸術であり、真に近代的なる芸術であるとは如何にして言えるであろうか。

芸術も一つの社会的存在である。映画が一つの芸術であり又あるべきであるならば、夫《そ》れは社会の生産関係の諸規定から除かれることは出来ない。近代の生産諸関係の規定する社会において、機械が如何に重心的な意義を有し重大なる役割を果しつつあるかは今更いうまでもないことである。近代の社会の近代性は夫《そ》れが機械を基礎とする点に存するとさえ言うことが出来るであろう。機械は中世的封建制度から近世的資本主義社会への変革の槓杆《こうかん》をなしている。更に欧洲戦後の産業合理化運動による最近の社会の加速度的進展は機械の新しき発明、その能率増進、機能の倍加によって結果された。かくて近代社会の機械性は実に一つの根本的なる事実である。

近代の社会は機械的である。従って近代の諸芸術は直接に間接に、積極的に消極的に、複雑なる影響を機械から受けざるを得ない。然も近代の芸術史上に於て、如何に機械に対する反感と恐怖をいわゆる芸術家達が示し来ったか。ラスキン、モリスより現在にいたるも尚、機械への反感を古き芸術家の間に聞くことが出来るであろう。* 映画が一つの機械的発明より漸次に発達して芸術的に注目されんとしたとき高名にして固陋《ころう》なる美学者によってその芸術性が否定されたのも実はかかる反感の一つの現れであった。

＊古き芸術家、美学者達の機械に対せる反感は大体次のような主張の上に立っている。芸術は精神的、情感の世界の自由なる想像の産物である。機械は物理的、数理的なる自然界の論理的必然の産物である。芸術的なるものは精神的であり自由である、機械的なるものは物質的に必然的に、まさに機械的に動かされる。芸術的なるものは機械的であることは出来ない。機械的なるものは非芸術的である。芸術は機械と無関係であり寧ろ機械と反発する、と。このような芸術家達の論理的に充分に自覚されない従って反感でしかない機械反感の現れは余りに多くして一々指摘するのに困難な位である。ハウプトマンの『織匠』トラーの『機械破壊者』は反機械主義をテーマにしている。現在に於いてもデッサウェルがその注目すべき『技術の哲学』の中にピランデルロの「技術の産物に対する精神的反抗」（従って機械への反抗）について記しているように「彼の如くに、現代の文芸に於て数百の人が語っている」のである。（Dessauer, Philosophie der Technik, 1927 参照）然しここに二三の例外は認めなければならない。未来派は拝物宗的に機械を讃美した。フェルナン・レジェが機械美の主張者であることは余りにも知られている。彼が純粋映画、『機械舞踊』の作者であることは興味が深い。批評家ではトマス・ハルム（英国の哲学者ヒュー

ム」がその「近代美術とその哲学」に於て彼独自の見地より機械的美の現代性を主張している。（T. E. Hulme, Speculations, 1927 参照）ロシアに於ては事情が正にこの反対であるのは言うまでもない。が、ここに充分注意されるべきことである。

近代社会の機械の生産関係の変革は必然的に近代芸術の諸相を種々に変容した。近代社会は正にその機械性を媒介として近代芸術に作用しつつある。最近しばしば論ぜられつつある時間芸術のテンポの問題（特に文芸及び演劇に於けるその新しき解釈）空間芸術に於ける形象の明確化の問題（特に建築の機械としての再認識及び構成派の舞台装置）等はその表面に現れたる顕著なるものであろう。ここに近代社会の機械性は、近代芸術の機械性として隈なく芸術の世界を動かしつつあるのを見ることが出来る。機械はその合目的なる機構によって直接に外面的に芸術の外形に作用する。機械のかかる影響は表面的に芸術を顕著に変容した。然し機械は社会の生産組織の重大なる変革を通じて間接に内面的に深刻なる根本的変革を芸術に要求しつつある、即ち機械は中世封建的の社会生産関係を、農民と領主、手工業職人徒弟と親方の関係を、資本主義的関係に、労働者と資本家との関係に変革した。そしてかかる関係の下に於て、機械は資本家的に利用されて労働者搾取のための強力なる機械となった。ここに資本、労働両階級の対立をますます尖鋭化した。*芸術は社会のこの変革に対して如何なる機能を果すべきか。ここにあらゆる芸術に共通なる夫《そ》れぞれの重大な問題が存在している、然し、この機械の社会的作用の芸術とくに映画に於ける問題ではなくて、近代の機械の機構的作用が映画を如何に規定しつつあるかを問題にすることにする。これはやがて、より重大なる社会的問題に対する準備としての意味をも持ちうるであろう。

＊この問題に関してマルクスは記している。「そもそも機械なるものは、それ自身として観察すれば労働時間を短縮するが、

資本家的に使用すれば労働時間を延長する。それ自身としては労働を容易にするが、資本家的に使用すればその限度を増加する。それ自身としては自然力に対する人間の勝利を意味するが、資本家的に使用すれば人間を自然力のもとに隷属せしめる。それ自身としては生産者の〔原文空白〕を増加せしめるが資本家的に使用すれば生産者を貧窮化せしめる。」（Marx, Das Kapital, I）このことは勿論、社会的に、従って芸術的に重要である。そしてかかる機械が現実の映画の生産過程に於て如何なる程度にまで、資本家的に発展し行使されつつあるか。ここに映画の機械性が如何なる形態に於て作用しつつあるか。これらの重大なる問題は、これを他日の考究に待ちたい。

2

近代的な社会を通じて機械に影響されることの多い現代の諸芸術のうちで、最も顕著な作用を機械から受けつつあるのは映画と建築とであろう。[*] いうまでもなく映画は一つの機械的な発明から誕生した。映画の出発点は実に一つの具体的な機械そのものであるのである。そして夫《そ》れが芸術として注目され始めたとき、その致命的な欠陥であるかのごとくに言われたのは映画の機械性であった、しかも映画が近代の社会組織の内において直に没落せずして、ひたすらに上向線上を辿りつつあるのは、却ってそれが機械から生れて技術的な基礎の上に立つ芸術であるからである。このことは充分に注意されることが必要であろう。近代社会はその機械性を著しい特色とする。「すべての近代人は機械感を持っている。機械に対する感情は吾々の日々の活動によって存在し正当化される。[**]」映画は機械そのものから生れて機械的、技術的な基礎に立っている。ここに近代社会と近代人とそこに存在する芸術との間に完全なる一致調和が存在している。近代の社会の機械的機構の上に映画の機械的機能は完全に調和し合致して果されるであろう。外界と内界が調和するとき生命は維持され発展されて上向線を進み得るであろう。映画が新興の芸術であり最も近代的な芸術であり得るのは、正にその機械性によると言えないであろうか。映画の機械性は古き象牙の窓よりは致命的に非芸術的であると見えたにもかかわらず、ひろく歴史的に社会的に展望されるとき、夫《そ》れは映画の近代性の基礎をなしていることが知られるであろう。

＊映画が最初に注意されたのは写真から生まれた視覚的存在としてであった。ここに映画の絵画的側面が、まず考察された。そのとき、映画（写真）と絵画の生産過程に於ける著しい相違が注目されたのは言うまでもないことである。映画の機械性と絵画の人工性と、そして、ここに「芸術家の手」を失った映画が絵画的芸術としての生命を失わなければならないのは当然であろう。尚おこの点について詳しくは拙稿「視覚芸術としての映画と絵画」（『映画随筆』二巻八号を参照）。
＊＊Le Corbusier Vers une Architecture 1923 Eng. tr. by Frederick Etchells. Towards a New Architecture p. 123 この論文に於けるコルビュジェの引用は便宜上すべてこの書による。

芸術の近代性と機械性と近代社会の機械性との関係は近代建築の考察によって一層明らかにされるであろう。映画が歴史をもたないのに対して建築は人類、社会と共に古い歴史を持っている。この建築の歴史に於て近代建築の近代性が如何に機械的、技術的に規定されているかは、その古き様式と対立させることによって却って明確に見られるであろう。

近代的に目覚めるまで建築は伝統と様式の裡に睡り続けた。「そこで進歩が必要でなく怠惰が尊ばれ、関心は常に昨日に向けられている一つの唯一の仕事が即ち建築である。[＊]」ここに古き様式の内に、表面的な装飾の内に建築家の全関心が奪れていた。彼は何かしなければならないので「様式」が建築家の偉大な仕事になった。彼は機械的な社会との間に「様式」の城塞をめぐらして、その内に睡っていた。しかも、かかる「様式」は詐《いつわ》りであり「時に美しくとも常にそうであるのではなく決してそれ以上の何者でもない[＊＊]」婦人帽の羽毛の飾りであるに過ぎない、「建築は種々の様式とは何の関係もない***」のである。このような過去的な様式から建築を解放し、社会と建築家との間の城塞を破壊したのは技術家であった。彼は装飾や死せる様式へは無関心である。技術家は「如何に美しく」建てるかということではなくて「如何に有効に」構成するかを目的としている。ここに社会とその機械性に対する密接な関係が生れる。「技術家は経済の法則に動かされ、数学の計算に支配されて吾々を普遍的法則と一致せしめる。****」多くの工場や機械や倉庫の後に建築は自己の機械性を発見した。「アメリカの技術家は、その計算を以てわれらの死せんとする建築を驚かす。*****」ここに機械の如くに、その目的、機能に従って厳密なる機構を有する建築が建てられた。ここに様式や装飾は建築と何の関係もなくなった。かくて建築の近代的な時代が始まる。「形象《フォルム》は機能《ファンクション》に従う」とはヘンリイ・サリバンの言葉である。建築の造型的形象は、その社会的な機能に従わねばならない。「建築を支配するものはただ必要のみ」とはオットー・ワグナーの言葉である。建築は社会的、機械的必然によって支配される。「技術家の美学」を主張し機械的に建築が構成されることを要求したコルビュジェの「家は住むための機械である******」との言葉は最新の建築の合言葉となった。吾々はここに建築そのものが機械的に理解され夫《そ》れ自身一つの機械となることによって、新しく建築が更生したのを見ることが出来る。ここに建築の機械性が近代社会の機械性と完全に一致調和して近代の建築が新しく興りつつあるのである。

＊Le Corbusier. Op. cit. p. 109
＊＊ibid. p. 37
＊＊＊ibid. p. 37 and p. 47 この言葉はコルビュジェの建築論の一つの基調をなしている。
＊＊＊＊ibid. p. 1

＊＊＊＊＊ibid. p. 31
＊＊＊＊＊＊ibid. p. 1. p. 95. etc この余りにも有名な言葉を中心に新しく建築美学を、彼のいわゆる「技術家の美学」の上に築くことは「新興美学」の一つの興味ある課題であるであろう。

ここに二つの新興の芸術と機械性との近代的な関係の意義を見てきた上で注意すべきことは、両者の類似から一方的な理解によって余りに簡単に他方を臆断すべきではない、ということである。[*] 吾々は建築に於て特に顕著に機械性が表面に現れているのを、見ることが出来る。この表面の機械性は内より外へ機械的な技術によって規定されている結果である。建築について夫《そ》れはその目的に於ても手段に於ても機械的である、ということが出来るであろう。「家は住むための機械である。」ところで映画に於ては、其目的を一般的にかくも明確に機械的に規定することは出来ない。また映画の表面にはその機械性が建築に於てのように露われ現れることは稀である。映画も視ることを目的として生産される芸術ではある。しかも両者に於ける見ることの意味に、その見方に著しい相違が現れる。このことは何故に起るか。建築と映画は共に技術的基礎に立つ機械的な芸術ではあるが、その技術そのものは両者に於て異っていなければならない。従って両者に対する機械の関係にも著しい相違が認められねばならない。このことは映画の理解にとって重要である。

＊たとえば Guido Bagier の Kommende Film に述べられた映画論を、コルビュジェの理論の演繹であるとする如きは一つの独断である。バギィルの理論をコルビュジェとの比較に於て厳密に批判することは、しかし他日のことにしたいと思う。

「建築はどこから始まるか。それは機械の終ったその所から始まる。[*]」芸術としての建築を重心において考えるとき、建築は単なる技術の彼方にある。技術は構造を規定する、しかし構造は直に建築ではない。「建築は芸術のことであり、感情の現象であり、構造の問題の外にそれを超えて存在する。構造は事物を結合するのを目的とする、建築は吾々を動かすのを目的とする。[**]」建築は造型的形象を創造する。それは「純粋な精神の創造である」[***]「建築は詩的感情の存する所にのみ存在する。建築は造型的存在である。『造型的』とは目によって見られ測定されるものである。[****]」吾々は建築の造型的側面と構造的側面とを可成り明瞭に区別することが出来る。構造は機械と共に始まり機械と共に終る。機械の終る所から芸術が始まる。芸術は技術以上の何者かである。ここに機械的芸術に共通なる技術と芸術の困難な問題が存するのであるが、建築に於てはこの両者が可成り明確に識別される。コルビュジェは「飛行機の教訓は、問題の提示とその実現を支配する論理に存する。家の問題は未だ提示されていない。[*****]」といっているが、彼自身試みたように、その問題は論理的に提示され機械的に実現され解決され得る。だから「家は住むための機械であり」得るのである。しかし、映画に於ては問題が未だ提示されていないし、従って論理的に機械的に果して何を実現すべきかも明らかにされていない。建築のプランは技術的に機械的に実現され得るのに対して映画のプランは果して何処に一義的な規定を得ることが出来るであろうか。ここに映画美学の最も困難な問題の一つが存在しているのである。建築に於ては問題の提示、解決とその芸術的実現との段階が明確である。映画に於ては何処に技術が終り何処から芸術が始まるか。この両者が複雑に錯綜し混乱して映画に於ては、技術の基礎の上に芸術を、云わば土台の上に建物を築くごとくに建設することは出来ない。芸術の上に機械が、機械の上に又芸術が錯綜して、映画芸術の全体を形成している。ここに建築と映画の根本的な差違が認められなければならないのである。

＊Innen-Dekoration' Juli 1929 に所載の抄録による。これは Die Form, Heif 7. 1929 の Wo beginnt die Architektur? によるらしい。又これと殆ど同じ考を Bruno Taut も Studio, April, '29 に発表している、少なくとも一つの参考にはなるであろう。

＊＊Op. cit. p. 19

＊＊＊ibid. p. 5 この言葉は芸術の規定としてコルビュジェにより繰返し繰返し語られている。

＊＊＊＊ibid. p. 214

＊＊＊＊＊ibid. p.4 etc. この言葉も、彼の根本概念の一つを表すものとして繰返されている。

3

一般に理論はその生産者の社会的存在によって規定される。近代の芸術理論はしたがって肯定的に、否定的に、近代社会の機械性と関連して規定される。そして芸術そのものの存在が機械的になる機構を有し機械と密接なる関係に立つ芸術に於ては、その芸術理論も著しい機械的傾向を反映せざるを得ないであろう。この適切なる実例としてル・コルビュジェの建築理論を、そして映画に於ける映画・モンタージュ論を挙げるであろう。「映画の基礎はモンタージュである。この合言葉の下に若きソヴェト・ロシアの映画は進軍した。」とプドフキンは記している。[＊] 映画が組立《モンティレン》てられ、構成されるものであることは、モンタージュの理論の始めて指摘するところではないかも知れない。例へばアベル・ガンスによって始められたフラッシュ・バックは意識的にそう組立てられることによって始めて現される。又アレクサンダア・バクシイも「映画に於ける芸術への道」[＊＊]に於て、その最も重要なものとして「力動的様式」について論じている。ここに「力動的様式は、異れる速力による運動の場面を関係付け対照せしめることによって、一物体の運動ではなくて全場面の運動量が構成形式の要素を提給することによって獲得されるのである。」このような全場面の運動量が獲得されるためには映画は単に撮影されるだけではなくて構成されねばならないであろう。ここにモンタージュ論との著しい類似がある。然しここに興味があるのは、この可成り類似した内容の理論がロシアに於てモンタージュという工学上の術語を以て語られていることである。ここにロシアの真の合理化された社会に於て、映画は正にその機械性を歪むことなく理論の上に反映している。このことは充分に注意さるべきであろう。そしても一人の映画の理論家テイモチェンコ***〈ティモシェンコ〉は映画監督は劇場よりの借言葉でレジスユウル〈仏語、演出家〉と呼ぶことを止めて「映画の主人《マイスタアー》」あるいは「より精確に、より正当に〈映画の技術家《インゼニール》〉と代えらるべきである」ことを主張している。「映画の監督」から「映画の技術家」、ここに映画の理論的発展の一段階を明瞭に画することが出来るであろう。

*Pudowkin, Filmregie und Filmmanuskript, S. 9.

**A. Bakshy, The Road to Art in The Motion Picture, Theatre Art Monthly, June 1927 バクシイのこの論文は一つの映画理論として充分注目さるべきであろう。ここに興味深いのは、バクシイがこの理論に気が付いたのはロシア映画の最大の傑作の一つである『ポチョムキン』によってであることである。

***S. Timoschenko, Filmkunst Filmschnitt S. 204. この論文はプドフキンの上記の本に収められている。テイモチエンコの理論は分析的に映画の切断のことが中心に論ぜられている。プドフキンの理論はより総合的である。

恐らくはモンタージュの理論の発見者であるレフ・クレショフは「映画のＡＢＣ」*に記している。「私は偶然にこの原理を認識したのであった。私はモンタージュによって映画のシインを全然変化させ、現実には決して存在しない、別の新しいシインを拵えることが出来るという確証を得た。この確信より出発して例えば、モスクワで撮影したカットをワシントンのカットと一緒に組立てることを試みて見た。その結果とのロシアで撮ったフィルムに動いているこの国の俳優は、モスクワのプウルヴァルから容易にワシントンの白亜館の階段につれて来ることが出来る、ということに成功した。更に吾々には、この大統領の官邸をモスクワに持って来てゴオゴリの記念碑の前に据置くことも出来る。これらすべては何等カメラのトリックの助けを借りることなく、ただモンタージュを以て始めてなされるのである。これによってフィルムを順序立てるばかりでなく、全然ばらばらにして、フィルムを或は変化させ又は新しく作ることの出来るモンタージュが如何に有力なものであるかを主張され得るであろう。」この基本的な組立ての実験は重要である。この根本的な認識を基礎としてこそ、より複雑なるモンタージュの理論が組立てられることが出来たのである。

＊I. Kleschoff, ABC des Flims 1928 これは Film Kurier 所載の抄録による。理論的方面に於てプドフキンその他はクレショフに師事しているのである。

常識的に映画はカメラの前の劇的な場面を写真的に機械的に撮影し再現することによって完成されると考えられている。従って「映画の監督《レジスウル》」はカメラの前の劇的な場面に、俳優の演技その他に芸術家の注意を集中する。彼がこの劇的な場面を充分に芸術的に監督するなら、それ以後は機械的にその場面が展開されるであろう、映画監督はカメラの前を注目する。これに対して「映画の技術家《インゼニール》」はカメラで撮影されたフィルムそのものを注意する。彼はカメラの後に或はカメラの上に芸術的な作用を認めるのである。モンタージュの理論は言わばカメラを中心にコペルニカス的転回をなしている。ここにこの理論の重大な意義がある。

カメラの前で如何に物象が動いても、夫《そ》れはそれ丈《だ》けでは映画にとって死せる対象であるに過ぎない。映画は自然の模写《コピイ》であり記録である写真的複製から、映画的な実在を組立《モンテイレン》てねばならない。それは丁度、個々の言葉から文章が組立《コンポジイレン》てられて、始めて言葉が文芸的に生きて来るのと同じである。一つの言葉は単なる記録である。一つの写真も、たとえそれが動いても矢張り単なる記録であるに止る。一連のフィルムが組立てられて始めて映画的に意味を持って来るのである。このように組立てられたフィルムがモンタージュ・ザッツ（映画の文章）である。モンタージュ・ザッツに組立てられて始めてフィルムは映画的であるのである。「モンタージュは根本的な、創造的な契機である。それを通して始めて精神的な写真《フォトグラフ》（個々のフィルムの画像）から生命ある映画的《キネマトグラフィシュ》な形式が創られるのである。」

これをプドフキン自身が深い自信を持っているといっている一つの実例によって明らかならしめよう。** これは彼の傑作、一九〇五年のロシアを描けるゴルキイの「母」による映画の一場面である。

息子が牢獄に坐っている。突然、彼に明日、解放されるとの書付が渡される。

ここで彼の悦びを映画的に表現しなければならない。悦びに興奮した顔の写真。それは顔面筋肉が画面に効果なく爆発するに止っている。そこでプドフキンは——手の動き（恐らくは悦びに慄える、書付けを持ったままの手の）と顔の下半分即ち笑ふ口の大写しを示した、この写真を彼は他の種々異った材料と一緒に組立てた。即ちプドフキンは牢獄に悦ぶ息子の顔の写真では満足せず、又笑う口と手の動き丈《だ》けで終ることなく、夫《そ》れを一つの材料にして他の材料と組立てて「獄裡に喜ぶ人」の表現を映画的に完成したのである。即ち次の如くに手の動きと顔の上半分が、笑ふ口の大写し。それから、激しく流れ去る春の小川、

水の中に砕ける太陽の光の戯れ、

村の池に遊ぶ鳥の群、
笑っている小供。

これらの画面が悦びの表現にふさわしいリズムを以て軽快に展開されたことと思われる。このようなモンタージュの内にこそ映画独自の美が表現され得るのである。

*Op. cit. S. 11.〔本文*なし〕
**ibid. S. 13.

ここで注意すべきはプドフキンも云っているように映画のモンタージュはモンタージュ・ザッツを以て終りはしないことである。夫《そ》れは更にモンタージュ・ザッツを材料として組立てられ構成されて映画全体を形成しなければならない。モンタージュの理論は映画全体の構成を貫いて作用しなければならない。ここに映画の構造《ストルクトウル》に関して幾多の問題が現われるであろう。しかし基本的なことは、原理的なことはこれで充分に明らかにされたことと思う。

ここに付言すべきは、映画が機械的発明であり機械的であるが故に非芸術的であるとの非常に通俗的な、しかるが故に有力な非難に明確な返答を与え得ることである。映画の写真的側面は勿論、技術的、機械的であって、カメラの対物レンズの前の世界を再現し複製する過程は非芸術的（むしろ無芸術的）である。この点を絵画の人工的な芸術的な描写と比較して写真は全然非芸術的であると大胆に主張し得るとしても、*然も映画は充分に芸術的であり得るであろう。何故なら映画は写真の機械的排列によっては成立せずして、個々の写真を材料にして、芸術家の意のままに自由に組立てられ得ることが明らかにされたからである。映画の写真的側面が全然、機械的であるとしても、ここに芸術家の自由が、純粋な精神の創造の領域が充分に維持されているからである。例えば「獄裡の人の悦び」を表現するために、如何なる写真を材料として選び、それを如何に組立てるかは全然、芸術家の独創であり創造である。ここに映画芸術の最も根本的な芸術性が明確に理解され得るであろう。モンタージュ論に於て、映画芸術の根本原理が最も明確に把握されているのである。

＊かく断言することは勿論、写真美学の立場から許すことは出来ないであろう。映画の一々の写真もかく全然機械的であるのではない。然しこのことは寧ろ写真芸術の根本問題をなしている。写真芸術についてはモホリイ・ナジイの「絵画・写真・フィルム」は注目さるべき書である。彼に従って写真芸術の理論的研究を企てるのも興味ある課題であるであろう。私はこれを最近、試みたいと思っている。

機械美の構造

中井正一

1

「われわれは構成の時代にいる。社会的経済的に新しき条件への適応時代にいる。われわれの船は今や岬をめぐる。そこに展開さるる新しき水平は、これまでの陋習《ろうしゅう》をことごとく論理的構成をもって修正せる不変の一線である。

建築において今や過去の構成方法は終りを告げた。建築造型の表現上の論理的根拠をこの新しき基礎の上に立てたる時にのみ、人々は建築の永遠なる真理を見いだす。今後二十年がこの建築の課題を創造をもって解きはたすであろう。偉大なる問題の時代、解析、試練、美学上の偉大なる価値転換の時代、この現代こそ、新しき美学の出現するであろうところの時代である。」

コルビュジェによりて、この刺戟的な言葉が発せられてより、多くの肯定と否定がそれに向ってなされてはいる。ただしかし、時はその言葉を載せて推移し、その言葉の意味を実証しつつあるかのようである。けだし目下美学の面している位置はかなりある意味においてクリシスにある。いわば美的価値そのものの方向の鋭い転換に臨めるかのようである。われわれはこの時にあたって、そのよってきたりし、そしてまさにゆかんとするコースの変移に的確なる注意を要するであろう。

ギリシャにおいてわれらの芸術の特殊性が考察されし時、始めにプラトンにより次いでアリストテレスによりて指摘されし概念は技芸術（technē）であり、また模倣（mimēsis）であった。ロマン派的思想すなわち芸術至上主義はこれらの概念の否定より出発し、その芸術論は、技術の概念に対する天才の概念、模倣の概念に対する創造の概念の上に成立した。そして、ギリシャにおいては美は真と善なる普遍的実在の下に第三の帝国として存在するにすぎないのに反して、ロマン派的考えかたは、美をもって人間本来の課題として、美の自律的独立を主張し、ついにはオスカー・ワイルドの「芸術が自然を模倣するのではなくして、むしろ自然こそ芸術を模倣する」というごとき逆説的警句とさえもなったのである。（深田康算博士『模倣としての芸術』一九三六年三月）

しかし、注意すべきことは、この新しき芸術観すなわち天才と創造と美の概念は、それが指摘され確立されたる時は実に正当なる権利を保持したるにもかかわらず、その解釈者あるいは亜流によってみずからその正当なる意味の理解を失すること、あたかも技術と模倣の概念がその正当なる意味の理解が怠られたると同様であったことである。すなわちそれはかの天才と独創と美の概念がついにややもすれば放恣と個人性と非真実性とに仮託的重要さを貸し与えるにいたった危険性である。そして現今の芸術がになえる悪評はまさしくその欠陥においてであるといえよう。将来の美学をになわんとして努力する人たちのおおむね注意する点もまたこの欠陥においてである。そして彼らの視線は再び天才よりも技術へ、独創よりも模倣へ、唯美よりも社会的普遍的実在へ結ばるるにいたったのである。デッサウェルの再びカントの「自然の技術」への注意の喚起、シュワルツのその機械性への連続などはその先端として興味多い。また象徴の概念が、少なくとも芸術観の歴史的道程よりみて、模倣の概念より出発したものであり、もしくはその洗練されたるものである以上、そこにこれらの言葉の弁証法的意義を見いだしうるかのようである。そしてロマン派の陥りしものが放恣と個人性と唯美主義であったに反して、ギリシャ的芸術観より結果されしものは規律と関係と統一とであったことはさらに新しく私たちの興味をひく。コルビュジェのめざすものがすでにそこにある。アリストテレスにおいて、模倣とは人間の情緒（pathē）、性格（ethē）、行為（praxis）のミメシスであった意味において、コルビュジェのめざすものは規律と関係と統一を根底とするところの、機械のパトス、機械のカラクテール、機械のプラクシスにほかならない。

ここにおいて、今や美学の経験せんとする新しき転換にあたって、ギリシャ的芸術観とロマン派的芸術観の対立は深い暗示をわれわれの前に提出する。そして、機械のもつ人間への関連ならびにその美の解釈は美学史上の新しき展望を展《ひら》く契機となることを約束するものである。

2

ある日英国の画家ハイドンの宅で詩人たちが会食を催したことがある。餐宴もすでに終らんとする時、キイツは突然觴《さかずき》をあげて、「ニュートンの想い出よ災いあれ」といって乾杯せんことを提議する。みんな驚いて、ことにウァーズワースは杯を乾すにさきだって、その説明を求める。キイツはそれに応じて「彼は虹をプリズムに還元して、その詩を破壊したるがゆえに」と答えた。かくして一同は「ニュートンの不明のために」飲んだのである。

この事件は当時の芸術観が科学ならびに機械に対してもった一つの結論を示すものとして興味深い。かのラスキンの鉄道線路に示した憎悪のごときもまたそうである、しかしテニソンはそれに対して静かにいう、「芸術は自然のごとく、その花をもって路さえも、鉄道の盛土の堤さえをも蔽いうる」と。あるいはそうであったかもしれない。なぜならばすでにコルビュジェはかのプリズムの光を指して、「魂の数学的作品である」と称し、かぎりない美しさとして捉えている。野のかなたに孤を描く虹の美しさを何びとも否まないであろうけれども、また私たちは実験室の闇の中に交錯する鋭い光の線条に対して特殊の魅惑を感ぜずにいられないであろう。そしてそこに新しき詩の形態を感ずるであろう。そこにこの半世紀において見ることの意味が、おのれみずから何ものかほかのものに姿を変えつつあることを知らなければならない。

例えばコルビュジェの「見ざる眼」の意味する視覚、ベラ・ボラージュ〔バラージュ〕の「見る人間」、ヴェルトフの「キノの眼」に見いだすごとき視覚そのものの発展、それによる人の美意識の展開などが問題となるであろう。ベラ・ボラージュは印刷機械が人の思惟形態の意味を変えたるごとく、カメラのレンズの出現は人の視覚形態の意味を変えたとのべている。印刷機械と人の思惟の関連に関しては、それに関連して、さきにブチァー〔編者註1〕が「言う言葉」より「書く言葉」への転換においてギリシャが示した思惟形態の変革を指摘している。「書く言葉」より「印刷せる言葉」への転換についてはユーゴー〔仏国の文豪〕、およびタルド〔編者註2〕がフランスにおいて示した思惟形態の変革を指摘している。「印刷せる言葉」より「電送せる言葉」に転じた現代においてそれが思惟ならびに人の感覚にもたらす変革は何ものか注意すべきものがあるであろう。あたかも言語領域でそうであるように、光の領域においても、また見ることの意味にもたらされる変革を無視することはできまい。

レンズの見るもの、すなわちそれは物理的屈折光線が印画面上にもたらす化学的変化であり、その集積がすなわちレンズの平面的構成の過程である。それは、確かに人の眼球構造と相似の過程ではある。しかし、その屈折度の調整ならびに構成によるその空間的に視野の拡大と正確とその自由性、さらに時間的（ことにキネマにおいて）にその視覚の保存的正確性ならびにその可変的自由性などのことははるかに視的感覚のおよぶところではない。ことにその構成において示す一様なる調子、明暗の鋭い切れかた、精密なるリアリズム、確実なる直線ならびに曲線への把握性、その把握の瞬間性に起因する題材の豊富と自由性、また手法における方向の自由性、ならびに光線の方向の自由性など、それらのもたらす変革性は絵画史上のいずれの時代における変革性よりも激しき飛躍性をもった。激しき速力の把握力はいわずとするも、細胞の内面、結晶の構成、星雲の推移、ついには分子のブラウン運動にいたるまで、それはその視覚対象として把握する。すなわちそれはまた科学性のもつ情趣の芸術的味覚をも意味する。ついにこれらの構成の結果、そこに常につきまとうところの一つの性格が出現する。すなわちそれは精緻、冷厳、鋭利、正確、一言にしていえば「胸のすくような切れた感じ」である。それはこれまでの天才の創造、個性における個別性などの上に見いだすものというにはあまりにも非人間的なるファインさである。すなわち換言すればそれは一つの新しき「見る性格」の出現である。そしてこれまでの天才の個性ならびに創造の中に見いだしたものより異なれるほかの見かたである、言いかえればすなわちレンズの見かたなのである。数学的物理的正確さをもって構成されたる機械性の見る見かたなのである。日常の生活、新聞、実験室、刑事室、天文台などあらゆる領域に浸透せる、機械の見る眼、そのもつ性格は、すべての人間の上により深いより大きい性格として、すべての人の上にその視点をおとしている。コルビュジエの「見ざる眼」、ボラージュの「見る人間」、ヴェルトフの「キノの眼」もまたその冷たい瞳について語れるにすぎない。

この「冷たい視覚」の「人の視覚」への浸透、これが最近の芸術、建築、絵画、彫刻における大きな動きの一つではあるまいか。かの瞳の冷たいうるみ、かの瞳の重いまたたき、かの瞳の内燃せざるまなざし、それらのものの模倣が最近の芸術の傾向に見いだす一つの流れであるともいいうるであろう。「個性」が一つのひろがれる「集団」の性格を模倣するともいえるであろう。

ピンゼルをすて映画に入ったレジェ、あるいは舞台より映画に入りしメイエルホリド、あるいはモホリ・ナギーの運動などのものをここで注意する必要があろう。ピカソの近況、ピカビア、ハガル、キリコの傾向もまた注意さるべきであろう。

3

かくてここに出現せる「新しき性格」、人ならざる、しかも、人の造りし新しき「人間」、すなわち「機械の性格」はしからば、いかなる構造をもっているであろうか。

スコットランドではまだ Wheel は Machine である。これを始源的にいうならは、人の「拳」のためにある「槌」と、現今の蒸気鉄槌との間には、一脈の連続があり、それが「道具」である意味において一致するであろう。それが打撃を目的とするならば、「拳」のかわりに見いだす「槌」とは、それが自然石にもせよ金属にもせよ、その硬度において「拳」のもつ効果とその目的において、その要素の意味をより多くもっている。「道具」とはかくして、換言すれば、一定の意志目的に向って用意せらるべき多くの要素において、人間の精神、感覚、ならびに身体の諸能力のおよぶあたわざる欠陥を補充するために用いらるる自然的存在ないしその構成要素を指す。

例えば「尺度」（物指し）のごとく、空間の量測定において人の感覚ならびに判断の不安定性ならびにその有限性に関して、それを補充修正するの「道具」である。また「時計」はその時間的量において、人の感覚、判断の不安定性および有限性の補充修正の「道具」である。金属あるいはその構成が、人間の数学的理性の意志するところのものを、「もの」の中に具現して、人の感覚を修正し、人の感覚は再びそれによって、みずからの感覚を調整する。そこでは、こころはむしろものに則《の》りするといえよう。

問題を簡単にするために私はこの「尺度」の問題を分析してみたい。感覚領域において空間的量測定について示す不安定性はすでに説明は要すまい。そこでそれと領域を共にする作用としての論理的数学的判断は一定量の等価分割あるいは倍加などの可能を規定する。その場合、感覚領域は論理的数学的関係を「もの」についてではなしに、「ものの関係」の上に相似的に運用して、いわば「目盛り」を「もの」の上に記号づける。それは「もの」の上に見いだされる「関係」の記録である。それはある程度まで不変的であるがゆえに、感覚領域はその記号の上に、一瞥して、恒久的数の運用、その函数性を把握する。「もの」に見いだす数の意味の表現である。すなわち数の象徴の確認である。「もの」であるとともに「不変なる関係の意味」であること、そこに象徴の意味がある。それは描くいいあらわすならば「数の領域の模写であり、模倣である。」

この「道具」としての尺度を、その空間的量の測定の手段として運用する場合、それは功利的道具である。しかしもし、その目盛りを、「もの」の中に見いだす数の運用性、すなわち普遍なる対象的関係性の surrogate（代入）として、「もの」の関係そのものを見いだす時、感覚はそこに一つの秩序すなわち叡智的計量を見いだす。それがすなわち精緻なる尺度に見いだす私たちのある種の感覚ではあるまいか。それは普遍的実在としての規律と関係と統一の模写であり模倣であることの認識である。それを美としていうならば、それはシルラー〔編者註3〕のいえる意味において、「最も十分なる意味における真」である。機械のもつ美わしさの最も始源的な、そしてしかも類型的なるものをそこに私は見いだすかのようである。

かくして、論理的に規定する空間の標準すなわち意識の空間的対象に構成せられたる関係そのものを、物の中に、物の関係として代入し、その象徴的運用の中に標準性を具体化すること、そこに「道具」としての尺度の意味がある。

時計においては、尺度における空間的標準と同じく、それは、時間的標準を、過去においては日光に関連し、水あるいは砂に関連したけれども、今は鋼鉄線条の弾性の関係の中に、永遠に回帰する時の律動性的関係すなわち記憶における再認識の等量性を代入する。しかし、ここにいたって、鋼鉄線の構成は歯車の目盛りの数学的関係による計算的構造をもちきたらなければならない。ここに「道具」の概念より「機械」の概念への分明ならざる推移において、もはやあきらかに「機械の意味における道具」として存在することとなる。この道具としての、「器《うつわ》」と「機《からくり》」の区別は漸変的であって、前者が自然的存在原型にその始源的出発点をもてるに反して、後者が科学的構成組織にその最後に到達すべき帰着点をもてることをもって区別するよりほかない。しかもギュヨウ〔編者註4〕が指摘せるごとくすべての機械もついには有機的組織におけるごとき能率性にまでその完成の目標をもつとする形而上的考えかたを許すならば、「うつわ」より出発せし「からくり」は、ついに再び「うつわ」にまで帰ることをその弁証法的目標とするとさえいわれるであろう。神の創りしという（たといそうでなくとも）自然界の組織の数学的解釈と分析は、自然科学の報告が示すごとく、深い最も深い機械であることを告げている。ことに人体の生理の示すがごとく、「人間」は機械の出発点であるとともに深い機械の小宇宙であろう。しかし、ここに注意すべきは、「人間」なる機械が、「道具」としての自然の組織の中にその多くの組織そのものの構成によって「より大いなる人間」の組織体を構成せんとして努力せることである。ダンテの言葉を借りるならば、「老いたる自然の手がふるえているがゆえに、若い人間がそれに手を貸さなくてはならない。」いわば、「拳」より「槌」へ、「槌」より「蒸気鉄槌」へ、さらにその「拳」の自由性の模倣への推移の中には、「人間」が自然なる「からくり」の中にかぎりなく歩み入ることを意味する。

かくして、人間が機械を構成するとは、「道具」のもつ意味において、「うつわ」より「からくり」に、「からくり」より「うつわ」への深い循環を意味するかのようである。それは「器」としての尺度より「機」としての時計の間にあるわかちがたき連続と一貫せる何ものかを意味する。かくして今やついにこの機械のディアレクティク〔弁証法〕について、換言すれば、機械の意味の根底に横たわる組織性、ならびにそれによっての美について考察すべき場合となった。

4

機械が道具の一テーゼであり、「うつわ」より「からくり」に、「からくり」より「うつわ」への一つのディアレクティクをもつことは、その構成する美の領域にもまた深い関連をもちきたることとなる。さきに顧みたる美学史上の大なる対立すなわちいわゆる古き芸術観、規律と関係と統一をその支柱とせる考えかたと、いわゆる新しき芸術観天才と独創と美とをその支柱とせる考えかた、ならびにその後者が陥らんとせる誤謬すなわち放恣と個人性と非真実性とより脱して、再び健康なる規律と関係と統一の上に帰らんとするより新しい考えかたとの間にもまた、一つのディアレクティクが成立する。そして、機械美を支持しきたれる二つの考えかたがやはりその二つの立場に立っているのを私は見いだす。すなわちそれはギュヨウのそれが代表するものと、コルビュジェのそれが代表するものとである。

ギュヨウは次のごとき意味において機械美を肯定する。「力の摩滅と無用な消費を避けようと努めている産業は、その理由によって、機械の運動に連続性と容易性とを与えんとしている。つまり、生存体の美型に近接せしめようとしているのである。かくて今日より明日と、機械の構成がいっそう整頓され、はるかにいっそう自己の生命によって生きているごとく見えるであろう。振子の運動は心臓のそれにいっそう近似するよう調整され、蒸気、水、空気は何らの跳躍なくして鉄の大血管の中を循環し、鋼鉄の槌の運動はいっそう自発性の外貌をとるにいたるであろう。要するに産業の理想は、力の節約であるゆえこれはとりもなおさず生命である。生命こそ最も節約されたる力である。生命こそ最も少なく消費して、最も多く産出する溶鉱炉であるがゆえである。しかも、生命は芸術の理想そのものである。」この生命的であるところのものが芸術の理想であるという考えかたは、多かれ少なかれロマン派的芸術観の烙印を帯びるものであって、心理主義の美学がついに拠《よ》る塹壕でもある。ギュヨウをはじめフォルケルト、デッソアール、リップス等々の近代美学がついに戦いの涯《はて》に拠《よ》るものはすなわちそれである。ブロックが指摘せるごとく、「機械とロマンティシズムはそれ自身相対立する概念である。しかし現代は機械のロマンティシズムである」という考えかたもやはり、機械のもつパトス情熱に、ある生命的なるもの、内燃せる憧憬を見いだし、鉄とベトンの設計図《プロフィール》に見いだす、その大きな横顔《プロフィール》を愛するのである。それはすなわち機械をして一つの偉大なる天才あるいは性格、すなわち集団の暗いうめき声より立ちあがりし巨大なる外貌、さらにいうならば、蒸気鉄槌をその拳《こぶし》とし、起重機をその掌《たなごころ》とし、溶鉱炉をその心臓とするところの、あらゆる過去を、あるいはその一撃をもって粉砕するであろうところの、疲労を知らない巨大なる性格として畏敬するのしかたである。私はそれを機械の生命的、ロマン的美観として解釈したい。ホイットマン、未来派などの機械への関心はすなわちこの意味においてであった。

これに反して、コルビュジェの考えかたはまたほかの角度よりせられている。「人がしばらく、船舶が運送の道具であることを忘れて、あらためてそれを見るならば、そこに見いだすおちつける、節度ある、調和ある深い表現の中に、静かな、鋭敏な力強い美をみずから見るであろう。」この見かたの底には、一抹の感情移入的見かたを痕《のこ》すとはいえ、かの規律と関係と統一を求めるところの、彼にいわしむるならば「精神の数学的作品」の意味するところのものが含まれている。そこには生命の底にある「数」への関連がある。換言すれば具体的生命そのものではなしに、その生命を構成せる関係自体の対象的領域に向っての関心がある。関係自体の領域における対象性的構造の、物の関係への換置、あるいは代入によって、そこに「物」の世界に「数」の秩序を見いださんとする。それが運送の道具《ツオイグ》であれ、打撃の道具《ツオイグ》であれ、その目的、換言すればそれのための多くの要素《エレメント》の複合《コンプレックス》である以上、そのおのおのの要素に対して、数学はおのおの函数論的エレメントを対応する。そのエレメントのコンプレックスがその目的性を規定する。

ここにおいて、その数学によって構成されたる鋼金の構造は、鋼鉄をもってする一つの函数、一つのフンクチオン〔独語、函数=関数・機能〕である。機能のもつものはすなわちそれである。視覚はその鋼鉄の構成の中に、その目的が何であれ、その中に一つの叡智的なる関係自体の対象的関連を見る。その構成は手段とするならば一つの功利的道具である。しかし、その道具そのものを目的とするならば、それは関係自体の表現である。

例えば自動車は速力、載量、耐久、価格などの多くの要素の複合としての機能概念（Funktionsbegriff）であり、一つの運搬の道具の目的をもつであろう。しかし、私たちの視覚の美的感覚はその運搬の道具であるよりも前にそれがそれらの要素の複合であるとしてそれを計量する。そしてそれが純粋であるかどうかを評価《ベウルタイレン》する。その意味で一九一〇年型よりも一九二九年型のほうが型の美わしさをもっているという場合、そこに要素としての欺瞞（Lüge）がより少ないからであると考えうるであろう。それは道具としての功利性と必然的に同じ比率をもってその美感を益すわけである。しかし、それが美しいのは、ただ関係の対象性として、数と法則が決定するのであって、それが速く用を弁ずるがためのゆえではない。その意味でそれは厳密にカントのいう意味において無関心の美でありうる。そして、かかる美の規定するものは Stil ではなく、Typen でもなく、コルビュジェの指摘せるごとく標準（Standard）である。

それはロマン派的見かたとしての天才と独創と唯美主義ではなくして、むしろ、模倣と技術と普遍的実在を目標とするものであり、放恣と個人性と非真実性を何ものよりも嫌悪するものであり、規律と関係と統一を何ものよりも愛好するところのものである。しかも、その意味するところのものは再び古い芸術観への還元ではなくして、ロマン派を通して、より高い古い芸術観への止揚である。すでにロマンティシズムが深いギリシャへの憧憬より出発したその始源的意味において、それは「機械のロマンティシズム」でもあろう。

かくして、機械美に対する二つの見かた、すなわちロマン派的見かたとギリシャ的見かたはあるいはそこに相反する見かたのように私たちの前に置かれた。しかし、このことは深く考えることによって、より高い止揚を得るかのようである。すなわちそれは、ポアンカレー〔アンリ・ポアンカレ〕の次の言葉を思い起すべきであろう。「価値あるものは、単に秩序ではなくして、予想しなかった秩序である。機械はあるがままの事業を呑み込むことができようが、その魂は常に彼から逸し去るであろう。」そのことは、深い意味で機械が物ではないことへの注意である。それは鉄ではなくして数学的対象的領域の構成であることである。それが鉄に身を浸すのは、実験《エックスペリメント》の意味において vérité de fait〔事実に基づく真実〕に面することである。それは秩序より、予想しなかった秩序に面する。ポアンカレーの意味の総合性あるいは物理性に直面する。そこに機械のパトスが、機械のエトスが、機械のプラクセイズがある。

永遠真理が事実真理の中に身を浸す、そこに鉄としての機械の意味がある。そして、そこで人の期待しなければならないところの、予想しなかった秩序は一脈のロマンティシズム、機械のロマンティシズムを含有する。すべての個人をオルガナイズしその細胞組織の中に暗い集団の構造を形成せんとするところの、かの新しきロマンティシズムの新しきヴェゲテジーレン（植物化）をもつ。

この事実真理の領域における機械、それはその目標を有機体のもつエネルギー節約にまでその軌跡をもっている。ツェッペリンの型が魚の形に相似であること、機械が生物に近づくこと、そしてそのフンクチオン、機能構成が生物においては正しく予期しなかった秩序である意味において機械のディアレクティクは、再び美学史のもつディアレクティクに関連をもちきたる。

機械が秩序であり、生物が予期しなかった秩序であるならば、機械美を基礎づけたる美の根拠は、それと関連して自然美を再び根拠づけはしまいか。自然美の構成的見かたは美学の今後の興味多き見かたである。感情移入の考えかたもがそのフンクチオンの上に考察されうる可能性をすら示している。例えば、生物としての人体のもつフンクチオン構成が、自然的対象のフンクチオンの構成と相似的関連をもつ場合、異なれる二つ以上の領域におけるフンクチオンの関連的連続、そこに感情移入的のフンクチオンの悦びがあるとも考えられよう。すなわちウティッツ〔編者註5〕によって指摘されし Funktionsfreude〔独語、機能の悦び〕は、単にそれを生理的領域にかぎるべきではなく、数学的函数論的意味にまで拡充されるべきであろう。かくして、有機的ならびに無機的自然構成を総合的機械性として解釈するならば、機械が自然の模倣であると共に、また道具《ツオイグ》を通して存在すなわち人間の拡大である意味において、それは一つの大きな芸術の歩みとその歩調を共にしていると考えうるでもあろう。そして機械美が深い意味で一つの芸術美であることもまた考察されうるであろう。

ここで「自然の技術」Technik der Natur がカントの第三批判の失われて再び発見されたる序文の前掲において、彼の理論と実践の中間者として、第三批判展開の核心点となっていることを注意すべきであろう。(『哲学研究』百三十六号拙稿――「カント第三批判序文前稿について」〈『中井正一全集』第一巻所収〉参照)

かくして、機械美が美学史にもたらす位置は、それが単なるロマン派的芸芸術観とはむしろ対立するものであり、古代のそれにより多くの根拠を有していることが、ただ唯美的放恣に堕せんとする現今の既成芸術に対して鋭い警告を発せること、美の拠《よ》るべき正しき道を示す一つの率直なる街灯であることを注意しなければならない。またその美が単なる感情移入では盛りきれざる豊穣なる示唆をその構成の内面にもち、コーヘン〔Helman Cohen〕、カッシラー〔Ernst Cassirer〕の論理の示す実体概念《ズブスタンツベグリフ》より機能概念《フンクチオンスベグリフ》への転化、あるいは象徴論理派としての、ヒルバート〔David Hilbert〕、アッケルマン〔Wilhelm Ackermann〕などの論理の函数論化への努力、ならびに現象学派の示す機能《フンクチオン》とその複合《コンプレックス》への関心、とその歩を同じうして美学がまさにまつべき大いなる転換、それを掘り起こすべき一つの槓杆《こうかん》として、重要なる意味をもつというべきであろう。

見る眼、聴く耳の、一日一日の成長によって、常に新しき性格が出現しつつある時にあって、機械はあきらかに一つの大きな性格であり、美学はそれに関心をもって決してはやすぎはしないであろう。この一篇がその粗き一つの試み、一つの試射となり、おおかたの修正を乞いうればさいわいである。

編者註

〔1〕英国の古典学者、Samuel Butcher
〔2〕仏国の社会学者、(Jean-) Gabriel Tarde
〔3〕フリードリヒ・フォン・シラー
〔4〕仏国の哲学者・詩人、Jean-Marie Guyau
〔5〕プラハ生れの美学者、Emil Utitz

平林初之輔

芸術の形式としての小説と映画

六、* 映画と文学特に小説

＊一から五まで省略、解題参照。

映画の表現様式に最も類似若しくは接近したものを古い芸術の中に求めるなら、私はただちにそれは文学であると答える。そして文学の中でも、最も自由な形式である小説であると答える。実に映画はその表現様式に於いて、外観上演劇との類似にも拘らず、実質に於いてはより多く小説に接近しているのである。

舞台に於ける時間と空間の約束が映画に於いては破棄されて、映画独特の時間と空間とをつくり出したことは前にのべた。だがこのことは小説に於いては既にあたりまえのこととして行われている。小説の叙述に於いては、いわば無制限のカットが行われているのである。しかも小説に於いては、セルロイドを切ったりつぎあわせたりする必要がなく、作者の頭の中でそれが行われて、それが記号（文学）をとおして読者の頭に伝えられる。

ルヴァンゾン〔André Levinson〕は言う。「映画の流行によって脅威を受けるものは演劇ではなくて文学である。映画の敵手は劇場ではなくて書物である。」

この言葉の意味を十分に理解するためには、私たちは映画に於けるモンタージュの意義を知っておく必要がある。モンタージュこそ、映画の最後の仕上げであり、映画はモンタージュによって映画として形式化されるのであることを理解しなければならぬ。

だがその前に、映画と文学との一見してわかる差異を指摘しておかねばならぬ。

映画は直接視覚に訴える芸術である。映画が芸術作品として私たちに与えるものは眼で見る像《イマージ》である。文学も或る意味では視覚に訴える。というのは私たちは書物を読むからである。だが、後者は直接の像を与えるのではなくて、文字という記号を与える。この記号は概念をあらわす。そこで文学に於いては、私たちは概念を媒介として像《イマージ》に到達するのである。過程がすっかり逆である。映画は感覚から概念を構成せしめる。文学は概念を感覚に分析させる。映画に於いては一人の女が泣いている像をあらわすことによって、観客にその女の悲しみを知らせる。文学に於いては女の悲しみと、泣く動作を概念として描くことによって、泣いている女の像を想像せしめる。

従来の芸術形式はすべて狭隘な約束に制限されていた。絵画や彫刻はすべて静的芸術であり、空間の芸術であって時間と運動とが奪われている。旧芸術のうちで運動の芸術は音楽と文学とであったが、その中で音楽は、専ら音の連結結合から成立しているものであるために、暗示の芸術にとどまって、何物をも明示することができない。文学のみがその点で最も自由な形式をもっていた。文学のみが、作者の意図のままに、読者の感情思想を一定の方向へ組織し得る力をもち、作者の欲する特定の内容を読者に伝える力をもっていた。そして文学の中でも、最も自由な形式の散文がその力をほしいままにすることができた。小説が近代文学の王座を占め得たのはそのためである。

演劇はある程度まで小説に肉薄することができた。だが、舞台という約束のために、到底文学のもつ機能に到達することはできなかった。ただ一つの点、即ち文学が印刷術の発明によって工業化されたに反して、演劇は工業化し得ないという点だけでも、演劇が小説の敵でないことがわかる。

この時に映画があらわれた。映画は小説と同じく運動の芸術であり、舞台の制限をもたない点に於いてはるかに演劇よりも自由である。それは映画時間、映画空間を創造して、現実の時間空間から脱却することによって文学のみほしいままにしていた自由を獲得した。そして、文学が工業化して、文学作品がポケットの中へはいるような書籍となって一部の紙型から何万部と大衆の中に散布されるように、映画もいちはやく工業化して、一本のネガティブから幾本でもポジティブを複製することによって世界の常設館に散布されることができることになった。

そこで小説か映画かという問題が、今や非常に重大な問題として私たちに提示されることになったのであるが、その優劣を論ずる前に、小説と映画との表現様式をもう少し詳しく検査して見よう。

七、プドフキンのモンタージュ論

プドフキンは一九二九年二月三日イギリスの映画協会での演説で、モンタージュに就いて大体次のように述べている。

「私が映画芸術の発達の上に重要な役割を演じているモンタージュという言葉の意味をはじめて学んだのはクレショフからだった。だが今日から見るとクレショフの見解は極めて簡単なもので、彼はただ、凡ての芸術には素材がありこの素材をその芸術に適応して構成する方法がなければならぬと言ったに過ぎなかった。音楽家は音を素材にしてそれを時間的に構成し、画家は色を素材として、これをカンバスの上に空間的に結合する。映画作者の素材はフィルムの断片であって、その構成方法はこれを独特の順序に結合することである。クレショフによれば、映画芸術は俳優の演技や、カメラマンの撮影にはじまるのではなくて、これ等のものは準備であってほんとうに映画芸術のはじまるのは、監督がフィルムの断片を結合するときである。その結号のしかたによってちがったものができあがる。

「たとえばここに三つのフィルムの断片がある。第一は或る人の笑顔、第二は或る人の恐怖の顔、第三はピストルの銃口が或る人に向けられているところ。若しこれを、第一、第三、第二の順序につぎあわせると、私たちはその人を卑怯者だと思うであろう。ところが順序を逆にして、第二、第三、第一の順序につぎあわせたら、その人を勇敢な人だと思うだろう、これは非常に素朴な実例だが、この方法によって、監督は、様々な効果を思うままにスクリーンの上に現わすことができるのだ。

「しかしフィルムの断片を色々な順序につぎあわせることだけでは十分でない。その各々の断片の長さに注意しなければならぬ。長さによりて、色々な効果が生ずる。たとえば、短い断片の交替は観客を昂奪させ．長い断片は昂奮をしずめるが如くである。このフィルムの断片を適当な順序につなぎあわせ、その長短を加減するのは映画監督の最も主要な仕事であり、この仕事をモンタージュ又は構成的編集、（コンストラクチブ・エディチング）と呼ぶのである。」

以上の説明によって、モンタージュが何であるかということ、映画に於いてモンタージュが如何に重要なものであるかということがわかったであろうと思う。

勿論映画俳優の演技を私は軽視しているのではない。ただ、俳優の演技は映画に於ては飽くまで素材の一部にすぎない。素材のすぐれているということは勿論、アンサンブルとしてのすぐれた映画を得るに必要である。だが、あくまでも素材として用いられる俳優は、彼等によって製作される映画の、アンサンブルを知っている必要はないのである。舞台でのように一定の時間内に連続して演ぜられる演技に於いては、俳優は演出されるドラマの全体の輪廓を知っている必要がある。でないと統一した効果はのぞまれない。だがモンタージュによりて形式化される映画に於いては、俳優はただ監督の欲する断片を提供するだけでよいのである。

八、モンタージュと文学

最近小説家の間に、モンタージュということが問題にされている。そしてこれは映画の表現様式から文学の表現様式へ移入されたものであると一般に考えられている。

だが、私の考えるところでは、モンタージュは、映画人が文学から学びとった様式である。小説の描写はもともとモンタージュである。それが映画人によって生き生きとした姿で学びとられたので、今度は作家がこれを意識的に模倣しはじめたのである。〔編者註1〕シクロフスキーのように映画は文学から学ぶべきものを何ももたないと考えるのは、このことを忘却しているのである。人間は一挙にしてすっかり新しい表現様式を考え出すことはできない。映画は、この点で文学の遺産からモンタージュを学びとったのだ。

映画に於けるフィルムの断片は、文学に於ける文字に対応する。フィルムの上で普通、一秒間の六分の一〔サイレント映画では毎秒一六コマ〕の速度で通り過ぎてゆく個々の映像がそれ自身としては全く意味をもたないのは、文学作品に於いて個々の単語が何の意味ももたないのと同じだ。これ等の単語を一定の順序に配列することによって文学作品の意味が生ずるように、映画はモンタージュによって意味を獲得する。そして、文学作品に於ける、熟語や章句に該当するものは、映画に於けるモンタージュの区切り cadre de montage である。モンタージュの区切というのは、同じ距離、同じ視面から一続きに撮影されたフィルムの連続をさすのである。そして章句のつながりが集って一の文学作品を構成するように、モンタージュの区切りの結合によって一篇の映画ができあがる。

文学作品にリズムがあるように、映画にもリズムがある。映画のリズムは、音楽のリズムや、韻文のリズムのように、各部分が対称的になってはいない。そのリズムは散文のリズムと酷似している。そこでルヴァンゾンがいうように、「映画のモンタージュの区切りの変化は、ギュタヴ・ランソン教授がソルボンヌ大学でボシュエの弔辞や、サランボオの章句を分析するのと同じようにして分析される」のである。ボオドレエルが散文詩の中で実現したような脚韻なきリズムこそモンタージュの秘訣なのである。だから、散文の句読のように、映画のリズムは機械的に定めることはできない。それは心理的に決定される。客観の注意力、感受力、想像力、記憶力等々を考慮して決定される。そしてこれを決定するところに、映画人《シネアスト》の天分が存するのである。ちょうどそれは小説の描写に於けると同じである。与えられた素材をもつ小説家の苦心がその描写にあるように、与えられた素材をもつ映画監督の苦心はモンタージュにあるのである。描写によりて個々の作家に特有の作風――ゾラの作風とかトルストイの作風――が決定されるようにモンタージュによって映画のスタイルが決定される。チャプリンの映画が特有のスタイルをもち、アイゼンシタイン〔エイゼンシュテイン〕の映画が特有のスタイルをもつ如くである。

九、小説か映画か？

これまで述べて来たことによってわかるように、映画は、芸術学的見地から見ると、演劇の敵手としてあらわれて来ているのではない。映画は演劇の到底なし得ないことをしようとしているのである。映画の野心は、小説のなしつつあることをなさんとするにある。

日本の映画通の間にこういう議論がある。ドイツ映画の与える効果は文学的効果であって、アメリカ映画の与える効果こそ真の映画的効果である。従って、映画としてはアメリカ映画がドイツ映画よりもまさっていると、この見解には多少の真理は含まれていると私も思う。だが真理よりもより以上故意の、しかも半可通の誇張が含まれている。

たとえば、最近日本でも、ある一部で問題になった、『アスファルト』『帰郷』等の映画の与える効果は、文学的効果であって、映画的効果ではないという論者がある。だがこの見解は誤っていると私は考える。パラマウント映画とウファ映画との相違は、映画と文学との相違ではなく、アメリカとドイツとの相違である。

映画の目的と小説の目的とは同じものなのだ。だが両者は同じ目的に到達する手段を異にするだけである。小説は、記号（文字）によって暗示するが、映画は直接の画像を与える、相違はそれだけだ。

そこで問題は、映画は、それ自身のテクニックによって、小説のなしとげた領域をどれだけ征服したか、また征服し得るかという点にある。しかもここで考慮すべきことは、小説は既に一世紀の歴史をもって、既にもはや発達の頂点をすぎた芸術形式であるに反し、映画はまだ二三十年の歴史しかもっていず、ほんとうに映画が映画人に芸術として意識されて来たのはまだこの六七年のことであるということである。おまけに、十分に公平な判断を下そうと思えば、私たちは小説から受ける感銘には慣れているが、映画から受ける感銘には慣れていないので、映画の効果を過少評価する傾向があるということも考慮しなければならぬ。

これだけの考慮を念頭に於いて、今日までの小説の達成と、映画の達成とを比較しても、私は映画はまだ小説の到達し得たような芸術的高さには達していないと考える。トルストイやゾラの作品に匹敵し得るような映画はまだ地上にあらわれていない。

だが、映画の表現様式は、小説と殆んど同じ高さまで既に達している。すぐれた映画監督は、小説家が文字を駆使する場合と同じような自由さをもつてフィルムを駆使し得る。従って小説のコンポジションと映画のモンタージュとは既に同じ位の表現力をもっていると言える。しかも一定の約束をもつ文学よりも何の約束ももたない機械的なフィルムの方が遙かに恵まれた将来をもっているといえる。

ただ人間の心理を表現する場合には、視覚からはいってゆく映画よりも、概念をあらわす文字をもってする方が遙かに有利な位置にある。従って心理描写に於いては、小説は断然映画にまさっている。そのかわり、運動や動作の表現に於いては、文字は到底フィルムの敵ではない。その他、小説と映画との表現過程が逆であるところから、文字をもっては表現しにくいものと、映像をもっては表現しにくいものとがあって、一方が他方に絶対的にまさっているとはいえない。が、大体に於いて、集団をあらわすには映画の方がすぐれており、個人をあらわすには小説の方がすぐれているということ、具体的なものをあらわすには映画による方が便利であり、抽象的なものを現わすには小説の方が便利であるということは言えるだろう。

だから、表現様式としての小説と映画とは一長一短があって、一方が他方に断然代るべきものであるとは断言できない。新鋭の映画が既に発達の頂点を過ぎた小説とその地位を交代するかも知れぬと予想することはできても、小説がそのために近い将来に絶滅するとは考えられない。

一〇、映画の世界性

だが、最後に、映画が小説に対して、断然すぐれている一点をあげておかねばならぬ。それは、私も以前に指摘したことがあるが、フランスの映画学者〔映画監督〕マルセル・レルビエによって強調された映画の世界性である。小説は言語或いは文字を媒介とする。然るに言語や文字はその発達の歴史によって国々によって異った約束をもち、種々の国語を生じた。日本人とイギリス人との間に共通の言語がない。地球上には重要な国語だけでも数十に上っている。そこに文字を媒介する小説の将来の発展性には非常な障害がある。というのは将来の芸術は、益々世界的規模に於いて発達の経路を辿ってゆくだろうからだ。

ところが、映画の言語はいわば世界語である。それは何等の約束をもたない。直接視覚に訴える像《イマージ》である。そのためにアメリカの映画は世界の映画の七八割を占めることができたのだ。

このことは、単に映画が国籍を超越した観客をもつということを意味するだけではなく、その演技に於いても、国籍を問わずに世界各国から優秀な演技者を集めることができるということをも意味するのである。ホリウッドは世界的都市である。コスモポリタンの町である。メリー・ピックフォードはカナダ人であり、チャールズ・チャップリンはイギリス人であり、ルドルフ・ヴァレンチノはイタリア人であり、グレタ・ガルボはスエーデン人であり、ヴィルマ・バンキイはハンガリア人であり、ドロレス・デル・リオはメキシコ人であり、ポオラ・ネグリはポーランド人であり、ノーマ・シャーラーはカナダ人であり、エミル・ヤンニングスはドイツ人であり、ラモン・ナヴァロはメキシコ人であり、ロナルド・コオルマンはイギリス人であり、アンナ・メイウォンは支那人であり、アドルフ・メンジウは半ばフランス人であり、カミヤマ・ソージン〔上山草人〕が日本人であるが如くである。このことは映画のために非常に有利な将来を約束している。私たちが映画は将来の芸術であるというときは、主としてこのことを念頭に於いて言っているのである。

最近にあらわれたトーキーは私の今の論拠を覆し、映画の世界性を奪いとるように思われる。そればかりでなく、少なくも全発声映画は無声映画が、これまでに到達した自由な表現様式を犠牲にして、再び映画の中へ舞台演劇の約束の一部分を復活せしめるように思われる。プドフキンとともに私は、全発声映画は舞台劇の写真化に外ならぬと言いたい。

しかしトーキーに就いては、その発達がまだ日尚お浅いために、今からそれがどれだけのものをなしとげ得るかを予想するのは困難である。ただ私は無声映画が映画に於ける小説なら、発声映画は映画に於ける演劇であって、全発声映画である限りそれがどれ程発達しても、或る程度の拘束を映画に導入するものであることは断言してもよい。少なくもそれはモンタージュに障害となることはたしかである。従って、発声映画の発達は決して無声映画を全滅させはしないであろう。両者は二つのカテゴリーであって、後者はあくまでも、像《イマージ》を言語とする独立の芸術形式として発声映画に対抗し得るであろう。所謂有音映画《サウンドピクチュア》になると話はまた別であって、これは映画のもつ本来の自由と、その世界性とを奪うことなしに、従来の無声映画に何物かを付加するであろうし、この何物かは甚だ重要なものとなり得るであろう。

映画についての門外漢である私の以上の見解には幾多の笑うべき誤謬が含まれているかも知れない。しかし私の議論の大部分は私一個の考えではなくて相当な権威に裏づけられているのである。いずれにしてもこの問題は非常に興味ある問題であると思うので、映画人及び文壇の諸氏より示教を得て、更に十分研究して見たいと思っている。

編者註

〔1〕ロシア（旧ソ連）の文学研究家、名はヴィクトル

寺田寅彦

映画の世界像

映画のスクリーンの平面の上に写し出される光と影の世界は現実の吾等の世界とは非常にかけはなれた特異なものであって両者の間の肖似《しょうじ》はむしろ極めてわずかなものである。それにもかかわらず吾々は習慣によって養われた驚くべき想像力の活動によって、このわずかな肖似の点を土台にして、かなりまで実在の世界に近い映画の世界を築き上げる。そうして、何時の間にか映画と実際との二つの世界の間を遠く距《へだ》てる本質的な差違を忘れてしまっているのである。あらゆる映画の驚異はここに根ざしこの虚につけ込むものである。従って未来の映画のあらゆる可能性もまたこの根本的な差違の分析によって検討されるであろうと思う。

それには先ず物理的力学的な世界像《ウェルトビルド》を構成する要素が映画の上に如何なる形で代表されているかを考えてみるのが一つの仕事である。

映画の観客は必ずしも学問としての物理学を学んではいない。しかしすべての人間は皆無意識に物理的力学的に世界像を把握する事を知っている。すなわち先ず三次元の空間の幾何学に一次元の時間を加えた運動学的《カイネマチカル》の世界を構成し、更にこれに質量あるいは力の観念を付加した力学的《ダイナミカル》の世界像を構成し、そうして日常の生活をこれによって規定していることは事実である。もしも、これがなかったら、吾々は食膳に向かって箸を取り上げることも出来ないであろうし、門の閾《しきい》を跨《また》ぐことも出来ないであろう。

空間の概略な計測には必ずしもメートル尺はいらない。人間の身体各部が最初の恰好な物差である。手の届かぬ距離の計測には両眼の距離が基線となって無意識の間に巧妙な測量術が行われる。時間の測定には必ずしも時計はいらない。短い時間には脈搏が尺度になり、もう少し長い時間の経過は腹の減り方や眠気の催しが知らせる。地下の坑道にいて日月星辰《せいしん》は見えなくてもこれでいくぶんの見当は分るであろう。質量と力の計測にも必ずしも秤《はかり》は要らない。吾々の筋肉の緊張感覚がそれに役立つ。

これらの原始的なしかし驚歎すべき計量単位の巧妙な系統によって、吾々の祖先は遠い昔から立派な力学的世界像を構成していた。近頃になって吾々はそれを少しばかり整理し磨き上げて、そうしていかめしい学という名をつけたのである。

さて、これらの原始的な世界像構成要素が映画ではどういう風に置き換えられて代表されているかを考えてみる。

先ず「質量」はどうなっているか。映像には勿論普通の意味での質量は欠けている。影と幽霊には目方はないのである。しかし映画の観客は各自の想像によってそれぞれの映像に相応する質量を付加し割当てながら見て行く。それで、もしも映画のトリックによって一人の男が三井寺《みいでら》の鐘を引きちぎって軽々と片手でさし上げれば、その男は異常な怪力をもっているように見えるのである。また、大きな岩と見えるものが墜落して来て、その下敷になって一人の人間が隠れればその人は本当に圧死したものと考えられるのである。それは影に質量がなく、従って運動量《モーメンタム》のないことを忘れているからである。

次に「空間」はどうなっているか。これは、云うまでもなく、三次の空間が二次の平面に投影されている。三次元の実体は二つ同時に同一空間を占める事は出来ないが、平面は何枚重ねても平面であるから、映画の写像はいくつでも重ね写しが出来る。オーヴァーラップの技巧はこの点を利用したものに過ぎない。しかも、これによって、生きている人をそのままに透明な幽霊にして壁へでも何でもぺたぺたと張り付けあるいは自由に通り抜けさせることが出来るのである。

映画における空間の特異性はこの二次元性だけではない。これに劣らず重要なことは、その空間の尺度がある度までは自由に変えられることである。広大な戦場や都市を空中写真によって圧縮してスクリーンの枠内に収めることも出来れば、スターの片方の眼だけを同じスクリーン一杯に写し出すことも出来る。従って、この特徴と重写の技巧とを併用すれば、一粒の芥子種《けしだね》の中に須弥山《しゅみせん》を収めることなどは造作もないことである。巨人の掌上で悶える佳姫や、徳利から出て来る仙人の映画などは斯《か》くして得られるのである。このようにカメラの距離の調節によって尺度の調節が出来るのみならず、また、カメラの角度によって異常なパースペクティーヴを表現し、それによって平凡な世界を不思議な形態に歪めることも出来るのは周知の事実である。

しかしこういう程度の尺度やパースペクティーヴの変更はむしろ平凡なことであって、ある度までは吾々の眼の網膜のスクリーンの上で行われている技巧の延長のようなものであり、従って吾々に新しく教うるところは僅少であるが、真に驚異の念を喚起して夢にも想像の出来ない未知の世界を展開させるものは顕微鏡的映画である。例えば水晶で作られたようなプランクトンがスクリーン一杯に活動しているのを見る時には、吾々の月並の宇宙観は急に戸惑いをし始め、独断的な身勝手イデオロギーの土台石がぐらつき始めるような気がするであろう。不幸にしてこういう映画の、殊《こと》に、日本で見られるものの数があまりに少ないのは残念である。

「時間」に関する映画の世界の特異性は更に顕著なものである。そうして映画の驚異の多分な可能性がこれに連関していることは疑いもないことである。

空間については吾々はパースペクティーヴの原理によって日常ある点までは映画における同様な尺度の変更を体験しているのであるが、時間についてはこれに相応する経験を全然もっていないと云ってもよい。それで、もしも吾々の身辺の現象の時間尺度が吾々の「生理的時間《フイジオロジカルタイム》」の尺度に対して少しでもちがったら、実に大変なことになるのである。例えば音楽にしても聞馴れたラルゴの曲をプレスト〔急速なテンポ〕で演奏したらもはや何人《なんびと》もそれが何であるかを再認することは出来ないであろう。またもし蓄音機の盤を正常な速度の二倍あるいは半分の速度で廻転させれば、単に曲のテンポが変るのみならず、音程は一オクターブだけ高くあるいは低くなってしまうのである。東京市民を驚かせるような強震が二日に一度三日に一度ずつ襲って来るとしたらどうであろうか、市内の家屋構造は一変してしまい、地震研究所の官制は廃止になるであろう。

映画の世界では実際に、ある度までは、この時間の尺度が自由に変更され得るのは周知のことである。一粒の草花の種子が発芽してから満開するまでの変化を数分の間に完了させることも出来る一方では、また、弾丸が銃口を出て行く瞬間にこれに随伴する煙の渦環《うずわ》や音波の影の推移をゆるゆると見物することも出来る。眠っているように思っている植物が怪獣のごとく暴れ廻ったり、世界的拳闘選手が芋虫のように蠢動《しゅんどう》するのを見ることも出来るのである。

時間の尺度の変更は、同時に、時間を含むあらゆる量の変更を招致することは勿論である。先ず第一に速度であるがこれは時間に逆比例する。運動量《モーメンタム》も同様である。しかし加速度となると時間の自乗に逆比例するから時間の方が二倍に延びれば加速度は四分の一になる。それで、例えば煙突の崩壊する光景の映画を半分の速度で映写すると、それは地球の四分の一の質量を有する遊星の上での出来事であるかのように見えるのである。同様なわけで器械の工率のディメンションは時間のマイナス三乗を含むから、映写機のハンドルを二倍の速さで廻せば、一馬力の器械が八馬力を出して見えるのである。尤《もっと》もこれは映像の質量と距離とをほぼ正当に評価し想定するためにそうなるのであって、もしも前述の崩壊する煙突が、実物でなくて小さな雛形であると信ずることが出来るとすれば、現象は不自然さを失ってしまうはずである。起重機の吊上げている鉄塊が実は張抜きだと信ずることが出来れば、やはり不思議な感じはなくなるであろう。しかし実際には普通誰もそうは信ずることが出来なくて、これらを立派な驚異として感ずるのは、畢竟《ひっきょう》見なれたものの映像にそれぞれの質量や大きさを適当に評価して付加するという吾々の無意識な能力が如何に根強く活動しているかを示すのである。この事実は既にある度までは従来の映画にも利用されてはいるが、まだ沢山な将来の可能性がこの事実の基礎の上に存在するであろう。

同じ理由から、吾々の見馴れない、従ってその大きさも質量も見当のつかないような物の運動を示す映画では全く速度加速度の見当がつかない。例えば透明な浮游生物の映画などでも、考えよう一つであの生物のあるものが人間ほどの大きさをもったダンサーの化物のように思われて来る。そうするとその運動は非常に軽快に見え、そうして今にも吾々に食ってかかりそうな無気味さを感じる。しかし顕微鏡下の微粒子を覗《のぞ》いているつもりで見ていると感じはまるでちがったものになる。すべてが細かい蠢動になってしまうのである。薄暮の縁側の端居《はしい》に、たまたま眼前を過ぎる一匹の蚊が、大空を快翔《かいしょう》する大鵬と誤認されると同様な錯覚がはたらくのである。

一層面白いのは時間の逆行による世界像の反転である。いわゆるカットバックの技巧で過去のシーンを現在に引き戻すことが随意に出来るのも面白くないことはないが、これは云わば「フィルムの記憶」の利用であって、人間の脳の記憶の代用に過ぎない。しかし真に不思議なのはフィルムの逆行による時の流れの逆流である。例えば燃え尽した残骸の白い灰から火が燃え出る、そうしてその火焔がだんだんに白紙や布片に変って行ったりする。あるいはまた、粉々に崩れた煉瓦《れんが》の堆積からむくむくと立派な建築が建上がったりする。

昔ある学者は、光の速度よりもはやい速度で地球から駈け出せば宇宙の歴史を逆様にして見られるというような寝言《ねごと》を云った。しかしこのような超光速度は出来ない相談であるし、それが出来たとしてもやはり歴史の逆様は見られそうもない。しかし映画の時間は確かにある意味では立派に逆転し、従って歴史は本当に掛値なしに逆様に流れる。厳密に云えば、時間の連続な流れの中から断続的に規則正しい間隔の断片を拾い上げたものを逆の順序に展開するのであるが、吾々の視覚的効果の上では正《まさ》しく時の逆行となるのである。

時の逆行によって物の順序が逆になり原因と結果が入り代るというだけではこの重大な変転の意義は説き尽されない。

時が逆行しても本質的に変らないものは、完全な周期的運動だけである。しかし、そんなものは実際の世界にはどこにもない。如何なる振子の運動でも若干のエネルギーの消耗がある限りその運動は必ず減衰して行くはずである。それが時を逆転した映画の世界では反対に、静止した振子がだんだん揺れ出し次第に増幅するのである。もっと一般に云えば、宇宙のエントロピーが次第に減少し、世界は平等から差別へ、涅槃《ねはん》から煩悩へとこの世は進展するのである。これは実に驚くべき大事件でなければならない。もっと言葉を変えて云えば、すべての事柄は、現世で確率《プロバビリティ》の大きいと思われる方から確率の僅少な方へと進行するから不思議でないわけにはゆかないのである。例えば吾々の世界では桶の底に入れた一升の米の上層に一升の小豆《あずき》を入れて、それを手で掻廻していれば、米と小豆は次第に混合して、おしまいには、大体同じような割合に交ざり合うのであるが、この状況を写した映画のフィルムを逆転する場合には、撹拌《かくはん》するに従って米と小豆がだんだんに分離して、最後には綺麗な別々の層に収まってしまうのである。このような熱力学第二方則の完全な否定は、実に吾々固有の世界観を根底《こんてい》より覆えすに足るものである。

時を逆行させることによって起こるもう一つの不思議は、決定的の世界が不決定になることである。例えば摩擦のある撞球台《どうきゅうだい》の上で球《たま》を転がすとする。球を突き出したときの初速度が与えられればその後に球の動き行くべき道程は予言され、それが最後に静止する位置も少なくも原理的には立派に予報されるはずである。然《しか》るに逆転映画の世界で最初に静止している球が与えられている場合に、どうして、また誰が、その後の運動を少しでも予測し得るであろうか。可能な道は無限に多様であって、その中の一つを指定すべき与件は一つもないのである。

これと反対に、現世で予測の出来ない事柄が逆転映画の世界では確定的になるから妙である。例えば一本の鉛筆を垂直に机上に立てて手を離せば鉛筆は倒れるが、それがどの方向に倒れるかはいわゆる偶然が決定するのみで正確な予言は不可能である。しかし時を逆行させる場合には色々な向きに倒れた鉛筆がみんな垂直に起き直るから事柄は簡単になる。

時の逆行を現実化する映画の世界は、これと比較することによって吾々の世界像における「時」の意義を徹底的に理解させるに恰好な対象となるのである。そういう比較によって始めて吾々の哲学も宗教も科学もその完全な本体を現わすであろう。

これほどに深い意義のある逆転映画を見せられる機会があまりにも稀なのは遺憾なことである。この驚くべき技巧がもっともっと自由に応用され、観客が次第にそれに馴らされて、そうしてそれに固有な効果を十二分に感受することの出来る日が来るとしたら、その日から人間の子孫に取っては全く新しい世界が生れるであろう。

映画における「時」について、もう一つ忘れてならないことは、フィルムの記録が連続的でなくて断片の接合から成立っていることである。毎秒に例えば十六コマずつを撮影するとして、その一とコマがまたシャッターの回転速度とそのセクトル〔セクター、扇形歯状部〕の大きさによって規定されたある一定の長さの照射時間中に起っただけのすべての事柄の重複した像を表わしていることである。これがために、いわゆるストロボスコープ的効果によって、進行させる自動車の車輪だけが逆廻りをしたりするような怪異が出現し、舞踊する美人が千手観音《せんじゅかんのん》に化けたりするのである。そうして、一とコマの照射時間にそのもの自身の線長《リニアー・ディメンション》に対して比較さるべきほどの距離を動くすべてのものは、もはや夢のようにぼやけてしか現われない。この明白な事実すら理解しないらしい監督の作品に時々出会うのに驚かされるのである。

このような影像の間歇的《かんけつてき》なことに起因するフィルムの世界の特異性も、現在では利用されようとはせず、却ってむしろ出来るだけ避けようとして、その方に苦心が費やされているようである。しかしここにも色々な未来の可能性が伏在するであろう。

フィルムの露出が間歇的な上に、更に撮影さるべき実体の照明を周期的にして両者の周期を加減すれば、そこからもまた色々な技巧が生れるであろう。例えばあるシーンの中の一人物が幽霊のように見えたり消えかかったりするようなことも、重写によらずして出来るであろうと想像される。

間歇的でなくて本当に連続的な映画は不可能であろうか。少なくも吾々はまだその不可能を証明することは出来ない。これが出来るようになったら、記録の器械としての映画の価値は一段高くなるであろう。

以上は映画の世界像における力学的各要素を筋書的に略記したに過ぎない。他日機会があったら、もう少し詳しくこれらのおのおのについて検討を試み、更にその結果に基づいて映画の未来の可能性について具体的な考察を遂行したいと思っている。

なお、この外に、写真レンズの影像の特異性や、フィルムの感光能力の特異性から来る色々の問題がある。更に発声映画に関して新たに起って来た多様の興味ある問題もあるであろうが、これらも一切省略してここには触れないことにした。

もし、この一篇の覚え書のような未定稿が、映画の製作者と観賞者に何らかの有用な暗示を提供することが出来れば大幸である。

長谷川如是閑

原形芸術と複製芸術

映画の機械的表現手段についての考察

一　原形と複製

機械の発達に伴って、演技され又は演奏される芸術は、原形のものに対して複製のもの――蓄音器、映画、ラジオ、テレヴィジョン等――が一層広く行われるに至るのであるが、これらの機械による複製芸術と、直接的の原形芸術との間に存する性質上の差違について二三の考察を試みようと思うのである。

芸術は、その表現形式の上に成立するものであるが、その形式には、当然直接的であらねばならぬものと、当然間接的であらねばならぬものとがある。

音楽、劇、舞踊等は前者に属するが、造形芸術の如きもそうである。これに反して、小説その他の文学と称せられる種類の芸術は、文字の媒介によるもの故、当然間接的のものである。しかしここでいう原形芸術とは、直接的の表現形式の芸術を、そのまま直接に鑑賞する形式、即ち劇等が直接に観られた場合をいうのであり、複製芸術とは、当然直接的の表現形式であらねばあらぬ芸術を、間接的に鑑賞する形式に作りかえたものをいうのであって、音楽がレコードに、劇や舞踊が映画に、作りかえられるといったような類である。

多くの人は、この作りかえに対して甚だ無関心であって、原物と複製物とを全く同一の芸術と考えるものさえあるが、然し既に劇と映画との如きは、全く違った二つの表現形式をもつものであり、即ち二つの異った性質の芸術であることが、専門家の間に高調され、現に両者の異なる角度が益々尖鋭化されつつある。

そこで最も初歩的の、然しながら中心的の問題として、大衆の間に複製芸術が普及するに従って、原形芸術は、次第に、複製芸術の素材のようなものになってしまって、それ自体の独自の存在を失うに至りはしまいかといふ問題がある。

現在でも映画の立場からいえば、あらゆる原形芸術は、殆んど映画の素材となっている。映画は、原形芸術のそのままの複写ではなく、それを素材として、原形芸術とは著しく違った芸術的関心の下に、撮影映写の機械の性能によって、原形芸術を素材として構成される、一つの独自の表現形式をもつものである。即ちそれ自体一つの独自の芸術であって、その素材たる原形芸術から独立するほど、その芸術的性能と価値とを高めることを得るものである。

而して映画の機械は、その対象とする原形芸術に対して、全くの独裁的暴君である。自然さえも映画によって、その形象、音響、運動等を自由自在に表現されるのであるが、原形芸術も無論それと同様の取扱を免れない。映画技術の進むに従って、一定の素材を機械的に再現しながら、恰もその素材が、映画制作者の観念的産物であるかの如くに、自由自在に処理されるのである。映画がその対象を再生産することは、音楽が、すべての現象を音に作り変えるほどではないが、然しそれは映画機械が楽器よりも遙によく対象を複写し得る性能をもつからである。だから映画技術はその機械の性能を無駄にしない限り、又それが働き得る限り、対象を芸術的関心によって「創作」するのである。映画に於ては、メロドラマが空想的に自然を作り変えると同じように、カメラが自然を作りかえる。ただ映画はどこまでも機械の性能に依頼するもの故、機械の性能に制約されることは無論であるが、その機械の性能が発達すればするほど、殆んどメロドラマに近い、空想的作りかえを、素材たる対象に対して施し得るのである。その上に映画は、劇演技として実現不可能であったメロドラマの空想を、機械の性能によって実現せしめることを得るのである。映画がそうした変形を素材たる原形芸術にも加え得ることはいうまでもない。

これを極端にいうならば、たとえば、標準的の声楽家の独唱を素材として、トーキーは、自由自在にその音を調節して、出鱈目の声楽たらしめることを得るのである。（その代りもし機械が一層発達したら、出鱈目の独唱を標準的の声楽に作りかえることも出来るようになるかも知れない。）普通の場合でも、自然の音響や人間の音声は、トーキーに於いては、決して自然のままに再現されているのではなく、一定の芸術的関心の下に、相当に調節された音の構成となって居るが、形でも運動でもそのように変形することが出来るわけである。

原形芸術は、映画に於いては、全くそれ自体の立場をもたない素材となるのであるが、一体に複製芸術は、そうした性質のもので、レコードでもラジオでも、皆多少の程度で、原形芸術とは別の表現となっているのである。そこで初めにいったように、複製芸術が普及されるに従って、原形芸術はそれの素材たるに止り、その独自の存在理由を失うに至るのではないかという問題が起こり得るのである。

二　原形芸術――その一時性と直接性

此の問題に対する答えは、機械の発達如何に依って決定されるという見方もある。即ちもし機械が最も完全に発達して、原形芸術の、色なり、形なり、音なりが、原物そのものと、あらゆる意味で全く同一のものとなれば、原形芸術それ自体の存在理由はなくなって、全く複製芸術によって原形芸術を原物通りに鑑賞することを得るようになるであろうというのである。色は天然のそれと全く異らなくなり、形は立体的となり、音も物理的に全然同性質のものとなるというようなこととなれば、原形芸術に接する必要はないわけであるというのである。

然し、かかる見地は、第一には、原形芸術というものの本質を理解しないものであると同時に、第二には、人間の社会的性質に眼を閉ざしているという誤謬を免れない見地である。

原形芸術の本質ということを、ここに一般的に説明する遑《いとま》はないが、此《この》問題に関する限りに於て云えば、原形芸術は、その一時性と直接性とを生命とするものであるという特徴の上に立つものである。一時性とここでいうのは、恰も「歴史」のように「歴史は繰り返えす」などといわれながら、決して原形が再び繰り返えされるものではないというのと同じことである。即ち機械的反覆の不可能なことである。

次ぎに直接性とは、原物に接する感覚を基本とする性質の芸術であるということである。現物に接する感覚というのは、たとえば、生きた肉体を目に見る感覚と、全く生きた肉体に近い、色と形をもった蠟細工や漆細工の人形を見る感覚との相違によって想像される如く、人間の感覚器官の、発達した性能は、人間の内体や音声や運動やと、その模造品とを判別する、自然の作用をもっているのである。この判別は、機械的方法による判別法を超越した正確さをもつもので、全く人間の感覚器官の発達によるものである。素人が何《ど》う見ても本物としか思えぬような、巧妙な模造大理石でも、それを使った建築物と、本物を使ったそれとを、専門家は一見して見分けるのであるが、それは多年本物の大理石を見ていた感覚器官が、模造を見て、その刺戟の微妙な差異を直感するためである。原形芸術は、この意味の「本物」の感覚を与える芸術なのである。

だから原形芸術のこの「本物感」を受け取り得ないものは、芸術の鑑賞者として無資格者なのである。それは、大理石の真偽を見分けると同じようにむずかしいことのようだが、然し芸術の場合は、それは却って人間に与えられた一般的経験で直感されるもので、特殊の物質の真偽を見分けるよりも、寧ろ素人に可能なことなのである。というわけは、原形芸術の与える直接的の刺戟は、概して人間普通の肉体的のそれから成っているもので、一般人が本能的感覚作用によって、生きた女性の肉体とその模造品とを見分けるような風に、それを感じ得るものである。音楽を聞く耳をもたない素人でも、音楽家その人の肉声が人間の本能的の感覚に訴える力は確かに感じるのである。その生きた肉体的感覚をそのままに与えるのが原形芸術である。いかに機械が発達して複製芸術が原形芸術そのままとなっても、人間的の本能と経験とによって、機械の与える感覚と生きた人間の与える感覚とを区別し得る筈である。それはいかに精巧な人形でも、生きた女性の肉体の与える感覚を与え得ないのと同様である。

実をいえば、演技芸術は、人間同士が、右のような意味の、互の人間的接触を最高の形式で成し遂げんとする目的の下に成立したものであるといってもいいのである。言いかえれば原形芸術こそは、人間の芸術的要求に最も無条件的に応じた芸術なのである。文字を媒介とする小説などは、極めて不完全な媒介に依頼するもので、表現形式として文字に依頼する文学が大多数の人間に満足を与え得ない理由もそこにある。今でも昔でも、文字による文学は、或は語り物として、又は劇として始めて力強く大衆に訴える力となるのである。今日小説の映画化が原小説よりも大衆に訴え得る力の強いのも、同じわけである。映画は複製芸術でも、文字で表現されたものよりは、形と音とを伴っている動きであるだけ、原形芸術に近いからである。

三　複製芸術——その反覆性と間接性

芸術は「原形」のそれを理想的形式とすべきものであるが、その原形芸術は、今云った如く、一時性のもので、その時の芸術家の演技又は、演奏は一時だけで消滅して、全然同一のものは決して二度とないのである。音楽でも劇でも、楽譜又は脚本によって、同一人がそれを反覆するのが普通になっているが、決していつも機械的同一で反覆しているのではなく、その度毎に創造的に演じているのである。舞踊の如き極めて形式的の芸術でも、それが感情内容との一致を必要とするものである限り、今演じてすぐと同じものを重ねて演ずるというようなことは、良心ある舞踊家の為し得ないところである。それは畢竟機械的反覆に陥るので、良心的になし得ない道理である。劇の如きは、同じことを毎日繰り返すのであるが、これも始めには必ず演者自身の倦怠によって、機械的反覆になったに相違ない。されば原始的の劇は必ず即興劇だったのであるが、「習い性となる」というように、俳優も習慣のために、日々の反覆に於て、出来るだけ感覚の機械的反覆とならぬように演技を為し得ることとなったのであろう。西洋の一口噺しに、ある下廻り役者が、何十日かの興行の終りの日に、死に際の演技を間違えたので、師匠が、「何十日も繰り返していながら、何で間違えたのだ。」と叱ったら、弟子は「何度も何度も死ぬ気になれれば、終いには死ぬ気になれなくなりますよ。」と答えたというのがある。此の弟子の言葉の方が、人間的には自然なのである。師匠達は、修練によって不自然を自然らしく見せる技巧を習い得たのである。

原形芸術が反覆される場合は、必ず芸術家のその時の気分により又肉体的整調の加減により、別々のものとなるに相違ないのである。同じ楽譜を同じ音楽家が演奏しても、その環境や主観の変化により、決して同一の機械的反覆ではあり得ない。それ故に聴衆の側からいっても、同一人の同じ曲の演奏を何度も聞くのと、同じレコードを繰り返し聴くのとは、その効果に於て決して同一ではあり得ない筈である。レコードの反覆は全然同質の刺戟が機械的に反覆された場合の心理的効果を生ずるのは当然であって、一々の演奏が、その度毎に一つの創造芸術である名人の演奏を何度も聴くのとは、おのずからその効果の顕しい差違を感ずる筈である。

つまり受ける方の側からいえば、複製芸術は、一度で全的に受け容れられてしまう性質のものであるから、反覆は、ただの重役に過ぎないものである。反之、原形芸術には、厳格の意味の反覆はない。芸術家はレコードのような機械的反覆に陥る演奏を良心的にやらない筈である。彼れは必らずその時の気分で新らしい芸術を演ずるのである。そこに本来原形芸術であらねばならぬ芸術は、何《ど》うしても「原形」で受け取るのを最良とする理由がある。

発声映画は原形に最も近いものを与え得るのであるが、その原形と感じの異ることは、恋人を現物で見た場合と写真で見た場合との差を想像すれば、何人にも疑問の余地はない。カメラの魔術は、原形以上の幻像を与える力をもつが、原形そのものが与える力はもたない。同じフィルムが一度び一般に行き亘《わた》ってしまうと、後は倉庫の底に永久日の目を見ずに終る運命を免れないのは、原形芸術が、同一の鑑賞者に対していつでも与えられているのとは大なる差違である。最良の映画も畢竟機械的反覆に過ぎないとなれば、一度で全的に感じられるわけで、その過度の繰り返しは、却って清新の感じが失われて、始めて接した時に得た芸術的の感じの破壊となるのである。

四　複製芸術の制約

ラジオは複製芸術ではあるが、録音によらない場合は、「一時性」という点では原形芸術の性質をもっている。然し機械的音声であるために、原物の肉声が、われわれの本能に訴える基底的の感じを欠いている。それがために、原形芸術によって与えられるような、直接の感じを、われわれに与え得ない。従ってラジオによる芸術は、原形芸術とは別の形式で発展すべきもので、その点は映画と同じく独自の表現形式として発展すべきものである。

同じ意味から、原形芸術たるべき音楽にマイクロホンを使用することが問題となっている。それは肉声を機械音に変じて聴衆に与えるもので、原形芸術の肝心の特徴が失われるわけである。殊にこの頃のように、電力のボルトが絶えず増減している状況の下に於てマイクロホンを使用すれば、声楽家の声量や音質を電力が支配することになって、その不合理はいうまでもない。またもし、それがラジオの場合のように、何処かで調節される時は、舞台の声楽家は、マイクの調節者のロボットのようなものとなって、独自の芸術家ではあり得ないのである。

尤も舞台からの肉声でも、建築物の反響のために、原音とは違ったものになって聴衆に達することを免れないのであるが、これは建築物が反響によって肉声を作り変えぬように発達することを期待せねばならぬのであって、その事情のために原形芸術も複製芸術も結局同じだという訳には行かない。反響のために原音が損われる場合は、やはり環境の悪いために、原形芸術が損われたのだという外はない。原形芸術はそんな風に損われないように与えられねばならぬものである。ロンドンのセント・ポール寺院にホィスパーリンク・ギャラリーというのがある。それはドームの内側の廊下だが、その一方で誰れかが小さい声で囁くと、反対の側では幽霊の声のようにそれが聞かれるのである。無論原音とは似ても似つかぬ奇妙な感じを与える。原形芸術たる声楽も、建築物のためにそんな風に変形させられたら、もはや原形芸術とはいえないのであって、マイクを通して聴くよりも遙《はる》かに悪い複製音を聴かせられることとなるのである。されば建築家は、もっと反響の問題に留意すべきである。日本家屋の寄席に、昔は天井から三尺余りの幅の幕が、何枚も高座と併行に垂れていたが、これは天井の反響を避けるためであった。徳川時代の話術家や声曲家は、それほど肉声の感覚の歪められるのを嫌ったものである。今日の声楽家は、数千人の聴衆を対手に唱うことも稀れではないが、出来るだけ原音を与え、機械音に変えて与えないようにすべきである。そのためにはデモステネス〔古代ギリシャの雄弁家〕のように、肉声で多数の聴衆に訴え得る声力を養う練習をすべきである。そういう大きな声量によって演じた時には当然価値の毀されるというような声楽――日本固有の声曲の多くはそうである――は、余り多数の聴衆に向って演じないことにするのが良心的である。

次ぎに、複製芸術に満足しないで原形芸術を要求するのは、人間の社会性の然らしめる所であるということも、原形芸術の存在理由として重要の点である。

このことは厳密には極めて複雑な問題であるが、芸術的要求は、もともと原形を求めることに始まり又終っているのである。即ち原形芸術は、芸術の最も原始的の、又最も初歩的のものであると同時に、最も発達した、又最も高級のものなのである。人間と人間との接触・交通の手段としては、文書によるそれがあり、絵画写真等によるそれがあって、文明の進むほど各種の手段が発達するのであるが、しかし社会そのものは、決してそんな間接の方法だけの接触では出来上らないのである。何《ど》うしても原物の接触がなければ、人間の社会は成立せず、感覚は満足しないのである。そのことは、手紙や写真の交換だけで恋愛が満足して了うことのないのと同じである。学会のように文書の交換だけでも事済む筈の会でも、年々大会を行って、各員が「原物」で接触することを要求するのである。況んや感覚・感情の直接の接触に基づく一般社会関係は、現実の人間同士の接触なしには成立しないのは当然である。

而して原形芸術は、その原物の感覚と感情とを、最も高度に、最も真剣に接触せしめる人間的方法である。それは肉と肉との初歩的接触を遊離せずして、最高の人間的接触を具体化するものである。高級芸術と称せられるものは、往々にしてそうした基底的の感覚から遊離するが、原形芸術は、たとえいかに高級化しても、又その表現形式がいかに形式化しても、この自然の感覚を殺すことはないのである。それこそ、本質的に芸術的なる表現形式なのである。

さればもしレコード、トーキー、テレヴィジョン等の発達によって、原形芸術が全く失われたと仮定したら――そういうことは絶対にあり得ないが――人間同士は、何よりも、その最も強烈の接触の方法を失う結果、互い互いの感覚又は感情の把握が、極めて表面的となり、形式的となり、人々互に、所謂「その形を見て、その神を見ず」ということとなって、人間的結合は極めて浅薄なものとなるであろう。絶対にありもせぬことを仮定してそんなことを想像する必要はないのであるが、然し音や形や運動やの感覚の人間的鋭敏性は、数千年前からの道具や機械の発達によって、動物が本能的にもっているそれから見ると、遙《はる》かに後退しているのであるから、今後も一層機械の発達によって、人間同士の直接的感覚の退歩を免れないという危険がある。この危険に対して防護することは、芸術の一つの大きい使命でもある。

五　複製芸術の長所

以上は主として原形芸術の立場から云ったのであるが、更に複製芸術の立場からいうならば、複製芸術は、直接的で一時的の原形芸術のもっていない条件をもっているので、たとえ深くはなくとも、一層弘《ひろ》く、感覚・情操の接触融合という人間的生活の条件に対して機能をもつことが出来るのである。その意味に於て複製芸術は原形芸術以上に有力な人間生活の機関なのである。

されば複製芸術の発達普及は、国民の広い層の生活向上のために、物的並びに心的の両面に於て貢献することは頗る大きい。殊に映画は、原形芸術のもち得ない手段を、その機械性によってもつことが出来るので、原形芸術とは異なる芸術性をもって発達することが当然であり、そうしてそれによって、人間生活の感覚・情操以上に、新らしい力を加えることが出来るのである。それだけ、複製芸術として最も有力な映画の如きは、単純の芸術的見地以上の又は以下の見方を必要とするのである。芸術以上の見地というのは、人間的乃至国民的の、総合的生活の最高地点に立ってこれを見ることであり、芸術以下の見地とは、生活そのものの感覚・情操の見地から芸術を見ることである。かく芸術の上と下とから映画を見ることによって、映画そのものの芸術的超越性に走ることを抑えて、その生活効果を発揚せしめることも、国民的教養の上から肝要のことである。

第6章　トーキー論

解説

岩本憲児

「トーキー」という言葉、いまや死語に近いので、言葉の説明から始めよう。英語のtalking movie（しゃべる映画）を一語に縮めたtalkieに由来し、一九二〇年代末から三〇年代にかけて使われたのは、無声映画と区別するためである。英語ではtalking movies / talkie / talking pictureなど同義語であり、日本では「発声映画／有音映画」、のちには「トーキー／トーキー映画」とも呼ばれた。映画に音声を付加する試みは映画誕生以来、欧米各国で続いており、初期にはエジソン社の試作が有名だが、蓄音機方式（ディスク式）とフィルム式に分かれる技術の開発史があり、フィルム式（sound-on-film）が圧倒した。ただし、その直前には、サイレント映画の一部に音声が入ったパート・トーキー（ディスク式）がアメリカで評判を博した。『ジャズシンガー』（一九二七）が歌手の歌声と口の動きを一致させた（シンクロナイゼーション）からであり、日本ではそれを模倣したような『ふるさと』（一九三〇）が製作された。それぞれフィルムは現存している。フィルム式トーキーは『フォックス・ムーヴィートーン・ニューズ』（一九二七）やディズニーの『蒸気船ウィリー』（一九二八）が早く、すぐに音楽舞踊映画、劇映画へ、そして短編から長編へと移った。欧米からやってきたトーキー初期の秀作群については、本章の解題第6章③「筈見恒夫」の個所を参照されたい。日本映画の状況については本章の「日本映画転変録」（森岩雄）や「トーキー演劇論」（筈見恒夫）が詳しい。日本のトーキー映画は欧米のようには一気に進まず、一九三五年から三六年にかけてトーキー化へ進んだ。

トーキー映画登場の前後、その是非をめぐる議論は大いに活発化した。当時の議論の様子は田中純一郎の「騒然たるトーキー論戦」にまとめられているので、それを参考にしてみよう（『日本映画発達史Ⅱ』中公文庫一九七六）。まず岩崎昶がトーキーの勝利（短編の『進軍』ほか）を歓迎する言葉の引用があり（『映画往来』一九二九・六）、同じく岸松雄の、トーキーが映画のヘゲモニーを取る確信（『映画前衛』同年一一）、武田忠哉の、視覚的形態を補足し強化する新要素としての音（『新興芸術』一九三〇・五）などの発言が引用されている（同書、一四一―一四四頁）。特に武田の発言は新しいトーキー美学を引き出したと田中は記しているが、彼の注にもあるように、武田説は当時のソ連のトーキー映画制作論から大きな刺激を受けていたことは明らかだ。一九二九年から三〇年にかけて、日本でもトーキーの到来を積極的に認める発言があったことになる。だが、製作現場や興行界では簡単に受け入れられなかった。田中純一郎はトーキー否定、もしくは疑念の立場を六つほど簡略に挙げている。それをさらに簡略化すると、発声映画になれば、（一）演劇へ逆戻りする。（二）映画館にとって発声装置経費は採算がとれない。（三）製作側にとっても膨大な経費がかかる。（四）一時的流行である。（五）発声される外国語のため観客が限られる。（六）映画美学上も不必要。

（一）の演劇映画への逆戻り、これは欧米でも懸念された。だが、トーキー初期のダンス・レヴュー・音楽中心のヴォードヴィル風映画が一段落すると、むしろ演劇的構成と対話の妙を映画のなかに生かしたすぐれた作品――たとえばアメリカ映画『街の風景』（キング・ヴィダー監督、一九三一、日本公開一九三二）――が出るようになり、フランスでは劇作家のマルセル・パニョルが映画を監督したりと、トーキー映画は演劇的伝統を融合することに成功していく。筈見恒夫の「トーキー演劇論」はそのような状況を踏まえながら、日本トーキー映画に足りないもの、それはむしろ新劇を含む日本演劇の伝統の欠如にあると慨嘆したのである。もちろん、歌舞伎ほか古典芸能の伝統は十分にあった。

しかし、それは現代劇映画との接点が希薄だった。（二）と（三）の経費問題および（四）まで、これらは解決できた。（五）は日本語字幕を付けたことが成功して現在に至る（「トーキー演劇論」解題参照）。

（六）のトーキー美学の問題、これはだいぶ厄介だった。二〇年代末期、チャップリンやルネ・クレールほか、サイレント映画はその円熟期にあると制作側も観客側も信じていた人が多かったからだ。日本では小津安二郎も一九三六年の『一人息子』でやっとトーキー第一作を発表した。トーキーの美学とは何か。それは声・音響・音楽など音の世界をどのように目の世界と融合させるのか、聴覚と視覚はどのように表現されるべきかという問いであった。目に見えるものと音の一致（シンクロナイゼーション）だけですむのか。現実には見えるものと聞こえるものは必ずしも一致しないのではないか、見えたり見えなかったり、聞こえたり聞こえなかったり（音の遠近法、または音のクローズアップ）、あるいは目と耳が別々の情報を知覚するのではないか（視聴覚の対位法）、聴覚世界を解読せよ（ヴェルトフ）など、とくにロシアのプドフキン、エイゼンシュテイン、ヴェルトフらの異なるモンタージュ説から導き出されたトーキー論が日本でも熱心に議論された。

【参考文献】セルディス『トオキイと映画芸術』高原富士郎訳、映画評論社一九三〇。中根宏『トオキイ音楽論』往来社一九三二。飯島正『トオキイ以後』厚生閣書店一九三三。高原富士郎『トオキィ技巧概論　映画の文章法』書林絢天洞一九三五。安田清夫『トオキイシナリオ構成論』映画評論社一九三七。レオニイド・サバニエフ『トオキイ音楽の理論と実際』掛下慶吉訳、赤塚書房一九三八。掛下慶吉『映画と音楽』新興音楽出版社一九四三。クルト・ロンドン『映画音楽の美学と科学』津川主一訳、楽苑社一九四四。岡部龍編『資料日本発声映画の創世記：「黎明」から「マダムと女房」まで』〈日本映画史素稿10〉フィルムライブラリー協議会一九七五。田中純一郎『日本映画発達史Ⅱ』中公文庫一九七六。岩本憲児『サイレントからトーキーへ　日本映画形成期の人と文化』（第3章「トーキー初期の表現」）森話社二〇〇七。＊本書第11章の解説も参照されたい。

解題

①　関野嘉雄「トオキイ…シネマの甦生」

【出典】『映画評論』一九二九年九月号、映画評論社、二一〇―二二〇頁

関野嘉雄（せきの　よしお　一九〇二―六二）東京帝国大学美学科卒。東京市教育局に勤めたあと、戦時下に日本少国民文化協会、日本映画社、大日本映画教育協会などで映画教育に携わった。戦後は視聴覚教育の分野で活躍。「トオキイ…シネマの甦生」を執筆当時、筆者は東京市教育局に勤めていたから、批評家や作家といった文筆家ではなく、仕事上では教育関係者である。しかし、ときおり映画雑誌に寄稿しており、映画をよく見ていたことがわかる。しかも、時代の趨勢の中で、映画を積極的に受けとめ、児童教育に生かそうと考えていた。「トオキイ…シネマの甦生」はそのような教育的見地とは別に、真正面からトーキー映画の是非を論じた元気のよい評論となっている。論の前半では、コンラート・ランゲの「映画芸術否定論」（『現在および未来における映画』一九二〇）まで遡りながら、当時のトーキー映画否定論者たちの矛盾を衝いている。引用された各論の出典は明記されていないが、こうした否定論、消極論、妥協論が引き合いに出された前半は、いまでは過渡期の歴史的議論として参考程度に読んでおけばいいだろう。ただし、後半ではトーキー映画の可能性が熱心に説かれており、まだ日本では観客を納得させる一本のトーキー映画もできていない時期だったから、これほど自信を持って宣言したことは先駆的だった。

末尾の付記にも注意すると、トーキー映画の「教化的施設」（教育と啓蒙）および「政治的機能」（プロパガンダか？）としての役割まで見通されている。

本論は掲載誌に三つの特集が組まれているその最初、「発声映画の芸術的研究」の巻頭におかれている。ほかの論考はベーロ・ボラージュ（ベーラ・バラージュ）の「発声映画脚本論」とオーグスト・ジェニーナの『トーキー万歳』、翻訳二本である。（岩本）

【参考文献】 関野嘉雄・下野宗逸『講堂映画会方法論』（〈映画教育叢書〉の第二巻）東京成美堂一九三七。関野嘉雄・関猛『国民学校と家庭に於ける映画教育』照林堂書店一九四二。関野嘉雄『映画教育の理論』小学館一九四二。高桑康雄「映画教育運動の先駆者―関野嘉雄の生涯と業績」『ソフィア』四号、上智大学一九九〇。

②　森岩雄「日本映画転変録」

【出典】『トーキー論』（新芸術論システム）石巻良夫・他、天人社、一九三〇年、七七―九六頁

森岩雄（もり いわお 一八九九―一九七九）成蹊実業専門学校中退。早熟の映画青年だった森は「第八芸術貧燈録」を『キネマ旬報』に不定期で連載、第一回（一九二一・一一・一）はアメリカ映画に比べて日本映画およびその研究の貧しさを憂え、純映画劇の行く末を案じる感傷的な一文となった。村田実監督『街の手品師』（一九二五、日活）へはオリジナル脚本を提供、日本現代劇映画では高水準に達したと評される。脚本や文筆の才、企画のアイディア、組織運営など、プロデューサー的素質にすぐれ、日活のトーキー『ふるさと』（一九三〇）映画化の牽引力となる。創設期のＰＣＬ映画（一九三三）へ移籍後は音楽喜劇に力を注ぎ、その経験は東宝でも生かされ、以後は東宝の重役として、戦後一時期の戦犯追放期を除いて、日本映画製作業界で重きをなした。

「日本映画転変録」、冒頭1のスケッチ風文章は映画『ふるさと』の撮影風景である。このフィルムは現存しており、原作・脚本とも森岩雄ほかの共作。『ふるさと』は皆川芳造がアメリカから仕入れたシステム（「フォノフィルム」）の日本型「ミナトーキー」を使っており、ひと足早くアメリカでセンセーションを起こした『ジャズ・シンガー』（一九二七）と同様のパート・トーキーである。主演には〈世界的テナー〉と喧伝された藤原義江を起用し、歌と背景音楽だけでなく、若干のせりふや音響効果もトーキー化されたが、せりふの多くはサイレント（字幕付き）だった。

2はこれまでの日本映画のトーキー試作の貧弱さについて、3以下は企業家としての対応あれこれ、5以下はトーキー映画化への課題を論じている。当時の映画俳優たちにはどのような適不適があるか、舞台俳優たちの場合はどうか、映画向きの音楽家たちはいるか、漫談家や寄席の芸人たち、失業する活動弁士たちは適しているか、また脚本はどう変わるべきか、はたまた演出家（監督）は等々、一九三〇年、過渡期の日本映画は前途多難の一大転換期にあると、製作現場の責任者が自己の模索を吐露した文である。（岩本）

【参考文献】 森岩雄『世界映画全集』一巻（「第八芸術貧燈録」ほか収録）世界映画社・キネマ旬報社一九二七。『オペラと映画』（共著）東京文化生活研究会一九二八。『映画芸術』春秋社一九三〇。『トーキーサイレント　映画脚本二十講』映画知識社一九三〇。『映画製作法』（共著、『小型映画講座』二巻）日本教材映画一九三一。『映画製作者の仕事』中央公論社一九五五。『アメリカ映画製作者論』垂水書房一九六五。『私の芸界遍歴』青蛙書房一九七五。

③　筈見恒夫「トーキー演劇論」

【出典】『現代映画論』西東書林、一九三五年、二八―四六頁

筈見恒夫（はずみ つねお　一九〇八―五八）本名は松本英一。『映画往来』への寄稿（一九二七）から筈見恒夫を名乗る。

一九三一年「新映画」創刊の同人として参加。三三年、東和商事の宣伝部長を勤めながら、評論活動も精力的に続けた。

「トーキー演劇論」が『新映画』誌（一九三二・九）に発表された前年二月、日本映画興行界には二つの画期があった。一つは、アメリカのオールトーキー映画『モロッコ』（フォン・スタンバーグ監督、一九三〇）の本邦初公開に際し、邦文字幕を縦書きで画面横に付ける方式が一応の成功を見せ、以後の外国映画が同様の方式で続いたこと。二つは、日本製最初のオールトーキー作品『マダムと女房』（五所平之助監督、松竹）が八月に公開されて、おおむね好評を得たこと。もっとも、後者は「土橋式トーキー」とは言え、アメリカのトーキーシステムを応用したものである。ただし、製作される日本映画はまだ大半がサイレント映画だった。

「トーキー演劇論」ではトーキー試作期の日本映画作品が次々にやり玉に上がっている。それは続々と上陸する欧米トーキー映画に比べて、日本映画のあまりの貧弱さに筆者が地団駄を踏む思いをしていたからだろう。ちなみに、外国映画では一九三一年に『モロッコ』のあと、『嘆きの天使』（独）『巴里の屋根の下』（仏）『間諜X27』（米）『市街』（米）、三二年には『三文オペラ』（独）『人生案内』（露）『自由を我等に』（仏）等々、いまに残るトーキー初期の名作の数々が公開されている。トーキー技術の貧弱さは外国技術の利用で補えるにしても、トーキー映画の内容、とりわけ俳優たち、脚本、演出家（監督）、そしてそれらの背後にある「演劇」の伝統、日本ではこれまた脆弱な「新劇」の演技、これらがことごとく貧しいと筆者は指摘する。舞台と映画、双方は異なるのが当然ではあるが、外国映画は舞台の伝統の厚みが映画の骨格をなしていると筆者は力説する。逆説的な、トーキー演劇論である。（岩本）

【参考文献】 筈見恒夫『現代映画論』西東書林一九三五。『現代映画十講』映画評論社一九三七。『映画と民族』映画日本社一九四二。『映画五十年史』鱒書房一九四二（新版一九四七、改訂版一九五一）。『写真　映画百年史』（編）全五冊、鱒書房一九五四

―五六。『女優変遷史』三笠書房一九五六。「筈見恒夫」刊行会編『筈見恒夫』一九五九。

④　佐々木能理男「同時性、非同時性及び対位法」

【出典】『キネマ旬報』一九三三年四月一一日・二一日号、キネマ旬報社、五三、五四頁

佐々木能理男（ささき のりお 一九〇二―七二）東京帝国大学法学部卒。一九二九年『映画評論』編集部に入り、同誌ほかで健筆をふるう。三三年には『映画芸術研究』誌をみずから編集兼発行人として、海外の映画研究・理論関係の紹介と翻訳に努めた。一輯（一九三三・四）から八輯（三四・一二）までが佐々木能理男、以降の最終巻（三五・九）までが佐々木富美雄の編集で、計十八冊刊行。彼は英語・ドイツ語の文献から多くの重要な言説を翻訳紹介して、それらを元に多数の評論を書いた。映画理論・研究の基礎資料を精力的に提供し、映画論壇を活発化させた功績は大きい。ただし、当時の翻訳事情として重訳も多く、たえず語義や意味の曖昧さが伴った。戦時下では、ナチスドイツの映画状況を紹介、戦後は、著作権の問題に専念した。

「同時性、非同時性及び対位法」の題名から推察されるのは、エイゼンシュテインのモンタージュ論、およびエイゼンシュテインらの通称「トーキー映画宣言」（一九二八・七）から刺激を受けたことである。前半（1）の冒頭、芸術には一定の様式法則がある云々、この個所はドイツ出身のルドルフ・アルンハイム『芸術としての映画』からの影響だろう。プドフキンからエイゼンシュテインへ移ると、難解な用語がいくつか出てくる。「描写体」（デピクタブル）は英語のdepictable「画面的（グラフィカリイ）」は同じくgraphically、「面潔体（ラコニズム）」はlaconismで、laconismとは「表現の簡潔さ、簡潔な表現」を指すが、このあたり筆者はエイゼンシュテインが象形文字から抽象的漢字とその意味へ、つまり漢字の形成過程とモンタージュ法を結び付けた〈知的映画〉説を論じている。（参考文献の

「枠を超えて」参照)。後半(2)では、エイゼンシュテインの対位法論が検討されており、この論はエイゼンシュテインがのちに具体的に分析している(「垂直のモンタージュ」)。オツェプの映画とは、フョードル・オーツェプ監督の『生ける屍』(一九二九、日本公開も同年)。(岩本)

【参考文献】 佐々木能理男・飯島正『前衛映画芸術論』天人社一九三〇。佐々木能理男訳編『発声映画監督と脚本論』往来社一九三一。以下翻訳　ヴェ・プドーフキン『映画監督と映画脚本論』往来社一九三〇、エイゼンシュテイン『映画の弁証法』往来社一九三二(のち増補改訂、角川文庫一九五三)、ベエロ・ボラージュ『映画美学と映画社会学』往来社一九三二、ルドルフ・アルンハイム『芸術としての映画』往来社一九三三、プドフキン『映画創作論』映画評論社一九三六、ほか。著書に『ナチスの文化体制』矢貴書店一九四一。加藤彦平「対位法の研究」『映画評論』一九三一・一〇。＊エイゼンシュテイン「枠を超えて」「垂直のモンタージュ」は岩本憲児編『エイゼンシュテイン解読』フィルムアート社一九八六に収録。

①　関野嘉雄――トオキイ…シネマの甦生

②　森岩雄――日本映画転変録

③　筈見恒夫――トーキー演劇論

④　佐々木能理男――同時性、非同時性及び対位法

関野嘉雄

トオキイ…シネマの甦生

――トオキイはさらに広汎な民衆芸術たるべく運命づけられている。もしトオキイがその持つ可能性を悉く展開しえたならば、三年ならずして無声映画の存在は否定されることであろう――　ウイリアム・デミル〔編者註1〕

「活動写真は芸術でありえない、機械による現実の奴隷的模写は、現実を材料として自己の世界を創造すべき芸術の本質と背馳する。」

そうした常識的な非難と共に、コンラッド・ランゲのあの有名な論証――

「芸術は幻想に対する人間の生得的欲求を満たすために創成される。そして、美的受用の核心は意識的自己欺瞞であるから、芸術品の中には幻想を阻止するための要素が必ず含まれねばならぬ。実在の完全な幻想をわれらに与えるものは極めて低級な芸術であり、或いは全くの非芸術品である。その故に、正に円盤を抛たんとする彫像は芸術品であり、実在の動きをそのままに再現すべく運命づけられた活動写真は、芸術として自己を確立すべき根底を欠いたものである。」

この比喩は又次のようにもいわれることができた――

「円盤投の彫像は、動きの最も効果的な瞬間を捉えて、他はこれを暗示の領域に移し入れている。芸術に於る表現の本質は正にかかるものであり、これに反して、動きのすべてを、しかも生のままに、再現せねばならぬ活動写真は、到底真の芸術でありえない。」

すべてこれらのことは解決されてしまった。旧美学からの、そして旧芸術一般からの、盲目的な、悪意と偏見に満ち満ちた、侮蔑的反撃に対して、われらの若きシネマ的戦士達はめざましいたたかいを続けた。自らの同僚からさえも論拠の誤を指摘されたランゲの如きはもちろん一蹴されて――やや軽率にではあったが――、彼等はしきりに新時代的な認識を要求し、ひたすらにその革命的存在を誇った。旧美学の規準を以てしては律すべからざる存在でシネマはあること、それ故にこそシネマは新時代の芸術たりうべきことが、くりかえし論証された。シネマの美学は正に旧美学の対蹠物でなければならなかった。大衆と科学、それはシネマに与えられた誇るべき条件であり、現実と動き、それはシネマ表現のすばらしい本質をなすものであった。

これらすべてのことはもとより正しい。そして、因襲を全く脱した革命的見解を彼等が誇ることは当然であった。

しかも、今や事態は一変した。忽然として出現したトオキイは、瞬くまに勢を張って、ようやく築きあげられた沈黙映画の座を脅かすまでになった。われらのシネマ的戦士達はここに再び戟をとって起ち上った。ただ、以前とは全く正反対の方向に！

これほど鮮やかな移行はめったにみられない。昨日の最前衛的革命家は一夜にして凄じい保守主義者となってしまった。彼等はかつて自らが排撃したそのままのことばを用いてトオキイを難じようとした。

「音は映画の本質と相容れない、絶対の沈黙の中に流動展開して行く映画的リズムこそ、われらの芸術の本体をなすものであって、音の導入は徒らに映画の芸術的完成を破壊するに過ぎない。」

「音の非存在こそ映画の表現力を豊富にし、特異ならしめたものである。芸術は必ず或る種の制限を必要とする。」

「暗示せられた音こそ最も感動的な音である。」

甚しきに至っては——

「機械的に再生された音はなんらの芸術品をも構成しえない。」

なんという旧美学的規定ですべてがあることか！

無音——論者はさらに無色、平面的、と付け加える——が、芸術としてのシネマの本質であることを、何人が限定したか？　今まではそれに基づき、それを利川することによって発達してきたから、今後もそうでなければならぬという理由がどこにあるのか？　沈黙映画の芸術的完成は決して絶対的とはいえなかった。そして、シネマの根本的特質たる現実性が、視覚的にのみ止っていい、止らねばならぬ、ということがありうるであろうか？　他の点についてはどうあろうとも、「シネマに於る動きは、現実に於てはそれが当然音を伴わねばならぬように現わされ、しかもそこからはなんらの音も聞えてこない。」といった時に、ランゲはシネマの急所をみごとについたのである。今まで論者はこのことについて全く逆の解釈——そこにかもしだされるふしぎな印象こそ、かえってシネマに独自の魅力を与え、その芸術性に対する大きな寄与となるのである――を下していた。然し、それは明白な旧美学的誤謬であった。又もし芸術の純一性を云為することによってシネマに於る音の存在を否認しようとするならば、彼も亦シネマ的美学について語る資格はない。

第二に、音の非存在は、確かに映画の表現力を豊富にし、又特異ならしめた。然しながら、その逆が必然的に真でなければならぬことを、何人が立証しうるのか？　もとより、一時的には音の導入が映画の表現力を退化せしめた事実もみられる。だが、それはただ一時的にである。音の存在が単なるノヴェルティではなくなり、何でも音の出るものをではなく、音を含んだ一つの完成体をということが問題となってきた時、沈黙映画の貴重な遺産は、ここに十分の考慮を与えられて、可能なる限り――例えば、ことばに関して、そのより実在的なテンポは、より非現実的な映画的スピードの幾分の低下を要求する、もちろんこれは有利な交換である――の手法は、適当な修正を加えられて継承され、（反対論者は、このことが本質的に不可能であることを論証しなければならぬ）映画の表現力は、かくしてより拡大され、より強化されてくることとなるのである。その傍に立っては、いかに精緻を極めた沈黙映画の表現力といえども、なんとみすぼらしく、無力なものであることか！

第三に、暗示は確かに一の芸術的要素である。然しながら、これをあまりに強調することは、その人が旧美学的感慨だけしかもっていないことを証明するに過ぎない。多くの場合、暗示は実現不能に対する一種の逃避であるか、又は前世紀的神経の所有者に対する安全弁である（暗示と省略とは、必ずしも同一でないことに注意せねばならぬ。）実現が可能である場合に、なおその使用を禁すべき理由はどこにもないのである。もし暗示された音が実現された音に比べて、いかなる場合にでもより大きな効果を挙げるというならば、遺憾ながらその人は新時代の人ではありえない。

第四に、トオキイの機械性を云々するに至っては自殺的論法である。映画自体がそれならばいったい何によって作り出されるのか。かつて同様な非難が映画に対して向けられた時、熱心にそれを論駁した――だが、遺憾にも、かなり独り合点的に。シネマの根本であるこの点については、わたしは今まで十分な検討がなされたものと考えていない――のは誰であったか、事ここに至っては、論者の心理があまりに見えすいてくる。

最後にトオキイを論ずる人々は、ひとつの極めて平凡な、然し明らかに致命的な、事情を見逃しがちである。それは、一度ことばを話す人物、音をひびかせる場面に馴れてしまった観客は、当然音を伴わねばならぬ状態の下におかれた沈黙の世界に対して、異常な失望を感じないではいられないという事実である。これは正にトオキイの将来に対する決定的な条件であって、その前には少数の反撃の如きは問題となりえない。人間に耳がある限り、トオキイが一時の流行であり、間もなくあきはてられるであろう、といった主張は、明らかに非論理的な迷妄である。

要するに、論理は論理でなかった。それらはただ裏返しにされた感情に外ならなかった。真摯な研究と透徹した考察とに基礎づけられていない「前衛的理論家」達は、ここでも完全にその馬脚を曝露してしまった。トオキイを全的に否認する人々は、なんらの確実な根底を持っていないし、又もつことができないのである。

だが、この小論は、そうした愚にもつかない感情論を対象として進められる筈ではなかった。より重要な存在は、トオキイ是認論者の大部分を不幸にして今支配している、トオキイ、サイレント両立論である。この考え方を打ち破ることなしには、トオキイの正しい完成と、従ってシネマの謬《あやま》りなき展開は望むことができない。

「トオキイは正しく一時的の流行ではなく、又、広義に言って、許され難い非映画的存在でもない。」トオキイの存在はここに一応肯定される。

だが、論者は、直ちに「然し」と付け加えることを忘れない。

「それは全面的な映画の新しい展開であるというよりは、映画的諸芸術の一つの新しい種類、映画の新しい特異な方向、と考えなければならぬ。正確に規定すれば、ムウヴイとトオキイとは二つの異った存在である。前者の、高度に完成された芸術的境地と表現力とは、われらから失われるにはあまりに独自の美しさと偉大さとをもっている。一切の制約から放たれた画面構成と画面転換とは、沈黙の世界にして始めてえられる比類なき流動性をもって、なにものも企及し難い魅力を具えた映画的リズムを展開する。この映画的リズムこそ芸術としてのシネマを確立したものであって、しかも音声を重要な因子とするトオキイにあっては、著しく自由さを欠いた音声と画面とを調和せしむべき必要上、流動性は必然の損失を蒙むり、従って映画的リズムの魅力は芸術的本質としての存在を主張しえない程度に減殺される。依って、トオキイの芸術的展開は、音声の活用という点に主として立脚しなければならない、即ち、在来の映画形式プラス音声ではなく、新たなる形式に於る音声の世界を発見し、築きあげることでなければならぬ。ここに、在来の沈黙映画とならんでトオキイがその存在権を主張し、映画的諸芸術の新たなる分派として発展し行くべき可能性と必然性が見出される。ムウヴイとトオキイとは、今後ほとんど相ひとしい力を以て平行して進むであろうし、又当然進まなければならない。」

ここにやや長く引用された両立論者の主張については、既にいささかふれる所があった。然し、問題はさらに慎重な取扱を必要とする。

トオキイの否定が、理論的にも（実際的にはなおさらであるが）成立しないことは、既に見たとおりである。今までの映画にそれがなかったという理由で、それなしにすましていたということから、映画に於る音声の存在を否定するのは、あまりに非論理的な保守主義でしかない。映画的表現の、一般に芸術的表現の本質は、決して一定不変ではありえない、新しい要素は、次々に加えられて、その内容を豊富にし、従ってその価値を高めて行く。可能性の増大はただ芸術性の拡大をのみ意味する。絵具がえられなかった時代に、着色は絵画の本質に反すると叫んだであろう所の愚かしさを想像するがいい。そして、音声と映画とが全く相容れない二つの存在であると主張するのは、何の根拠もありえない暴論である。音声への注意が映画的流動美の鑑賞を不可能ならしめ、又全体としての映画鑑賞の効果を妨げるということは、論者が過渡期の現象に囚われていることを曝露するに過ぎない。音声と映画とを切り離して考えることがそもそもの誤謬であって、両者は渾然とした統一体に融合すべきものであり、現にその方向へ進んでもおるのである。

　こうして、映画本質論からしたトオキイの反撃は問題なく一蹴されたかのようにみえる。だが、それはいささか姿を変えて、再び現われてくるのである。

　両立論者は頻りに「無音という制限が映画にもたらした幸福」について語り、それによって築きあげられた映画的境地は、その価値を著しく損することなしには音声と共にありえないことを、力説している。例えば、絵とことばのテンポの衝突というような問題については、論者は確かに一部の真理を告げる。（もちろん、極めて短かい過渡期についてみれば、このことばはかなりに真である。）然しながら、いわゆる芸術としてのシネマの本質たる映画的リズムは、音声の導入によって根底的に破壊されねばならぬ性質のものであるか？　もしトオキイが、全体としての重点を俳優のせりふにおくのであったら、映画的リズムの美しさは著しく失われるに違いない。それは、舞台に於るよりもやや展開が自由であり、テンポがいくらか速められるというだけで、おそらくは映画的リズムという名に値いしなくなるかもしれない。然し、トオキイの必然的将来は、少くともその本質的存在は、そこに見出されないのである。

トオキイがシネマの現実性を強化するということは、実在するすべての音声を奴隷的に採り入れることではない。沈現実の皮相な模写は、観るものをただ混乱に導びくだけで正しい印象と効果的な強調は結局与えられるに由ない。沈黙映画が、特殊なアングルから特殊な仕方で重要な、より本質的な、因子だけを捉えてき、これを独自の立場から最も自由に結合展開せしめたと、ちょうど同じような扱いを、トオキイに於る音声は受けねばならぬ。特に、ことばは、トオキイに於る支配的な因子となることができない。

トオキイは、何よりもまず視覚的であり、その後に於てのみ聴覚的でありうる。何故なら、映画的印象はことばに比べて遥《はる》かに直接的であり、豊かな色彩をたのしんでいるからである。映画へのことばの導入は、確かにその心理的表現力を深めてはいるが、他の点に於てはむしろ現実性の完成がその第一の功績であり、外面的形式による特殊効果の可能性がつづいて考えられる。（もとより、ことば、又は歌、を重点としたトオキイの存在も、実際的には否定されない。然しそれは、多少の程度に於て、要するに代用物としての存在であり、より正しくは区別的な名称をもって呼ばるべきである。）

こうした音声の扱い方が、果して映画的リズムの破壊をもたらすであろうか？　無音ということによって今日の映画的リズムが築きあげられた、と主張するのは明らかに正しい。然し、ここまで完成されてきた芸術的形式が、今や、音声の、しかも前述のような形式による導入によって、忽ちにくつがえされる、そしてこれが本質的な成行である、と考えるのは、ひとしく明らかに誤っている。それは、論者自らが映画的リズムの無力さを告白するものではないか？　音声の導入は確かに映画的リズムを変化せしめる、ただそれは効果を強めるための、映画表現の美しさを高めるための、変化なのである！

映画本質論からしたトオキイの反撃は、ここでも再び無効である。論者は、あまりに過渡的なトオキイの姿だけをみつめすぎたのだ。こうして、音声と映画的リズムとが必ずしも相矛盾しない、又矛盾せしむべきでないことが、理解されたならば、トオキイの芸術的将来が音声の活用にのみかかっているという主張は、もはや意義をなさない。疑いもなく、トオキイは決して在来の映画形式プラス音声ではありえない——音声を予想しないで、或る場合には積極的に除外して、作られた映画に音声を付け加えるということは、それ自体ひとつの矛盾である——が、新たなる形式に於る音声の世界を発見し、築きあげるだけでもない。それは、トオキイのかなりに重要な一方面でありうるが、本質的な方向からはいささか逸れているといわねばならぬ。何故なら、まず第一に視覚的であるという点に映画の偉大な力が存するからである。

トオキイ、サイレント両立論は、こうしてその弔鐘を鳴らされる。今やトオキイは、沈黙映画と平行して進むべき、映画的諸芸術の新しい一つの方向ではない。それは正にシネマの可能性の拡大であり、その表現力の伸張である。今日の高度にまで到達した映画的リズムの美しさに、音声のもつ魅力が付け加えられて、内容的に足りない所は満足にまで補われ、さらに、シネマの根本義である現実性の問題は、ここに全く解決された。抽象的な議論をのみ弄んで、自分の頭でだけの映画的世界を一般に強制しようとする、小数の「前衛的理論家」達は、そして彼等の愛好してやまない沈黙の芸術は、この偉大なる可能性の前にはあまりにみすぼらしい存在である。トオキイは、過去の幻影に執着する一切の感情的慢罵と、徒らなる独断による理論的？　反撃とを一蹴して、自己建設の道程を着々と進んで行く。

沈黙映画は、最も当然に、その存在を刻々狭められて、トオキイの技術的、ならびに経済的困難が克服された暁——それは実に最近のことであろう——には、僅かな理論家？　達の哀悼の中に、その姿を全く消して行くであろう。

（或いは好事家達の支持の中に残存して、"Good old days"を懐しむよすがとなるかもしれない）。シネマはここに誕生するのである。

付記　教化的施設、もしくは政治的機能の分担者、としての観点をとれば、問題はさらに明瞭である。現実性と、そして直接的効果、ここでは一切の争論の余地はない。

編者註

〔1〕　アメリカの映画監督。大監督のセシル・B・デミルは弟

日本映画転変録

森岩雄

1

夜風が、更けるに従ってしんしんと身にこたえる。

蒼白い水銀灯が理智的な光りを放つ。

幾条も幾条もの、太い、或はほそいコード。

右往左往する技術家達、寒そうに肩をすぼめてセットに入って来る俳優達、じみな姿をした夏川静江が、素晴らしいドレスを着た藤原義江と並んで立つ。肩をいからした溝口監督が芝居の段取をつけるに忙しい。カメラの音響を防止するカメラブウスの中から技師が顔を出す。音響技師のブースの方へ合図をする。

「さあ、用意！」

ベルが鳴る。

赤い警灯が明滅する。

すべての人が息をこらす。

「はじめ！」

カメラが微かな音を立てて回転し出す。

俳優が「ものを話し出す。」

ピアノが鳴りはじめる。

突然、音響技師がリシイバアーを耳にあてたまま、「止め！」と怒鳴り出す。人々は驚いてその方を見る。

「又、表を通る自動車の音が入った！　やり直して下さい。」

がっかりして、人々は部署につく。

「さあもう一度、はじめ！」

再び、科白。

再び、ピアノ。

そして藤原義江が歌い出す。

「ふるさとの小野の木立に
笛の音のうるむ月夜や
乙女子はあつき心に
そをばきき涙ながしき
……………………」

2

自分は此の撮影を見ながら、到頭日本映画の発声化も茲まで来たと、感慨深く思った。

はじめは、映画が「台詞」や「音響」を伴うなんて言語道断だ。映画の芸術的進歩は無音無声の純粋な形体にのみ求むべきで、発声映画の如きは、映画を芸術的に邪道に導くものであるという、それこそ言語道断な議論が各国に行われた。日本でも同様で、かかる議論の受売論者や、無鉄砲な独断家によって、映画批評界に時ならぬ賑わいを呈したものであった。いや、厳格に云うと、現在でもそのほとぼりのような反対批評家も多少残っているようだが、大体に於て、此の争論の勝負はつき、清算されたと考えてもいい。

勿論、発声映画を以て映画の進歩した形式であるとする論者は、映画の理想的本質論から認めるのであって、必ずしも今日の発声映画の実質まで優れているとは思っていないのである。それどころか、現在の発声映画を速かに改善せんが為めに鋭意その欠点を研究し、指摘し、いかに是を是正すべきかに全力を注いでいる有様である。

例えば、発声映画の出現によって、国語の相違が映画の国際性を著しく奪ったこと、科白偏重の弊が映画のテンポを破壊したこと、映画が舞台劇、喜歌劇の低級な模倣品に堕して来た傾向のあること等、数え立てればまだ沢山挙げることが出来る。

けれども、我々は芸術家と科学者との努力によって、斯の如き欠点が当然除去されべきものであることを信じ、やがては「音」と「光」が渾然として融合した新映画形式に達することを予言することが出来るのである。芸術的にロシアのプドオフキンの「発声映画論」、科学的にアメリカのマグナ・フイルムの完成等はその一啓示と見做すことが出来る。

我々は斯くの如き態度と用意とをもって、わが日本発声映画に対しているのである。従って、いかに日本発声映画が技術的に、芸術的に貧弱であろうとも、現在の貧弱さの為めに将来への希望を捨てようとは断じて思わないのである。

3

日本の映画批評家の態度は大体右に要約されて居ると云うことが出来る。然らば、日本の映画企業家はどんな考えを持っているであろうか。

一時隆盛を極め、当る可からざる勢力を示した外国映画も、三四年以前から日本映画の進歩と商売上手のために漸次人気が下火になって来たところへ、アメリカは勿論、欧洲までが「発声化」を第一条件として映画を製作するようになった為め、国語の相違で愈々日本の見物を失い、又、無声版となったものも昔程面白くなく、

「日本人には日本映画を！」

というスローガンを旗印に持つ国産映画業者に圧倒されて今や雪隠づめの醜態を現出するに到った。

かくして、天下を取った日本映画の企業家は、どう転んでも儲かるので、ニヤニヤ笑っていたものであった。

ところが、「日本人には日本のトオキイ映画を」という叫び声が起って来て、あわてて算盤を弾いてみた。設備をするのに沢山の資本が要る。製作費用も今迄よりは遥《はる》かに多額を要する。能率は五分一乃至十分の一に減ずる。まごまごすればその中の幾割かを外国のトオキイ吹込会社に持って行かれる。それも自分達だけでの計算ならまだ我慢も出来るが、ラジオ会社、蓄音機会社に割り込まれて牛耳られる危険性も多分に出て来る。等々。

かように日本の映画企業家にとって、日本物の発声化は必ずしも有難いことではなくなるという結論が、算盤玉に

よって証明されたのである。まして現在も、手品の如き高速度能率でデッチ上げる無声映画で結構商売が出来ているのだから、何も算盤玉を無視してまで、冒険を試みねばならぬ程、日本映画商売は行きづまってはいない。煽てに乗り、先駆者面をして万一やり損ったとしたらどうだ、人々から笑い者にされるばかりか、大切な身代と地位を棒に振って了わなければならない。あたりを見回しても、何処の同業にだってそれだけ馬鹿な人間もいないから、ここでお先棒を担ぐには当るまいと懐手をきめこんでいるのが、先ず現在の真相だと云うことが出来よう。

万一、既成会社の中でドンキホーテ式重役が思い切って此の冒険を敢行するか、今や絶好の機会である第三党が出現してトオキイ製作に志し、これが大当りに当ったとなると、今迄懐手の企業家もあわてて手を出し、うろたえ回ることであろう。これは火を睹《み》るより明かで、日本映画の過去の歴史を振り返って見ると、要するにそうしたことの連続であると考えることが出来るのである。

実際に於て、米国のR・C・Aフォトフォン、ウエスタン・エレクトリック及び独逸のクラング・フイルムの日本に対する発声映画製作に関する現在の条件では、事勿れ主義、安全かじりつき主義の企業家、及び重役諸氏にとっては先ず提携困難であると見做すことは至当でもあり、日本の一工業としての立場から見ても決して有利な話でないことは断言出来ると思う。

4

然らば日本映画の企業家達が全然日本トオキイに無関心であるかといえば決して左様ではない。安直で、算盤が合って、ごま化して行けそうなら、トオキイ流行の機運に乗じ、実質はどうでも一時的に大衆の入場料をせしめることの出来る日本トオキイに手を出す考えもあり、又、現に手を出してもいるのである。

先ず「ミナトオキイ」がその第一である。これはトオキイ発明史上重大な貢献をしたデ・フォレエ〔Lee De Forest〕博士の権利を買って、日本トオキイの第一声を挙げ、現在日本で最も重きを置かれているものである。松本幸四郎一派の『素襖落《すおうおとし》』故小山内薫指揮築地小劇場一派の『黎明』の処女作品から、最近の水谷八重子一派の『大尉の娘』五月信子一派の『仮名屋小梅』及び日活作品と銘打たれる藤原義江主演の『ふるさと』等は何れもミナトオキイの作品である。一作品毎に相当の進歩が見られ、最も本格的なトオキイではあるが、機械力に於て製作技術及び設備に於て、米国作品に比して遺憾ながら非常なる距離のあることを認めぬ訳には不可ない。

東条式イーストフォンは、ミナトオキイのフイルム式トオキイに対し、全然別個のディスク式（レコード式）の国産発声映画である。是は製作のスタートを誤り、極めて変則なる方法を採用して、日活映画『蜂須賀小六』『浮名ざんげ』を発声化した為め、無惨なる失敗を遂げて了った。併し発声映画技術としては見るべきものがあるのだから、その演出を誤った恥辱を取り戻す可く捲土重来新作品に対して十分自重した態度で望む必要があろう。

先ず現在の日本映画界に於て数えることの出来るものは此の二つを除いては、試験済みのトオキイは他にはない。日常、粗悪なラジオや蓄音機の再生音に我々が悩され過ぎて不快な音もさして習慣止むを得ないことと馴れたせいもあるが、此の二つの再生音は決して愉快なものではなく、撮影技術も幼稚であり、あらゆる点に過渡期的な欠点を持っている。併し、外国トオキイ撮影会社と提携がどうしても不可能であり、而も何としても日本トオキイを製作しなければならぬ情勢に立ち到った場合には、我々は此の二つの方法に依るより外は、他に採るべき方法は悲しい哉、知らないのである。

中には、映写幕の裏に人間を隠して発声させたり、普通の蓄音機を回したりして、「これぞ欧米新流行トオキイでございい」などと、したり顔に田舎を興行して回る「いかもの」トオキイなども随分にあるが、これらはもとより論外である。

5

日本映画製作の目標が「トオキイ」になると、撮影組織の中で目立って大変化を示すものは「俳優」であろう。先ず第一に現在の映画俳優中のスターはどうなるか。舞台の経験のないものは全部落伍するであろう。などと簡単に考えている人もあろう。

此の問題はそう単純に考えることは出来ない。舞台の経験のない俳優でもトオキイに適したものと適せざるものとが出て来るので一概に定めることは出来ない。致命的なのは生理的に発声能力に故障のあるものと、「訛」のあるものは、いくらスターでも落伍しなければならない。この条件に触れるスターは相当数が多い。ただ「訛」の中でも「京訛」などは、映画の種類によっては逆に活用することが出来る。例えば京の舞妓の活躍する、幕末劇や祇園情調劇などの場合である。

一番安全なのは舞台でも良くて映画入りをし、映画でも同じように評判のよい俳優である。例えば夏川静江、水谷八重子、岡田嘉子、伏見直江等である。ここいらは安心してトオキイを歓迎出来る面々である。田中絹代、梅村蓉子などもほぼ安心組であろう。舞台経険の乏しい女優の中でも、併し、テストの結果、却って舞台臭味がないだけに将来のある人も出て来る。入江たか子なども寧ろその組かも知れない。

男優では、舞台の心得が多少あるとしても非常に問題になるのは阪東妻三郎と大河内伝次郎の二巨頭である。偉大なる「X」として、テストの結果が待たれるものである。林長二郎、市川右太衛門、片岡千恵蔵等は歌舞伎式な芝居を見せるものであれば心配はなかろうが、多少新しい演出を期待する映画にはどうであろうか。現代劇でも鈴木伝明、岡田時彦、中野英治、小杉勇等、無声映画で得ている程の人気を果してトオキイ化されて持続出来るや否や、持って生れた音声がマイクロフォンに適するかどうかによって冷く極まることで、本人の努力ではどうにもならぬ先天的の問題であるだけに、贔屓々々の懸念はもとより本人達も定めて心もとないことであろう。

第二は舞台俳優のトオキイ入りの問題である。

トオキイは科白が大切だから舞台俳優が最も適当だと考えるのは素人考えに過ぎない。先ず舞台俳優でも矢張マイクロフォンの試験に通過しなければならない。いくら科白が大切だって映画なのだから見た目が良く映画的でなければ不可ない。かりにその二つの条件を具備していても、台詞を伴うトオキイであるとは云えその演出は舞台の演出とは異るから、過渡期的に芝居の模写をトオキイで行う低級品はともかく、十分理想的なプランによって演出される発声映画の目的に合致出来る素質を持っているかどうかは、試みた上でなくては軽々しく判断出来得ない。万一、舞台の芝居そのままの演技を行うことを固執して改めぬ者があるとしたら、彼は舞台俳優であるだけ、それだけ発声映画俳優として排斥されることになるであろう。発声映画と舞台劇とは全然別個のものでなければならないからである。

かくの如き点から見ると、尾上菊五郎、市川猿之助等のトオキイ映画出演により多くの希望が、尾上梅幸、松本幸四郎等の人々の出演よりも持てるという結論に到達する。

第三には、日本映画のトオキイ化時代になって、今迄の映画俳優でもなく、舞台俳優でもない、全然別の分野に働いて居た人々の新しい参加が考えられる。

主として此の部類に属する人々は、映画が「音」を伴う魅力を持った為めに参加する芸術家である。音楽家がその主なるものであろう。

音楽家といっても、声楽家が大部分を占める。『ふるさと』には藤原義江が第一石を投じているが、田谷力三、関屋敏子など、力量から云ってもポスター・ヴァリューから云っても直ちに噂に上る人々である。鹿爪らしい歌だけ歌う「芸術的」過ぎる人々には縁はうすいが、こうした方面にもっと新人があらわれても決して無意義ではないと自分は考える。二村定一、天野喜久代等のキャラクターの活躍も十分に期待が持てるし、恐らく此の種の人々は多忙を極めることになるであろう。

日本にはヴォードビルの発達が貧しく、楽器を巧妙に扱う音楽家が乏しいので、この方面からは多くを望み得ないのが残念である。日本の寄席あたりから意外な掘出物もあるかも知れない。例えば親愛なる猫八君の如く……

又、新時代を掴み、動作と言葉によって、諷刺諧謔、海外のウィル・ロジャース、ジュリアス・タネンの如き役割を演ずる芸人も、現在漫談家と称せられる人々の群から選択して来ることが出来る。トオキイとなって説明が勢い廃止されて来る傾向に従って、説明者の中から選ぶことが出来る。徳川夢声、松井翠声、大辻司郎など、落語家からは金語楼など、番外として古川緑波。

斯の如く、現在の映画俳優中に大変化が生じ、舞台より馳せ参ずるものがあり、更に全然新しき方面よりの参加があり、映画はトオキイとなって映画俳優の面目は一新されるに至ることを予断することは、既にアメリカ映画が立証していることから見ても、極めて容易正確なことであると云わねばなるまい。

6

出て来る俳優の素質が変ることは、脚本が変ることを意味する。必然的に映画脚本家の間にも大動揺が起って来るのである。

今迄無声映画には音響や台詞を考える必要はなかったが、これからはかかる方面を重要視して脚本の構成を行わねばならない。それ故脚本の形式も異って来る訳だ。

過渡的には「舞台劇」のトオキイ化が最も歓迎される。今迄文芸小説の脚色をやっていたところを、当り狂言の脚色をするという具合である。長篇小説を執筆して映画化権利金を莫大にせしめていた小説作家より、大当りの芝居を書いて上演された脚本作家の方が些か景気が良くなる現象を呈する。

そうなると松竹キネマは芝居の松竹と結んでいるだけに色々有利な立場に置かれて、「トオキイは芝居を直すに限る」という原理が経済的に最も価値がありとすれば、松竹キネマの勢力は絶大、不易のものとなる。けれども、「トオキイは芝居を直すに限らない」ものである。そこで日活その他の活用の余地が生じて来る。即ち、芝居の芸人でない、新しくトオキイの舞台に出場する音楽家や現在までの映画俳優を扱って、いくらでも経済的にも価値あるものが、オリジナルな着想の下に構成することが出来るし、又、その方に正しい発展があるのだから、茲に面白い頭脳の戦争が展開されるのである。

脚本が此の様に変れば、監督の演出も同様に変らねばならぬ。

さればアメリカでも、無声映画の監督は全滅し、舞台監督が侵入してその地位を獲得されるだろうと云われたばかりでなく、実際に舞台からも参加したり、無声映画の監督と、舞台からの監督とが共同して一本の映画を作ったり、又無声映画の監督が科白の部分だけを舞台の人に指導して貰ったり、色々な過渡期的混乱を呈したが、結局、傑れた頭を持ってトオキイを理解し、傑れた演出の才能を有つ者であったら、映画の出身と云わず、舞台の出身といわず、やはり、傑れたトオキイ映画の演出者たり得る、という結論に達したような状勢にある。

かかる前例があるのだから、日本の場合には最初から迷わず、信頼すべき演出家を、映画より又舞台より頼むことに決めて、徒らに混乱することを未然に防ぐべきである。

科白の問題もトオキイでは決して舞台に於ける科白の如く型の定った根底から出発すべきであるし、又、映画独特の組立編集法（モンタージュ）を尊重しなければならないこともあるし、トオキイ演出の仕事は中々困難で、いい加減なものではない。

科白と音楽と映画と……

過渡時代はごま化しも利くが、何れも此の三つを完全にマスターし得る新人の手によって始めてトオキイ演出の妙味が発揮されるものと考うべきではないかと思う。

7

日本映画のトオキイ化は、極く概略、箇条書的に記しても右のように多岐複雑な現象を伴う。

又、立場を変えて云えば、日本映画のトオキイ化は日本映画がより機械文明化されたことであり、従て、産業革命的な現象を伴うとも云える。夥しき数の失業群は、嘗て日本映画史上一度も見ることの出来ない程製造される。説明者、和洋音楽係など。

勿論、トオキイ製作に必要な音楽家は、依然生活費を映画から取ることは出来るが、全国から見ればその数は知れたものであろう。最も悲惨なのは説明者である。説明者の失業は機械文明発展経路の上から見て必然的現象であるけれども日本映画史中の大悲劇として深く同情に価する。それにしても何等職業組合的組織を持たぬ全国の説明者はいかなる方法によって資本家に当ろうとするか。

悲劇はそればかりではない、美しき言葉を持たなかった理由の為めに撮影所を追われるスターの群である。彼等は何巻目かの悲嘆場を実演しなければならなくなったのである。

資本家も亦同様である。大資本を擁し、此の一大転変機に巧妙に肩変りを為し得るものは絶対の勝利を握り得るが、その運用を誤ったもの、及び小資本でいかにしても手の伸し様の出来ないもの、是等の人々の没落も亦悲惨であろう。

一九三〇年、日本映画は加速度的に一大転変期に直面している！　まだ「探り」の時代である。だんまり模様である。が、一度機到らばすべてはどんでん返しだ。雨か、風か。映画の人々は決して映画の見物のように呑気に笑ったり、楽しんで泣けない破目に一歩一歩近よりつつあるのだ！

トーキー演劇論

筈見恒夫

無声映画の精神

三十年の歴史の間に、映画は映画それ自身の言葉を持った、という事は誰も否定出来る筈はない。ベエロ・ボラージュ〔Béla Balázs〕が次のような事を云っている。

真に新しい芸術は、新しい感覚器官の如きものであろう。――その一例として、ボラージュの挙げているのは、一人の教養あるインテリの話だ。あらゆる世界智識に通じたこのインテリは然し乍ら一度も映画を見た事がなかったというのだ。そして、生れて初めて見た映画は、彼にとって充分驚異と興味の対象になり得たに拘らず、その内容が理解出来なかった。しかも、その映画というのは、子供にさえ容易に理解出来るフェアバンクス映画であったというのだ。ボラージュの例を俟つまでもなく、僕等自身こんな実例をよく知っている。映画は過去三十年以上の歳月に亘《わた》って、人々の間に、新しい感覚機能の発達を要求して来たのである。

茲に卑近な例が二つ三つある。

グリフィスが、カットバックの技術や、クローズアップの技巧を用いようとして猛烈な反対と嘲笑に遭ったという昔話ではなく、つい僕等の記憶に生々しい事を拾い上げて見よう。僕はこれ等の記憶を、場末の常設館の怒号の中からしか思い出せないのだ。そして、人々とは駆け離れた僕自身の驚異と感嘆の中にしか思い出せないのである。その時というのは、『キーン』の酒場の場面だ。有名なフラッシュ・バックだ。狂熱的なキーンの顔、足、激しく揺れる酒卓のビン、その短かい切返しの中に、場末の常設館で活動写真を見る人々は、唯映写機の故障を感じただけである。

彼等は、その当時にあって斯かる視覚的言葉を感じることが出来なかったのである。又、近頃の剣戟場面には常識的に用いられる激しいカットバックや、齣落しによる移動も、嘗って、初めて映画的話術として誕生した当時は素直に受入れられなかった。その最初の試みである伊藤大輔作品『血煙高田の馬場』に於て、或る常設館はわざわざ前説を入れて、それが新しい試みであり、決して当館の悪意ある映画方法ではない事を断っていたものである。――ソヴェート流のモンタージュが紹介され、日本の映画作者がこぞって取入れた時も、これと同じような悲喜劇があった。いつの場合でも新しい視覚的言葉、光と影による話術が発見された時に、同じ事が繰返されている。

そして、今日は、それが初めて映画を見る人間でない限り、殆んどの映画大衆はモンタージュという外国語の意味は知らないでも、その短かいカットの連続が何を現わそうとするかを直感する。又、或る男が愛人の後を追ってステーションに駆けつける。先ず最初に、その男がプラットフォームへ駆けつける所、次にステーションの建物もレールも列車も見えず、直ぐにその男の顔のクローズアップを見せる。その顔の上に、光――影――光――影それが次第に迅速に交錯して、通り過ぎれば、一枚のタイトル〔字幕〕もなく、一つの説明もなく、列車が発車した事実をあらゆる観客に理解して貰えるのである。

文学でもなく、演劇でもなく、絵画でもなく、現実に映画それ自身が存在しているのに違いない。光と影――その交錯と相剋によって一つの芸術形態が「瞬間的に！」存在しているということは全く疑いのない事実になった。従って、映画作者たちは、自信を持って起ち上ったのである。永い間、隷属していた演劇への反抗の刃を研ぎ始めたのである。

然し乍ら、記憶しなければならないのは、映画の持っていた「視覚的言葉」は、ほんの瞬間的に生きていた！——唯、それだけなのである。大部分の優れた映画は、おびただしい字幕によって演劇的科白に救いを求めるか、或いは多くの字幕によって、文学的説明を借りるか、でなければ成立出来なかった。

字幕云々という問題は、もう十五年以上も前に、日本映画界の論壇を賑わした位で、いささか古めかしい感がしないでもないが、その存廃は結局うやむやに終って、無字幕映画という形式は二つ三つの試作品を産み出した儘に終って了って、その後になると反動的に字幕の多い映画が作られるようになった。もう誰も字幕の問題に就いては述べ立てようとしない。如何に理屈の上で無字幕が純粋であつても、実際上に不可能なものなら仕方がないではないか。けれど、無声映画最後の闘士エフ・ヴェ・ムルナウは『最後の人』を発表して後に、自信あり気に、内容の単純化を主張した。つまり、内容が単純であればある程に、形式が純粋になるというのである。——その反対に今日の日本の時代劇に於ける有能なる監督者たちを見るがいい。伊藤大輔、稲垣浩、山中貞雄、伊丹万作、其処には昔日の無字幕派が見たとしたら、恐らく顔をしかめずにはいられない様に無数の字幕が氾濫する。が、若し、これ等の作者から字幕を取って了ったなら、或は字幕の数を制限して了ったら、これだけに、多様な、複雑な、それ故に近代性を持った面白さは生れ出ないと云えよう。——はっきり云うなら近代人は、映画の上に、純粋な形式を求めているのではなくして、その内容に錯綜し、複雑する興味を求めつつあるのではないであろうか。純粋映画至上主義者の行着けない境地が茲にあるのだ。だからこそ、その形式上の純粋さを誇っていいフランスのアヴァンギャルドは世間の視線から遠ざけられ、ソヴェートの記録映画、乃至非演技映画は、エイゼンシュテイン、ヴェルトフの巨匠によってさえ、既に危険なる行詰りを告げ、転換を要求されているのである。――しかもソヴェート最良の音画〔トーキー映画〕と云える『人生案内』は、優れた劇的シチュエーションと見事な演技者によって助けられているのではないか。これは嘗つて、エイゼンシュテインや、プドフキンが宣言した音画通りの姿ではなかったのである。最初の一歩を踏み出したばかりのソヴェート音画にケチを付けようという意志は毛頭ないのであるが、此処で少しばかり反演劇的映画に対する疑義を投げ掛けて置きたい。

――以上に於て、無声映画の精神を述べ尽したとは思えないのであるが、唯、無声映画の長所と短所にはいささか触れる事が出来たと思う。更に一言付加えれば、無声映画の長所は余りに感覚的であり、官能的であり過ぎる。それが、映画の宿命的短所でもあるのじゃなかろうか。ひたすらに映画を貫き通した『裁かるるジャンヌ』を見よ。『アッシャー家の末裔』を見よ、『最後の人』を見よ。強いては『全線』を見よ。優れた感覚――にも拘らず、それ等の映画は感覚の世界から一歩も飛躍していないではないか。その反面に、チャップリンの諸作を見給え。トーマス・H・インスの系統を引いた正統派アメリカ映画を見給え、『ラルー』〔『鉄路の白薔薇』〕を、『ジーグフリード』を思い給え。それ等に部分的に、或いは感情の盛上げに於て、しばしば文学的、演劇的、無言劇的なるものに拘らず、単なる官能や感覚以上の大きい広い世界を生活しているではないか。――この事実の前にでも、諸君は演劇は映画の敵だと信じてやまないであろうか。

日本トーキーの為に

アメリカでトーキーが盛んに作られた最初、申し合わせた様に、人々は反対した。演劇への復帰だ！　時代を逆行するものだ！　尤もこれに反対したのは、肝心のアメリカ人でなくて、太平洋を距てた日本人だった。大西洋の向う側にいる欧洲人だった。実際の話、静止した画面、静止した人間が、判らない外国語で饒舌り続けているとしたら、随分不愉快で退屈な話である。永い間掛って、磨き上げた映画の言葉を――カメラ・アングルの面白味を、カットバックの妙味を、移動撮影の壮快味を――どうして呉れるんだ！　と云いたくなるに違いない。けれど、初めて獲た言葉の魅力を、アメリカの製作者たちは、容易に棄て切れなかった。棄て切れないのが当然であると僕は思うのだ。いや、それは単に、スクリーンが饒舌るという様な好奇心だけではなくして、今まで磨き上げた「映画の言葉――視覚的言葉」と同じ程度に、若しくは、それ以上に、この純正なる言葉は、棄て難い魅力を持っているに違いない。言葉の中に、人間の感情があるのだ。人間の思想があるのだ。言葉・言葉・言葉！

だから、と云って、僕をして、映画的敗北主義者呼ばわりをするのは早計である。次を聞き給え。

ところで、日本トーキーはどうであるか。これも同じ様に、舞台的だという非難を受けている。原始的時代に於ける『戻り橋』『大尉の娘』『仮名屋小梅』『中山七里』の類いは扨て置いて、今日、『上陸第一歩』『時の氏沖』『女国定』『沓掛時次郎』、いや、それ等の舞台劇の映画化を除いたとしても、『若き日の感激』『旅は青空』『浪子』等、その重要な部分は、賢明なこの国の批評家によって、舞台劇的だ！　と断定される運命を担って生れて来たのである。何故というのに、これ等の映画のクライマックスになると、決してキャメラが動かないから。静止したシーンの中で、古い型の役者衆が、カン高い声でわめき立て、泣き落しをするから。

泣いて泣いて、例えば、スクリーンの前に、顧客がいるという事を忘れて泣き出し、その声が観客のおえつの声より高くなるというのは、ずい分不謹慎なやり方であるが、これが日本のトーキー悲劇に於ける常套手段なのだ！『浪子』や、『若き日の感激』を、まあ見て見るがいい。これが日本トーキーの代表的クライマックスなのだ。――それを、賢明なる批評家が取上げて舞台劇的だとか、演劇的だとか云っているのだ。

演劇にとってこそ、いい面の皮である。

成程、こう云う演劇も一つの形態として嘗ってあったに違いない。明治末期から、大正も、ほんの初めまで、僕も母や、祖母に連れられて、こういう『不如帰』や、『生さぬ仲』『渦巻』という様な芝居を見せられた記憶がある。けれど、昭和七年になると、新派の独参湯《どくじんとう》と云われる花柳情話『二筋道』にしたって、こんな低劣な泣き落しを狙ったり、下手糞な構成を見せはしないのである。未だ云ってもいいけれど、『春と娘』という日活独特のアフターレコーディング・トーキーに於ける老郵便局夫婦の掛合いにしてもそうだ。曾我廼家《そがのや》式というけれど、曾我廼家でも五郎だったら、あれだけの科白と動作を使うとすれば、もっと笑わせもするし、あの場合ならホロリともさせる。余計な言葉ばかり多くって、必要な言葉が一寸も利いていない。これが大部分の日本のトーキーである。

こんなものが、演劇的だなどと云われては本尊の演劇は甚だ迷惑を感じるにきまっている。芝居の中で、演劇の中で、一番低い新派や、曾我廼家劇だ。それより低い客受けを狙って、しかも、それにアッピールの点で及びもつかない日本トーキー糞を喰え！　――少し、言葉が汚なくって恐れ入るが、実際のところ、新派の古い古い泣き落しも、少女趣味と云いたいが、今時の女学生諸君だって、歯を浮かす様な『若き日の感激』『嵐の中の処女』『春と娘』と字面を並べただけでも、気がいらいらして来る。

舞台臭いと云い切ってもいいじゃないか。太平洋の向う側では、エルマー・ライスの『ストリート・シーン』だ、カール・チヤペックの『人造人間』だ、ヴイッキ・バウムの『グランド・ホテル』だ。ユージン・オニールの『奇妙な幕間劇』だ。ルイジ・ピランデルロの『御意の儘に』だ。――これで、日本が文明国だという様な大きな顔が出来るのであろうか。いくら水上競技だけが強くってもお話にならないではないか。

新劇運動が、これもお話にならない日本では、その為に、映画製作者を安心立命させ、不勉強にさせる余地を充分与えている。トーキー勃興の当初こそ、日本の無声映画作者は焦りもした、大あわてにあわてもした。けれど、作って見れば、トーキーなんて、いわば誰にも出来る。考え方によれば、無声映画を作るよりも易しいのである。つまり、無声映画を撮るつもりで、その上に科白をぶち込めばいいではないか。字幕は、まさか画面より多くなっては困るけれど、科白ならいくら多くても構わないし、監督者は自分の饒舌っている鹿児島弁や、秋田訛で役者を指導して行こうという大胆不敵な、神を恐れざる自信！　が植え付けられて行ったのである。これが、日本トーキー製作者の成長過程だとしたらどうだ。――シアターギルドで散々の苦労をして来たマムーリアンや、ジョン・クロムウェルや、ラインハルト一座で鍛え上げられたルビッチュや、そういう連中は、彼等自身が愚鈍な為に、十五、六年間も下積の舞台生活をやって来たというのであろうか。

舞台劇を知らないという事、舞台劇の精神に対して無知であるという事、それが日本トーキーの発展を阻害する執拗に阻害するに違いない。何故というのに、重要なのは言葉なのである。――トーキーにあっては画面＋《プラス》音声ではなくして画面×音声である。従って、その科白廻しは演劇と同じものでなくって宜《よろ》しい。いや、同じものであってはならない！　という事は、今の場合では気の毒ながら負惜しみとしてしか通用しない。もう一度云うが、重要なのは「言葉」なのである。人間の使う、最も効果的な言葉それ自身なのである。その言葉を如何に効果的に使用して行くか。それを如何に、画面の上に処理して行くか。――併し、これを不勉強な無声映画人に望む方が無理ではないかとも思う。彼等は生れついての唖《おし》だった。耳は聴えず物は云えず、唯官覚の世界にだけとじこもって世の中を瞶《みつ》めて来たのである。それが、いきなり芸術的に効果のある言葉を処理して行く。そんな事は、無声映画人だって、実生活では人間の使う言語を使っているんだ！　と考える様に簡単に行く筈はない。トーキーにあっては、科白は、字幕の如く、表現の助けとして、唯意味を通す為に用いられるのではない。その科白の一つ一つが、洗練された芸術的教養の下に生み出されなければならない。その点、トーキーの科白は演劇のそれよりも、重要でないとも、困難でないとも云い切るのは卑怯である。

トーキー作品の形式と題材

教養のない下等な科白は、教養のない下等な作品しか生まない。トーキーになって、日本映画はぐっと退化した。猶《なお》、退化し続けて行くに違いないのだ。例えば、今、松竹キネマが、Ｗ・Ｅ式で全作品を発声化する。日本活動がＲＣＡと提携する。新興キネマがトービスと手を結ぶという様な夢が実現したとしても日本映画は質に於て少しもよくならない。その根源に就いて、僕に云わせれば、大体日本と云う国の生活様式が甚だしく気に喰わない。もっと客観的に云えば、よきトーキーを生み出す様な生活様式を持っていないのだ。僕等の周囲では、東洋古来の文化と、物真似をしたメリケン文化とがチャプスイ鍋の如くごったに煮られている。世界最高のＷ・Ｅ式によって録音された『浪子』という映画が、唯一存在価値を主張するとすれば茲にあるのではないか。――片岡家令嬢浪子はゴルフをやったり、ピアノを弾いたりする。そんな天晴れなモダン娘が、にも拘らず、依然！　肺病になって、離縁になる。いや、時代遅れの肺病や、嫁いびりを重要なモティーフにしているこの作品の内容を、今更らしく、此処で論じる意志はないのであるが、一寸問題にして面白いのは、この作品のスタイルである。何故と云えば、『浪子』という作品は、一九三二年の日本、即ち「チャプスイ文化」を、この儘に反映しているという意味で、文化史の資料としての価値を持っているからだ。作品価値など問題にするにも当らないが、それかと云って、あの作品で物語っているものが、そのスタイルが、現実的にあり得ない事だとは思えないのである。せっぱ詰った男女が勇ましくも心中などという方法によって、死を敢行すると、それが「天国に結ぶ恋」などと云う名に、浄化され正当化される位の原始的人情風俗を持っているこの国では、たしかに未だ「浪子の悲劇」が生き残って行かれる余地があるに相違ない。又、あのスタイルにしても——其処では、今までのどの作品にも感じられなかった程、洋装と畳とが不調和である。ピアノと花嫁の角隠しが！　新しい戦争の武器と古臭い感情が！　それにも増して、目障り耳障りだったのは、登場している人間の動作であり、言葉使いである。招待されて男爵家を訪問する男が、いくら寄席芸人の真似をするからと云って、ゴルフ・パンツをはいている！　又、成上り者にしろ金持の令嬢豊子が、男爵家の客間で、使う言葉はまるっ切り場末の、青い赤い電灯の下で、カフェの女のそれだ！

とは云え、『浪子』の作者が、嘘を書いていると僕には思えない。チャプスイ文化のこの国では、現実的にこういう醜体が演じられている、という事はたしかである。洋服で膝を折曲げて坐らせられる僕等は同時に、教養ある良家の子女の口からあのルーベン・マムーリアンが、アメリカのギャングスターの用語として用いた「悪く思うなよ」という言葉を聴かされなければならない。——だからと云って『浪子』の登場人物が、良家の子女にもあるまじき言語・動作を弄し、和洋折衷の生活を平然と撮しとった事が、些少でも合理化されると思ったら、とんでもない錯覚である。問題は浪子だけではない。『時の氏神』では、相当インテリらしい風采をした青年紳士が突如奇怪なる関西弁によって、劇の中心に飛び込み、主人公は、とっさの間に或る化粧品の名前を口にする。又、『若き日の感激』では、妙齢の処女が、小さな女の児を一室にわざわざ「監禁して！」、「お人形の様に色の白くなる」白粉の宣伝をする。

――実際をいうと、こうした化粧品、或いはデパートとのタイアップ宣伝費というのは、馬鹿にならぬ収入になり、映画製作費の助けになるのであるが、――これが、活動屋根性というものであろうか！

それが活動屋根性というものだ！

この根性が清算出来ない間、日本トーキーは良い実を結んで呉れそうもない。――つまり、誰も彼も、活動屋の眼を以って世間を見ているだけなのだ。品位もなければ風格もない、悪い意味でジャーナリスティック一方なのである。――世俗に追従する教養のない下等な言葉は、下等な作品しか生み出さない。その一例として、片岡千恵蔵の『旅は青空』という作品。あれだけ、優れた無声映画を続々生み出していた時代映画の逸材さえ、この未知の言葉の国では、とんだつまづきを見せて了ったのである。考えて見ると、無声映画の字幕という奴は調法なもので、画面との不調和が又、不調和なりの面白さを生んだりするのである。――それより、更に不可ないのは千恵蔵プロが題材の選択を過った事ではないかと思う。『旅は青空』は、昔、同じ監督が作った『諧謔三浪士』の作り変えである。一度手掛けただけに、製作者にして見れば、やり易い、と考えたのであろうが、それが間違いの因である。

トーキーには科白があるのだ。――若し、無声映画で容易に取扱える様な題材をのっけに選んだとする。と、その科白は、何を饒舌りつづけたら良いのであろうか。科白自身は、云わなくても済む様な事を、くどくどと、空々しく述べ立てて行くより仕方がないではないか。云わなくても済む様な科白がやりとりされる事位い、世の中に退屈なものはない。馬鹿々々しいものはない。『上陸第一歩』が、あんなに舞台臭いと云われたのは、やはりそれだ。科白がなくても判る様な感情が表現されているのに、永々しく水谷八重子などが饒舌っている。しかも、饒舌っている言葉の内容がつまらないからだ。今時の活動を見ている人間なら、あんな甘ったるい男と女の気持の受渡しは『第七天国』以来知っていたし、ああ云うシチュエーションは『紐育の波止場』以来、繰返されている。

日本トーキーは、その題材として、もっと思想的なもの、複雑なものが要求されなければならないのではなかろうか。観客だって、今のところは、唖だった役者の声が聴ける興味に忙殺されているけれど、もう暫く経ったら、つまらない科白を軽蔑し出すにきまっている。スクリーンから聴えて来る千遍一律な『活動屋言葉』や、歯の浮くような令女界語に顔をしかめ、虫ずを走らせるに違いない。実際の話、日本トーキーの様に、激しい息切の音に機関車の音をダヴらせて見たり、そんな些少な思い付きだけが、唯一の収穫の様に騒がれているのでは、この先が思いやられるのだ。――こんな事を云うと詭弁に聞えるかも知れないが、『春と娘』や、『若き日の感激』の様な、少年少女の失恋趣味にお付合いするよりも、いっそ、名優・名演出者の手になる舞台の名作を、その儘撮して呉れた方が、未だしも幸せであると僕は思っている。「その儘」という言葉に大へん語弊があるけれど、これは観客をして、固いボックスに釘付けにしろ、という意味ではない。この事は後に述べる。

トーキーの演劇化

若し日本にも、アメリカや、ドイツ、フランスあたりの様に、正当な劇壇というものが存在していたら、日本トーキーだって、もっと演劇から必要なものを摂取出来るに違いないのだ。勿論その反面には、不必要な演劇的雑物も付き纏って来る。然し乍ら、その雑物は、幾人かの才幹の腕によって清算されて行くのは判り切っている。一九三二年のアメリカで出来るトーキーが、今から三四年前、即ち、初期のトーキーに比較して見て、演劇的ではなくなったとは決して云えまいと思う。反対に益々演劇的になったと云ってはいけないだろうか！　――こんな事を云うと、きっと読者は、僕の頭脳を疑いたくなるに違いない。けれど、僕はそう信じている。初期時代『マダムX』や『懐かしのアリゾナ』にあって、キャメラは舞台のみにあった。所謂「第四の壁」を取除いた観客席の一隅に据えられた儘であった。そのキャメラが、今日は自由な操作によって舞台上に持ち出される——移動撮影も、オヴァラップも、無声映画と同じ様に不自由さを感じない位に進歩した。にも拘らず、キャメラとマイクは舞台の中に、益々没入して行くのではないだろうか。試みに読者は、茲しばらくの名映画について指を屈して見るがいい。その一つ一つが演劇という支柱なしに、優れた芸術価値を主張出来たであろうか。

狭苦しい非科学的な舞台、非文化的な幕間の時間、何等大衆性のない劇団組織——世界中に一つの例外なしに、舞台上で演じられる演劇というものは、滅んでも仕方がない運命に置かれているのだ。トーキーに、次いで、色彩が加わり、立体化されたとする。もう舞台の特性というものは、何等残されていない。その非科学性故に、印刷絵画に対する肉筆絵画の特権さえ誇り得ない。それは一種の床の間芸術として一部の好事家の間に保存されるかも知れない。その非大衆性故に、トーキー製作に較べて遥《はる》かに小資本性故に、一つの実験室的存在にはなるかも知れない。それだけなのだ。

古い舞台芸術は、新しいトーキーの為に、壇の浦の平家の如き末路を遂げないと誰が云えるだろう。

けれど、その事は、映画芸術家を少しでも自惚れさせる事にならないというのは、映画の科学性が舞台劇の非科学性を征服したに過ぎないからだ。その芸術的本質に至っては、映画は常に舞台劇の軛を脱しようと焦り乍ら、反対に引摺られているのだ。舞台芸術家は、常に映画の科学性に刃向って血みどろな努力を続けて来た。——空間、時間の統一をぶち壊して、場数を多くする事を心掛けもした。スポットによって、人物の顔なり、部分なりを単独に浮び上がらせ、クローズアップ的な効果をねらいもした。同じくスポットは、次の人物を風景を映して、カットバック、オヴァラップを志した。歌舞伎風の花道を活用して、移動撮影の効果を偲びもした。そうした数々の努力にも拘らず、先進舞台芸術家の前に、頑迷に立ちはだかっている狭隘な舞台、第四の壁の彼方にある観客席。——今、その演劇は、広々した大空の下に飛躍しようとしているのだ。古臭い舞台の約束とは絶縁して！

ところが、幸か不幸か、日本では新劇運動自体が意気地がなさ過ぎる。舞台芸術家がだらしがなさ過ぎる。新らしいトーキーの為めに摂取するものは殆んどあり得ないかも知れない。歌舞伎や、その亜流である新派のがらんとした舞台をその儘連想したのでは、舞台臭いという事が、愚作トーキーの代名詞に使われるのも無理はないと思う位だ。――それだからと云って、トーキー製作者が、演劇そのものに対して、無関心であり、不勉強であるというのは恐ろしい。無論、舞台劇の科白は、トーキーの科白と、舞台劇の動きは、トーキーの動きと、同じものではあり得ないにしても、マムーリアンの偉さは、キャメラ・パンや、置換法が巧いだけから生れはしない。ルネ・クレールは、『ル・ミリオン』で、徒らに画と音の対位を試みたのではない。ニコライ・エックは『人生案内』で、日本の監督の様に、ものものしくキャメラを動かしたり、こま切りの様なモンタージュを用いたりしなかった。――演劇への鋭い関心と、豊富な知識を持つことは、優れたトーキー作者にとって常識なのである。

更に、トーキーは文学的なものが加っても差支《さしつか》えないのである。差支《さしつか》えないどころではない。トーキーの形式的自由さは、演劇に較べて、主観的な境地を開拓出来る。複雑な人間の心理を、それは小説にも匹敵すべき完璧さに描き出せるのだ。幸いにも、映画には無声映画時代に獲得した映画の言葉がある。有音と無音、この二つの素材は結合して、更に複雑な形態を生み出せる。――複雑な形式、複雑な内容。――そして、映画は、新しい観客層を獲得しなければならないのである。トーキーになって、アメリカの映画大衆は、知識階級に移って行った。それと同じ事が日本の映画観客にも云えるではなかろうか。

日本映画界のメイン・ストリートが、未来永劫に、『金色夜叉』や『女給君代』『天国に結ぶ恋』『神変麝《じゃ》香猫』の、俗悪な絵看板に飾られているとしたら、この上なく憂鬱である。諸君、いい齢をして、大磯心中を見に行かれますか！　――更に、文学的な、演劇的な内容が、いや、それ等のすべて、包含したトーキー的内容の誕生。せめて、この輝かしいトーキーという形式が、その位に、高尚な世界へでも進んで呉れなければ、形式的な進歩は意味をなさないではないか。それに、何時までもこんな観客を相手にしていたんでは溜った水のように腐って了うに違いない。従って、一も一にもなく、舞台臭いとか、文学的だとか、判りもしないのに、云い立てて、『春と娘』等のイージーな世界に安閑としている作品や、『生き残った新選組』のようなほんの試作を、さも純粋であるように、悦んでいる批評家を見ると何んだか片腹痛くて堪らないのは、こっちの僻目であろうか。とに角、もう小っぽけな純粋映画論などを持ち廻っている時代ではないのである。

佐々木能理男

同時性、非同時性及び対位法

1

云うまでもなく、芸術にはすべて、一定の動かしがたい様式法則というものがある。そして、どんなに独創的な芸術家であっても、いやしくも純粋の芸術作品を創作しようとする以上は、どうしてもこの様式法則を無視するわけには行かない。

芸術の様式法則は、直接には、或る芸術分野に与えられている表現手段に特有の可能性と限界とによって、条件づけられている。例えば、絵画にあっては色彩と空間によって、音楽にあっては音と時間とによって、詩歌にあっては言葉と韻律とによって。

芸術は、かように一定の特性と限界とをもった表現手段（物質）によって、それ自身纏った世界を創り上げなければならない、そこから或る芸術の表現手法が生れ、様式法則が生れて来る。そこに、各芸術分野の独自性ということが可能になる。

で、今のべたように、芸術の様式法則は、その表現手段の特性と限界とによって条件づけられているが、しかし、様式法則に決してそこから自然的に生れて来るわけではなく、表現しようとする内容が表現手法を生み出し、それを発展させて行くのである。

映画芸術についても、これと同じことが云われる。

無声映画の表現手段は純視覚的である、この純視覚的な手段によって、それ自身纒った世界を作り上げなければならない。映画が精神を要求され、劇内容を負わされ、或いはソヴェート映画のように、或る種の課題を与えられている以上、純視覚的手段しか与えられていないからといって、視覚の世界、具象の世界だけに満足しているわけには行かない。音響の世界も、抽象の世界も、観念の世界も征服しなければならない。といって、この征服が本当に芸術的なものであるためには、その芸術に特有の手段によって、即ち無声映画にあっては純視覚的手段によって、解決されなければならない。これこそ、真の芸術的な解決で、そこから特有の表現手法が生れて来るわけである。

かように、視覚以外の抽象或いは聴覚のような異ったダイメンションの表現を可能にしたのはモンタージュである。

勿論、モンタージュの機能は、決してこれにつきるわけではなく、劇映画にあっては劇構成の手法となり、ソヴェート映画がその機能を果たすために「観客の注意を惹きつける」とか「観客自身をして或る事件を体験させる」とか、そういった色々の方面で、モンタージュの機能を挙げることもできる。

然し、ここで問題となるのは、視覚的手段によって、聴覚の世界及び抽象的観念的な世界を征服したモンタージュの機能である。この点で、吾々はプドフキン、エイゼンシュテインの無声映画における芸術的な努力を忘れることができない。

プドフキンは『映画監督と映画脚本』の独逸版への序文のなかで、大爆発をスクリーンの上に如実に現わすために、実際の爆発の写真だけでなく、放焔器の筒先から放出する閃光の画面をモンタージュして、実際の爆発と同じような感動を観客に与えることができたと叙べている。「爆発のあらゆるものがスクリーンの上にあった、無かったのは唯実際の爆発だけである。」性格描写、心理描写についてもこれと同じような手法が考案された。

観念の世界についても、無声映画的な試みがなされた。しかし、プドフキンは映画が一般にタイトル無しでやって行けるとは考えなかった。「少くともわがソヴェート同盟においては、吾々が映画に付している巨大な意義に対して、その真実の大衆性に対して、更に、わが同盟において映画の双肩に負わせられた偉大な任務を考慮すれば、純視覚的な手段のみによって、観念的なものを現わすことは不可能である、」と。

このプドフキンの一種の形式解体の傾向に対して、敢くまでも純視覚的手段によって観念の世界を征服しようとしたのはエイゼンシュテインである。

エイゼンシュテインは、映画構成に関して所謂弁証法的構成を提唱していることは、新らしく説明するまでもないと思うが、つまり日本の象形文字を例にとって、扁と旁とは、結局、具体的な記号にすぎない、この具体的記号が相互にコンビネートされて、即ち対位的位置におかれて、はじめて抽象的観念という、具体的記号と異ったダイメンションが生れる。これと同じように、描写体（デピクタブル）にすぎない二つのモンタージュ画面を組合わせ、この二つのものの衝突によって、画面的（グラフィカリイ）には現わすことの出来ない抽象的なもの、観念的なものの表現が可能である、と考えている。

そして、「視覚的手段によって抽象的観念を表現する最大限の面潔体（ラコニズム）」を出発点として、物語や筋や、具体的な事件などの力を借りずに、例えば弁証法とか、史的唯物論とか、そういった思想的な、抽象的なもの、それ自身を取扱う、所謂「知的映画」の可能性を信じたのであった。彼がマルクスの資本論を映画化しようとしたのは、この立場からであった。

しかし、エイゼンシュテインの「最大限の面潔体」は、それほど明瞭性と直接性とをもったものではなかった。

プドフキンは、エイゼンシュテインの『十月』におけるこの種の試みに対して、次のように批評した、「抽象的思想及び観念を無声映画の手段によって伝達することが、どんなに困難であるか、この点は吾々の先進的映画人の作品に適用された夥しい技巧によって証明することができる、例えば、エイゼンシュテインの『十月』における『神々』がそれである。これらの夥しい技巧は、しばしば、映画観衆が作品を観る時に、かれの注意がこの技巧によって表現さるべき抽象的観念に到達する以前に、個々の技巧に注意を奪われるという結果になる」と。

僕も、エイゼンシュテインの知的映画の提唱に対して、これと同じような疑いをもっている、といって、プドフキンが字幕を映画の一要素として承認したことを、芸術論的に正当化しようとは思わない。

プドフキンの字幕承認論といい、エイゼンシュテインの観念映画、知的映画の提唱といい、無声映画の様式法則から云えば、所詮形式解体に外ならないのである。

ここで、僕はゲオルク・ジムメルが「近代文化の争闘」（原書一四―一五頁）のなかで云っている言葉を想い出す。ゲエテの晩年の作「ウィルヘルム・マイスタアの遍歴時代」や、ストリンドベリイの晩年の作が、内容の充実過重によって、形式解体に陥っていることを指摘して、次のように説明している――

この場合、創造的生命は、自己の無上権《ママ》を発揮し、それ自身において全く充実している結果、因襲的な、他人と共通のあらゆる形式をしりぞけ、その芸術的表現は、時にのぞんでおこる自家独特の運命にほかならない。この運命からすれば、作品は脈絡をもったものであり、意味深長なものであるが、伝統的立場からは分裂的に、不釣合に、断片的に見える。これは形成力が衰退した結果でなく、形式が内容の過重に堪えかねて解体するのである。所謂古典的な芸術においては、形式は内容の完全な表現として、あたかも皮膚のようにぴったりと生命そのものを包んでいるが、そこに盛られる内容が次第に高くなってくると、この形式の一致、純一が破壊される。ベートーヴェンが最終期の作品で表現しようと欲している内的運命も、かくのごときものである。ここでは、一定の芸術形式が破壊されたのではなく、芸術形式一般が或る他のもの、より広汎なもの、他のダイメンションから来たものによって克服されたのである――と。

そして、この形式解体から、よりダイメンションの高い、より強い表現力をもった形式に対する要求が始る。（吾々は、ここで、トオキイ製作の直接の原因が経済的なものであったことを、事新しく書き加える必要はあるまい。）

これこそ、プドフキン始め、ソヴェートの映画人達が、トオキイを支持した最も重要な理由であった、「トオキイは、吾々が陥った或る危機から映画芸術を救い出すことが出来るだろう。これまで、吾々は色々な観念を説明するためには、或る思想を観衆に知らしめ、且《か》つ意識せしめるためには、これまで吾々は夥しい視覚的表象を作品のなかに積み重さねなければならなかったが、これはもはやトオキイでは不要になる」

かように、音響と言葉のないことが、そこに独特の無声映画的表現手法を築き上げたが音響と言葉の支配は、当然、この範囲に関する無声映画的手法の存在価値を奪わずにはおかないのである。この点から、僕はトオキイの表現法を考えてみたいと思う。

2

前回によって、私は、サイレント映画が、視覚的手段のみによって、それ自身纏った世界を表現しようとして、どんな芸術的努力をしてきたかという点について、簡単ながら説明することが出来たと思う。

映画は、一つの独立した芸術となるために、単に視覚的なものや具体的なものばかりではなく、更に進んで、抽象的なもの、観念的なもの、聴覚的なものまでも、その唯一の表現手段たる画面によって表現しなければならなかった。そして、サイント映画をして、この表現を可能にしたのは、モンタージュであった。

勿論、詳しく考察して行けば、モンタージュの機能は決してこれのみに限られたわけではない。ソヴェートの監督達が云っているように、モンタージュは単に「観客の前に或る内容を提供するだけではなく、積極的に観客自身をして、その内容を直接体験させる」手段であり、或いは「観客の注意をスクリーンの上に強制的に惹つけるための」手段である。また、これが劇映画のなかに使用されている場合には、ドラマトゥルギイの法則や手法などにも支配されている。が、ここで問題となるのは、すでに述べたような、聴覚的なもの、観念的なものを無声映画的に表現するための、モンタージュ機能である。このモンタージュは、この領域において、極めて特異なロジックを作り上げた。

吾々は、プドフキンやオツェプの映画に、或いはエイゼンシュテインの所謂「知的映画」の提唱のなかに、それがいかなるものであるかを知ることができた。

特に、聴覚の世界のサイレント映画的表現法に関しては、すでに吾々がそれに慣れてしまって、あまり注意をしないのであるが、例えば、次のような簡単なシーンの描写にも、明かに無声映画のロジックを発見することができるのである。

1・部屋のなかで仕事をしている男。

2・ドアをノックする手。

3・男が仕事をやめて返事をする。

吾々がノックの音を直接聞かせることが出来たなら、この第二のショットは無用になるだろう。

ともかく、吾々が一般に映画的分析乃至組立の論理として考えているもののなかには、全く無声映画に固有なもの、つまり聴覚的なもの、観念的なものを純粋に聴覚的に表現するための特殊なものがあることを、吾々は知らねばならない。

そして、この純無声映画的ロジックは、音又は声の獲得によって、当然その効用を失うことも、考えなければならない。

若しも、この点を深く考えずに、吾々が無声映画時代に築き上げた手法をそのまま映画的表現法として墨守するならば、そしてこのモンタージュ構成がそのまま、音声とシンクロナイズされたショットを材料として行われるならば、この表現法は無意味なものになるだろうし、切角付加された音声も何の価値をも得ないことになる。否、時にはダイアローグを完全に云わせるためにショットを長くしたりする妨害的なものとして作用することになる惧れがある。

かようにして、最も初期のトオキイ作品が収拾すべからざる混乱に陥入ったのであるが、これは一方においては無声映画的ロジックを固守した結果であり、他方においては各ショットのシンクロニゼイションを固守した結果に外ならない。

無声映画的ロジックは音声の支配によって当然、その範囲で、破壊されなければならない。つまり、その範囲の表現を音声という新たにに付加された要素に分担させせなければならない。更に云いかえれば、音声はショット画面の影像から独立した要素として、画面と共に表現を分担し、同一の目標に向って協力しなければならない。

この点を逸早く指摘して、芸術としてのトオキイの行くべき道を暗示して呉れたのが、エイゼンシュテイン、プドフキン、アレキサンドロフの三人の連署になる「発声映画に関する宣言」であった。

この宣言によって、吾々は音声を「視覚的影像から独立した因子」として使用することがトオキイ的表現法の出発点であることを知った。ただ、それが果して「場面或いは映像に対して対位的位置にある音の利用法」につきるか否かが、大きな疑問であった。

エイゼンシュテインは「映画形態の諸原理」なる論文のなかで、「視覚的刺戟と聴覚的刺戟との衝突が発声映画を作る」と述べているが、他の論文のなかで語っている所から推察する所では、この言葉は、影像と音声とが独立の因子として対位的位置におかれ、影像だけでも、また音声だけでも現わし得ないものを、両者の対位的モンタージュによって生み出すということを意味していると思う。これは、明かにトオキイ特有の表現であり、映画芸術の表現力の強化である。

吾々は、この種の試をすでに、エルンスト・ルビッチュの『私の殺した男』や、エン・エックの『人生案内』や、ルーベン・マムーリアンの『今晩は愛して頂戴な』や、ルネ・クレエル〔クレール〕の『ル・ミリオン』や『自由を我等に』など発見することが出来た。

併し、この対位法はトオキイ表現の唯一の方法となることが出来るだろうか。同時性や、非同時性に協力することなしに。私は、理論上、甚だ疑問をいだかざるを得ないし、また所謂「対位法」がトオキイの或る特殊な効果を得るための一つの手段でないかとさえ考えているのである。

先ず、音声を「視覚的影像から独立」させるということが、それほど容易なことであるとは思えない。

音が独立して意味をもつためには、その音から音源たる物体、或いは事象が推知されなければならない。音と音源とが吾々の日常の経験によって、或いは知識によって容易に一致させることが可能である場合には差支《さしつか》えないが、この両者の関係が非常に特異なものである場合には、音だけを切はなして使用するということが、非常に困難なことになる。

若しも、吾々の日常経験或いは想像力を唯一の頼りとするならば、独立して意味をもつような音は数において非常に制限されるわけである。

併し、若しも、映画によって新たに両者の特殊な関係を設定するならば、つまりシンクロニゼイションによってその一致をつくるならば、それがいかに特殊なものであっても、これを前提として音を影像から独立させることが出来るだろう。

この点から、私はトオキイにおけるシンクロニゼイションの問題をもう一応考えて見たいのである。なるほど、音声と音源たる対象との同時的処理は、前にも述べたように、機械的再現であって、トオキイの芸術的表現とは無関係のようであるが、しかし、声が独立して画面と協力するためには、この同時性を出発点としなければならない。ただ一致の関係が極て平凡で、すでに吾々の日常経験或いは想像力で充分に両者を一致させることが出来る場合には、態々作品のなかで、その一致を示す必要がないというまでの話である。そういう意味で、同時性は単に機械的再現ではなく、トオキイの芸術的表現の基礎をなすものであると考える。

で、かくして独立した音声が、他の影像と協力して表現を分担する場合を、非同時性的処理と云うことが出来る。つまり、私の解釈によれば、非同時性とは、映像と音声とが同時に同じ任務を遂行するのではなく、たがいに仕事を分担し、一つ目的に向って協力し合う場合である。この表現の分担ということが非同時性の特徴である。

次に、音声と映像とを独立した因子として使用する点では、この非同時性と同じであるが、非同時性的処理では音声と影像とが各々表現を分担し、協力するのに反して、「音声のみでも、画面のみでも現わすことの出来ないものを両者の対立によって生み出す」場合を、対位法と云いたいと思う。例えば、ルビッチュが『私の殺した男』の寺院の祈禱のシーンで、牧師の説教の意味内容と矛盾した軍人のサーベルや、拍車や、勲章を対立させることによって、その何れでも現わし得ない一種の嘲笑的なもの、ルビッチュの解釈意思を、現わしたような場合が、それである。

以上、大体、自分の考えを述べた心算であるが、実例などを挙げ得なかったのは残念である。

第7章　批評家と批評論

解説

アーロン・ジェロー

映画批評と映画理論は区別されることが多い。個々の作品に対して評価を下す前者と違い、後者は映画が持つ能力に対して概括的見解を呈する。だが、注視すると、その関係性はさらに曖昧である。批評の評価基準を提供するのは一種の理論であり、また映画の可能性に対する理論的な概念の多くは、作品はこう作るべきだ、という評価も含意されている。

日本の映画批評史もその一例である。一九一〇年前後に『都新聞』などで吉山旭光が映画の紹介記事を発表しているが、後の純映画劇運動の評論家はそれを映画批評の発端として認めてはいなかった。なぜなら、吉山は映画を映画として批評しなかったからだという。真の映画批評には映画とは何かに対するある種の映画理論が必須であると考えられた。にも関わらず、日本の映画批評には理論を否定する傾向がある。長らく日本の映画批評界に君臨した印象批評による評価は、明確な理論よりも、教養のある批評家の優れた「センシビリティ」という漠然たる根拠に依拠してきた。印象批評がこのように理論から遠のいてしまった原因の一つは、一九二〇年代に台頭した、映画を政治的かつ社会的に批評した左翼批評である。このイデオロギー批評は理論、とりわけマルクス主義理論を全面化した批評体系であったが、多くの印象批評家に否定された。政治的な理由もあったが、それよりも理論は言葉に表されていない映画の映画的要素を把握できないからだという理由で。結果的に、映画批評の多くは、理論に根拠を持ちながらも、逆説的に理論の否定を以って成立している。

本章に収録されている文章は、この葛藤に満ちた歴史を物語っている。飯島正は印象批評の代表的な存在でありながら、多くの海外理論の紹介者でもあった。「映画と批評」では、映画を映画として批評することと、映画を社会的な現象として批評することと、その相反しそうな態度に妥協策を探ろうと挑んだ。飯島は、社会学的な批評をそれが映画性を軽視しているという理由で論破しながらも、見る側の感受性と映画表現の思想性の歴史における変遷を指摘することによって映画の社会性の一面を認める。映画表現の進化により映画の思想表現能力が高まり、また教育により観衆はそれを感受可能となり、それが映画表現、思想と民衆が三つとも一致する未来の社会像となる。が、印象批評らしく、その実現には批評の指導性または批評家の優位性が前提である。形式から内容へと批評の力点の移動を訴える谷川徹三は、その点では飯島と立場が異なるが、ここにもイデオロギー批評は見られない。だが、内容批評の根拠をジャンル批評にすること、さらに映画の古典形成を主張することが、映画の個性よりもその共有性に重点を置くことになる。それこそが谷川の社会的批評なのかもしれない。

印象批評のエリート主義を批判しているプロキノ出身の栗原章子は、それでも同様な妥協策を探っている。飯島と対極側から出発する栗原は、印象批評のような主観的批評の反動性を論駁するだけではなく、映画を映画として批評する者が、実は古い文学批評態度をただ踏襲して、独特の映画批評を確立していない、と批難する。それでも飯島の「技術の優位」を援用しながら、社会学的な表現批評の可能性を説く。飯島よりも、栗原は表現とそれを見る批評家のイデオロギー性――とりわけ批評家のリアリティー――に着目する。栗原が言及している「Q氏」は実は津村秀夫である。「文学と体験」からもわかるように、彼の映画批評には教養主義色が濃く、また後の「映画戦」の御用達評論家となった彼の経歴を考慮すると、すでに精神論の色合いも強い。

経済学者の大熊信行は、この批評界内の対立よりも、その社会性もしくは国民性に関心を示し、批評界が忘却しがちな理論の問題の再考を促した。だが、「日本文化と映画評論家」は矛盾に満ちている。彼は西洋の理論の翻訳に溺れる評論家を咎めながら、日本の直感的な「思いあたり」を評価する民族論を展開しつつも、文芸評論家の映画評論が象徴する「思いあたり」の理論性の貧弱さをも酷評し、西洋の理論を含めて理論の必然性を訴えている。長らく読者などによる文化受容に注目した大熊が、その理論はアカデミックのものよりも、民衆の間に、つまりその社会から発生する、日本語によって語られる思想だという。大熊は権田保之助の大衆的映画理論よりもナショナルであり、批評界の対立を解消できるのは国に溶け込んだ理論であるかのような考えだった。

さて、稲垣足穂のこの批評史の物語の中の位置はどこだろう。ある意味、どこにもない。足穂の関心は、既存の批評界のあり方よりも、文化のあり方にある。この未来派の小説家が未発展の初期映画を擁護し、一見矛盾にも見えることは、それが一九一〇年代から成立しつつある古典的編集スタイルや物語性が象徴する「代数性」――つまり物語的表象性――よりも、人工性と切断に基づく真の機械性が象徴する「幾何性」――非物語的な関係性――に相通ずるからだ。彼の難解な映画評論はまさにその幾何性を具現し、異なる形でありながら尾崎翠の映画漫想による映画批評・理論に対するオルタナティブの評論の提唱に類似している。これも印象批評対イデオロギー批評や批評対理論といった戦前に批評界の対立に対するもう一つの答えだった。

【参考文献】津村秀夫『映画戦』朝日新聞社一九四四。岩本憲児「日本における映画の批評と研究」『映画学』二号、一九八八。長谷正人「日本映画と全体主義―津村秀夫の映画批評をめぐって」『映像学』六三号、一九九九。アーロン・ジェロー「日本・映画・理論」四方田犬彦等編『日本映画は生きている』岩波書店二〇一〇。「映画の批評的な受容―日本映画評論小史」藤木秀朗編『観客へのアプローチ』森話社二〇一一。

解題

①　稲垣足穂「形式及内容としての活動写真」

【出典】『稲垣足穂全集』第一巻、筑摩書房、二〇〇〇年、四四七―四五三頁

稲垣足穂（いながき　たるほ　一九〇〇―七七）は関西学院中学部卒。上京後、佐藤春夫らに認められ、二〇年代より『婦人公論』、『文芸春秋』などを中心に作品を発表し、横光利一らとともに新感覚派の小説家として頭角を現す。戦後も精力的に執筆し、少年愛や飛行趣味などを主題に据えた様々な作品を残す。並行して映画評論も多く寄稿し、没後にはフィルムアート社より『足穂映画論』が刊行され、当論文も収録されている。当論文の初出は『新潮』一九二七年六月号であるが、代表的論文集『天体嗜好症　イナガキタルホ短篇及論文集』（春陽堂）にも収録されている。ここでまず足穂は映画という名称を拒絶し、活動写真という言葉に固執する。それは活動写真という「二十世紀における発明」が「歯車とセルロイドのリボンから成立している機械」であるという技術的側面を重要視するためであり、足穂は映画という名称はこの「静止した画を矢つぎ早にうつす」というメディアの根本的な構造を見えづらくしてしまうと主張する。これは当論文の冒頭で足穂が展開する代数性・幾何性という独特の概念と無関係ではないかもしれない。前者は言葉そのものが示唆する通り、置換しうるもの、ひいては映像・表象と相通じるものであるとするならば、それは足穂のいう映画に近いものではないだろうか。一方で後者はメディアの機械性と「われわれ」とを関係付

ける特殊なエレメントとして提示されており、その意味で活動写真と通じるものであるだろう。

当論文全体を通して、この幾何性という概念と活動写真の「形式」を照らし合わせながら読むことが重要ではないだろうか。なぜなら、足穂にとってメディアの形式とは決して映画のテクニックを意味するものではなく、むしろ動画という活動写真の特異性と密接に関わるものであるからだ。足穂はまた、このような形式は「科学的」なものであり、「非科学的」な「内容」と対比させて考察している。ここで形式は（映写機の「歯車」の回転速度に左右されるという意味で）「時間」であり、内容が「空間」であるという興味深い対比も提示している。形式を観客の（メディア）体験という地平で再浮上させることができる活動写真こそが、足穂にとっての「形式及内容としての活動写真」と見なすことができるかもしれない。（角田）

【参考文献】 稲垣足穂『天体嗜好症　イナガキタルホ短篇及論文集』春陽堂一九二八。中野嘉一『板垣足穂の世界』宝文館出版一九八四。稲垣足穂『足穂映画論　フィルモメタリア・タルホニア』フィルムアート社一九九五。『稲垣足穂全集』第一巻、筑摩書房二〇〇〇。

②　飯島正「映画と批評」

【出典】『映画の研究』厚生閣書店、一九二九年、一―一〇頁

飯島正（経歴については第4章①の解題を参照）が自身の書籍『映画の研究』（一九二九）のために書き下ろした当論文は、自著の冒頭に据えられているという点から見ても、飯島による当時の映画批評の「態度」についての表明であると読み取れる。『映画の研究』の目次に目を通すと、「映画と批評」に始まり、「映画と絵画」といったメディアの相互関係から「アベル・ガンス」などのソヴィエト及びヨーロッパ映画の作品研究まで網羅した包括的な内容である。

飯島は戦後にも『映画テレビ文学』（一九五七）や『映画のなかの文学　文学の中の映画』（一九七六）など多くの著作を残し、特に後者では「文学における映画性と映画における文学性」をシナリオやデクパージュの考察などを通して批評的に論じている。「映画と批評」は、映画批評の態度を（1）作品の世界観的批評、（2）観客の鑑賞を助ける批評、（3）製作者の技術に助けを与える批評、（4）映画を記録とする読物的批評、という四つのカテゴリーに分類しながら、特に（1）の欠如とその必要性について言及する。飯島の議論展開は明確であり詳細は割愛するが、ここで特筆すべきは、飯島の唱える「作品の世界観的批評」は、必ずしも特定の監督（作家）作品に通底する世界観を吟味し追求する印象批評のことを意味するわけではない、ということである。飯島にとって映画の世界観とは、映画技術の成熟とそれに伴う「映画的内容」の開拓を意味しており、それを世界観としてしっかりと把握することに（1）の意義を見出している。そのために（2）と（3）のさらなる充実の必要性を唱えながら、論文の後半では「映画教育」という表現を用いていることは興味深い。これは啓蒙装置としての映画を提唱しているわけではなく、むしろ書籍のタイトル『映画の研究』に表れているような、映画を批評対象として研究するというある種の映画学に似た態度だと読み取ることができる。（角田）

【参考文献】飯島正『映画の研究』厚生閣書店一九二九。『映画テレビ文学』清和書院一九五七。『映画のなかの文学　文学の中の映画』白水社一九七六。

③　栗原章子「映画批評の現実性」

【出典】『映画創造』創刊号、映画創造社、一九三六年五月、四八―五六頁

栗原章子（くりはら　あきこ　一九〇〇―不詳）は一九三〇年代日本プロレタリア映画同盟に参加。一九三四年創刊の

フェミニズム思想誌『婦人文芸』に「映画とインテリゲンチヤ」や「日本映画時評」などを寄稿し、映画批評家としての活動を始めた。戦後も継続して『映画季刊』や『映画文化』などに寄稿を続けるかたわら、一九五五年を皮切りに今村太平らとプロキノ作品の発掘・上映・保存にも尽力した。当論文は『映画創造』の創刊号に収録され、他に今村や戸坂潤、岩崎昶や村山知義といった論客が参加している。栗原が議論するのは「映画批評は今日如何にあるべきか」という命題であり、まず映画における「大衆性」から出発している。映画は「新しい時代の大衆芸術」として独自の芸術化を模索すべきだ、という論評に賛同し、純文学における「芸術性」の「特権」的な立ち位置と対比させている。その一方で、「企業」によって制作される映画というものは「本来統制精神側」にあり、従って大衆に帰属するものではないという矛盾を指摘する。この点からまず栗原は、映画批評は文学批評における芸術批評よりもさらに社会的・啓蒙的な立場をとるべきだと主張する。より具体的な対策として、「技術のための技術」批評に陥りがちな映画の表現・形式批評を、映画の製作者、あるいは文学批評の延長線上にある「特権意識」への歩み寄りであるとして退ける。表現技術の新しさを論ずるには、技術それ自体よりもまず、それが根付いている「感覚の近代性」を問う必要があるというのだ。ここから栗原は、映画の「内容批評」の重要さに注目する。それは単なる物語解釈ではなく、映画がいかに「生きた社会」と批判的に向き合っているかを分析することである。そうすることで、「骨董品化した」文学批評への憧憬ではなく、またインテリあるいは特権階級の間で共有される「先入観念」からも乖離した「批評のリアリティ」を追求することができると主張する。栗原の議論は表現あるいは技巧における映画のリアリズム論ではない。だが、批評精神を観客の立場と結びつけながら映画の大衆性を再考している。そこから当論文の表題でもある「映画批評の現実性」に迫ろうとするものである。（角田）

【参考文献】栗原章子「映画とインテリゲンチヤ」『婦人文芸』一九三五・四。「映画の女性」『映画と音楽』一九三八・一。佐藤洋「プロキノ研究史がかかえる問題」『立命館言語文化研究』二三巻三号、二〇一一・一。

④ 谷川徹三「映画の内容」

【出典】『芸術小論集』生活社、一九四三年、一三〇―一三五頁

谷川徹三（たにかわ てつぞう 一八九五―一九八九）は京都帝国大学文学部哲学科卒。西田幾太郎に師事しながら一九二〇年代より法政大学哲学科で教鞭をとり、一九六三年には同大学総長に選出される。同じく一九二〇年代に論壇に登場し、『思想』や『婦人公論』の編集にも携わる中、翻訳家としても精力的に活動し、一九二四年にゲオルク・ジンメル（当時はジムメル表記）による『カントとゲエテ』の翻訳を大村書店より出版し、同年に久世昂太郎というペンネームでヒューゴ・ミュンスターバーグ（当時はミュンスタアベルヒ表記）による一九一六年の大著『映画劇 その心理学と美学』を翻訳している。この意味でも哲学者・谷川の映画に対する興味は、かなり早い段階から見て取れる。「映画の内容」（初出は『日本映画』一九三七・四）が収録されている『芸術小論集』は三部構成になっており、第一部が文学、第二部が映画、第三部が絵画についての論考である。当論文で谷川は、日本映画における「内容」の充実を提唱しているが、ここで強調されるのが（芸術映画の特徴として捉えられがちな）映画手法の開拓ではなく、映画における人物描写の問題である。谷川にとって映画の人物は、捉えどころのない「影のような人間」であり、小説や戯曲におけるそれとの違いを指摘している。興味深いのは、当論文の後半では谷川の分析対象が映画ではなくシナリオに及んでいる点である。当時公開間近であった内田吐夢監督『裸の町』（一九三七）を、真船豊による原作と八木保太郎によるシナリオを比較しながら、シナリオに散見される「新派劇的な誇張」を批判している。論文の前半ではアーチー・メイヨ監督『化石の森』（一九三六）などのアメリカ映画に言及しながら、舞台劇とその映画化について、映画

と舞台の「手法」の近さを分析している。『芸術小論集』で当論文に続くのが「日本映画の芸術的水準」と「小説の映画化に於ける二、三の問題」であるのを見ると、ここでの谷川の問題提起はメディア横断的であると同時に地政学的でもあるのではないだろうか。（角田）

【参考文献】 谷川徹三『享受と批評』鉄塔書院一九三〇。『芸術小論集』生活社一九四三。牧野守「映画における京都学派の成立」『アート・リサーチ』四号、二〇〇四。

⑤ 大熊信行「日本文化と映画評論家」

【出典】『日本映画』一九三八年九月特別号、二八―三八頁

大熊信行（おおくま のぶゆき　一八九三―一九七七）は東京高等商業学校（現一橋大）出身。卒業後は経済学者として二〇年代には小樽高等商業学校（現小樽商科大）で教鞭をとる。歌人としても活躍し、（旧制）中学時代に文芸同人誌『卯の花』や『香円《まるめら》』を創刊した。戦後は神奈川大や創価大などの教授を歴任する。評論家としても多くの著作を残している。大熊は小樽高時代に伊藤整や小林多喜二らを指導した一方で、戦時中には大政翼賛体制運動の指導的理論家としての立場を取るという複雑な経歴を持っており、当論文でもそのような推移を察知できるかもしれない。当論文の序盤では、日本語を取り戻す重要性を強調し、そのために「西洋的な物の言い方」を「翻訳的概念」として退ける。打開策の一つとして、日本人の「直観」と「思いつき」を理論的な思索の出発点として据えようとする。一方で大熊にとって、そのような直観に根付いた「映画評論」は、同時に日本人の「知性のひよわさ」を露呈してしまっている。その分析として、日本における映画評論が量産されている中、西洋の映画理論書の翻訳がほとんど読まれていないことを一因としてあげている。いわばここで大熊は、「日本文化と映画評論」の理想と現実を考察する上での行

き詰まりを論じている。だが論文の後半では、このような特異な「国民的興味」に裏打ちされた映画評論の状況に光明を見ている。まず、日本で続々と書かれ続けている映画批評や映画理論は（西洋の映画理論書には精通していないとしても）、広く日本における「映画現象」の重要な一端を担っており、そういった映画現象から派生する映画理論は、ある地域―特に西洋―にのみ排他的に帰属するものではない、と強調する。加えて日本におけるこのような映画「理論活動」は、「官立大学の講座」のような形で統制化されたものではない。いわば真の意味で国民による「理論活動」であり、ここに日本における映画理論が「民衆のあいだにおける若々しい欲求」として形成されつつあるのではないか、と示唆している。戦後の大熊は自己の戦争責任を反省しながら『国家悪　戦争責任はだれのものか』などの著作を残している。（角田）

【参考文献】大熊信行『文芸の日本的形態』三省堂一九三八。『国家悪　戦争責任はだれのものか』中央公論社一九五七。佐藤洋「大熊信行の映画論の生成『まるめら』の陽光のしたで」『季報唯物論研究』一二一号、二〇一二・一一。

⑥ 津村秀夫「文学と体験」

【出典】『映画と批評』小山書店、一九三九年、二五七―二六〇頁

津村秀夫（つむらひでお　一九〇七―八五）は東北帝国大学独文科出身。三一年東京朝日新聞に入社後、紙上にて『Q』の筆名で映画評を担当する。四一年には内閣情報局選定「国民映画」の審査員を務め、翌四二年には小林秀雄らとともに「近代の超克」座談会に参加した。戦後はグラフ誌『アサヒカメラ』の復刊にも編集長として携わった。

当論文は「映画批評家志願者への助言―知識と教養―」（津村の最初の単著『映画と批評』、二四四―二六〇頁）からの抜粋である。「文学と体験」はテキストの最後尾であり、収録に際して割愛されたのは「序章」、「風俗」、「宗教と歴

史」及び「言語と音楽」である。「序章」は論文のタイトルを受ける形で、「映画批評家は何を勉強すべきか」という命題の設定から始まり、映画を「掴む」上で重要な「試写室内」と「試写室外」での勉強において津村がここで強調するのは後者である。「風俗」では、日本映画ではなく外国映画が主に研究対象となっている現状をあげる一方で、その理解を可能にするのは、風土や伝統、社会的習慣などを含めた外国の「風俗」の研究とその体験であると言及する。しかしそのような体験は（特に当時の日本において）事実上不可能であり、その代替物となり得るのが外国文学であると示唆する。「宗教と歴史」では、そのような文学は個人や社会に即した「下からの歴史」であると続け、広く映画批評家が身につけるべき「歴史的知識」として、欧米社会の根底に根付くキリスト教の重要性をあげる。「言語と音楽」では、外国のトーキー（ここではトオキイ表記）映画を「聞き取る」能力について論じている。欧米の言語を、スラングや会話のニュアンスまで理解することは極めて困難であることは自明である。そのような中、トーキーの発展とともに豊かな発展を遂げているのが映画音楽であり、欧米の交響曲からアメリカの（通俗的な）ジャズ音楽まで批評家の「音楽的教養」の底上げを喚起している。このような経緯から収録論文「文学と体験」では、映画批評家に対し文学、社会感覚と生活体験の問題に立ち返る。（角田）

【参考文献】津村秀夫『映画と批評』小山書店一九三九。『映画政策論』中央公論社一九四三。『映画戦』朝日新聞社一九四四。

① 稲垣足穂――形式及内容としての活動写真

② 飯島正――映画と批評

③ 栗原章子――映画批評の現実性

④ 谷川徹三――映画の内容

⑤ 大熊信行――日本文化と映画評論家

⑥ 津村秀夫――文学と体験

稲垣足穂

形式及内容としての活動写真

将来のフィルムはタイトルばかりになってしまうだろう――ピーターパンの作者の言葉

友だちの手をふったり、ボートのなかで唄を歌ったりすることは、むろん私たちのきらいであってはならぬことだろう。けれども、そのような人であったら、ここに或る夜のふとしたとき、巷《ちまた》の反射を受けてとおい街角をまがってゆくボギー電車や、或るまひるの瞬間、アスファルトの上をあるく人のパラソルとすそ模様と、そこに差す日光とによって織り出されているアラベスクについても気付いているはずなのだ。この二つの種類は、元々私たちの心のなかにあるエレメントである代数性と幾何性、その二つの然《しか》らしめる感じ方の領野であるというのが私の考えであるが、これはすこし勝手なようにもあり、うなずいてもらうためには、少しの時間が必要である。それでここには代数性というのは何人にも（ときには蛇のようなものにさえ）うなずかれやすいものであり、従ってまたなかなか重じられているものであるが、幾何性というのは、自然界をとおしてただ吾々のみがかんじているもの、従ってそこに見出される面白味も特種なものであるだけ注意をはらう人が案外に少ない、けれどもこの幾何性というのは、ともすると眠られがちな私たちの代数性（というのは、それに安《やすん》じることによってそのもののために殻をめぐらされてしまうという意味）云いかえて事物そのものについての智識を適宜にみちびいて、私たちを今日の位置にまで立たせた関係についての智識にかかわったものである。即ち、自動車も飛行機も無線電信も、じつはこの幾何性なるもののもたらす魅力によって生れたのだと云ってもいい。――これだけのことを云わせてもらうに止める。既にこんな考え方をしているなら、ここに云おうとする活動写真、ついでに云いたいが、私は映画という言葉を好まない者である。私たち実用生活の符牒としての言葉にはもう少しの確実性が期待されてもいいはずなのに、映画などと云うと少しもうごくものだというかんじがしないのみか、モダンガールなどいうたぐいと同様その暫定《ざんてい》的なこと、デパートメントストアの均一の帽子以上には受けとれぬ者である。そこで活動写真という字を使うが、この二十世紀における発明が、歯車とセルロイドのリボンから成立している機械であるならば、そこから放たれる電気光線によって白いスクリーンにえがき出されるのが現実にそむくまぼろしであるならば、それだけに、代数性が行われている画面というものより、幾何性のモデルと云っていいタイトルやトリックによる人工の場面に、よりふかい興味がつながれなければならぬと主張するのも、あながちおかしなことではないだろうと思う。云うまでもなく、活動写真というものの形式は科学におかれたものであるからして、それを愛好すればするだけ、特権たるべきものの面白味を求めなければならぬと考えられるし、また実際私自身のかんじにおいてもそれを求めていることがわかるからだ。

全く活動写真というものは組合せをもってできている。組合せでなければどんな部分も成り立つものではない。今さらでもないことかしれないが、ここに走っている自動車を見る私たちは、ただ走っている自動車それみずからを純一に知覚するだけであり、さらにそれを或る人につたえるべく、何らかの言葉なり身ぶりなりを使うだけであるけれども、もしも活動写真がそのようなことをやろうと思えば、手続きはさらにさらに面倒なものである。それは事物を記号的なものに翻訳する科学に足場をおいているからだ。活動写真は私たちにはただａからｂへよぎったものにすぎない自動車を、それ自身としてつかむことができない。aとbとの中間のc、cとaとの中間のd、さらにdとaとの中間のe……というようにオートモービルが順々に静止して行ったと仮定する。こうしてすこしずつ位置のちがっているたくさんな自動車の写真を、映写器の回転という抽象的な運動によって矢つぎ早にうつし、ちょうどその自動車がaからbへ走ったもののように私たちの眼をごまかせる。手数はかかるけれどもこんな方法によると、言葉や身ぶりを使う私たちが、もし自分の見たのと同じ心象を或る人にもうかばせ得ようかと心配するようなことは起らない。即ち、活動写真においては、自動車の運動を何人のまえにもうなずかせられる確実さにあらわすため、私たちの眼のまえにあらわれたような溌溂とした自動車それみずからをそのままとらえるということは犠牲にして、そんな本来は決していずこも切りはなされてはならぬ対象の具体的連続を、ただ都合のいい部分だけにカットしてしまう。そしてそれらの断片を或る一つの方則――この場合は歯車の廻転という抽象的な運動によって統率するのである。かくてカットにはじまる活動写真とは、組合せに終る活動写真ということになる。尤《もっと》もこれまでとて、私たちの表現にはそれに似たことが行われている。文学に文字を使い、ミュージックに楽符を用いるのもすでに一種のカットと組合せにちがいがなかったが、その方法をこの世紀に生れた活動写真という様式ほど純粋に使用したものはなかったのである。つまりそれは機械を使うということであるからして、かかる形式による芸術は、未だ全き機械ではなかった従来のものをはるかに超えた適用におしひろげられるべきはずである。まさしくおどろくべき適用がある。符号に分解した具象をさらに抽象的な歯車の廻転によって連続せしめようとするかかる試みは、ときに母なる自然界にさえ行われないことを易々として行う。見たまえ、もし私たちがハンドルのうごかし方をあべこべにするなら、aからbへ走る自動車は、忽《たちま》ちbからaへとあとずさりをし、モービル油のガスはその逆行と一しょに元の排気管へ吸いこまれてゆく。しかも何でこれが矛盾であろうか。もはやそれをもってもなお私たちの窮極の勝利の暗示として一そうに自然にさからって行かねばならぬ私たちの位置ではないのだろうか。

ところがここに一まつのくもりが私たちの眉をかすめることは、私たちがもってかかるものでなければならぬとする活動写真の現状に、甚《はなは》だ奇怪な現象がともなってきていることである。それが今日までの何物にも例を見出せなかったほどの急速さに世界をおしなびかせてきたのはまずよろこぶべきことながら、その実際を見つめるとき、私はその発展が、自動車や飛行機が適用されているような確実でもなければ、他の文学や音楽上に見かけられる純粋さでもない一種不快な混沌さにおけるものであるという一事を見のがすわけには行かない。これは今日の活動写真がいかなる人々の間にのみ、また自分のいかなる部分でのみよろこばれているかということをふり返ったなら、ただちにうなずかれることである。拍手、笑い、陶酔、おしなべて私たちのおどろくべき形式を裏切っているゼロにちかい内容に向ってなされているものではなかろうか。アビシニヤの街があらわれても、印度洋の波を戦艦がよぎっても私たちはただ所謂《いわゆる》学術映画的なものとしての面白味から見ている。エリザベス朝の宮殿に甲冑の武士とお姫さまがあらわれても、それは衣裳陳列会しか意味していない。かくしてストーリイはそれらバラバラなものをつなぎとめる役目にとどまり、私たちがもしも友人であったら……という好奇心だけで目にとめるいい男やうつくしい女は幇間《ほうかん》にすぎぬものであり、その監督と作者とは一カイの仕事師を出ない。活動写真自身とは別物である伴奏と固有のスピードによってわずかに支えられているそれら退屈にして愚劣なものの例は一つ一つ引くまでもない。もし私たちが聡明であると云うときには、それならぬ何一つはないと断言してもよいのである。まさしくゴールズワージの「現在の活動写真を見てのこされるところは苦痛ばかりである」。

私は考えるのに、これは形式としての活動写真があまりに科学的であるときに、内容としての活動写真がそれにしたがうべく、あまりに非科学的であった一点から起ってきたことだろうと思う。かつて現在のフィルムのつまらなさを説いていた人が、むかし赤い鶏のマークの仏国パテエや菊の花のゴーモン社の作品に見出された雅致をあげていたが、それはあながちすぎ去ったものをなつかしむ感情からきているものではなかろう。むしろその頃はすべてにおいて幼稚であっただけ、即ち少数の人がごく簡単な概念の下に働いていた時代であるからして、その形式と内容との間に、今日ほどのかけへだてがなかったせいによる所とするのが至当ではなかろうか。いずれにせよ、その後の活動写真は事業へ走らねばならなくなった。このような題目に心ある者はたずさわらず、たずさわったにしても心ある事はまずあとまわしとなるのは、似かよったいずれの例にもくり反《かえ》されている事実である。かくして今日の作品は、Adventurers というと面白いが、じつは眼のまえのことのみでうごくたくさんな山師たちによってこしらえられる。ここに何の純粋と統一が期待されようぞ。まさしく現在の活動写真なるものの内容は、私たちがもって支離滅裂とする一部の文学や音楽に見かけられるものよりさらに非科学的であり、必然性を失っている。——たとえば、さきにあげた自動車の運動であるが、その一場面におけるａからｂへの進行は歯車の速さによって適宜にカットされている。かかるカットは純粋な機械作用に俟《ま》ったものであるからして、少しもさしつかえないものであるが、ここに他の場面とその場面との接合ということになると、そこにもそれと同じというのがむりなら、そんな原理に対する私たちの最も直感的なものに訴えられたカッチングの技術がほどこされねばならぬはずである。それから、活動写真が時空の形式をとり入れたものであったら、その時間とは云うまでもなく歯車の廻転というようなところにまで抽象されているものである。それならば、それにふさわしいつれ合いであるべき空間も、即ちフィルムの内容をなしているものも、やはりそれだけの様式化された或物でなければならぬ。しかるに、今日のスクリーンに見かける一場面をつぐ一場面、この二場面につづく次の三場面の接合とは何であろう、ただ大向うに媚びる空疎な素材の整理も秩序もないつぎはぎ以上を出ないではないか。歯車の廻転によってくり出されてくるものは何であろう、最も概念的な絵画にまでも到達しない現象界むき出しの写真にすぎないものではないか。むろんこのような云い方は少しく極端であるが、そうかと云って、すでにどこからどこまでのカットぐらいは何人にもわかる風景の紹介や各地の出来事を知らせるたぐいとしてこの形式を満足せしめるところは私たちはすぎてきている。そうであるなら、私の云うようなことも考えられてこなければ、求めるものは成り立たないことになる。

私たちの求めるものをハッキリと云うのは不可能であろう。けれども、今日私たちが活動写真のなかに見つけ出す真に活動写真らしきもののひらめきを考えてみることによって、その方向が暗示されないとはかぎらない。すでにして機械に俟つ抽象、それならば風景も人物もその方にしたがうのが得策であろう。即ち、切紙細工の「カリフの鶴」である。すでにしてだまかし、それならばメルヘンの世界へ一足とびをするなら間ちがいはない、即ち、市井の軽業師も魔法のカーテンに乗ってバグダッドの城の上をめぐるなら、辛抱できぬものでもない。すでにしてのアーテフィシァル、それが強調されるだけ効果的である。即ち、テクニカラーの青い海底をもぐって海賊船に近づく人々のうれしさである。さらに、且《かつ》てのユニバーサル、ブルーバードの桃いろのなかに去来したものは、その淡い夢心地ゆえに、ちぐはぐな特作品よりスクリーンの世界にふさわしく、エジポロ〔Eddie Polo〕、パールホワイトのセンセーショナルドラマも終始一貫の荒唐無稽ならこそ、きょうの接吻族より高級であり、チャリー〔チャップリンのこと〕、ロイドに代表されるコミックは、元来笑いそのものが私たちのなかの機械的要素に基礎を置いたものであるから、またムービィランドの市民としてより有利な資格をもつ。しかも、そのチャリー、ロイド、キートンにしてなお涙の世界の受持が絶対にできぬとは云わせぬ種類と見たら、ここにマックセネットをこえてオートマチックビュウティの或る位置をこしらえあげたこと、これぞかかる形式に最もふさわしい内容とさえ感じられるラリイシーモン〔Larry Semon〕の独自性がもち出される。そう云えば、かかる私達の求めるところを暗示し、すでにその部分を示していたものとして『カリガリ博士のキャビネット』も忘れられてはならぬ。それら空間における機械運動のイリュージョンや、ブラックエンドホワイトのもたらすファンタシ〔ジ〕イは、おしてさらにさらに奇異な、この世紀のおどろきたるべきものの可能を私たちに確信させる。タバコを取る手、夜の雨、女の足……この世界ならざるいずこになし得られようと思わせる現実よりさらにあざやかな現実の把握は、きわめて瞬間的なものでありながら、私たちのなかに案外あなどりがたい印象をとどめており、それらの様式化に俟った字幕を全く不用としたものも、むろんそこに期待されねばならない。が、私は一方、はじめにも云ったように、ほんとうの活動写真の純粋というものをタイトルにおいてかんじさせられぬわけには行かないのである。その主題をうずめるもの、即ち画面には私たちの第一義的ないずこにも迫ろうとしないもの、私たちのなかにある最も軽卒なところにつけこもうとしているものをかんじるに反し、あのオーケストラにつれて明暗交錯してかわってゆく清麗な書体においては、すでにこんなものまでこしらえることができた人間の構成力、それは沈下しようとする自然とは逆行しているもの、だから宇宙間でただ私たちのみとしてよいもののほこりを覚えさせられる。ときに何世紀も進んでいると云えるもの、私たちの先頭に立って私たちを引きあげようとするものさえかんじることがある。ブルーバードにあらわれたアートタイトルの哀愁と軽快は、かかる私にいつもよび起されるものであるが、折々そういう片すみに行われるいたずらも面白い。〔ダグラス・〕フェアバンクス初期の“Reaching for the moon”というのだったとおぼえるが、そのタイトルの下のまっくらなところを反面をてらされた燕尾姿のダグラスが豆人形のようにあるいてきて、それとはさだかにわからぬ梯子《はしご》をのぼってちいさい月の方へ手をのばすのであった。私はもしかかるところから何物かがひらかれたら、はじめて芸術としての活動写真が確立するときでないかと考える。そう云えば、ロックリヤ中尉の“The sky way man”（航空百万哩）のなかに見つけたのも同じような感動を受けた一つとしておぼえている。それは欧洲大戦における負傷から頭脳に異状をもった飛行家を利用して悪事がたくまれるというすじのものであったが、そこのところを説明するサブタイトルの欄外に、ちいさく飛行家の顔があらわれている。そこへオモチャのような飛行機があらわれてその後脳のあたりまでくると、パッと梅の花のように爆発した砲弾のためにグラグラとゆれ、同時に飛行家の顔は苦悶をあらわしてキュッとしかめられるのであった。――“The Dark Angel”を見て、白バラ咲きみだれた朝再び逢えるかどうかわからぬ別れにまできた恋人たちに唄われるマデロンマーチがいいと思った人なら、あのマグネシヤ式光弾がとびちがう戦争の場面に、私たち二十世紀の人間のみもつことができる不思議なうつくしさをかんじてくれねばならぬはずである。そこはなくてもがなの場面であると云った批評家があったが、トリックだからバカバカしいと考えるなら、なぜ静止した画を矢つぎ早にうつす活動写真そのものにバカバカしさをおぼえないのか。きょうの私たちには、現実に行われているべきだけで十分なもののセンチメントにだけ酔うて、注ぐべきところに目をむけないのは、活動写真批評家として一昨日資格が失われていることでないか。こんな一例によってもわかるように、今日活動写真に対するさまざまな議論も研究も、私の見るところ、おしなべてはずれている座標軸にかさなった末葉瑣事《さじ》のみである。あの快よい歯車のリズムにつれて、この世ならぬまぼろしをシルバースクリーンにえがき出す私たちの幼馴染なら、私たちはこのようなところに行きづまらせたくはないものである。自他共に低下するばかりな「映画芸術」というような虚栄心はすみやかに破棄され、幇間的位置はためらいなくくつがえさるべきである。そこに私たちの活動写真のすべての凡庸愚劣からはなれた、本然の道に向っての進行が約束されよう。「キネマピュール」なる言葉も、かかる問題を意味するほかの何物でもないと私は解釈している。

飯島正

映画と批評

少くとも発生以後一定の段階にまで発達して、独自の境地を拓くに至った芸術は、外部からの批評に堪え得る。尤もその批評の方法にはその時代に従って異った特徴を有するであろうけれども。

映画は今この段階にあるものだ。そして、芸術批判の対象として僕たちの前に現れている。

それについて、映画批評の態度を便宜上四つに分けて見る。

Ⅰ――作品の世界観的批評。

Ⅱ――観客の鑑賞を助ける批評。

Ⅲ――製作者の技術に助けを与える批評。

Ⅳ――映画を機縁とする読物的批評。

現在行われている映画の批評は、おおむねⅡⅢⅣである。Ⅰに至っては殆んどないと云っていい。

作品の世界観的批評が殆んど行われていないと云う事実に就いては若干述べなければならない。

映画が現代社会の生産物であり、最も大衆に愛好せられる芸術である限り、映画の社会性は重大であって、一日もゆるがせにすることは出来ない。

それ故に、映画批評として第一に重要であるべきは、作品の世界観的批評であることは論をまたない。

映画の社会性――映画対現代生活に就いては、必ずしも世上に論がないわけではない。資本主義全盛の時代に、丁度開花の時を得た映画に対して、資本主義社会研究の最も旺盛な現代人の眼が向かない筈はない。

映画と民衆教化。

映画と帝国主義宣伝。

宣伝としての映画。

現代生活の偽らざる表現である映画。

等々……。

しかし、この映画の社会性に就いての論議は、映画の批評と云わんよりは映画の社会学と云った方が適切である。それは勿論、映画作品の世界観的批評は、必然的に、映画の社会学に触れるであろう。それが当然である。しかし現在の映画批評に於ける社会的批判は、往々にして映画作品の批評ではなくなるおそれがある。

即ち、映画そのものを度外視して、(尤もこれはかなり相対的の問題ではあるけれど、) 映画を通じて現われた資本主義社会に対する批判となる。ここでは、映画は、そういう資本主義社会の一つの機構としてのみしか登場しない。云うまでもなくこの場合に於ける映画の地位を論ずることは非常に重要なことには違いない。しかし、この場合の映画は、芸術品として論ぜられているのではない。芸術作品としての映画を除外しての批判である。

芸術作品製作の過程に於ける映画の世界観的批評は、自ら他にあるべきである。

しかし、こういう批評は現在ほとんど映画に関する限りに於いては、無いと云ってもいい。そして芸術作品としての映画を一足飛びに飛び越した、映画の社会学的批評はかなりあるのである。

これは何を意味するか。

それは、一言で云えば、一般的に云って現在の映画の世界観的無内容を意味するのである。

それは映画の対社会性、又現代性に関する論議の素材とはなり得る。

しかし、映画作品の世界観的批評の対象とはなり得ない。

映画の無内容は飽く迄も現代的である。現代生活の反映は忠実にここに印せられている。

映画が科学的産物として、又それに起因する経済的産物として、必然的に有している大衆性は、映画が頭初よりの要素である感覚的、無内容的素質と相俟って、現代生活の生きた反映として、今日の如き映画を現出せしめた。

しかし易きに就く大衆性にひたすら迎合し、又、いたずらに感覚的に走ったりして、映画の良き発展を阻止してはならぬ。

ただ困ったことには、ある意味に於いて、映画の発生及び発達は、典型的にそれ自身現代的であるのである。

ベエ・フォンダアヌは、映画の発生発達の原因を、二十世紀に於けるアンニュイに帰している。人々は世紀末的の情緒に支配されて、漠然たる不安なアンニュイの中に在る。これを救うものは、麻酔薬より外にはない。そして、わずかの麻痺状態にあって得た夢をたのしむのである。

白昼の夢は即ち映画である。

併し、毒薬はある場合には良薬となる。

すなわち映画を飽く迄も良薬として用いなければならない。

(映画の無内容は、又、スポオツに接する。スポオツに於ける選手の愚かなる英雄主義を棄てよ。群集のスポオツたれ、正しき意味に於ける。

映画も亦然り。)

現在の映画が多く無内容であることは前述した。そして映画が本質的に無内容的傾向に陥り易い事情も明らかとなった。しかも、現代社会がそれを奨励しているのである。

この滔々たる流れにさからって、映画をして、真実の民衆の映画たらしめるには如何にすれば良いか。

これが当面の問題である。

そしてその問題の解決の鍵は、映画の技術が握っている。又その映画技術をうけいれる感受性の教育が握っている。

そのためには――

映画批評のⅡ、Ⅲ、即ち、観客の鑑賞を助ける批評、及び製作者の技術に助けを与える批評の必要が起って来る。

事実、僕たちは、映画作品に接する度毎に何かしら新らしい映画の可能性を発見しないことはない。

ここに思想的に優れた映画の素材があるとする。そしてその実現は今のところ不可能である。(ここでは検閲制度には触れないことにして置く。)この場合、それはその思想に置き換うべき視覚的表現がないからであった。

しかし、映画の技術は日一日と進歩する。今までに視覚的には表現されなかった思想的内容が、今までとは反対に、映画の感覚的表現によって倍加された力を持って、映写幕から迸り出ることがあるであろう。

現在の映画能力の状態では、何よりも先ず技術を完成しなければならぬ。外の芸術とは著しくこの場合選を異にする。技術が内容を征服してゆくのだ。

極言すれば、現在の映画の映画的無内容の一大原因は、映画の技術の不完全でさえもあるのである。且《かつ》映画の感覚性の故でもある。

今より約一昔半前に、グリフィスはクローズ・アップとカット・バックを創始した。

又、アベル・ガンスは千九百二十一年に映画のリズミックな表現を大成した。

エイゼンシュテイン、プドフキン等は、この映画技術を以てして、観念を征服した。

プドフキンはその著『映画監督と映画脚本』の巻頭で云っている。

「映画芸術の基礎となるものは、モンタアジュである。この合言葉のもとに、若きソヴィエトの映画は進軍した。……」（モンタアジュという言葉を簡単に日本語に訳すことは不可能であるが、仮りに僕は、映画の場合は、「編輯」と訳して置いていいと思う。詳しく云うならば、映画のコンティニュイティに現われた、撮影された場面を、時間的にリズミックに配列する技術を云うのである。）

この事実を何と見るか。明らかに技術が映画の内容を開拓して来たのである。

技術を発展せしむることは、表現手段の倍加であり、観念の獲得である。

如何にも現在の映画は無内容で意義がない。如何にも現在の映画界は低劣で映画を映画的内容的芸術的に駆使する人材が少い。

これは事実である。

しかし技術の発達はこの間にも成就し得るのである。よき技術者の養成は如何なる時にも必要である。

（そして僕は現在の映画に於けるよき技術者が、最近思想的内容に向ってゆく、喜ばしい現象を認めるものである。例えばフォン・シュテルンベルヒ〔スタンバーグ〕の『レナ・スミスの場合』（『女の一生』と改題された）の如きである。即ち、第二段の批評への道がここに開かれるであろう。）

現在、映画界に活躍している人間が多く低劣であると云っても、それはこういう映画界を作り上げた社会に罪がある。映画を低劣視した社会がいけないのだ。

しかし、この事実は、甚だパラドックスめくが、一面に於いて映画の大衆性と合致しつつ、必然の役割を演じている。

それは、彼等が現在の大衆の要求する映画を製作するのに至ってふさわしい人間であるということである。（その利用価値は予想外に大である。）

比較的無智な大衆に比較的無智な映画人の作る映画が歓迎されるのは当然である。――しかも映画の現代性！映画が大衆に歓迎されるに当って、その歓迎のされ方は、恐らく種々雑多に異っているであろう。しかし、とも角、自分の国の政党の名前は知らなくても米国の映画会社の名前は知っているという歓迎振りであるから、一般大衆と映画との親しみ方というものは、想像以上に深いものであるだろう。

一方、映画は若干の真実のシネアストに依って、自分自身の技術を発見して行く。それは小説的でも、詩的でも、演劇的でもないものであるだろう。

それを今度はマイナァ・シネアスト達が、模倣のあらん限りを尽して、自分達の小説的な、或は詩的な、或は演劇的な映画に、それらの新らしい映画的技術を濫用するであろう。

自分の好む所にめいめい従って、しかも、同じような映画を見に行く観衆は、それらの映画に撒き散らされた映画の新技術に、始めは驚きの目をみはり、反撥の気勢さえもあげるであろうが、次第次第にその技術の意図するところを知るに至るに違いない。

即ち、かくして観衆は映画の教育を施されて行く。

観衆の映画教育は大切である。映画の真の発展を望む上にも、観衆の己れの娯楽のためにも、民衆化の意味に於いても。

今日に於いては、まだまだ観衆の映画教育はよく行きわたったということは出来ない。未だにジョン・バリモアというと大入りになり、『ファウスト』というと人の来る有様であるのだ。

音楽的のリズム、即ち耳に依って感得するリズムは、僕たちの生れながらにして感ずるところのものである。然るにここに映画に依って、又色彩音楽に依って、表された視覚的な時間的リズムは、今俄に完全に感得（というよりも創造）することは困難かも知れない。

しかし、その映画の視覚的リズムを感受することが出来なければ、映画の真の鑑賞は不可能である。次いで映画による群集的共感のリズムに己れを合せることも出来ないであろう。

映画の教育は目下の急務である。

レオン・ムウシナックは、その著『ソヴィエトの映画』に於いて、ロシヤに於ける農民の映画教育の実際を述べている。

即ち、農民には、映画のディナミスムを理解させるために、段階的にテンポを高めてゆく種々の映画をよき順序に観覧せしむることが必要なのである。

映画教育は一般観客にも亦必要である。それには多くの映画を見せる一方、その鑑賞の力点を指示し、助長する批評が存在しなければならぬ。

又、映画の内容の征服には、映画技術の完成が必要である。それには、製作者の技術を更新するために、親切な批評が存在しなければならぬ。

この二つの批評は現在の映画にとっては最も肝腎なものである。
Ⅳの批評は、かくして、自らその地位を知るであろう。

栗原章子

映画批評の現実性

何処かへ避難して空家みたいになっていた凡ての文化領域も、反動期に処する法を習得して来たインテリゲンチャによってぼつぼつ生活の煙が立ちはじめた。

映画批評界も然り、とは今大声ではいえないにしても、この賀すべき気運は皆無ではないのである。本誌発刊についての挨拶に今日の批評界には、「サロン的饒舌」「理論的ガラクタの傍若無人な横行あるのみです」とアッサリ片付けてあるのは文章の体裁上そうなったものでもあろうか、こういう機械的な断定は、かつて批評界が反動の波の圧迫と、その未熟な公式性の故に、客観的な批評精神そのものまでが嘲笑され、自らも卑下して雲隠れし、主観的なあまりに主観的な感想の花片の散乱ばかりがあった時期に主唱された北川冬彦氏の「批評の主観化」程超現実的な幽霊相手の話ではないにしても、今日にはそのまま妥当するものではない。歴史の浅い映画批評界ではこの漠然とした気運も粗末にされてはならないのである。

今日の情勢下で、映画文化の一隅に、我らまた何をなすべきか？　何をなし得るか？　積極的具体的な理論や問題は、今後本誌その他で呈出し検討されてゆくことだろう。私はここではただ、今日の映画批評、評論界、又昨日の批評家個々人のうちにも漠然とではあるが、過去又は現在の自己の批評態度に嫌悪と赤面を感じ、明日の批判精神への憧憬があること、文化的任務を遂行せんとの欲求がきざしつつあること、等を前提として、今日までの批評が、現実の批評の任務から浮上っている事実、その浮上りにもかかわらず現実に消極的に果している役目の本質、又明日の新しい批評の前に横わっている批評家の矛盾、そのよって来たるところ、等をヨタヨタと分析し、あとづけるに過ぎないのである。

1

一体、映画批評は今日如何あるべきか。所謂批評が、批評の資格を棄権して、作品にそのリアリティを問いながら自らは浮上った存在である現象を一瞥する前に、煩サながら映画批評の特質、少くとも今日において他の諸芸術における場合よりは強調されねばならぬ性質をもっている点を寄り道して再認識しておきたい。そして芸術批評は、その対象となる芸術そのものの性質から規定される故に亦、自明な映画の性質が糺明しておかれねばならない。

映画はいかにあるべきか、について「大衆性と芸術性は矛盾しない」とか「よい映画は大衆に支持されもうかるべきもの」であるとか、漠然と一部批評家達にいわれていた漠然とした純文学的な芸術性への不満は、最近長谷川如是閑も「大衆感覚の芸術化」（帝大新聞）「芸術に反逆する映画」（文芸春秋）において、映画が純文芸を憧憬するのは、丁度元禄時代に町人芸術歌舞伎が、前時代の上層芸術「能」たらんとするようなもので、それは普選時代に「特権政治」に立脚し、新時代を忌避せんとするものである、に至って行届いた表現をもった。

過去の純文学に見られる芸術性を「特権政治の原理」に立つと規定し、新しい時代の大衆芸術、映画は新しい大衆の感覚を発見し、その芸術化をはかれ、との長谷川氏の主張は傾聴すべく、青白き文学心酔者の大いに恥じ、反省しなければならぬものがある。然しそれが掘り下げられて岡邦雄氏の「生活現実の表現として最も強く且《か》つ深く、大衆に生活の現実を把握せしめる」（『セルパン』三月号）ことと接触してくると（そうしてこれは娯楽性と手をとって接触してくるのである）それによって企業も成立するにせよ、「特権政治」側にある企業家にとっては、それは角をためて牛を殺すような自滅を肯定することにも通じており、むしろ「春琴抄」のような純文芸品の映画化に賭博をしてみる方が安全率が多い、というのが、企業映画の現実におかれている姿なのである。今日統制問題論争の渦中に映画が入らなかったのも、映画そのものが本来統制精神側にあるもので、今さらことあたらしくいうべきでないことを証明しているといってもいいのである。

ここから映画が、大衆の卑俗性に迎合することによって実はその要求に対立するものであるという一般映画の第一の特質が導き出されて来る。そして今日の社会情勢はこの点を一層強調せねばならぬ状態にあることは周知のとおりである。

ここからこそ、見逃せない映画批評の特質、即ち批評は文化の方向に向って作品と手をとってその完成にあたるのではなく、批評は作品に反抗してその作品の否定から出発し、それは間接にその映画をあらしめた社会の批判ともなる、という特殊な形態をとってくるのである。まことに「作品の悪傾向を否定することが、それを生み出す歴史の否定にまで通じる場合においてのみ、それは作品を通じて、同時にこの社会の非現実を指摘するのであり、かくて批評は作品の自己反省と共に、社会の自己反省となる」（今村太平氏「映画集団」）ものなのである。

この点、自由主義の温床に育って来た文学が如何に言論不自由や、出版資本の制約があるにしても、作品は歴史の進行に逆行するなどのことは異例で、批評は常に作品の肯定すべき面をおぎない歴史の同一方向に向って作品の協同作者となる位置にある。これが亦、時には批評をして「作家の片手間」でこと足る、と軽視されたり、作者から批評無用論が投げられたりするおそれさえある。

が、映画批評は前述の映画の特性、批評の特質から、批評と作者との関係は第二次的で、それは読者に対してより侵されない啓蒙的役割を負うものとなってくる。だから肯定すべき作品ではないからと批評を捨てて大衆の誤った鑑賞のままに放置するはすでに映画批評ではなく、又文学をするに才能が三文ばかり不足故に映画文筆に越して来たという人を今だに見かけるが、そういう人に適任の地でないことも無論である。

ここで作品批判は社会批判に通ずる、ということから、映画批評は文化批評か、芸術批評かという問題の混乱も起ってくるわけだが、社会批判に通ずるといって批評はただ作品の外から、作品以前のところから、又はストーリー批評に止まるのではなく、飯島正氏「映画の原始性」（『スタア』二月号）で「技術は末梢的な感覚的なものでなく、人間が生得に持っている物の感じ方考え方から来ている」ことを、「正反合の思考方法が原始的な人間から起り、そこに映画の動きがある」ことから氏は氏の「技術の優位」に根拠を与えるために発見して来ていられるが、それこそは転じて我々の感覚や思考内容が我々の生活や社会体制の反影であり、否定さるべき生活や社会の面は亦、否定さるべき技術形式を通じて表現されているものであることを証明するものである。である以上、それは単なる文化批評に止まるものでないことはいわずもである。

これは判り切った映画批評のイロハである。このイロハが認識された上で、もろもろの部門にわたる内田岐三雄氏の所謂「実際知識」も「実際的」に活用され批評は始めて社会の中に根を下すことが出来るのである。この基本的なものを置忘れて出発した映画批評は現実には一体何をしていることになるだろう。

2

映画批評のあるべき今日の性質を以上のように見る時、今日まで主流をなして来た所謂「技術のための技術」批評は何処に位置するものであろうか。それは今日批評としての権威を失いつつあり、一般大衆からも専門家の特殊趣味と目されてはいるが、菊盛英夫氏によると、映画批評家として登録商標をうるには一度はキネマ旬報の門を叩く（近代映画）のだそうであり、その叩き方（？）を見ると新人たるもの依然この境地にあり、又前に引用したように、弁証法の形式的理解によって「技術の優位」を基礎づけようとの批評家の思考の労費《ママ》さえある。何故にこの批評は今日では批評前線から葬られねばならないのであるか、（その理由は前に言った批評の任務から当然導き出されてくるわけだが、）今改めてはっきりと、その成立根拠、その本質は糾明しておくべきだろう。

この批評の発生は、第一に現在の映画を古い文学における純文学と大衆文学との関係において見、映画の反純文学性を卑下し、随って批評も従来の文学批評におけると同様に、作品肯定から出発せんとしてとりつく島もない作品に、なお批評の意義を強制せんとして他芸術には見出し難い表現技術の蔭に自己の存在意義を結びつけたところになったものであることは、一般にも言われていることである。

全く表現技術の目新しさは人々の目を奪うに十分であり内容を問うイトマない程に、それは種々の問題を提議して来て人々をしてそれだけで満腹させるし、サイレントからトーキー、トーキーから色彩へと、常に未来を孕んだ状態は、現在を技術的に未完成な一段階と見做し、技術の討議だけに眩暈を起していることが合理づけられる恐れも十分にあるのである。

が、表現技術の特異性も、それ以前に生活様式の特異性や、感覚の近代性があり、それが問われなくしてここに旧文学的な感覚の上に接木された技術批評は技術のための技術批評として遊離してしまったのである。

これは言いかえれば批評家達が一様に、大衆芸術、新興芸術などと口にしながら、実はその母体である新しい世代、新しい大衆の意義を考えて見る余裕ももたず、新しい感覚、新しい生活意識など根づくすべもないアカデミックな教養の、又は封建的な娯楽趣味の延長線上、「特権意識」の上に立つ文学至上主義者だった所以である。「内容はともかくとして」という添語をもって多くの作品はその技術の故に賞讃され、愛された。が、映画を愛するように見えたのは、実は映画に純文学という旧友の幻想を見ていたに過ぎない。ここから内容への関心は回顧的な心境、心理描写作品の過褒となって現われる。社会批判に通ずる作品批判などとは、ここでは映画批評の邪道とさえなる。

そうしてこれらは又形式「主義」的批評と、何らかの人生観なり、社会観を徹底して究極に達した思想をもつ「主義」に立脚するように思われるが、この点文学上のそれと異り、単に技術のための技術談に止まり、その意味で「文学以前」であり、又何らかの「党派性」を持つかのように言われてもいるが（菊盛氏前出誌「キネマ旬報の党派性」）党派とは判然とした論理に立つものである以上、これは「党派以前」でもあろう。

その豊剰な映画語は尊重すべし。が、語学者は語学者ではあってもそれは直ちに芸術家批評家とはいえぬのである。語学が過重評価されるのは、明治維新時に語学さえ出来ればそれは文化の創設者、文明批評家のように早合点されたのに似ている。

こう見てくると、これは「昨日」のにせよ本質は「批評」と呼ばるべきでなく、「批評以前」であり、その紹介とは選択を経るものである以上、これらは現実には紹介とも呼ばれないのではないか。

そこで、これがこの「映画批評以前」という消極的な存在に止まるならばよい。が、この批評家の形式的技術的訓練の終止は、積極的意義を主張すべき作品に接しても何らなすところがないばかりでなく、製作者側に乗ぜられては「大衆のためには卑俗な娯楽を、批評家インテリのためにはその蔭に珍しい技巧が膳立ててある」というような意味の言葉（『キネマ旬報』、城戸四郎座談会）で自己の製作態度を合理化させ、それに対し批評家に返す言葉がない、というような状態が現出し（同上）批評は作者や大衆の観賞に当っての指導的位置を占むるなどとは思いもよらぬ、製作者の後に膝を屈して従うという、転倒した位置はそのままで、大衆芸術の進歩を阻むという特権擁護の反動的役割を果していることになっているのである。頭の中の「自由な遊戯」に止まっていないこの現実の様こそは恐怖されねばならない。

では内容裁断の鋭いメスを持ちさえすればよいのか。ここに前者を一応止揚して見える内容批評が問題となってくる。

同じく技巧を第一位に置きながら、それにプラスするに「作品を社会の風に当てて批評せよ」の主張の下に、作品の内容に厳しい裁断のメスがふるわれ、その現実性が容赦なく糺弾されるのに東朝〔『東京朝日新聞』〕Q氏の批評が代表的なものとして市場に流布している。

――ルネ・クレールの『億万長者』？「社会に対する認識のリアリティ不足」、「クレール作品の最下位にあるもの」。『商船テナシティ』とや？「原作の詩をおかしていて不可」。五所平之助『左うちわ』、これは「現代人の生活に即した世界を見せた故に第一級の作品である」等々。前者の批評が無思想、無内容であるに反し、ここでは「社会に対する認識のリアリティ」が詰問され、「詩をおかした」ことが糺弾され、「小市民生活に即した世界」が云々され、巍然《ぎぜん》とした批評精神に貫ぬかれているかのように、読者は一見襟を正しそうにさえなるのである。

が、ここでいわれている現実とは何であるか、社会認識のリアリティをいう、その社会とは？　さらに芸術と我々の現実社会との交渉は如何見做されているだろうか。

ある時は春風、ある時は嵐を伴う我々の現実社会である。芸術の交渉するのはこの生きた社会である。世界の良心が反動のアラシに打ちひしがれていたあの時期に、柔軟性をもった批判、「諷刺」映画によって時の悪に挑戦した『億万長者』はどんな意義をもたらしたか。私達がその時期を身にしめて生活していたならば、その社会観察や表現に稚拙をまぬがれぬにせよ、その現実の状勢における社会的芸術的意義は社会の前面に持ち出し、大衆に十分報告する筈であった。映画批評の特殊性はここでは解消されて、批評は作品の目的に向って合作される筈であった。芸術家の最も尊重さるべき現実の批判にふれたことは、クレールの一大飛躍、彼の他作品の及ぶところではないのである。

かつての「詩」は、かつての人間生活をうるおした功績の故に、今日大理石の墓碑に飾られてはいても、現実の人間社会に生存権をもっているとはいわれない。『テナシチー』への糺弾は他の部分に向けらるべきだった。『左うちわ』に見る「現代人」の生活は、すでに過去となったが故に、人みなの暗記する「書物に書かれた」現代生活の複写ではないか。

これら作品の肯定、否定を通じて見るQ氏批評の基準をなす社会は、生活は、詩は、おしいかなすべて相反の現象に止揚されてはピチピチと生きた展開を見せている現実のものではない。氏の批判精神の根源には、生きた社会の代りに固定した「博識に組み立てられた」社会がある。

そうしてこのことは又、新しい現代の感覚を見ようとはしない、旧い芸術性への崇敬を語っている。その鋭い内容裁断はますます技術との遊離を招来し、ここから社会の否定すべき面に通ずる否定さるべき作品も、技術的な成功いかんによって肯定される。この現象を追跡してみると、さきに内容裁断と見えたのも、技術批評の昇華したものとなってくる。かくてこの基礎に君臨するのは依然映画の批判精神の代りに骨董品化した旧文学のそれへの憧憬なのである。

これは現実と遊離した生活にあり、しかも強い自我の故に、外界の動きに謙虚に向うことが出来ない教養豊なインテリゲンチャが、その自我に、教養に、先人観念に食われてこの社会現実を博識で組みたてて生きた現実を殺してゆく姿ではないだろうか。Q氏はただ一例である。――重要なことは他の文化領域では極めて厳かに進歩的をもって任ずるインテリゲンチャが、映画においてはこの表面的な厳正さをもってなお余れりとする程に、無批判的に追随し、現実の殺リクの協力者となっていることである。――

これら現実的な意義を問う批評の非現実性は前者の形骸に止まっていないだけに、その影響は積極的であり、看過出来ぬものがある。

インテリ一般の、映画において告白される皮肉な封建性を、一応は破って批評に当り、覚悟された「作品を社会の風に当ててする」は推賞すべきことではある。が、それ以前に、批評家自身社会の風に当ることが映画批評界緊急のことだったのではないか。そして社会の風に当るにはインテリ一般に通じている固定した先入観念を分析批判して謙虚な態度になる必要があったのである。

3

ここで追求されねばならぬのは、批評家のこの社会の風に当らんとの欲求にもかかわらず、それと反撥し、それを阻み、又はその効果を稀薄にしているもののことである。その先入観念が問題となってくる。

Q氏のみならず批評家達は「社会の風に当る」ことを拒否しているのではない。前述の批評家達のある「晴れた日」に、又は新人の「混沌」の中に、真面目に社会の風にふれ、自己の責任を果そうとの希いもないことはない。

それらに共通の特長は、映画を映画として理解し、純文芸への卑下から解放し、批評に関してはかつては野暮とされていた「文化的使命」を果すために、「批評のリアリティ」がいわれはじめたことである。

然し、そこに引づられている影は、その尊敬すべき意図を裏切る共通のものがある。その批評に限界をあたえているものがある。批評家のよき素質が、この限界で労費《ママ》されることは惜しまれねばならない。

暗中模索の控目なその主張は、一々ここに具体例をあげる煩をはぶいてその矛盾の一、二から共通した固疾を拾って見る——

映画は純文学への憧憬から解放された、という。ならば独自の形式と共に新しい精神、即ち解放された人間観、社会観が伴う筈であった。だが論者はまた言うのである、「映画の目標が集団の性質にだけ限られねばならないといっても、それは主として形式に関する問題で、そういう形式の上で個人の人間性に主題のおかれ得ることは勿論可能である」（沢村勉氏）と。「集団の性格」を「形式に関する問題」のみとここに断定がしてあるというのではないが、「集団の性格」の割り切れない理解の蔭に旧文学主義の本質である社会と人間を遊離し、集団、社会よりも個性、人間性への憧憬、尊重がのぞいていないだろうか。こうして旧文学から映画が解放されたのはその精神ではない事になるのである。

批評に「思想」を求めるが故に、「思想的感傷」が排され、「批評のリアリティ」が、批評が「文化的役割」を果すために主張される。（最近『映画集団』及び『映画評論』に現れた辻久一氏。評論誌の反省的批評家）。同時に氏はまた言う「人間はすべて社会の表面を流れる一つの泡沫であろう。彼らは事実無意識に、自己の生を楽しんでいる。彼らの世界で彼らの葛藤が割り切れた人生図はそれなりに一の現実である。彼らの悲劇が一々彼らの社会的階級にまで還元されねば解決がつかぬという見方は一の見方だろう」（『映画集団』第四輯）。「彼らの世界で彼らの葛藤が割り切れた人生図はそれなりに一つの現実」と見る、ここに「リアリティ」ならぬ現象的な「事実への感傷」がないだろうか。「階級社会にまで環元するのは」「一つの見方」と断定する、ここに客観的な「思想」への嫌悪、世界観を人生観と並列させ、前者を主観的な人生観の皮相なものと見做す危険区域にあることを証明していないだろうか。こうして批評は果して文化的役割を果すことが出来るだろうか。――

等々、矛盾の根源に一貫しているのは社会と人間の機械的な遊離、個人、人間性への憧憬、客観的な世界観よりも、主観的個人的な人生観の尊重等である。これは芸術とは複雑な個性描写である、というところから割り切れるものも割り切らず、煙幕を通して見て来た人生、社会凝視の不徹底の遺産である。そしてこれらは今日の思想段階で所謂「自由主義」の内包するものである。

こういう人生、社会凝視の不徹底から生れた「自由主義」による批評は、個別的な個性描写の作品の場合には、前節のQ氏の作品批評の様に、一寸その真偽、徹底不徹底を見分けにくい場合もあるが、それが社会や集団の批評に直接移った時に破碇は限界は明瞭に示されるのである。例えば北載河氏の「アメリカ映画の賭博性」（『セルパン』二月号）におけるように、「アメリカ映画の競馬レース化を喘う前に」「アメリカ都会人の性生活のスポーツ化と生活の狂燥性や無想性を考えて見ねばならない。」といって、その反省は「現代人がいかに詩や思想を喪失し、刹那に生き、如何に賭する心を愛しているかを」という現象の認知にとどまり、批評に達しない、その現象の根源をつくことが出来ない、という限界性が証明されるのである。

昔映画の向上を希う批評家の言葉に「右するも左するも映画を愛する心は一つ」というのがあった。この愛情は今は「右でもない、左でもない」という場所に移転しておりこの立場こそは何時でも大変融通が利き、ここにこそ映画は危険なく育つように見えるかも知れないし、又その辺が文化人一般の今日この現実に実践出来る限界ではあるし、殊に私達現実から浮上ったインテリ小市民はゴーリキーのいうように「智《ママ》的源泉は未来に引つけしようとも、それに倍加する力をもって「情的源泉に過去へ引かれ」て中ぶらりんの本性を多分に持って居る。かたがたこの自由主義の境地こそは最も現実的であるかのように思われている。そして絶えず自分自身に説得する、「自由であれ」と。

この説得が奏功して人々は益々中途年端な自由の幻想のうちに、現実には人生社会の凝視の不徹底を、徹底した思考の習慣にしてしまう。そしてこの習慣は衣食住は保証することはあっても、現実の批判に立つ芸術を芸術し、さらに批判するなどとは縁遠いものとさせるのである。その批評の柔軟性ある視界の広さを保証するかに見えて実は智性の活動に限界を与え、公式排斥を唱えながら、実は透徹しない先入観念の断片という公式以前の公式に追随させられているのである。即ちインテリゲンチャがそのインテリ性を生かすことが不可能にされているのである。

今日、インテリゲンチャがその特性を最も発揮さすべき時、批評家のよき意図を生かすには、その社会を見る眼に煙幕の障害となっているこの自由らしいもろもろの先入観というより偏見、自由という不自由な偏見こそ先ず解剖さるべき第一のものだろう。

専門家化してしまった一般文化人の映画に対する無理解は、映画批評、評論の重要性をかえりみるイトマもなく、それを文化の線に同伴させることを忘れてしまい、映画批評、及び映画批評家の進歩的要素の点検などは考えても見ない。映画批評界はこれをよいことに現状に甘え安んじていた。今後は冷厳な批評界内部の自己分析によって、社会の中の正当な位置に自己の役目を果すべきと思う。

製作者に手を引かれたり、映画配給業者からさえ宣伝のワナにかかるオメデタサを喜こばれるにあらで、見兼ねて「追放の要求」(『映画評論』二月号)うける状態を完全に過去のものとし、今日「映画界の向上と親睦」のために、

「日本映画監督協会」「作家協会」等の設立さえある日、批評界として何らかの注文、指標をも呈出し、映画芸術の建設的な方面に協力の手をのばすためにも、批評界自体のこの反省は希わしく必要なことだろう。

谷川徹三

映画の内容

映画はそれ自身の中に文芸の諸ジャンルに対応するものを分化させようとしている。すでにはっきりした形態をもっているものもあれば、ぼんやりその方向だけを示しているものもあるが、この傾向はこれからもなお押し進められるであろう。それらのものを一律に見ることはできない。叙事詩とロマンと劇とは全くその本質が異るからである。例えば、これはきのう見て来たものについて言うのであるが『風雲児アドヴァース』〔アメリカ映画 Anthony Adverse〕と『ひかげの花』〔アメリカ映画「日かげの花」The Girl from 10 th Avenue〕とは全くジャンルの異った作品である。前者を叙事詩的伝奇小説とすれば、後者は近代の劇である。この相異は単にそれぞれの拠った原作がそうであったからではない。映画としてのそれぞれの性質がそうなのである。だから『風雲児アドヴァース』に内面的心理描写の不足や不自然を難ずるのはまちがっているであろう。そういうものはこの作品では無視していいのである。むしろ私は多少ともそういうものに気をかねて最初の快速な調子を破っているのをこの作品の欠点としたいのである。もっとくだくだしい場面をはぶいて、太い線を一貫した方が作品としてはまとまったものになったろうと思う。『ひかげの花』はあるところではあまりに舞台的である。しかし言葉によって無声時代とは比較にならないほど観念の奥行をもつことができるようになった現在では、こういう場面転換の比較的少い一種の心理映画も十分認めてよい。映画による心理描写はまだまだ知れたもので、近代の心理小説を知っているものからすれば、それは他愛ないくらいである。しかし、やはりそこに映画の一領域があることは事実で、それはなお幾多の可能性を孕んでいる。

近頃アメリカで舞台劇に甚だ近い手法で舞台劇を映画化したものの出るのが私の眼についている。『ひかげの花』と同じベット・デーヴィスの『化石の森』なども、その顕著な一例である。これはどういう徴候であろう。先日もマックスウェル・アンダーソンの『ウインターセット』を、舞台劇と同じ顔ぶれでバージェス・メレディスのミオ、マーゴのミリアムネ、エドワルド・チャネルリのトロックで映画化したものを見た。

近頃のこういう作品では大抵の場合、役者のうまさに、いわばごまかされていると思う。しかし、こういうものを映画の本道でないと思いながら、こういう領域も映画にあってよいではないかとすぐ思い返す。というのがさっき言ったように映画に於いても諸ジャンルの分化を私は認めているからである。

ただひとつ私の気にくわないのは、多くの場合、映画となると多少とも筋を甘くしている点である。『ウインターセット』でも、原作を知っている人にきくと、ほんとうはミオもミリアムネも死ぬのだそうである。父親の死の真実を知るためばかりにミオは生きて来た。ミリアムネの愛によってその気持がかわって来た。ところがいざという時にミリアムネはその兄をかばうために嘘をつく。この大きな傷手が映画では一向利かせてない。原作ではその思いがけぬ恋人の裏切りにミオは一切の事を信じえなくなって、みんなの留めるのもきかずに外へ出る。案の定待ち設けていたトロックのために撃たれて死ぬ。ミリアムネもミオに折り重なって死ぬ。映画の全体の陰暗な調子は、こういう悲劇的な結果にこそふさわしいので、あんな風に最後が懲悪的なハピイ・エンディングになるのでは、あの映画全体の陰暗な調子はふさわしくない。

映画はこういう人生の真実に耐え得られないであろうか。そんなことはない。映画は企業だから、映画は元来大衆的なものだから、というのが従来こういう場合にそれを許す口実になって来ている。然しもうこういう口実とはいいかげん縁を切ってもよいだろうと思う。という意味は、映画のジャンルのそれぞれの向う方向をはっきり認識すると共に、通俗映画と芸術映画との区別を、もっとはっきりさせるのである。そして芸術を目指す映画に対しては、その内容についてもきびしく検討するのである。

映画は芸術の問題としては、今まで主としてその形式や手法を問題にされて来た。これは若い芸術としてそれでよかったのである。今後もなおこの問題は少しも重要性を失わないであろう。技術の機械性に依存しているこの芸術には、まだまだこの方面の問題は無限に出て来るであろう。しかしもう、もっと内容についてもきびしく検討していいだけの水準を一方ではもつに至っている。この方面をなおざりにすることが、一般技術的水準を高める上に於いてもさしさわりになっている。

今日のところわれわれは、映画の人物を小説や戯曲の人物のようにまともに問題にすることはできない。それはまだ影のような人間で、しっかり捉えようにも捉えどころがない。小説のように読み返しがきかないというけれど、ほんとに偉大な作品が出てくれば人々は何としてでもそれを保存しようとするであろうし、また、機会ある毎にそれを上映するであろう。現に近頃「名画週間」として古いものを幾度も上映しており、それが殆ど例外なく多数の観客を集めているところを見ても、そういう要求の高まっていることは知られる。今に図書館のように映画を保存するところができるであろう。われわれが図書館へ本を読みに行くように、そこの数十の映写室で、おのおの好みの作品を見られるような時代を私は空想している。しかしこういう時代が来るまでには、まだまだいろいろな段階を経なければならないであろう。或はそんな時代は来ないかも知れない。文化の徐々たる変質は今日すでに厳然たる事実であるが、この事実が更にあらゆる芸術からその古典性をうばうかも知れない。オルダス・ハクスリが『見事な新世界』で描いている、フォード紀元六百三十二年の現実が実際となってあらわれるかも知れない。しかしそれは当面の問題ではない。

最近私は『裸の町』のシナリオを読んだ。真船豊氏のこの原作は、かつて『改造』で読んで感服していたので、シナリオの取扱いにも興味をもったのである。シナリオでは、あの戯曲の裏になっている高利貸増山のカラクリをはっきりさせるため、原作にない多数の人物を出して来ているが、これは当然のことであろう。始めに香具師の口上として、百貨店に打挫がれている東京の中小商業者の実情や、それを喰いものにしている高利貸のことを述べさせているのも面白い。ただ、増山の悪辣と主人公の善良な意気地なさとを、双方ともに新派劇的に誇張している。一方にこういう誇張をすると、他方ではやはり新派劇的に悪人が懲らされねばならないような気持を観客にもたせる。これがつまり劇全体としての平衡の要求になるので、そうならなければ観客の自然の平衡感が満足させられないのである。ところが、結末は原作通り主人公の心気一転となり、それに妻君の気持も和して、未来に対する希望の明るさを、現実の生活のみじめな敗北に釣合わせている。原作ではこれがよく釣合って、美しい結果になっている。然しシナリオでは、さっき言ったような新派劇的な誇張のために釣合っていない。映画となって見なければ分らないが、シナリオだけでは、その破綻はかなり顕著である。それでも『ウインターセット』の場合のように、悪人滅ぶの常套的ハピイ・エンディングにしなかったのはめっけもので、その点ではアメリカの観客より日本の観客の方がいくらか高尚なのかも知れない。というのは苛辣な現実の真実によくたえうるということであるが、それを芸術感覚のせいとしないで実際の生活の苦しさの度合の差をそこに見ようとする人もありそうである。

大熊信行

日本文化と映画評論家

まず日本語をとりもどして

日の下に新らしきものなし。――なにか新らしいものが現れたとき、その新奇な外観の下に旧来のものを看取する、あるいは古いものに通ずる本質を看破する、これは必要なことだ。多くの場合に可能なことだ。異なる事物のあいだに共通の構造を発見する、それも必要なことだ。生きるものにとって、最も必要な心の技術だともいえる。わけても大きな事実にぶつかった場合、その原理をきわめて小さな卑近な事物に引きなおしてみるという心の機転ほど好ましいものはない。これは人間の天性にもよるにせよ、心の修練によるところがあろう。そのような高度の心術は、現世的な偉大な活動家すなわち政治家や実業家において屢々みられるのみならず、高邁な学者思想家においても、その身近なところにおれば必ず発見できるものである。

しかし駄洒落というものがある。駄洒落の名人には絶対に思想性がない。駄洒落よりやや上品な洒落がある。洒落のうえは比喩である。比喩の名手は洒落を好まない。この比喩能力は直観の深さから来るとみていいが、同時にこれがいまいう心術に通ずる。砕けた物言いもこの心術から来る。それはむしろ東洋的な知慧に通じるようにおもわれる。だからして、新らしき現象にであっても驚かない心をわれわれは尊重し、最も西洋的とおもわれる事物でも、それとコレスポンドするものが日本にあることを発見してわれわれはおもしろがる。たとえばパリのカフェのテラスであるが、あれに坐るとわれわれのなかまはみんなあんなものを東京へ持ってきたいなアという気に一寸なる。しかし上野公園の赤毛布の掛茶屋はあれは日本のテラスなのじゃないか、そういってわれわれはわらうのである。

われわれは物にとどこおらない心を尊重する。しゃちこばらない心を、そして砕けた物言いを最も尊重する。

現代日本の文化がそのようなものを失ったことに最悪の特徴をもっているということはまだ一般に自覚されていない。しかしわれわれはこの自覚から出発する。

われわれは翻訳語を基礎とする無数の翻訳思想を単なる概念として蓄積しているうちに、日本人の直観力と直観的な論理とをほとんど喪失した。が、われわれはもはやこの辺で日本人の直観に還らなければならない。そしてわれわれに固有の言語的な表現能力をとりもどさなければならない。われわれは概念に愬《うった》える西洋的な論理のほかに、直観に愬える東洋的な論理をもっていた筈なのだ。われわれはそれをとりもどさなければならない。

簡潔にして深い論理、それを表現する平明な言葉、——現代の日本が意識せずして渇望しているものは、何よりもまず言語表現における日本への還元なのだ。

菊池寛氏の『話の屑籠』がもつ魅力も、往年の『豆戦艦』における（いまもそうだが）杉山平助氏の文章の魅力も、要するに本質はおなじものなのだ。永井荷風氏の小説にたいする根づよい国民的嗜好も、あれは多くの読者は意識していないが、日本文らしい日本文への深い郷愁なのだ。随筆文学にたいする需要の増大だって、おなじ根から来ていないとはいえないのだ。左翼文学と左翼理論とは、明治以来の日本の欧化主義の最後的な極限であり、直観的地盤をうしなった翻訳的概念と、翻訳的論理との最大の見本であったということができる。しかしその意味においては、西洋哲学も、西洋経済学も、日本においては決して別種の系統に属していたわけではない。われわれは日本人的な感じ方と考え方を封じて西洋的な考え方に熱中し、日本語による西洋的な物の言い方に十年も二十年も夢中になっていたのだ。

日本語による西洋的な物の言い方、——これが一つの憑かれたる態度であることはいうまでもない。あるときはそれが左翼ばりであり、あるときはそれがモダニズムであり、そうして最も多くの場合は単なるペダントリーであるのだが、しかしいづれも根は一つのものだということを覚るぐらい重要なことはない。われわれは今、この現象を最も包括的な仕方で反省すべき必要にせまられている。最もアカデミックな精神科学の領域から降りにくだって、近年の文学運動のうちの最も小さな、最も他愛のない新短歌運動にいたるまで、一つとして同一現象のなかに包括されないものはない。——が、映画評論なるものもまた免るべくもなくこの現象に包括される。いかに多くの、いかにわけのわからない映画理論が、新時代の初期において書きつづられたことであったろう。

無力と錯乱との相貌

ここで話は引きかえす。

新しいもののなかに古いものの本質を看破することや、西洋的なもののなかに日本においてコレスポンドするものを発見するというような、そうした心の機転ほど尊重すべきものはなく、そのような機転ほどわれわれの精神を自由にするものはないのであるが、そしてわれわれはそのような心術の修練を熱望してやまないのではあるが、しかし同時にそのような直感の限界というものをも無視するわけにいかないのである。

「思いあたる」というのはいいことである。われわれの理論的な思索が、多くの場合「思いつき」や「思いあたり」にはじまるのは事実である。しかしわれわれはそこで有頂天になったり問題をきめつけたりしては絶対にならぬ。──あるいは一部の読者はご承知かもしれない、われわれは日本の新聞小説の連載形式なるものに興味をもって、いくらか理論的な考察をこころみつつある。すると一方において日本の連載形式にむかしの絵巻物形式の伝統を発見するととなえる勝本清一郎氏がある。勝本氏の文芸評論はわれわれの敬重するところだ。が、絵巻物形式とはなにかという規定が十分にあたえられないかぎり、連載形式すなわち絵巻物形式なりと主張することは別段意味をなさぬ。連載形式論のポイントが絵巻物形式の要素以外に見いだされる場合にはますます意味をなさぬ。

おもしろいとおもうのはしかし日本の新聞小説の根底には古来の伝統があるとする見解である。われわれはそうした文化論的な解釈を貴しとするのであるが、しかしそのような歴史的解釈のみで現実の連載現象を心理的に分析することができるとはおもわないのである。のみならず、文化論的な解釈で満足して現実の心理的な分析を軽視しようとする傾向にも同意しがたいのである。たといそれにしても、勝本氏の絵巻物形式への「思いあたり」はまだ示唆に富む。

しかるに新聞小説ではなしに、こんどは映画の本質は何かという問題に答えようとして、またもや日本の絵巻物形式に思いあたった日本人があるということになると、ああまたか！　と嘆声を発したくなるのは無理であろうか。

というと読者は、例の河上徹太郎氏の映画論のことだな、と気がつかれるであろう。そうだ、われわれはふたたび河上氏の場合を、──氏はさぞかし御迷惑だろうが、いっているのだ。映画美学をやるものは、映画の本質が絵画的であり、わけても「日本の昔の絵巻物」に最も近似した芸術であるということに着眼し、一応そこまで考えをもどしてかかれ、そういう忠言を河上氏は日本の映画理論家にむかって投じたのだ。氏は決してよッぱらっていってるのではない。同氏によると、——ここは他の場所（『文芸』八月号）で書いたことだが、このような考え方は「余り誰もやらぬことで、現在のような状態に於ては必要で、且《かつ》思い掛けぬ議論の世界が開けて来るのではないかと思う」とある。

が「思い掛けぬ議論の世界」は、河上氏の予期に反して、映画美学の内部にひらけるかわりに、映画美学の外において、現代の文芸評論家の知性の問題としてよりも、むしろ現代日本の文化的状況の一般的反省または批判の問題として、われわれのようなものの手で展開されなければならないような次第なのである。われわれは現代日本の文化的状況の最悪の特徴を言語活動における翻訳的態度、概念的態度、借りもの的な論理の態度に見いだすといった。しかしながらその別な反面として、この国の知識人の知性におけるひよわさというものを、併せて考えないならば、この現象を全面的に理解することができないということも事実なのである。

河上氏があまりだれもやらぬ考え方といっている映画の本質観が、実は「活動写真」的な考え方にすぎないことはいうまでもないが、しかしそういう見方が今日なくなってしまっているわけではない。現に岩崎昶氏がニールセンの『グラフィック・アートとしての映画』という本の内容について書いているところによると、——これは今年の『新潮』四月号に載っているから河上氏も幸に読まれたこととおもうのであるが、かれは映画を何よりもその題名どおり「画図芸術」として見ており、映画をたんにカメラのアングルや画面のコンポジションに還元してしまっているという。従来のモンタージュ論一点ばりの一面偏執にたいする修正として、エイゼンシュテインなどの推賞するところだというが、しかし修正ではなくて逆転だという意味のことを岩崎氏は書いている。いずれにせよ、ニールセンの新著と一脈相通ずる想念を提起したということにすると、あるいは河上氏の映画評論の時代的意義も、一応買わなければならんようなわけになるのかもしれないが、しかしわれわれが同氏の評論からうけたいつわりのない印象は、やはり知性のひよわさというより外ないものなのである。

　われわれは本物の本質を看破する日本人の一般的な能力は信じていいとおもう。しかし理論的な、分析的な能力はどの程度に信じていいのであろうか。いかにも日本人が印度人よりも一般に遥《はる》かに理論的で科学的であるのはたしかである。が、日本の知識人において、一定の知識内容としてではなく、むしろ性能として具有されている科学的知性なるものは、どの程度のものなのであろうか。哲学的知性もまたどの程度のものなのであろうか。われわれは現代日本の文芸家諸氏の評論なるものが、無難に進行しうる問題の範囲があまりにも小さいことに屢々一驚し、問題がすこしでも勝手ちがいな方へ移るか、あるいは理論的性質をおびてくるやいなや、たちどころにあらわれる無力と錯乱との相貌を見ては、それらの人々の個々の問題としてよりも、日本人の懸値のない思想能力の問題として、屢々憂欝にならざるをえなかった経験をもつ。

翻訳書はだれが読むのか

アカデミックな研究と文壇的な評論とのあいだに懸橋がないということも、現代日本の文化的状況なるものの悪い特徴の一つにはちがいない。が、懸橋ができたところで状況がよくなるかどうかは保証のかぎりではない。

われわれがアランの散文論を読んで最も羨ましく感動するのは、著者一箇の力量にたいしてではない。あのようなふうに、問題を深めることを著者にゆるすフランスの文化的水準の高さが、名状しがたい不思議な感じで、書物の背後から透いて見えるのが、たまらなく及びがたくおもわれるのである。

　われわれはしかし西洋諸国の最高文化水準にある著作の翻訳書で、土嚢のように周囲をきづいている。のみならず、われわれの月々の雑誌というものは、西洋の第一級の作家・批評家の文章の翻訳が紹介を載せなければ雑誌が雑誌にならないと信じているほど、そうしたことに熱心である。われわれはまるで老ジイドやヴァレリイのとなりの席にすわって、かれらの溜息まで聞かされているようなものだ。われわれの周囲は西洋の文化水準の最高層ばかりからできた一連の垣でかこまれているのとおなじことなのだ。では、われわれも自然にかれらとおなじ水準に達し、かれらが考えるように考え、かれらが感じるようなことを感じ、そうしてかれらが語るようなことを語りつつ月日を送っているのだろうか、というとどうも決してそうではない。

われわれはまた次ぎのように考えることがある。日本語に翻訳された映画理論の書というものは過去十幾年、実におどろくべき種類と数にのぼる。だが、いったい、あれほどの映画の書がだれに読まれたのであろうか？　また、現に行われつつある無数の映画の書が、そもそもいかなる人々の頭脳を肥やしつつあるのだろうか？　不思議なことに、映画に関する理論者の紹介批評が、文芸評論家によってなされたことはまずないといってよい。

映画時評家として知られる大森義太郎氏のような人の場合さえ、曾て内外映画論の紹介批評に力をかたむけたなどという例を見たことはない。谷川徹三氏はみずから夙に映画論の翻訳さえした人であって、まことに貴重な例外として記憶さるべきであるが、しかし好んで映画論をものする長谷川如是閑氏になると、氏がどのような理論書に通暁しておられるかを察知すべき材料はどこにもない。長谷川氏の映画論の特徴はむしろ内外一切の映画理論にたいして固く眼をとじたところにあるといってもいいくらいである。文壇人が映画について物をいいそめた歴史だけでも、かれこれ十年や十五年の長さには達していよう。しかもかれらは映画には映画の理論というものがあるんだという一事を失念したことで、とにかく一様に一種類の人間なのである。

幾十種の――あるいはもう幾百種のといわなければならないのかもしれないが、それほど多数の映画理論の書は、いったい日本において、だれに読まれるために続々刊行されるのであろうか？　あとからあとからこれを消化するものは、そもそも何者なのであろうか？

われわれが河上徹太郎氏の映画論を読んだときに、ふと胸にうかんだ疑問もおなじ疑問なのであった。というのは、河上氏の所見にはどこをさがしても映画理論のなにかかにかを読んだという形跡はみあたらないからだ。なるほど氏は「映画美学」だの「映画の本質」だのという言葉はつかっている。しかしそういう言葉を真に必要とし且《かつ》使用しているところの文献の引用は見いだすことができない。随筆的な文章に文献の引用もへちまもあるものかといえばそれまでだが、おのずとしてしみだしてくる筈の下地というものがない。長谷川如是閑氏の映画論でも、大森義太郎氏の映画論でさえもそうであるが、それがきわめて理論的な問題の追究になってきたときでも、その考察のすすめ方というものは未踏の原野へひとり駒を進めるものの態度であって、この世に映画理論というものがすでに存在していたんだということは失念している人のようにおもわれて仕方がないのである。

並行する二種の映画論

文壇的な作家ならば、気ままな映画随想を述べるのももちろんいい。

われわれは室生犀星氏がサイレント映画時代にスクリーンの不思議を（不思議といってもこの人は感覚の世界だけだが）歌った文章を愛読したし、おなじ人が近ごろではしきりに幸福そうに小説の映画化で金をもうけるべきことを説いているのさえ、笑ってききながすことができる。――「（純文学が）たんに僅少な原稿料のみに拠ってそれきり付加稿料を徴収出来ないのみならず、永年報いられざりしことは返す返すも手ぬかりであった。映画にもなり演劇にも上らせ又本もよく売れるように、作者自身がつとめ自らその道を拓くべきである」（『新潮』昭和十一年十一月号）などという室生氏には、映画と小説の異同の問題などは問題じゃないのだ。おなじ作家でも時代がちがって島木健作あたりになると、映画の発展は独立のシナリオの発展にまつといい小説の脚色が流行するからシナリオの発達がさまたげられるのだという。そして「いっそ小説家はみんな申し合わして自作の脚色を辞退することにしたらどうだろう」（『セルパン』八月号）などといいだす。われわれはとにかく作家の随想というものはどっちにしろ笑ってきながすことができる。

が、文芸評論家の、文化批評家の、社会評論家の、芸術批評家の、――つまり一言でいえば理論家的性格の人々の所説は、なんでも笑ってきながすというわけにはいかない。すでに映画評論なるものが思想文化の一分野として日本のジャーナリズムの一角を決定的に占めたということなれば、われわれは他のあらゆる思想文化面にたいするとおなじ程度の緊張をもって、この現象を注目すべきは当然である。

奇妙なことに、最も多くの読者をもつ一般的な評論雑誌の編集者は、映画問題の執筆を専門の批評家や理論家にゆだねるかわりに、映画についてはいわば素人の社会評論家にもちこむという例をひらいた。この最初の企画は存外賢明であったのかもしれない。というのは、そのようにして一般読者は平素読みなれた評論家の尻について、何の気もなく抵抗もなく映画問題の門をくぐることができたからである。問題はそのあとにある。これらの素人の「映画評論家」は、しからば引きつづきその任に堪えたのであるかどうか？　われわれは否といわざるをえないのを遺憾とする。他の問題を論ずる際には慎重な理論家である人が、映画を論ずる際になると甚だしく自己をあまやかした態度に化するのはなぜであるか――最近では三枝博音氏の「映画諸問題の過程性」（『映画評論』七月号）という評論なども、失礼ながらまさにその一例に属するものではないのか。

現代日本の文化的状況における悪い特徴の一つは、個々の思想分野が横にも縦にも孤立していることにある。せまく文芸だけにかぎってみても、小説がわかって短歌や詩の一向わからない批評家があり、和歌俳句は好きでも近代の文芸理論はとうてい呑みこめないという人々がある。映画評論は映画評論として孤立した道をたどり、たまたま専門外の人が映画を論ずるときにも、映画評論界の状況をかえりみるだけの労を執ろうとしない。積みあげられた映画専門者の各種の翻訳本は別天地の存在であり、あとからあとからだれがこれを消化するのやらわからないが、さばけてゆく。そうして内外の映画専門書にたいする一定の根づよい需要が存続しているかとみると、他方ではそれと並行してそれとはほとんど無関係に、映画では素人の評論家の「映画論」が、一般評論雑誌・文芸雑誌のみならず、映画雑誌と名のつくほどのあらゆる誌上に発展してゆく。

もちろんこの並行現象には、現代日本の文化的状況の問題として一般的にあつかうよりも、現代ジャーナリズムにおける有名主義、事大主義ないし一種異様な保守主義の変種として考察すべき要素のあることを認めざるをえないのであるが、しかしこれはもうこのままであってはならない。われわれはもはや相並行する二つのものが融合すべき時期に来たことを思わなければならぬ。

局外者の批評が時としていかに有意義であるかは最近における林房雄氏の「日本映画革新の書」（本誌前号）がこれを証明した。文芸家や評論家が映画を局外から多角的に論ずることの価値はますます高められてゆかなければならない。と同時に、いかなる問題にせよ、映画を映画として内在的に理論的に分析しようとするほどの人々は、映画理論史の一ページぐらいは読まなくてはいけない。のみならず、すべての理論活動に共通な客観的態度を第一に堅持しなければいけない。ここでは「思いつき」を「思いつき」のままとどめておけるような余地は一センチもないのだ。素人評論家はもっと映画論プロパアに接近しなければならぬ。むしろ美学だの本質だのと軽々しいことはいわぬがよい。

ヴァレリイの映画論がなぜあんなに含蓄があり、トマス・マンの映画論がなぜわれわれを考えこませるかを考えてみるがよい。これらの文芸家はすこしも理論家としてではなく、ただの観衆の一人々々として、かれらの感性から直接に受けとったものをそのまま個人的に語っているだけではないか。――しかもそれが何と深い映画への批評となっていることだろうか。

映画評論家よ文章を鍛えよ

この世紀の顔を形づくるあらゆる新現象のなかで、おそらく映画現象ほど図ばぬけて大きく決定的な作用を諸国民にあたえているものはあるまい。文化現象としての発展の見透しさえ容易につかめないというところに、この現象の測るべからざる巨大さがある。それは一つの世紀を特徴づけるよりはもっと大きな運命をになってきたのではないかとおもわれる。――これは最近他の場所で特に入念に書いた文章の冒頭であるが、読者がゆるすなら、なおつづきを大体二、三筋引用――論旨をここにくりかえしたうえで、最後にこの小論の結論に到達したい。

映画芸術はそのような映画現象のうずまく星雲のなかに生れつつある新しい太陽にもたとえらるべきだとすれば、その本体を見きわめることが文化のあらゆる考察者にとって棄ておきがたい興味の対象となりつつあるほど当然なことはない。この新芸術はその総合的本質にふさわしいだけの強力な理論家を欲求してやまないのである。旧世界のあらゆる既成観念から脱却したところの、だから映画論者であると同時に芸術の一般的基礎に関し新らしい哲学を把持するところの、理論家の登場は、映画的宇宙の外周に属するのでなくてその最上限を形づくる。

しかも映画哲学・映画美学、ないし映画芸術学の成立に関するわれわれの国民的興味の一面は、その研究の地盤における国際性と無伝統そのものの中にあるといっても決して過言ではない。日本人といえどもこの研究領域では他の文化領域におけるほどのハンデキャップなしに本源的な開拓に参加することができ、科学者的能力と独創力とをみずから試験してみることができるからである。

映画に関する理論的嗜好の発達は国家的庇護のもとに助成されておらず、まだアカデミックな圏内には存在しないものであるだけに、その現実の嗜好状況ほど自然に国民の思想的性格を語るものもない。われわれが映画現象の最上限を形づくる映画批評および映画理論の発展にたいして一定の関心をもたざるをえないのはこの理由による。

まさにそのとおりである。

われわれは第一に、映画批評や映画理論をもって映画現象の外周に付随したものと見ない。それらは映画現象の内部における最上限に位したものと見る。第二に、映画そのものの自己意識としての映画論という一つの思想領域は、一二の国民の排他的な伝統として発展したものではない。したがって問題が事領域に関するかぎりでは、われわれ日本人といえどもほとんどハンデキャップなしに理論活動を開始することができる。このことは反面からいえば、われわれの成果が劣勢であつても、弁護すべき余地はこの場所にはないということでもある。第三に、映画理論はまだ官立大学の講座として設けられたのを見ない。それはまったく民衆のあいだにおける若々しい欲求として、激しい喘ぎをもって形成されつつあるものに外ならない。われわれはここにはじめて日本人の真の理論家的性格を、よかれあしかれ発見することができるのではないかとおもうほどである。しからば不安と期待と歓びのいりまじった不思議な状態で、われわれがこの国の映画評論家の生長をながめているのは当然なのだ。

もちろんかれらの現在までの文章がいつも満点であるとはわれわれもいわない。「甚だ直截でない歯ぎれのわるい文章も多く、日本語の修辞法を忘れたようなスタイルもあり、説得力はおろか、説明の力の出し方さえ忘れているような、そういう効果のない文章もなくはないし、一般的教養の不足をみづから嘆くものも交っている」（『改造』五月号）ということは、外でもないわれわれが指摘したことだ。われわれがそれをいうのは、ジャーナリズムの前線への新らしい映画評論家の進出が、きょうあすにせまりつつある運命であることを看取しているからだ。――映画評論家よ文章を鍛えよ、文章それ自体が文化であり、高度の技術であることを一段ふかく自覚せよ、その目標は自己になく多数の読者にあることを再認識せよ、われわれはそう呼びかけないでいられないのだ。

どんな専門の映画論でもよい、一冊手にとってひらいてみるがいい。それはまさに無尽蔵の宝庫であり、個々の問題は一つとして無限の魅力につつまれていないものはない。そのなかのどんな微細な問題の一つであってもよい、とりあげて説明する方法さえ日本的で賢明であれば、われわれ日本人はうーんと唸って感心するか、わッと湧きたって喜ぶのだ。もし諸君がえたいのしれない西洋的な文体で、自己満足にふけるがために長たらしい文章を綴るのだったら、核心にいかに天才的な想念があろうと、根底にたとい世界的水準の理論性があろうと、そんなものは紙くずでしかないということを覚悟しなければならぬ。諸君の活動の場所は撮影所でもなく試写室でもない、要するに新聞雑誌の活字面である以上、新らしい登場者の闘うべき敵手は文芸家以外のものではないということを覚悟しなければならぬ。

およそ編輯者はこのような事態の基本関係と歴史の方向を正視し、あわせて現代日本の文化的状況における悲しむべき種々なる特徴を克服するために、編輯者自身がなしうることは何であるかを考えなければならぬであろう。――突如として再び編輯者の問題にふれるのであるが、しかし近時われわれの評論の帰着点の一つはどうしてもそこに来るのであって、これは決して唐突な「思いつき」どころではない。

なお追記する。――映画評論壇なるものが、それ自体としてすでに「ブロック化」した場所であり、映画批評家というものは、人間の風上におけないようなものばかりだという説もあるが、われわれはおどろかない。「ブロック化」は文壇にも、楽壇にも、歌壇にも、学界にすらも、――およそ人間がかたまって生きているほどのところにはあるのだ。われわれはここでは人間が現実に生きている状態を直接問題にしない。生きている状態からとにもかくにもうまれてくるその所産を主として問題にしているのである。

人間そのものを論ずることは他の場所にゆずらなければならない。

文学と体験

津村秀夫

文学も豊かな生活体験なくしては生れない。これを批判する文芸批評家も亦単に書斎の「研究」のみならず、豊かな「生活体験」なくしては無能力であろう。

映画も又、文学と同じく内容として人生を扱い社会を批評する、その扱い方、批評の「仕方」が――形式が違うだけである。従って、映画批評というものも矢張り人生体験の浅くしては不可能な事である。今日の我国の映画批評家は概ね四十歳を越えるものではない。そして二十四、五歳にして既に出発する青年も随分氾濫している。幸いにして今日の映画の大半は概ね浅薄愚劣である。それは必しも豊かな人生体験と深い人間洞察なくしても容易に手玉に採れるような作品が案外多い。然し、今日以後の映画の進歩は、遠からず二十四、五歳の大学生の人生体験位では刃の立たぬものに変化するであろう。

凡そ常識的にいえば映画批評家というものは、映画をなるべく数多く観て感受性を鍛錬し、監督の作品目録や俳優の名前をより多く暗記すれば事足りると従来は考えられて来た。トオキイ誕生以来文学の映画化が頻繁になり、若しくはその扱う人生内容が深化するにつれ、次第に昨今は漸く映画批評家の文学的教養という事が問題になり、その必要が説かれている。然し、本末を転倒してはいけない。文学的教養という事も要は人生を観る眼、社会を観る眼を養うための方便である。決して、数多くの文豪の作品を読み漁り数多くの「原作」を読過する事それ自身に目的があるのではないのである。「文学通」は決して「文学的教養」でなく、況んや「人生を観る眼」の練磨された人間でも有り得ない。

根本は良き「生活」に在る。我々が如何に生きるかという「仕方」に在る。映画批評家に取っても最も大切な事は自己の生活を大切にする事であり、「体験」の消化と「自己反省」によって生活をより豊かにより高きものに築き上げて行く修業に在るであろう。これは恐らく批評家たる者に取って終生巳む所なきものであろう。

生活体験というものの価値は必ずしも数学的なものではない。換言すると、必ずしも年齢によって獲得出来るものではない。単に数学的にいえば、豊富な、且《か》つ貴重な体験を蔵しているべき筈の人間で、案外それらの「体験」から何ものも得ていないような貧しい俗物がこの世間には氾濫しているのである。これに反して極端な例を引くと古今の文学的天才は二十歳にして既にその僅かの「体験」から貴重にして且《か》つ多くのものを摂取して、自己を形成したであろう。それは彼等の青年時代の作品がよく証明している。

今日の映画批評が主として若き世代を通じて行われつつあり又行われるべきものである事は自明の理ではあるが、然しそのためには我々若き世代は人生体験の浅さを補うべく努力せねばならぬのである。これがためには、「生活」に対するシンセリティと同時に、云い得べくんば一種の「生活への貪欲さ」をさえも必要とするであろう。そうして、人間及び社会を観る眼を養う努力の補助手段としてこそ、文学の必要は社会科学の研究と共に当然ここに重大な意味を持ち来たるのである。

高き文学に接する事は、のみならず映画批評家の視野を広める意味に於ても必要である。映画と文学は勿論相異る芸術のジャンルに属する。然し乍ら、芸術作品としての高低をいう場合には、同列に扱い得るのである。「若き歴史を持つ」トオキイの世界の高度のみを眼中においている批評家は宜《よろ》しく「窓」を開放して少し外気を入れるがよい。そこにはトオキイとは比較にならぬ程の長い歴史と同時に数多のより高い芸術作品を包蔵する輝やかしい「世界」も有るのではないか。……

私がここに「生活」といったのは勿論、この国の現在の困難な政治情勢や社会情勢への敏感にして且《か》つ執拗なる「関心」を含めた意味である事を最後に断っておく。従って、ここにいう「生活」は即ち、批評家が自らそれによって常に尖鋭な「社会感覚」を保持出来るような性質のものでなければならない。即ち映画批評家も今日の如き時勢に於ては一般知識人に率先して「時代苦」をつぶさに嘗め、ある意味ではその苦痛に対する犠牲者の位置に立って戦う気概がなければならないのである。

要するに、私がこの一文に於て映画鑑賞及び批評に必要な特殊な「勘」の練磨や「技術」については敢て云うを避け、若しくはトオキイの芸術性を決定する上に於ても如何に「キャメラ効果が重要であるか」という問題等の検討を殊更に省いて、敢て批評者の充実した「生活」及び社会意識に眼醒めた生活態度について強調したのは、即ち映画批評家がディレッタントや映画的ペダンティストになる事位危険な事はないという事を特に主張したかったからである。

第8章　風俗・文化・観客

解説

斉藤綾子

本章に再録されたのは、いわゆる狭義の映画評論家ではない書き手による文章である。尾崎翠、宇野千代、中條（宮本）百合子、深尾須磨子は作家であり、戸坂潤は哲学者、大熊信行は経済学者である。いずれも、雑誌文化が全開した一九三〇年代に多岐にわたる評論活動を展開していた。尾崎の「漫想」は一九三〇年の『女人芸術』（二八年発刊、三二年廃刊）に、大熊の評論は三五年の『中央公論』（一八八七年発刊）に、それ以外は三九年の映画法施行前の『日本映画』（大日本映画協会、三六年発刊、四五年廃刊）に寄稿された（宇野は三六年、戸坂と中條が三七年、深尾が三八年）。いずれも、現代《モダンライフ》を生きる一観客としての映画体験から出発し、スクリーン上の映像世界と観客である自身の現実との関係を再認識しながら、自己と現代社会との新しい在りようを模索する記録として捉えることができる。

歴史背景を少し俯瞰しよう。無声映画からトーキー映画への移行が進んだ一九二〇年代後半から三〇年代にかけて、映画産業は世界的な一大産業へと成長する一方で、いわゆる列強大国が植民地獲得と勢力圏の拡大を競い合っていた。明治以来の富国強兵と領土拡大政策を推し進めながら西洋の列強入りを目指す日本も、近代化を加速する複製技術により拡散した映画・ラジオ・雑誌というメディアを駆使し、「日本」という国家アイデンティティを形成するイデオロギー装置としての機能を強化させていた。三四年に総理大臣監督下の映画統制委員会が作られ、翌年の三五年に官民合同の国家協力機関である大日本映画協会が設立、その機関誌として翌年に『日本映画』が発行される一連の動きは、大衆が国民国家へと統制され、「日本映画」という言説が形成されていく国策化の始まりをも意味していた（第10章、第13章を参照されたい）。

また、この時期にはソヴィエト派の「映画眼《キノ・グラース》」やR・フラハティのドキュメンタリー、またドイツから文化映画が紹介され、複製技術による写実性に依拠する映画の記録的・社会的な機能が改めて注目された（ちなみに四〇年以降「文化映画」が強制上映になる）。もう一方で、小説の映画化が流行した。大正モダニズムから昭和ナショナリズムへ移行した戦前の言説空間において、映画と文学や演劇といった隣接芸術をめぐる議論が活発になり、それ以前に中心だった芸術としての映画の固有性をめぐる理論的模索から、広く日本文化や近代性との関係性に映画を布置する動きが顕著になった。映画は芸術か、科学か、文化かという問いに象徴化される三〇年代の映画をめぐる言説空間は、映画関係者のみならず映画を受容する多種多様な人々を巻き込み、評論から随筆まで多彩なエクリチュールを実践する場を提供したのである。

本章再録の文章は、こうした豊かな言説空間の中に位置づけられる。それぞれは独自の文体や視座を持つが、個々の執筆者の関心は、映画にその視座を求心的に向けていく映画批評家とは異なり、映画に触発され、映画から外に向かって広がっていく。自分の内面に向けて映画と対話するような身振りを見せつつ、映画館にいる多くの観客にも視線を注ぎ、自己と他者、個と大衆の間を揺れ動きながら、映画を見る行為に関する感想や反応が思弁的に語られている。根底には、三〇年代の思想と言説を特徴付ける「日本人」、「日本映画」といったアイデンティティの問題が潜んでいた。

四人の女性作家の文章は、戸坂と大熊の文章に比べると随筆という印象が勝るが、関心の矛先は共通して、監督より俳優、作り手より受け手である。現代の用語を使えば、作家主義ではなく、表象文化としての映画や受容としての観客性との関係から映画を捉える視座が特徴だ。「女性」への注目が散見されるが、背後には大正から昭和にかけての女性作家の台頭が一方にあり、もう一方に映画文化の主要な構成要素を女性が占めていたことがある。例えば、宮本の文章が載った『日本映画』の特集「映画と女性」には深尾の別稿も掲載されているが、女子高生の映画の趣味や行動について調査した「教師の目に映った映画と女学生」という興味深い連載記事もある。また、戸坂や大熊も、それぞれの関心から社会文化現象の表象体系として現代の「風俗」の重要な構成要素を牽引する存在として女性に言及し、性、恋愛やファッションなどに注意を向けた。彼らにとって、移ろいゆく表層的な同時代の現実を映す風俗をもっともヴィヴィッドに捉えるのが映画であり、それゆえ、日本映画が映し出す外国文化との違いも自省的な視点から理解されたのである。

だが、戦時体制移行後、こうした言説空間は徐々に統制されていく。太平洋戦争勃発以前と以後の『日本映画』を比較するとその推移が明らかになる。尾崎は三〇年代後半にはほぼ断筆し、戸坂と宮本が治安維持法によって三九年以降は執筆禁止となり、深尾と大熊が翼賛活動に参加することを考えれば、本章に収められた文章は、戦時下の映画観客が観客としての自律性を持ち得た時期に書かれた貴重な観客論としても読むことができよう。

【参考文献】宮本百合子「婦人雑誌の問題」（初出『プロレタリア文化』一九三二・三）『宮本百合子全集』一四巻、新日本出版社一九七九。仲木貞一「映画と観客心理」『社会教育パンフレット』二二一号、一九三五・一。岸田国士「映画の観客と俳優」『時・処・人』人文書院一九三六。板垣鷹穂『現代日本の芸術』信正社一九三七。「特集　映画観客の再編成検討」「第二特集　大陸映画の観客」『文化映画』二巻四号、一九三九・六。マックス・ホルクハイマー、テオドール・W・アドルノ『啓蒙の弁証法』徳永恂訳、岩波書店一九九〇。ハリー・ハルトゥーニアン『近代による超克』岩波書店二〇〇七。藤井仁子「日本映画の一九三〇年代―トーキー移行期の諸問題」『映像学』六二号、一九九九。北田暁大「〈キノ・グラース〉の政治学」『〈意味〉への抗い―メディエーションの文化政治学』せりか書房二〇〇四。『唯物論研究（選）』『文化社会学基本文献集』三巻、吉見俊哉監修、日本図書センター二〇一一。

解題

① 尾崎翠「映画漫想」

【出典】『定本　尾崎翠全集』下巻、筑摩書房、一九九八年、九四―一一二頁

尾崎翠（おさき みどり 一八九六―一九七一）は鳥取県出身の小説家。新感覚派や表現主義の影響を受けた独自の文体で知られ、『第七官界彷徨』（一九三一）やチャップリンに影響されたとされる『アップルパイの午後』（一九二九）などが代表作。一九三二年以降はほぼ執筆活動を停止。六〇年代後半に『第七官界彷徨』が再び注目され、それ以降再評価が進んだ。断筆後の尾崎を素材とした映画『第七官界彷徨――尾崎翠を探して』（一九九八）が作られている。

尾崎の文学活動と映画が深く関わってきたことはよく知られる。一九二七年に阪東妻三郎プロダクションのシナリオを投稿、また、小説の場面転換の描写やクローズアップなどの視覚的要素を取り入れ、並置や対照を駆使したモンタージュ的表現ゆえ、映画的な作家と形容される。本章には一九三〇年四月から九月に六回にわたって『女人芸術』に連載されたうちの二回分を収録。筆致の自由さは回を重ねるごとに増した。

映画時評として書かれるはずだったこのコラムは、W・ベンヤミンの「遊歩者（フラヌール）」を思わせる「漫想」という題にふさわしく、評論とも批評とも異なり、映画館、俳優の身体、髪の毛や影など自由連想的なイメージが飛び交う魅惑の記録である。

尾崎が言及する映画は、二〇年代末の無声からトーキーに移る時代のハリウッドやドイツのＵＦＡ映画が多い。時にはスターへのファンレターのように書かれ、時にはチャップリンの帽子に代表されるように、俳優に対する偏愛と銀幕上のイメージや造形に対する鋭い記憶と微細にわたる描写が特徴だ。いかにも映画好きな筆致が味わい深い。トーキー移行という大転換を同時代の観客がどのように体験したかを示す歴史的な記録としても貴重である。「映画漫想」(三)では、『椿姫』(一九二一)と『サロメ』(一九二三)が代表作として知られるロシア出身の女優アナ・ナジモヴァの「鬢の美」が熱く語られ、作家の映画的記憶とノスタルジアが全開する。両作ともに尾崎の小説「途上にて」(一九三一)で作中に言及されている。(斉藤)

【参考文献】『尾崎翠全集』創樹社一九七九。森澤夕子「尾崎翠『瑠璃玉の耳輪』試論」『同志社国文学』五二号、二〇〇〇。リヴィア・モネ「自動少女―尾崎翠における映画と滑稽なるもの」竹内孝弘訳、『国文学』四五巻四号、二〇〇〇。川崎賢子『尾崎翠　砂丘の彼方へ』岩波書店二〇一〇。仁平政人「『漫想』する言葉―尾崎翠における『映画』の翻訳」『日本文芸論叢』二〇号、二〇一一・三。溝部優美子「『途上にて』―ナジモヴァの『サロメ』と『私』」新・フェミニズム批評の会編『昭和前期女性文学論』翰林書房二〇一六。

②　宇野千代「現代もの多難」

【出典】『日本映画』第一巻第六号、大日本映画協会、一九三六年九月、三二一―三三頁

宇野千代(うの　ちよ　一八九七―一九九六)は山口県出身の作家。編集者、着物デザイナー、実業家としても活躍。恋多き女として知られ、その波乱に満ちた人生を題材にした小説は女性ファンを魅了した。映画化作品は『尖端に立つ女』(重宗務監督、一九三二)、『雌雄』(勝浦仙太郎、一九三六)、『桃子の貞操』(深田修造、一九三七)、『向日葵娘』(佐々木啓祐、一九三九)、『色ざんげ』(阿部豊、一九五六)、『おはん』(市川崑、一九八四)など多数。大正モダンガール

らしい洋画好みが窺われ、小説「葱」には、メアリ・ピックフォードやダグラス・フェアバンクスなどの名が挙がる。また「老女マノン」（一九二八）で言及される「マノン・レスコーの映画」とは一九二八年日本公開のジョン・バリモアとドロレス・コステロ主演の『マノン・レスコウ』（一九二七）と推定される。当論文は『日本映画』の「女流作家の映画随筆」と題されたコラムに、当代きっての人気作家吉屋信子の「日本映画を愛しませう」と共に収録された。

本論で宇野は興味深い議論を展開する。自分は最近はあまり日本映画を見ないという断りから始め、日本映画と外国映画、時代ものと現代ものを対比、観客は、時代劇や外国映画の場合は現実とかけ離れていてもイリュージョンとして許せるが、同時代の題材や物語に関しては「精巧な虫眼鏡」で見るかのように、厳しくチェックしてしまうと指摘する。記述はシンプルだがリアリズムの相対性と文脈依存性の問題を突いている。

本論が書かれた一九三六年前後は、日本映画が無声からトーキーへの移行をほぼ終え、トーキーの映画形式に沿った物語叙述を模索していた時期にあたる。宇野が言及する「現代もの」を見る時の虫眼鏡の注視に耐えられるような写実性は実はすでに生まれつつあった。例えば溝口健二の『浪華悲歌』は同年の五月に公開された。「面白いストーリーと少しの金」があれば「充分愉快に観られる写真」ができると宇野が言うように、まさにこの時期に日本映画は独自の物語叙述を確立させ、花開いていくことになる。（斉藤）

【参考文献】 宇野千代『宇野千代全集』中央公論社一九八四。『新選宇野千代集』ゆまに書房二〇〇〇。新・フェミニズム批評の会編『大正女性文学論』翰林書房二〇一〇。藤木直実「宇野千代「老女マノン」までの軌跡―モダンガールとしての女給の肖像」新・フェミニズム批評の会編『昭和前期女性文学論』翰林書房二〇一六。

③ 深尾須磨子「観賞の心理」

【出典】『日本映画』第三巻第一号、大日本映画協会、一九三八年一月、二六―二八頁

深尾須磨子（ふかお すまこ 一八八八―一九七四）は兵庫県出身の詩人。小説・随筆・童話・翻訳など多彩な文学活動を展開した。一九二一年、亡夫（深尾贇之丞）の遺稿詩集出版を相談しに訪ねた与謝野晶子の勧めで詩作を開始。二五年に三年間渡仏、コレットと知り合い、『紫の花』を翻訳。三〇年から二年間渡欧。三九年に文化使節として独・伊・仏を訪問していた。

モダンで自由奔放な筆致が魅力の深尾の映画に対する関心と受容体験は、深尾が間欠的に滞在した二五年から三二年のフランスと切り離せない。この時期のパリはまさに退廃と前衛文化芸術の中心だった。ちなみに深尾が衝撃を受けたコレットの小説の一つ『ミュージックホールの舞台裏』を基にコレット自身が脚本化したのがM・オフュルス監督の『ディヴィーヌ』（一九三五）である。

二〇年代にモダニズムが開花するフランス文化の洗礼を受けた一方、この文章が書かれた三八年の日本は軍国主義の暗雲が忍び寄る時期である。マルセル・レルビエ監督『かりそめの幸福』（一九三四）に出演したギャビー・モルレーやミシェル・シモンが醸し出すパリの精神《エスプリ》やフランソワーズ・ロゼーの「卓れた年増女」の魅力を堪能しながら、内田吐夢監督の『裸の町』（一九三七）の新派性を拒否するあたりなど、大正モダンガールの心意気と衒いを感じる。

本章の宮本百合子の文章が収録された『日本映画』の「女性と映画」特集に、「女性の姿に観る」という文章を深尾も寄稿している。映画と女性風俗について書くはずが、映画のファッションを模倣する女性に苦言を呈す男性批評家の「おためごかし」に苛立ちを隠さず、現代女性の変化に比べ「男性の目」は旧態依然としており、社会的要因に目をむけず、「千篇一律の男女の建前から女性を律しようとする」と手厳しい。後に、戦時中の翼賛活動で宮本に「ファシスト」と非難され、戦後反戦婦人運動の旗手となった深尾だが、ジェンダー批評的な意識はこの時期からす

でに持っていたのである。（斉藤）

【参考文献】 深尾須磨子「映画的な反映―女性の姿に観る」『日本映画』一九三七・八。深尾須磨子「岡田嘉子を案じる―親友の立場から」『婦人界』五七巻三号、一九三八・二。深尾須磨子『マダム・Xの春　深尾須磨子作品抄』小沢書店一九八八。逆井尚子『深尾須磨子女の近代をうたう』ドメス出版二〇〇二。松田孝江「深尾須磨子とコレット」『大妻女子大学紀要―文系』四〇号、二〇〇八。

④　中條百合子「映画の恋愛」

【出典】『宮本百合子全集』第一三巻、新日本出版社、二〇〇一、一六六―一六九頁

宮本百合子（みやもと　ゆりこ　一八九九―一九五一）は東京都出身の作家。一九一六年大学在学中に中條百合子（ちゅうじょう　ゆりこ）の名で『貧しき人々の群』を発表。一九二七年にロシア文学者の湯浅芳子とソヴィエト連邦に渡りS・エイゼンシュテインらと親交（この時期の湯浅との共同生活を描いた映画『百合子、ダスヴィダーニャ』〈二〇一一年〉が作られている）、またヨーロッパ外遊中に衣笠貞之助などとも知り合う。三〇年に帰国後、プロレタリア作家同盟に加わり、三二年宮本顕治と結婚。三三年から何度か投獄され、合間に執筆と社会運動を継続したが、その後執筆禁止となった。戦後も精力的な執筆活動と婦人運動に関わった。当論文は『日本映画』「特集　映画と女性」（一九三七年八月）に収録された四本のうちの一本であり、深尾須磨子の「女性の姿に観る」も同特集に含まれる。

女性史や婦人問題に焦点を当てる宮本の文章にはジェンダー批評の視座が明白である。背後にマルクス主義批判だけでなく、異性愛制度批判の認識的覚醒もあった。宮本は映画を基本的に近代産業が生み出した文化装置の一種と捉え、またスターイメージや登場人物を受容する女性観客の存在と社会的背景に思索をめぐらせる。「恋愛」「子供」

「家庭」といった「個人的な領域」から、『ステラ・ダラス』（一九二五）や『マズルカ』（一九三五）など欧米の女性映画に注目し、母ものメロドラマで現れる「女の苦しい感情」が「母性愛」という類型として描かれることを問題視している。スクリーンに現れる女優の顔や表情や感情表現を男優のそれと比較し、女性の感情表現が「女一般に還元されている」という観察も鋭い。また、『裸の町』（一九三七）の女優（村田知栄子と推察される）の顔は、堪え忍ぶ妻は表現できるが内面の葛藤は見えてこないという批判も、背後に日本女性がおかれた社会的環境を見たゆえの指摘であろう。

母の再婚をめぐる娘の葛藤を描いたドイツ映画『早春』（一九三六）を論じた「雨の昼」（『中央公論』一九三九・七）でも、貞操観念に縛られる女性の中途半端な描写に反発する一方で、雨降りの昼間の新宿武蔵野館で映画を見入る女性たちの生活を思いやる宮本の文章に、映画が表象する世界と受容する観客との関係に馳せる思索が見られる。（斉藤）

【参考文献】「特集　映画と女性」（長谷川如是閑「日本映画に於ける女優の芸術」、青野季吉「現代女性の教養と映画」、岡邦雄「映画と女性」、深尾須磨子「女性の姿に観る」）『日本映画』一九三七・八。宮本百合子『婦人問題、文化・社会評論　宮本百合子全集　第一四巻』新日本出版社一九七九（「雨の昼」「女性の生活態度」「女の歴史」などに映画に関する言及が多い）。北田幸恵「宮本百合子の「セクシュアリティ」と「文学」：『伸子』時代の湯浅芳子との往復書簡を読む」新・フェミニズム研究会編『大正女性文学論』翰林書房二〇一〇。

⑤　戸坂潤「映画の認識論的価値と風俗描写」

【出典】『日本映画』第二巻第六号、大日本映画協会、一九三七年六月、一二―一九頁

戸坂潤（とさか　じゅん　一九〇〇―四五）は東京都出身の哲学者。京都帝国大学で西田幾太郎に師事、法政大学で教鞭を執った。一九三二年に三枝博音、岡邦雄、岩崎昶らと唯物論研究会を創立。治安維持法により三五年より複数回

検挙、拘留され、敗戦の六日前に獄死。主著は『日本イデオロギー論』（一九三五）『思想としての文学』（一九三六）『思想と風俗』（一九三六）など。生活と哲学の融合を目指し、社会性や日常性、風俗に現在の歴史的時間を捉え、マルクス主義イデオロギー文化論に基づく独自の映画論を展開、「映画の写実的特性と風俗性及び大衆性」（一九三六）「映画芸術と映画―アブストラクションの作用へ」（一九三七）に代表される。当論文は『日本映画』「映画と文化特輯号」として寄稿された六本のうちの一本である。

戸坂にとって、映画は固有の芸術様式である以前に「文化的手段」の一つでもあり、「認識」の近代的な一手段である。作品としての映画ではなく、カメラや投影をも含んだ装置としての映画を見ることの必要性を訴える戸坂は、「映画芸術」と「映画認識」の間にある「リアリズム的結合」に注目、映画は優れて「社会の実際の姿」、つまり「風俗」描写に長けると主張する。カメラの機械的写実性が捉える現在性、同時代性こそが、映画を通じて提示された「風俗界」であり、そこに戸坂は「思想性の新しい表現」を発見する。「思想は風俗の形を取ることによって、社会に於ける肉体的なリアリティーを有つことが出来る」（『思想と風俗』序文）のであり、映画はその認識を具体化する装置となるのだ。

戸坂の「機械化された肉眼」はD・ヴェルトフの「映画眼《キノ・グラース》」を思い起こさせ、映画の「写実的な複製力」はW・ベンヤミンの「複製技術時代の芸術作品」論を彷彿させる。また、風俗に思想と倫理を見る視座はZ・クラカウアーの『映画の理論』にも通じる。いずれも、近代《モダニティ》という二十世紀の新しいエピステーメーが生んだファシズムに対峙した思想家の抵抗がその根底にある。（斉藤）

【参考文献】唯物論研究会「唯物論研究　四六号　芸術問題特集」（一九三六・八）、吉見俊哉監修『唯物論研究（選）』『文化社会学基本文献集』三巻、日本図書センター二〇一一。戸坂潤「映画芸術と映画―アブストラクションの作用へ」（一九三七）、

『戸坂潤全集』四、勁草書房一九六六。戸坂潤『思想と風俗』林淑美「解説」、平凡社・東洋文庫二〇〇一。ハリー・ハルトゥーニアン「東への迂回」畑あゆみ・北野圭介訳、『思想』二〇一一・四。

⑥ 大熊信行「映画の観衆は腕時計も覗けない」

【出典】『芸術経済学』潮出版社、一九七四年、二二七―二三二頁

大熊信行の略歴は第7章⑤の解題を参照されたい。当論文の初出は、一九三五年九月に出版された『中央公論』に文学論として書かれた「恋愛・映画・新聞小説――経済学者の第二思想」の一節であり、大熊の戦前の文芸論は当論文も含む『文芸の日本的形態』にまとめられた。

本論の大熊に見られるロマン主義的な芸術家至上主義に対する批判は明快である。芸術形式は、個人の芸術的衝動のみで生み出されるものではなく、その受容や消費の形態がもたらす制限との関係の中で形式そのものが成立しているという主張だ。映画の場合、技術的な要因や受容形態によってもその生産様式が左右されるが、「生産者本意」ではなく「消費者本位」であるのは映画だけの特徴ではないものの、映画は受け手側の「諸条件を無視しては社会的に存続」しないという芸術一般の鉄則を明示する、と大熊は説く。大熊にとって芸術の形式は受容との関係から理解される。

大熊はエッセイの冒頭で、小説『赤と黒』から主人公が集中する恋愛の時間が「二時間」と指定されていることをまず指摘し、議論を展開してゆく。彼の関心は、明治以来の日本文学の主流をなした新聞小説を否定し単行本を擁護するロマン派の批判に対し、映画形式が持つ「社会的次元の豊かさ」、映画の成立の基本が「個人的な衝動」ではなく、「観衆の日常生活の諸条件の生理の中にある」ことを文学は映画から学ぶべきだ、と示唆することにある。

ただし、映画の受容自体、時代、地域、文化によって大きく変化する。大熊が描写する「時計も覗けない」ような観客の状態とは、歴史的に見ればその形態は必ずしも普遍的ではなかった（例えば、初期映画の観客は映画をアトラクションとして受容していた）。ただし、本論が書かれた一九三五年には日本でもトーキーへの移行が進み、弁士も激減、いわゆる映画上映空間の中級化がほぼ定着した時期に重なっていたことは指摘したい。戦時中の大熊の転向と、このような中流化した劇場空間が六〇年代の装置論やイデオロギー批評によって古典的な物語叙述のブルジョワ性批判の対象となったことを合わせ考えると興味深い。（斉藤）

【参考文献】井伊亜夫「大熊信行氏『恋愛・映画・新聞小説』への返信」『映画芸術研究』一八号、一九三五・七。大熊信行「物語性の芸術と大衆的感動」『中央公論』五一巻一一号、一九三六・一一。『文芸の日本的形態』（初出三省堂一九三七）『文芸の日本的形態―評論―：ほか』吉見俊哉監修、日本図書センター二〇一一。「国民の風俗と映画」『財政』四巻八号、一九三九・八。「告白」『ジャーナリズムの思想』鶴見俊輔編、筑摩書房一九六五。トム・ガニング「アトラクションの映画―初期映画とその観客、そしてアヴァンギャルド」中村秀之訳、長谷正人・中村秀之編訳『アンチ・スペクタル　沸騰する映像文化の考古学《アルケオロジー》』東京大学出版会二〇〇三。

①　尾崎翠——映画漫想

②　宇野千代——現代もの多難

③　深尾須磨子——観賞の心理

④　中條百合子——映画の恋愛

⑤　戸坂潤——映画の認識論的価値と風俗描写

⑥　大熊信行——映画の観衆は腕時計も覗けない

尾崎翠

映画漫想

（一）

画面への漫想家の心理

水曜・木曜あたりの夕刊をながめ、見たいと思う一握の役者の名前に逢い、しかし、見たいと思うほどのものをすぐにも見に行くにはポケットの不便な境涯だし、その道の系統だった知識には真暗だし、時評か批評のようなものをというお話をうかうか承わり、紙に向う今となって思う。映画時評乃至批評は、その道の科学者の受持ちで、一人の隅っこの観客には、後めたくて出来ないことだ。パラマウントとウフアの区別に殆んど関心を持たず、監督の好みとか特色を知らず、一監督と一俳優の有機的関係を知らず、殊に画面の何処までが監督の手腕で、何処からが役者の持味なのかをも解らないほどな、こんな一人の素人観客に出来ることは、ばらばらな漫想でしかない。

漫想とは、丁度幕の上の場景のように、浮び、消え、移ってゆくそぞろな想いのことで、だから雲とか、朝日のけむりとか、霧・影・泡・靄《もや》なんかには似ていても、一定の視点を持った、透明な批評などからは遠いものだと思う。

つまり画面への科学者ならぬ漫想家という人種は、画面に向った時の心のはたらき方までも映画化されられているのかも知れない。莫迦！　幕の上にちらちらする影の世界に、心臓までも呑まれてしまったのだ。たいせつな意識の流れの形式までをちらちらする影からもらい、（プラアグの大学生の！）もうひっ込みがつかないのだ。だから丁度登場してしまった漫想家を捕え、もうすこしその心理を映してみようと思う。

幕に向った漫想家は、画面を、もう出来てしまってる一つの世界と見るおめでたさを持ち、そぞろ心でその中を彷徨するだけで、その世界の成りたちには無神経だ。彼は映画がいろんな人々の合作芸術であることを忘れ勝ちだし、たまにそれを思い出さなければならない場景に出っ加《か》して何か疑問が浮んでも、それを解く能力を持っていない。まことにだらしのないことで、どっかその辺の女優——マッヂ〔・エヴァンス〕でも、ヴィルマ〔・バンキー〕でも、〔マージョリー・〕ビイブでも、ベティ・アアマンでも好いが、そんな一摑みの女たちにも似たおめでたさだと思う。だからこの漫想家は監督と役者の領土を知らず、必要な場合に逢っても、画面を監督の好みを役者の持味に分析する術が解らないのだ。こんな彼だから、従って次のような心理を持っている。

漫想家の視野は、だから、シナリオ・ライターがどんな夢を思いついたか。笑いと泪がどう配置されたか。沙漠のライオンがどんな欠伸をしたか。窓の外にどんな月夜があるか。やきもちと純愛がどう交錯したか。カメラがどの視角から向けられたか。そして、監督がどう役者を踊らせているか、等よりは、役者に向って向けられる。彼の興味はただ役者に懸り、彼のみる役者は、一人で自由に踊り、接吻しているものだ。そう言って好いくらい彼の視野は狭い。このことは、彼の心理を更に発展させる。

視野の狭さは、視野に入るものの細かい穿鑿に陥りがちだ。だから彼は眼だけでなく、他の全感官を役者の全身に向って働らかし始める。此処に一個の感覚的観客が生まれる。そこで、彼の各感官と役者の体軀の部分部分との交錯が始まるのだ。これを表現派の手法で撮ったら、いくらかおもしろい画面になると思う。この観客の咽喉が、餓えたチャアリイ〔チャップリンのこと〕の齧っている蠟燭の味を味わい、彼の手がピックフォオド〔ピックフォード〕のむきだしの踵を撫でているのはまだいい。彼はニタ・ナルデイの三角な爪の音を鼻で感じ、ギルバアトの四半身に漂いでた蛮性を耳で感じないとは言えないのだ。役者の体軀は彼の中でばらばらに解きほごされ、集められる。肩・笑い・腕・歯・怒り・脚・横向きの肩・胸・スカアトの襞・垢の濃淡。――阪東妻三郎は、どうも、すこし、きたなづくりの方が美しいな。薄よごれして、衿垢でもついてた方が――チャールズ・ファレルの頭は、ぼさついてた方が好いようだ――などのことを彼は考える。動きと静止。蔭と日向。餓えと飽食。激情と嘲笑。彼はすべてこれに類したことを考える。――顔の荒けずりな女優の腕は、大抵寛やかに、広く動くな。彼女の四角い顋《あご》はそれで救われるのだ。ヴァレンチノのような色男は、いつも正面向いてじっとしてればたくさんだ。動いて好いのは接吻の時だけだ、大根め！　チャアリイはやはり餓えて、寒くて、待ちぼけしてる男だ――などと考え、そしてこの漫想家は、この狭い中でだけ、役者の体軀の世界でだけ、始めて観察者になることができる。

しかし、この観察者は、どうかすると偏執に陥り易い癖を持っている。何といっても漫想出身の彼は、常に静かな観察を押し通すわけに行かないらしい。ちょっとした罠にでもはめられ易いのだ。たとえば、彼がひとかどの観察者面をして瞶《みつ》めている幕の上に、ズボンに包まれた脚が天降る。靴下でなくズボンに包まれた一本の脚。こんな風に天降らせるのも監督の領土の一つかも知れないと、彼にしても時々は思わされるような登場をし、この脚が上衣のポケットから靴の外側まで思いきり伸びていたりすると、忽ち彼の偏執は始まるのだ。彼の感官は一本の脚に蹤いて行き、幕の他の部分を観ることを忘れ、ついにこの脚に続いた上半身が何をしているのかを見えない始末に陥ったりする。彼の視野はこれだけ窄《せば》められることが出来るのだ。ヴァレンチノが接吻役しか勤めることの出来なかった程のだらしなさだと思う。そして、幅を持たない考えというものは、どうかすると一人合点に終り、錯感を起し、すべてそんなことを重ねてゆくらしい。

画面への漫想家の心は、きっとこんな風か知らと思う。

影への隠遁

隠遁などけちでだらしがないと思う。中世紀あたりの徒輩のおなぐさみでたくさんだ。だから今では「驀進」があり、しかし同時に、おなぐさみでない、すこし血色の変った隠遁が出来てしまったのではないかと思う。驀進と隠遁、何もかもが二つに割れているのだ。割れている二つが、また妙な交錯も起すのだ。だから驀進の中にだって隠遁が匿され、隠遁の中にだって驀進が潜んでいるかもしれないのだ。

声画〔発声映画〕は隠遁を許さないだけでなく、その反対のものさえ働きかけるので、いろいろ後回しにして。

静画〔無声映画〕。

世界一面を白と黒の影に作りあげ、ブロンドの鬘をいちばん白く、かざり黒子をいちばん黒く、他は鬘と黒子のあいだの色でしかない。閃白・微白・灰白・銀・灰・薄墨。数えてみれば乏しい色彩。

しかし――

ジョン・ギルバアトの一つの姿態が美しいからといって、まばたき二つで次の姿態に移り、ブリギッテ・ヘルムの胴体が蛇のように蜿《うね》っていても、せいぜい二分の後には枯木のように突っ立っている。なんしろ儚《はか》ないあぶくなのだ。

――しかし、乏しい故に豊かな色彩。儚《はか》ない世界だから確かだと考えても、それはあながち考えるやつだけの罪ではないと思う。罪の大半は地球から発散していると言っていいくらいだ。中世紀の天降りではないのだ。地球がこんなしかめ面をしていなかったその頃では、人々は何も影を追っかけることはないし、わざわざ武蔵野館の三階へ出かけて描かれた世界から恍惚をもらうこともないのだ。

ここまで馬齢を重ねてしまった地球のしかめ面は、人間に木蔭を欲しくさせる。木蔭――影――あぶく――儚――仄――微――なるたけそんなのが好い、しかめ面に遠いのが。そこで、いくらかポケットの便利な時は武蔵野館の三階でなければ猫の額のように可愛い駒込館で眼を射ないほどに疲れた画面を。でなければ、落合の火葬場から遠くない公楽キネマで、草臥れきったゴオルド・ラッシュに他で味わえない風情もあるのだ。この風情は、まあいろんなものシンフォニーだといえる。魚ごんの店さきにつるされた割引券の束が風に吹かれているのをみると佐藤氏〔佐藤春夫〕ならぬ身も、あわれ秋かぜよと言いたくなり、私ならばさんまも買いたくなるのだ。黄ろい紙の一枚に「一枚御一人限り」が二つ刷り込んである。その一つを破りとり、要らない一つを原っぱに捨て、これでもう、捨てたやつの心になってみれば、チャアリイの肩を半分見たくらいの哀愁なのだ。窓口で最後の二十銭にも等しいやつをはたき、坊やの塩せんべいと便所の香の中に坐り、そして……チャアリイ！　知ってるかい。雪を浴びた君の肩に、また雨が降ってるんだ。草臥れきったフィルムが降らせる雨の効果は……しかし君は知ってるに違いない。

声画

何彼と忙がしく、なまで、騒がしく、いろいろ肩の凝る存在。説明・せりふ・雑音で耳が何重にも忙がしい。こんな音を耳に叩きこんでもらわなくても、聴くだけは聴いてるんだ。静画の言葉の方が耳に滲みるのだ。

せりふの中味は日本人の特権として遠い処に上げておき、残るものは声の美醜だけれど、みんな大差のない缶づめ。ジャンヌ・イイグルスの二つにきれた短い笑いだけが心に残り、あとは説明の邪魔にすぎない。〔弁士徳川〕夢声の声を缶づめで妨げられたくないのだ。ただされ言葉を惜しむ夢声に、この上惜しまれたくないのだ。

せりふに時間を取られ、テンポがのろく、役者がいつまでも椅子にかけたなり同じ姿勢に留まり、そして声を吐く。——あの「形」は動物園の隣に越してしまった。だから伊達男の吐く恋の吐息は象の食後のようだ。

ただアメリカの役者の声は、男も女も幅があり、広々と低く、尖っていないことは感じられる。聞いてて咽喉を締められないで済む。

武蔵野館第四階

武蔵野館のてっぺん（まだ声画で騒がしくなかった頃の）は、ポケットの不便な時かえって誘惑を感じさせるところ。人間の心はポケットの不便なほど影を欲しいもの。前に言った隠遁ごころは、ポケットの不便な時よけい濃くなるものだ。そしてここに武蔵野館の三階から生れた第四天国への憧憬がある。最後のゲル銀貨二つ。電車賃と、三階の椅子一つは買える。（沈んで静かな想いなのだ）ゲル二つをはだかでポケットに入れ、新宿の人ごみはすこし眩しいけれど日頃の運動不足から救われ、影を追い、夢声の声を聴き、帰りは寒く、しかし電車を出て歩く頃は頭が澄んでいる。夢声の声・一本の脚・一つの嘲笑などのきれはしと共に思うことは、武蔵野館の三階はどうもすこし高すぎる。位置ではなく椅子一個代のことだ。銀貨一つで一つ半くらいの椅子は買える気軽さを欲しいものだ。それが出来ないなら三階の上に第四階を設けるのだ。同時に徳川夢声の椅子を一階か二階へせり上げ、新興第四階の屋根裏にいても彼の声に不自由しないこと。この階の椅子一個は銀貨一つで電車賃をもこめて二回買えるなど。声画は無くていいこと——どうしても加えなければならないなら三つの中一つでたくさんだ。夢声は静画に限り担当すること。

『アスファルト』〔編者註1〕『嫉妬』〔編者註2〕など

『アスファルト』

独逸人の好きな象徴癖。最も好い意味のお伽ばなし化。人造人間。群集。叫喚。そして神にも悪魔にもなりきれるプリギッテ・ヘルム。――『メトロポリス』はすばらしかった。この歎きは『アスファルト』を見た後に一しお深い。『アスファルト』の名は『メトロポリス』以上のすばらしさを思わせ、大都会・より以上のお伽ばなし・より太い叫喚に導いてしまう。しかしこの『アスファルト』はその連想に背負いなげをくれ、ただ人情劇なのだ。冒頭の大都会の描写は美しく、その中に独逸男グスタアフ・フレエリヒの交通巡査が立っている。帽子を被ったところはいくらかアメリカの伊達男たちに似て独逸男らしい影が薄らいでいるので（独逸男とアメリカ男の比較は改めてしよう）仮にあっぱれの美男子にしておき、続いて独逸の交通巡査の帽子の効果はチャアリイの帽子に亜《っ》ぐ尊いものだと思う。しかしこのフレエリヒという役者は、いったいにいくらか美しく見える時と、ただ独逸癖（外貌上の）の塊に見える時がある。こんな独逸癖はやはり『メトロポリス』の中で、神になっても悪魔になっても常に辛いプリギッテ・ヘルムによって映えるもので、ベティ・アアマンの対手では惜しい。

ベティ・アアマンの身についている甘い町娘ぶりは、総てをぼやけた人情劇風に塗りつぶしてしまうらしい。彼女は空気のある限りは何処にでも棲息している町娘の一人で、街を走ってる自動車の中でおまわりさんを籠絡する女ではなく、況《ま》して女盗賊でなく、浴槽で肩を曝らしながら煙草を吹いていても、毒のないところに毒は生れないのだ。監督もお骨折りなことだと思う。

『嫉妬』

声画が好んで扱ってきた殺人は、何か声画を作る上に離せない必要を持っているのか。見る側になってみれば、こう殺人がはやっては安心していられないのだ。無論自分が殺されるなどの被害妄想は起さないけれど、三面記事調の反覆で静画を犯されたくないのだ。しかし、多くの味を持ち、多くのひびきを残すジャンヌ・イイグルス。四角い顔と幅のある肩と、そのくせ細い体軀とその動きとが、美女ならぬ美感を持ち、缶づめでなかったら声も美しいと思う。光沢をつけない低い声や大きく動く腕の美は、この型の女のみの持つ特権かも知れない。五六人子供のあるお母さんも好いし、孤独な彷徨者も演れるだろうし、もしイイグルスが生きていたら、そんなのをいろいろ見たかったと思う。

『奈翁精神異状なし』

原名ワン・ヒステリカル・ナイト。特殊な持物のないレヂナルド・デニイなのだが……しかし一つのお手柄は――「レヂナルド・デニイ氏の原作より。何某氏並びにデニイ氏共同脚色」

このヒステリカルナイトの中でサロメが蒼ざめ、ロビンフッドは風に吹かれる旗のように疲れ、そして気ちがい病院の患者でないナポレオン〔奈翁〕の背中の肉が彼の服装を破ってとび出す機会を窺っている。気ちがい共と健康者との対照と交錯が好い。

（二）

杖と帽子への愛

フィッシェルの戯曲『チャップリン』の中の一節を、チャアリイ礼讃の字幕として借りよう。ついでながら、秦豊吉氏の解説によれば、ゴオルド・ラッシュは独逸人を驚倒させ、チャアリイの人間的悲哀と人間的諧謔は、独逸文壇にも争うべからざる各種の刺戟を与え、チャアリイを主人公にした作品さえも現われるに至った。メルヒオル・フィッシェルの『チャップリン』もその一つであるという。

もうひとつついでながら、この解説で思いだしたことは、日本にも、むかし久米正雄氏にこの種の作品のあったこと。しかしたぶんゴオルド・ラッシュ前のチャアリイ。『病床』そしてなにか横つづりの副題がつき、幕の上ならぬ病床の、扮装にくるまれないチャアリイの焦慮や悲哀を扱った佳篇だったと思う。たぶん病床のチャアリイが各国から集まった渇仰者たちの手紙を読む場面があり、その手紙のなかに、日本のクニタロオ・タカハシのひとつが混っていなかったか知らと思う。そして東洋のひとつの手紙が、病床のチャアリイの焦りと哀しみを救う。『病床』は手許にないので、この記憶が漫想のいたずらだったら両氏にお許しを乞い、次の字幕は近代劇全集を披《ひら》いて正確に写そう。

チャップリン　（秘密を打開けるように）帽子は人間を造りますよ。帽子を冠らない頭は頭です。僕が帽子なしなら、頭だけです。頭だけという事ははずかしかないが時代に適切でありません。帽子はすべてです。シカゴ迄二三時間というここで、この年に僕は君に言います。吾人は頭を持っていないのです。吾人は帽子を持っているだけです。帽子は人間を造ります。他人と区別します。（誇る様子）我輩は帽子です。

――秦豊吉氏訳――

この戯曲の作者フィッシェルの細かい触角が、いかに正しくチャアリイの帽子とチャアリイ自身をつかんでいるかは、この短い字幕の示すとおりである。フィッシェルは幾度ゴオルド・ラッシュの画面を瞶めたか（を考えるのも、閑人の時間殺しではないのだ。すべてチャアリイに関する考えごとは、時間殺しと全然縁のない貴重事だと思う）――ともかくフィッシェルは、チャアリイの前を素通りしてはいない。――我輩は帽子です――そう、チャアリイは帽子だ。彼から秘密を打明けられるまでもなく、チャアリイの帽子は彼の全身と言っていい。また、彼の創る全世界は帽子だと言っていい。

いま、ちょっとあの帽子をチャアリイの頭から借りて来て（チャアリイ！　二分間だけ帽子なしで、「頭」だけで我慢してて下さい。帽子を取った君の「頭」についても思うことがあるけれど、今は帽子で忙がしいのです、二分間だけ貸して下さい）大映しにしてみる。ながめたところ、ただひとつの、誰の頭に載っかってても差支《さしつかえ》なさそうな山高にすぎない。（おまけに金鉱地の吹雪と公楽キネマの雨に打たれ、地は毛羽だち、つばは草臥れているのだ）だから、ちょっとダグラス・マックリインの頭に載っけてみる。いけない、山高が萎れてしまう。この帽子は厭人家なのだ。キイトンの頭の上では溜息をはき、デニイの頭の上では真蒼になって怒り、ロイドの頭の上では身投げするか知れないのだ。誰にもいけない、撰りごのみのやかましい偏執狂のような帽子なのだ。いつもチャアリイの頭でなければ承知しないのだ。この偏執は何から来るかといえば、答えは短い言葉で済む。それはチャアリイがこの帽子を愛しているから。チャアリイはこの帽子への偏執狂だから。答えはこれだけだ。真実、幕の上の全世界を通じてチャアリイくらい帽子を愛している男はないと思う。彼以外の役者の頭の上で帽子が厭人癖を出すのは、彼等が帽子を愛しないからだ。だけでなく、彼等の多くは、帽子を愛するというような境地は勿論、帽子の存在をさえ知らないからだ。

チャアリイの帽子への愛は、ゴオルド・ラッシュをたとえば四分の一見ればいい（どの四分の一でも）。これでチャアリイの偏執はいやでも感じなければならないのだ。八分の一でもいい（どの八分の一でも）。十六分の一でもいい（これもたぶんどの十六分の一でも）。選ばれた幾呎《フイート》でもいい（二分間で消えてしまう長さの幾呎）。この幾呎の中で、チャアリイは「帽子は人間を造ります。他人と区別します。我輩は帽子です」という言葉が、表現派作家の頭の遊戯でないことを解くのだ。

「選ばれた幾呎」のもっとも輝いた、代表的な二つの場景を思いだす。ゴオルド・ラッシュの終りに近い酒場と、サアカスの試験の場面。この二つの場景の中で、チャアリイは、帽子への愛、偏執を、燦然と発揮する。前者では、女に待ちぼけをくったチャアリイが杖を小脇に抱え（チャアリイ！　これで君のすばらしい杖も登場した。この尊い杖を何処で登場さしていいのか迷っていたところだ）酒場ののんだくれどもの中に紛れこんで来、そして、チャアリイ！　（君のことを書いてると、いつも直接君に呼びかけたくなってしまう。病気なのだ。そしてこの病気は、君自身と君の帽子との相関偏執から来るのだ。君と帽子とはペンを偏執病にしてしまうのだ、フィッシェルならぬ儚《はかな》いペンまでも）君は、杖と帽子と君自身と三人でのんだくれどもに揉まれながら、君の好きなジョオジアの在処を聞いて回るだらう。一人一人に帽子を上げて。あれなのだ。チャアリイ！　クニタロオ・タカハシならぬ東洋のもう一本のペンを病気に陥らしてしまうのは、あの帽子の動きかたなのだ、君の指にちらと持ち上げられる。君は帽子を溺愛し、帽子は君を溺愛している。そしてチャアリイ！　偏執者二人の生んだあの場景は、一人の片隅の観客を、やはり偏執者にしてしまったのだ。その観客はいつまで経っても君の帽子への溺愛からのがれることが出来ないのだ。そして彼は、あの時君が小脇に抱えこんでいた杖をも、君と同じに愛しているのだ。

杖。チャアリイ！　あの時君は、杖をも帽子と同じに愛した。あの時だけじゃなく初めっからなのだが、殊にあの時は愛した。だから君はのんだくれの鼻っさきで杖をあんなふうに振れるのだ。まばたき一つのあいだだけ、杖は君の拳からはなれる。ぶくぶくののんだくれの鼻柱と並行にはなれる。そして杖は、のんだくれに憤ってる君の表情と同じ表現をしているのだ。憤った杖の挨拶は帽子の挨拶よりもすばらしいくらいだ。だから、あの杖の動きは、儚《はかな》いペンでは映せないのだ。君がチャップリン髭を剃り落し、上衣の身幅をばくばくにし、ズボンの型を変えたって、儚《はかな》いペンの所有者は君があの杖を二分間失くしただけの淋しさは感じないのだ。

話を戻して、「選ばれた幾呎」の中の後者――サアカスの試験の場面で、チャアリイはいよいよ杖と帽子を愛している。むずかしい面をした親方の前で、サアカスに入れてもらってパンにありつくか、追っぱらわれてパンにはぐれるかの試験を受けるところ。椅子の上と横に帽子と杖とを忘れる。すばらしい忘却。杖と帽子なしの後髪。覚醒。凮のように杖と帽子にとびつき、三つの偏執狂が抱擁する。

サアカスはいったいに前作ゴオルド・ラッシュに及ばなかったが、杖と帽子への愛の一点では前作を凌いでいると思う。

此処でなぜサアカスがゴオルド・ラッシュに及ばなかったかを考えてみる。映画の世界の科学者ならぬ漫想人種（の漫想心理については前号に書きました）の考え得る答えは、これもごく短い言葉で済む。ゴオルド・ラッシュは、ひとつの偉大な黒子を持っていた。ポテトオ・フォオク・ポテトオ。この耀《かがや》きすぎる黒子がサアカスにはなかった。これだけのことだ。サアカスの中にも幾つかの耀いた黒子はある。けれどいちばん耀いた鏡の部屋も、前作の薯の踊りには及ばないのだ。待ちぼけの孤独な彷徨者が蠟燭のあかりの中で、雪にかこまれた小舎の中で、しかも夢の中で

（女が待ちぼけをくれなかった、幸福な夢なのだ）踊らせる箸がなかったとしたら（考えても淋しいことだ）サアカスとゴオルド・ラッシュは粒揃いの二傑作だと思う。

帽子なしのチャアリイの「頭」。影の界の創り手としての「頭」は何を考えるか。それはあの体軀の持味をいかに活かすかということを。それだけを。

筋・挿話・手法・背景・扮装・付属品、すべてがあの体軀に事《つか》えている。帽子をぬぎ素顔になったチャアリイの頭は、幅狭の哀しい肩をどんなに上衣に包み、どんな挿話の中に紛れ込ましたらいいかと考える。肩よりも一段すぼまった胸をどんな想いの中に置き、どんな背景の前に遣ればいいかを考える。そして結果は幕の上いちめんを哀愁で塗りつぶすことになるのだ。これはチャアリイの体軀が哀愁そのものだからだ。貧弱な上衣は、もともと痩せて哀しい肩の助けになるだけだ。このことは彼の全身について言える。こんな考えが漫想人種の儚《はかな》い錯感だったら、杖と帽子を伴れてぶらぶらあるきしてるチャアリイの後姿に訊いてみてもいい。

ソオデスカ。ソレハ　ドウモ。ボクノ　マイタノハ　ワライデトント　アイシユウデハ　ナイヨオダ。ペツ。サイゴノオクバマデ　カゾエレル　ワライナンダ。

チャアリイはそう答える。しかし、この暗号を暗号と思えない人種は、チャアリイの撒く哀愁を笑いとばす術しか知らない。彼等の最奥の奥歯に向ってチャアリイは鄭重に杖を振るだけだ。

声画の自殺

映画とは、ただ静かな影であった。なまぐさい声を用いない豊かな言葉で語る静かな世界であった。一枚の木の葉が舗道の上をころがって行く。なまぐさい擬音に汚されない、だまった一枚の木の葉が季節を語る。厳つい靴が反対からやって来て木の葉を踏んづけても、木の葉が靴のために粉々に砕けても、その語る言葉は静かで広かった。その頃の画はなまぐさい声を吐くことを知らなかったからだ。

いま、吾々の心には、影・沈黙の塔・儚《はかな》いもの・微かなものへのノスタルヂアがある。声画がこんなにものさばってきたからだ。沈黙の領土を知らぬ泥靴め。

けれど此処に一つの声画の魔力がある。泥靴の饒舌屋がポケットに潜めていた魔力。それは静画へのノスタルヂアとまるで反対のもの、現身への被征服慾と言っていい。

ミシシッピイの無頼漢が鏡に向ってネクタイを結びながら鼻唄を呟く。楽器がたくさんの騒々しい器楽はただ耳を掩《おお》いたいだけだけれど、一人だけの声——軽い、ぼやけた、曲の悪くない唄が、無精な咽喉から鼻孔の壁とすれすれに外気の中に送られ、ネクタイがだんだん形をとってくる、こんな時、観客の声帯は、あの無頼漢について唱いたいほどには締めつけられているのだ。だから、なまぐさい声画を全身で排していたつもりの観客は、思わぬところで咽喉を声画にひっ摑まれている。そしてこの咽喉は全身からの遊離者になり、そして彼は思う。——オペラを聴きたいな、缶詰じゃなく現身から出るやつを。それから俺は、どうも幕の上のジョセフィン・ベエカアよりも、松竹座あたりのレビュウの方を好きになりそうだ。「浅草紅団」の何とかいった、あれも見たいな。影には引っ返せなくなったんだ。耳や鼻や脳味噌が静画へ隠遁したいんならそれでいい。俺は、声画の半端ななま味を徹底させた処へ行きたくなった——此処に声画自殺の仮想がある。映画である以上は影に徹した静画。でなかったら声画の声が自ら指唆した舞台の現身。

線香の煙ジョセフィン（痩軀礼讃）

ジョセフィン・ベエカアの心に残すなごりは好い。幕の上——幾日か後——幾ヶ月か後——翌年。この時の経過につれて、彼女は不思議に心の中で細ってしまう。

『モンパリ』〔スクリーン〕の幕の上で時間をながく踊りすぎる彼女は、はじめはらはらさせ、眼をそむけたい思いをさせ、亜いで飽食させ、やがて退屈させる。眼なれた人士は知らず、チャアルストンなるものを幕の上のジョセフィンによって初めて知るほどな迂遠な眼は、あの踊りから纏まった、爽やかなリズムを汲むことは難しい。「プランテエション」〔ダンス・ナンバー〕はこの眼にとって途方もなく難しい問題なのだ。だからじき舞踊が与える美感ぬきの退屈に陥ってしまうのだ。もっともこれは一九二九年のこと。『モンパリ』に刺戟されてか、むやみに女優を裸にするはやりを、まだそう色濃くは感じなかった頃の昔ばなし。

ところで、一九三〇年には（いま四月だけれど）頭のなかにそろそろ裸女映画のはきだめやエロ女優の塔ができようとしている。グロリア・スワンソンが寝台に身を投げ、天井に向ってはね上げた脚から靴下を剝いだのは、じき一昨日のことだけれど（これが当時の尖端的なエロなのだ）もう旧い昔の思いがする。その昔から明後日にしか当らない今日、ズロオスから噴きだした脚の並列を見すぎてはもうたくさんと言いたい古代心も涌く。それでいてやはり脚のために最後の銀貨をはたきたい儚《はかな》い尖端心に短銃をつきつける意力もなく、だから頭のなかに裸女の塔ができてしまい、その中の一人ジョセフィンが、時の経つにしたがってだんだん細ってゆく経路をも語りたくなるのだ。ジョセフィンのなごりは、頭のなかで次第に軽く、細くなって行く。人間——細身の杖——火箸——線香——其けむり。この作用が、当時幕の上では解くことのできなかったチャアルストンのリズムか知らと思う。或はあの痩軀で力いっぱい踊ったジョセフィン自身の持味か知らと思う。そう言えば、太った裸女はいつまで経っても頭のなかでどんよりと太っている。その中でジョセフィン一人は鋭角だ。とまれ線香の煙が消えてなくならない限り『モンパリ』は強ひて再び見ない方がいい画かも知れない。

時のもの二つ

『バンガリアン・ラプソディ』〔編者註3〕――まずサウンド映画と名づけられた音楽の騒々しさには降伏の帽子を脱がなければ。こう絶えず唸られては牧歌情調とやらも飛ばされてしまう。

娘役デイタ・パアロオを田園の自然描写の中におき、エロ役リル・ダゴフアを蒸れた室内に置いたのはいい。しかし自然描写がありすぎて退屈に陥らせ、その中でパアロオの純情役はすこし戸まどいしている。初めてみる役者なのではっきり言えないけれど、何か他の役がありそうな気がする。最後に細君になって大地に種子をぶっつけるところは、彼女と自然描写二つとも健康に輝き、退屈でない。

リル・ダゴフアはまんべんなく老巧で癖がつかめないので、この老巧に対してお詫びしなければならない。しばらく老巧者の悲哀で我慢して頂く。どっさり上げ下げしたい時が来そうです。

ジプシイのヴァイオリンひきは全身黒子だらけだ。中将夫人の寵を得ようとして弾くグロテスクな身ぶり、やきもちの表情。弾きやめた時の手つき。――独逸男アンドオル・ヘルタイ。この名前は覚えておきたいものだ。この画の此処だけに好い独逸癖を掘りあてることができる。

驃騎兵《ひょうきへい》中尉フランツ・ツロッシイ伯爵閣下――この役者の名前は取りたてて覚えなくても好さそうだ。独逸男でもアメリカ男でもないようだ、ただ、やはり、霞のような伯爵閣下のようで、たまに侵略的ドンファンのようにお見受けしますが、閣下のお眼がときどきしょぼついていましたのは、隠し化粧のおつもりで睫に粉かなんか振りかけて居られたようで（これが閣下の御交際仲間の尊いならわしでしたらお恕しを）別だん泪の為ではなかったようです。閣下。

『幸運の星』――ラッキイ・スタア――原名も訳名もお菓子のように可愛い。そして読んで標題のとおり、可愛い、おめでたい星ひとつ。おなじ主演者二人による『第七天国』とおなじ味。しかし『第七天国』に及ばない。〔チャールズ・〕ファレルはせっかくの脚を足なえでこじらしている。なんしろ幕の上で感心させられるような松葉杖には一度も逢ったことがない。バリモアの松葉杖、ファレルのそれ。役者が苦心するほど見る方はてれくさいものだ。ジャネット・ゲイナアの可憐さはピックフォオドを偲ばせ、故郷の味を持っている。今日ではこの味の女があまりいなくなったから。そして此処にジャネットの進んでゆく路があると思う。ただ佳作『第七天国』の後の『ラッキイ・スタア』は偸安《とうあん》、マンネリズムの憾みから免れない。

編者註
〔1〕アメリカ映画、原題 Asphalt、日本公開一九三〇年
〔2〕アメリカ映画、原題 The Letter Jealousy、日本公開一九三〇年
〔3〕ドイツ映画、邦題『ハンガリー狂騒曲』、原題 Ungarische Rhapsodie、日本公開一九三〇年

宇野千代

現代もの多難

このごろはめったに日本映画を見ない。七八年前、まだ大森に住んでいたころは、東京まで出るのが億劫なので、つい、近くの日本映画館で、阪妻だの大河内伝次郎だの、どうかすると眼玉の松之助だのの剣戟を喜んで観たものだったが、その頃でもしかし、現代ものの日本映画はあんまり好きではなかった。

時代ものに較べると現代ものは、詰まらなさがはっきり分る。俳優の芸の巧拙からではなくて、つまり観客のイリュージョンが、実に現実的な意味でこわされて了うかららしい。そういう点では、日本の時代ものはいつでも得をしている。いつか伊東深水氏に会ったら、日本映画の時代ものの考証が出鱈目であることを話して居られたが、どれくらい出鱈目であるかそういうことには一向智識のない私なぞは、大抵知らずに観ている。それよりも現代ものの考証、というのも変であるが、つまり現実感がぴたりと来なさ過ぎることで、どうも詰らなくなって来る。馬鹿馬鹿しい筋のものも多かったし。

話の筋も無理が多いし、セットもいかにも好い加減だし、そういう現代ものでは、ただ俳優のあんまり巧くない芸が目立つだけのような気がしたが、時代ものならば、どんなに馬鹿げた筋でも、まあ、まあと思って了う。昔のことは分らぬから、そういうこともありそうだと容易に肯定して了うからだろう。

そういう点では外国映画も日本映画の時代ものと同じだ。よくよく変な写真でも、大抵我慢する気になる。外国の事情を知らなければ知らぬほど、まあ、そんな風だろうと何でも思って了うものと見える。

つまり観客の眼鏡が、日本の時代ものと外国映画の場合は非常に度のあやふやな、曇りガラスのぼんやりしたものをかけて観ているのに反して、日本の現代ものを観る時にだけは俄然、実に精巧な虫眼鏡のようなもので、どんな欠点でも、すっかり観抜いて了うのだから堪らないということになる。

そういう点、日本の現代ものは非常に損だ。損だとも云えるし、また考えようによっては遣り甲斐があるとも言える。懸け値のないところ、日本の映画俳優は多くのアメリカのスターたちに較べて、ひけをとらないだけの腕は充分あるという説を、しばしば聴くが、俳優の腕はあって、何だか詰らぬ写真を観たような印象を与えるのは、観客の眼鏡のハンディキャップ、――もう一つ、何と言っても面白いストーリーがないという点にあるのではないか知らん。

めったに観ないのだから、あんまり大きなことは言えないが、観ていてすっとするような、頭の好い、明快なストーリーに乏しいのではないか知らん。その点、アメリカ映画の、あの軽佻さまでも平気で愛するようにさせて了う、筋の頭の好さは驚嘆に値する。

とにかく面白いストーリーがあって、少し金をかけさえすれば、いまの日本の俳優で、充分愉快に観られる写真が出来るのではないかと思う。トーキーになってから、現代もの日本映画の魅力というものは大したものだから。外国映画が、よく分らない言葉でぺらぺらぺらと饒舌《しゃべ》るところを、「あたし、あなたが大好きよ」と、実にはっきりと日本語で聴くことの出来る日本映画の強さというものは、大したものだ。いろいろと厄介なこともある代り、やって見て、一番やり甲斐のあるのも日本映画時代ものかも知れぬ。

観賞の心理

深尾須磨子

先達て神近市子氏の「女性はなぜ映画を見るか」と云う記事を読んで、なるほどこんなにわが国の女性が、映画から内的ないろいろを受けることが出来るなら、映画を見ることも大いにけっこうなわけだと、すくなからず感心させられたものである。と同時に、いやしくも映画を見るほどのインテリ女性は、すくなくともあの程度の用意と態度とを持っていてほしいものだと考える。

女三人よれば何とやらで、どうせそこにくりひろげられるのは千年一日の如き人の噂、キモノの話等は、しかもみずからインテリをもって任じているほどのおえらい方たちさえが、根が女の哀しさとでも云おうか、結局下世話の井戸端会議どころを出ないのである。そんな愚劣さをくり返す暇があったら、よろしく神近氏のように映画好きにおなりなさい。そしてあらゆる映画をとおして、女性の動向に対する正しい批判と認識を学びなさいと奨めたい。

私の知っているさる中流家庭の老婦人は、熱心な洋画ファンで孫の守りや嫁の言動にこだわっているより、どんなにましだか知れないと、盛んに洋画を見ては、会う度に一ぱしの批評をやってのけるのであるが、そのせいかどうか、その家庭までが実に明るくて、その老婦人を中心に常に笑声の渦が巻いているのは、他所目にも微笑ましい光景である。

私も映画は大好きである。新らしいものはなるべく見のがさないようにしたいと思うし、また大抵は見ているつもりである。ところで、何分にも前後五ケ年間ばかり外国生活をしていると云う経験の手前、自然や文化に対してもかなり目が肥えているらしく、それが映画を見る場合にも、他のいろいろの場合と同様に私の心を支配して、大抵のものには驚異や感興を感じることが出来ない。これはたしかに知らざるもの以上に知ったものにとっての一つの悲哀であると思う。と共に、他の人々が何ごともなく看過してしまうような隅々、裏の裏まで、一目で味うことの出来る仕合せもないではないが、とにかくどんな思い切った場面や経緯《いきさつ》に接しても、ああまた例のか、くらいですますのである。

そのかわり、たとえば巴里あたりを主題にしたものを見るような時には、思わず涙のこぼれるようななつかしさに打たれることがある。自分の親しく生活した市《まち》の街道や建物や人間が、目の前で大きく動き、なじみ深い言葉で話しているのである。そんな時には、全くうす暗いこの国の雰囲気さえ忘れてしまうくらいである。

この雰囲気、これがまた実に贅沢の骨頂ながら、私などには映画を見る上から大いに問題なのである。どちらを見ても愉しげにささやき交し、歌い交し、享楽しながらエクランと同化する、とでも云うべきそんな雰囲気を思いだすと、こちらのそれはあまりに暗くわびしすぎる。すべては幻滅である。あかりが点くと幻滅映画館を出ると尚更幻滅、しかしこんなことを口にするさえ罰当りと叱られそうな気がするから愚痴は云わぬことにする。

いつか『かりそめの幸福』の試写を見た時には、私はつい唸ってしまった。何しろまかり間違いもない巴里のサン・ラザール駅を振りだしに、今日この時代の巴里と人間とが、卓《すぐ》れた筋と配役とで活躍するのだ。あれには全く血を湧かした。〔シャルル・〕ボアイエのあの男の力と熱、あのフランス語の発音、額のはげ上っていることなど決して問題にならない。おまけに相手役のギャビ・モレ、あれが私の好きでたまらない女優で、親しくその部屋を訪ねたこともあるのだし、また三枚目のミシェル・シモン、あの道化た男とはグラン・ブルヴァールで一緒にカフェを飲んだ仲なり、すべてが一緒になって私の興奮をかきたてるのである。傍《そば》に居合せた女流画家の藤川栄子さんに、こづかれたくらい私は熱をあげてしまった。そのくせ藤川さんも、ボアイエの熱演には、たしか一週間くらいうなされていたはずである。

セットや言葉の関係、そんなものが実に微細に心に来るのでやりきれない。〔グレタ・〕ガルボと〔ロバート・〕テーラーの英語の椿姫、他ならぬ椿姫が英語でしゃべる、それだけで、見ようか、見まいか、と思案投首のところへ、近頃ダミア張りの好もしいアルトで売出している由利あけみさんがやって来ての話に、とても素晴らしい、とてもとても……と云う次第なので、つい行って見る気になり、遥々浅草まで車を飛ばしたのだが、さすがにホロリとなった。一体に現実味をねらったところもよかったし、ガルボの巧さで尽きるあの至芸の悪かろうはずはなかったが、どうも言葉が気になってしょうがなかった。アルマンにいくらお金を持っているか、とたずねるくだりなど、英語のハウマッチではどうもしっくりと来ない。どうしてもコンビアンと云って貰いたくって、実に残念であった。

テーラーどころの美男形といったのは、私などどうも好感が持てない。美しさよりも浮調子の方が鼻についてすぐに飽きが来る。しかし若い女性には美しさもたしかに一つの魅力らしい。その点映画でウンと目の肥えている彼女等を向うに回して、日本の男性は多少身じまいや行儀作法だけにでも（いわゆるおしゃれの意味ではなく）、関心を持たずにいられないのが、正直な話だろうと思う。

女優でも、年増の、たとえばフランスワーズ・ロゼエなどの完全な人生を見せられると、若いのは全く物足りない。

それにつけても、日本であんな女優は……と考えるだけでも寂しいことである。人生の味らしいものも出ない中《うち》にたち枯れてしまう。これは女とさえあればすべてを芸者なみにしか見ることの出来ない一般の罪である。単に女優のみにかぎらず、卓れた年増女を持つことの出来ぬ社会は不幸である。

見たいと思う映画はなるべく一人でしずかに眺めたい。そんな気持の私は、映画の女友だちといった特別なものも持っていない。時々の試写会で誰彼と顔を合せるくらいのものである。

『裸の街』と云う日本映画の試写を大勢で見た時、私にはそれがお話にもならぬ、いっそ不愉快なものであったに拘わらず、平林たい子さんや岡本かの子さんなどは大変感激して、ことに平林さんは涙が出たと云うのである。佐藤俊子さんなどはたしか私と同じ考えらしかったが、同じものでも見てによってそれだけの相違があるのである。

あんな映画を作ろうとする意図はけっこうだが、日本のいわゆる新派的なカラクリや感傷を、無理に立体的に、深刻そうに、より暗く見せようとしても、映画技術、俳優、文化の程度その他一切が云うことをきいてくれない。しかもあすこに出て来る女主人公にしても、日本のいわゆる女性の愚劣さ、不甲斐なさ、古さの型を見せつけられるようなもので腹立たしくなる。

同じ暗い映画でも、トルストイの『金』や『蒙古の嵐』など、思いだすだけでも身うちの引きしまる心地である。比べるだけが野暮かも知れないが。

映画の恋愛

中條百合子

近代企業としての映画は、経営の上にも技術の上にも急速な発達をとげているのだが、映画に扱われている女の生活というものは一様にある水準に止まっている。技術的にはアメリカやフランスの映画が先へ歩いて行っている部分のあることは明かなのに、映画の主題として女が扱われる時、愛人として妻としてまた母として、女の犠牲の面から筋が扱われていることでは、アメリカも日本も全く同じである。このことはこれまでしばしば注意を引かれた。有名な『ステラダラス』『マヅルカ』〔編者註1〕などでも、この社会で受身な負担のにない手である女の苦しい感情が母性愛といういろどりで描かれている。こういう映画が外国でも人々の涙を誘うのであって見れば、そこでも女の生活は、恋愛の面においてもいろいろの苦しいものを持っていることが察せられる。

観客に対する関係からでも映画製作者は恋愛のさまざまに変化ある捕え方に苦心しているのであろうが、せんだってのディートリッヒと〔シャルル・〕ボアイエの『砂漠の花園』などは中途はんぱで工夫倒れの感があった。それよりは『あまかける恋』におけるゲーブルとクロフォードとのユーモラスなものの下に語られる男の真心というようなものの方がさっぱりしていて、笑えるだけでも成功であったと思う。ぎょうぎょうしくて、しかも愚劣であったのは『恋人の日記』である。

映画における恋愛的な場面は、余程むずかしいものと思う。ヨーロッパ、アメリカの製作者たちの多くは、そういう場面となると何か特別ロマンティックな雰囲気、道具だてを必要とすると考えるような習慣からまだまだ自由になっていない。そこまでは比較的自然に運ばれて来た観客の感情がそのような場面に近づくにつれ次第に不自然な道どりに引き入れられて、いわゆるクライマックスでは一目瞭然たる張子の森林などの中に恋人たちとともに案内されるのは迷惑である。そういう点だの技術的な俗習、鈍感さは、自動車の追跡場面とともに、映画の持つ根深い常套の一つであると思われる。

『夢みる唇』〔編者註2〕や『罪と罰』〔編者註3〕の中の恋愛的場面は、それをありきたりな形に現わして説明せず、その裏の感情から画面に現わして行って十分の効果を上げていた例であるし、『巴里の屋根の下』などでもルネ・クレイルは、人間が特別なセットの中でだけ恋愛をするものではないという健全な理解の上に立って、都会生活の描写の中にそれをいかした。レンブラントの生涯を映画化した『描かれた人生』〔編者註4〕では、一人の芸術家が二様の動機で二人のそれぞれ性格の違う女に違った感情の内容で結ばれて行くところが、じみではあるが効果を持って描かれていた。

それにつけても、映画の恋愛に現われる女がはたしてどの程度まで性格的に自主的に感情表現をし、行動をしているであろうか、大分疑問である。なるほど、現在有名になっている女優一人一人について見れば、容貌にしろ髪の色、声にしろ感情表現の身振りにしろ特長がなくはないのだが、男との相対において現われて来ると、性格的なものをはっきり生かそうというスター・システムの焦慮にもかかわらず、感情の総和ではどうも女一般に還元させられてしまっている。つまり、筋書の根本のところで、女ごころの内容を、型にきめてしまっているところがあるからであろう。細かくこの点に触れて観て行くと、外国でも女優はまだ持ち味を肉体の特長とともに一般的な女的性格の上に投げかけている程度に止っており、しかも、女優自身がいわば最も自然発生的なものの上に立って演じていることについて、自覚も煩悶も持っていないように見える。最近上演《ママ》された『四つの恋愛』〔編者註5〕を観たときも私はそのことを強く感じた。『四つの恋愛』はコンスタン・ベネット、シモーヌ・シモン、ロレッタ・ヤング、ジャネット・ゲイナーという四女優を集めてこれらの女優の特色で興味をひこうとしたものであったろうが、案外に深みも味も、特長さえ大して活かされていなかった。

　日本の映画では、以上のような点が一そうきわ立って現われていると思う。日本の映画俳優は、感情表現を独特な立場から研究しなければなるまいと思う。単純な西洋風をまねたばかりでは活動写真の範囲を出ないし、われわれの日常生活の習慣が感情表現に加えている長年の制約を、演技的に止揚することは大切な努力の一つとして将来に期待されることである。

『裸の町』〔内田吐夢監督、一九三七〕を観ても感じたことであったが、日本の女優の力演の顔には共通な一つのものがある。妻として苦境に堪えて行く顔は充実して表現されるが、もっと内部的に複雑な葛藤を物語る際になると、顔は非常に消極的な役割しか演じなくなる。『裸の町』についていえば夫の留守債鬼に囲まれながら孤城のような店に立てこもっている妻の顔つきは全く内部の感情と結びついたものであって、観る者を納得させた。けれども猫を捨てる海岸の場面、駅前の小料理屋の場面などで、妻の顔は言葉を失ってどちらかというとただの女の顔になってしまっている。そしてこの場面こそ心理的には全篇の中の一番緊張した部分であった。

　ある外国人が書いているものの中で日本の民衆の顔の特徴の一つとして深刻な観察を語ったのを読んだ覚えがある。その人はいっていた。ヨーロッパの民衆は平常《ふだん》の表情はだらしないゆるんだ様子をしている者でも、何かまじめに考えたり、行動したりしようという瞬間には、その容貌が一変したようになって普通と違う緊張やある活動機敏さを示す。精神活動の目醒めがすぐそのものとして顔に出て来る。ところが日本の民衆の顔は全く特別な性質を持っていて、平常は敏活ささえ見えている顔が非常にまじめに緊張すると、かえって一種漠然としたような、遠のいたような、一見遅鈍のような表情に変る。これは驚くべきことであるといっている。なぜそのような変化が生じるかということについては社会的な原因が綿々と過去につらなっている。女の生活の現実を考えて見れば、女優が本当に自分の顔をもつまでには、なかなかのことであると思われる。日本の表情の一つとして世界に不評判なあいまいな笑いの習慣も、映画の上では特に注意される問題であると思う。

『裸の町』は、私たち素人の目では、前半、後半とテーマがわかれていた感じである。文芸映画としてのよりどころは、後半にあったと思うが、後半での妻の演技的迫力がもう一つ足りなかったので、誠意はあるにかかわらず心理的な動きのボリュームが減った。

この頃は不自由でソヴェトの映画をなかなか見ることができなくなった。現代、あっちの映画はどんなふうに行っているか実に好奇心を動かされる。アメリカその他の映画が、たとえば恋愛を扱うにしろ、社会の非合理から生じた悲劇を悲劇のまま描いたものか、さもなければナンセンス、ユーモアに韜晦《とうかい》しているもの足りなさを、今日のソヴェト映画は、どのような内容と技術の新生面を開いているだろうか。小説が通俗化せば化すほど、筋は恋愛に集注して来る。その面からだけ現実を勝手にきって行く。映画でも駄作ほど恋愛一点張りになるのであるが、このことも、映画が今日の文化の中でもっている社会性を反映して云るといえると思う。

編者註

〔1〕ドイツ映画、原題 Mazrka、日本公開一九三六年
〔2〕ドイツ映画、原題 Der Träumende Mund、日本公開一九三三年
〔3〕フランス映画、原題 Crime et Châtiment、日本公開一九三六年
〔4〕イギリス映画、原題 Rembrandt、日本公開一九三七年
〔5〕アメリカ映画、原題 Ladies in love、日本公開一九三七年

戸坂潤

映画の認識論的価値と風俗描写

映画が有っている文化的価値は、色々と声高く叫ばれているにも拘らず、実はまだ充分に認識されていないのではないか、という感がある。映画批評の大半が映画ファン的な、又は映画通的な、そうでなければ映画人の職業的関心によって制限された要するに可なり現象的な、水準のものであることは、一般の通説のようである。映画論議、映画理論、になれば、夫《それ》なりに又この点更に著しいものがあるようだ。だから近代的な現代社会に於て、映画に対する漠然とした文化的期待が大きいにも拘わらず本当に映画に何を期待しているかという点になると、あまりハッキリしないと云ったような状態なのではないかと思われる。

映画の年齢はまだ若い。映画は目下急速な驚くべき発達を閲《けみ》しつつあるが、併しまだ充分の発達を遂げているのではない。現に今日重大問題になっている天然色色彩映画は、現在の処まだ支配的になっていないが、処がこの色彩映画の一寸とした普及を考えて見るだけで、夫《それ》が映画の飛躍的発展にどんなに圧倒的影響を齎《もたら》すものであるかは、想像に余りあるだろう。そうした現に眼の前に横わっている熟し切らない宿題が、映画発達の足下にころがっているのである。一通り発達し切った他の芸術様式や認識機関とはだから話しが違うのだ。

映画批評、映画理論の或る意味での未発達も亦、だから寧ろ、当り前のことなのだ。映画の鑑賞や論議は、今日の近代生活に於ける誰しも疑うことの出来ない重大要素をなすものだが、処が一方、映画を見なくても立派に文化人として恥しからぬ教養生活を営むことが出来るのだとも考えられているだろう。今日の所謂教養ある世界は、映画をば近代文化の大事な要素だと云いながら、実は映画に対してあまり大した文化的権威を認めてはいないのだ。それで映画に関係する文化諸活動も亦、映画批評であれ映画理論であれ、あまり大した文化的権威を認められていないし、又要求されてもいない。こういうことが原因となり又結果ともなって、今日の――少くとも日本の――映画評論界は文化的に低い、というわけである。映画という文化形象が文化教養の観点から見て、あまり威厳のあるものとは見られていないので、映画に関する論議も亦、あまり文化的に高級なものではないということになっているのが、事実である。

尤も映画と云っても、その文化的意義は単一でない。今日普通考えられているものは一つの芸術様式としての映画であるが之だけが映画の文化的意義なのではない。教育映画とか文化映画とか、又科学映画とかいう言葉があるように、映画は決して単純に芸術の一様式に限られてはいない。教育映画とか文化映画とか科学映画とかいう観念を、今ここで一々批判している余裕はないが、このやや曖昧な表現にも拘らず、ここで一見して明らかな点は、この場合映画の何等かの目的の下に立つ或る方法や手段を意味しているということだ。映画は独立な一芸術様式として自己目的のものであるばかりではなく、この場合のように、単に或る一つの文化的手段でもあるのである。そして之は映画の文化的意義に於て決してどうでもよい部分ではなくて却ってここにこそ映画の文化的機能の最も根本的な部分が横わっているとも考えられる。つまり映画というものは、芸術様式であるかないかよりも先に、まず、認識というもののごく近代的な一手段であるというのだ。

映画は何よりも先に、認識手段として独特な文化的価値を持っているのだ。カメラとフィルムとスクリーンとは実在を之まで知られなかった仕方で分解して見せる。実在の微細な構造をクローズアップして見せるだけでなく（之ならば顕微鏡写真でも望遠鏡写真でもよい）、実在の運動を任意の速度で再現して見せることが出来るし（之によって破壊の物理学や弾道学の実験も出来る）、微細時間の前後関係を決定することも出来るし、更に驚くべきことには、因果律を逆行させて見ることさえ出来るこの最後の関係は、物理学者のローソンツが光線よりも早く上昇する気球を空想することによってわずかに想像し得たに過ぎなかった出来ごとだ。吾々は、フィルムを逆にまわすことによって、目的論の模型のようなものをこの肉眼で見ることが出来るわけだ。

映画の実在模写、実在認識、の手段としての卓越性に就いては、故寺田寅彦氏が深く注目していた。もし科学映画、教育映画、と云うものがあるとするなら、映画のこの認識手段としての卓越した文化的使用価値に立脚するものでなくてはならぬ。これは芸術以外のことであり、或いは芸術以前のものである。と一応云っていいが、それにも拘らず、その文化的意義と価値とは極めて大きい。

処が映画を何より先に芸術として理解しようとする人の多くは映画のこの認識手段としての価値にあまり注意を払わないのではないかと思われる。「映画芸術」という観念に初めから手頼り過ぎているために、認識手段としての基本的な映画の役割を重く見ないことになり、その結果は、映画芸術と映画手段による認識との間の、つまりこの「芸術」とこの「認識」との間のリアリズム的結合に注目しないことにもなる。その結果は又、映画芸術の芸術としての特有性をもハッキリと剔出《てきしゅつ》出来ないことになるのである。映画の芸術としての特異性は、映画という認識手段の特異性以外のものからは出て来ないからだ。文学のような芸術と科学のような認識とを別々に考える限り、認識手段としての映画と芸術としての映画との根本的な関係が判らないわけだ。そこで映画芸術は一方に於て、文学を尺度とするような芸術性に照して、切りすてられたり引っぱり延ばされたりするかと思えば、他方に於て芸術映画や純粋映画というようなものへのウルトラ傾向をも産むのである。

こう考えて来ると、映画が文化的に低級だと見做される今日の教養ある俗間常識が、どこから来るかということも、一部分説明が出来るようだ。そうした俗間常識が文化的と考える芸術は、大体に於て文学的乃至文芸的なジャンルを標準とするものである。映画が之に照して文化的に威厳がなく見えるのは、要するに映画の芸術的特色が、文芸の夫《それ》と全く別な性質のものだということを物語っているわけだ。映画の芸術的尺度は文芸の尺度とは異った認識上の特色があることを告げている。映画に文化的威厳がないのは、現代文化意識による文化の尺度が、映画以外の芸術には適しているが、映画芸術には不適当であるからに他ならぬ。

前に云ったように映画は認識手段として極めて斬新卓越な方法を提供する。之は文芸其他のジャンルの芸術の根底に横わっている認識手段を、はるかに追い越した認識手段とも云うことが出来、それ自身は文化的に優れた価値を持っている。処が夫《それ》が映画芸術となると、芸術として文化上の威厳を失って了う。之は全く妙なことだ。それと云うのも、映画という認識手段の特性が、常識によってハッキリと摑まれていなかったからなのである。

映画芸術の芸術的弱点、文化的な低級さ、につながりそうに思われる点は、すでに色々と指摘されている。映画では心理描写が充分に出来ないとか、映画は思想的な力に乏しいとか。なる程この見解は全くないものに就いて説をなしているわけではない。だが心理描写ということは小説に出て来る様式のあの心理描写のことなら、初めから咄しにならぬことだ。戯曲や劇だってそんな心理描写はすでに不可能だろう。映画は劇よりも寧ろもっとステージ的（実はスクリーン的）な心理描写に適してさえいる。劇は映画の大写しのように、顔の表情の細かな推移を観客に伝えることは出来ない。吾々が日常茶飯の間に生々と目撃している相手の人間の顔筋のあのデリケートな運動が、小説では無論のこと、劇でも摑めないのだ。心理を伝えるのに、内省的な分析による他ないと考える程、小説ずれのした莫迦げた思考習慣はないのだ。

思想性が映画に乏しいという説も、今までのブルジョア映画の製作にかかる大方の愚劣な映画の罪ではなくて、映画という芸術様式自身の罪だというなら、恐らく右と同じい感受省察上の懶惰《らんだ》なマンネリズムに過ぎないだろうと思う。吾々は観客に物を考えさせ、問題を解決して見せ、生活意欲を与える、というような映画を沢山見ている筈だ。〔編者註１〕（『白夜』という映画は――要点がカットされたが――「芸術の大衆性」という問題をギリギリと畳みかける点で到底他の芸術表現様式が敵し得るものではなかった。）――映画には映画特有の心理描写があるように（尤も別に心理描写が映画芸術の生命だというのではない）、映画には映画特有の思想性があるのだ。問題はこの「思想性」が何かということである。

最近文学に就いて、風俗文学という観念が通用しているようである。風俗文学が何を指すかは問題であるが、とにかく之は「思想」文学とか「社会」文学とかに対立させられるような気持であるらしい。文学に於て思想と風俗との対比は注目されている。一方に於て文学の思想性が話題に上せられると共に、他方では文学の風俗性が問題にされている。文学に於て思想性と風俗性とが大きな二つの要素であることを、自覚的に口にするようになったことは、文芸理論の一つの進歩だろう。要点は併し、文学の思想性と風俗性との区別対立にばかりあるのではなく、両者の文学に於ける連関になくてはならぬ筈だ。風俗的な肉体を持って現われない思想は少くとも文学に於ける思想ではなく、又思想的な可抽象性を結論しないような風俗は、なまの風俗であって文学に於ける風俗ではない。文学に於ては文学なりに思想と風俗とが交流している。

だが文学に於ける風俗性は、勿論言葉によって捉えられる他はない。（劇は別として現代の典型的文芸である小説をとればそうだ。）つまり文芸に於ては風俗自身も亦思想的な形式を以て捉えられるのである。かくて文学の形式は風俗性よりも思想性におのずから重きを置くわけで、この点で、元来文学には風俗性に徹底することが出来ない約束があり、もし強いて風俗性に強調をおこうとすると、単に思想性を弱めるということにしかならぬのである。文学の風俗主義化を、何となく批難したくもなるのは、ここからだ。

文学の風俗主義化は、通俗化と見倣されるが故に批難される。慥かに文学は風俗主義化することによって通俗化され、通俗＝低俗＝文学となる。それは決して褒めることの出来ない現象だが、併し風俗と通俗性との間の或る関係は、この際注目すべき要点だ。と云うのは、風俗は元来通俗なものだ。風俗は難解な哲学や何かではない。だから文学も苟くもその一大要素として風俗性を含む以上、つまり文学もこの一種の通俗性を初めから含んだものなのだ。だがそれだけで文学が通俗文学になるとしたら、文学は凡て通俗文学であらざるを得ない。文学が通俗文学に堕するのは、この通俗味を、強いて無理に、強調することによって文芸的真実を枉《ま》げることになるからだ。そしてこの通俗味を強調することが無理であり強引であらざるを得ない処が、文学の文学たる所以である。文学というジャンルは風俗に徹し得ないものだ。

映画は正にこの点で独特なものである。映画の本領はその形式から云って風俗描写に基いている。眼で見耳で聴く処の、この社会の実際の姿が、そのまま感覚的に、再現されるのが映画の特色である。ここで云う感覚は、文学などで考えられるあの譬喩的な意味での感覚ではなくて、吾々の本当の五官が意味する感覚のことである。之は甚だ実際的感覚であり、またありのままの形式である。吾々が五官で社会を見る時、社会というような一種抽象的な関係が、正に風俗という具体化して、見えるのである。

尤も映画の見る風俗は視覚（色彩感を含める）と聴覚とだけから出来ている。例えば甘そうなものを食うという場合の食欲の満足に較べれば、三つの感覚は捨象されている。だが風俗という世界は大体そういうもので、実際的な感覚生活から比較的「下級」な感覚を捨象した結果の認識対象が「風俗」界であろう。映画は丁度そういうものをつかむのである。だから映画のスクリーン内容は極めて実際的なものであることを忘れてはならぬ。ここに映画という認識手段と、それに基く映画芸術の特有な通俗性があるのだ。之を大衆性と呼んでもよい。又之を特有な複写的なリアリティーと呼んでもよい。とにかく之は映画でなければあり得ない処の、様式を決定する。

映画の本質はこの風俗性が徹底出来るということに存する。映画に於ける思想性も、専らこの風俗という形式を通して把握される。こういう意味で、映画の思想性は、特有な思想性なのだが、併しそうだからと云って、映画が、又映画芸術が、文化的に低級なものだということの裡書きにはならぬ。偶々《たまたま》今日までの文化意識が、映画のこうした独特な思想性を理解するに適する程には、風俗とか通俗とかいうものの認識上の意義を理解していなかったからに過ぎぬので、それと云うのも、認識手段としての映画の、文化上の使用価値が充分に考え抜かれるまでに到っていなかったからだ。

つまり今日までの認識、又芸術的認識、に於ける所謂リアリズムにあっては、その根底に横わる技術的工学的な条件があまり問題にされずに済んだので、あの状態から見ると、映画というような現実のただの実際的な複写的で写実的な認識様式は、単に低俗で卑近で実用主義的で、従って文化的に低級なものだということになって来ているのだが、処が認識の技術的工学的条件を根本的に変革した映画機能に、この見解を押しあてることは、事態を逆に持って行くことだ。映画機能が持っている認識の斬新卓越した技術的工学的条件は、芸術に於ても認識とリアリズムとの意義を考え直させるものでなければならぬ。所謂通俗性も大衆性も、風俗性も、改めてここに評価し直されなければならぬ。

そして之に従って思想性の新しい表現も亦、改めて自由に考え直されなくてはならぬ。かくして初めて、映画の文化的意義の積極性が判り、映画の文化的価値が理解され、映画の新しい文化的威厳が発見されるだろう。

重ねて強調したい点は、映画のこの風俗的特性が、全く現実の実写的な複製力に帰着するということである。この意味に於て映画なるものは認識論上の一つの大きな課題である。映画芸術の問題もこの認識論的課題の展開としてでなければ、要点は見失われるだろう。私は映画を何かレディーメードな「芸術」というものだと考えて了うらしい常識に、やや不満である。ましてその「芸術」なるものが、映画以外から来た既成の観念である場合には、愈々不満である。映画は映画芸術「以前」の処から問題を提起している。そして風俗との関係などがそこに潜んでいたのである。

映画芸術に対する鑑賞と批評も、亦常に風俗描写というものを乗具として定位づけられねばならぬ。如何なる「眼」を以てものが描かれているか、だ。そしてこの眼はただの心眼（文学的な！）ではない、正にカメラの動く眼である。風俗を捉え得るのは、この機械化された肉眼である。私は私の肉眼で人間を見、街頭を見、山野を眺める。その風物、物情、それが社会的には風俗なのである。

編者註

〔1〕ソヴェト映画、原題 Belye Nochi、日本公開一九三五年

大熊信行

映画の観衆は腕時計も覗けない

もちろん、恋愛的昂奮と芸術的昂奮とを、混同していいというわけではない。だが、一定の芸術作品を享受するために必要な時間の長さ。――これを別にいえば、一定の芸術鑑賞において、それに適当な緊張と昂奮とを持続しうる時間の生理的限度、というものがあるのではないか。この一点に着目して、詩歌の長短に関する不滅の卓見を述べているのは、わたしの知るかぎり、アラン・ポオの『詩の原理』である。が、この問題が実験的に正面から考究されている芸術領域は、詩にあらず、小説にあらず、音楽にあらず、演劇にあらず、――誕生の最もおくれた、したがってその社会的存在の最も新しい芸術領域、すなわち映画なのである。

映画が一つの芸術領域として、最も新しいという意味は、多様である。〔後段「経済学と映画芸術学」参照〔本書では省略〕〕だが、ここで指摘しなければならないのは、芸術としての映画の新しさは、その成立の基礎にある、という一点である。この芸術が、工業資本主義時代に適応した一個独自の新しい形式であるとか、だから、その生産過程における複雑なメカニズムや、高度の技術性にたいする具体的な理解なしには、理解すべからざるものだとかいうこと。これは映画論者によって、論じつくされてしまった。いい残されていると思うのは、その存在のあらゆる次元が、既成芸術のおよばない高度の社会的形式をそなえていること。その成立の意識的基礎が、創造者のほしいままな個人的衝動の中にはなくて、いわば「消費者」大衆すなわち観衆の、生活条件と生理の中にある、という一点である。

その徴候は、映画発達史の初期からして、ことにアメリカにおいて、看取できた。映画が大衆の日常食物みたいなものになりつつあるとすれば、映画生産者は、映画館の観衆がどんな心身の状態で椅子にすわっているかを、知りつくしていなければならない。アメリカ映画の悪口をいうのもいいが、いったい、アメリカの男女が、日中いかなる活動をし、そして、そのあとで、いかなる種類の気晴らしを求めつつあるかを、承知していなくてはならない。ソヴェト・ロシアにおいてさえ、大衆は何よりもまず娯しむことを欲しているのであって、映画によってプロパガンダをされるのを肯んじないという。「大衆は感動せしめられ、そうして娯しまされることを求めているのだ。プロパガンダはだめだ。」——プドーフキンはオブザーバーの記者に、そう告白している。映画館の暗黒の中にすわる観衆の一般的性質を、わけても日常生活におけるかれらの心身の状態を、知ることなしに映画を製作するのは、だから、子どもや病人の胃腸の状態を考えずに、食物を調理するようなものだ。といって、今日の映画製作者が、ことごとく十分な考慮をこの一点に払っているというのではない。しかし、他のいかなる既成芸術におけるよりも、映画では映画観衆の立場が、つまり「消費者」の立場が、芸術生活における基本的な考慮のなかに、包摂されているのである。一見して映画の芸術性を否定するかに見えるこの条件こそ、逆に映画の芸術性を充足すべき条件である。この事を知るぐらい肝要なことはない。

そもそも芸術の世界に残されているあらゆる迷執のなかで、一番古くはないが、一番大きなものは、芸術の創造が芸術家自身の衝動にもとづくものだ、という個人主義的思想である。だが、あらゆる芸術が、芸術家自身のために存在したのでなくて、社会の必要のために存在したのである、というぐらい明白な事実もない。生活および生活者を予想しない生活資料すなわち労働生産物がありえないのと同様に、「消費者」すなわち生活者の存在を予想しない芸術の社会的生産などというものは、社会的にありうるわけがない。芸術そのものが、すでに社会的な生産物であり、社会生活のあらゆる必要に適応しなければならないということは、実は生まれるときからの約束であって、自己目的をもった「純正芸術」などというような観念は、超越的ないし逃避的な個人主義的偏執から以外に、生まれようがないのだ。

幸いにして、そんな迷執の母斑だに帯びずに生まれてきた映画は、さらに幸いなことに、観衆の注意力を極度に緊張させ、かつその緊張を持続させなければやまないような、技術的条件を初めからそなえていた。ひとたび観衆を観覧席に吸収したら最後、水も漏らさぬような封鎖的な暗黒と静粛とのなかで、かれらの注意を一定時間のあいだ、完全にスクリーンのなかに奪い去ってしまうというのは、他のいかなる既成芸術も羨まざるをえない鑑賞形式ではあるまいか。観衆は気を散らすどころか、自分の腕時計を覗くことすらできないのだ。そして、このことからして、とりも直さず他の一面では、映画こそ徹底的に観衆の生理のうえに成立しなければならない、という理由が生まれてくる。

映画は何よりもさきに、フィルムの一定の長さによって制限されざるをえない、という事情を指摘したプドーフキンは、その長さを二千三百メートルとした。それ以上のフィルムは、観衆を退屈にみちびきやすいのである。フィルムが長ければ長いほど、他の条件にして均しいかぎり、与えられる内容は増大すべきはずだけれども、観衆はいずれも生きた生理的人間である。――いわば『赤と黒』のジュリアンとおなじような生理的人間である以上、映写時間が或る限度を越えて長引けば、昂奮の蓄積は、生理的・必然的に崩れて、疲労の感覚に転じ、並行して上昇した二つの水銀柱が、一方だけ停止し下降するように、映画そのもののより以上の昂奮的発展にたいして、観衆自身の内的緊張は、それに追随することができなくなってしまう。

映画芸術の形成が、根本的なところで生産者本位でなく、生活者本位または「消費者」本位でなければならないということは、――いや、むしろ両者の要求および必要の総合物としてのみ成立しうるものだということは、映画芸術の特徴であって、特徴ではない。それは真っ先に述べたように、この芸術の新しさを語るとはいえ、その「新しさ」というのは、実は総合の程度の高さにすぎない。どんな芸術形式だって、生産者・消費者の要求および必要の総合として成りたっていないものはない。建築や工芸にいたっては、日常生活の実用から離れて、それらの固有の美を発揮することさえむずかしいではないか。芸術という芸術が、どんな存在形式のものにせよ、消費者・享受者・生活者の諸条件を無視しては、社会的に存続することはできない。それが一つの鉄則であって、文学といえども、この鉄則の支配から免れることはできない。

大衆文学撲滅・純文学擁護というような掛け声が、いかに稚気にみちたものであるかは、右の鉄則の存在を認める者には、説明する必要のないことである。が、いわゆる通俗作家・大衆作家自身が、まだ多少の引け目と胸騒ぎを感ぜざるをえないというところに、問題のややこしさがある。ともあれ、作家にとって、何よりさきに必要なことは、読者と結びつくことなしに、いかなる文学も成立しうるものでない、という一つの命題の基本的な意味を、理解することである。文学は文学のためのものであって、読者のためのものではない、といったような観念から、解放されることである。「常に観衆を目安に置いて制作せられる劇の中からも、イプセンやストリンドベリイの近代劇が伸び上って来た事実を見ると、大衆文芸に僕の抱いている夢も、いつかは実現せられる日が来よう。」そう大佛次郎氏がいうのは、完全に正しい。実にあらゆる芸術領域のなかで、文学者ほど無益に自己尊厳の妄執に囚われているものはなく、自己の存在の読者への依存関係にたいして、盲目なものはない。例の大衆文学撲滅論の提唱者が、「文学は面白いものではない」という命題を説明していうところは、文学についての最も謬った思想の破片でしかない。——「もともと他人を面白がらせるために書いた文学じゃないんだから、他人が面白くないと言って文句をつけたって、余計な文句だ、いやなら読んでくれなくってもいいんだと、横柄につっぱねたって差し支えはないようなものではないか。……こんなことは、ごくごく初歩の文学入門にだって書く必要のないようなものだ。すくなくとも文学でもやろうと言う考えを持つ人間ならば初手から腹に据えていなければならない文学上の常識である。」（岡田三郎）——そうだ、これが「純文学」作家の常識なのだ、まるで貧乏職人が腰から引きぬいた古手拭みたいな。

第9章　漫画映画論

解説

渡邉大輔

アニメーションが日本国内において最初に公開されたのは、おおよそ一九〇〇年代末（明治四〇年代）頃だとされている。それらは海外製のアニメーションであり、当時は「凸坊新画帳」と称されていた。その後、大正期に入る一九一〇年代前半からこれら海外製短編アニメーションが毎年数十本ほど公開されるようになり、早くも『活動之世界』などの映画専門誌にアニメーション関連の記事が確認できるようになる。そして、大正半ば頃を境としてそれまでの凸坊新画帳という呼称に代わり、「漫画映画」「漫画喜劇」「漫画」、あるいは「線画」「線映画」「線画喜劇」などといった複数の呼称が昭和戦前期まで多様に用いられ、次第におおよそ前者は娯楽的作品、後者は教育的・広告的作品に区別して用いられるようになった（他に「描画」「絵画映画」という呼称も存在した）。

こうした中で、国産アニメーションの製作も開始され、一九一七年、下川凹天（一八九二―一九七三）、幸内純一（一八八六―一九七〇）、北山清太郎（一八八八―一九四五）の三人がそれぞれ独自に最初の国産アニメーション作品を発表し、ここからいわゆる「日本アニメーション」の歴史が幕を開けるのである。これらの戦前の国産アニメーションは、少人数の手工業的システムで制作され、実写の劇場映画とは別に、そうした長編実写作品の添え物的な上映や、あるいは公共施設や学校施設などでの教育目的での上映が一般的であった。他方で、一九二〇年代以降は、千代紙映画で知られた大藤信郎（一九〇〇—六一）ら個性的な作家も現れ始め、戦時下に入る一九四〇年代前半には、日本最初の本格的なセルアニメーション『くもとちゅうりっぷ』（政岡憲三、一九四三）や日本最初の長編アニメーション映画『桃太郎の海鷲』（瀬尾光世、一九四三）などの芸術的完成度の高い傑作が相次いで発表されるようになるのである。

さて、このようにして戦前の映画文化に定着していったアニメーションが批評的・理論的言説の対象となるのはいつ頃からだろうか。例えば、幸内らが最初の国産アニメーションを発表した一九一七年当時も、『活動之世界』や『キネマ・レコード』といった雑誌にそれらの作品評が掲載されている。とはいえ、ごく少数の例外（それらは主に映画教育関連の言説である）を除き、「漫画映画」が日本で本格的に批評の対象として認知され出すのは、トーキー移行期のおおよそ一九三〇年代初頭頃からだろう。そして、一九四一年には本書にも複数の論考が収録される今村太平が日本最初のアニメーションに関する専門書『漫画映画論』を刊行する。

本章には、まさに日本でアニメーション＝漫画映画が言説の対象になり始める一九三〇年代を中心に発表された四編の論考やエッセイが収録されている。双葉十三郎・滋野辰彦は戦前から戦後にかけて長く活躍した映画評論家であり、今村はすでに触れた通り漫画映画に先駆的に注目した左翼系の映画理論家、そして高木場務（三浦つとむ）は今村同様、マルクス主義に強い影響を受けた在野の言語学者である。論者ごとに経歴は多彩だが、執筆時の平均年齢は約二五歳。したがって、四編とも漫画映画という新分野に向ける若く清新な感性が行間から垣間見えるような文章である。

注意に値するのは、いずれの文章でも当時、最初の黄金期を迎えつつあったアメリカン・カートゥーン（アメリカ製の子ども向け娯楽アニメーション）について論じられている点だろう。知られるように、世界最初の本格的なトーキー・アニメーションはウォルト・ディズニー（一九〇一—六六）が製作したミッキー・マウスの劇場初公開作『蒸気船ウィリー』（一九二八）だが、日本で初めてトーキー・アニメーションが輸入公開されたのは、一九二九年九月五日に新宿武蔵野館で封切られたマックス&デイヴ・フライシャー兄弟（一八八三―一九七二、一八九四―一九七九）の『螢の光』（一九二九）だとされる（とはいえ、この直後にミッキーのトーキー短編も同館で初公開された形跡がある）。その後、続々と輸入公開されたアメリカ製トーキー・アニメーションは、国内の観客や批評家たちから熱烈な注目を浴び、とりわけミッキーとフライシャー兄弟の人気キャラクターであるベティ・ブープは、昭和モダニズムの消費文化の中で象徴的なアイコンと化していくまでになった。例えば、三〇年代前半頃から映画館ではアメリカン・カートゥーン数本を「漫画大会」や「漫画短編大会」と称して長編映画と併映するプログラム、あるいは「十銭漫画劇場」という漫画映画のみを廉価で上映する企画が流行した。日本の映画批評において、アメリカン・カートゥーンが特に批評の対象として見出されていったのは、その作品の完成度以上に、こうした興行的価値の高まりも大きく寄与していたことだろう。

加えて重要なのは、こうした趨勢の中で、アメリカン・カートゥーンの製作体制や表現技法が日本の映画言説において急速に「規範化」していったことである。もとより、一九一〇年代の純映画劇運動のように日本の映画人が欧米の映画形式に優位性を見出し、規範的モデルとする事例はそれ以前から存在した。だが、やはりこの時期にもまた国産アニメーションをアメリカ製のそれに及ばない「未熟」なものとみなす言説が台頭したのである（こうした傾向は、ある面では戦後の東映動画の設立まで続いていく）。むろん、こうした言説もまた、早くも三〇年代の後半には日中戦争以降の戦局の拡大に伴うナショナリズムの高揚の中で変化を余儀なくされる。ともあれ、本書収録の論考群もまた、基本的にはこうした当時の漫画映画をめぐる支配的イデオロギーの一断面を如実に伝える言説として読むことができるだろう。

【参考文献】山口且訓・渡辺泰『日本アニメーション映画史』プラネット編、有文社一九七八。田中純一郎『日本教育映画発達史』蝸牛社一九七九。津堅信之『アニメーション学入門』平凡社新書二〇〇五（新版二〇一七）。佐野明子「漫画映画の時代―トーキー移行期から大戦期における日本アニメーション」、加藤幹郎編『映画学的想像力―シネマ・スタディーズの冒険』人文書院二〇〇六。佐野明子「一九二八―四五年におけるアニメーションの言説調査および分析」『財団法人徳間記念アニメーション文化財団年報二〇〇五―二〇〇六 別冊』財団法人徳間記念アニメーション文化財団二〇〇六。津堅信之『北山清太郎―日本初のアニメーション作家』臨川書店二〇〇七。横田正夫・小出正志・池田宏編『アニメーションの事典』朝倉書店二〇一二。萩原由加里『政岡憲三とその時代―「日本アニメーションの父」の戦前と戦後』青弓社二〇一五。

解題

① 双葉十三郎「ベティ・ブープの論理」

【出典】『新映画』一九三二年一〇月号、新映画社、三〇―三四頁

双葉十三郎（ふたば じゅうざぶろう 一九一〇―二〇〇九）は戦前昭和期から平成期まで長く活躍した映画評論家・翻訳家。本名、小川一彦。東京市出身。東京帝国大学経済学部卒業。旧制高校在学中から映画評の投稿を始め、一九三四―四五年、住友本社勤務の傍ら、映画評論活動を行う。五〇年代以降、軽妙洒脱な文体と都会的なセンスでヒッチコック作品などを早くから評価。『スクリーン』での長期映画評連載をまとめた主著『ぼくの採点表 西洋シネマ大系』全六巻に象徴されるように、淀川長治らと並んで、戦後最も大衆的な認知を得た映画評論家の一人であり、九九歳で没するまで長らく健筆を振るった。

本稿は『新映画』一九三二年一〇月号（二巻一〇号）に掲載された、「発声漫画」、とりわけベティ・ブープ作品への偏愛を熱烈かつ軽妙な筆致で論じた著者二二歳の文章である。文中で当時の風俗を反映した数々のカタカナ語が散りばめられる洒脱な文章と、「田舎くさい」ミッキー・マウスよりも「都会的」で「エロテイク」なベティに好意を向ける内容は、執筆当時の世相を如実に伝えると同時に、早くも後年の著者の批評文を連想させる。まず冒頭で、ベティやミッキー、そしてカエルのフリップ、しあわせウサギのオズワルド、インク少年ボスコといった三〇年代のア

メリカン・カートゥーンを代表するキャラクターたちが多数列挙され、それら発声漫画の「楽しさ」「面白さ」の「論理」が八つの法則によって解説される。ここで著者が述べている「惰性の快感」などは当時、ディズニー・スタジオのアニメーターが規範化していたいわゆる「スクワッシュ・アンド・ストレッチ」（身体や物体を極端に伸縮させて描くアニメーション特有の表現技法）と呼ばれるカートゥーン・キャラクターの身体の「可塑的」な柔軟性にも通じる視点で興味深い。また同様に「欲望補充の快感」「自然律破壊」と著者が呼ぶような特徴もセルゲイ・エイゼンシュテインがディズニー作品に見出した「原形質性」と呼ぶ漫画映画固有のメタモルフォーゼの魅惑を思わせる。実際、著者は前年に発表した発声漫画を絶賛する文章でもミッキーに関するエイゼンシュテインの言葉をすでに紹介しており、同時代の先端的なアニメーション言説にも通じた著者の早熟の才気が感じられるエッセイである。（渡邉）

【参考文献】 双葉十三郎「音画喜劇の史的展開―及びそれに関連しての二三の考察」『映画往来』一九三一・一一。筒井康隆『ベティ・ブープ伝―女優としての象徴　象徴としての女優』中公文庫一九九二。今井隆介「〈原形質〉の吸引力―エイゼンシテインの漫画アニメーション理論」加藤幹郎編『アニメーションの映画学』臨川書店二〇〇九。赤塚若樹「ベティ・ミーツ・ジャズ―フライシャーのジャズ・カートゥーンについて」『ＰＨＡＳＥＳ』一号、首都大学東京大学院社会科学研究科経営学専攻経営学会二〇一一。

②　滋野辰彦「シリイ・シンフォニイ」

【出典】『映画探求』第一芸文社、一九三七年、二〇四―二〇七頁

滋野辰彦（しげの　たつひこ　一九〇八―一九六六）は映画評論家。本名、上田定徳。熊本県出身。『キネマ旬報』同人から入社、編集部に勤務する傍ら、自ら映画批評を手掛けた。

本稿は著者の映画評論集『映画探求』（第一芸文社一九三七）に収録された。文末に「（昭和八年四月）」という日付が

ある通り、初出は『映画評論』一九三三年四月号（九一―九二頁）である。題名に掲げられた『シリー・シンフォニー』（一九二九―三九）はディズニーが三〇年代を通じて製作していた七五本からなる実験的な短編アニメーション連作である。スラップスティックな要素の強いミッキー・マウスをはじめとするカートゥーンとは一線を画す、色彩や音響の実験とリアリズム表現を兼ね備えたこの連作は本国でもアカデミー賞を複数獲得したのみならず、当時の日本の映画批評家たちにも絶賛をもって迎えられた。例えば、まさに本稿が記された翌年に発表された一九三三年度の『キネマ旬報』外国映画ベストテンでは、一九人の選者中、八人が『シリー・シンフォニー』を挙げ、第四位に選出されている。また、滋野の他にも飯島正、今村太平、白坂由紀雄、村上久雄、瀧瀬初壽、兼子慶雄、岩野静次郎、戸田隆雄、吉岡俊雄といった人物がこの連作について論じたり、言及したりするなど、戦前を通じて漫画映画の指標的な作品の一つとなった。本稿の前半では双葉同様、ミッキーとベティに注目し、それらが喫茶店の店名や雑誌の表紙になるほどの人気ぶりについて言及しつつも、対照的に早くも「種切れとなり行詰りに達する」気配を危惧しているのが面白い。さらにそうしたミッキーのカートゥーンの特質を「音楽の形象化」と要約し、それと対比させる形で後半では『シリー・シンフォニー』におけるディズニーの実験を「音楽の視覚化」と形容する。ここで滋野が指摘しているミッキーたちの身体動作から奏でられる「雑音」が音楽として構成されるという、おそらく同時代の前衛音楽を意識した主張は、同様の内容を「トーキー漫画論」の今村太平も論じており、時代的な平行性が感じ取れる。（渡邉）

【参考文献】 滋野辰彦「『ジャックと豆の木』」『映画旬報』一九四一・五・一。「追悼・滋野辰彦」（品田雄吉「文学的な美しい文体を持った批評家」、田山力哉「映画評論界での唯一人の我が師匠」）『キネマ旬報』一九九六・一〇・一。

③　今村太平「トーキー漫画論」

【出典】『映画芸術の形式』大塩書林、一九三八年、八七―一〇三頁

今村太平（いまむら たいへい　一九一一―八六）は映画評論家・映画理論家。本名、大平（だいへい）。埼玉県出身。戦前から記録映画や漫画映画に関する先駆的な評論を多数発表。その仕事は批評家のみならず、高畑勲など戦後のアニメーション作家たちにも強い影響を与えた。

本稿は著者の第一評論集『映画芸術の形式』（大塩書林一九三八）に収録された。初出は『キネマ旬報』一九三六年七月一一日号（五八一号）・七月二一日号（五八二号）に二回にわたって「今村大平」の本名で発表された「音画美学の序章――漫画、音楽、実写について1・2」。単行本再録にあたり、基本的な論旨は変わっていないが、題名を含め加筆修正がなされている。また、五〇年の再刊版でも若干の修正が施された。

全体は三部構成で、それぞれ映画自体の芸術的存在様式の歴史的位置づけ、ディズニーのトーキー・アニメーションの映像表現、その音響・音楽表現の分析が順に論じられている。本稿を一読して感じるのは、該博な知識を駆使して、実に多岐にわたる論点からトーキー・アニメーションのアクチュアリティを剔抉していく著者の思考の鋭さであり、また同時にその議論と同時代の名高い複製メディア論や文化社会学の古典的言説との通底ぶりである。例えば、冒頭にある、中世の宗教建築から近代の活字印刷（文学）、二十世紀の複製・放送メディアにいたる支配的な芸術＝メディア形式の歴史的変遷の見取り図は、その後の映画言語の国際性の議論とともに、ベラ・バラージュの『視覚的人間』（一九二四）を明らかに踏襲したものであり、また奇しくも本稿とほぼ同時期に執筆されていたベンヤミンの複製技術論文なども想起させる。バラージュの議論は日本でもすでに一九二〇年代後半には雑誌などで部分的に翻訳紹介されており（単行本翻訳は三二年）、当時は映画知識人の間で広く認知されていた。また、著者はトーキー・アニ

メーションをそうした「映画の縮図」と位置づけ、その理由をマルクスの言葉を援用しながら「物神崇拝的な関係、人が物に従えられている文化の生み出したもの」だからと規定する。これもまたフランクフルト学派の物象化論や文化産業論と密接に呼応するものである。後半に登場するルイージ・ルッソロらの「騒音音楽」とミッキー映画の音響的演出を比較する箇所などは滋野の文章とも共通するだろう。おそらく国際的水準に照らしても遜色ないアニメーション論の古典的文献である。（渡邉）

【参考文献】 今村太平「音画美学の序章1―漫画、音楽、実写について」『キネマ旬報』一九三六・七・一一。「音画美学の序章2―漫画、音楽、実写について」『キネマ旬報』一九三六・七・二一。「トーキー漫画論」『映画芸術の形式』温故堂出版部一九五〇。佐藤忠男「今村太平の漫画映画論」『映画評論』一九七〇・六。杉山平一『今村太平―孤高独創の映像評論家』リブロポート一九九〇。入江良郎「今村太平試論―その理論と独創」『映画学』七号、一九九三。高畑勲「今村太平から得たもの」今村太平『漫画映画論』徳間書店二〇〇五。

④　高木場務「漫画映画論序説」

【出典】『文化映画』一九四一年八月号、映画日本社、二四―二五頁

高木場務こと三浦つとむ（みうら　つとむ　一九一一―八九）は昭和期に活躍した在野の言語学者・マルクス主義理論家。本名、三浦二郎。東京市出身。府立工芸学校（現・都立工芸高校）中退。その後、写植などの職を得ながら、独学で人文社会科学や芸術論の幅広い分野を考究。とりわけ時枝誠記の言語過程説を弁証法的唯物論の観点から批判的に摂取し、内容主義や表現論に基づく独自の言語論を築いた。その他にも認識論・国家論・芸術論など多岐にわたる業績がある。

本稿は『文化映画』一九四一年八月号（一巻八号）に掲載された。同誌に著者は本稿同様、「高木場務」の筆名で文

化映画や漫画映画に関する論考を数回寄稿している。本章に収録された文献の中では最も理論的抽象度の高い論文であり、題名に「序説」とあるように、全体的に映画及びアニメーションのメディウム（媒体）形式にまつわる原理的考察といった趣が強い。まず著者は映画や漫画映画が単に「動く写真」「動く絵画」として認識されることに異議を唱え、演劇や絵画など既成の芸術には還元されない、それら個々の形式的固有性を強調する。さらにその主張はカメラアイなどのより具体的な表現形式の考察に向かう。そして最終的に著者はいまだサイレント映画に比較して未熟な要素の多いトーキー映画の中でもディズニーなどの漫画映画の可能性に注目し、翻っていまだ低水準にあるとする日本の漫画映画に対して意識の向上を促している。こうした本稿の議論は、この翌年に日本公開されたアジア最初の長編アニメーション映画『西遊記 鐵扇公主の巻』（一九四二）を論じた別の論考においてより具体的に敷衍されることにもなる。この論考でも依然、著者はアメリカ製や中国製など海外アニメーションの完成度の高さから日本製漫画映画に批判的な眼差しを向けており、戦時下における国内のアニメーション言説の一面が垣間見える。（渡邉）

【参考文献】高木場務「文化映画論批判」『文化映画』一九四一・六。「絵画映画の特殊性―中華の作品「西遊記」を見て」『文化映画』一九四二・一〇。「絵画映画の特殊性（2）」『文化映画』一九四二・一一―一二合併号。三浦つとむ「〈映画言語〉説批判」『現代の眼』一九七二・三。『三浦つとむ選集』四巻（芸術論）、勁草書房一九八三。

① 双葉十三郎——ベティ・ブープの論理

② 滋野辰彦——シリイ・シンフォニイ

③ 今村太平——トーキー漫画論

④ 高木場務——漫画映画論序説

双葉十三郎

ベティ・ブープの論理

HALLO BIMBO!

ベティ・ブープのあの声をきけずに常設館の石段を降りる淋しさを想像して見給え。

発声漫画は面白い、ベティ、ビンボウ〔犬の名〕、ミッキイの愉しさと、フリップ、オスワルド、ボスコウ、等の笑いとの間には、格段の距離があるとは言え、とにかく、楽しいのは事実である。ひと呼んでこの面白さをナンセンスと云う。

だが、これは果してナンセンスの笑いであろうか？　否、決してナンセンスじゃないのだ。この笑いには立派な心理並びに生理的な原因があるのである、とナンセンスを糞まじめでこれから解剖しようとするナンセンス振りに微笑むものこそまことのひとである。

人間は、素朴なるものに対する歓びを持っている。映画の世界で云うなら、映画文化が次第に高い水準へ進み、複雑なドラマが多くなって、それに馴らされてくると、今度はそれらの間に、西部の勇士が可憐純情の乙女を獰猛凶悪なる悪漢の手から救い出す物語の作品を発見して大喜びするのである。……

人間は又幼き日の想い出を愛するものだ。暗い物陰をお化けが出るといって通れなかったあの頃、自動車や、木のお馬に話しかけたあの日、……赤ちゃけた写真を埃っぽい手文庫の中から出して眺める長閑な快さ……

かくて、発声漫画は、かかる僕らの欣びを満たしてくれるのである。

酒場で乙女が踊っている、ミッキイはいい気持になってピアノをひいている。と、突如一本足の大男が、物凄い悪漢面をして入って来る。乙女の悲鳴に振り向いたミッキイが、ピストルもってこのあらくれ男に立ち向う。いかなる隙を見出したりやけん、悪漢は乙女を淩《さら》って馬に一鞭、おのれ逃してなるものかと、ミッキイも亦、愛馬にひらりと飛び乗ると、ここに開始されたる一大追駆け。タカタカタッタ……（「天国と地獄」のつもり）

或は、ベティが寝ていると鍵穴から海坊主みたいなお化けがニョロニョロと入って来て、「恨めしや……」いくら他の部屋へ逃げて行っても、ストオブが踊ったり椅子が手を出したり、「摑えて、頭から塩をつけて食べちゃうぞ……」

人間はジャアナリスティクなものを愛する、流行を好む。それギャングだ、それファッショだ、それ心中だ、今年のスカァトはすこし長目よ、ジョオジ・ラフトは凄いわね。いいえ、今年のビイチウエアはオオバアロオルストラップでなくちゃあ駄目よ、悪く思うなよ、あらそんなモンでしょうかね。……

発声漫画はかかる流行的なものはすべて摂取する、ブリアン議長〔フランスの政治家〕を気取った演説、カポネを気取ったピストル強盗。

これらの微笑的な組立ては直接的に次の様な諸法則に基く笑いで拍車をかけられる。極く一般的なものを拾えば……

第一法則・欲望補充の快感

僕たちは魔術師でない。だから、ほしいものを直ぐ手に入れることが出来ない、こうやって原稿を書いている時、インクを垂らしてしまった。拭く物がほしい、が、あたりには何もない、で、掌を凝視《みつ》めてあこの掌が吸取紙だったらなあ！　と嘆く。これが発声漫画になると、忽ち爪をはがして吸取り紙にし絞ってはたいて、又元の通りはめ込むのである、音楽をやろうとすれば、髪をのばして絃《いと》の代りにし、肋骨を叩いてシロホンに替える。自動車がほしければ、持っているステッキを横にし、石ころを二つくっつければよい。ここでは僕らが日常に味う不足感が一切無いあるにしても、次の瞬間には素晴らしい機智で補充される。これで愉快にならずにいられる人間がいるか。

第二法則・自然律破壊

人間は物を壊すのが好きである、子供の時は貰うものを端から投げつけて壊す。大人になれば、法律を破り、或は、風紀を乱す。何れにもせよ、いつも自分を抑えつけているものを破壊するのは愉快だ。所が漫画では桁がちがう、法律とか習慣とかそんな小ぽけなものではなく、自然それ自体を小気味よく叩きつぶす、自動車が、ソーダ水屋へ入って一杯清涼剤を摂り、さア旦那出かけましょうと云う。馬が喋《しゃべ》言る。牛が笑う。机が外れた吊紐をかけてやる。「有難う」「どう致しまして」……。尤もこれらは、前法則、欲望充足の快感と一致するとも云えよう。

第三法則・ファンタジィの快感

夏の宵、秋の夕、僕たちは窓辺によって、或は、隣と共同の二間四方の物干で、どこから見ても、美しく、やさしく、センチメンタルに、まごころ籠めてまたたいている星を見つめる、恋人のある青年は、あれは彼女の瞳のようだ、と思い、そんな気の利いた道具のない者は、ああ、あそこへ行けばきっと僕を愛してくれる乙女がいるであろうと未だ見ぬ女神に涙する。もう少し違えばひとつあの大空深くわけ行って、宝石みたいな星を手にとって見たいと、タルホ氏の真似をして考える。

発声漫画はこの点でも中々味をやる、雲の上の雷の棲家から、乙女を救い出したり、空中を旅行してから流星を階段にして地上へ帰ったり、実にたのもしい。何もこう天体にばかり関する必要はない、海賊船に乗り込んで群がる悪人共を斬り仆《たお》し、お姫様ベティの君をたすけ出してもよい。又は、南欧の情熱に燃える太陽の下、血と砂にまみれて、突進してくる牛の眉間にグサと一突き、セニョリタ・ベティから花一輪投げて貰うもよかろうではないか。

第四法則・逆説の快感

人間、時には逆に物を言い逆に考えるのを愛する。逆説と改まって云わないでも、唯、かくある可き物事が正反対であることの愉快さは一入《ひとしお》である。F・アンスティの『さかさま綺譚』は鳥渡此処《ちょっと》を覘《ねら》ったものだが、発声漫画は、親子が入れ代るなどは朝飯前、汽車はとまっていて、停車場の方からやってくるのだからいい。馭者が馬に鞭打たれつつ馬車を引き、こま鼠のかわりに車をまわす人間もいる。猫が虎の声を出し、象が鼠の鳴き声をする、これで嬉しくならずには、普通の人間なら、いられないであろう。

第五法則・惰性の快感

誰の作だったか忘れたが、こんな話がある。一人の紳士がプラットホームで電車を待っていた。彼は、ホームをコツコツと、往ったり来たりしていた。ホームの端から端へ、彼は歩きつづけると、彼は、自分がいつの間にか、別なホームに立っているのに気付いた。彼は、知らぬ間に、歩いている惰性で空間を克服し、次のホームまで空中を歩いて来たのである。……という。

この話をきけば、『踊る魔天楼』を想い出すひとびとが多いと思う、ココ〔道化師の名〕とビンボウが綱をたぐって上って行くとその調子のままぐんぐん空高く上ってしまう、驚いて引かえして、ビルディングの頂上を、ペンキバケツをのせた板をかかえて進軍する。あまり擲弾兵行進曲でいい気持に歩いて行くので、今度は又空中へ行きすぎてしまう。或は、虎が踊っている中に、縞から脱けて出る、その縞が又そのままで踊りつづける。慣性の法則は人間に大変密接な関係があるものだが、これを巧みに用いて、色々な快感——笑いをひきおこすのも、右の一例で見る如く発声漫画の要素の一つである。

第六法則・機智の快感

欲望充足は正に機智によって行われるのであるが、特にこの頃で機智と云うのは、連想的な機智とでも称するものである、コップが二つ抛《ほう》られる。それをハッシと受けとめてカスタネット代りにして一曲踊り出す。或は、ベティをとりかえすのに、円陣を作って策戦をねり、爆弾をかかえて、ゴールへ突進、といった風な、とに角、その場に臨みその時に応じて、自由自在、奔放きわまる機智をはたらかせるのが、発声漫画の興味である。且《かつ》この点の優劣によって、その作の良否が決定される場合が多い。ビン坊やミッキイが面白いのは、ひとつに、この機智縦横の点にもあるのである。

第七法則、スピイドの快感

発声漫画は実に動きが多い、その上物語が恐ろしいスピイドで発展する。移動撮影なども頻りとつかわれており、その線の明快さがスピイドに乗ると実に快感を与える、『ビン坊の結社加盟』の逃走シインなどは頗るいい例であるが、何れにもせよ、発声漫画には「静」の場面がなく、絶えず活発に動きつづけるところが絶大な魅力である、ここでは自動車が、百五十哩《マイル》所か、三百哩四百哩、百万哩の速度で疾走する、野を越え山を飛び、実際凄いスピイドで疾駆する、一方物語は十分間で展開し上昇し頂点を作り下降し解決する。摩天楼のエレヴェタア、四十一階で出合い、三十一階で恋を告白し合い、二十一階で結婚し、十一階で喧嘩をし、一階の出口でさよならをしたというスピイドも、とても発声漫画には及ばぬであろう。

スピイドの現代にスピイドの発声漫画。そこでジェイク〔英語の jake=申し分なし〕なのである。

第八法則、音楽的快感

これは今更ここに並べる必要もないが形式的にくっつけておく。

で、発声漫画（勿論、現在提供されている限りの即ち米国の）の一般に通ずる性質の大体は右の様なものだが、ここで鳥渡《ちょっと》、何故ベティ物、ミッキイ物、フリップ物、オスワルド物、等に面白さの距《へだた》りがあるかを考えて見たい。

何と云ってもいいのはミッキイとベティ、殊にベティ物であるが、これらが、他と区別されるのは、簡単に云えば、1、機智の豊富さ（たとえば、ボスコウでは、蜻蛉を飛行機にする位の智慧しか出ぬ）及びあか抜けしている点、2、音楽のよさ、3、アイデアのよさ、ETC等によるものである。この問題は後日項を改めて喋言《しゃべ》るとして、最後に、ベティ物が何故一番面白いかを考えると――一つはパラマウント色がここに迄滲んでいること、ひとつには、エロティシズムが横溢していること、である。

ミッキイ・マウスはどうも材料が田舎くさいが、ビンボウは全く都会的であると云える、猟や魚釣りやピクニックの代りに、結社とかレヴュウとかダンス教授とか監獄とか摩天楼とかあらゆる都会的なものに取材されている。これが僕たちを欣ばせるのだ。同時にベティ・ブープのエロテイクなポオズや声がたまらないのである、たとえば――

化物が今にも彼女を摑もうとする、その手の下を、ベティが、例の眉毛をつり上げとんがらかして上半身を振り振り逃げまわる。お化け先生の魅力もさることながら、かかる際のベティの吸引力は中々捨て難い。

又、たとえば、一生懸命にバトンを振っている彼女のストキングがずれおちる、とガアタアが手を出してひっぱり上げる。或はビンボウに加勢して物を手当り次第悪城主に投げつけていると、衣裳の肩がはずれる、机がてれて、手を出してなおしてやる、そこで礼儀正しく「サンキュウウ」と会釈する。と、こんな所に閃めくのが又大変にあれなのである。

まアここいらまではよいとして、ココが現れてからはすこしエゲツなくなって来た、サアカスの花形ベティが、変なおやじに肩から腕を舐めまわされたり、将棋国の王様に同じ様なところをしゃぶられたあげく、怪しげな部屋へ連れ込まれたりするのは、昔の下等な煽情的活劇に一歩近づくものとして、腐らされる。

が、何と云ってもベティ彼女自体がうれしき存在なのである。窓をあけて、ハロウ、ビンボウ！　とやられると、僕たちは一も二もなく参ってしまう。

かくて、ビンボウ、ベティのチイムに幸あれ、であるが、しかし、ココの出現は僕たちを憂鬱にする。こいつはどう考えてもビン坊やベティの様に新らしいスタイルとパアスナリティを持ち合わせない。紐育の目貫の通りへ田舎者が垢だらけの着物で出て来た様なものだ。此のノッポで常識的な道化は唯画面の均衡を破り、リズムの統一をみだし、ベティの魅力を散乱させる等々、このトオカアツウン〔トーキー漫画映画〕の質を低下させるのみである。

発声映画は最初の中唄《うちうた》や踊りを主とする物が多かったが、次第に物語的になって来ている、現在ではそれは比較的単純なものである。単純であるがための魅力についてはすでに述べた。が、題材の不足その他の理由から、次第に将来はより劇的なシチュエエションを重んずる様になるであろう。たとえ、フリップの如き下世話にはならずとも、どの道、入りくんだ内容へと進むのではないか、線で踊らされる唄とおどり、それには限度がある筈だ、反復による飽満が将来される筈だ。この意味でボスコー、オスワルド、等は既に没落の過程にある。ミッキイは、創造者的な誇りを以て未だに活躍をつづけているものの、視野の狭隘さから早晩前二者の後を追うであろう。又、フリップの物語的な方向は、単に人間の俳優の行う喜劇を漫画にしたにすぎないと極言し得る以上決して賞められたものではない。ビンボウ、ベティのコンビは、このコンビなるが故の豊富なる構想と新鮮味によって、比較的長い生命を持続し得るに違いない。それにしても、早晩ひとつの転換は免れ得ないであろう。僕たちの欧洲諸国のトオカアツウンに対する興味は此処に発生するのである。

滋野辰彦

シリイ・シンフォニイ

トーキー漫画（cartoon）はトーキー芸術の発達に大きな暗示を与えるとは、すでに一九三〇年頃エイゼンシュテインも語ったことである。空間からの解放、ディスシンクロナイゼーション〔音声と画面の不一致〕とデフォーメーション、これは漫画の示した最も興味深い示唆であったが、トーキー芸術がそれを果してどの程度に取入れることが出来たか、それはまた一つの問題となるものであろうが、此処でくどくど述べるべきではないだろう。

ミッキイ・マウスやベティ・ブープは、直ちに喫茶店の店名や雑誌の表紙となって現れる程一般的になったが、現在では行詰りに立って同一地点をぐるぐると走り廻っているのは事実である。ウィットもナンセンスも、一口に云えば種切れである。殊にそれはミッキイ・マウスに於て特に甚だしかったかもしれない。もともとこれらの漫画は、ウィットやナンセンスのみを身上とするものであるから、それがやがて種切れとなり行詰りに達するのは怪しむに足りない。スラップ・スティックのギャグの種切れに相似たるものだ。

ところでもしここに、諷刺を狙った漫画が現れたとしたら、それは恐らく永久に種切れを知らないでも済むだろうと思う。なぜなら諷刺は直接社会的批判の上に立つものであるから、社会の変遷と共に新しい題材がいくらでも生れて来るからだ。勿論こんなことをアメリカ製トーキー漫画に望んだところで、無駄なことは判り切っている。諷刺漫画の発生は、むしろアメリカより日本の方が可能性を多く持ち合している位のものだ。

ミッキイ・マウスのすぐれたところは、音楽の形象化にあった、と私は思うのだ。これは何もむずかしいことを云っているのではない。ミッキイ・マウス映画に現れる動物の一挙一動、足音、鳴声、話声、それ等全体が相まって一つの音楽を組立てたという程の意味だ。私は音楽のことは何にも知らないが、一人勝手に考えるところでは、騒音、或いは雑音を組織し得ない音楽に近代音楽の資格は無いと思っている。そんな訳で私はミッキイ・マウスを大いに愛していたのである。しかるに最近のミッキイ・マウスはその一番大切な所を忘れているのだ。音より先に平凡なギャグ的動きに夢中になっているのである。大体ウォルト・ディズニイのギャグ的動作もウィットもナンセンスも、マックス・フライシャーのベティ・ブープほどは面白くないものだ。ベティ・ブープはミッキイ・マウスよりも、その容貌の異るにも似て、遙かに洗練された近代的感覚の所有者である。ミッキイがベティとウィットの鋭さを競っても、それは到底勝負にはならない。ありきたりの言葉で云えば、ミッキイは泥臭い野鼠にすぎないし、ベティはソフィスティケートされた都会の女なのだ。

シリイ・シンフォニイはディズニイの良い半面が現れた漫画である。平凡な、時としては愚劣と思われる最近のミッキイ・マウス映画のギャグが見られないばかりでなく、ディズニイの志したのはウィットやナンセンスでなくファンタジイだったのである。私の見たのは『森の朝』（Flowers and Trees）『人魚と海賊』（King Neptune）『蜂熊合戦』（The Bees and Bears）の三本だが、その中で最もすぐれたものは『森の朝』であった。『人魚と海賊』『蜂熊合戦』には未だ動きのおかしさにこだわったところが残っているが、『森の朝』ではウィットもギャグも、色彩、音楽、清純な主題と相まって、更に高くファンタジイへ昇華している。たまたま最近の『キネマ旬報』誌を見ると、飯島正は「欧洲映画の新声」と題した文章の中で、アレクサンドル・アルヌウがルネ・クレエルとシリイ・シンフォニイとは共通の感じを持っていると述べたことを紹介しているが、これは大いに我意を得たるものであった。

トーキー漫画がファンタジイにまで発展したことは、計らずもミッキイ・マウス映画その他の行詰りに一つの打開策を教えるものだが、シリイ・シンフォニイ、特に『森の朝』を見て私の感じたことは、やはり音楽の視覚化ということだ。これはすでに音楽批評家、映画批評家諸氏の述べたことだが、音楽はトーキーとなって、始めて内容をはっきりと表現する。元来音楽は甚だ抽象的なもので、極端に云えば聴く人々によって、印象も解釈もことごとく異るものだ。しかしそれが視覚化され、形象と結びつくと、どうしても具体的な内容を生じない訳には行かないのだ。シリイ・シンフォニイは明らかにそれを教えているものの様である。

色彩がディズニイのトーキー・ファンタジイに、大きな力となっていることは云うまでもない。現在までの技術的成果では、色彩は映画のリアリティを薄弱にする。勿論将来は、音がリアリティを深めた様に、色彩も映画の現実性を高めるに至るだろう。シリイ・シンフォニイの場合は、夢幻感を増すために着色されているのであるから、不充分な技術の発達もいささかの障害となっていない。極彩色漫画という文字から受けるケバケバしいあくどさは、どこにも無いのである。

（昭和八年四月）

トーキー漫画論

今村太平

言葉というものなしに、人間の如何なる印象概念思惟も形づくられぬということが、文学の支配力の根拠であるかどうかを考えてみなければならぬ。主観とは結局、その内部でたえず会話を続けている一機能であるから、すべての精神的な生産方法は、実はこの内部的な会話の方法如何にかかっている。なにごとか感じたり考えたりしていることは心の対話である。この言葉の対立がやむとき意識は無意識に変じる。このダイアローグという言葉の対立は実はあらゆる自然界の対立のいちばん高いものであって、ディアレクティクという観念もここから生れる。従って言葉はいわばあらゆる観念の細胞になり、それをただちにあらわす文字による芸術が人間表象に対して最も広い自由な主張をもっているのも当然であった。そのうえ文字はそれ自身において、ことに漢字のような形式では色彩、音感覚、造型感覚の統一体になっている。表象が言葉になり、言葉が文字になり、文字が活字の形で類型的にあらわれるまでにおいて、たんなる音声がしだいに複雑な世界概念を包括して行き、世界像が絵画から図式になって行く歴史をもっている。だから文字は人類の全感覚的な濾過をうけたものである。ところで文字が活字という大量生産の機械的な産物になってから、文字を仲介とすることがほとんど絶対なものだという意識がおこった。私は文字をそれほど絶対と見ないのである。それは文字だけが言葉の形態化ではなく、音楽や造型的な手段によるものも言葉の一形式と見るという消極的な事情によるのではない。実に映画やラジオのような一時に数千、数万、あるいは数百万の人に呼びかける手段があらわれたという事実による。この事実は活字的手段による言葉の伝達方法が歴史的だということを証拠だてる。そして文学のこれまでの支配力は活字的手段による支配力の結果だったのである。もしも新らしいより高度な社会的必要が他の伝達手段を要求するとなると、その手段にもとづいた芸術形式の支配がおこってこなければならぬ。文学が滅びるかどうかという問題ほど馬鹿げた問題はないが、しかし芸術手段の歴史的な交替という問題ほど重要な問題はない。なぜなら映画形式の考察はそれが文字性の芸術形式との歴史的な交替を考えさせ、あらゆる芸術形式の転換を示すからである。

文字性の芸術の永久の支配という観念は映画、ラジオなぞのあらわれるまでの一世紀以上の間、活字印刷の大工業化の上に生れた錯覚にすぎない。文字の支配力が絶対形式のようにたかまったのは自然主義の時期と一致し、それは芸術生産と鑑賞の一番つきつめた個人主義的形式とも一致する。一人で書き、一人で鑑賞する。すこし過去にさかのぼれば、もはや紙の大量生産も活字の使用も行われなかったところでは文字性の芸術形式はなんらのへゲモニイももっていない。

かつて建築が芸術形式のへゲモニイを握ったことがある。中世の礼拝的な社会関係をあらわすものとして日本でも西欧でも壮大な宗教建築及び造型的な手段が支配的だったことがあった。十七・八世紀の古典主義的な思惟に適合したのは劇であった。小説が支配的になったのはごく近世のことであり、文字が規格的に機械的な手段で広く行き渡るようになってからのことであり、しかも文字性の芸術を普及させた力強い準備はあの義務的な市民社会の初等教育制度の完成にもとづくよりほかはなかった。

文学形成の歴史がきわめて永いことは認めぬわけには行かないが、それは結局あらゆる具体的な感覚を集中してアブストラクションして行ったものであった。これに対して映画という芸術形式は反対に文学形式にまで抽象されて行った具体的感覚の新たな解体を意味する。フィルムを新らしい文字とするときそれは明かに原始社会のあの絵文字の発展形態である。それは極度に具体的な象形文字として再びあらわれている。二十世紀はフィルムという新たな「原始的な絵文字」から再出発しようとしているのだと考えていい。映画の驚きは文字があらゆる感覚をアブストラクションするのに数千年かかったところを、僅か半世紀かそこらでもはやあらゆる芸術ジャンルの諸特性を集約してしまった点にある。文学という形式では一人が書き一人が読む。それはいつでも個人の内部のあの対話の形で進む。ところが映画は集団が書き集団が読む。映画という芸術形式は個人主義的でなく、いちじるしい教育的等差を要求しなかった。文字を知らない人がフィルムの文字を理解することができ、しかもそれはその国際性から、いままでの文字や言葉の国民的障壁をとりのぞこうとする。それは小説の形式を栄えさせた歴史と対立する。

トーキー漫画の絵

トーキー漫画は映画がになおうとする新らしい歴史について、フィルムという新たな文字の性格について、いちばん率直な意味を語っている。トーキー漫画は映画の縮図であると見ることができる。

「他のすべての世界が静かに休止しているように見えるとき、陶器と卓子が他のものを鼓舞しようと踊り出したという話を我々は想起する。」

それはトーキー漫画のなかでひとつの事実になってしまった。私はどこかの映画館のショウ・ウインドウでワルト・ディズニイの原画を見たことがある。なんの変哲もない漫画にすぎない。それをいつまで見ていようとすこしも魅力がない。それが一度スクリーンで動きはじめるや否やもう全世界の仕事に疲れた人々をとらえてしまい、あの陶器と卓子の踊りによって楽しい鼓舞のなかへ誘いこんでしまう。紙とインクのただの物がこれほど神話化されてしまうのはなぜだろうか。あらゆる俳優の演技にまさった紙の上の鼠や犬や家鴨が人間をとらえ讃嘆させるのはなぜだろうか。これは明かに物が人々を支配する社会にふさわしい芸術形式である。トーキー漫画の創造力はアメリカのような高度な資本主義の、あの物神崇拝的な関係、人が物に従えられている文化の生み出したものである。

それゆえ、トーキー漫画のあの楽しげな空想は最も現代に密着した性格をもつ。それは芸術のなかに、現代の「物の支配」の観念を鮮かにもちこんだものであって、その強度な観念が戦後の絵画や音楽の新方向をよせ集めて急進しているのである。

まず漫画の表現では第一に物体の動きのダイナミズムが愛されている。そこではミッキイ・マウスが弾丸と同じ速度で走らなければ面白くない。ポパイの拳骨は爆弾のような衝撃をあたえる。自転車で空中を飛び、玩具の馬がロケットになってしまう。海狸《ビーバア》の尻尾を廻すとそれはモーターボートのように水上を疾走する。闘牛が流線型の電気機関車のように追っかけてくる。つねにそこで愛されているのは最大のスピードに赴く事物の運動である。運動の快感がこれほどラジカルにあらわされる場所はなく、劇映画のなかではるかに静止的なものがすべてアンダンテからプレストへむかっておびきだされてしまう。その運動感がはげしいほど漫画は神話的になり我々を鼓舞する。

このはげしい運動は映画のあの固有な時間美の自己主張なのである。そのためにそれはつねにもっとも厳格なリズムに支配されねばならない。そのリズムをあらわすために音楽が必要とされ、しかも音楽の拍節は影像の動きと切りはなせない。それではこの正確なリズムにもとづいた運動は如何なる運動であるかといえば最も無意味な運動なのである。その運動は決して運動の論理に従ってはいけない。現実の運動の因果律がすべて否定されるときこそ漫画はもっとも楽しい。大砲から弾丸が発射されてはつまらない。しかし河馬《カバ》の口から砲弾が飛び出すと楽しい。けれども砲弾がミッキイのそばにきて炸裂したらつまらない。それはゴロゴロ転り乍ら、ミッキイを追いかけ、木の上まで登ってきたりすると愉快である。

ピストルの口から弾丸が出ても笑わない。けれども尻から出るから楽しいのである。ある点でこの因果律のあらゆる無視は、現実の必然性におしひしゃがれている黄色い顔をした人々を大いに喜ばすことだとみることができる。漫画の楽しさはいわば現実の蹂躙である。それゆえしだいにそのことが一つのクリティシズムを受胎する。

トーキー漫画を現代的な神話と考えてみよう。するとそれは古代の神話とどこが違うか。ギリシャ神話では空想は頭脳の中だけにしか存在しなかった。しかし漫画では空想が頭脳の外に存在する。人間のあらゆる野放図もない空想を実在の世界がへきえきする形にして可触の事実においたのはトーキー漫画である。昔の神話は形而上的であり現代の神話は形而下的であるというところに根本的な違いが生れている。すべての神話は想像によって自然力を克服し、支配し、形成する。そこでそれらを現実に支配すると共に消滅するといわれているが、ギリシャ神話の万能の神たちは想像で自然力を克服しようとした人間力にすぎない。ところがいまでは高い生産力がそのような想像を消滅させてしまった。いまではヴァルカンのかわりにモルガンやロックフェラアが立ちあらわれ、ジュピタアのかわりにおそらくウエスタン・エレクトリックのような資本が支配し、ヘルメスのかわりにナショナルシチイ銀行のようなものが采配をふる。人間の現実の支配力がギリシャ神話のような程度に達してきた。我々は現代に住みながら現代の物質支配力に驚く。

ヴァルカンのように巨大な工業資本が支配し、ジュピタアのように電気企業が国の隅々まで網の目をくりひろげ、ヘルメスのように五つの大銀行が富を集中する。トーキー漫画は小さな領域であるけれども、その神話の性格はこの高度な機械工業社会の理性を反映せずにはいられない。その理性は映画の芸術的な理性だとも言えることである。

漫画のファンタジーはそれがどんなに荒唐に見えるものでも昔の神話のように勝手に作り出すわけには行かない。というのはトーキー漫画の空想的な活力が興味をもつには、それがますます数理的に計算されねばならないからである。ここでは動きや形態は厳密に計算されるほどファンタスチクになるのである。ディズニイのどの絵でも見るならば、それは動物と人間の正当なデフォルメーションである。あの性格的なプラトーやドナルドは、犬や家鴨の形態学をもっている。それは動物の動作の分析である。あらゆる物がここでは動く必要から一度その部分部分に解体され、そしてあの立体派のようにそれが再構成される。漫画では空想が現実的になるために絵の技巧の上で知らず知らずキュービズム的な欲望かうごき、すべての物をその本体らしい線の問題にまで追及する。この実物に対する意識的な変形と、その反面における幾何学的に正しい再構成はあきらかに戦後〔第一次世界大戦〕の絵のテーゼの上を動いているのである。

つぎにその運動が最も華々しく見えるときには、現実の運動の因果律や必然性を否定しているのだが、この否定は運動の因果関係を認識してはじめて生れる。ミッキイを人間のように歩かせるには人間の歩行や動作の分析がなくてはならぬ。それゆえ、漫画の基礎は事物の科学的な観察である。それが精密であるほど空想は魅力的にひろがる。嘘が嘘であるほど科学行為がそれを支持する。カルトーン〔cartoon〕の動きの美しさは厳密に数理的感情に支配されるから、漫画の美学は一つのシュプレマチズム〔抽象画のスプレマティズム、至上主義〕をはらんでいる。従って漫画の想像力ほど科学技術の発達にたよるものはなく、人がそれによって現実を克服し支配するほど想像が散大するわけだから、昔の神話とはまったく逆になってしまう。漫画の動きはどんな突飛なばあいでも一定のリズム感をもっていなければならぬ。あのリズムの快感は実にあらゆる自然な運動のリズムの表明なのである。そこで最も馬鹿げた行為が生れてもそれが物質世界の定律を無視したことはなく、運動の因果律を無視したことはない。一つのカットに続く次のカットへの一種の法則。それがミッキイやドナルドを動かす。それは行動を通じて運動の因果性の表象を作りあげて行かねばならぬ。

超現実主義的な絵の実験『生命の悦び』では人間の両性が線によってアブストラクションされている。絵を複雑に動かす必要からトーキー漫画では画家が技術家的になり、その創造を機械的な生産過程に近づける。作者が表現的であろうとすればするほど同時に科学的にならねばならぬということがトーキー漫画では強く感じられる。いまや絵画を動かす必要から、ディズニイの製作所でのように五十人以上の美術家の分業を必要とする。それはいわば美術を産業化する行いである。絵画がここでは数十百人の大きな工業的な協同作業になる。協業が大きくなるほど絵の運動するリアリティも大きくなるのである。

芸術の創作方法にいろいろの形で科学的な理論をあたえようとした今世紀の欲求とトーキー漫画の間には少からぬ共鳴があり、絵としてみるとそれはほとんど戦後の美術のなかにあらわれたセオリイの綜合だと見ていいものだ。シリイ・シンフォニイの色彩の運動する効果はカンディンスキーのセオリイの継続である。(『森のカフェ』における金管楽器の吹奏と、背景の色の変化なぞはその著しい例である。)絵を静止から解放しようとしたハンス・リヒタアなどの試みや、カンディンスキーの「劇的コンポジションをもった絵」の目的にしだいに近づいて行く。動きのためにすべての余計なデテールをとり去ることによって人間と動物はカルトーンではキュービズムのように甚だしい幾何学的単純化——円形または円筒形の接合になろうとする。トーキー漫画はあらゆるものの最も単純な線と形を探究する論理学である。シリイ・シンフォニイは同時に色彩の心理学を追求している。恐怖や喜びや悲しみをあたえる色彩の感情をさがして歩いている。

しだいにそれらのことが漫画を漫画でなくして行くだろう。それは新たな造型美術の形式を開いて行くだろう。静止的な絵画から運動する絵画への岐路をそれは暗示する。トーキー漫画の大衆性は大衆がそのなかに新らしい問題を見ている証拠である。

トーキー漫画の音楽

今世紀の初めに未来派のルイジ・ルッソロがブルイチスム〔仏語 bruitisme、騒音主義〕と称する音楽を公開した。彼はタイプライター、ミシン、汽笛、モーターなぞの生産要具だけでなにやら新らしい音楽的アンサンブルをあらわそうとした。「彼は現代生活の力単性の〈真実の音楽的表現〉を見出そうと欲した。彼は音楽のなかに新時期を画するために、そのロマンチシズムとセンチメンタリズムとを完全に破壊しようとした。」

とマーツァ〔旧ソ連の芸術学者〕は言っている。この実験はそのままトーキー漫画のなかに生きのびてきているのである。絵画と音楽というこの全くはなればなれの二つの芸術形式を結合してしまったという驚くべき事情はさておいて、漫画音楽がアメリカのジャズと提携しながらいままでの楽音の構成をぶちこわしてしまったことである。漫画のなかではブルイチスムのようにあらゆる生活器具が個性的な音響を発している。たんなる物が器楽になって音楽生活にはいりこむのである。この極度に物体的な音が、まだ器楽や声楽の音に依存しているとしても、もうここでは音譜にもとづいた過去の音楽構成はくずれかけてきているのだ。大ていの人は『ミッキイのグランド・オペラ』を見て笑ったことであろう。

鶏が露台に出てきてあの自然に、ときをつくるときのままの姿勢でジュリエットのまねをする。その下では水兵服をまとった家鴨が、ガアガア鳴きながらロメオの真似をする。この非美音的な二重唱は真に天才的である。人々はこれを大笑いしながら眺めるうちに歌劇『ロメオとジュリエット』の美音に知らず知らず対立していることを知らねばならない。この目茶苦茶な歌劇が面白いほど、すでに古くなったオペラの形式が邪魔になりだしているのである。

トーキー漫画は自分で気づかずにあらゆる既成の格を破るような新らしい意味を提出して大衆を教育しているのである。ここでは美音的であることはすこしも必要ではない。たんに美音であることは邪魔っけでさえある。音のアンサンブルはかき乱され、ハーモニーは不揃いで矛盾に満ち満ちている。その証拠に漫画の音楽をレコードで聞くときはきわめてつまらない噪音にみえる。ただリズムだけを厳格に監視しながら、いままでの音楽にむかってはどんな嘲弄をも許すのである。そこでは動物の非人間的な声で人間の声楽のメロディが否定されてしまう。人間らしい声ほど漫画ではつまらない。我々が日常、雑音として聞きながし、騒音として耳をふさいでいた音楽がむしろ漫画では楽音らしくなる。いままで楽音のなかにさがし求めていた美音の意義が顚倒する。

ミッキイ・マウスがピアノをヴィルチオーゾ風に弾奏することにはなんらの意義もない。ベティ・ブープのつまらなさはその人間らしさにある。彼女がベビイボイスで唄う歌は写真的で正常なのでつまらない。ところがプラトーやドナルドに対する人気は彼等が犬や家鴨として動き、あらゆることが人間の世界との矛盾を示すからである。彼等は動物らしい行為によってあらゆる人間らしいでき上った行為を批評する。そしてその動物めいた目茶苦茶な音楽が人間の音楽を批評するのである。この批評は、音楽的にはアメリカのジャズとヨーロッパの交響管弦楽との対立なのである。ジャズでは、従来のオーケストレーションとソノリティが破壊され音譜のシステムを失ってきている。それはときにコンダクターを失い、そのうえ演奏者と聴衆の厳格な境界をなくそうとさえしている。聴衆が演奏者に働きかけ、随時の即興的な曲が奏され、聴衆が演奏者のなかに侵入する。それは音楽を再び空の高みから民衆の生活のなかへひきずりおろそうとすることである。これは演奏会用のシンフォニーが目指したことであった。教会音楽に対するあらゆる市民的形式の音楽が標題的演劇的方向をとったことは疑いない。音楽の宗教的なファッサアド〔ファサード〕を拒否したのは合理主義の世界観であり、それが自然主義文学を生んだ。自然主義の音楽様式が目に見える形象へ近づいたのは不思議ではない。貴族趣味に従属してしまったイタリーオペラのアリオーズ様式に対して挑戦したベートーヴェンの交響管弦楽曲が荒々しく粗剛な自然の響きを直接反映して、概して標題的になろうとしたのは当然である。

音楽が、ペーター〔ウォルター・ペイター〕の「他のものになろうとする努力」を続けたのと、絵画がまたその空間的絶対形式を破ろうとしてきたのとが映画では総合される。音楽形式として見たトーキー漫画ではその十分間のなかで、音楽が絵画化され戯曲化されている。そして高度な器楽文化の否定を含んでいる。これは映画の音楽全体の本質に関連する問題である。

トーキー用のマイクロホンはまだ自然のあらゆる微妙な音をとらえるほど敏感ではない。それゆえ普通の映画でも古い美音の原則と画面の形象の音響とが矛盾しあい傷つけあう。汽車のシリンダーの音や太平洋の波や風の唸りはレコードのオーケストラのなかの各楽音の区別ほどもはっきり区別されぬ。マイクロホンの感度が尖鋭でないことが観客を鈍くしておくことを許し、技巧的なオーケストラの音で自然音の微妙な表現を殺してしまわなければならぬ。結局、トーキー漫画のあたえる教訓は雑音や噪音の研究なのであり、これまでの美音の限界の外に出たものの探究である。映画ではやはり一種のブルイチスムが生れかかっている。機関銃の音はチンパニイの連続打音よりも快い。そのときチンパニイで機関銃の擬音をあらわすことはなんの意義もない。

飛行機の爆音はコントラバスのぜん動と違った、しかし同じような効果をもつ楽音のなかに入ってくる。新らしい物自体音についての音楽的な調練がトーキーでは行われていると見るべきである。

トーキー漫画の音は器楽の音を生活器具の音にもっとも早く意識的に近づけているものである。誰が鶏や家鴨の声がヴォカルのなかへ入ってくると考えたろうか。しかもそれは声楽的であるから素晴らしいのではなく、実際の動物らしい声だからむしろ声楽的であったのだ。『骸骨の踊り』のシロホンの旋律は、画面ではただ骨の打音として聞かれるからかえって旋律的なのである。漫画の音楽はやはり絵のばあいと同じく現実音のひどいデフォルマションであった。あらゆる雑多な生活のひびきがそこにあり、サロン的演奏会的な抒情主義が否定される。音楽の浪漫的で感傷的な正面性にそれは最初の打撃をあたえる。

この方向をとるとき従来の管弦楽的構成が変らねばならないことは言うまでもない。トーキー漫画がシンフォニイオーケストラと結合せずジャズと結びついたのはこのためである。

楽器のなかでは手工業的な弦楽器が主体の位置を失ってきている。工業のなかで最も主体的な金属工業の高度化によってトランペットやホルンなぞの管楽器が主体化される。室内楽的な器楽が、遠方へ響き渡る、咆吠するようなダイナミックな楽器に変る。トーキー漫画における、あのひねくれたおどけた、かん高い音や、威嚇するような低音や、いろいろの突発する断音はいずれもこれらの吹奏金属楽器の金属板の震動なしには生れない。

高木場務

漫画映画論序説

映画は「動く写真」であると云い、映画の本質がその「動く」ところにあると見るのが一般のならわしである。一見判り切った事実のように思われるけれども、これを軽卒に映画理論に持ちこむのは、映画機構の研究ならばいざ知らず、充分反省する必要があると私は考えている。セルロイドベース上の形象はつねに動かない。スクリーンの像は点滅するだけである。ただ顧客の視覚に於いて「動く」幻しを感ずるにすぎないことを忘れ勝ちだからである。

漫画映画を以て「動く絵画」と見る理論は、第一にこういう陥穽に墜落する危険を含んでいるばかりでなく、これを以て「新らしい絵画」とする見方も必ずしも妥当ではない、普通のスタジオ映画を以て、新らしい演劇であり古いかたちの演劇を否定すると考えるのと、その軌を一にする行き過ぎである。これらは、キャメラを向けられる対象と、キャメラに記録された形象との連関のみに気をとられて、その各々が独立して存在する芸術であることを忘れているので、「新らしい絵画」「新らしい演劇」と名づけられるものは、作らるべき映画との交互関係に於いて古い形式を脱したキャメラの対象それ自体を指すべきなのであり、映画はあくまでも映画であり、演劇でも絵画でもない。こういう理論の基礎に於ける混乱を先ず除くことが、映画論を正しい軌道にのせるために特に大切であると私は強調するものである。

人間の空想を記録する方法はいろいろあるが、その形象を直接キャメラに収めることは出来ないから、何等かの形式に先ず一応表現して、キャメラの対象をつくり出さなければならない。この表現物自体は一つの芸術であるけれども、映画の立場からは一つの「中間連鎖」に過ぎないのである。これはシナリオ――コンテ――舞台といくつもの連鎖を必要とする場合が多いけれども、それぞれの表現物はそれぞれの作者の立派な芸術であって、独立の存在である。音楽に於ける楽譜、建築に於ける設計図なども、「中間連鎖」であり且《か》つ芸術であって、音楽は楽譜の否定でもなければ、建築が「新らしい絵画形式」であるわけでもない。映画に於ける「中間連鎖」としてキャメラの対象とされるのは、空想の風景の代用として現実の風景の一部分をあて、人間の生活は俳優を用いてセットで演じさせるという方法によるものが普通となっている。しかしこの「中間連鎖」のうちでもスタジオに組まれる舞台面では、映画の記録を予想して創作されるために、普通の演劇と異った形式を持っていて、いわゆる舞台上の約束の限界を突破してしまっている。舞台の「枠」それ自身が観客の「枠」である演劇と、舞台の中に更にキャメラの「枠」が切られ観客に与えられる映画との限界のちがいである。相異は単に限界に限らない。

このキャメラの対象となる「中間連鎖」は、舞台ばかりではない。スクリンプロセスのように映画が用いられることもあり、絵画や人形や彫刻などが使われることもある。これを二大別して、作者の空想に於ける動きをそのままあらわしている連鎖物（動物とか俳優とか、自然の流れなど）と、現実に動かない連鎖物（人形のうちでも操り人形は前者であるが、普通の人形はこれに属する。絵画、シルエットなど）とすることが出来るのであるが、動く連鎖物にあってはそれを個々の画像に分解して記録する仕事はキャメラの機構に委ねられるのに反して、動かない連鎖物では分解の仕事が記録以前に作者の手に委ねられ、作者は動きを分解して後に個々の形象を創作し、キャメラに一コマ撮影をさせる必要がある。動きを分割して画像をつくり、その網膜に於ける合成からもとの動きを幻として再現する点に於いてはいずれも同じであって、これが映画の本質であり、その過程にあって分解がどこで行われるかにちがいがあるだけである。作者の空想の動きがそのまま対象としてあらわれてから分解されるかそれとも既に分解済みの個々のかたちが対象として与えられるかのちがいである。キャメラの対象の形式は対立しているが、映画の本質的な面にあっては同一であることに注意する必要がある。漫画映画は、この動かない「中間連鎖」を用いる映画の一ジャンルであり、普通絵画を用いるが、中には絵画と写真を組合せたものも見受けられる。

歴史は繰返すという。映画創生期にあって、映画の面白さを「写真」がうごくところにあると考えた人が多かったと聞くが、漫画映画の面白さを「絵」がうごくところにあると考える人が今でもすくなくないように思われる。形象はあくまでも形式であって、作者の世界の現実への逆反映、作者と観客の間をつなぐところの「橋」である。形式のちがいから内容の本質的なちがいをひきだしてはならない。手真似で見せても文章に書いても、あるいは謝罪でありあるいは借金の依頼であって、内容の本質的な相違はなく、ただ形式による内容のしめくくりかた、あらわしかたのちがいである。頭のよくない詩人諸君は好んで「詩精神」をふりまわすけれども、詩と散文は文学に於ける形式上のちがいで、内容の差異を意味するものではない。字数や脚韻などの制約のもとにいかに豊富な内容をしめくくりあらわし得るかの問題である。

この形式上の変化、制肘《せいちゅう》は当然その表現に適する内容を規定して来るのであるから、漫画映画と普通の映画との比較はまさにこの点に焦点が向けられるべきなのである。表現形式のそれぞれの特徴、それに適する内容、他芸術との関連、科学及び生産技術の発達に伴う表現形式の進歩と内容の範囲の拡大、最後に現在の漫画映画がいかにその表現形式の特徴を生かし、よき内容をよき形式に盛ったかを作品に於いて検討するという構成を以て論ずるべきである。

スタジオに於ける舞台や演技は、映画との関連に於て演劇と異るかたちを持っているから、演劇のみの観点で取扱ってならないように、漫画映画の絵画もまた単純に絵画として論じてはならず、所謂「大家」の名画と比較するのは妥当ではない。作者の主観すなわち内容は、作者の立派な教養と正しい現実の把握からうまれ、窮極に於て作品の質を決定するのであって、それはいかなる芸術でも同様である。単純な形式上の比較で内容や芸術としての優劣を論じてはならない。イソップ物語の動物たちが自然科学の立場に矛盾していると非難するのは、ディズニイ漫画の登場者が下等な動物で醜悪だと罵倒するのと大してちがわないのである。菊池寛氏はかつて詩は散文に劣ると考え間もなく亡びる文学であると主張して問題を起したが、サイレント映画とトオキイとを形式的に比較する評論家と論拠に於て共通している。表現形式の一面的な進歩は他面に於て同時に退歩である。これは対立の統一に於て世界を観察し得ぬ俗学に於て無視されている。大写は部分的には「拡大」であり視野に於ては「縮小」である。詩に於ける文字の「縮小」は暗示の「拡大」である。色彩と立体は古いモンタアジュの範囲を「縮小」するが、新らしく色彩のモンタアジュと立体のモンタアジュの道を「拡大」する。音を得たことは同時に力強い無音の表現方法を得たことをも意味する。問題はすぐれた内容を持つ作者が、如何にその手の中にある表現形式を正しく生かし得たかであって、それぞれの表現形式が一定の限界を持ち、時代の要求と科学の発達によって如何に新しい表現形式が生み出されたかは芸術としての評価とは別である。それは、百年前の科学者の空想や発見が現在の立場から如何に幼稚であろうとも、人間の功績を現代の凡人と比較して劣っていると考えてならぬのと同様である。この意味で、現今のトオキイと過去のサイレント映画を比較するとき、わたしは後者に軍配をあげるものであって、その表現方法の探究、実践に於てまだまだトオキイは現在の機械を使いこなしていないと見たい。その原因はどこにあるか。ポール・ルウタ〔ルーサ〕の説くところは一応傾聴に値する。ディズニイの色彩漫画の如きは全く例外に属するものである。

紙上に描かれた連続漫画あるいは絵巻物の如き、一つのストウリイのなかの個々の瞬間を表現したものであるから、われわれはその「背後」に作者の「物語」を読みとることが出来る。しかし、これらの場合観る者の読みとる動きは、感覚に於てではなく思惟に於てであって、映画や演劇の如く感覚に直接動きを感じるものではない。更に映画が感覚に与える動きは幻しである。連続漫画あるいは絵巻から漫画映画へのつながりを探究して相互の類似点を探すものはこの本質的な深淵を避けねばならず、正しい理解への道を発見することが出来ない。漫画映画はあくまでも映画であって、その映画としての本質が中間連鎖としての絵画と一般の絵画とのくいちがいをつくり出す原因となっている。登場者の姿態、画面の彩色、立体的構成その他すべてを映画としての立場から見、普通のスタジオ映画との対比に於いて検討しなければならない。

わが国の漫画映画は極めて低い水準にある。向上発展のためには充分な製作費と熱意ある作者とそれから指針となるべき正しい理論を必要とする。空虚な独断でなく、諸先輩の実践を分析し総合して確固たる基礎の上に立つ理論を築き上げることを急務とする。

第10章　日本映画の水準と国際性

解説

古賀太

ここに挙げられた五つの文章は、いずれも一九三七年から一九四二年までのものであり、うち三本は、一九三六年四月に創刊された雑誌『日本映画』に掲載されたものである。これは前年に作られた官民による映画の国策機関である大日本映画協会の機関誌であることから、その性格は明らかだ。その創刊号の「創刊に際して」で菊池寛が「日本映画の向上発展に向かおうと思っている」と書くように、それまでの映画ファン向けの雑誌とは違って、日本映画のレベルを上げて国際的にも通用させることが目的だった。

日本は一九三一年の満洲事変によって満洲国を成立させて国際連盟を脱退し、一九三七年には盧溝橋事件に始まって本格的な日中戦争に突入した。井上寿一が『戦前日本の「グローバリズム」』で論じたように、この時代は一方で文化の分野では国際的な協調を模索していた。鉄道省国際観光局（一九三〇）、日本学生英語協会（一九三二）、国際文化振興会（一九三四）、日本ペンクラブ、国際学友会、国際映画協会（この三団体は一九三五）などが次々と作られた。国会では岩瀬亮の「映画国策樹立ニ関スル建議案」（一九三三）が通り、映画法（一九三九）へ向かう。

谷川徹三が「日本映画の国際性」において「われわれの向うに第一に知らせなければならぬことは、日本が立派な文化国であるということである」と書くように、当時の日本は欧米での認知を必要としていた。一九三七年に川喜多長政が中心となり初の合作映画『新しき土』をドイツとの間で完成させたが、これは日本映画の海外への輸出が困難なために、最初から合作の形を取るという戦略から始まった。一九三二年に始まったベネチア国際映画祭に日本映画が最初に出品されたのは、一九三四年の『ニッポン』だが、これは関係者も知らない出品だった。意識的に日本から送ったのは一九三七年の『荒城の月』であり（パリ万博へ出品後）、翌年は国際文化振興会が選考委員会を開き、『五人の斥候兵』と『風の中の子供』が出品されて、『五人の斥候兵』は民衆文化大臣賞を得た。

今回の文章を書いた五人は、岩崎昶を除くと、映画評論家ではない。大宅壮一はジャーナリスト、青野季吉は文芸評論家、谷川徹三は哲学者、大槻憲二は精神分析学者である。岩崎を含めて全員が欧米の文学や思想に通じている。彼らのなかで日本映画に対して最も手厳しいのは大槻憲二である。大槻は一言で言えば日本映画にドラマや社会性が欠けていることを、日本文化の特質から来るものとしている。これは、現代でも日本映画に対してよく言われることでもある。

大宅壮一は日本映画と限定せずに、映画が既に文学のレベルに達したことを述べる。「全体的にみて、人生的並に社会的意義からいって、現在の純文学の水準にはすでに到達していると僕は考えている」。ここで書かれているのは、新しい芸術である映画への賛辞であり、それを理解しない古い文学者への批判である。

映画をレベルの高い娯楽と見る大宅とは違って、青野季吉は映画の持つ「社会的な力」に注目する。これまでは映画資本家の作り出す娯楽だったが、これからはイデオロギーを持つ映画が必要として、『新しき土』をその先駆と考える。青野は社会民主主義的な立場から映画に「効用」を期待した。

ドラマ性が弱く、社会性を欠いた日本映画の特質を大槻憲二のように全面的に否定するのではなく、「心境映画」として積極的に認めようとしたのが、谷川徹三と岩崎昶である。谷川は日本の文学や芸術が海外でも一部では高い評価を得ていることから、日本の心境映画も受け入れられるのではないかと考える。

岩崎昶はその「心境性」を様式のレベルで考察する。つまり「ロングショットが圧倒的に支配していること」は「日本の映画人が、初期の無批判な外国映画模倣から脱皮して、日本人の心理や感性に即した新しい映画のスタイルを創造しようとした苦心の所産なのである」。このような監督として溝口健二や清水宏を挙げながら、彼らでさえもこの様式を超えて新しい日本的様式を生み出してゆくべきだとする。

この考えは、今日の目から見るとフランスの評論家、アンドレ・バザンがジャン・ルノワールやロベルト・ロッセリーニやオーソン・ウェルズの中に積極的に評価した「画面の深さ」を思わせる。

また、ノエル・バーチは『遠くの観察者へ』*To the Distant Observer*（一九七九、未邦訳）で「小津や溝口が最良の作品を作ったのは一九三四年から四三年までであり、成瀬、清水、石田、山中ほかが日本独自なだけでなくそれ以前の数世紀の伝統的芸術に匹敵する映画作りをめざした」と書いてこの時代の反ハリウッド的な映画様式を讃える。

国際性に関して岩崎昶は「日本映画の様式」が掲載されている『映画と現実』において、「日本映画と国際性」と題する文章を書く。ここでは「国際映画」とは外国向けに作られた『新しき土』のような「輸出映画」と異なり、「日本における一流作品が、ひたすらその芸術的優秀さによって、海外の観衆の支持を受けるもの」と定義する。そこで『祇園の姉妹』や『浪華悲歌』『一人息子』がふさわしいと書く。

さらに岩崎は『朝日新聞』一九三八年七月二五日、二六日、二七日の三回にわけて「映画の海外進出」と題する文章を載せている。そこでは自分を含むベネチア国際映画祭の選考委員会が『五人の斥候兵』と『風の中の子供』を選んだ経緯を書く。ここでは時代劇を「歴史的な知識が前提」のために理解されないと書くが、皮肉なことに一九五一年のベネチアでの『羅生門』の金獅子賞受賞以降、しばらくは時代劇が受賞ラッシュを続けた。

【参考文献】市川彩ほか編『国際映画年鑑（昭和九年版）』国際映画通信社一九三四。飯島正ほか編『映画年鑑一九三六版』第一書房一九三六（いずれも復刻版あり、日本図書センター一九九四）。井上寿一『戦前日本の「グローバリズム」』新潮社二〇一一。岩本憲児編『日本映画の海外進出』森話社二〇一五。瀬川裕司『『新しき土』の真実』平凡社二〇一七。

解題

①　大宅壮一「映画の娯楽性と芸術性」

【出典】『日本映画』第二巻第四号、大日本映画協会、一九三七年四月、四三―四七頁

大宅壮一（おおや そういち 一九〇〇―七〇）はジャーナリスト。戦前はプロレタリア運動に参加して逮捕されたこともあったが、その後は中立的な立場からの論評を発表した。戦後は「一億総白痴化」「駅弁大学」などの時代を表す造語で知られる。

この文章は、映画と文学の違いについて述べた後に、映画が娯楽であると同時に、既に芸術の領域に達したことを述べている。彼はまず「全然関係のない映画と文学を並べてみて、どちらが芸術的に高いかと言ってもはじまらない。音楽と彫刻を比較するようなものだ」と言う。彼は小林秀雄がドストエフスキーの原作と映画化を比較して後者を否定したことを「映画の機能に対する重要な認識不足に基づいている」と言う。映画の機能とは「享受の形式からいえば明らかに娯楽である」。それに比べて文学は「文字によって示された概念を頭の中で翻訳して具象化するのに相当の努力を要する」。

大宅が興味深いのはこうした映画の楽な享受形式を全面的に肯定することである。問題はそこでどういう内容が展開されているかであって、映画は「全体的にみて、人生的並に社会的意義からいって、現在の純文学の水準にはすで

に到達していると僕は考えている」と書く。

この文章から感じられるのは、まず大宅の文学者に対する反発である。自分たちを高尚と考える文学者を、映画という一般に人気の新しい芸術を使って批判する。つまり、小林秀雄を始めとする文学者たちの映画への無理解を笑い飛ばすことに文章の目的があったのではないか。

戦前は左派の文芸評論家として出発した大宅は、戦後に有名になってからはおよそ芸術に理解を示していない。絵画や彫刻、音楽には見向きもせず、文学や哲学を揶揄した。政治家を始めとする人物評も得意とするところだったが、この文章が掲載されている『日本映画』の「映画界人名録」では、城戸四郎、森岩雄、川喜多長政らについて述べており、それぞれの人物像が巧みに活写されている。（古賀）

【参考文献】「映画界人名録」『日本映画』一九三七・七・八・一〇、一九三八・一。

② 青野季吉「映画と文化―特に民衆的立場の問題―」

【出典】『日本映画』第二巻第六号、大日本映画協会、一九三七年六月、九―一二頁

青野季吉（あおの すえきち 一八九〇―一九六一）は文芸評論家で、戦前はプロレタリア文学の指導的評論家として知られた。最初は共産党員だったが、離党して社会民主主義をめざす。一九三八年の第二次人民戦線事件で検挙され、転向。戦後は日本ペンクラブの再建に務め、日本文芸家協会会長となった。

この文章は映画の社会的効用を考えるものである。つまり、これまで映画は主として「享楽的な立場」や「映画技術」の面から論じられてきたが、今後は「一個の社会的な「力」として子細に観察しなければならない」。日独合作映画で今日の目から見ると明らかにプロパンガンダ的性格が強い『新しき土』（一九三七）を青野が「先駆」として挙

げるように、映画はもっと社会的役割を果たすべきだという考えに立つ。

青野は「今日の映画は、民衆のヒューマニティの前進という観点からすると、私は、それに貢献する所がかなり大きいものがあると、即座に肯定する」。しかしそれは剣劇映画や恋愛映画のような単なる娯楽になると、むしろ「新しい拘束を投げかける」。

一九二〇年代後半から英国ではドキュメンタリー映画運動が盛んになり、ドイツでも「文化映画」と呼ばれる教育映画が盛んになった。これらは日本にも大きな影響を与え、三〇年代後半から敗戦まで日本の記録映画は国策として数多く作られる。この文章が書かれた一九三七年はまさにその時期で、以前から社会民主主義の立場から文学者の社会的行動を説いていた青野は映画に対しても「内容的にも形式的にも、民衆の真の娯楽と成るために、根本的に考え直され、樹てなおされなければならない」と説く。

『新しき土』を除くと具体的な作品に触れていないためにわかりにくさがあるが、社会民主主義であれ軍国主義であれ、映画の社会的効用を説く点においては共通する部分があったことを如実に示す文章である。（古賀）

【参考文献】 青野季吉「最近の映画を批判す」『日本映画』一九三八・一。日本近代文学研究会編『青野季吉選集』河出書房一九五〇。特に「行動精神論」（一九三四・一二―三五・四）。

③　谷川徹三「日本映画の国際性」

【出典】『芸術小論集』生活社、一九四三年、一六七―一七四頁

谷川徹三の経歴については第7章④の解題を参照。

この文章は日本映画の国際性について、「心境映画」というべき作品が国際的に意味を持つのかを中心に論じてい

る。「心境映画」は「心境小説」から来たもので、「心境小説」は「私小説」に近いが自己暴露的な要素よりも、作家が日常を描きながら心境を語るもので、志賀直哉がその代表的な作家と言われる。

「心境映画」の特徴として「力強い劇的葛藤の展開がない」「心理描写が、内容的には常に淡い詠嘆となり、技法的には幾分非映画的に間延びしている」点を挙げる。つまり、「片隅の世界をつつましやかに描いている」「小さな世界が社会的背景の深い奥行はもたないながらに一つのはっきりした現実性をもってわれわれに訴える」。

こうした例として、『風の中の子供』（清水宏監督、一九三七）『若い人』（豊田四郎監督、一九三七）『泣虫小僧』（豊田四郎監督、一九三八）を挙げる。また海外に行った心境映画として『荒城の月』（佐々木啓祐監督、一九三七）を挙げて、その評判を知りたいと書く。実際は『荒城の月』はパリの万国博覧会に出た後にベネチア国際映画祭に出ているが、管見の限り現地の映画評は見当たらない。一方で『風の中の子供』は翌年のベネチアに出て、賞こそ逃すがフランスの複数の映画雑誌に評価する記事が載せられている。

谷川がなぜ映画にこのような「国際性」を持たせようと考えるかと言えば、「われわれの向うに第一に知らせなければならぬことは、日本が立派な文化国であるということである」からだ。この思いは知識人のみならず、一九三三年に国際連盟を脱退した後の当時の政府の考えでもあった。

さて、ドラマ性を欠いた日本映画が海外で通用するかという問題は、戦後も引きずっている。一九五〇年代に『羅生門』を始めとして海外の映画祭に出されて好評を得たのは、黒澤明や溝口健二のドラマチックな時代劇であった。ところが最近では小津安二郎や成瀬巳喜男のような日常を描く監督の評価も高まっている。（古賀）

【参考文献】谷川徹三「映画批評の内容」『日本映画』一九三七・四。『谷川徹三選集』三巻、斎藤書店一九四七（復刻、日本図書センター一九九七）の特に「社会性の問題」「世界文学と日本文学」。

④　岩崎昶「日本映画の様式」

【出典】『映画と現実』春陽堂書店、一九三九年、一〇一―一二四頁

岩崎昶の経歴は第3章④の解題を参照。出典の「序」で筆者は、同書には作家論や作品論を入れず、社会・思想・経済現象としての映画を観察したものを収めたと述べている。全体は四部構成になっており、緊密な関係はなく、第二部にある三本の論評の一つが「日本映画の様式」である。

筆者は谷川徹三の「日本映画の国際性」（本章③）を受けて書いたのだろう、「心境映画」論からはじめている。ここには、筆者のいくつかの問題意識が浮かび上がってくる。第一に日本の映画作家（監督）の精神性・制作態度に「心境性」が強いこと、第二に日本映画は物語の構成力が弱いこと、第三に日本映画の様式（スタイル）の特徴として、テンポが緩やかで、モンタージュに建築的・構成的な論理性が欠如していること、第四に画面構成における全景主義、ロングショットへの傾向。これらの様式が複合して、日本映画には劇的構成力が希薄になったと筆者は批判する。日常の微細な描写や心境性や諦観趣味ただよう日本映画は、欧米映画の劇的構成力あるいは大河小説的構成力に比べると、精神的な消極性を見せていると。

この文章は『浪華悲歌《なにわエレジー》』（一九三六）以降、全景主義へ傾いた溝口健二を念頭においていることがわかる。だが戦後の溝口の代表作にはこの全景主義がさらに深まっていった。彼に限らず、現代にいたるまで全景主義、もしくは長回し撮影による演出と演技の深化した作品は続いており、強い凝視の精神を見せてくれる。ただし、岩崎昶が当時の日本映画に、物語の劇的構造と構成的モンタージュ、建築のような立体的奥行きを望んだことは理解できる。彼はきっと、戦時下の言論統制にも耐えうる構成力を映画現場の作家たちへ願ったのだろう。若干の注釈をすると、ロベー

ル・フローレイはフランス出身のアメリカ映画の監督、ドイツ語のゲミュートとシュティムングは類義語で「心情」や「気分」、映画『頬白先生』は阿部豊監督、古川緑波主演の劇映画（一九三九）である。（岩本）

【参考文献】（＊第3章④、第13章④も参照のこと）岩崎昶『映画と現実』春陽堂書店一九三九。『映画の理論』岩波書店一九五六。『日本映画作家論』中央公論社一九五八。『現代日本の映画　その思想と風俗』同一九五八。『現代の映画』朝日新聞社一九六五。岩本憲児『サイレントからトーキーへ』（とくに第一章・第二章）森話社二〇〇七。

⑤ 大槻憲二「日本映画の性格」（1）「感傷的なること」（2）「劇的要素に欠けていること」（5）「心理性の欠如せること」（6）「文明批評の欠如せること」

【出典】『映画創作鑑賞の心理』昭和書房、一九四二年、三三四―三四〇、三四七―三五五頁

大槻憲二（経歴に関しては第12章⑤の解題を参照）は在野の精神分析学者、評論家である。日本の精神分析学者の草分けの一人であり、戦前からフロイトの翻訳でも知られる。

『映画創作鑑賞の心理』は、彼が映画についてまとめたおそらく唯一の本であり、全体は三篇に分かれている。第一篇「映画創作の心理」は、作る側から文学や絵画、音楽と映画の違いや夢との相似性、創作技法の心理学的意義について述べている。第二篇「映画作品の心理分析的鑑賞」は映画を七つのジャンルに分けて、数多くの欧米の映画を具体的に挙げて論じている。第三篇「日本映画の性格」は日本映画の欠点を六つにわけて具体的な作品を挙げながら論じている。第三篇にはここに収録した文章以外に（3）「小規模、単純、不得要領」（4）「模倣多きこと」がある。

日本映画が感傷的で劇的要素や心理的要素及び社会批判的側面が欠けていることは、現代でも言われることが多い。大槻は「心理学的に突込んで考えること或いは観察するということは、日本人には不向きなのであろうか」と書くよ

うに、それを日本人や日本文化の特性として考える。映画を絵巻物と比較してその絵画性を述べた河上徹太郎や今村太平を批判する文章を読むと、日本文化の特質そのものを批判しているようだ。

しかし一方で感傷主義を批判した文章で「土台センチメンタリズムのないということが、記紀万葉に現れたる日本精神の一つの重要なる特質であると信じている」と書くように、古来の日本文化はそうではなかったようにも述べている。この矛盾は、一九四二年という国家主義的な時代において、欧米映画を高く評価して日本映画におけるいわゆる日本的特質を批判しながらも、本来はそうではなかったと述べることで、時代の要請に応えようとしたのだろう。

（古賀）

① 大宅壮一――映画の娯楽性と芸術性

② 青野季吉――映画と文化―特に民衆的立場の問題―

③ 谷川徹三――日本映画の国際性

④ 岩崎昶――日本映画の様式

⑤ 大槻憲二――日本映画の性格

大宅壮一

映画の娯楽性と芸術性

一

今でも時々、映画は要するに娯楽だ、少くとも現在の映画は、まだまだ娯楽の域を脱していないという言葉を耳にする。これを口にする場合には、ほとんど常に、すでに完成した既成芸術としての文学というものが、一段高いところにおかれていて、それとの対比において、映画が問題になっているのである。

もちろん、今どき映画の芸術性そのものについて疑いをさしはさむような人はあるまい。しかし映画の芸術としての地位、現在の映画が到達している芸術的段階、他の芸術との高さの比較ということになると、問題は非常に紛糾し、人によって判断が著しくちがってくる。恐らく最も高く評価する人と、もっとも低く評価する人との間には、大変な開きがある。後者の立場に立つ人々の眼からみれば、映画は甚だ低い芸術、いわば宗教における類似宗教、即ち「類似芸術」とでもいったようなものにすぎないのである。

特に文壇関係の作家批評家が映画について筆をとるときには、たいていこの観点の上に立っている。少くとも文学は芸術的には映画よりも遙かに高いものだ、という先入観念に多かれ少かれ支配されている。それは映画には素人である文壇人ばかりではない。専門の「映画批評家」と称する人々の中にも、この立場に或る程度追随しているものが見うけられる。というのは、現在日本で「映画批評家」と称せられている人々も、元を洗えば、ほとんどすべては文学青年で、前にのべた先入観念にとらわれている点では、文壇人と五十歩、百歩なのである。

従って日本ではまだ「映画批評」というものの基準が確立していない。各自手製の尺度でものをいっている。しかもその尺度は、素人である文壇人の場合も、玄人である「映画批評家」の場合も、基本的には大して変りのないことは、前にのべた通りである。

しかし映画として比較的純粋なもの、例えば『幽霊西へ行く』〔編者註1〕などをみると、いわゆる「素人」も「玄人」も、口をそろえてほめる。無条件にただ面白いという。これは果して芸術であるか、それとも単なる娯楽であるか、というようなことは、てんで問題にならないで、みんなその面白さに魅せられてしまっている。

これに反して、文芸作品が映画化された場合、特にその原作が著名な作家の代表作で、誰もがよんでいるようなものだと、いろいろと意見が出て、容易に評価が決定しない。そして結局その評価は、否定的で、原作を冒瀆したとか、原作とは似てもつかぬものになったとか、結局映画は娯楽にすぎない、とかいう風な判定を下されることが多く、その反対の場合は滅多にないのである。

この点に僕は、いわゆる「素人」も「玄人」もあまり気のつかない重大な問題が潜んでいるのではないかと思う。

二

全然関係のない映画と文学とを並べてみて、どちらが芸術的に高いかというようなことを問題にしてみたところではじまらない。音楽と彫刻を比較するようなものだ。

　しかし文芸作品が映画化された場合は、幾分事情がちがっている。この場合二つの芸術作品は、大体同じようなストーリーとシチュエーションの上に構成されているから、それによって受ける感銘の性質や深さを比較することが可能である。

　その際、原作に対する知識が全然なくて、ただの映画としてそれを鑑賞している人々には問題はないが、多少でも原作の知識をもっているものがそれに接すると、その映画をみる前に、文芸作品を通じて彼の頭の中で構成されていた世界と映画によって眼の前につきつけられた世界とが、二重写しになって、一種の混乱が生れる。両者がピッタリ一致するというようなことはむしろ例外で、原則として両者に食いちがいができる。そこから芸術としての文学と映画の比較が行われるのは、極めて自然なコースである。

　だが、この場合に、多くの人、特に文学的教養の豊かな人が陥りやすい誤謬、というより錯覚は、彼がその原作を通じて頭の中に描いていた世界は、実は彼の主観的幻想であってこの幻想は人によって非常にちがっているものだ、という事実を見逃していることである。

　例えば、ドストイエフスキーの『罪と罰』〔編者註2〕を原作でよんで頭の中に描く世界は、ロシア人と日本人、十九世紀人と二十世紀人、老人と青年とでは、著しくちがったものである。同じ時代の同年輩の日本人でも、その趣味や性格や環境によって、決して同一ではありえない。恐らく読者の中には、原作者ドストイエフスキーが心の中で描いていた世界とはまるでちがった世界を空想しながらよんでいるものも少くないだろう。

　これに反して映画の場合は、はっきりと具象化された世界がスクリーンの上に写し出されるのであるから、それから受ける印象がそれだけ限定され、主観によって勝手に加工する余地が少い。少くとも文学の場合のように、著しい個人差が発生しない。

この点に映画と文学の機能の基本的な差異がある。文字によって翻訳された世界と、スクリーンの上に直接具象化された世界とのちがいである。つまり文学が詩であるとすれば、映画は散文である。文学がストーリーの展開であるとするならば、映画はエベンツ〔event〕の構成である。

去年の秋に封切された新しい『罪と罰』〔仏映画、ピエール・シュナール監督〕は、この種の映画の中ではもっとも原作に近い、従ってもっとも文学に近いものだという評判だったが、特に主観性の強い文芸批評家小林秀雄は、これをみて、原作とはまるで似てもつかない世界を見せつけられたといい、改めて映画の芸術性そのものに疑義をさしはさむような感想を発表した。多年ドストイエフスキーに傾倒して、その方の一権威と見なされている彼が、こういう意見をはいたのは非常に面白いことだと思って、これに対する文壇、映画界からの反響に気をつけていたが、僕の眼についた限りでは、これを正面から反駁したものは現れなかったようである。

だが、僕の見るところでは、小林の考えは、映画の機能に対する重要なる認識不足に基づいているのであって、しかも現在日本のインテリ層の間には、小林的な考え方がかなり広く、むしろ一般的に、行われているのではあるまいか。

三

映画の芸術性を否定もしくは過小評価する人は、前にものべた通り、たいてい映画の娯楽性を指摘する。映画という形式は、人間の深刻な思惟や心理の描写には適しない。ムードとしては、センチメンタリズムの域を脱しない。広大なる観客大衆相手の娯楽として、それ以上には出られないものとして運命づけられているというのである。

だが、いったい「娯楽」とは何であるか。いうまでもなくそれは人の興味をそそる魅力ある対象の一種である。では、興味のあるものはすべて娯楽であるかというに、一般にそうは考えられていない。興味のあるものでも娯楽でないものがある。例えば、「純文学」の如きは、一部の人々には大いに興味のあるものであるが、娯楽の中へは入らない。

「娯楽」の特性は、大体二つの方面から分類することができる。一つはその興味を享受する形式の上からみた場合であり他はその興味の内容を検討した場合である。

まず享受の形式についていえば、娯楽は原則として努力もしくは苦痛を伴わないで、その興味を享楽することのできるものである。例えば同じ文学でも、通俗文学は文章も内容もイージーで、よむのに何の努力も苦痛も伴わないので、娯楽の中に加えられているが、純文学は、予備知識が必要であったり、難解であったり、退屈な心理描写がつづいたりする。そしてそれに耐えなければ、その魅力を味うことができない。つまり「純文学」の興味の中には、その努力や苦痛を征服するに足る魅力があるのであって、その魅力の出所は、単なる「娯楽」以上の深い人生的意義に基づいているということになる。

そこでこんどは、内容の問題が起ってくるわけだ。「純文学」はよんで興味のあることに変りはないが、内容に単なる興味以上の人生的、社会的意義をもっているが、娯楽である通俗文学は、どこまで行っても娯楽である。娯楽は娯楽以上のものを含んでは、お説教になって、娯楽にはならない、それだけ娯楽性を減殺するものだという風に一般に考えられている。

さてこの観点からみて、映画は果して娯楽であるか、それとも娯楽以上のものであるかというに、享受の形式からいえば明らかに映画は娯楽である。映画を見るのに努力や苦痛は原則として伴わない。ひどくまずいものをみせられた場合にそれを伴うことはあるが、始めからそれを覚悟で見に行くものはない。

しかしこれは映画芸術の弱点ではなくて長所である。文字に翻訳された間接芸術である文学は、第一字をよむということに生理的な苦痛を伴い、更に文字によって示された概念を頭の中で翻訳し具象化するには、相当の努力を要する。この努力と苦痛から、読書一般を「勉強」と規定して、それに何か特別な意義があるかの如く見なす錯覚が生れてきたのである。

直接具体的に眼に訴える映画にはそれがない。視覚の疲労という点で、多少生理的苦痛は免れないとしても、直接眼の前に現れる具体的なエベンツの発展は、そういう苦痛を忘れしむるに十分で、従っていくら映画を見ても「勉強」という感じは起らない。その点で映画は、どこまでも娯楽である。そういう意味で、映画を「娯楽」だというのなら異存はない。しかしそれは映画の芸術としての失格条件ではなくて、むしろ逆に、文字芸術であり間接芸術である文学に対して、具象芸術であり直接芸術である映画の優位を示すものである。

知的訓練の大部分を文字によってなされた今日の知識階級は、文字文化を過大評価し、そうでないものを軽蔑するきらいがある。また生理的にも心理的にも苦痛を伴い、それに耐える努力を必要とする文字の鞭（読書）をほとんど唯一最高の教養手段だと思いこんでいる彼等は、多かれ少かれ、苦痛そのものを尚《とうと》ぶマゾヒスムス的傾向をおびている。

映画娯楽説も、実はそういう錯覚に基づいている点が多いのである。この点で映画は、「娯楽」だといわれることを決して恥じる必要はない。むしろそれを誇りにし、今後出来るだけ「娯楽」性を増大、いいかえれば、努力や苦痛を最小限度にするよう工夫すべきである。

つぎに内容の問題であるが、現在の映画の取扱っている内容は、中には随分ひどいナンセンスなものや、単なるスペクタクルにすぎないものもあるが、全体的にみて、人生的並に社会的意義からいって、現在の純文学の水準にはすでに到達していると僕は考えている。

逆に、今日の純文学は、内容的には随分後退して、文学のもっている人生的、社会的意義を拋棄《ほうき》し、棄権して、単なる風俗や、官能や、流行や、心理解剖のための心理解剖に堕している場合が多い。しかし風俗や官能の描写の点では、文学は逆立ちしたって映画には及ばない。そこで勢い煩瑣な心理描写の袋小路の中に逃げこんで、その難解な「深刻さ」を見せびらかすほかはないのであるが、そういうものの人生的、社会的意義については、頭脳的アクロバット以上のものではないというほかはない。

映画は、かかる文学からの「批評」をちっとも気にする必要はなく、それ自身の道を、大衆の文学的水準に沿うて、どしどし進むべきである。

編者註

〔1〕イギリス映画、ルネ・クレール監督、日本公開一九三六年

〔2〕戦前トーキー映画には二作品あり、どちらも日本で一九三六年に公開。アメリカ映画、ジョゼフ・フォン・スタンバーグ監督と、フランス映画、ピエール・シュナール監督、後者の評判が高かった

青野季吉

映画と文化
——特に民衆的立場の問題——

映画はいまでは一般民衆の生活必需物の一つと成っていると断じていいかも知れない。もしその生活必需物という中へ娯楽というものを入れるとすればである。それほど映画と一般民衆との関係が、密着したものと成っている。したがってそこに民衆的の観点から、さまざまな問題が発生している。

ところがこれまで映画に就いて述べられたものや、論じられたものを見ると、その大部分は、単に享楽的な立場か、技術的な立場からしたもので、偶には風俗的・文化的な立場から観察したものも見受けられるが、それはまことに寥々たるものである。

映画が近代的な娯楽の代表的なものである以上、それを享楽的な立場から論ずるのも当りまえである。また映画技術というものが、それ自身として知識的興味の対象たりうるものであるから、専門的の技術批評も結構である。

しかし映画のもつ作用の方面をひろく考えると、そんな単なるジレッタントの立場や、技術的立場だけで、観察し評論して済しておれる訳のものでない。映画を一個の社会的な「力」として仔細に観察しなければならない。

今日までこの国の映画は、もっぱら映画資本家や製作者の手に左右されていた、例えば教育映画とか軍事映画とかいう、娯楽以外の目的をもった映画は、きわめて尠《すくな》かったし、またその支配力もきわめて微々たるものであった。だが、映画が単に映画資本家のつくり出す商品にすぎぬ時代が、ようやく過ぎ行くのではないかと思われる徴候すら認められる今日である。尤も単なる娯楽物としての商品映画は、商品経済の下では決して消滅する訳はないが、それと同時に新らたに商品映画の仮面の下に、謂ゆるイデオロギイ映画が、今日特に、発展して来そうに思われぬでもない。かの『新らしき土』〔編者註1〕など、或る意味でその先駆と見ていいであろう。

かかる場合、映画の内容や作用を、文化的にまた、風俗的に批判することほど、この部面での急務はないと思われる。しかしその文化的、風俗的の批判にしても、それがまた単に近代的の文化人の感性や知性の自己満足のために為されるものであったら、これも亦今日の要求に十分に答えるものではない。それは今日の映画が、冒頭にも云ったように、一般民衆の生活必需物の一つと云う如き、ひろい意味をもって来ているからである。

そこでどうしても映画を民衆的の立場に於いて観察し、批判することの必要が生じて来る。之を平たく云い換えると、映画をつくる方のがわとしてでなく、与えられる方の側から、そして与えられる側のもつ要求に照して観察し、批判するの謂いである。

民衆的の立場というものも之を厳密に規定するとなると、いろいろ錯雑して来るけれども、要するに民衆のヒューマニスチックな前進を基準として観察する立場であり、民衆の生活に基礎をおいた、新らしい民衆的の「論理《モラル》」の確立の要求を根底に横たえた立場である。これ以外に民衆的の立場など、何処にもありよう筈はないのである。

そこでそういう立場に立って、今日の映画を見るとどうであるか？　尤も今日の映画と云った所で、日本物と外国物とでは、同日に論じられないし、同じ日本物にも内容によって千差万別があると云えよう。しかしそれらの相違性を抽象して見るに、やはり今日の映画一般に共通したものがあり、それであればこそ一般民衆は日本物、外国物のあらゆる映画を日常娯楽の対象としているのである。

今日の映画は、民衆のヒューマニチイの前進という観点からすると、私は、それに貢献する所がかなり大きいものがあると、即座に肯定する。と同時に他方に、今日の映画に於いて、それを阻止し、それを傷付けている量の多いことも亦、決して見逃がされてならない。その肯定的と、否定的の両面が、正確に把握されることがもっとも必要であると思う。

まず肯定的の面から云えば、映画が一般民衆の知性と感性とを開放する力は、他に比類がないと云っていいかも知れない。この国の一般民衆が、例えば歌舞伎劇などに対してよりも、映画に対して、比較にならぬほどの魅力を感じるのは、いろいろな機械的条件を別として、その根底には知性と感性との開放の悦び、即ちその意味での人間開放の悦びが横たわっていることは争えない。

特にこの国のようにいまだに封建的な自己封鎖性が、習俗のあらゆる面に執拗にこびり付いているような国では、それを破って感性と知性の開放を求める力は、一般民衆の間に当然強烈でなければならぬ。しかも一般民衆の日常生活の物質的基礎がきわめて貧弱であって、日常の現実生活との調和に立って、その開放を求めることは、ほとんど不可能である。とすれば、その現実生活から遊離して、もっとも摩擦の少い、容易に実現される仕方で、その開放を求める以外の方法はない。映画はまさにそれに好適した方法なのである。

それがたとえ現実生活から遊離したものであるとは云え、やはり開放は開放である。自己封鎖性の破壊は破壊である。その開放と破壊とは、長い間には、現実生活に反作用を及ぼさない訳にはいかず、それが人間心理の必然である。私は、こんにちの一般民衆、特にその若い部分が、いかに映画によって、知性と感性の開放の悦びをもち、それが彼等の現実生活にいかに反作用を及ぼしているかを見聞して、その行衛について深く考えさせられる場合が多い。

しかしまた映画のもつ最大の否定面も亦そこに横たわっている。その開放の悦び、日常の現実生活との調和の上に成立つものでなく、それからの遊離又は忘却の上に始めて成立つものだという所に横たわっている。云って見れば、映画がほんのレフレッシュメントの程度の娯楽であればとにかく、それよりももっと作用の深度の大きいものであるだけに、その一時的自己開放と、現実生活の自己拘束の矛盾が彼の生命にたいして大きな意味をもって来るのである。

映画によって特に深く自己開放の悦びを味わった敏感な心は、日常の現実生活の上でもその悦びをもち続けようとする。しかし現実生活の拘束は容易にそれを許さない。少数の有閑者は別として、一般民衆や勤労階級に於いては、その拘束は或る意味で絶対的である。そこで飽までその拘束を蹂躙しようとすれば、彼は一個の悲劇に身を曝《さら》すより外はない。その悲劇はいろいろな形で現われるが、多くは彼をしてデカタンたらしめることによって、その矛盾を胡魔化すことを教えるのである。

こう考えて来ると、民衆的の立場に於いて今日の映画を観察する場合、とうぜんそこで最も重要な問題は、その映画のもつ知性や感性の開放が、彼の日常の現実生活の解放にたいして、いかなる関係をもつかでなければならない、或る場合には、前者の一時的開放が、後者の解放にたいして、反って新らしい拘束を加えるような結果さえ生じ無くはない。たとえばいまなお流布する剣劇映画の如き、あの素朴なスペクタクルの興味を取除いて考えると、その根底にはやはり素朴なものではあるが、知性と感性の開放の悦びがあることは争えない。しかしそれは反って、現実生活の解放にとって、新らしい拘束を投げかける以外のものではあり得ない。

また愛欲を主題とした圧倒的に多数の現代映画についても、その興味や、それから来る悦びは、一般民衆にとっては明らかに彼の知性や感性の開放の悦びである。しかしそれで開放される知性や感性というものは、彼の現実生活の解放にとっては、プラスとなる場合よりも、マイナスとなる場合がきわめて多い。何故かと云えば、そこで見出される悦びは、現実生活の解放へと彼を押しやる性質を帯びないで、反対に、彼をしてその意欲を稀薄ならしめ、それを喪失せしめるものに外ならぬからである。

之を要するに今日の映画は、内容的にも形式的にも、民衆の真の娯楽と成るために、根本的に考え直され、樹《た》て直されなければならぬ。またそうした観点からのきびしい批判や検討がなされなければウソである。例えば、最近二三の習作を見た「文芸映画」などにしても、謂ゆる文芸的観点から、それを観察し批判するなどは、映画の批判としてはおよそ無意味で、これらの点についても詳論したいのだが、その余裕がなく、ここではほんの序論にとめて、あらためて機会を待つことにしよう。

編者註

〔1〕　日独映画、アーノルト・ファンク監督、日本公開一九三七年。伊丹万作編集版もあり

日本映画の国際性

谷川徹三

近頃見て面白かったいくつかの日本映画が、一様に言わば心境映画とでもいうべき性質を示していたのに私は少なからず注意を惹かれた。『風の中の子供』とか『若い人』とか『泣虫小僧』〔編者註1〕とか、殊にこの最後のものはそうであったが、『阿部一族』のような作品でもそういう傾向を多分に示していた。

その特徴は先ず第一に力強い劇的葛藤の展開がないこと、事件の性質上そういう葛藤があってもその正面からの描写を避けていることであり、第二には心理描写が、内容的には常に淡い詠嘆となり、技法的には幾分非映画的に間延びしていることである。更に幾つかの特徴を挙げることができるが、それは大体文学に於ける心境小説と共通の性質と見て差しつかえない。片隅の世界をつつましやかに描いているところとか、その小さな世界が社会的背景の深い奥行はもたないながらに一つのはっきりした現実性をもってわれわれに訴えるところとか。

こういう心境映画に、とにかく日本映画として面白い映画があるということは、その拠った原作の問題である以上に、日本の映画界の現実のさまざまな条件によるものであろう。俳優がうまくないから大きな劇的なしぐさを必要とするものはむずかしい。（これはさっき挙げた心境映画の第一の性質を規定する。）ネガを十分に使わせないから、自由なカットで多角的な構成をする余地が少い。（これはさっきの第二の性質を規定する。）まだいろいろ考えられるであろう。しかしそれ以上に日本の新文学が今日までのところ、心境文学として最も秀れた作品をもっていること、一方に於てそれを拒斥する声を不断に聞きながらまたしてもそれに帰ろうとする、あの事実と相通ずる事実がここにあるように思う。

日本映画の国際性という問題を考える時、私はまずこのことに考え及ぶ。私は本来の意味でこれが日本映画の国際的進出のために強味になるか弱味になるかを、いまだにはっきりさせることができない。それが一応障碍になることは見易い。しかしヨーロッパやアメリカにそういう芸術の伝統のないということは、彼等がそれをたやすく受入れることを困難にすると同時に、自分達の国にないものとしてそれを喜ぶ可能性もあるわけである。彼等が嘗て浮世絵や小さな工芸品を喜んだように、何か珍らしいものとして喜ぶということもあり得ないではなかろう。文学の場合には言葉の障りがある。翻訳では日本の心境文学の味は分り難いであろう。映画の表現にも今では言葉の障りがないではないけれど、しかし全体としてはるかに通じ易い。日本独特のものとして心境映画が世界映画の中に特異な位置を占めるようになることも考えられないではない。

そういう考えはすぐ反対の考えを呼び起す。第一、珍奇なものとしてだけ受入れられるということは、われわれの誇りを傷つけることである。われわれはもっと一般的な基礎の上に彼等と同じような種類のものをもって彼等と競争したい。――しかしそれならばわれわれはいつまでも彼等の真似事をしていてよいであろうか。自分たちの真似事を彼等は決して喜びはしないであろう。真似事をしていたのでは、いつまでも世界映画の中に日本映画の位置を確立することはできまい。そういう反省もわれわれにあってよいであろう。――真似をするのではない。学ぶべきものを学んでいるのである。フランス映画もアメリカ映画から学んでいるし、アメリカ映画もフランス映画から学んでいる。しかもフランス映画は、フランス映画であり、アメリカ映画はアメリカ映画である。フランス映画とかアメリカ映画とかいう区別さえ今では大した意味をもっていない。それは、わずかに言葉の障碍を示すだけであって、映画は本来の発生からしてずっと国際的なものである。それぞれの国の国状や伝統と結びついている部分は映画にとっては常に二義的な意味しかもたないものであった。そうも考えられる。そう考えれば心境映画の問題は最初から問題にするに値しないことである。

私は『荒城の月』〔編者註2〕の海外に於ける評判を竟《つい》に知らないでしまった。あの映画もやはり一種の心境映画と見ることができる。ああいう映画についての欧米人の率直な感想を聞きたかった。多分、劇的葛藤の少い、単調な、影のうすい作品と批評するであろうと思う。しかしそれからあとの問題をもっと立ち入って聞き度いものである。それ以上問題とする価値はないと考えるものもあろうが、しかし考え深い人はあの一つの作品の中にも、幾多の日本的なものを感じた筈である。それを私は聞きたいのである。

ヨーロッパやアメリカの映画にも片隅の世界を小さく取扱った作品がないではない。しかしそこにはいつでももっと大きな世界の影が無気味に写っているか、でなければ沢山のしぐさや表情や言葉で心理を掘り下げている。掘り下げていると言えない場合にも冗舌に語っている。言葉で語るよりも一層多くしぐさや表情で語っている。つまり沢山芝居をするのである。日本の映画ではそういう芝居をしない。私は『泣虫小僧』を見た時に一緒にベット・デーヴィスの『或る女』〔編者註3〕を見ながらつくづくとそれを感じていた。今の俳優の演技力では芝居ができないからでもあるが、一般にそういう芝居を好まないからでもある。そういう芝居を何か浅墓なことと感じたり、下品なことと感ずる伝統がわれわれの中にある。日常の生活に於ける表情や身振りでも、欧米人のような大きな表情や身振りを日本人は示さない。これは誰でも知っていることであるが、手近な例で小えば『鎧なき騎士』〔編者註4〕である。ああいう情熱の大きな身振りを少しも不自然なく映画表現とすることのできたのは、俳優の芸によるよりも、もっと多く生活表現の伝統によるものである。あの映画をもし日本人がやったとしたらどんなに滑稽なものになったであろう。どんな名優がやってもあれは滑稽なものになったであろう。歌舞伎には大きな身振りが残っている。しかし、あれはリアリスティックな表現ではなくて象徴的意味をもった型となっている。同じ大きな身振りでも性質は全くちがうのである。

日本の文学や日本の芸術が、一般ヨーロッパ人から何か影の薄い存在と見られながら、一部の人たちには高く買われているようなそういう取扱いを、日本の心境映画も受けることはできそうに私には思われる。今までのところ日本の映画の芸術的表現は、その面で最も高い段階に達している点から、私はそう思うのであるが、すでに言ったようにそれをそのまま強味としてよいか弱味としてよいかは、これは別問題である。俳優の芸のまずさや、多くのネガを使うことを許されないことや（これが日本映画の間の延びた平面性のかなり大きな原因だと私は思っているが）、そういう悪い条件から生れた消極的な性質によるところ多いのもすでに述べた如くで、その点に関する限りわれわれは弁護の余地をもたない。しかし私はそれだけではないと思う。映画の本道の探求はここでは当面の問題ではないので、私はただ世界映画に於ける日本映画の独自性という観点からだけ考えているのである。

真に日本映画の独自性を考えることは映画の本道を考えることと切り離せないにしても、映画はすでにそのジャンルの分化を顕著に示しているし、純文学と大衆文学とにあたる区別をさえ示している。そういう問題の一環として、世界映画に於ける日本映画の独自性を、映画の本質論からいささかそれた場所に於て考えることはできるのである。

日本映画の世界市場開拓の問題はやはりここにその場所をもっている。日本の商品がその安価廉売主義をもって世界の市場に覇を唱えたあの模範に従う必要はない。いつかこういう話を聞いた。コーヒー・セットの飛切り上等品をパリで仕入れて来てほしいとたのまれて、パリの一流店で莫大な値段を払って買って来たところ、それは実は名古屋出来であったという話である。そういう高級品も向うで幅を利かせているのである。言葉の障碍のあるところに日本の大衆映画が向うの大衆映画としてどしどし出て行くようなことは先ず当分考えられない。だから向うの高級の観客に訴えるようなものを出すように心がけるがよい。これは一般劇映画だけのことではない。文化映画についても言えることである。われわれの向うに第一に知らせなければならぬことは、日本が立派な文化国であるということである。この当然の認識がまだ行き亘《わた》っていない。その行き亘《わた》っていない程度は殆ど日本人には考えも及ばぬほどである。

ここでも、しかし、われわれはまた劇映画について直面したと同じ問題に直面する。日本が文化国であることをはっきり知らせねばならぬとして、われわれはそれをどの面からすべきであろうか。過去に独自の文化をもっていたとして、それを今日の文化状況に於いて見ればその原始性のみが目立って了う。そうかと言って新しい機械工業や都市建築をわれわれはその本場に向って誇示することはできない。彼等はそれを日本の文化と考えないで自分達の文化と考えるであろう。そこには模倣でないものは幾らもある。しかしそれは映画的表現にはなり難い。そこで結局われわれは古い日本と新しい日本との二面を示すという行き方をするよりほかなくなる。しかもこの二つのものは、今日の都市の街衢《がいく》に見るように実に混乱を極めているのである。その混乱の中に統一を見てとる人は見てとるであろう。しかしそれはまた映画の表現をもってしては取扱えぬところである。

こういう諸条件をもつ現状にあっては、一つ二つの映画で日本の全般を知らせることは不可能である。多くの映画の共同が絶対に必要である。従って一つの方向の映画がたまたま日本の一面しか伝えていないからと言って、われわれは性急に非難することを慎しまねばならぬ。現在の日本では、ひとり映画のみではないが、一層大きな敵を前にして仲間同志が内輪の争いをしているというところが随分ある。文化映画の問題についても当局はまだまだその重要性を真に認識しているとは思えない。ここで真にというのは、その程度と共にその方向を意味する。当局にその重要性を真に認識させるためからも内輪の争いをやめなければならないのである。

編者註

〔1〕豊田四郎監督、東京発声映画、一九三八年公開
〔2〕佐々木啓祐監督、松竹映画、一九三七年公開
〔3〕アメリカ映画、エドマンド・グールディング監督、原題 The Certain Woman、日本公開一九三八年
〔4〕イギリス映画、ジャック・フェデール監督、原題 Knight Without Armour、日本公開一九三八年

岩崎昶

日本映画の様式

1

日本映画の「心境性」ということはこれまで随分と度々指摘されて来ている。かつて谷川徹三もたしかその事を論じていたし、ロベール・フローレイ〔編者註1〕などという外国人までも同じような趣旨のことを書いていた。たしかに日本映画には「心境的」と呼ばれるにふさわしい要素がつねに多分に含まれているのである。だが、われわれが常識的に「心境的」と呼びならしているものの正体は何であろうか。それをはっきりと闡明《せんめい》した上でなければ、この種の議論は言葉に囚われた観念論に陥る危険性が多い。その上、日本映画に「心境性」というようなものの存在を指摘し検出しても、ただそれだけでは単なる問題の提起にすぎず、大した積極性はないと言わざるを得ない。われわれはもう一歩進んで、その「心境性」なるものの由って来る社会的基底とか芸術的素因を究明し更に能うべくんばその改訂修正の方法を呈示することを当然要求されるのである。

一体、「心境」とは何の意であろうか。僕の考えによれば、この言葉それ自身がすでに甚だ心境的だと云える。「心境」は恐らく世界のどこの他の国の言語にも適訳が見出されないほどに「日本的」（？）である。それはまず心理ではない。ゲミュート〔独語・Gemüt〕でもシュティムング〔Stimmung〕でもない。むろん思想でも世界観でもない。そして、この「心境」が、心理や思想と異り距っている距離だけが、そのまま日本映画の今日の弱さと脆さとを構成しているのである。

心境とは、諦観と低徊趣味とが生んだところの一つの静的情緒の状態だと言っていいであろう。その状態は、精神がいつも。パッシヴであり、スタティックであり、線が細く、幅が狭く、だから決して強靭でダイナミックであったり、ドラマティックだったりしないところに本質がある。それは外界に対する精神の怠惰の所産である。現実的欲望の弱い、或は更に現実への信頼の足りない考え方のあらわれである。

2

所謂「心境映画」の最も典型的なものとして、『頬白先生』〔編者註2〕などが挙げられる。この大学教授は、小禽を愛し、茶をたしなみ、借金に埋まりただ琴を聴いて自ら足れりとしている。しかも妻子に対する愛情の世俗的な絆に強く囚われていて、別居数年に亘《わた》る妻を離縁する気力もなく、といって他に女をこしらえるエネルギーもない。『頬白先生』は内田百閒の随筆の映画化であるが、このようなものに比べると、百閒の先生で徘徊趣味の宗家として通っている漱石の方が遙かに積極的でドラマを持っている。そこでは、少くとも人々は恋をしたり、姦通したり、悪事をたくらんだり、人を殴ったり、自殺したり、戦争したり、坑山で労働したり、することが出来るのである。

考えて見ると、「心境映画」の勃興は余り古いことではない。というのは、それ以前は、多くの日本映画が、まだ「心境」の高さにまで達していなかったことである。愚かしい新派悲劇や泥くさい大芝居や、空虚な剣劇などが日本映画だったのだ。今日でも心境的な弱々しいタイプはまず上級の映画にあるので、下の方の作品には見当らない。『忠臣蔵』にも『阿波狸合戦』にも『愛染かつら』にもエノケンにも、そのようなものはない。

心境映画の発生は、最も直接的には文学という通路から、つまり心境小説の映画化から来ているように見られるが、併し、一方では、日本映画がある程度まで発達して一定の芸術的段階に達するとともに、映画作家自身の創作意欲の中に文学にあらわれたと同じ心境性が生ずることが必然なのでもある。即ち、これは単に原作とか素材とかの問題ではなく、作家の創造力の問題である。作家が現実を把握し再構成する態度の問題である。日本の芸術の持味として、スケールの小さな、淡々として平面的な性格を挙げることはそれ自身としては決して間違いではないであろう。文学でも私小説や心境ものや短篇はよくまとめるが、立体的な構成を持った壮大なロマーンというものはない。『源氏物語』は日本文学の古典の中の最大の長篇ではあるが、それはその「五十四帖」という言い方がすでに暗示しているように、絵巻物的な連続形式であって、継続はあるが構成はなく、本来の意味のロマーンとは遙かに遠いものである。現代の多くの長篇小説も内容的にはロマーンではなく、殆ど短篇の堆積か乃至はその引き伸ばしであることがすべてである。『ブッデンブローク家』や『チボー家』のように、一つの時代や一つの階級を全面的に描写しようという大作はない。『夜明け前』などは現代日本文学の代表的長篇であるが、前者のような汪々たる大河のスケールはなく、むしろ山峡の渓流の趣を見るのである。近代的ロマーンの代表的作家たるドス・パソスの鳥瞰的な社会分析や逞しい構成のエネルギーは日本人の肉体と精神とが到底及び難いように思われるのである。火野葦平の文学と外国の戦争文学、ルマルク、ドルジュレス、バルビュスなどと比べて見ることは、丁度『五人の斥候兵』〔編者註3〕をパプストの『西部戦線一九一八年』やジャン・ルノワールの『大なる幻影』と対比するのと同じく、また多彩な油絵と簡素な墨絵とを比較して見るのにも均しい。

日本芸術のこの心境性は、ことにそれが映画という大衆的且《か》つ積極的な芸術にかかわる場合に於ては特に大きな弱点である。日本映画は能う限り早くそこから脱け出なければならない。そうしてそのためには日本映画はメロドラマというものをその本来の意味に於て再評価し、それに徹して、そこから出直すべきだ、という説もある正しさを持っているのである。

3

この心境性は日本映画の様式の方面に於ても明らかにあらわれている。

様式は、言うまでもなく単に形式だけの問題ではない。「様式それは人である《ル・スティル・セ・ロンム》」と言われる通り、様式は作家の創造意欲そのものであり、ひいては作品そのものである。少くとも芸術に於ける様式はその内容のインデックスである。日本映画の様式に於ける最大の特徴は、テンポの緩徐、モンタージュに於ける建築的構成的な論理の欠如、及び画面の構成に於ける全景主義――とでもここでは仮りに命名して置こうか、後に詳論する――であろう。むろん、これらのものは究極に於ては互に切り離された別個のものではなく、ただ一つの精神の異ったあらわれとして当然緊密に結びついている。

僕は過日〔編者註4〕『土』を見たが、この映画が、他の多くのすぐれた長所とともに、表現のスタイルに於ても最もオーソドックスなよさを多分に持っていて、日本映画のあるべき様式を暗示していることを感じた。

映画の問題は、いつも対象とキャメラとの関わり方にある。どんな高遠な思念も、映画に関する限り、そこからは み出るわけには行かないのである。対象とキャメラとの関わり方、即ち技術的に言えば、キャメラのポジションは映画にとっては単に撮影器の眼であるだけでなく、作家の眼であり心であり哲学でさえもあるのである。

キャメラが対象に対する位置に於て、最も特徴的な且《か》つ本質的な差別は、最大の接近と、反対に最遠の距離とである。クローズ・アップと、ロング・ショットとの映画美学的な絶対の重要性がそこから生ずる。

4

日本映画の画面構成とそのモンタージュに於てロングショットが圧倒的に支配していることは著しい事実で、日本映画を見馴れない人々に何よりも先に異様な衝動を与えるらしい。リヒャルト・アングストなどは実際にキャメラマンとして日本の撮影所で仕事をしただけにこの事を痛切に感じて書いていたが、外国の映画人乃至は外国から帰ったばかりの日本人は殆ど例外なしにこの現象に注目する。これは彼等にとっては全く堪えがたい不快であるらしくさえある。彼等の眼には、それはそのまま日本映画の原始的な幼稚さの暴露としてしか感じられず、そのことだけですでに日本映画がアメリカやヨーロッパの映画などに比べて段違いに劣っていると判断を下して了うのである。この判断はそのままではむろん誤っている。右のロングショット的様式――とでも呼ぼうか――は必ずしも日本映画が最も低い発展段階にあることから来ているのではなく、むしろ逆にある高さに達したところから生れたのである。だがまた、この判断は多くの正しさを少くとも結論に於ては持っている。というのは、日本映画が次のより高い発展段階に踏み込んで行くためには先ず断然ロングショット的形式を揚棄することから始めなければならないからである。

ロケーションの画面が多くロングショットで撮影されていることは言うまでもない。これは美しい風景や自然に対する日本人的な感懐から必然的にそうなるので敢て不思議はないし、またロケーションというものがその可成りの部分まで自然的な雰囲気や風景的モティーフを摂取することを目標とするものである限り、外国映画でもこれは多いことである。映画の普遍的で合理的な形式だと言っていい。けれども、セットの中で僕等はよく一町も離れてでしかものを見せられないことがある。じっと座敷に坐って向い合っている人物を、まるで舞台を見るような遠い隔りから見せられ、その会話を隣家の話を聴くように盗み聴きしなければならないことが多い。こういうことは、僕等観客がいつも絶えず眼をみはり聴き耳を立てていなければ充分な鑑賞が出来ないという、緊張から来る生理的疲労のことは一応言わずとしても、大いに間違っている。それはプドフキンあたりが「認識の経済」と呼んで、舞台劇に対して映画の持っている最も基本的な長所に数えたところのものを全く放棄して了うのである。その裡に、日本映画の上映館では、芝居の劇場と同じように、緑色の制服を着た娘さん達が望遠鏡を貸しに来るかも知れない。

この頃の大抵のどの映画でもそうである。田坂具隆の『爆音』がそうだった。成瀬巳喜男の『はたらく一家』もそうだった。特に注目すべきことは、渋谷実とか原研吉とかいう、最も清新で積極的であるべき新人達が実に徹底的にこの全景主義に陥っていることである。僕は『南風』〔渋谷実〕だの『若い人の立場』〔原研吉〕などという作品のスタイルを指して言っているのである。殆ど唯一の例外がさきに述べた『土』の内田吐夢であるが、その他にも島津保次郎が『兄とその妹』などで稍異例なスタイルに達しているのを見るべきである。清水宏の殆どすべての作品及び溝口健二の最近の作品（『愛怨峡』や、特に『あゝ故郷』）などは、ロングショット的全景主義の最も典型的な例なのであるが、この二人の作家は後述するようにまた別に一つの積極的な問題を含んでいる。

これまで記して来たことからも判る通り、ロングショット的形式は、二人か三人の作家の偶然的な特性なのではなくて、日本の大多数の映画人に共通した、いわば日本映画の最も普遍的な表現的性格そのものと言うことが出来る。これは前にも一寸触れたように、日本映画の手法としては、第二期の発展段階に属するもので、その表現が最初の原始的自然状態――その中ではただ機械的な技術の偶然だけが支配する――を脱して、一応の向上を示し、創作意識の規定に於て様式の独自性を探求しつつある状態を示すものだと言うべきであろう。つまり、日本の映画人が、初期の無批判な外国映画模倣から蝉蛻《せんぜい》〔蝉脱〕して、日本人の心理や感性に即した新しい映画のスタイルを創造しようとした苦心の所産なのである。むしろ、それ以前には、日本映画にはスタイルはなかった。それはアメリカやフランスの映画のスタイルだった。それがいきなり堀部安兵衛の剣劇や国定忠治の殺陣と結びついたのである。だからその当時の日本映画は、ある時はちょん髷に洋服を着て大小をたばさんだ幕末の遣外使節のようであるか、乃至はまた日本人という肉体以外はすべてのものが西洋直伝であるところの鹿鳴館風俗の異国情緒であったのだ。とに角純粋の日本の映画とは言えなかった。クローズ・アップも、フラッシュバックも、オーヴァーラップも、すべての外国の映画的表現技法がそのまま生々しい不消化な形で無批判に使用された。

スタイルは作家のものとなって居ず、また作家のものとなっているスタイルを必要としないほど、その頃の映画は無造作なものだったのだ。いい加減な剣劇や新派悲劇で、芸術的な創造だの自発性だのを少しも要求してはいなかったのだから、当時の映画作家はどんなに身に合わない借り着でも平気で辻褄を合わせて行くことが出来たのである。

これに比べれば、現在のロング・ショット的様式は、日本の作家がその借り着の不似合いに気付いて、これまでは単に常識として公式として鵜呑みにしていた外国映画のスタイルを批判的に反省して見て、つまりマネリズム化したクローズ・アップやフラッシュ・バックなどの技術の必然性と効果性とを疑って見たところに、明らかに一つの前進があるのである。それは結果に於てはまた大きな誤りに陥りはしたが、併し、とに角、日本人の創造享受の心理型により自然に適合したスタイルの模索が意識的になされたこととして積極的な意味を持っているのである。

溝口健二などが恐らくその最も意識的な代表選手だったであろう。彼はこうして特にトーキー以後の『浪華悲歌《エレジー》』『祇園の姉妹《きょうだい》』『愛怨峡』『あゝ故郷』に於て、この極端な全景主義の手法を積極的に意識的に試みている。それはもう早昔のような幼稚で単純で不自由な演劇的残滓とは別のものである。

われわれの中の不注意な人間達はともすればこの区別を忘れて了う。けれども、それはたしかに別のものである。（少くとも、溝口の場合には！　そしてまた少くとも溝口の意図に於ては！）怠惰な逆行ではなくて、新しい様式を求めての実験である。尤も僕のこの立論全体の趣旨から言ってその実験そのものに何等絶対的な意義を認めることは出来ない。もし意義ありとすればそれは、その様式の映画的不適格性をわれわれの眼前に立証したという皮肉な意味でである。ことに彼の様式から端を発した、とは必ずしも言えない、否、むしろ前記した日本的映画表現への試みからであろうが、とに角彼と同じ様式に流れ込んで行ったエピゴーネン達にあってはこの様式はいよいよ定型化した不自由なものとなり、日本映画の正しい発展に対して有害な否定的な効果を持つものとなっているのである。

5

つまり、これまでロングショット的様式というものをわれわれが十把一からげ式に何でも頭から野蛮な演劇主義の段階だと概括してすましていたのは誤りであった。

以前の、キャメラの台数の不足とかキャメラの位置を移動させることの時間的労力的節約とか撮影日数の不足とか、等、等の全く技術的な条件から規定された全景主義と、現在の作家の意図されたスタイルとしての全景主義との間には全く質的な相違があるのである。前者は単なる技術の問題であり、後者は作家の精神の問題であり、外形は似通っていながら、その段階はまるで違っているのである。

だが、ここで一寸角度を変えて、創造者の立場から鑑賞者の立場に移って考えて見よう。この場合には、作者の意図やその段階などということはもう通用しなくなり、われわれの享受に与えられた形の限りだけが問題になる。そして、その限りでは全景主義は矢張り全景主義であり、一つの全景主義はもう一つの全景主義に相似なのである。そしてそれはいずれも、すべてが演劇的とは言えないにしても、映画表現の持つ本来の有力な武器を故《ことさ》ら捨てて用いないという意味で、非映画的であることは疑えない。単に生理＝心理学的な見地から見ても、われわれは舞台では幕間のレラクセーションなしに一時間半も二時間もの長丁場を見てはいられないのに、映画ではそれだけの間看者を疲れさせずにスクリーンに惹きつけておけるのは、映画の持つ快適な視覚的なリズムの故もあるが、それ以上に、モンタージュことにクローズ・アップによって、前述した認識の経済が行われ観衆の鑑賞の労力をいたわってやっているからなのである。その「経済」を観衆に与えずに無理矢理に引摺ることは最早鑑賞ではなくすでに暴力である。それはいたずらに疲れさせ、しかも、注意力を散漫に無力にさせる。この心理的事実はまた映画美学的事実の基本となる。その上、ロングショットの過多はスクリーンに於て対象との距離感を強調し、そこに一種の精神的プロセニアムを強く感じさせるのである。

6

いうまでもない事だが画面の構成やサイズというものは、単に演出家やキャメラマンの我儘や気まぐれではない。ある監督の、あるアングルは決して偶然そうあるのではない。キャメラの Einstellung（即ち角度及び距離）は、そのままその背後の人間のその対象に対する精神的角度及び距離を示しているのである。

文学の方面の話であるが、ある学者はたとえばアラン・ポーの文学を研究するのに、彼の全作品を通じての数学的統計的計算を行って、彼の小説の中で最も多く使用されている形容詞は何んという語であり名詞は何であり、それが総計、何百何十語、その次が何百何十語、――という風な数字を出して来て、そういう数字の配合を検討することによって、ポーの作家としての精神の本質を明らかにする方法を採用している。これは一見非科学的（或は余りに科学的）なメトーデ〔Methode〕で、ひどく頭の悪い、所謂アカデミック・フールのやり方のように見えるが、併し、ある作家の語彙が一定の限度内ではその作家の精神のバロメーターであるのが疑えないとすれば、この文学的定量分析はそのまま作家の精神分析の一つの手段として、一定度の妥当性を・主張し得るのである。時に、彼自身が気がつかず、指摘されてギョッとするような作家のかくれた本質をこの方法で明るみにあばき出して見せ得ることがないとも言えない。

このようなメトーデを映画で採用するような閑人――尊敬すべき閑人――の研究家があって、それぞれの映画作家の表現手法を、CU、LS、MS等の Einstellung や、その各個のモンタージュ画面の数量的長さや、そのモンタージュの含む内的な論理の分類などを（レイモンドスポティスウッドがそれを愚かしい方法と意味とで暗示しているのをわれわれはすでに知っているが）〔編者註5〕数学的に統計してグラフを作ったり、分析して見たりすれば、それはその作家の創作精神の一つの投影ぐらいは把握する助けになるだろう。そしてそのグラフは日本映画とアメリカ映画あたりと全く違った曲線を方眼紙の上に描き出すことになるだろう。

7

この意味で、全景主義とかロング・ショット性とかは、いわばそのまま作家の対象に対する（精神的）非接近性、諦観性を示している。尤もこれを余りに公式的にとることは恐らく出来まい。ある場合のロング・ショットがその内容的な意味の強烈さに於てどんなクローズ・アップにもまさる対象への接近と把握とを示しているかも知れない。また逆に、一つのクローズ・アップが実は全く無意味で、作家の精神の怠惰をカヴァーするための機械的なキャメラの近迫であるにすぎない事もある。けれども一つの全体的なスタイルの問題としては、われわれは当然さきのように言うことが出来るのである。

ある重要な人的物的モメントについて、作家が本心から興味を持ち強烈な表現的欲望を持ったならば、三十米も五十米もさきのセットでの芝居を、カメラをロングに据えっぱなしで無関心に撮って安心していられるものではない。必ずもっと近寄って観察し描写しようという衝動を感ずる筈である。ここでキャメラの単なる物理的距離だけを問題にしてはならない。ポジションとしてはたしかにロング・ショットでありながら、画面に集中的なコンポジションを用いるとか対照的なモンタージュによって強調するとか、とに角、観客の視線を生理的に自然にその対象に惹きつける方法をすぐれた作家は必ず意識的か無意識的かに採っているのである。この場合は、だから形式的にはロングでありながら、心理的にはクローズ・アップに外ならないのである。

日本映画のこの全景主義的なスタイルを、ある映画批評家が「客観的」な「つっぱなした」スタイルだという風に書いていたのをいつか読んだことがある。だが、こんな考え方ほど芸術に於ける客観というものについての無智を表白しているものはない。客観というものは、対象との外的な距離などとは全く関係がない。それは対象に対する無関心とか興味の稀薄とかとは全く反対のものであり、もっとも執拗な対象への追及と食い入りとがなされなければならないのだ。客観とは非常に積極的なものである。そして前記の日本映画の様式の如きはそれはまるで違う、諦観であり消極である、作家的サボタージュでさえある。『徒然草』や『方丈記』などの作者が小説を書かなかった、いや、書けなかったことは必然的である。

このようにして、ロング・ショット的様式は、その根拠として一つの精神的な消極性を持っている。それはこの稿の初めに述べたようなパッシヴな精神と静的情緒の状態であり、現実に対する欲望や信頼の薄弱さを物語るのである。言い換えれば、それはすでに素材について指摘された「心境性」が様式の面に於て現示したものに外ならないのである。

ロング・ショット的様式に対置されるものとして、今かりにクローズ・アップ的様式というものをここに想定して見よう。すると、クローズ・アップ――ここでもさきの場合と同じく一般的な様式としてのそれであるが――の作用は、心理的に言えば、対象に極度に接近し肉迫することによって、これを細緻に観察し分析することである。のみならず、大写しによって細分することは必然的に再びそれを一つの全体に合成する過程を予想しているから、この分析は単なる分析だけではなしに組み立て構成するという二つの反作用を包含している。つまり、クローズ・アップも単にキャメラが何米か何十米か前進するという物理的な運動の産物なのではなくて、本質的には、作家の精神が現実を最も直接的に徹底的に分析し、再構成しようというアクティヴな態度を示しているわけなのである。

文学作品を比較して見ても、西洋と日本とは、一はアナリティックであり、他は諦観的であり、一はダイナミックであり他はスタティックである、という風な概括の仕方が出来る。外国映画の様式ではキャメラは、というのは作者の精神は、いつも対象に、そして特に「人間」に膠のようにこびりついて離れない。キャメラの眼は彼或は彼女の動きを丹念に追って動き廻るが、それを取巻く周囲や自然にはそれほど関心を持たない。彼が歩いて行く道の全景も、彼女が今坐っている部屋の模様も、少しも描かれないことさえ少くない。また描くにしても、その中を動きまわる彼や彼女とともに撮影機もパン乃至フォローすることによって一部分ずつ嘗めてまわるというやり方が多い。フルシーンが非常に少く、常に細分しそれを総合するというアナリティックな方法なのである。彼等にとっては何よりも人間が大切なのである。人間をとりまく空間や自然などは特別な場合にしか興味を持たないのである。それは人間を最も多く自然の中に置いて眺めたがる日本人と逆なのである。日本映画は、だから人間だけを自然から抽象して追及するということは滅多にしない。

ロング・ショットの日本的特性は、しかも決してそれだけ孤りでは存在しない。それはモンタージュの平面性やテンポの遅さや、全体的なひ弱さ、等々と共存している。何故というに、それらはすべて一つの根から発した異った花なのであるから。

日本映画は、繊弱な、スケールの小さい、心境性を脱却しなければならないように、様式的にもこのような諦観的なロング・ショット性をも超えなければならない。

8

だが、われわれはここで、一度踏み止まって、前に記した「様式は人である」という言い方の妥当性を厳密に検討して見なければならない。あり体に言えば、この言い方にも例外はある。それはたとえば、様式がまだ作家のものとなって居ない場合、というか作家がまだ自分自身の様式を発見していない場合であろう。初めに述べたところの日本映画の借り着時代がそれだったし、また今日でも決して少くない人々がこの時代に低迷していて、彼のスタイルが彼の作家精神と何等の関係もなく選ばれている。

渡辺邦男の様式に於けるクローズ・アップの多用と溝口健二のロング・ショット的様式とを取り上げて、前者が分析的であり、後者が諦観的な性格を持っていると論じたら、事実と全く反対である。

もっとも、この例でも判るのだが、本当に作家精神と無関係な様式というものは理屈から言ってあり得ない。渡辺邦男の様式といえども彼の創作意識によって完全に規定されているのだが、ただ、この場合はそれが必然的な並行的な関係ではなく自発性のない、他人のスタイルの模倣から生れたものにすぎないと考えられるのである。そういう二重の意味では矢張り様式は人だと言うべきであろう。

ただ、ここで忘れてはならないことは、すべての傑れた天才的な作家がそのスタートに於ては模倣から発足していることである。ゲーテがシェークスピアの模倣から生れたことは有名だし、〔セオドア・〕ドライサーはドストイェフスキーの模倣から生れた。だが、また彼等が究極に於ては単なるに模倣者に終らなかったことは、様式が内容と長く無関係ではあり得ないことを示している。彼等は様式を借用し模倣していながら、結局それだけを借りるのではなく、作家の精神や内面的な技術まで自然に身について了ったのである。様式と精神とは本当の芸術に於てはいつも必ず一緒に居るわけである。模倣に出発して、遂に模倣に終る人間は本質的に単なる工芸家にすぎなかったことを証拠立てているのである。

溝口健二が、彼自身、日本映画に珍らしい対象に肉薄する分析的な逞しさを持っていながら、意識的に全景主義をとっているように見えるのは、奇妙である。つまり、彼にあっては様式と精神との間に乖離があるのだと思われる。彼はこの数年の間に作家として驚異的な発展と転形を遂げたのであるが、その発展と転形に様式の発展のテンポが追いついて行けなかったのかも知れず、とに角、彼はまだ自己のスタイルを模索するための実験を行っている最中なのではあるまいか。そしてそこに溝口健二の、特に『あゝ故郷』などに於ける、作家としての不幸がある。彼は、今何よりも先に自己の様式について深く考える必要がある。

もう一人の徹底的なロング・ショット作家として清水宏があるが、彼の場合は彼の資性がつねに自然詩人であり、彼の精神はつねに自然への接近に托されていること、そして自然へのクローズ・アップはつねにロング・ショットでしかあり得ないところに秘密がある。たとえばロバート・フラハーティーの映画の沢山のロング・ショットは、エルンスト・ルビッチュの作品の沢山のロング・ショットとはまるで違うのである。清水宏のスタイルが『風の中の子供』や『子供の四季』では、その素材の自然的環境に適合するので成功するが、逆に『女の風俗』のような人間中心のドラマになって来ると薄弱なものになって了うことを考え合わせると宜い。また『花ある雑草』では、屋外のシーンのよさに比して、教員室の内部の人間達が誇張され類型的にしか描かれていなかった。彼も作品の素材の性質に応じて、効果的な様式を獲得しなければならない。

9

要するに、日本映画は内容の心境性とともにこのロング・ショット的様式——それは前にも述べた通り、ロング・ショットだけでなく、非構成的なモンタージュや、冗々たるテンポをも含むところのシステムであるが——をも揚棄しなければならないのである。そして近代的な機械的な芸術にふさわしい、強靭な映画表現のオーソドックスとも言うべき様式を発展させなければならないのである。

久米正雄は日本文学をフルートのソロにたとえたが、この比喩は全くあたっている。西洋文学のオーケストラ的な壮大な複雑な音響の質量に比して、たしかに日本文学は嫋々《じょうじょう》たる細い音色である。文学だけでなしに、日本の芸術全般をフルート的だと言える。そしてそれを多くの人々は、芸術の「日本的性格」という風に規定したがる。だが、その考え方は日本人というものの歴史的タイプを数千年来のそれぞれの歴史的条件に置いて分析した後でなければ俄かに賛成出来ない。そして、われわれが今棲息している眼前の世紀に於ても、日本人はすさまじい勢で変化しつつある。社会や階級の構成や、経済組織や、さらに食物や栄養や交通や生活の様式や、等、等の因子によって「日本的性格」はどしどし変って行くのである。事実、旧い「日本的」の概念を勇敢に打破した数限りない日本人が出現しているのである。

琴や三味線の伝統的楽器ではなく、巨大な音楽機械ピアノと格闘してこれを征服するエネルギッシュな肉体労働にも堪える音楽家が女性の間にも生れて来た。文学もいつまでもフルートではあるまい。「もののあはれ」や「心境」では律し切れない積極的なタイプの作家も若干生れて来ている。たとえば石川達三などの逞しい構成力は日本文学の将来を暗示していると思う。オーケストラ的な日本文学は決して空想ではない。
「日本的性格」を、僕はこれまでのように日本人の過去から抽象して来るのでなく、日本人の現在の生活と心理とに於て、未来に通じ新たに築き上げられるものとして、考えたいのだ。そしてその意味に於て日本映画は、心境性から心理性へ、そして思想性へ、またロング・ショット的様式の諦観から分析と構成へ、と展開して行くことによって新しい日本的映画を開花させなければならない。

編者註

〔1〕Robert Florey、パリ生まれ、ハリウッドで映画監督となり、来日して日本映画を視察、見解を述べた。ロバート・フローレイ

〔2〕阿部豊監督、東宝、一九三九年公開

〔3〕田坂具隆監督、日活、一九三八年公開

〔4〕内田吐夢監督、日活、一九三九年公開

〔5〕レイモンド・スポティスウッド『映画の文法―映画技巧の分析』を指している。佐々木能理男訳、映画評論社、一九三六年

大槻憲二

日本映画の性格

感傷的なること

一、歴史的顧望を省略することの弁

日本映画の性格を論ずるにはまずその歴史的発展の跡を明かにし、その現在の発達段階を確実に概念してかからなければなるまい。何とならば、例えば、人間の性格を論ずるにしても、その発達の途中、即ち青少年期に於いてその最後的な断定を下すことは、やや軽率の譏《そしり》を免れ難いのと同じであるからだ。併しそんなことを云い出せば、何物でも発達の中途でないものはないし、発達と衰頽との区別も厳密に立て得るものではないし、更にまた他方、三つ子の魂百までもと云う極めて科学的真理を道破した俗諺もあることであるし、それのみならず、それは映画的事件に就いての物知りのすることであって、著者の如き心理学徒にとっては専門外の責任でもあるしするから、私は必ずしも歴史的発展のあとの顧望に拘泥することなしに、直ちに結論的に、直観的に、その性格的特質を列挙してそれ等への

多少の説明を付すると云う方法をとることも亦、只今の場合、許されてよいと信ずるのである。

二、日仏センチメンタリズムの相違

まず第一に私の認識する日本的映画性格は感傷性である。例えば、『燃ゆる大空』（製作、構成、演出、阿部豊氏）のような勇ましかるべき、そうして実際或る程度までは確に勇ましく出来ている映画に於いてさえ、その基調はセンチメンタリズムであることの発見ほど、私を懐疑的に憂鬱ならしめるものはない。これがセンチメンタリズムなどと云うことには因縁の絶対になさそうに見える軍部関係のお役人たちの企画指導の下に東宝専属の俳優たちが演出〔出演〕したものであるのだから、私の憂鬱と不安は一層大きくなって行くのである。ドイツの『最後の一兵まで』（カール・リッター製作監督）あたりと比較して御覧なさい。後者にはセンチメンタリズムなど微塵もない。剛健と着実と悲壮そのものの精神を以て一貫せられている。

第二篇のところどころにも論じておいたように〔解題参照〕、第二次世界大戦勃発直前のフランス映画には非常にセンチメンタリズムが浸潤している。勿論、フランス映画に於けるセンチメンタリズムと日本映画のそれとは、その性質が違っている。フランスのは頽廃的ではあるが、深さがあり、洗練せられており、日本のは素朴で、単純で、浅薄で、子供っぽい。勿論、両方ともにいい面と悪い面があるが、併し何れにせよ、興隆民族にはふさわしくない性格であると云う点では同じであるから、吾人ともに猛省しなくてはならない。私は土台センチメンタリズムのないと云うことが、記紀万葉に現れたる日本精神の一つの重要なる特質であると信じているのに、この掛声ばかり勇ましい現代日本の文化にこのように安価なセンチメンタリズムの横行していることは甚だ寒心すべきことと思う。何となれば、センチメンタリズムの横行は、それに依る知性の敗北を意味するからである。知性、即ち科学の敗退は現代国家の危

扮した高峰秀子の明朗豁達な演技にも負うているところ多大であるが……。
に乏しくて――多少はあるが健康なもので――日本映画の傑作の一つと云えるであろうと思っている。主人公いねに
機である。劇的要素には乏しいが、東宝の『馬』（作並びに演出、山本嘉次郎氏）などは比較的センチメンタリズム

劇的要素に欠けていること

一、動・即・劇

文芸評論家河上徹太郎氏は映画の本質を論じて、嘗て『映画朝日』誌上で次のように云ったことがある。

「元来映画は『活動する写真』であり、『動《ムウビング》く画《ピクチアー》』である。つまり時間的要素の加わった絵である。それを何故、文学になぞらえたり、演劇的に批判したりするのか？　映画の本質は絵であり写真であって、決して劇ではない。こんなことは私が今更いうまでもなく、その道の実際家には自然に呑み込めていることで、みんなその先で、苦しんでいるのだが、とに角此の本質は、忘れられ勝ちであり、忘るべからざるものである。……映画に一番近い姉妹芸術は劇でもなく、文学でもなく、何よりも日本の昔の絵巻物である。勿論、鳥羽絵と映画とは同日に論ずるわけに行かぬが、映画美学を論ずる場合に、その本質が私のいう意味で絵画的なものであるというところに一応考えを戻してかかることは、余り誰もやらぬことで、現在のような状態に於ては必要で、且《かつ》、思い掛けぬ議論の世界が開けて来るのではないかと思う。」云々と。

これに対して鼻っ端ばかり強くて頭にデリカシイの欠けた某批評家が雑誌『文芸』昭和十三年八月号上で揚足とり

的な非難を加え、映画が文学に関係があると云う点を反駁的に論じていた。勿論、河上氏の云い方にはとられるべき揚足はあるが、併し映画を広い意味に解し、単に劇映画や文芸映画に局限せず、広く記録映画的なものと解すれば、その本質は――少くとも本質は「動く画」であることに相違はないのである。併し本質だけで存在しているものなどは殆ど何もない。実際の映画としてそこに文学や劇の要素の加味せられていないものなどは殆ど一つもないと云って過言ではなかろう。それは丁度、如何なる演劇もそこに演劇の本質だけがあるのではなく、常に必ずそこに絵画、音楽、文学の諸要素が混在するのと一般である。「動く画」と云うが、動き――単なる物の動きでなく、意志のある人間の動き――と云うことが、即ち既に劇の本質であると云うことに気付かねばならぬ。絵の本質は元来静止している瞬間的なものに存する筈だからである。即ち、動いている上は既に単なる「絵」ではなくなっているのだからである。

併し映画と絵巻物とを比較して論じたのは河上氏だけではない。今村太平氏も連《しきり》にこれを論じ、いささか行き過ぎの結果になっていると云うことは、第一篇中〔本書では省略〕に既に論じておいたから、ここには繰返さない。が併しとにかく、このように、映画を静的な絵画に比較して考えたがるところに、日本的映画の性格の一つ――劇的要素に乏しいこと――の現れる民族心理的契機が露見しているのだと考えることも許されるのではなかろうか。

二、危機主義

日本の演劇に既に劇の本質――内面の葛藤――が乏しく、大抵は危機主義で胡麻化してある程度のものが多いのであるから、映画にもその同じ傾向は反映することは当然である。最近の演劇で云えば、長谷川伸氏の作などは、気分と雰囲気とはあるが、劇的本質としての精神の葛藤が描かれてはいないのである。併し劇には何かの葛藤がなくてはならないから、外面的葛藤――危機主義やチャンバラ――を以て代用してあるのである。劇映画に就いても全く同じことが云える。近代の劇作家で真に戯曲的性格を持っているのは真山青果氏と真船豊氏とだけ位のものではないかと思う。

映画に劇的要素の乏しいのは、従って決して偶然ではない。大抵は生ぬるいような場面がダラダラと続いて行き遂に不得要領な結果に達すると云ったようなものである。最近の日本映画で特にそう感じたのは『花』や『雪子と夏子』などである。このように劇的本質の欠如していることを胡麻化すために危機主義が用いられるのはよい方で、低級俗悪なものは大抵チャンバラを用うる。それでどうにか一時は緊張と亢奮《こうふん》とが得られる。そうしてまたダラダラと卑俗な滑稽とくすぐりが交錯すると云ったような調子である。結末が不得要領で煮えきらぬのは、一つには検閲的抑圧の責任でもあるかも知れぬが、一つには確に劇作家に劇的性格が欠けているからだと失礼ながら云わねばならぬ。

心理性の欠如せること

一、浅薄な、付焼刃的心理性

西洋の近代映画は、私が第二篇〔本書では省略〕の中で細かく調べ論じ鑑賞して来たように、その主要なものの殆ど総ては心理的要素を多分に具えているものである。精神分析を表看板に出しているものは流石に少ないが（多すぎることは寧ろ斯学の迷惑とするところであるが）、併し直接間接その影響を被っていないものは殆どないと云って過言でないほどであるが、日本映画の性格的特徴の重要な一つは、心理性の欠けていることであると云えるであろう。心理学的に突込んで考える或は観察すると云うことは、日本人には不向きなのであろうか。或は民族性がまだその訓練を得ていないのであろうか。

舟橋聖一氏原作の映画『木石』や『母代《ははしろ》』は、その極めて僅少なる例外の一二である。真船豊氏原作の『太陽の子』にさえ、私はその心理性のあまりなる欠如を、嘗て拙著『性格改造法』の中で論じたことがある。

日本映画の中には、今までの非を忽ち悟って急に善心に立帰ると云うような場面が屡々出て来る。殊に事変以来、そう云うとってくっ付けたような頓悟の契機が一層多く見られるようになり、それが『家なき天使』（朝鮮映画、崔寅《チェ・イン》奎《ギュ》監督）にまで悪感染していることは、既に述べた通りであるが、観者は見ていてただ馬鹿々々しいと云う感じを受けるだけで、主人公の頓悟と共に頓悟しようなどと云う気持には、少くとも私は、全然ならない。寧ろその逆で、主人公に軽蔑を、映画に対して不快を感ずるだけである。

二、『藤十郎の恋』と『かりそめの幸福』

心理的契機の欠如の実例としては、菊池寛氏原作戯曲及びその映画化『藤十郎の恋』（東宝山本嘉次郎監督）をその一つに数えることが出来よう。あの作は、女を誘惑する場面の戯演で観衆の下卑た好奇心を満足させるのがみそで、その他には何ら芸術的、心理的意義のない作である。作者及び一般の観衆たちは芸術のためには何物をも犠牲に供しなければ已まない藤十郎の熱情に感心しているつもりであろうが、そんなつまらない物の考え方をしているところに日本人の頭の不得要領さがあると、既に本書中でも前から屡々私は論じて来ているのだ。芸術のため芸術のためと大袈裟に云うが、高が、男から云い寄られた時に女はどんな素振りをするかと云うだけの事に過ぎないではないか。そんな事を一人の女の魂を傷けてまでも、従ってその肉体を殺してまでも、行わねばならないものであろうか。それは人間の誠意を弄ぶものだ。たとえ芸術的に許されるとしても、道徳的には断然許さるべきことではない。芸術が尊いか人生が尊いか、何れを高しと定め難いと仮りにしてもよい。それなら女の自殺を見た後に、藤十郎にも少し深い心理的苦悶や反省があってもよさそうなものではないか。「俺の人気のためには一人の女の死ぐらいに驚いてはならない」と云うようなことを平然として云ってのけることの出来る程の鈍感低能の藤十郎だ。そんなデクの棒みたような人間を英雄視して感心して眺めている無神経な愚かな観衆だ。つまらないものにコセコセと鋏を入れている暇があるなら、こう云う呑舟の醜魚をこそ第一に発禁にすべきではないか。

『藤十郎の恋』にその主題のやや似た西洋映画に『かりそめの幸福』と云うのがある。フランス作家アンリ・ベルスタンの原作に従い、マルセル・レルビエ監督の下に、有名な映画俳優シャルル・ボアイエがギャビー・モルレエを相手にして演じたものである。愛する女（女優）が自分等の恋愛事件を映画に仕組んでいるのを見て、どこまでが芝居で何処からが本気か分らなくて、熱愛しながら断乎として別れて行く男の心理を描いたものである。『藤十郎の恋』をポカンと口あいて眺めているような男なら、自分等の恋愛事件を妻が芝居に仕組んでいたら、さぞ得意になってやに下っていることであろう。神経の遅鈍なるものは幸なるかな。

文明批評の欠如せること

一、その責任者は民衆か監督か

西洋映画は娯楽ものと云うことを十分に弁えつつ、それでもその間に文明批評を盛り込んで行っているのである。そのことは本書第二篇の第一章に於いて数々の実例を分類して論じてある通りである。その文明批評の方法や規準にそのまま賛成するかせぬかは別問題であるが、とにかく文明批評が陰に陽に試みられている事は事実である。然るにわが国の映画に於いては、そう云う試みは全然ないのである。強いて云えば、内田吐夢監督の『限りなき前進』くらいのものであろう。このように欠けているのは必ずしも作者や監督のみの責任ではない。大衆一般の責任でもある。大衆一般にそう云う要求が少しでもあれば、それが作者や監督を自然に刺戟しない筈はない。刺戟されれば、自然に創作せられざるを得ないのである。

それ故に、私はフランスの監督フェデル〔フェデール〕の『ミモザ館』を分析鑑賞するに際して、飯島正氏と共に「製作スタッフの感性を尊敬したくなるのである。これは、或る意味では、映画製作の背景をなす社会又は国民に対する畏敬である」と叫んだのである。併し満更大衆の責任ばかりとも云えないのである。何となれば、大衆は存外、下らない俗悪映画よりもよしんば外国のでも優秀な作品を好んで見ているのが事実だからである。

二、勇気と自信の欠如

併し日本では今更別に文明批評などを映画に依って行って貰はなくてもいいのだ、と云う人があるかも知れない。いや、映画ばかりではない、文学でも哲学でも、文明批評などは余計な事だ、日本には昔から万古不易の哲学があり文化理想があるのだから、それに抵触しさえしなければ、それで立派なものなのであって、たとえ外国式の文明批評眼には如何に映じようともそんな事は頓着するには当らないと云う人があるかも知れない。私はこう云う議論に対して一々大真面目にぶっつかって行く暇と根気とを持たないが、仮りに彼等の云うことが総て正しいと容認しておいてもよい。つまり、日本では文明批評や心理解剖を映画に期待するに及ばぬとしておいてもよい。それならどう云うものを要求するかと云うに、それはその哲学宣揚のための文化であり、その宣揚の政策に合致しているものだと云うことになるのであろう。

然しながら、何がその哲学を宣揚し、何がその政策をよりよく実現するかと云う問題になると必然的に考えが多岐に亘《わた》らなければならないことになる。病人の手当にでも或る医者は冷せと云う、他の医者は温めろと云う、どちらが正しいか患家では判断に苦むことがあるが、只今国策順応ものと称せられている映画などを見ると、センチメンタルであったり、低調卑俗であったりして、我等は見るに堪えぬものが沢山にあり、何等信念のないものが口先だけでロボット的にお題目だけを唱えて僅かに保身の道を講じていると云ったような哀れなものばかりである。このようなことで、国家百年の計は果たして樹《た》つのであろうか。文明は調子高く、民衆には自信と勇気とがなければならぬ。そうでなければその国家は強く生き永く栄えることは絶対に出来ないと云うことを私は特に警告しておきたい。

三、映画による国力の伸張

昭和十六年八月中に、映画統制の問題は愈々具体化して来た。映画界の自発的統制が煮え切らないので、官庁の方から具体案を提示して来たためである。原因は生フィルムの不足にあるのだから、のっぴきならぬ次第である。それに就いて、当時、森岩雄氏は東京日日紙上で、『映画史の教訓』の題下に、わが国映画界及びそれを統制監視せんとする官庁への警告を与えていたのは、頗る機宜に適した言説であったので、それの一部をここに引用して、私自身の言葉に換えさせて頂こうと思う。森氏はまず、前世界大戦直後にドイツに勃発した映画気運が如何にドイツの国力を増大せしめるに役立ったかを述べ、次に「アメリカ映画が単に娯楽的に傑れているという以外にアメリカの対外文化政策にどれほど大きい役割を務めているかを」明かにし、最後にこう断定をしている。

「われわれは弾丸だけで戦うのではない。映画によっても亦戦うのです、その意味は今は総て萎靡《いび》することを許されぬ時です。経営者の積極的意志と製作者の創造的情熱の今より切実に要望せられていることはないのです。従って論議の的となっている映画界の臨戦態勢なるものが、日本映画の前進を少しでも阻み、害うような形になって、あらわれるとしたら、それこそ誠に一大事と思うのであります。」と。

第11章　リアリズム・文化映画・記録の時代

解説

マーク・ノーネス

リアリズムを巡る問いは、科学や社会に対する問いに哲学や美学を持ち込みながら、さまざまな分野で数千年にわたって続いてきた。西洋では、この議論はルネサンスを通して古代ギリシャへと遡るが、新しい形式の劇作法と文学形式の登場により、十九世紀にはっきりとした形で現れるようになる。十九世紀末におけるもう一つの要因は、パノラマ、ジオラマ、幻灯機、写真、ヴァイタスコープ、そして最終的に映画という形式の娯楽が出現したことだ。これらの新しい視覚テクノロジーは人間の介在なしで現実の記録を実現するように思わせるレンズを基盤とした機構を包含ないしは発展させたものだった。

だが、映画的リアリズムに関する批評や理論の言説が直ちに根付くことはなかった。たしかに、世界規模では多様な要因や状況を反映し、言説の出現、発展は一様ではなかった。それゆえ、リアリズムに関するあらゆる考察は歴史的文脈を踏まえなければならない。それは、理論の場においてはリアリズムが特定の様式を唱道する規範的なものになりがちだからだ。ノエル・キャロル（Noël Carroll）が、「リアリズムとは映画と世界との単純な関係ではなく、現実性の側面に関する類推に基づき解釈される映画間の関係である」と述べているのもこのためだ。つまり、リアリズムとは構造であり、本章に収められたエッセイが示すように、過去の作品よりも現実をよりよく捕らえているように思われる新しい様式を示す作品の比較に依拠するのである。この語に修飾語句が付け加えられることが多いのも同じ理由であるとキャロルは指摘する。「ソビエト社会主義」、イタリアの「ネオ」、イギリスの「キッチン・シンク」、さらに佐藤忠男がこの時期に関して使用している「ニッポン・リアリズム」などだ。この意味であらゆる映画的リアリズムは、歴史的（しばしば国家的、地域的）に固有の特徴を持ち、それゆえ、それが根付いた歴史的世界や人々の研究をする豊かな手段の一つとなりうる。

戦前の西洋の映画理論ではフォルマリズム（英語のformalismには日本語には無い意味があるかもしれない）が映画の美学を執拗に牽引し続けた。ルドルフ・アルンハイム、バラージュ・ベーラ、セルゲイ・エイゼンシュテインのような思想家や映画製作者の著作が日本ではよく知られており、本章に収められた書き手も明らかに彼らを認識していた。映画的リアリズムの理論は西洋においては戦後に至るまではっきりとした形をとることはなかったが（アンドレ・バザン、ジークフリート・クラカウアーがもっとも著名である）、日本においては一九三〇年代にさかんに論じられた。この時期に関して多くの要因を指摘することができる。

第一は、音声の導入である。辻久一らが指摘しているように、動画へ同期する音声が加わったことは映画へ新たな情報密度をもたらし、リアリティーの効果を増強しながら劇場や文芸をより近いものとした。例えば、溝口健二は関西弁を使い始めた。山中貞雄と伊丹万作は時代劇映画に現代語を使い、小市民映画に近づいた。一九三〇年代の後半までにリアリズムの議論が巻き起こるようになる。それは北川冬彦がある種の劇映画を「散文映画」と呼んだことを巡るものであった。北川は山中や伊藤大輔ら、監督が対象（人物や物語）に接近し、または対象と一体化した作品を「韻文の映画」とみなした。一方で、彼は伊丹を日本映画に珍しい散文精神の作家、すなわち対象に距離を置く監督とみなした。

同時期にドキュメンタリー映画は世界的に劇的な変化を遂げる。最初の数十年、ドキュメンタリー映画は主としてこのメディアがもつ記録という特性を際だたせるものだった。ほとんどの映画は歴史的な出来事の率直な記録であった。ところが、一九三〇年代の中頃から野心的な映画製作者（多くはプロレタリア芸術運動で活動を初めていた）は、新たなリアリズムの美学でドキュメンタリー映画の新たな方向を模索し始める。これは英国のドキュメンタリーの理論家ポール・ローサの翻訳と並び専門的・大衆向けの出版物いずれにおいても盛んな議論を呼んだ。ノンフィクション映画におけるこの変革には「文化映画」という新しい名が与えられた。

このドキュメンタリー界における議論は映画製作者の側だけでなく、今村太平や上野耕三といった理論家の関心も呼んだ。ドキュメンタリー映画は通常周辺的なものだが、大陸での戦争によってこの形式は新たな脚光を浴びるようになる。あたかも歴史の世界が映画の世界へと圧力をかけ、フィクションとドキュメンタリーが互いに織り込まれたかのようであった。ノンフィクション映画は、演劇や脚本で実験を行う一方、長編映画の映画製作者はドキュメンタリーを利用した異種混合の美学のもとに作品を制作した。「散文映画」と比べると、これはまたぞろ現れた映画的リアリズムの繰り返しであった。

太平洋戦争までにリアリズムを巡る議論は、プロパガンダや戦争遂行努力と密接に絡みあうようになる。とはいえ、この議論は実に豊穣で多様なものだった。今村らは戦後に再販されたローサの著作で、一九三〇年代のリアリストを巡る議論は戦後にいたってもリアリズムに対する問いへの試金石であり続けたと述べている。（翻訳：松本弘法）

【参考文献】 佐藤忠男「トーキー時代」今村昌平他編『講座日本映画３　トーキー時代』岩波書店一九九六。Carroll, Noël. *Theorizing the Moving Image* Cambridge University Press, 1996. 藤井仁子「日本映画の１９３０年代―トーキー移行期の諸問題」

『映像学』六二号、一九九九。藤井仁子「文化する映画―昭和十年代における文化映画の言説分析」『映像学』六六号、二〇〇一。Nornes, Abé Mark. *Japanese Documentary Film: The Meiji Era Through Hiroshima* (University Of Minnesota Press, 2003). 岩本憲児「台頭期のドキュメンタリー映画と記録映画」村山匡一郎編『映画は世界を記録する―ドキュメンタリー再考』森話社二〇〇六。山本直樹「トーキー・リアリズムへの道」黒沢清他編『日本映画は生きている第2巻映画史を読み直す』岩波書店二〇一〇。フィオードロワ・アナスタシア『リアリズムの幻想　日ソ映画交流史1925―1955』森話社二〇一八。（＊第6章の解説・解題の参考文献も参照）

解題

①　筈見恒夫「映画リアリズムの提唱」

【出典】『現代映画十講』映画評論社、一九三七年、三―八頁

当論文（初出は『キネマ旬報』一九三五・一二・一）は『現代映画十講』の第一講「映画と現実」の冒頭に据えられている。次講では「映画と文芸」というメディアの問題に続いて、第三講ではジャンルの問題（「映画の様態について」）に焦点を当てている。書籍の後半では日本映画、アメリカ映画、フランス映画について作家や主題といった観点から多角的に論じながら、シナリオ研究と映画通史（「サイレントからトーキーへ」）及び「検閲受難史」で結んでいる。筈見恒夫（経歴については第6章③の解題を参照）は「映画リアリズムの提唱」執筆当初、東和商事で宣伝部長として特に海外映画の普及に務めており、当論文においてもジャック・フェデー（ここではフェエデ表記）やベン・ヘクト、ルネ・クレールといったフランス映画が論考の対象となり、成瀬巳喜男や山中貞雄、島津保次郎らの最新作をリアリズムの観点から批判している。筈見は、写真メディアを軸とした映画の機構性がそのまま映画の「現実性」として混同されてしまっていることが現時点での映画リアリズムであると指摘し、「現実を模」しているだけの安易なリアリズムとしてそれを退ける。筈見の分析は、映画リアリズムとは「現実を建設する」ものと唱え、例えば（現実をそのまま写し出そうとするのではなく）人物を通して現実に触れようとするような「やや誇張的な文学感情」が垣間見える上

述のようなフランス映画を評価している。文学において「真実」を追求する取り組みの歴史的な重みと、映画・カメラにおける「宿命的な」機構性を対比させ、前者に映画リアリズムの未来を見出している点は興味深い。（角田）

【参考文献】筈見恒夫『現代映画論』西東書林一九三五。『現代映画十講』映画評論社一九三七。『映画と民族』映画日本社一九四二。『映画の伝統』青山書院一九四二。

② 辻久一「映画のリアリズム」

【出典】『映画評論』第一二四号、映画評論社、一九三六年七月、九五―一〇八頁

辻久一（つじ ひさかず 一九一四―八二）は東京帝国大学独文科卒。大学在学中より雑誌『映画評論』などに寄稿し始め、明治大文芸科講師となるが、三九年に中国へ出征、上海軍報道部へ配属される。戦後は大映に入社し、溝口作品を始め多くの大映作品の製作・企画に携わる。当論文は一九三六年『映画評論』誌上での特集「映画とリアリズム」の一部として掲載された。他に上野耕三「方法としてのリアリズム」や今村太平「映画のリアリズムについて」などが収録されている。当論文で辻はまず映画におけるリアリズムの問題を、「映画がリアリティを獲得する独自の表現方法」との関係の中で考えようとする。そして、既存の映画理論が、そのような表現方法をモンタージュの原理から捉えようとしていることに警鐘を唱える。辻にとってモンタージュとは、（ソヴィエト映画理論も含め）映画の「文章法」であり、言い換えれば「見させるために考えさせない」映画表現に他ならない。このようなモンタージュに端を発するリアリズムは、映画の「韻文性」に立脚しており、「観念が具象にとけこんだ」手法の問題なのである。もう一つの論点は「映画の写実性」が本質的に内包する「具象性」であり、辻はこれを画面の「原始的リアリズム」であると指摘する。この映画メディア特有の具象性は、その完全性ゆえに観客の想像・思考を停止させ、前述した「考

えさせない」映画表現へと加担してしまう危険性をはらむ。このような映画の原始的リアリズムを強みとして生かしながら韻文性を打開する策として辻が提唱するのが、映画を通して「シチュエーション」の描写を「散文的に提出」することである。辻は具体的な手法については明言していないが、個々の画面あるいはショットの感覚的特性とその繋がり（辻にとってのモンタージュ）に頼るのではなく、あるいは人物を合理的・全体的に表現しようとするのでもなく、ある状況に様々な人物を配置あるいは組み合わせることで起こる現象を描写することだという。韻文・散文という対比構図はヴィクトル・シクロフスキーによる手法としてのフォルマリズムを彷彿とさせる。伊丹万作作品のほか、山中貞雄にも徹底的な影響を与えたジャック・フェデーの『ミモザ館』（日本公開は一九三六）などに言及していることから、長回しあるいはロングショットなどの「手法」を念頭に置きながら当論文を読むと、辻の唱える「考えさせる映画」の輪郭がさらに明確に浮かび上がるかもしれない。（角田）

【参考文献】辻久一「批評についての随想」『映画集団』一九三五・一一。『夜の芸術』審美社一九四九。

③　今村太平「映画記録論」

【出典】『記録映画論』第一芸文社、一九四〇年、八〇―八九頁

今村（経歴については第9章③の解題を参照）が『記録映画論』を発表した一九四〇年という時代について、まずは日本映画史の観点から少し補足しておきたい。前年の一九三九年、軍国主義政策を推し進める政府によって映画法が施行され、映画制作の事前検閲や外国映画の上映制限に伴い、ニュース映画・文化映画の上映が全国で義務付けられる。結果、皮肉な形ではあるが戦時期日本の記録映画製作とその文化は、映画の「国策化」により興隆期を迎えることになる。今村の代表的著作『記録映画論』はそのような文脈の中で読まれる必要がある。当論文「映画記録論」は、

（日記などの文字による記録行為との比較を通し）記録映画の再定義を試みている。今村はまず、記録とは受動的な行為ではなく「認識活動の一環」であり、記録した人間の意識を通過している時点で、たとえ家計簿のような事務的作業であっても「特定の意識内容の記録である」と唱える。映画というメディアは、（文字ではなく）写真であるという特異性により、とかく「外界事物の記録」と捉えられがちであるが、今村は写真も同様に「人の主観を通過」した記録物（あるいは論文のタイトルのごとく「映画記録」）であると強調する。そうなれば記録映画とは、いわば「記録の記録」である。そして「人間の内面の記録」がそのように記録として実践されていくことこそが記録映画の歴史であり、また記録映画が単なる資料ではなく「科学または芸術」として存在し続けることの証なのである。杉山平一が「日本の映画評論は飯島正と岩崎昶によって開拓され（…）その地盤の上に独自の映画理論を打ち立てたのが今村太平」であると論じている通り、マルクス理論に傾倒しながらも、当時量産されていたニュース映画などを鋭く考察しながら独自の記録映画論を展開した稀有の理論家であった。（角田）

【参考文献】 今村太平『記録映画論』第一芸文社一九四〇。『日本映画の本質』新太陽社一九四三。『映画のなかの文学　文学の中の映画』白水社一九七六。杉山平一・羽仁進解説『今村太平映像評論』ゆまに書房一九九一、これは『記録映画論』他を収録。

④　高木場務「文化映画論批判」

【出典】『文化映画』第一巻第六号、映画日本社、一九四一年六月、五二―五三頁

高木場務（たかきば つとむ、経歴については第9章④の解題を参照）は、マルクス理論に傾倒した言語学者三浦つとむのペンネームである。一九四一年という時代に書かれた「文化映画論批判」は、前年の一九三九年、軍国主義政策を推し進める政府によって映画法が施行され、映画制作の事前検閲や外国映画の上映制限に伴い、ニュース映画・文化

映画の上映が全国で義務付けられていく中、まさに文化映画の興隆期に書かれた文章である。高木場はまず、文化映画という固定された名称とその「範疇」―例えば文化と映画の意味―から特徴を導き出すのではなく、文化映画と呼ばれ実際に存在している映画の考察をもって文化映画とは何かを論じようとする立場をとる。また、映画が「科学的な発明によるメカニズム」であるという論理と、その上での科学映画と芸術映画との対比を否定する。高木場にとって科学は「人間の頭の中に存在する世界の法則的、近似的な反映」であり、そのような意味での科学は「芸術の内容」になり得、また「創作上、技術上、形式の創造に用いられる」可能性もある。前者はいわゆる作者の主観の世界であり、後者は素材の形式（形象）ではなく表現の形式をさしている。すなわちカメラマンがある対象を撮影する時点で、それは「映画の機構性」による素材の単なる記録ではなく、撮影者の表現形式であると強調する。高木場にとってこの芸術と科学の関係性を明確にすることは、劇映画と対比させることで定義づけされがちな文化映画を再考する上で重要である。文化映画とは、実在する対象や行動のみを撮影する「記録映画」ではなく、「内容」（それは高木場にとっては、前述した通り作者の主観の世界を指す）により忠実な映画のことである。この場合、スタジオによる再演を収録した映画は必ずしも無条件に劇映画になるのではなく、異なる方法（あるいは表現形式）をとった文化映画となり得るのである。高木場にとって、劇映画と文化映画の区別は、「内容を基礎」に据えた相対的なものでしかない。

（角田）

【参考文献】高木場務「研究随筆　記録映画に於ける『劇化』」『文化映画』一九四〇・九。「漫画映画論序説」『文化映画』一九四一・八。「特殊映画への考察　絵画映画の特殊性」『文化映画』一九四二・一〇。

⑤　上野耕三「映画とリアリズム」

【出典】『映画の認識』第一芸文社、一九四〇年、二一一—二二三頁

上野耕三（うえの こうぞう 一九〇八—八一）は日本美術学校（現在の東京芸大）洋画科中退。直後より日本プロレタリア映画同盟に参加し一九三二年初監督作『労農団結餅』を発表。三四年同盟解体後も横浜シネマ商会（三九）、日本映画社（四四）などに籍を置きながら記録映画作家として地位を確立する。一九五〇年記録映画社を創立し、戦後も産業映画・教育映画の分野で幅広く活躍した。当論文が収録されている単著『映画の認識』は映画における「芸術的認識の対象」のほか、「映画理論の史的概観」や「映画における娯楽性」、「映画における科学と芸術」といった分析が展開されている。論文内でも言及されている通り、一九四〇年という年は映画法が施行された翌年であり、言説・実践の両面で文化映画が興隆期を迎えていた時期である。上野による当論文も、「映画とリアリズム」の問題に依拠しながらも、「文化映画の本質」という命題を批判的に問いただす作業が行われている。上野はまず、映画は対象をありのままに捉えてしまうという特性において「元来リアリズムの芸術である」という主張を批判する。そのような見解は「劇的芸術映画」を中心に据えた見解であり、対立線上に「記録的科学映画」を位置付ける。すなわち、元来その特性上「芸術的」であるべき映画にとって記録的科学映画は「無味乾燥」であり、映画＝芸術的という構図からはみ出してしまう。上野はこの芸術と科学という対立構図の中に、文化映画にまつわる実践と言説の曖昧さを見出している。文化映画が芸術的であるべきだと主張するのではなく、「芸術は面白いもの、科学は無味乾燥なもの」という二項対立そのものを問いただすところから上野は文化映画の本質を捉え直そうとする。その作業の延長線上には、（ありのままを写し取るという）芸術的リアリズムではなく、（真相を写し出すという意味での）科学的リアリズムと映画との可能性の模索を読み取る事が出来るのかもしれない。（角田）

【参考文献】上野耕三「方法としてのリアリズム」『映画評論』一九三六・七。『映画の認識』第一芸文社一九四〇。「文化映画の

構成・演出」『映画教育講座』四海書房一九四二。

⑥ 北川冬彦「映画作者の瞳光」

【出典】『散文映画論』作品社、一九四〇年、一〇七―一一八頁

北川冬彦（きたがわ ふゆひこ 一九〇〇―九〇）は東京帝国大学仏法科卒。在学中の二四年に詩人安西冬衛、滝口武士らとともに『亜』を創刊する。卒業後も文学を学ぶため同大学仏文科に再入学。西脇順三郎らと共に雑誌『詩と詩論』を刊行し、新散文詩運動を推進するなど、前衛詩人として第一線で活躍する。並行して二〇年代後半より、映画評論家として広くシナリオ研究などにも従事しながら、戦前・戦後を通し様々な雑誌に映画批評を定期的に寄稿し続けた。当論文（初出は『キネマ旬報』一九三七・一）は単著『散文映画論』に収録された北川の代表的映画批評の一つである。表題は作家論を標榜しているが、ここでもっとも注視すべきは「散文映画」の概念が考察されているところであろう。自身の論文「伊丹万作と散文精神」（収録は『純粋映画記』一九三六）に言及しながら、北川は「詩映画」とは監督が映画の主人公に「全人格を傾けている」映画のことであり、「散文映画」とは「主役に全人格を傾けず、それを批判的に見ている」映画のことであると述べる。前者は伊藤大輔に特徴的であり、後者は伊丹万作や小津安二郎、アメリカ映画では一九三〇年『西部戦線異状なし』で知られるルイス・マイルストンに代表される。ここで主人公を批判的に見る「作者の瞳光」は、決して脇役に反映されているというわけではなく、「猫」や「ポプラの樹」、「横にたなびく煙突の煙り」や人物の「鳥のような歩きぶり」といったイメージとして、あるいは「降りしきる雨」の音として作中に現れる。北川はこれを作者の「分身」とも表現しているが、ここでさらに興味深いのは、この散文映画の特徴を文学における「人称」の問題としても提示している点である。北川によると詩映画の主人公は「一人称的」で

あるのに対し、散文映画の分身は横光利一が一九三五年「純粋小説論」で唱えたところの「第四人称的私」に相当するという。詩人でもあった北川にとって「作者の瞳光」は、このように映画―文学のメディア横断的な側面を持っている反面、（上述の雨音の例のような）サイレントからサウンドへの移行に伴う映画の音、あるいは時代劇における「作者と題材との距離」といった、映画技術やジャンルの問題とも関わりあった概念であると言えるだろう。（角田）

【参考文献】 横光利一「純粋小説論」『改造』一九三五・四。北川冬彦『純粋映画記』第一文芸社一九三六。『シナリオ文学論』作品社一九三八。『散文映画論』作品社一九四〇。

①　筈見恒夫――映画リアリズムの提唱

②　辻久一――映画のリアリズム

③　今村太平――映画記録論

④　高木場務――文化映画論批判

⑤　上野耕三――映画とリアリズム

⑥　北川冬彦――映画作者の瞳光

筈見恒夫

映画リアリズムの提唱

幾多の愚劣な映画がある。今日の現実と何等の関りを持たないからである。幾多の無能な映画作家がいる。今日の現実に対して、何等の視野を、批判の眼を持っていないからである。若し、映画が如何なる幼稚な技術によって出来上っているにせよ、その内容に何かしら、現実社会への関心が盛り込まれているとしたなら、必ず僕等の心を動かし、惹きつけるものがあるのではなかろうか。

にも拘らず、今日の映画は、美しく飾られた砂糖菓子である。甘ったるいだけで、滋養分にもならない作り物である。日本映画の有能であるべき作家は、皆んな菓子屋の職人である。菓子屋の職人として、腕が立つ、というのに過ぎないのである。理由は簡単である、砂糖菓子ばかり作っているからである。僕は成瀬巳喜男の『妻よ薔薇のように』を見て、山中貞雄の『街の入墨者』を見て、今日の日本映画としては随分上等な作品だと思った。そう思い乍ら、腹へ入れて反芻して見ると、やはり砂糖菓子だった。こんなものばかり喰っていて何になろう。

近頃の日本映画ぐらい無茶なものはないのである。一例として、挙げるのは気の毒であるが、島津保次郎の近作に

『せめて今宵を』という作品がある。仮りにも島津と云えば、一流の大家である、大作『お琴と佐助』の監督である。その大家の作品に、日本のＧメンと肩書つけられるのは、彼自身知らぬことであろうが、銀座の裏通りと思えるところに、ギャングが出没する。そのギャングの風体と云えば、アメリカの三流映画に出て来る市俄古《シカゴ》の悪漢その儘のジェスチュアで、ピストルをポケットに入れているのである。何しろ、昭和十年も押し迫って、もう年の暮だというのに、銀座街頭で悪漢と探偵が追っ駆けっこをする。近代的のアパートでギャングの姐御が恋人の犠牲になって死んで行く。成程、ここまでレヴェルを落せば、二週続映も出来たであろうが、これが、大都映画の作品ではなくって、堂々たる松竹キネマの大作の一つなのだから、ちょっと驚かされる。

無茶である。無茶の連続である。尤も、無茶は、日本映画だけではない。アメリカにもＷ・Ｓ・ヴァン・ダイクだの、リチャード・ボレスラヴスキーという様な一方の雄がいて、一つ映画を作る度に、人間の感情とか、発展の必然性とかいうものをぶち壊して行くことは、愚作『結婚十分前』〔Forsaking All Pthers〕とか『噫無情』に於て衆知の事実なのである。いや、定評あるキング・ヴィダーの様な作家でも、『結婚の夜』という様な、悪い砂糖で菓子を作る。して見ると、今日僕等が見ている映画というものは、大がい嘘なのである。

そういう嘘に較べると、成瀬やも山中の仕事は、随分と本当の人間や、本当の世間というものに接近しているらしく見える。『妻よ薔薇のように』では人間の感情というものが可成微細にまで描き分けられているし、『街の入墨者』では、一人の前科者に対する世間の眼というものが、はっきりと対照的な役目をつとめている。筋の発展というものに少しの不自然さもない。つとめて、自然らしく、本当のことの様に、成瀬や、山中が映画を作っている。それなのに、何故、これらの映画が腹にたまらないのであろう。僕等をガァーンと打ちのめす力がないのであろう。現実の接触が見出されないからである。ここに登場して来る人物は、僕等とちっとも関りのない人物であり、又僕等の未来の姿でもないからである。

映画に於ける写実という言葉が、もう一歩前進しなくてはならない。文学に於ては写実ということ自身が一つの意義であった。本当のことらしく書く。有りの儘の風景を書く。ということのために、文学作家たちは「嘘」の形容詞を並べ立てる必要があったであろう。文学に於ける写実という事を完成するために幾多の棄て石が、この苦難な道に棄てられたことであろう。しかし、映画作家たちは、この苦難な道を一足飛びに通過した様に考え過ぎてはいないだろうか。彼等はキャメラを持っていた。キャメラは、あらゆる角度から、有りの儘のものを撮すことが出来る。撮影所のセットに演じられる俳優を使っての芝居が嘘であるとしたら、キャメラは、無心に街上で遊ぶ子供たちを撮すがいい。やがて、子供たちがキャメラの存在を意識し出したなら、空を流れる雲を撮すがいい。大空はいつも開けっ放しで真実である。自然はいつもキャメラに写実の材料を自由に与える。文学者が、大空の空の真実の姿を描くために、なし遂げねばならない苦渋な努力を考える場合に、僕等が若しも、キャメラの現実性を、映画の現実性と混同して考えたりしたなら、飛んでもない不都合である。これを、先程挙げた山中や、成瀬の場合に当てはめようというのではない。しかし、斯ういうことは云えるのではなかろうか。キャメラの宿命的な条件の故に、映画作家たちは、写実ということを、無意識的に甘く見過ぎているのではないであろうか。それは、写実を通過して約束の地たるべき映画リアリズムへの行進を、しばしば停滞させているのではないであろうか。

リアリズムというものは、常に現実から切りとった新しい材料を、きびしい眼で眺めなければならない。涙のない鬼の眼で、じーいっと現実を凝視する。批判が生れよう、解決が生れ、やがては未解決が生れよう。ベン・ヘクトがそうである。ジャック・フェエデ〔フェデール〕がそうである。リュイス・マイルストンが、ルネ・クレールがそうである。彼等が既に約束の地に到達しているというのではない。けれど、この人々は、写実というものの安易さ、又、それ以前の低俗な作り物の出鱈目さを棄て去った人々である。彼等は一歩を出た。一応写実性な面貌を持つフェデにしても、『外人部隊』に於て、例えば、小津安二郎が『東京の宿』で見せた様に、単に喜八さん個人の悲劇、更に喜八さんたち二三人で形造っている人生と云う感じを抱かせたのと違って、モロッコという虚無地帯に投げ込まれた人間の喘ぎが近代人全体の物憂さと否定的な生き方に結びついているのである。ここでの真実さは、やや誇張的な文学感情を盛り込んでいることはたしかだ。

これが、〔ベン・〕ヘクト、〔チャールズ・〕マッカーサーの二つの仕事『情熱なき犯罪』になり、『生きているモレア』〔The Scounderel〕になると、現実の中から、弁護士リー・ジェントリー、出版屋アンソニー・モレアという特定の人物が抜き出される。常識的な写実ではなく、ヘクトは新たにこの人物を中心にした現実を築き上げようとして努力している。異常な世の中が、異常な形の人物を生み出して行く。逆に、この異常な人物を通じて異常な現実に触れようというのであろう。これが、ルネ・クレールの『最後の億万長者』になると、先ず常識的な意味での写実は、こなごなに粉砕される。人間の形を、階級の形を、象徴した人形が集められる。作者は一見現実から離れたカジナリオという飛んでもない王国を建設する。『億万長者』という作品は、その組立から見て決して完璧な傑作とは云えない。しかし、クレールが前に作った『巴里祭』の様な組立から見て殆んど完璧な映画と、この『億万長者』の不可思議なるねらいや、構成とを較べて見ると、はっきり映画の行く新しい道の拓けているのが判るのではないであろうか。『巴里祭』はいくら作っても『巴里祭』である。極端に云えば、今の日本の映画作家（お菓子職人）の考えている美しくも、うら悲しい都会の姿であり、現実の感情でもあろう。『巴里祭』の感情は如何な映画職人と云えど、先ず己れのものとして考えることが出来るであろう。しかし、如何なる映画作家が架想国の荒唐無稽な出来事に取材して、全資本主義国家という厳然たる現実に立ち向おうとしたであろうか、いや、それを考えつき、やり遂げようとする勇気があるであろうか。

新しい映画のリアリズムは、何より勇気の問題だと云えよう。小器用な職人気質で、小さな写実の殻に閉じこもっていて、何処から現実が見えるか、まして、新しい形式の現実がキャメラの中に、どうして創造出来る筈はないではないか。斯うした意味で、一時、我が国で台頭しかかった小市民喜劇や、時代諷刺劇に、しばしば僕等は注目したのであるが、伊丹万作ともあろうものが、折角の『億万長者』に摸して、『気まぐれ冠者』などを作っているのではどうにもならない。

映画は現実を摸すのではなく、現実を建設するものなのである。そうでなかったら、砂糖のお菓子に過ぎない。セルロイドの玩具と同じである。今日から後、映画は、もっときびしい道を歩いていいのである。

辻久一

映画のリアリズム

一

映画と演劇とを比較すると、西洋の作品を、自分達のものとしてみることが出来る映画の強みを発見する。映画はもう国際的ではなくなったというが、日本では、ちょうど西洋映画がその文化的主流を形造っている。演劇は、西洋のものをみるといっても、戯曲によって、想像しているほか、その実物をみる手だてはないのである。かりに演劇のリアリズムといっても、それがどんなものかは、舞台の場合、実物をみる手段が実に容易でない。映画に関するかぎりは、その点、鑑賞という立場からは、この国にいても、決して、こうした意味での不便はない。

私はリアリズムと映画とについて、特に私たちが論ずる際、この事情は非常に重要だと思っている。私たちは、日本映画にリアリズムの要求を投げかけるのではなく、映画の国際的な水準から、映画とリアリズムの問題を可及的に描きめぐらし得るのである。

演劇の世界でも、このことが、全然不可能ではない。戯曲から類推したその象《かたち》をとった表現に立脚して、ものを考えることも出来るにちがいない。この国の事情を問題外に置いた時には確かに広い視野がひらけて来るが、その立論の根拠は薄弱にならざるを得ないのだ。日本の新劇の不健全さにせよ、こうした事情がずい分邪魔しているにちがいない。

何故、世界的水準に立った可能図を描き得るのが、便利かというと、もはやリアリズムという言葉が、さまざまに分裂しているからなのである。十九世紀の小説家が、写実的手法、写実主義という名で、何らの疑いなく現実を探り描いたという幸運は今日の作家に恵まれないのだ。リアリズムという言葉は、今日各人のさまざまの解釈に委せられて、それぞれの解釈者の仲間で通用する。リアリズムが発する光は、四方八方に散じられ、その光に照らし出される一群々々は、自己を照らした光だけを捉えて、これこそリアリズムだという。そして、それぞれの群は、他の群を照らしている光を理解しようとはしない。リアリズムの単一な原理は喪失した。二十世紀は、ここから始まったのではないかと思われる。

リアリズムは、小説だけの問題ではない。演劇だけの問題でもない。人生の真実を描出しようとする各芸術が、思い悩んでいる問題である。二十世紀に生れた新しい映画芸術も、今日漸く、真摯にこの問題に当面するに至ったのではないかと思う。私は、映画がこの問題に当面していると信ずればこそ、この稿を書こうと思い立ったのだが、同時に、この問題には、小説も突き当っているということが、事情を一層興味深くする。最近提出せられた小説上の諸問題は、ある点、映画の問題にも共通していると考えられるのだ。

実相をそのままに見事にうつしとるといった意味での、事実に最も即しているという特徴で、映画のリアリズムが、推賞され、感嘆される時ではない。又、リアリズムは、文学史的な時代分割上の代名詞ではない。古典主義から浪漫主義へ、浪漫主義から写実主義へ、といった流派上の名称ではない。さらに一歩進めて、一つの劇映画（あいまいな言葉であるが、フィクションの上に立って、何らかの意味で、人生図を展開している映画）の出発と帰結とを、一種の世界観を基準として批判し、それが人生の真をえぐっているか、どうかということを、リアリズム決定の信条とすることも、今まで、度々試みられた方法であるが、これは、決して、映画のみにかぎられた問題ではないのである。内容の批判が、不用とか、つまらぬとか言うわけではない。もとより正しく、映画といえども真実を語らねばならぬ。現在の映画は、真実を語らなすぎるくらいなのである。しかし、この真実云々の問題は、小説や演劇にも、言えることである。内容論は、いわば、個々の作品論に通じているだろう。そして、個々の作品論から、さらに深い普遍的命題に達するかも知れないが、その時こそ、映画が、美しい完璧を示すとしても、私は、今、その問題を、映画のリアリズムと限定する必要を認めないのだ。

「あらゆる時代に於いて正しく見、正しく歌った詩人達は尽《ことごと》く単なるリアリストだったのである。」（河上徹太郎氏『思想の秋』三十五頁）したがって、その単なるリアリストが、正しく見、正しく歌った詩人達の作品は、リアリズムの作品といい得るだろう。すべて、傑《すぐ》れた作品の根底には、リアリズムが脈うっているとする。すれば、リアリズムとは、リアリティを確保したという謂ではないか。私も、この意味で、リアリズムという言葉を使用してみたが「説得力」という一種の代名詞におき代えたために、結局、非難されるだけのことでしかなかった。

しかしひるがえって考えれば、映画のリアリズムの問題は、ここを出発点としなければ意味がないのではないか。映画が、映画自身のリアリズムを獲得するということは、映画がリアリティを獲得する独自の表現方法を、考えることではないか。

今日までの映画芸術論――ミュンスターベルヒ〔ミュンスターバーグ〕から、ベラ・バラーズにいたるまで、それらは主として、映画の文章法をきわめつくそうとした。モンタージュの理論は、おそらくその尤なるものであった。それは、映画的表現の基準を規定したものであった。ロシア映画は、その基準的方法と思想的背景から割り出した如くみえたが、それは、一つのきわ立てられた例証にすぎぬ。

従って、現在の映画とリアリズムの論議は、この文章論を超えた点に求められねばならぬ。

そうした地点に、映画は、どんな表現法を完成しているだろうか。今日未だに「見させるために考えさせない」（岩崎昶氏「映画の描写について」『新潮』〔一九三六年〕七月号）点に、映画の欠陥が見られている。しかし、モンタージュの原理は、実に「見させる」という点に、主力を於いて考えられた。思想と観念とを、画面に持ちこむについて、最も勢強くかつ急であった、ソヴィエット・ロシアの作家達は、このモンタージュの原理を、観念を具象に置きかえることに於いて、最大の力を発すると考えていたのだと私は思う。

モンタージュという言葉を書いてみると、種々の観念の代表的形象のカットバックという特殊な技巧が使用されている部分を指摘しては、この映画にはモンタージュがあるといって喜んでいた昔を思い出す。モンタージュは当時映画的表現のもっとも光輝ある選手であった。そして、それは時の経つとともに、映画の常識となり、いわば、映画的表現の基準が、モンタージュであると考えられるに至った。「影像の連続の裡にあるリズムを創り出すものとして」（岩崎昶氏『映画の芸術』〔一九三六年〕四十八頁）のモンタージュは、一旦その歴史を閉じているとみてもいい。勿論理論的にである。作品そのものに於いて、映画の基準的表現方法としてのモンタージュは、本来さらに発展すべきであろう。具象的芸術である映画の主体をなしている視覚的表現が、モンタージュによって、表現の積極性を得たものである以上、この方法は、更に複雑にかつ高度に適用さるべきものである。

しかし、その複雑な高度な適用とは一体、何であろうか。単なる文章論を超えた表現とは、実に、これを指すものである。そして、映画のリアリズムも、この点から、発足すると考えられる。

私は、そこで、映画は、殆ど、何らの表現法も、完成していないと答える他にないのである。この際問題は、記録映画とかニュース・リールのもっているリアリズムを除外していると考えていただきたい。問題は専ら、所謂「劇映画」にあるのだ。

その「劇映画」にかぎられた分野の内で、モンタージュに出発するリアリズムの方法なるものは、やはり、「見させるために考えさせない」ところに落ち着いているのである。こういうと、ひどく謬論だと攻撃されそうであるが、モンタージュが、映画の、時間に従う性質、つまり韻文性に立脚している中での、特質だと理解されたら、ややうなずけて貰うかも知れない。さきにも云ったように、モンタージュがモンタージュとしての最高の力を得たソヴィエット・ロシアの映画に於いてさえ、具象化された観念は、具象的なものに共通な力を備えているとともに、時間に従って発展するもの、特に視覚的形象の、構成に対する効果の点で、共通な弱さを持っていたとも云えるのである。

エイゼンシュテインの『全線』〔日本公開一九三一年〕は、一つのマイルストーンである。農民教育の資料の美的形成として、あの作品の持っていた力はすばらしく発揚した。しかし、そのはなばなしさを、花火にたとえたならば不遜であろうか。私が云いたいのは、観念が具象のなかにとけこんで表現された時、残るものは、具象の力づよさであって、観念の方は、むしろ弱い残像しかのこさないということなのだ。

これは結局、映画の文章法だ。リアリズムは、この文章法をこえたところにある。

この具象の力づよさを完了したものとせず、一単位として使用して始めて、映画はリアリズムを完成するだろう。つまり、この具象のたゆたいない時間に従う運動を、観念の場の中へ、停滞させることなのだ。一カットが一つの観念を表現した従来の単位を、さらに拡大することなのだ。これは散文的方法とよばれるものにちがいない。その散文性を映画の中へ移し植えることが、新しい発展の契機となることは、疑いない。ジャック・フェエデ〔フェデール〕の『ミモザ館』〔日本公開一九三六年〕を見給え。

モンタージュ理論に於いて、観念が具象にとけこんだに反して、その上の段階では、具象が観念の形成に向って、統禦《とうぎょ》されるのである。

正直なところ、映画は、芸術としてのリアリズムを完成しておらぬ。私が今まで述べて来たことは、映画的表現の全体に関する問題だが、リアリズム論は、映画にとっては、表現論なのである。

この方法は、映画をして、原始的リアリズムから脱却させ、文芸上のリアリズムの手法から救い出すものだと思う。以上は、私の、リアリズム論の趣旨の、舌っ足らずの梗概にすぎない。以下、やや詳しく、これを、敷衍してみよう。

二

バルザックの千万言を費した叮嚀な描写を、映画は、一瞬にして行ってしまう。最近読んだある小説家の感想は、この事実をあげて、小説で描写することが、実につまらないと言っている。もっともな言い分である。映画の写実性が、というよりも画面の写実性という方がいいかも知れぬが、とまれ、実際の物体をその具象性を何ら損うことなくうつしとるという便利が、十九世紀のリアリズム文学の手法を、あるいは敗北させたかに見えるのは、偽りではない。私が、映画の原始的リアリズムとよびたいものは、この便利なのである。いうまでもなくサイレント映画の歴史はこの力を最大限に認め、最大限に華々しく展開させることにつとめた。その一応の終点がモンタージュ理論であったのだ。

文学にとっても演劇にとっても、映画が得たこの種のリアリズムは、素朴である稚さはあっても、生々しい具象性という点で、恐るべき敵であったわけだ。文学に於いては、前述の如く、演劇に於いては、徹底的な自然主義でさえなし得なかった、人生あるいは生活そのままという難しい描写が、容易に成就したのである。

その方面での映画の勝利については、今さら、ここにくだくだしく述べる必要はなかろうと思う。もう語りつくされたことである。

カメラを据えた対象がもっている以上のことも以下のことも表現せぬ簡潔な形式は、たとえば、即物主義という文学の流派さえ生み出したのだ。この流派の作品に現れている映画手法の痕跡は容易に見とり得る。

一カットの老人のしわ深い顔が、無言のままでいて、しかもあらゆることを物語っている。映画にも演劇にも出来なかったことなのである。

谷崎潤一郎が「鮫人」に行っている一人の人物の顔の描写をみて見給え。まず、その無限に発展するようにさえみえる想像力を驚嘆する前に、これほどの言葉を費さねば、一人の人間の顔が、描ききれないかという嘆を発するにちがいない。そして、読み終って、その人物の顔がどんなまとまったイメージを与えるかというと、これが実にあやふやなものになりかねないのである。

視覚的な本当らしさの点で、そして、そのリズムにのった展開に於いて、映画は、芸術的な第一歩を印した。

しかし、私たちは、ややもするとこの第一歩の点で、躓きやすい。この原始的リアリズムへの顧慮が、芸術的な映画のリアリズムへ、映画の表現をたかめて行こうとする障害をなすのである。私自身、映画のリアリズムを、何であるかと考える際に、しきりと気になったのである。

記録映画とニュース・リールとの完成が、この場合の問題となる。

この二つは、もっとも人工の加わらぬ、あるがままを報告するものでありながら、場合によっては、拙劣な劇映画よりも深い感銘を与えるのである。これは、あくまで、拙劣な劇映画と比較しての上であって、新聞記事や報告論文と比較してみて、幾分の興味がふえているとしても、新しいジャーナルの形態を完成した程度のものにすぎぬ。ことに、それは、感銘の質が、全然ちがって来ているのだ。この感銘の質を加えたことは、映画の原始的リアリズムの功であっても、それがすべてになるわけではない。芸術的なリアリズムへ進もうとするものは、この功を、いわば一つの捨石とみねばならぬ。近時提唱される「実写精神」なるものは、作品の実現に於いて、結局いちじるしく非実写的であったし、それが映画でなくては試み得られぬ試みをなしたといっても、逆に映画的表現の可能性を、この原始的な部分へ戻して来ることになるやも計り難いのである。

こうした単純性に依拠していることが、映画をして、見させるが考えさせぬものとした一因でもあるからである。色彩と嗅覚とが欠けているとは言いながら、映画の具象性は、すでに他芸術の手段に比較して、ずっと完全である。この完全であることが、不幸にも、便利であった反面、一つの不便を伴っていたのだ。

小説家が文字という記号を利用して、対象のもつ真の姿を何とか完全に描き出してやろうとする努力が、次第に、小説の表現力を高め、説話と詩とから、思想や観念を寄託するに足る高みに到達したのに対して、映画はまず、自分の新奇な便利さに自ら酔うていたのだ。自分は、今まで、何にも出来なかったこういうことが出来るのだぞという便宜をたのしんでいたのだ。

自己の能力をたのしむことはいいが、その欠点に気づいた時、ぞっとしはしなかったか。芸術上の真実が生活上の真実を以てただちに、置き換えられるものでなく、その間、表現という作用が、大きな位置を占めているというきわめて平凡な命題があてはまるのに、このくらい好箇な対象はなかったのだ。

第一、うつしとられたものが、その持っている以上のことも以下のことも言わぬ簡潔さは、スピードを好み、煩雑をきらう現代人の気持にぴったりと来たかも知れぬが、芸術がそれを読み、聴き、見るものに、許さざるを得ない想像の特権をうばいとっていたのだ。

映画を観るものにとって、その前にうつし出される画面は、多かれ少なかれ、かつ又、それがどんな情景であろうとも、それなりに完了した世界を固守している。演劇とも共通している点は認められるが、演劇よりもさらに高い写実性が要求されている。演劇が、緑の線を以て青葉を現わし、青い線を以て海を現わすという風な写実からぬけ出そうとする傾向は未だ、映画には、ないのである。文学が、文字で現わしているさまざまな描写は、たとい、その目的が一定のイメージを、読者に与えることにあるとしても、実のところは、一定のイメージを読者が心中に喚起するための想像力に与える刺戟の強さが問題なのである。読者の想像力を喚起し得る刺戟が強ければ、強いだけ、その表現は、すぐれていると言えよう。文学の観念的部分でなく、感覚的部分に於いて、特にこれは言えることなのである。

与えられた刺戟に応じて、次々に心中に喚起されたイメージが堆積して、一個の風景なり一個の人像なりを形成するたのしみは、小説読破の全体でなくても、部分的に、無意識な喜びをもたらしている。

この間の過程をぬきにして、いきなり現れたものが、それ自体表現される具象であることは、演劇の登場人物も映画の風景もかわらないが、演劇の観客が、舞台に許容している嘘は、映画に通用しない。嘘の許容とは、想像力の介在を物語るものである。

映画のほんとうらしさは、かようにして、稀有な具象性とともに、観るものの想像力を、自己の表現したもの以上に出ることをぴたりと停止してしまった。イメージは、すでにあるのである。観るものは、それについてゆけばいいのだ。極端に云えば、想像力も思考力も不必要である。映画の考えさせぬ第一歩である。

加えて、視覚の、時間に従った韻文的な流れは、厳密な意味に於ける構成の困難さをひきおこしてはいないか。その具象性に、観念の裏付けを、自ら避けたか、あるいは避けざるを得なかった作家たちは、一つのシークエンス（一連のシーン、一続きの関連場面）の持つ意味の残像が、次のシークエンスにからまって、効果をあげる、こうしたことが、全体に於いて、実に困難であったのではないか。

様々な映画の手法は、以上の欠点を矯正し、具象性の完全さを、カメラを向ける対象の選択によって、観客の想像力を、ある点に集注し、他の点に散漫にするという方法を考えついた。

観るものをして、高い真実感に触れしめ、切実な緊迫感を得させるためには、まず、カメラがうつしとるものに、選択を加えることが必要とされ、むしろ、きわめてほんとうらしくないものの二カットから、きわめてほんとうらしい表現の一部が構成されるに思い到ったのである。

モンタージュ論の頂点は、たしかにここにある。画面の全き具象性を破壊して、むしろ象徴によって、高いリアリティを表現しようとし始めたのである。ということは、とりも直さず、観るものの想像力に、出来るだけ刺戟をあたえようとする努力ではあるまいか。

しかし、モンタージュに於ける対比にせよ、類推にせよ、要は、未だ視覚の刺戟に、力点がおかれ、それを通じて、観念へという道は発見されていなかった。

モンタージュの発見は、映画の本質的能力の一部分を明確かつ極度に、指示し得たものであった。

「開け放した天井の窓から広いアトリエ一杯に陽が射していた。青い眼の眩むような光の大きな正方形だった。無限に遠い空色の背景の上に浮んでいる明るい孔だった。その四角な空間を横切って、矢のように、燕の飛ぶのが見える。」

モーパッサンの『死の如く強し』（杉捷夫氏訳）の一節である。正しく、映画は、この分野に於いて、何ら、小説に劣らぬ、いいや、それにまさった効果をあげ得た。

しかるに、ローレンスの『チャタレイ夫人の恋人』（伊藤整氏訳）は、次の如く始まる。

「現代は本質的に悲劇的な時代である。我々が此の時代を悲劇的なものとして受け容れたがらないのもそのためである。大災害はすでに襲来し、我々は廃墟の真只中にあって、新らしいささやかな住居を建て、新らしいささやかな希望を抱こうとしている。それはかなり困難な仕事である。今のところ未来に向って進むなだらかな道は一つもない。しかし我々は遠まわりをしたり、障碍物を越えて這い上ったりする。いかなる災害がふりかかろうと我々は生きなければならない。

これが大体に於てコンスタンス・チャタレイの境遇であった。欧洲大戦は、彼女の頭上から屋根を崩壊させてしまったのだった。そのために彼女は人間には生きて識らなければならぬものがあることを悟ったのであった。」

岡田三郎氏は、「描写と説明の問題」（『新潮』五月号）に於いて、この両者を比較して次の如く云っている。「『死の如く強し』と『チャタレイ夫人の恋人』との間には一世紀のへだたりがあろう、と同様に、われわれの脚下を基点として測定するなら、『死の如く強し』はすでに無限の彼方にあるとも言えようし、それとは反対に『チャタレイ夫人の恋人』は、われわれの脚下にあると言わなければならない。」

私たちは、映画についても、この「脚下の問題」をとらえねばなるまいと思う。果して『チャタレイ夫人の恋人』の如き描写は、映画にとって不可能であろうか。

不可能に非ず、社会的制約と作家の才能の問題であると言い切れるならば、幸いである。

現在の状態は、しかし、これを不可能とする。というよりも映画の本質的能力が、これに耐えられまいとする予感の方が強いのである。視覚に主としてたよることのあやうさ。我々は、まず、リアリズムを、さらに一歩進めた地点で、観察せねばならぬ。

三

何故、トーキーになって以来、特に文学と映画との本質的な関連が問題となり、演劇との対比がうるさく行われだしたか。

モンタージュ理論の完成は、映画の強さを美事に、文学や他のものから、完全に独立させていたのではなかったか。この答えは、至極簡単である。人物が、生活していると同様に話し、風景は、沈黙を破って本来あるべき音をたて始めたからである。

これは、必然的に、人物や風景のリアリティが、サイレント映画に於けるほど、単純に成立し難いことを証している。

その時まで、映画は、ゴーゴリもトルストイも、フローベルもモーパッサンも、イプセンもハウプトマンも持ってはいなかった。この事情の幸不幸は、映画それ自身だって、知っちゃいまい。

サイレント映画の窮極の地点が、純粋映画の名を以て呼ばれた、一種の影像の純粋な美感の連続と規定されたのは、さきの原始的リアズムに基づく映画の表現力を高度にあげ精練したところが、結局、何らの思想的鍛錬を経ていなかったことを証するのだ。

トーキーになったことが、映画の内容的部分にかかられる量が多くなった事情をよんだのは、アメリカ映画一つを例にとってみても、サイレント映画にはみられなかった文化的色彩が濃くなったことに徴せられるであろう。これは単に一つの傾向とみらるべきではない。リアリティの複雑さが必然的に招いたむしろ本質的なトーキーの要求の現れなのである。

音を発する画面のリアリティは、比較的容易に、映画独自の方法を以て獲得し、音と画面との相互効果は、比較的要領よく進歩したにもかかわらず、そこに表現される人間のリアリティに至っては、稀薄というよりも、文学と演劇とがくぐって来た近代精神を何ら感じさせぬものであった。

映画が小説の十九世紀を持たなかった、そして、二十世紀初頭の精神的混乱をよそ目に眺めていた空々しさが、まざまざと浮き出たのである。

伝統に何らこだわることのないアメリカ映画は、二十世紀になってから、ようやくそれらしい風貌をととのえたアメリカ演劇から、人物のリアリティを保ち得る俳優を移入して、面目をたてようとした。アメリカ映画は、人物の観察の基準点と、その人物がよって立つ世界の背景を形成している思想との問題について、ほとんど、わずらわされることがなかったのである。ロマンチシズムのあとをうけたリアリズムの色さえ、すでにアメリカは、振り返ろうとしていなかった。

ヨーロッパでは、しかし、事情がちがう。リアリズム文学というだけでも、フローベル、モーパッサン、ゾラ、トルストイという、大量の遺産をうけつぎ、同時に、演劇に於いても一時期をリアリズムを以て画した伝統が、人間の表現とその生きる世界の表現とに於ける客観的手法について、ほとんど無視し得ぬ豊富なものを残しているのだ。

映画作家が、人生の真を目ざして、芸術的な高さをねらおうとして、サイレント映画の視覚的表現の限界を知り、同時に、トーキーが、より内容的な深味を自ら要求して、人物のリアリティの客観性が、在来の映画手法で、処理しきれぬと知った時、この文学と、演劇との遺産を無視するに忍び得ぬのは、云うまでもない。

映画の現在的な無思想性の救助を、文学にもとめ、演劇によって行おうとしたことは、それ自体、何ら、不思議ではないのだ。

この努力に於ける健気な選手は、まさしくジュリアン・デュヴィヴィエである。『ゴルダー』〔『資本家ゴルダー』、日本公開一九三五年〕という作品が、デュヴィヴィエにある。この作品は、さまでの顧慮をうけなかったが、この意味からすれば、重要な里程標の一つである。

リアリズム、すなわち、実証精神の進展と純粋客観的な手法を以て、人生の真をあばくという決意が、十九世紀の写実主義から自然主義へかけて、どんな世界観を確立したかは、いわでものことであろう。その極端な部分は、むしろ必要以上の残酷さを人間に背負わせたのだ。人生の真をみるという意味でのリアリズムは、芸術のつづくかぎり、消え失せはしまい。しかし、この一時期に完成した写実の流派は、一種の骨董味を帯びて、臭味を放つのである。『ゴルダー』は、実にこの手法を、遠慮会釈なく映画にとり入れたのである。それは、一種の自然主義小説の映画的ヴァージョンであった。そして、それ以上の意味はなく、今日の目でみて、すぐに、古色がかいま見えるのだ。

私は、文学や演劇が与えてくれたこの救助を、のばして行くことは、映画のリアリティ貧困にとって、決して、用のないことではないと思っている。しかしそれは要するに、一時の用途ではないか。映画作者が、高い観念と思想を持ち得るときが来たら、これは消滅するにきまっている。デュヴィヴィエは、ルナールから、ヴィルドラックへ、ヴィルドラックからエモン〔『白き処女地』の原作者〕へと、文学や演劇の力をかりて、映画を高みへ持って行こうとした。その健気な努力は、たしかに、一つの見物ではあるが、それは、果して、映画に新しい力を与えたかどうか。『にんじん』や『商船テナシティ』が、ルナールやヴィルドラックのものではなく、もうデュヴィヴィエのものになりきっているとしても、それは、ルナールとヴィルドラックのえがき出したものを、デュヴィヴィエが、映画的に演出したにすぎないのだ。

これらの原作が達し得た高みへ、映画作品を近づけようとする以上、問題は、その高みである。デュヴィヴィエは、これらの原作からうけとった暗示によって、自己の作品をつくったのではないのだ。『にんじん』なら『にんじん』を、『商船テナシティ』なら『商船テナシティ』を、その作品の持つ意図のまま、映画によって、表現しようとしたのである。

映画は、内容的にあるいは高まったかも知れぬ、文学や演劇のリアリズムをとり入れ、リアリズム以後の作品のリアリティを利用して。この点に関して、私は、文学的だとか、映画的だとか、一一の表現内容について、論《い》う必要はないと思っている。現在映画的表現として、心をうてば、それを率直に、映画的表現とよんでもいい。しかし、一歩を進めればそれは、どこまで行っても、文学や演劇が獲得したものにすぎないのである。デュヴィヴィエの失敗は、これらの表現方法をこくめいに、遵奉して、それをしも、異質の表現方法の中へ、そのまま持ちこもうとした点にある。

ルナールが散文によって、ヴィルドラックが演劇によって、それぞれの人生を表現したものを、映画という韻文的性格、ことに感覚的な表面性のなかで、割り切ろうとしたのである。

デュヴィヴィエにさえ、「見させるだけで考えさせぬ」欠点が、残っている。それは、ただ単に、文学の、又演劇のリアリズム、あるいはリアリティを借用して来たからである。

デュヴィヴィエの失敗に徴するまでもなく、これらの援護物による、映画のリアリズム乃至、映画のリアリティの到着点がどんなものかは、容易に想像出来ることだ。

トーキー的表現の複雑さを、さらに利用してみることもいい。トーキーの無限の可能性を信憑して、それを、深めることを念とするのも、無駄ではない。

しかし、以上のような状態にいる間は「これは映画だ」というものはあっても、「これが映画だ」というものは考えられないではないか。この状態でいるかぎりは、映画が、文学や演劇をぬくということは、ほとんど不可能に近いのである。

映画は、他から来たリアリズムの借用を打止めなくてはならぬ。トーキーとなって、内容的に高くなったことが、文学や演劇の表現を利用したことによるとしてもである。

ということは、文学や演劇のリアリズムを、リアリズムとして成立させた根拠を見よということである。疑いもなくそこには実証主義の精神がある。しかし、実証主義云々は、それが完成した表現方法の今日の姿と比較して、必ずしも重要ではないのである。問題は、この観念あってこの手法が生れ出てたということである。

画面に内在する視覚上の原始的リアリズムから出発し、ロマンチシズムに対して十九世紀後半に完成した文学演劇のリアリズムの遺産を、世界観の上にも、表現方法の上にも、ほとんど学ぶことなく、芸術としてのリアリティの確保を、他の芸術ジャンルからの援護者によって漸く行い得たのが、リアリズムの多くの意義から考えられて来た発展の段階なのである。

四

リアリズムは、他の観点からする時、いわば、合理的な手法である。

「糞リアリズム」という言葉を以て、一議もなくリアリズムを捨ててしまう元気が、一部の小説家にみられるが、そうではなくて、真実、この合理性をほとんど信用出来なくなった小説家乃至批評家が提出しているリアリズムに対する懐疑は、充分私達の参考になるものである。

今日の映画作家は、誰もまだ、現実の合理性の崩壊といったような人生の内面的部分に思いをいたしていないであろう。

むしろ、映画に現れている人生は、首尾一貫何ら秩序に欠けたものではない。

しかし、私達批評の立場に立つものが、以上の如く方法的に、リアリズムの合理性の映画へ対する単なる適用を、疑問とするのは、以上の如く、現在の内容とその内容を表現する方法を持して譲らぬかぎり、その内容の空々しさを、映画はまぬがれることはあるまいという点から発しているのだ。

河上徹太郎氏の「小説への懐疑」（『文芸』七月号）は、この点に関して、示唆多き論文である、この論文に於いて、批評家の小説の方法に対する懐疑と、小説家の小説の内容をなす現実に対する懐疑とが、ほとんど時を等しゅうして、現れている幸運をみることが出来る。

残念ながら、私達は、この幸運を持たず、何ら、ほとんど実証して呉れる作品なくして、議論を運ばねばならぬ。

小説に於いて、在来のリアリズムの合理性の上にたった「性格とか描写とかに信用が置けなくな」ったということは、映画が、この種のリアリズムを、他の芸術からのつっかい棒で遵奉しているかぎり、映画は、独自のリアリズムを、完成し得ないという事情と同じなのではないか。

『ミモザ館』が、私たちに深い感銘を与えた所以は、所謂「映画技巧」や何かの問題ではなく、平々坦々たる人生図の最後に、これをくりひろげている作者の観念にぶちあたって、はっとした瞬間にあるのである。

この成果を得たものは、作者が、始めから、諸人物の正確な性格の発展を心がけて、それをこくめいに辿って行った結果ではないのだ。

作者は自ら意識して語ってはいないが、そうした手法が、もう映画では、不評なものであるということを知っているようである。

作者はまず、カジノとそれに近いミモザ旅館との雰囲気を、的確に読者に知らせておいて、その中にさまざまな人物を置いてみる。そして、その人物達が一つの状態に組み合わせられた時に起る諸々の現象を、ただたんねんに、辿って行ったのにすぎないとも云えるのだ。

河上氏は、小説の内容をなす現実が、性格や、在来の意味での合理的描写のみでは処理しきれなくなった時、小説家が、何に頼るかについて、「一寸考えて見て頭に浮ぶ答は、それはシチュエーションの連続によって導かれるということである」と答えている。

映画が映画自身のリアリズムを獲得する地点も、このシチュエーシヨンの散文的な提出というところにあるのではないかと思う。

シチュエーションのリズミカルな進展ということは、過去の通俗映画さえなしとげたものではないかという意見もあるかも知れない。しかし、それが、やはり、見させるものだけしか持たなかった欠点は、何にあるか。

散文的提出ということをもっとはっきりというと、それぞれのシチュエーションが、感覚に訴える進展の合理的な美感を帯びていなくてもよい、又、それぞれのシチュエーションが、それ自体、人物の全体性と統一性とに完全に帰納されていなくてもよいのである。シチュエーションを組み合わせ、その個々のシチュエーションの中に、出来るだけ豊富な、一個の人物なら人物のもつ可能性を、盛りこんで、そのシチュエーション自身と、組み合わせとから生じて来る効果が、作者の観念という基本的実態につきあたるに至ればよいのである。

伊丹万作は、実にこの観念（それがたとい一定の思想的傾向を持っていなくても）、ひいては、知的な批判精神にもとづいて、創作する唯一の作家なのである。私は、その散文性について、ずつと以前に述べたことがある。

モンタージュ理論に於いて、お互いに衝撃しあった一カットのもっと等しい意義が、ここでは、一シチュエーションにあたえられ、単に感覚にたよっていたものが、思想の一端に生かされて来るのである。『最後の億万長者』は、一見して、混乱の様相を呈しているように見えるかも知れないが、あれは、混乱ではない。一つの条件のもとに、一つの仮想国がおちいる混乱を、さまざまなシチュエーションに於いて、クレールが出来るだけ精細に語ってみたのが、あの出来事なのである。

個々の画面の感覚的特性に頼ることを止め、俳優の、一人物を全体的に表現してしまう手腕にたよることを止め、しかも、一つの人生図の全体性を得ようとする時、この手法が、現在の映画にあたえられた、演劇になく、しかも、小説以上の具象性という強味を持った表現方法なのではないか。

「見させることによって考えさせる」という結果をもたらすことは必然であると思う。何故なら、各シチュエーションをばらばらにしたままに終らせないものは、これらのシチュエーションを、統御している、作者の観念であり、その思想性であるからである。

シチュエーション自身、個々の画面自身は、その独立的光沢を失うかも知れない。しかし、そのまとめあげられた光沢は、映画のリアリズムとして、もっとも、光輝のあるものではないか。

融通無碍なるシチュエーションは、映画の特性であるが、その散文的提出は、映画のリズムを一応止めることになるであろう。しかし、リズムは、さらに、内面化されて、映画の表面的可能性は、拡大深化するのである。『チャタレイ夫人の恋人』の文章は、この態度によって、表現可能となるのではないか。

映画のリアリズムとは、畢竟、この表現方法の拡大のために用いられた代名詞にすぎない。観念と思想とに裏付けられた表現方法は、この点をおいて、考えられぬのである。

今村太平

映画記録論

1

フィルムの如何なる量を費しても、対象の全部を記録しつくすということができないとしたら、記録するということは、つねに対象の一部分の撰定を意味している。何かを記録するということは同時にまた何かを撰びだすことでなければならぬ。しかし何かを撰びだすためには、あらかじめ何ごとかを認識していなければならぬ。認識を全く前提しないなんらかの記録というものはあり得ない。たとえばAでもCでもなく、特にBを撰びだしたということは、すなわちACに対するBの重要さを認識したことである。撰びだすためにはただ、平列的無差別にABCを知覚しただけでは不可能でなければならぬ。したがって記録するとは単に知覚すること以上のものである。いや単に意識することでさえもない。ましてや、鏡が物を写すといったような非主体的な物理的現象ではない。それでは記録するとはどういうことなのか。

物事を記録するとは、物事がただ一方的に人の意識に映じて機械的に写されるという如きことではない。最も簡単な記録でさえ、それは何人かが記録した、ということの結果であるから、いかなる記録も、記録する人を前提しないわけには行かない。すなわち主体的な存在を前提している。そのことは、いかに受動的に物を写していても、それが写す人の行いとして行われているということを意味している。このように、あらゆる記録が人の行いであるかぎり、人の行為としての責任を逃れるわけには行かない。したがってわれわれはいつの場合でも、記録の責任を問い得る。責任を問うことのできる人の行いは、つねに意識的、合目的々になされている。そして意識的合目的々になされているかぎりは、また自発的である。たとえば、命令に従うという場合でも、従うということは従わないということと同様に自発的な行為である。このようにあらゆる意識的な行為を自発的と考えることができるとしたら、最も受動的と見えるような記録、たとえば他の命令で帳簿をつけるという如き事務的な記録でもまた充分に自発的である。そして自発的な行いとして、その誤れるや否やを問われるのである。

しかも記録するということは、つねに人間の認識活動の一環としてのみ存在する。記録のために記録するというが如きは一般に存在しない。子供が一字一字を書き写すことでさえ、それは書き写すために書き写しているのではなく、字を知ることのために書き写しているのである。また、主婦が家計を記録するということは、家の経済の総体的な認識を目的として行われる。今日は昨日に比べて支出が少ないか多いかということを知るために、かつまたそれが収入に対して適当しているかいないかを知るために記録する。そのことはまた明日の支出をいかに決定するかを知らしめる。支出が多過ぎれば減らさねばならず、収入が少なすぎれば増さねばならぬ。しかし支出をいかにして減らすことができるかを知ることは、社会経済の総体的な認識と無関係には与えられない。たとえば、物価騰貴というものが支出を膨脹せしめているとしたら、物価騰貴について何事かを知ることが必要である。ある物価の騰貴は急激であり、他の物価の騰貴は緩慢である。騰貴が一率ではないとすれば、すでに与えられた条件において支出を減らすということとは、騰貴の急激な物品から緩慢な物品への、高価な品物から安価な品物への支出の振替えによって行われねばならぬ。またある物価が急速に高騰しつつあることから、それを買い溜めして、将来の支出を減らすということも行われている。これらはわれわれのまわりで日常的にくりかえされているところである。

　このように家計の記録ということも記録するために記録されるのではなく、家の経営を一層合理的になすためになされているのである。一層合理的な経営はすでに一層包括的な認識に拠らねばならぬ。だから主婦が家計簿をつけるという如き仕事でさえ一層普遍的な認識を目的として行われている。われわれが日記をつけるということはさらに記録のための記録ではない。したがって一方的受動的な行為としてのみ行われるものではない。それはわれわれの認識活動の一部分としてなされている。日記によってわれわれは過去を反省し、未来に対する一定の計画を樹《た》て、自分自身の生活がなんであり、またなんでなければならぬかということを知ろうとする。しかもわれわれ自身の生活が他人との協同の生活であるかぎり、自らの生活を知ることと、社会全体の生活を知ることとは別物ではない。かくの如く、すべての記録は、その最も単純なる場合でさえ、人の意識的な行動として行われ、そのかぎりにおいてはまた人間意識のなんらかの表現とならざるを得ない。

　このことは最も単純機械的な記録、たとえば役場の吏員が戸籍を謄写するという如き仕事についても言われ得る。このような仕事でも、当事者の主体的な活動である以上、主体的な認識を全然表現しないというわけには行かない。すでに謄写する文字が個性を表現する。乱雑に書かれているか、実直に書かれているかによっても充分個性表現的である。あるいは尖った書体であるか、円味のある字体であるか、大字によって書かれているか、小字によっているかによっても、特定の意識内容の記録であることができる。いろいろの脱字や誤字の如きも主体的な意識の一定状態を(たとえば疲労や興奮の如きを)あらわしている。すなわち記録がまた同時に表現であるのである。外部世界の一方的な記録と思われるものでも、記録した人の意識を通過するという点では、主体の意識のなんらかの記録としてあらわれねばならぬ。

　われわれは今迄、記録ということを「資料にとる」（これもまた前述の如く主体的自発的な活動ではあるが）といったような言葉で機械的受動的な行為としてのみ解して来た。それは Document という言葉の翻訳として、あるいは間違いないかも知れない。しかし問題なのは言葉の意味ではない。記録映画の歴史における記録という実践が何を意味してきたかということである。この実践としての映画記録はたえず成長発展している。この現実的な成長発展に対して、記録《ドキュメント》という言葉の本来の意味は固定し、限定されている。このように固定し限定された言葉の解釈をもって、映画記録における実践の問題を解決することはできない。反対に記録の新らしい意味は、記録映画の歴史から抽き出されなければならぬ。その歴史は映画による記録が、同時にまた人間の認識をも表現していたということを示している。すなわち記録が記録として、科学と芸術になりつつあるのである。この事実からのみ記録の意味が受取られるべきであり、反対に記録という言葉の意味から記録映画の歴史を固定的制限的に解釈すべきではない。

　この意味で上野一郎氏が Documentary Film を「資料映画論」と訳しているのも誤解を招きやすい。記録映画を資料映画とすることは、映画の記録がつねに資料にすぎないという考えをあらわしている。だからまた、資料にすぎない記録映画は、芸術的認識もまた科学的認識も表現し得ないということになる。しかしこの解釈は、記録映画が単なる資料映画ではなく、科学または芸術として存在している現実の歴史に矛盾する。記録映画の歴史は、記録することが単に資料にとるというが如き消極的機械的な実践ではなくて、芸術的ならびに科学的認識を表現する実践となりつつあることを証拠だてている。『緑の放浪者』の如きを資料映画ということはできない。『民族の祭典』の如きを単にオリンピックの資料とすることはできない。あきらかにこれらは立体的な認識内容を表現したものであり、その表現の結果として人を感動せしめているのである。

かくて記録するということは、その最も単純な場合でも主体的な表現でなければならぬことを知る。記録が主体を表現するものであるから、またそれは同時に主体的な認識の記録となり、そのことによって科学的認識ならびに芸術的認識ともなることができるのである。記録することにおいて、すでに何物かが表現されているという思想は、ニュース映画をはじめとするすべての記録映画作者の責任と自覚をつくり出す。もはや記録映画を、単に資料にとるようなものとして機械的事務的に撮影していることは許されない。ニュース映画がつねに無感動公式的であることを当然としている考えはもはや誤りである。ニュースはただの資料ではない。それは記録者の事態認識の高低を充分に表現する。撮られた事件が同一でも、記録者によって幾多の差別が生じてくるのは、事件の記録において記録する人の個性が表現（記録）されているからである。このように、人間の認識を表現するものとしてのニュースは、単なる受動的な資料であることをやめる。それはすでに記録者によって知られただけの事実の記録であり、記録者の認め得たかぎりにおける内容の表現である。ニュース映画にしてすでにそうであるから、他の科学的あるいは芸術的認識を目的とするすべての記録映画は、さらにそうである。したがって記録映画とは、映画による単なる外界事物の記録ではなく、人間の認識の記録であり、また表現でなければならない。

記録映画を単に外界事物の記録とのみ考えていた一つの理由は、映画による記録が、文字による記録と異って、写真であるがためである。具体的な写真であるということから、映画記録では二つの同じような客体が生れるかのように思われるのである。文字による記録では、記録されたものは客体として存在しないで、主体として、われわれのイメージの内部にのみ存在する。しかし映画では、記録されたものも、われわれのイメージの外部に客体的に存在し得る。このことから映画では二つの同じ客体が存在するかのように思われやすいのである。

しかし映画の場合の記録物も主体的な存在であり、人のイメージであることは文字の場合と少しも変らない。いかなる写真も、対象とは全然異っている。このことは何人も疑い得ないにもかかわらず、文字の主観性に対して写真の客観性（イメージがイメージとして外部に存在するという性質）があまりに新鮮に対置される結果（それはまだ文字文化の中に映画があるから）陥入りやすい錯覚となるのである。しかし写真の客観性なるものも、現実の客観性に対しては、もはや一つの主観性でしかない。色彩のないこと、重量のないこと、二次元であることは、映画の技術的な進歩によって改変されるであろう。しかし記録することが人間の行為としてなされているということは永遠に変るものではない。人の行いであるかぎり、人の主観を通過しなければならぬ。主観を通じて得られたものが客観としてあるものと全く異ることは明白である。写すということが主体の行いであるかぎり、主体の行いを表現したものとしての事物は、主体から独立に、かつ主体の行為と無関係にある事物と異るのは当然である。

　したがって映画による記録は、外界事物の記録ではない。それはつねに人間の思惟の記録であり、心が知り得た事柄のみの表現であり、それ故に実は人間の内面の記録である。たとえば写された一つの風景は、客観的な風景と同じものとしては存在しない。客観的な風景について人が知り得たことだけしか表現していない。だから記録者の内面を表現しているものであると言うことも可能である。そして、記録映画の発展は、ただこのことからのみ可能である。ただ資料にとるという行いのみが記録映画の仕事であったら、記録映画の科学と芸術への進歩は不可能である。記録映画は記録によって人が認識したことのなんらかの表現である場合にのみ、（もちろん低度な認識があり、低い表現はある）発達可能であり、記録映画の歴史もまたこの事実を示している。

高木場務

文化映画論批判

範疇から存在を導き出すのは逆立ち論であること

「文化映画の文化性」で長谷川如是閑氏は、文化映画の対象が文化現象であるものと規定しても、文化現象が「普通の言葉でいう『文化』よりも遙かに広い意味なので『文化映画』という範疇で何分の映画的性質を規定することはむずかしい」「文化映画という名称の概念がはっきりしない」と述べられる。

「文化映画」という名称は、ある映画につけられた名前である。これが基礎なので、その後にはじめて、他の映画が「文化映画」の中に数えられるか否かが決まるのである。先ず映画があったということを忘れてはならない。そして「文化映画」を「文化」と「映画」に切って論じてはならない。それは「自動車」という名称がある存在する乗物につけられた名前であることを忘れて「自動」と「車」とに切って論じてならぬのと同様である。切り離して論ずるならば、電車も汽車もオートバイも、さては水車風車のたぐいまでみな「自動」の「車」であって「名称の概念がはっきりしない」ことになる。言葉の解釈から範疇を定めるのでなく、範疇を定めて言葉をつくったのではなかったか。

「文化映画」という名称がその映画の本質、他の映画との相違する点を表現するに適当しないならば名称は変更すべきであって、あくまでも名称の変更にとどまる。人間に対して「長谷川」などと物の名前をつけては怪しからんと云えるであろうか。「長谷川」という概念は人間の性質を規定し得ないという論を事実上氏は唱えているのである。

わたしは、「科学映画」を「科学」の名称の解釈から導き出そうとする木々高太郎氏の論文に、やはり同じような謬《あやま》りを発見する。この種の論文を読むたびごとに、わたしの脳裡に浮んでくるのは、「東郷平八郎」は「東のクニを平らにヒラくオトコ」という意味であるからあの偉業をなしとげたのだと喋言り立てている露店の姓名判断氏である。このたぐいの映画論はまさに姓名判断的映画論と名づけてしかるべきであろう。

何を文化映画と呼んでいるかは現実に存在する映画の中にその本質を求めねばならない。若し混乱があるならば、それは分類の不当であり文化の概念の不当ではない。

人間の創作に非ざる映画画像は存在しないこと

北川鉄夫氏の「隣組生活と文化映画」で見られる上野耕三氏の「映画は芸術であり得、科学でもあり得る」という理論の支持に対してわたしは反対する。映画は「何等芸術そのものでなく一つの科学的な発明によるメカニズムだ」という説、「文字通りの記録、メカニズムの単なる再現」という主張に対しては、吉田茂氏が「表現と事実」としてすぐ後の頁で述べている中の「キャメラを位置したり、構図をきめたりすること自体が、もう作者の主観によることなのですから、そこには作者の主観の加わらないありのままの姿などはないわけです」という正しい主張を引用すれば足りる。作者の主観の形象的形式に於ける表現物が芸術であり、すべての映画が芸術なのである。美は主観で客観的分類と関係しない。

科学と芸術とをならべて対比させてはならない。科学とは人間の頭の中に存在する世界の法則的、近似的な反映で、この主観、この思惟それ自体を呼ぶ名前である。科学は知識であって、人間の頭の中以外に知識は存在しない。芸術は実在物であって、頭の中の主観それ自体は芸術ではない。この科学と芸術との接触は二つの面に於て行われる。一つは科学知識が芸術の内容となる（主観）場合、一つは科学知識が創作上、技術上、形式の創造に用いられる場合である（混同しない事）。

芸術は内容と形式を区別しなければならない。内容は作者の世界、主観であり形式は実在する形象である。しかし芸術の形式は表現せられた形式、創作された形象であって、素材の形式とは区別されねばならない。フィルムは素材であり、感光膜の明暗の形象はフィルムの一部分に創作された形象であり表現形式である。桜の花は自然の形象であり素材であるが、これを投げ入れにした「活花」は創作された世界、意識的な創造の形象であるという一面に於て表現形式を持っている。キャメラマンが形象を記録したときこれは彼の表現形式である。編輯者はこの断片を素材として自己の世界を表現すべく組立てる。キャメラマンにとっての芸術と編輯者にとっての芸術とは一つの映画の異った面である。これを編輯者の立場からのみ見て、存在する所の形象断片は皆素材であってどこから見ても芸術でないと考えるところにモンタージュ論、芸術技術論の一つの大きな誤謬が存在する。作者なくして其記録された断片はあり得ない、そして断片自体芸術なのである。

この明白な事実がどうして判らないかというと、文学は各人同じような似た形象を創作するという点を、誤って一つの存在を各人が使用するように、恰もシャベルか金鎚でも使うように考えられ、それぞれの文字はすべて何人かの作者なくしては存在し得ず、その限りに於て何等かの内容を表現した芸術に他ならないことを忘れ、個々の文字は内容を持たぬのに文章を組立てれば内容が出来上ると思い込んだところにあり、これを映画にまで延長したのである。

プドフキン、アルンハイム等の文字に対する謬見を参照されたい。

科学は知識である。頭の中に存在する。対立する存在は迷信である。これも頭の中に存在する知識である。これは主観の、実際存在する法則的関係を把握したものかそれとも実際に存在しない関係であるかという点に於ける区別である。又事実の世界をそのままとらえたか、あるいは頭の中で組立てなおし創りかえたかという事実か空想かの区別もある。そのいずれを問わず、作者の世界、作者の主観を実在する形象に表現したものはみな芸術にほかならない。内容に於ける区別、人間の主観に於ける区別が科学と否であり、形式に於ける区別、単なる自然物の形式かそれとも人間の意識を内容とする創作された形象を持っているかが芸術と否との区別である。迷信も科学も、文字に表現された画面に表現されたものはすべて芸術と呼ばれる。

木村荘十二氏も亦「映画演出学読本」の中で上野耕三氏と同じ説を採用している。素材の形式と表現形式を混同し、何人から創作されたのでもない「画面」や「文字」を実在すると考えるのは神秘論である。

花言葉は言葉の代用品であり、素材の形式が表現形式の代用をしている。これは芸術ではない。しかし如何なる言葉も文字も画面も作者なくしては存在し得ない。

芸術と科学との関係について、甘粕石介氏、今村太平氏の説くところもまた謬《あやま》りであることは上述によって明かであろう。科学論文は内容が科学である。知識は文章以前に頭の中に存在する。フィルムは映画たり得るが、フィルム自体撮影者に取って素材に過ぎず、それ自身映画ではない。之に反して編集者の素材は映画であり且《か》つ素材である。未完成交響楽が音楽であるように、編輯前の断片も亦映画でありキャメラマンの芸術である。タイプライターで叩こうがペンで書こうがそこに創作された文字は作者の思想の表現として芸術であるように、「映画の機構性」は何等映画の芸術か否かと関係を持つものではない。

事実の映画と空想の映画の区別は相対的であること

多胡隆氏が研究随筆の欄で述べられている意見は大体に於て同感である。文化映画が必ず実在の家や農民を対象とせよという論を機械的であり誤りであるという主張は正しい。劇映画（空想の映画）と文化映画（事実の映画）との間に絶対的な区別を設けてはならないとわたしも主張する。が区別を抹殺しない。

文化映画は必ず実際の行動のみをキャメラの対象とせよという主張は「目的と方法とを混同している」ものであると多胡氏は云う。正しく云い直すと「内容と方法とを混同している」のである。それは、前述したように作者の世界が基礎（内容）でそれを形象形式に表現する以上、形式上の相異は必ずしも内容の変化を意味しないからである。作者の把握が事実に手を加えないもので、事実を出来る限り近似的に伝えたならば、事実の一部分が直接キャメラに収められぬと云ってオミットする（例、炭鉱の爆発、過去の事件）よりも、近似的なかたちで再演して記録することによって、より正しく自己の把握した事実が表現出来る。正反対に、「観念というものは……客観的実在が……人間の意識に反映したものである」（多胡氏）以上、頭のなかの空想の世界はすべて事実の世界を組み立てなおしつなぎかえたものである。空想の世界は普通スタジオに組み立てた舞台として一応構成してからキャメラに収めるが、その空想の世界の一部を現実の撮影による（ロケーション）ことは、空想をより正しく（すなわち現実的に）伝える方法として利用されている。現実の記録が空想の世界の一部を表しているロケーションの多い劇映画やデマニュースを事実の映画と混同し、スタジオや現場の再演の記録が事実の世界の一部を表している、『南部鋳造工業』のような映画を空想の映画と混同するところに、所謂「劇的要素と記録的要素の総合」とか「記録映画の時代」というような謬論が生れるのである。内容が基礎であり事実と空想の区別は内容の区別である。この二つは空想が事実の組みなおしであるという点で連関を持って居り、従って相対的な区別でしかない。しかしこの対立は決して「段階的」（今村太平氏）なものではなく、決して「総合」によって消失するものでもない。

上野耕三

映画とリアリズム

一

映画は元来リアリズムの芸術であると云う。何故「元来」そうなのかというと、映画は物の形象をありの儘に活写するからだそうだ。これがもしも文学だったら、物をありの儘に、ありの儘らしく描写するだけでも大変なことで、つまりリアリスチックに描くということは文学でも絵画でもそれだけで実に困難なことだが、映画は「元来」ありの儘にしか写さないのだからリアリズムだというのである。

トオキイになってからは、形象ばかりか物の発する音声までもその儘再現するので、いよいよリアリスチックになった、と、だから人が考えたとしても少しも不思議はない。この調子でゆくと映画が色彩映画・立体映画となり、又寒暖感や嗅感までも現実その儘のように再現するようになると、全く素晴らしい映画芸術が約束される訳で、人の云うようにもしもリアリズムが芸術の本道だとすれば映画はおのずから芸術の殿堂に安坐するように初めから約束されていたものと云わなければならない。

映画は元来リアリズムの芸術であるということは、従って、映画は元来、ひとりでに、最高の芸術なのだ、というのと同じだったのである。

こういうことは、勿論実に馬鹿げている。こういう愚な、というよりも気違い染みた考えがあるとは一寸考えられないことだが、ところが、こういう思想が堂々と横行しているのだから世の中は面白い。勿論こんな単純な形ではない。一般に愚かしい思想がそうであるように、実にキラビヤかな衣装を着飾って闊歩している。だからうっかりしているとだまされる。事実、そのハッタリにひっかかっている人もかなり見受けられる。で、それをここで少々暴露してみるのも無駄ではあるまいと思うのである。

二

問題は文化映画論である。

文化映画に対する呼声が高いと同時に、その文化映画が面白くないという声も高い。文化映画とは文化コンロや文化サルマタの如きもので、それはむしろ「非」文化映画と呼ぶ方が適切である、などという悪口さえ聞く。そこで文化映画の名誉にかけても立派な文化映画を生み出さねばならぬ訳で、映画の評論界でも今それが大変問題になっている。

一体どうしたら立派な文化映画が出来るだろうか？

その答えを出そうとして皆躍気となっているのであるが、ところが仲々名答は出ない。今もし立派な解答が出れば、それは国家賞にも価するだろう。というのは、映画法をみても判るとおり、今立派な文化映画を作り出すことは単に一映画界、一芸術界の問題などではなくて、国家的な問題だったからである。

ところが名答は仲々出ない。それはむしろ当然かも知れない。立派な文化映画もつまらない文化映画もない、第一その文化映画とはそもそもどういうものなのか、その本質は何か、ということからしてまだ実に判っていないのである。戦争だって敵に勝つためには何よりも先に敵情をよく知ることが必要だと云うが、芸術論だってその点全く同様なのだ。本質が判らないでいていいもわるいもないのである。

実をいうと、本質どころではない、文化映画という概念が至極曖昧であって、その一番いい証拠は文化映画という名称の混乱に現われている。映画はすべて文化的でなければならぬのだから、映画はすべて文化映画だなどと変な理屈をこねるかと思うと、野蕃《ママ》社会にも未開社会にも文化はある、文明社会の文化だけが文化的である訳はない、とあくまで文化という字義にこだわって文句をつける。

こうして、文化映画の本質を論ずべきとき「文化」という字義の吟味に終始しているため、多くの人が文化映画という言葉や概念やその本質などはどうでもよい、ともかくいい文化映画を作ってみせて呉れと云い出す始末になっている。全く、文化映画の本質の吟味が字義の解釈に終始する位だったら、初めから論議しない方がいくら増しだか判らない。

が本質の吟味は、勿論そんなものではないのだから、そういう性急さは、丁度戦争に際して、敵がどんな力のものか、そんなことを吟味しているべき場合じゃない、ともかくやっつけろ、と云うのと同じで、それでは到底勝味はないのである。いくらめんどうでも、やはり本質の吟味を充分にやらねばならない。

三

さてその本質だが、ここで実は「映画は元来リアリズムの芸術なり。」というあの馬鹿げた思想がはばを利かしているのであった。さきにも云ったように、文化という字義の解釈か、でなければ本質なんてどうでもよいという空気が強いため、本当の本質論はあまり現れていない。主として、文化映画作品批評の中に、どうしたらよりよい文化映画が出来るかという形で本質論が語られている。そしてそれによると、文化映画ももっと芸術的でなければならぬというのが最近の傾向である。

今日の文化映画が面白くないのは芸術性が足りないからである。たとい正確なる報道記録を目的とした記録映画（文化映画）でも、又科学的研究や科学精神の普及を目的とした科学映画（文化映画）でも、所謂記録や科学の正確さだけでは無味乾燥である。文字によるそれらはなるほど無味乾燥であった（注意！）。が、映画は文学と違って具体的で感性的で直接的なものだから、つまり「映画は元来芸術であった」のだから、そういう科学や記録でも芸術的に表現し得る筈なのだ。それをしないから、今日の文化映画は面白くないのである。と。

まあザッとこういう調子である。なるほどこの理論は至極尤らしく聞える。殊に、今日の文化映画のつまらなさに厭き厭きしている大方の人々には、その芸術的という魅力ある（それだけにどうにでも勝手に解釈の出来る）言葉も手伝って、大変尤に思われる。

「そうだ！　もっと芸術的になればよいのだ！」

ところが、ここが曲者だったのである。なるほど、映画は新鮮で強力な作用を広汎に及ぼすすばらしい形式・材料ではあるが、しかし、映画はすべて芸術なのではない。下手なために芸術になり損なった映画があるという意味で云っているのでないことは勿論だ。芸術であってはならない映画があると云うのである。そして、そういう映画が芸術としての映画と同等乃至それ以上存在すべきであると云うのである。

それが所謂文化映画だったのだ。

四

文化映画という概念はひどく曖昧であるが、大体のところ「劇的映画でない、記録の、実写の」映画という風に規定されかけている。この規定は、単なる現象に拠る集約と分類であるから、本質的には随分不都合な場合があるが、しかし大体に於ては当っている。ただ、その「劇的映画でない、記録の、実写の」映画の本質は何か、という肝腎のところはまだハッキリ把めていないのである。

「劇的映画でない、記録の、実写の」映画という規定は、今日の所謂映画、即ちあの劇的、娯楽的、芸術的映画との対比の上から抽き出されたものであることは明らかであろう。つまり文化映画を、劇的芸術映画に対立するものとして概念づけようとて、こういう細かい規定をなしたまでである。

ところが劇的芸術映画と本質的に対立するものは記録的科学映画なのである。つまり芸術に対する科学の意味だったのである。

五

ひるがえって、映画の在り方を考えてみると、このことがもっとよく判る筈だ。勿論この場合例の「映画的」などという妙な成心を去って考えてみる必要がある。そうすれば、映画とは単なる活写のようなものだということに気付くだろう。形のあるものは（トオキイの場合は勿論音もだが）すべて写しとるという活写に過ぎないのである。

それはだから未だ芸術でもなければ科学でもない。単なる動く絵にすぎない。ここでわれわれは活動写真という言葉を想い出す。今日でも三十歳以上の人は映画をみるとは仲々云わず、活動に行くと云うが、そしてそれは大変野暮だとされているが、しかし今にして思えば活動写真の方が実に適切な言葉だったと云わざるを得ない。殊に、今日のように映画という言葉がフィルムの総称であると同時に或る何らかの芸術的なものでもあるかのように解されている時、猶更そうである。

映画とは活動写真なのである。写真が動くだけなのだ。

だったらそれはどういう用途にも使える筈である。その目的と方法の如何によって、芸術にもなれば科学にもなること、文字の場合といささかも異るところはない筈である。

六

しかるに科学的正確さだけでは無味乾燥である。文字によるそれはなるほどそうであった。が、映画に於てはそれが生き生きと具体的に人間の感性に直接訴えるように、つまり芸術的に描けるので、無味乾燥さは無くなり、実に面白いものになりうる。と云う。

それが曲者だと云ったが、この考えに捉われた人は実に多い。今までの科学は学者先生以外には判りもせず、又一般には判ろうともしなかったが、映画によれば博士も女中も一緒に面白がって判るだろうとか、今度は逆に、われわれが普通最も科学映画らしい科学映画だと思っているところの科学研究手段として撮影されたフィルムや科学普及のための映画（ウーファ文化映画や日本の教材映画式のもの）などは、それが科学的正確さだけを考慮していて芸術を考慮の外にしているのでこれらは映画ではない、つまり科学映画ではないとか、実に奇妙な思想が流行っている。

文字による科学は無味乾燥であった、ということからして第一不思議千万である。文字の読めない女中がもしも居るとしたらなるほど彼女には無味乾燥に違いないが、そういうことを云って居れば盲者に映画は之亦無味乾燥以外の何ものでもない筈だ。

又、たとい文字は映画よりは無味であるということを或る程度認めるとしても、もしも科学が芸術的に面白く描写されうるものだとすれば、文字の芸術だってチャンと立派にあるのだから、科学はすべて小説化されればよい筈である。それこそ面白おかしく、どんな女中にも子守にも判るような、立派な科学小説がありうる筈である。

この場合それが映画であるからとか文字であるからとかいうことはその本質的な区別の理由にはならない。と、考えるのが一般常識なのだが、ここで実は例の「映画は元来リアリズムの芸術なり」という不可思議な思想があったのである。

映画は物の形（音）をありの儘写しとるからリアルである。つまり真相を摸写するものである。これは明らかに科学のリアリズムと一致する。

ところが文字はそれ自身ではリアルではない。むしろ文字というものの本来の約束によって、それはより観念的なものである。

という区別と、も一つ、これも亦前のことと本質的には同様のことだが、――

映画は元来ものの形を直接写しとるから具体的で感性的で描写的である。ということは、それ自体が既に芸術たることを証明している。何故なれば、芸術とは、ものごとの真相を、概念的にでなく具体（象）的に、理論的にでなく感性的に、説明でなく描写するものだったのだから、そうあるのが当然だったのである。

ところが文字は、それの逆で、描写よりも説明、具体でなく抽象、等々だったのだから、芸術であり得ないとは云わないまでも、よほどその点で努力しないでは芸術から逸脱する、と云う訳である。

七

こうして「映画は元来リアリズムの芸術である」から、文化映画もすべてもっと芸術的になることによって今日の無味乾燥から救われ、今後の大いなる発展が約束されるという次第なのである。

今日の所謂文化映画の中には、勿論より芸術的になることによって立派になるべきものもある。つまり芸術映画であるべきものが、それが単に「劇のない実写の短篇の」映画であるという理由から、単純に所謂文化映画の中に押しこめられているものがあるからである。それを一つ一つ抉出するのも面白いが、ここではその余裕はない。

それはともかく元来科学的真、科学的正確さを追求すべき映画に向って、芸術的であれと主張することは、映画は元来リアリズムの芸術である、というあの馬鹿げた思想がその裏にあったからである。

今日の文化映画のつまらなさは、元来科学であるべき筈のものが変チクリンな芸術的衣装を借着しているところに、むしろその主たる欠陥がある。

芸術は面白いもの、科学は無味乾燥なもの、という馬鹿げた考えが多いが、云うまでもなく科学だって面白い。それを受取ろうとする心構えと準備さえあれば実に興味あるものであって、その面白さは芸術のそれによって代位さるべき性質のものでないこと勿論だ。

一切の文化が芸術になる、どんな純粋な科学書も（哲学書も数学書も）すべて詩か小説で表現される、という時でなければ、科学映画を芸術であれということは出来ない。ところがだれも、物理学を芸術だなどとは云わない。それはあまりにもその本質に於て異っていることを知っているからだ。それが事一度び映画となると、さもそういう摩訶不思議が可能なように考えたがるのは、所詮、あの「映画は元来リアリズムの芸術なり」という思想があったからである。

北川冬彦

映画作者の瞳光

「人は『夢』を持っていなければならぬ」

これは、たしか「燕の書」の詩人エルンスト・トルラア〔トラー〕の言葉であったと思うが、しかし誰の言葉であってもよい。芸術家の随想の中に、これに似た言葉の、しばしば見出される機会は少くないであろう。

そして、ポオル・ヴァレリイは（ジャン・コクトオであったかも知れぬ）いっている、「よく夢見るには、絶えず『目覚め』ていなければならぬ」

と。ところで、誰しも日常茶飯に経験しているように、夢見てのちの目覚めのはかなさは、どうにも仕様のないものである。ただ「心」ある人だけは、その「夢」が幾重にもかぶった殻の中の真実を、覗き見る力を持っている。

作家にとって、この「心」はとりもなおさず、作家の「眼」である。また「自己」であり、それは個性を作り上げるところのものである。このことは、映画作家の場合も、違いはない筈である。しかし、映画が芸術として存在し得ることを何人も疑わなくなったのは、そう遠いことではない。

日本映画の場合は、伊藤大輔出ずるによって初めて、われわれは、このことを信じた。伊藤大輔の『忠次旅日記』その他、伊藤大輔の傑作は、いずれも叙事詩として、彼の「夢」が、フイルムの上に焼付けられた時の出来事である。それらにあっては、伊藤大輔の「自己」は、その「夢」とともにある。『忠次旅日記』の中の国定忠次を描くに当って、伊藤大輔は、国定忠次と「自己」とを分離させていない。そして「自己」と密着せる国定忠次を描くために、総動員を行っているのである。愛妾お浜も、子分の誰も彼も、山も野も、すべて、伊藤大輔の感傷的な英雄主義なる「自己」の表現へ向って集中されている。

ところが、その後、『血煙高田の馬場』、『丹下左膳』、『侍・ニッポン』などに於ては、伊藤大輔は「夢」の中で、目覚めることを始めた。その「目覚め」は、浅薄にして且《か》つ片々たるものではあるが、ともかく「夢」の中の「目覚め」が起ったのである。このことは、今にして思えば、容易ならざる出来事である。読者諸君の中には、記憶していられる人があるだろう『血煙高田の馬場』で、堀割にかかった橋の欄干のところで、安兵衛が婆さんに云って聞かせていた気焔を。殆ど記憶は薄らいでいるが、何でも、後世、オレは伝記作家によってすばらしい人物として残されるだろう、てなことであった。それは、字幕として挿入されていた。

又、『丹下左膳』では、伊藤大輔は、藩主に裏切られた丹下左膳をして「お芽出度いぞよ、丹下左膳」と絶叫せしめた。勿論、字幕によってである。『侍・ニッポン』では、新納鶴千代に「オレを買いかぶって呉れるな」と同志に信頼されたとき、云わせている。これもやはり字幕によってである。私の記憶では薄らいでいるが杉木峻一の記憶しているところでは『血煙高田の馬場』？　で「見ざる、聞かざる、云わざる」と書かれている路標に主人公が頭をぶつけて見るところがあったそうである。これらは、伊藤大輔の「夢」の中の自覚の例としてさし当り挙げて置いてよいものであろう。

それならば、伊藤大輔の「夢」の中に、斯くのごとき自覚が何故起ったか。恐らく、それは、伊藤大輔の生活の反映なのであろう。いささかいい気になったり、ムシャクシャしたりしたところの反映であるに違いない。その心境を、伊藤大輔は、戯作的口吻を以って現わした。それは、扱える題材の偶々講談であったことよりも、伊藤大輔の芸術家としての「自己」の卑小さに起因していることは、あらそわれないことである。しかしその口吻は単なるフザケではない。むしろ、悲鳴の一変形のものが多い。自嘲に類するものである。伊藤大輔が、その作品の主人公に「自己」を擬していたに違いないのだから、伊藤大輔の自嘲の心は主人公の洩す言葉の端々に自嘲として現われたのも、偶然のことではない。

このように、伊藤大輔の場合、作品と作者との距離というものが無いにも拘らず、主人公の口吻の中には「作中の人物ならざる作者の口吻」が作品から遊離している、或は押かけ居候していることは、注目に値する事柄なのである。

これは詩映画から、散文映画の領域へ、チラッと顔を覗かせたことである。「夢」の中の「目覚め」の一端緒である。

「夢」の中へ「自己を流すこと」つまり「時間」に身を任せることは、詩の方法である。「夢」の中に「自己」を目覚ましめ、「時間」に反抗することは、散文の方法である。

この邦の、映画作者の殆どが、詩の方法、それは浅薄なるものだが、ともかく詩の方法によって、作品形成を行っていることは、まぎれもない事実である。ところが、ここに一人の例外がある。それは、伊丹万作である。「映画で散文作家というのは、一体誰なのだろうかと考えて見て、まず浮んだのは、伊丹万作である」「伊丹万作は、日本映画監督の中で、只一人の物を考える人」である。「伊丹万作こそは、映画を作るとは、画面や字幕を通し作者の思想を伝えることだと、はっきり自覚している人だ」と、私は、拙著『純粋映画記』の中に書いたことがある。何故そうなのか。それの具体に就て、「伊丹万作と散文精神」（上掲の書）で一つの説明を試みたが、いまここに為しつつあるところの「作品と作者との距離」という考察の面から、伊丹万作の作品にライトを当てて見ると、伊丹万作の作品が散文の方法によって作られていることの、一証が見出されるのである。

「これは日本映画の場合だけの話ではないが、映画監督の製作への心構えに二通りあるようである。一つは、作の主人公に、監督者が全人格を傾けている場合、もう一つは、監督者が、主役に全人格を傾けず、それを批判的に見ている場合、随ってその作全体に力点が置かれる場合」。これに依れば、伊藤大輔以下の諸監督の作は、殆ど最初の場合、即ち、作の主人公に監督者が、全人格を傾けているのである。これは詩の方法によるものだ。これに反し、主役に全人格を傾けず、批判的に見ている監督者が、伊丹万作である。（恐らく小津安二郎も、後者に属する監督者の一人であろう。）

例えば、『忠次売り出す』である。主役は、勿論、忠次である。しかし、伊丹万作は、忠次に、全人格を傾けていなかった。むしろ忠次を、冷たく見、青年時代の忠次の人間的な醜の面をも、遠慮なく描いた。忠次に蔭になり助力する九鬼伝蔵と、忠次の妹のお里、この二人は愛情を以って描いていた。ここまでのことなら、最近に於ける優れた日本映画に於ても、それは見られることである。溝口健二の『祇園の姉妹』の妹芸者には、充分批判の眼が向けられていたし、又、姉芸者に向けられた眼にも、冷たさがある。

ところで、『忠次売り出す』の子分中に、寅という、うすぼんやりしたのがいる。まだ誰も知らない島村の伊三郎が死んだことを一早く聞き出して来るのが、うすぼんやりしたこの寅なのである。滋野辰彦は、この『忠次売り出す』を見たとき「あの寅には何かある」と思ったそうだ。又、杉本峻一も『忠次売り出す』の寅は只物ではないと最近私に云ったのである。考えて見ると『赤西蠣太』では、この寅に相当すべきものは、白猫であろう。じっとうずくまっていて、何でも知っていそうなのである。

つまり、寅にしろ、白猫にしろ、これらは作品の中に於ける作者の幾つもの分身の中で一等作者に近いものなのである。

人間は、外出していても、家が気になるものである。それで、誰か留守居を置かねば居られないだろう。責任感のある人なら、そのことは顕著であろう。

作家が作品を製作したとき、作品は作家から独立するものだ。つまり、作品から、作家の永遠の外出である。だから、もしも、作家にして、自家の作品に責任を持つ場合、必ずそこに何等かの留守居、と云うよりも、分身として責任ある何者かを残すだろう。

映画製作のごとき、幾重もの製作の条件によって金縛りにされる場合に於ては、作者が「自己」を作品の中に示すことを妨げられ勝ちなのは、広汎な観客を予想する映画の性質上、いつの時代にも免れ得ないことであって見れば、作者はいよいよ「自己」を、作品の中に何等かの形で残す工夫を為すべきである。伊藤大輔が、字幕によって、作中人物の口を借りて自嘲の言辞を弄したのも、この要求から来ているのだろう。

それを作者が意識するとしないとは別問題である。恐らく、伊藤大輔も伊丹万作も、作品の中に「自己」を残す方法としては、意識してはいないだろう。

伊藤大輔の場合、作者の顔は、作中の主人公に仄見えただけであるが、伊丹万作となると、その「自己」は、分身として出場せしめてある。しかも、その分身は作品全体を見ている「作者の眼」の在り家となっている。『忠次売り出す』の寅も『赤西蠣太』の白猫も、一見重要ならざる些細なる存在である。しかも、それでいて、作者にとっては極めて重要なる「瞳光」と云うふべきものである。横光利一が小説に於て提出した「第四人称的私」の映画的表現であるのだ。これは作者の秘密の揚所であろう。この「瞳光」の、有りや、無しや。これこそ、その作者が純粋なる散文作家なりや、否や、を分つ決定的な鍵をなすものに違いない。

この「瞳光」は、多くの場合、孤独である。たとえ、群集の中にあっても、孤独なのである。それは散文作者の眼の性格であり、運命である。フランスの芸術哲学の碩学アラン教授は、喝破している、「散文は孤独なものである」と。

小津安二郎にも、散文作家の眼がないではない。しかし、小津安二郎には、まだ「瞳光」の在り家がはっきりしない。「睫毛」が見えるだけだ。初期の作から、連綿として小津安二郎の作に出てくるポプラの樹、横になびく煙突の煙り、これらは、小津の「睫毛」である。ここに小津安二郎の精神の鍵がある。小津の甘さの言挙げされる所以の姿だ。

私は、ルイス・マイルストーンの作品の中に、よく鳥が出るが、それが妙に気になっていた。『風来坊』〔Hallelujah! I am a Bum〕では、最初に、整然たる雁の列が空をゆく。『巴里は夜もすがら』〔Paris in Spring〕では、朝二人の男女が、屋上で眼をさますと、何とも怪しげな鳥がふわと一羽飛び立つ。又『将軍暁に死す』では、焼土と化した市街の上へ大きな黒い鳥が一羽舞い降りるカットが二ヶ所あった。私は、見落したのであるが、聞くところによると『海を嫌う船長』では、甲板の上で、変な男が、まるで鳥のような歩きぶりで、ひょこひょこ、何の意味もなく歩くカットがあったと云うことである。

私は、この鳥こそは、マイルストーンの分身なのだろうと思うのだ。まさに「第四人称的私」として出されたものに違いあるまいと思うのだ。

考えて見ると『西部戦線異状なし』と『雨』、それから『犯罪都市』〔The Front Page〕の三作には（これは確かとは云えないところだが）鳥は、出ていないと思う。この三作に於て、作者は、製作に当って殆ど妥協するところはなかったと見てよい。この三作は『激動』で脈打っていた。マイルストーンは作品の上に「距離なき距離」を持しながら『西部戦線異状なし』では、機関銃や大砲の音によって、画面を震撼させていた。『雨』では、降る雨、セリフの雨、『犯罪都市』では、セリフの嵐、それらによって映画を統制していた。この場合、機関銃の音、降りしきる雨、セリフの雨、セリフの嵐、その中に、マイルストーンはその「瞳光」を持っていたのだ。激烈な音響の中に、マイルストーンは、「第四人称的私」を、ひそめた。

ところが、その後、マイルストーンは、この激烈な「瞳光」を抑圧されたのだろう。或は、作者の好みから、『風来坊』、『巴里は夜もすがら』、『将軍暁に死す』等では、空を飛ぶ鳥を「瞳光」とした。『風来坊』で、整然たる雁の列が行く、その一羽が撃ち落されるのであったが、この映画のすぐれたところは、ここのところに優るものなく、他はよくない。作全体として、妥協商品作となり終っているが、マイルストーンが、みずからその「瞳光」とする雁を一羽撃ち落したことは、この作品の最初に於てマイルストーンは、自殺したことを意味すると考えるのは、牽強付会の説であろうか。『将軍暁に死す』に於ても、黒い大きな鳥の舞い降りるところまでは、この映画のよい部分である。そして、あの焼土のカットの作り物の感じは、とりもなおさず、この映画全体の印象であることも興味深く、また、それは空恐ろしきことである。『巴里は夜もすがら』で、ふわーと飛び立った鳥は、マイルストーンにとって、ささやかな自由獲得の表現なのであろう。『海を嫌う船長』で、鳥みたいに歩く人間を出したのは、作者の「第四人称的私」の姿として見れば、興味深いものがあったに相異ない。マイルストーンの、諸作に於けるふわァふわ、てな音楽の使用（飯田心美）は、鳥的なものなのだろう。

トーキーとなって以来、いままで殆ど、詩の方法で作られていた映画が、逆に、散文の方法によって作られつつある観がある。

サイレントの場合は、音や声が這入らないから、どんなすばしこい又はのろ間な動作や事件があったとしても、誤間化し得たものも、トーキーでは、そんな風にゆかない。だんだん「現実」に近づいて来ている。伊丹万作は、この間こんなことを云っていた、「サイレントのときは、クライマックスのところでは、カットが多くなったものだが、トーキーでは反対に少くなる」と。

トーキーの場合は、それだけ一カットの重さが増さねばならぬからなのであろう。これ、まさに「散文」の特徴である。

内田吐夢の『人生劇場』には、複雑な作者の「眼」はない。主人公に、全人格を傾けた単純な作であったが、小杉勇の重厚さは、よく、内田吐夢の「第一人称的」分身として、心地よいものであった。ピエール・シュナールの『罪と罰』も監督者の「眼」の点から云えば、単純なものである。もしも、何か複雑なものが感ぜられたとしたなら、それはドストイエフスキイの原作がその観を呈せしめているのである。映画『罪と罰』の場合、シュナールの一分身として、ピエール・ブランシャールは見事なものである。しかし、もし、映画『人生劇場』にも、又、映画『罪と罰』にも、映画作者の「第四人称的私」の瞳光が点ぜられていたとしたら、それこそ、この二作は、原作を凌いだり原作と対抗し得る作であったり、「映画の勝利」の栄誉を担い得たこと、確かである。

時代映画の場合は、時代ということ、そのことが既に、作者と題材との距離を作っているから「第四人称的私」と瞳光の設定は、現代映画の場合に比し、容易かも知れぬ。しかし、現実を接写し得るエネルギーと能力の所有者と雖《いえど》も、現実を遠写することの困難さには、異常なものがあろう。小津安二郎の「睫毛」のまさに尊重される所以であろう。

第12章　枠・画面・時間

解説

アーロン・ジェロー

前章に見られるように、一九三〇年代後半は日本の映画論壇におけるリアリズム理論の最盛期であった。記録映画や文化映画というジャンルのみならず、映画自体の記録性や現実性が注目され、リアリズムこそが映画の特徴であるというテーゼが支配的となった。だが、当時でさえも既に不協和音が生じており、リアリズムとは異なる映画の想像や、リアリズムを唱えながらもその限界性もしくはその美学上の問題点が指摘されたこともあった。リアリズムへの取り組みは、戦前の映画理論の繁盛期を築きあげたと共に、戦争へと邁進する歴史的な背景と相関し微妙な関係もあった。

一九三〇年代半ばは文芸復興の――つまり政治的プロレタリア文学の後、日本文学が純粋な文学を取り戻した――時代とも呼ばれた。村山知義が、転向小説を発表した直後に書した、視覚的媒体である映画が小説よりも人間の描写力が劣るという「映画の限界性」は、その文芸復興と無縁ではなかった。シナリオを独立した読み物として北川冬彦や沢村勉らに提唱されたシナリオ文学運動もあったこの時代において、映画に文学、演劇や他の芸術との関係性の再考を促した。セリフが必要であるトーキーはその発端と同時に、無声映像に音を加えることによって映画による記録力を世に再認識させた。

そうして映画と現実との関係だけでなく他のメディアとの芸術内の関係が論じられてきた。村山知義と瀧口修造は映画と他の芸術との関係性を理論的にも実践的にも模索してきた二人だった。リアリズム生成期においては、瀧口や内田岐三雄のような前衛映画の可能性を力説した評論家が貴重であった。興味深いのは、その瀧口でさえ映画の「対物性」や記録性を主張したことだ。瀧口は、一九五〇年代後半にアヴァンギャルド・ドキュメンタリーを提案した松本俊夫よりもはるか昔に、超現実主義的なドキュメンタリーを提案した。瀧口にとって詩的な記録映画が現実性を十分に持ち合わせている理由は、彼にとっての現実はすでに詩的であるからだ。

リアリズム論者の間にも、リアリティの定義は異なっていた。沢村勉は長らく映画的リアリズムを唱えた一人であったが、映画のリアリズムは現実のコピーではなく、一種の美学的スタイル、コンテクストや歴史的な背景によって変化する記号学的なコードだと主張した。これは、芸術が現実の模写であってはならないとしたルドルフ・アルンハイムなどのロマン主義的美学に対しての彼の答えだった。

杉山平一にとっても映画のリアリズムは現実模写ではないが、彼はさらに深くその哲学的な姿勢を追究した。沢村と同じくモンタージュを批判した杉山のリアリズムのスタイルは、アンドレ・バザンが提唱した長回しやショットの奥の構造も含めていたが、杉山にとってそれはコードというよりもむしろ、日常現実への対応の仕方であった。彼にとっての現実は、言語のようなコードが把握できない個性である。映像はそれを把握できる可能性があるが、映像を分析的に作ったり見たりすることが概念的であるため、個性を逃してしまう。その概念化を阻止するかのような動く映像に杉山が望みをかけた。個性を概念なしの思考で見て、しかもその個性をもって表現できることは、杉山にとって、カントが主張した「美の無関心性、無目的性」の本当の実現であり、映画特有の可能性である。もちろん杉山は言葉による詩も書き残したが、それを読むと、その映画性だけでなく、同様な個性である現実に対する美的な生き方を発見できる。

長江道太郎は最もラジカルにリアリズム理論を批評した。基本的にはリアリズムに賛同したが、彼にとっての映画は現実模写でも芸術でもない、表現である。しかも特別な環境内で見るこの表現は、スクリーンと見る者の距離だけではなく、自己／他者、主体／客体の乖離をも消去する措置になりうる。長江にとって映画を見ることは基本的に自己がうつした自己を見ることである。それは他のものが動く現実（多動）から自分が動く現実（能動）に転じる契機となる。長江による映画のリアリズムは、外のものをうつすことではなく、自己を外のものにうつすことによって初めて自己の空間・時間・現実を知覚することができる、新しい実存的な姿勢である。

杉山と長江の映画理論は特に秀逸で、さらなる研究と分析に値するが、我々はその歴史的な背景を看過してはならない。戦意高揚にも利用された文化映画を支持したリアリズム映画論は、結局戦争プロパガンダと対極にあったわけではなかった。さらに、戦争を積極的に鼓舞する沢村を見てもわかるが、リアリズム論を修正することは、必ずしもそのプロパガンダ利用に対する批判には繋がらない。そのような状況から杉山と長江が妙に浮き上がっている。両者ともかなり高度な思想的な空間で活躍しており、それは戦争関与に対する静かな抵抗であったかもしれないが、杉山の「美の無関心性、無目的性」が「戦争に対する無関心性、無目的性」になりかねないし、長江の能動への転換が映画を見るだけで済ませられるとなると、現実逃避になりかねない。

日本映画理論史の金字塔の二人は、やはりそれでもなお「理論のコンプレックス」を体現している（序説を参照）。

【参考文献】 北川冬彦『シナリオ文学論』作品社一九三八。山本直樹「トーキー・リアリズムへの道」四方田犬彦他編『日本映画は生きている　第二巻　映画史を読み直す』岩波書店二〇一〇。佐藤忠男『日本映画理論史』評論社一九七七。牧野守監修

『日本映画論言説大系』ゆまに書房二〇〇三（と各巻の解説）。

解題

①　村山知義「映画の限界性」

【出典】『キネマ旬報』一九三四年六月一日号、キネマ旬報社、六七―六八頁

村山知義（第3章①の解題も参照）は東京大学哲学科を中退して一九二一年に渡欧。構成派や未来派に影響され、帰国後は前衛美術集団「マヴォ」の結成に参加。築地小劇場の舞台装置を担当したことを契機に、演劇の演出と戯曲作りに次第に傾倒。心座、前衛座、左翼劇場を結成、プロレタリア演劇運動のリーダーとなるが、幾度も逮捕の末、一九三三年一二月に転向した。その後、新協劇団を旗揚げ、新劇運動に貢献。戦後は東京芸術座を主宰。『忍びの者』などの大衆小説、児童文学の挿絵も多く発表。

マルチメディア・アーティストの元祖ともいえる村山は、映画に対する関心が高いと同時に、アンビバレンスも感じ取ったのであろう。「映画の限界性」は、その大きな証拠である。映画について多く執筆し、連鎖劇のように演劇に映画を混入したり、脚本を書いたり、果てには『恋愛の責任』（一九三六）と『初恋』（一九三九）という商業映画まで監督した村山であったが、内面描写が優れている小説や、生身の人間の迫真性を誇る演劇よりも、トーキーになってもなお視覚的描写に頼りがちな映画に限界をみた。「より深く、より内的な真実であればあるだけ、それは視覚的手段の手の及ばぬところにある。」転向小説の先駆けとなる『白夜』の一九三四年五月の発表の翌月に刊行された

「映画の限界性」は、前衛芸術に対する一種の転向ともいうべきなのだろうか。そうではないかもしれない。『プロレタリア映画入門』も同様に映画の限界に触れているし、岩本憲児が述べるように村山は映画に関してはそもそもアヴァンギャルドよりもむしろプロレタリア作家であったのだろう。長江道太郎（「キノ・第一章」一九三四）等から、映画の知覚的な意味作用を村山が理解していないといった批判を受け、「映画の迫真性について」（一九三六）によって弁明したものだった。この時期より大衆小説をより多く発表した村山にとっては、映画の限界を指摘することはマルチメディアで活躍するための裏付けだったかもしれない。（A・G）

【参考文献】長江道太郎「キノ・第一章」『映画評論』一九三四・九。村山知義「映画の迫真性について」『キネマ旬報』一九三六・四・一。岩本憲児「プロレタリア映画運動」岩本憲児編『村山知義　劇的尖端』森話社二〇一二。

②　瀧口修造「映画の知的役割」

【出典】『コレクション　瀧口修造』第一二巻、みすず書房、一九九三、五三六―五四四頁

瀧口修造（たきぐち　しゅうぞう　一九〇六―七九）は慶応義塾大学英文科卒。学生の頃から詩作品を発表しており、フランスの詩、特にシュールレアリズムに影響され、アンドレ・ブルトン等の翻訳を始める。最初の仕事はＰＣＬの撮影所でのスクリプターや翻訳であり、後にシナリオを修する。この時代から美術評論を盛んに発表し、アヴァンギャルド芸術の紹介に尽力。戦後は実験工房といった前衛芸術集団の創立に参加し、自らの美術作品の個展を開く。

映画について多くの随想を残した瀧口は、特に関心を持っていたのは映画と美術の関係性であった。その相互影響、とりわけ絵画や詩と映画の関連性に着目し、シネポエム、シナリオ文学、色彩映画やアニメーションに関心が高かった。晩年まで前衛映画や実験映画に注目していたが、その「前衛」と「映画」の定義の幅は広範で、映画化されてい

ないシナリオも含められており、映画の「対物性」から前衛映画の記録性までも考えていた。アヴァンギャルド・ドキュメンタリーを提案した戦後の松本俊夫に先駆けて、瀧口はドキュメンタリーに現実のみならず現実の「詩的滲透力」やシュールレアリズムの記録性を唱えた。作家の個性を大事にし、また映画の知的な役割を強調したが、映画の国際性と大衆性をも配慮して、作家と観客の集団的創造による前衛映画を考えた。瀧口は諸芸術の歴史にも関心を寄せており、映画は写真よりもエミール・レイノーのアニメーションから生まれたかもしれないという歴史的な仮説を示唆するなど、早い段階から映画の古典作品の保存を呼びかけ、戦後は東京国立近代美術館フィルムライブラリーの運営委員も務めた。美術作品や作家を題材にした「美術映画」というジャンルにとりわけ注目し、一九五一―五二年ごろには美術映画『北斎』を自ら製作まで関わり、映画と美術の境界や接点を常に考察した。（A・G）

【参考文献】 瀧口修造「絵画的な映画論」『映画評論』一九四一・三。『コレクション　瀧口修造』みすず書房一九九一―九八。
西嶋憲生「瀧口修造と映画―いくつかの接点」『多摩美術大学研究紀要』一八号、二〇〇三。

③　杉山平一「枠」「画面」

【出典】『映画評論集』第一芸文社、一九四一年、一―一五頁

杉山平一（すぎやま へいいち　一九一四―二〇一二）は東京帝国大学美学科卒。学生時代から『キネマ旬報』に投稿し、雑誌『映画集団』同人となる。自作の詩を『四季』などで発表し、三好達治に認められる。一九四一年、中原中也賞を受賞。一九四一年、一九四三年に初めての映画評論集と詩集を上梓。一九六六年に帝塚山学院短期大学教授となる。晩年の映画評論と詩人としての活動は眩しく、九七歳で亡くなる二ヶ月前には現代詩人賞を受賞。

『映画評論集』の前半は、特に映像に対する鋭い一貫した論考になっている。当時のリアリズム論に賛同していた杉

山は、映画が日常生活の鏡であることを前提にしていた。鏡が鏡たる所以は枠があるから、と彼は強調するが、枠は映像を現実から切り離すものでなく、その現実の一部を選定して豊富な意味を際立たせる。つまり、現実を変えるというよりも、我々の見る知覚を変える、と杉山は考える。これは芸術が現実を模写してはならないという美学に対する反論である。清水光などの多くの論者がその美学に基づいて現実に存在しない現実を創るモンタージュを評価することに対して、杉山はモンタージュは実際には撮れていない事柄からの「逃げ」に過ぎず、映画の芸術はショットにあると主張する。このように長回しやショットの奥の構造を理論的に裏付ける杉山は、フランスの映画理論家アンドレ・バザン（一九一八―五八）を彷彿させる。『映画評論集』の他の章では、杉山にとって現実は個性であり、指紋のように唯一無二の存在で、その個性を表現できるのは、「指紋」という抽象的かつ概念的な言葉ではなく、映像そのものであると。杉山にとって、我々は最初に映像を直感的に見るのだが、時間が経つと分析的に、つまり概念的に見てしまい、個性が見えなくなってしまう。杉山による映画の特徴は、常に動き更新する映像が、その概念的な見方を妨げながらも、現実の本当の個性を直感できる知覚が維持されることにある。まさにそれこそが杉山にとっての映画の芸術性であった。（A・G）

【参考文献】佐古祐二『詩人杉山平一論』竹林館二〇〇二。田中眞澄「映画評論家としての杉山平一」杉山平一著『映画評論集』ゆまに書房二〇〇三。安水稔和『杉山平一　青をめざして』編集工房ノア二〇一〇。

④　沢村勉「変貌する映画」

【出典】『映画の表現』菅書店、一九四二年、一七六―一九七頁

沢村勉（さわむら つとむ　一九一五―七七）は東京帝国大学文学部美学科卒。在学中から『映画評論』の同人となり、

映画理論と批評を多数発表。読売新聞記者を経て東宝に入社し、映画シナリオを執筆。戦後は松竹に移り、後にフリーとなり、シナリオ執筆を続けた。シナリオ作品として『上海陸戦隊』（一九三九）『指導物語』（一九四一）『乳母車』（一九五六）などがある。

沢村は、映画理論の必要性を提唱し、まずは誌面で一九三〇年代後半に台頭した映画リアリズム論とそれに伴う記録映画やリアリズム劇映画の傾向を方向付けようとした。リアリズム論者と同様、トーキーを否定していたアルンハイム等を批判したものの、アルンハイムの美学的な立場には異を唱えることはしなかった。アルンハイムにとっては、無声映画が芸術たりうる所以は現実から距離があるからこそであり、映画を現実に寄せるような音性や色彩を付加してはならない。一方、沢村は音、色彩や立体性が映画に加わっても、現実の再現にならないと反論した。映画の科学的な根底に現実再現の傾向があると主張する今村太平のようなリアリズム論に賛同しつつ、美学・哲学の論点からそれは真のリアリティではないと沢村は説く。沢村にとってのリアリズムは、映像と現実の間のギャップを芸術的に工夫する、あくまで一つの美学、一つの記号学的なコードでしかない。映画的リアリズムは徹底して映画的でなければならないと彼は考えていた。音声といった新技術は、映像と現実のギャップの形を変えることによって、新しい美学を促すことになるが、技術はそれを決定するわけではない。杉山平一のように沢村は、現実からのギャップを芸術的に保証すると見なされていたモンタージュを批判し、北川冬彦が唱えた散文映画やシナリオ文学をその新しい美学の例として取り上げた。リアリズムを記号学的かつ歴史的なコードであると思索した沢村ではあったが、戦争が始まると、国民的リアリズムへと、いとも簡単に翻し、津村秀夫と並び映画論壇の戦争推進派の代表となった。（A・G）

【参考文献】ルドルフ・アルンハイム『芸術としての映画』佐々木能理男訳、往来社一九三三。沢村勉『現代映画論』桃蹊書房一九四一。

⑤ 大槻憲二「夢と映画の相似性と相違性」

【出典】『映画創作鑑賞の心理』昭和書房、一九四二年、一七―一八、二二―三二頁

大槻憲二（おおつき けんじ 一八九一―一九七七）は早稲田大学文学部英文科卒。最初の頃は鉄道省に勤務しながら、文芸評論を書き下ろし、主に農民文学論の観点からマルクス主義文学を批判。その後、精神分析に出会い、日本での紹介に大きく貢献。長寿雑誌『精神分析』を創刊し、『フロイト精神分析学全集』（全十巻）を翻訳刊行した。自らの研究として、特に精神分析の方法論を援用して、日本の民俗学を追求した。

日本の映画理論史上、『映画創作鑑賞の心理』は一風変わった書籍である。一九六〇年代以降の西洋の映画理論において精神分析の影響が絶大であることに比べると、日本においてはわずかであった。にもかかわらず、一九四二年の当時、世界的に希有な精神分析的な映画研究が現れたことは驚嘆に価する。難解なラカン流が支配的である現在の精神分析的映画理論と比較すると、フロイトに基づく大槻の精神分析は若干古臭くみえる。映画装置そのものよりも、個々の作品やそのまつわる人々（作者、観客）が主な分析対象になっている。映画が夢に相似るという主張は驚くべき主張でもなく、映画と精神機能の類似性はヒューゴ・ミュンスターバーグの『映画劇 その心理学と美学』（日本語訳一九二四）ですでに提唱されている。しかし、大槻のテーゼは多少違う。ミュンスターバーグの対象となっているのは、主に意識上の精神活動、とりわけクロースアップといった映画形式がいかに個人の注意作用に類似しているか、であるが、それと異なって、大槻は無意識上の類似性に注目することによって社会における「集合無意識」の分析を企てる。つまり、芸術としての夢と映画芸術という技術の相似性を説くことによって、映画は集合無意識を明かすための強力な鍵となり、それだからこそ一種の民俗学を追究できるのである。その点において、大槻はミュンスター

バーグよりも映画によって戦前ドイツの社会精神を読む『カリガリからヒットラーまで』（一九四七）のシーグフリード・クラカウアーに近いだろう。（A・G）

【参考文献】ヒューゴ・ミュンスターバーグ『映画劇　その心理学と美学』久世昂太郎（谷川徹三）訳、大村書店一九二四。シーグフリード・クラカウアー『カリガリからヒットラーまで』平井正訳、せりか書房一九七一。小田晋「民俗学と精神分析のあいだ―境界領域の一人の芭蕉・大槻憲二」大槻憲二著『民俗文化の精神分析』堺屋図書一九八四。Jonathan Hall, "Kneeling on Broken Glass : Psychoanalysis and Japan Film Studies," *Iconics* Vol 10(2010).

⑥　長江道太郎「時間　表現的時間と現在性」

【出典】『映画・表現・形成』教育図書、一九四二年、二五九―二八九頁

長江道太郎（ながえ　みちたろう　一九〇五―八四）は京都帝国大学文学部国文学専攻卒。シナリオライターを目指して京都松竹下鴨撮影所に就職、後に東和映画に勤務。その傍ら清水光と同人誌『映画芸術』を一九三〇年に創刊、『映画評論』などで理論・批評的な執筆活動を始める。一九二〇年代半ばに詩でも頭角を現し、特に散文詩が評価される。詩集『舗道』を一九三一年に自費出版。一九四二年には国民映画脚本賞を受賞。戦後は映画評論と詩作を続けながら、一九四九年から一九七〇年まで映倫専門審査員を務めた。

『映画・表現・形成』は長江の唯一の映画書籍であり、知る人ぞ知る名著である。巻頭では映画の芸術性を論じる既成の映画理論を批判し、表現としての映画の特性の再理論化を図る。ここで「表現」は「もののすがたをうつす」を意味しているが、「うつす」に敢えて漢字を使わないことにより、長江は「写す」「映す」「移す」を全部含めている。リアリズム論が流行している中、長江は映画にうつされている現実は、あくまで表現であり、スクリーンと見る物の

距離を消す自己表現である。おそらくアンリ・ベルクソンから影響を受けた「時間」の章は、映画にしか見られない時間的表現の在り方の解明に挑む。芸術に現れている時間は現実の時間とは異なると繰り返し語った長江は、普段見ることができない時間をなぜ映画では見ることができるのか、という問題を取り上げる。映画的時間は、対象として存在する演劇の時間と違い、映画の独特な環境において、対象ではない、空虚の自己が満たされる自己表現であると。音楽を聴く者を川の中の杭に喩えたならば、映画を見る者は川の流れになる杭、つまり他人が動く（他動）から自分が動く（能動）に転じる者である。要するに、長江にとって我々が映画に生命感を感じる理由は、自らの存在をスクリーンにうつして、芸術の中で初めて自己の時間、自分が生きていることを見ることができる表現形態だからである。だが長江は、現在に生きる芸術であるがゆえに時間に弱い映画の歴史性をも憂えた。（A・G）

【参考文献】曽根幸子「表現形式としての映画」長江道太郎著『映画・表現・形成』ゆまに書房二〇〇三。Naoki Yamamoto, "Experiencing the World through Cinema: Nagae Michitaro and the Bergsonian Approach to Film in Wartime Japan," in *Dall'inizio, alla fine. Theorie del cinema in prospettiva*, eds. Francesco Casetti, Jane Gaines and Valentine Re (Udine: Forum, 2010).

①　村山知義——映画の限界性

②　瀧口修造——映画の知的役割

③　杉山平一——枠　画面

④　沢村勉——変貌する映画

⑤　大槻憲二——夢と映画の相似性と相違性

⑥　長江道太郎——時間　表現的時間と現在性

村山知義

映画の限界性

武田麟太郎君は『キネマ週報』の今年の新年特大号に「映画の芸術性は次第に失われて来た」という一文を寄せてかいつまむと次のように述べている。

「映画は他の芸術よりあまい。恐しいほどの真実を見せつけられて、参ったなぞということは映画ではない。これは商品映画であるためであろうか、それとも現象的な行動の描写乃至そのモンタージュと云うものだけでは現し得ぬ真実があるのではないか、それだけでは現象の一皮を剥げないのではないか。」

私もまた映画が例えば小説で云えば大衆小説の域にいつまでもとどまっているのは、映画の本質的な限界性に依るのではないかという疑問を持っていたので、武田君がこういう疑問を提出したのを機会に、ここですこし考えて見ようと思う。

映画が通俗的芸術でしかないことの原因として誰でも考え得るのはそれが商品であるからだということである。むろんこれは充分に真実ではあるが、これが原因のすべてではない。何となれば資本主義国における商品とは異ったものとして作られているソヴェート映画にしろ、または営利のためではなく、別の目的のために（純アマチュア映画、アヴァンギャルド映画、官庁会社その他の宣伝映画、教育映画、文化映画等）作られた映画にしろ、それが芸術として企図されているかぎり、程度の差こそあれ、やはり文学などとくらべると甚だしい通俗性を背負わされているからである。もう一つの原因としては、映画がその性質上、莫大な大衆を簡単に相手とすることができるために、観衆を考慮に入れるかぎり、どうしても大衆的なものとならざるを得ないということが挙げられる。これは映画の通俗性を生み出すより本質的な原因の一つだ。私がここで「莫大な大衆を簡単に相手とすることができる」という意味は、A、芝居などにくらべて観覧料がグッと安くてすむ、B、好きな時に短い時間で欲望がみたされる、C、簡単にどこへでも持って行って映写できる、という三つの性質から生れた映画の経済的特質を指しているのだ。この経済的特質は映画を商品として価値のあるものとし、映画企業をかくも短時日の間に大発展をさせた原因であり、映画企業者ができる限りこの特質を利用するのはむしろ止むを得ないが、商品映画でない映画にとっても折角のこの経済的特質に背を向けることは容易なことではない。大勢の人間にうったえかける便宜があるときに対象をより少数の人間に意識的に限局することはむずかしいことだ。このことからも映画の通俗性が生れるが、しかしこれとても、努力すれば避け得ないことではない、ただ甚だ困難なことだから、云わば映画の長所の否定なのだから、より基本的な原因というべきだが、しかし、本当に基本的な原因ではない。

本当に基本的な原因はどこにあるか?

それは映画という芸術形式そのもののなかにある。

映画は音を獲得した。しかしトーキーといえども、その拠りどころは視覚にうったえる銀幕上の映像にある。サイレント時代には映画はひたすらに視覚的芸術であった。トーキー初期には音は映画の伴奏に過ぎなかった。現在トーキーは、その最もすぐれたものは、音と映画の融合による更に高度な芸術への途に立っている。しかし音が映画を無視することは考えられない。銀幕上の映像なしに音だけを聞かせることは次のような小さな場合に限られている。開巻、閉巻、溶明暗などの時、映像以前又は以後に音楽なり、その他の音なりが、次に映るべき映像の雰囲気の予告として、或いは既に終った映像の余韻としてひびく場合。夜や光のささないところで演じられる場面。モンタージュの際にアクセントをつけるために置かれる黒コマの間。それから今のところまだないにしても、将来、この三番目の場合の発展として、即ち、カットとカットの間に置かれる黒コマの問題は映像上の問題だが、これが、画面カットと音との間のモンタージュに発展して、映像なしで音だけひびくということが起るだろうと予想し得るが、しかしこれはほとんど瞬間的とも云いうるほどの短い時間に限られるだろう。しょせん、トーキーにせよ、映画は視覚を基調とする芸術である。そしてここに映画の限界性が存在するのだ。

世の中には視覚的表現をもってしては現し得ない真実がある。しかもより深く、より内的な真実であればあるだけ、それは視覚的手段の手の及ばぬところにある。最も手近な例をあげれば心と表情の問題である。映画にせよ、演劇にせよ、写真にせよ、絵にせよ、これらの視覚的芸術は、心の動きを表情で現わさなければならない。むろん絵画や写真のような空間的芸術の場合よりは、映画や演劇のような空間的芸術はより豊富な手段を持っているにしろ、心の動きという無形の複雑なものを、そのままを描き出すことは不可能であり（表現派、未来派の絵画や絶対映画、抽象映画などの試みの失敗を見よ）つねに顔にしろ動作にしろ、何等かの表情に翻訳しなければならないが、しかも心の動きと人間の視覚的表出との間には甚だ不緊密な関係があるに過ぎない。（俳優はこの不可能事を実現しようとして、表情の誇張に陥り、エイゼンシュタイン等の無俳優映画を呼び起したが、まったくの素人のみをもってする試みは、『メキシコの嵐』〔Thunder Over Mexico、解題参照〕がその好適例であるように、今までの欠点はのぞき得たにしろ、表情の分析とモンタージュに依るあれほどの努力にも拘らず、甚だ不充分な、間の抜けた結果をしかもたらし得ていない。このかぎりにおける解決は俳優の絶対的排除ではなく、最もすぐれた映画的俳優と素人との巧みな使いわけと、分析とモンタージュにある。しかしそれにしても、視覚的芸術としての限局内においてのことである。）

ところが言語というものは、人類にとって最も旧くからの財産であり、したがって極度に進歩して居り、我々は言語において思考するとさえ云ってよい。言語といえども心そのものではないから、不充分な場合は少くない。理性的思考は言語において思考するが、感情、感覚となると言語の及ばぬ場合が多い。このために、文学上のいろいろの努力が行われ、なかんずく、感情、感覚がその重大な対象である詩の場合はそうである。そういうふうに不充分であるとは云え、これを視覚的手段にくらべるとまったく比較を絶した程度のものであることを認めないわけには行かない。我々はまったく表情に現し得ぬ無限の種類の悲しみなりよろこびなりを持っている。視覚的芸術は、表情以外には作品全体の構成や雰囲気から表現する以外に手段を持たぬ。文学が直接それに突き込むことができるのに。「映画はトーキーにおいてその言語をも獲得した」と人は云うだろう。しかし、それは先にも云う通り、絶えず映像につきまとわれ、それを振り切ることができない。映像は言語では現わし得ぬ現実性を持っている。しかしその現実は単純な、視覚的現実であるに過ぎぬ。小止みなく視覚的現実につきまとわれねばならぬことはトーキーの内容を狭く狭く規定してしまう。したがってトーキーにおける言語も音も（コントラプンクト的な使用においても）狭い限界の中に規定されてしまう。

演劇もまた（映画においては映像であり、舞台に於いては実際の人物と、描かれ作られた背景であるが）同じことだと人はいうだろう。同じ手段を与えられた芸術でありながら、しかしこの場合には芸術手段としての演劇がトーキーに劣る点がまさに演劇の芸術性を救うというアイロニカルな結果が生じるのである。と云うのは、映画のように豊饒に場面を変じ、観衆と対象の距離を変じ、位置を変じ、フォーカスを変じ、要するに映画的時間と映画的空間を創造し得るものが、その長所を使用しなければ「悪い映画」とならざるを得ないが、演劇はまさにその手段の不完全さのゆえに、言語的表現――セリフ――に安心して重大な役目を負わせることができ、それに依って内的真実により深く肉迫する可能性を持ち得るのである。

文学が安心してどんなに短いものでもどんなに長いものでも書け、また安心して少数の、しかしながら十年、百年、千年にわたる読者に依拠し得るということも、映画にまさる重大な原因ではある。が、これとも、第二義的な原因である。

要は、映画は視覚的現実におやみなくつきまとわれる故に、たとえ音と言語を獲得しても、内的真実に文学のように肉迫し得ないということにある。

映画は映画芸術である、文学とは別のものだ、高下をうんぬんする必要はないと人は云うだろう。しかし、人間の最高の財産は感情、感覚の豊饒を引きつれての理性の勝利であり、最高の芸術は、感情、感覚の豊饒を引きつれての最も深い理性的真実の表現である。映画はかくてついに大衆文学的程度（その程度も無限であるが）以上に出ることができないと思われるのである。（きわめてすぐれた映画が純文学の高さに肉迫することがまれにあるとは云え。また、記録映画や文化映画やを私は問題にしているのではなく、芸術映画を問題にしているのである。更にことわって置かなければならないことは、こういって私は映画を軽んずるのでは決してない、その大衆に広汎にうったえかける力はならぶものなく偉大である。私はただ、厳密な芸術のそそり立つ峰の高さをここで問題にしたに過ぎぬ。この短い論文については読者はたくさんの疑問を持たれるだろうが、匆卒《そうそつ》な反対の前に、与えられた紙面の関係で言葉は足らぬがまず熟読されんことを望む。）

瀧口修造

映画の知的役割

世界語としての映画

日本は明治時代以来、西洋の文化をさかんに吸収した。けれどもそれに直接的に触れることの出来たものは限られた知識人であって、大衆は映画を通じてのみ直接に触れることが出来たとさえ言える。このように映画が、娯楽としてのみならず、文化的にも世界語であることは事実上証明されている。

ところが実際は、西洋映画が日本に対する場合に、かくも世界語であったので、日本映画が西洋に対する場合は、殆んどそうでなかったという矛盾を呈していたのである。それには多くの外部的理由があるが、作られたものがその可能性を著しく欠いていたという点では、映画製作乃至映画文化の中に知性が欠除していたことをまず指摘しうるであろう。知性ということを必ずしも知識階級の思考性のように解する必要はない。単純に知的要素と呼びかえてさえいいのである。

最近では、映画の輸出、殊に日本文化の海外紹介の必要から、いわゆる国際的な映画が作られている。しかしその多くは屢々指摘されたように、材料本位であったり、自意識の過剰などから、却って客観性を失ったものになっている。このような場合に考えられることは、具体的な方法論の重要さよりも、まず映画製作に於ける知的な真摯性ではないかということである。日本文化をあまりに自己中心的に考えすぎることも、商品と同じに扱われることも、結局普遍性を欠くことに於いて同じである。海外に紹介しようとするものは、やはり吾々も見たいと思うものであり、それだけの価値を持つものでなくてはならない。たとえば歌舞伎や能の映画化（これは勿論劇作品化ではなく映画的提示の意味である）は、日本の吾々にとっても大きな文化的意味がある。それが考えられずに、材料をいかに提示するかということだけで済まされたものは、外国人にとっても摑みどころのないものになってしまうだろう。興味を与えたとしても好奇や安価なエグゾテイスムの対象になるばかりである。

映画の大衆性ということは日本の映画論でうるさいほど言われたが、映画の知性ということは実質上あまり問題にされなかった。というよりは前者の場合は、製作の実際上の機能ではあまりにも容易な路であるのに、後者は全くその反対であったという方が適切であろう。知的要素を問題にすることは、宛も大衆性を犠牲にするかのような錯覚を与えていたのである。

しかし最近の日本映画は、徴候的に漸くこのことを意識し初めている。尤もこの現象にはかなりいろいろな場面があるだろう。たとえば事変〔支那／日華事変、日中戦争のはじまり〕を契機に、民族的な反省が強調され、主題もその意味で制限された結果、かえって映画作者がこれまで気付かなかった新しい人間性を発見しようと努めていること、あるいは一連の劇映画に現れた人間性探求とでもいうべき傾向が、新しい文芸作品に触手を延ばすことによって発展しようとしていることなどであろう。また国際映画コンクウル等の刺戟によって、「国内映画」が世界人のエクランにも映るという意識が、別に映画の知性を触発させる機縁にはなるであろう。しかし結局、日本映画は着実に知性を自分の手で自分のものとする必要があるのだ。

映画の知的役割ということは重要な問題である。しかしその前に映画が知性をもつことを考えねばならない。

映画の知的役割

昨年、パリの国際知的協力委員会から『映画の知的役割』と題したカイエが上梓されている。ここからはすでに、「印刷の知的役割」と「ラジオ放送の知的役割」とが出ているが、この本はそのシリイズの第三冊目に当るもので、一九三四年のローマに於ける教育会議の同じ課題に対応したものと見られ、五項に亘《わた》る質問《アンケート》を各国の映画監督、批評家等に発した結果が集められている。（前半にはヴァレリオ・ジャイエの映画の四十二年史という簡潔な歴史が付せられている。）参考までに挙げて見ると、

1　映画が現代の公衆の趣味に及ぼす感化。

2　サイレント映画から発声映画への推移により映画が大衆に及ぼした影響の変化。

3　映画の現在の組織について。それはこの新しい芸術に属すべき役割を果しているか。

4　文芸作家と映画技術家との協力について。それを強化する手段。

5　民衆の接近の機関としての映画。

右の課題は執筆者の選択に任せられてあって、それぞれ形式的な応答の代りにかなり自由なアーテイクルの形で書かれてある。単なる映画芸術論ではなしに、このような立場から映画を考えることも必要である。

映画の知的役割ということはいうまでもなく映画の最大目的である公衆への作用を予想してのことである。映画は屢々そのリプレゼンテエションそのものの持つ心理的乃至生理的な性質から教育家の問題の対象になっていた。しか

し今日そのような教育家は皆無であろう。

映画の影響は過大視してもならないし、過小視してもならない。フランスのアレグサンドル・アルヌウは、「結局人はおのれの性質に従って影響を受けとる。映画の宣伝というものを自分は信じない。映画は人を改宗させる力を持たない。ただ信者に確信を確かめるだけのことである」と言っているのは、多少極論であるが、映画の一面をついている。しかし彼はまた「イタリイでは蝿を撮影することを控えねばならぬと聞いている。ムッソリニは彼の治下に蝿を絶滅しようと決心したからだそうだ。つまり人々は〈蝿のいない映画〉だけしか見えなくなった時に、彼等は蝿のいない世界を考え、無意識的にそれを実現するようになるからだ」という風に言っている。これは矛盾した見方であるが、映画の真実性を穿っていると言えないことはない。

現代の映画機構は、イタリイの批評家アルベルト・コンシグリオの言うように、反対に映画が公衆から支えられる影響も大きい。特にアメリカ映画は勧善懲悪とか恋のハピイ・エンドとか、ポピュラアな道徳に影響されることが大きい。アメリカ映画の成功はこのこつを心得ているのだ。そしてラテン人はこのオプチミスムを冷笑している。これはアングロ・サクスンの性格の反映でもあるが、映画が巨大な集団に支配されることの証拠でもある。この意味ではラテン人の一般大衆も同じだ、というのである。映画の影響というものは、結局相互的にのみ存在しうるものだと言い得よう。

集団的な芸術

映画は製作に於いても、全く新しい集団的な芸術であることはいうまでもない。しかしこの集団的な協力の方法については、今日はまだ矛盾相剋の甚しい時代である。従って映画の真の作者は誰であるか、という問題も起きてくる。

パプスト〔ドイツの映画監督〕は言う、「発声映画になっても、映画はテクストよりもイマアジュが重要である。だから自分は映画の作者はシナリオ作者や脚色ではなく、演出家であるという持論である。大部分の会社、殊にアメリカではこのことを無視している。ヨオロッパでは数年前まではかなり認められていたが、ハリウッドでは、監督は芸術的にも経済的にも何の責任も持たせられない。一年に五、六百の映画が製作される中で、有名な七、八名の監督が漸く五、六十の作品を自分で監督できるにすぎない。彼等は細微極まるコンティニュイティを受けとるが、一語といえども、カメラ・アングルの一つといえども変えることが出来ない。機構は厳密な機械的操作によって動いているのである。だからアメリカでは稀に監督が自分の希望する作品を撮ることが許されるのを、〈監督の休暇〉Directors holiday と呼んでいる。」

またイタリイのウンベルト・バルバロ（映画実験中央部《センター》の教授、監督、批評家）は、監督即ち映画作者の理論と、シナリオ作者即ち映画作者の理論との両極論を挙げている。前者はいはゆる〈俳優のない映画〉であり、〈非職業俳優の映画〉であって、監督のモンタアジュだけが物を言う。後者は厳密なコンティニュイティのみが問題であって、監督はたとえばカルウゾオ〔エンリコ・カルーソー〕の歌を録音し再生する機械にすぎない。この二つはともに極端であるが、後者が屢々映画を文学的なジャンルに従属させる恐れがあるのに比べて前者にはまだ〈物語的なルポルタアジュの映画〉等の或る種の映画には真実性がある。殊にこの理論は俳優の役割を型《タイプ》に還元することを認める。イタリイの国立学校では、最近フロイデイスムや造型芸術の実験によって、この研究が着手されているが、やがてスタア主義の悪弊を一掃する時が来るだろう、というのである。

右の二人の監督の意見は、結局監督中心に傾いているが、映画の集団的製作がいかに困難化しつつあるかを裏書している。シナリオと演出との優位性は、どこでも如実に問題が起っている。日本ではシナリオ文学が提唱されているが、それはあくまで映画の新しい技術の一環としての文学でなくてはならない。

先に引用したコンシグリオは、今日の映画と文学との関係は、小説や劇の中から、出来事、テエマ、人物の名、甚しくは興業価値から作者の名とか題名をかりているにすぎない。また一体に他の知識人（作家のみならず他のあらゆる文化部門の人たち）があまりに映画を知らなすぎる。その原因は映画の機構が研究に著しく不便であることであって、それには、まず権威ある「映画図書館《シネマテエク》」の設備が必要であるといい、国際知識協力委員会にそれを提唱し、そして各製作所の見学を可能ならしめる方法等を提議しているのは注目される。

映画の集団的価値は、作る側と見る側との協力によって、完全に発揮される。だから原始人の舞踏や音楽、宗教時代の建築の全機能のような位置を、映画は現代で占めるとされる。芸術批評家のエリイ・フォールが、珍しく映画論を書いていて、映画を見る公衆の融合性と、そのリズムの音楽的な特徴との点で、中世カテドラルの弥撒《ミサ》の儀式に比較し、映画は現代に於けるもっとも〈加特力的《カトリック》〉な表現手段だとしている。この最後の比喩は問題であるが、中世紀の集団的芸術との対照は、いろいろ示唆を与えるであろう。

またかつての印度の彫刻、チ〔ティ〕ントレット、ルウベンス、ドラクロワ等の絵画は、新しい空間、大胆なアングル等の劇的な扱い方によってフイルムの新しいヴォリュムと運動の芸術を予想し、埃及《エジプト》の芸術はまたその持続性の先駆者ではなかったかとも言っている。またこうした造型芸術的見地から、漫画と色彩映画とに驚異的な未来が予見されるのも当然である。最近、色彩漫画に示される教化的見地からの非難は、アメリカが非常な冒険と忍耐とでこころみている仕事の真価を知らないものというべきであろう。

前衛映画の一方向と記録性

右の書で特に興味深く読んだのはアルベルト・カヴァルカンティの「イギリスに於けるネオ・レアリスム運動」である。彼はブラジル人であるが、フランスの前衛映画がさかんであった頃に『時の他何ものもなし』等で吾々にも親しい監督である。

フランスの所謂「アヴァン・ガルド」〔アヴァンギャルド〕映画が失脚して後、ジャン・ルノアール、〔ピエール・〕シュナール等は今日商業映画の監督としても名をなしているが、カヴァルカンティはパリで詰らないヴォードヴィル映画やパラマウントのフランス版の仕事などで全く意気阻喪していた。その彼が三四年前、ロンドンに来て初めてジョン・グリアスンに会い、その一派の「ドキュメンタリイ・フイルム」の仕事をすすめられてから初めて一道の光明を見出した。一時「ドキュメンタリイ」という言葉を毛嫌いしていた彼も初めてその本質を知った。イギリスに於けるこの運動については、本誌前号〔『セルパン』一九三八年一〇月号〕の上野氏の紹介に詳しいので省略するが、アヴァン・ガルドの一映画人が、ルノアールやシュナールや〔マルク・〕アレグレなどとは異った路で、方向を見出したことを興味深く思う。

彼等の作品を見ることの出来ないのは残念であるが、この運動の組織や方法が、商業映画のそれから全く独立して、知識人によって初められたことにまず関心を唆《そそ》られる。音楽家では〔ウォルター・〕リィ、ブリットン〔ベンジャミン・ブリテン〕、ジヨオベエル〔モーリス・ジョベール〕、メエヤア〔エルンスト・ヘルマン・マイヤー〕等、詩人としてはW・オーデン等が参加しているし、前衛画家でもあるレン・ライが色彩映画で新しい仕事を始めているといわれる。

カヴァルカンティによれば、「このグルウプは奇妙にもコンミュニスムの方法を想い起させるもので」、仕事は飽くまで集団的であり、映画はすべての協力者によって討議され、有用な意見はすべて容認される。しかし知識人によるこうした映画の大衆性について、懸念されるのは当然であるが、『夜間郵便』〔別名『夜行郵便列車』〕などは、イギリスだけでも千以上の常設館に上映され、併映された他の商業映画も及ばない喝采をうけたと言われている。

記録性ということは、映画のもっとも大きな能力の一つである、ドキュメンタリイ・フイルムは特殊な意味から資料映画と訳されたり、文化映画の中に包容されたりしている。（ポオル・ロオザの著書は最近厚木たか氏の訳によって、『文化映画論』として出版された）。それは各々妥当な意義を与えられてあるが、私は、ここでは素朴ではあるが比較的包容力のある記録という言葉を用いて置く。

記録性から、あらゆるイデオロギイや効用を除いてしまったら、無意義になるだろうか。しかしそれ以外に記録の詩《ポエジイ》というべきものがあることを見遁せない。つまり科学写真の中に、吾々は或る詩を感じたとしても、不思議ではないと同じである。これらはむしろ、両立すべきものであろう。こうした意味での記録の精神は、一層高い知的な水準まで高められる。それは同時に記録映画の中に、気取りのない、新しい種類のエステティクを見出すことにもなるであろう。こうした記録の精神が、あらゆる宣伝映画にもルポタアジュ映画にも、要求されるのではなかろうか。カヴァルカンティが、「ドキュメンタリイ映画」の中に、皮肉をこめて探偵小説や姦通物語よりも一層劇的で感動的だと言っているのも頷かれるのである。

記録映画の知的価値からは、実利的宣伝的価値だけを抽象されがちなものであるが、その中に対象や現象のもつ詩的滲透力を欠いたものは、味気ないものであろう。

枠

杉山平一

映画の芸術上の基礎は、常に映画の技術上の機能がどれだけの力を発揮できるかということによって規定されている。その映画の技術上の機能というものは、絶えず一つの方向にむかって進みつつある。写真をうごかしたいということ、声を出したいということ、色をつけたいということ、……一言にしていえば、それは我々の日常をそっくりうつすあの「鏡」の性質を欲望している。

自分達の生活にとって、鏡というものは、不思議な魅力を持つものである。吾々が毎日見る、つまらぬ情景、見飽きている部屋の中、そのどれでもを鏡の中で見ると、一種の新しい情趣を伴って甦ってくる。而もそれは実際の景色と、少しも違ってはいない。

ただこれが鏡の種類によってその魅力に程度の差がある。それは鏡の大きさなのだ、小さな手鏡の中に風景をうつしている場合、魅力は一等大きい。それがある大きさ以上になるとつまらなくなる。果物店や料理店に見られる壁一杯の鏡、それは何故かさむざむとする。自分の姿体を見る以外に何故か魅力に乏しい。即ち自分達がその枠を見ることが出来ないほど大きい鏡は、もはや現実の情景そのものでしかないのだ。では、この鏡を鏡たらしめているものは、一体何だろうか。それはなんでもない。それは我々にすぐ見れるほどの小さな、そして鏡をとりかこむあの枠の秘密なのである。

その前に、この枠の性質を考えるのに、写真芸術や、その枠によって成立するため古来人々の興味を呼んでいるあの「窓」はよい例であると思う。

写真は、本物をそっくりうつす機械である。以前「芸術写真」という名称があった。それは柔い焦点をつかった軟調の写真、あるものはその上に筆を加えた柔い黒白の階調を示して鉛筆画木炭画のような絵の芸術上の値打を見出そうとしているものであった。あまりはっきりうつっていないことによって芸術上の意味を見出そうとしていた。（恰度、映画の画面が、その機械の本来の意図にも拘らず、空間的な深さや色彩等を脱落することに、或いは自然にくっついている音とものを離して対位的にすることによって、芸術としての値打を見出そうとしていたのに似ている）ところがこの数年、誰もが知ってるようにレンズが非常に明るく尖鋭になって、而もそれがどこへでも持ち運べる小型の体裁に仕組まれた。もはや時と所を問わない。何でもうつせる、しかも驚くべき正確さで。人々は、ここに美を見出した。写真芸術がはっきり根をおろしたのはこの数年であった。

ではこの写真は芸術上何によって規定されるか。私はこれを大体二つに分けて考えられると思う。

一、何をうつしたか。

二、如何にトリミングされたか。

何処でも何でもうつせることによって、第一の何をうつすか、という選択の意味が強くなってくる。何を、何処を、どの部分を、というのは撮影者の人間が決定するものであろう。第二のトリミングということは、また一層重大に見える。実際問題としてライカやコンタックス、ローライの人々は何処でも何でも、うつす。それを引伸ばして大きな世界にしてその中の一部を選択して切りとるのである。この構図の決定がトリミングであるが、実際にはこれが第一の何を、という人生に対する目の選択をも充分含んでいるわけである。写真が現実を的確にそっくりうつすにつれて、この枠の決定ということが、芸術上の価値をきめる大きな規定として力を増しつつある。実際の例について見るとよくわかるが、芸術写真家の才能はこのトリミングによって殆んど決定しているように私には考えられる。（写真家は単なる構図をきめる位に考えるかもしれぬが、批評家にとっては、これは対象の意味を見る眼として、温い眼、濁った眼、鋭い眼、弱い眼、偽の眼などという風に人生的な命題として感じられる）

画の内容が豊富になるにつれてこれを切りとる方形の枠の抵抗ははげしくなる。その力は強大となってくる。画の内容が動き、色彩をさえ伴い、現実そのものとなった揚合、それを切りとる枠の鮮かさはいうまでもない。これが、露次〔露地／路地〕奥から覗く街頭、即ちあの「窓」の精神である。

窓が枠に切りとられているということだけによって、古来いかに多くの人達の感動の対象となっているか。窓と題するリルケの数々の詩を見るまでもあるまい。

「窓」という言葉の中に人生的な命題の数々が想記するのを自分は禁じ得ない。

映画芸術をこの「窓」にたとえることができると思う。それは情景の変転して流れるあの「車窓」である。

町の中、田舎の道、どこを歩いていても自転車にのっていても子供は、周囲の景色に左程注意をはらうものではない。ところが一たび、電車に乗ると、彼らはきそって座席に上り窓を覗こうとする。ちがっているのは、簡単な方形の窓枠があるか無いかである。枠に切りとられて、はじめて景色が、あるいはその動き変転流れが、少年の心にありありと感じられるのである。

いま、スクリーンの画面を、単なる影だと誰が云おう。映画を車窓にたとえるならば、その電車は、都会を田園を、山を谷を、空を海を、そして貧乏人や金持の家の中を、世界中を駈けずり廻っているわけである。そして、子供が車窓ににじり寄るあの衝動でもって、千万の人が映画館に足を運ぶ。

映画は常にこの枠によって芸術的に重大な規定をうけている。

実際の上で、アベル・ガンスの三つの並列的スクリーン、或いはアメリカに於ける枠の拡大などなされたが、人々の迎うるところとならなかった。それは前述の枠の性格を考えれば明らかであると思う。評論の上では、V・フリーバークの「スクリーン」上の美に関する研究、S・M・エイゼンシュテインの「力学的な正方形スクリーン」の提唱、或いは、R・アルンハイムの芸術的手段としての映画面の限界に関する考え、などがある。フリーバークのものは、枠の中の絵画的な構図の研究で、流れる映画面における枠にとって余り重要ではない。エイゼンシュテインの正方形スクリーンは、その意図する所は、枠が画面を切りとっている（上下からかくしている）という意識をとり除こうとするにある。正方形性というもののあらゆる世界を包むことのできる完全さによって枠の意識を逃れようとしたものである。それが枠であることに変りはないわけであるが、すくなくともこの枠の意識を逃れようとしたのは、車窓の魅力は失わせるものと考えられる。実際、トーキー初期、ワーナー・ブラザーズが、日本語を入れるために画面のふちを黒く染めた時、これを『キネマ旬報』で「正方形スクリーンのイミテーション」と名付けた人があったが、それはまことに狭苦しい、安定感を欠いたもの（今の長方形は黄金比例）ですらあった。アルンハイムは、画面限界が、描写の方法として重要であることを指摘している。これは枠の性格を無声映画の多くの例の中から特に大きく引上げたという点で注目すべきものであった。音が加わるにつれて、即ち画面が単なる影でなくなるにつれて、枠の性格がますます強くなるという考えの芽を感ずることができる。

画面

V・プドフキンの「映画監督と映画脚本論」は創作上の鉄則であって、あらゆる映画はその原則をもととしてモンタージュされている。だが評論上から云えば、その実際に対する理論としてはもっと広く考える要がある。

プドフキンは、爆発の状景を撮そうと思って、ダイナマイトを埋めて爆発させて撮影した。この爆発は実際巨大だったにも拘らず、映画的には何でもなかった。それでマグネシウム火焔の断片を入れ、河のショットなど、組み合せたところが、スクリーンの上に美事な爆発の状景が現われるようになった。或いは、轢殺のシーンを描くのに顔の拡大、ブレーキにかける手、とまる車、等を短く編輯することによって成功した。そしてこのモンタージュこそが、映画における創造的な力であると書いている。

この誰もが知っている、そして実際の仕事の基礎になっているこれらの例を、もう一度見直そうと思う。このレフ・クレショフ一派の、画面を単なる単語と見なすことが不当であることは、現在の映画の画面が単語どころか短篇小説ぐらいな内容をもっている事実が証明しているところであるが、この場合のモンタージュは、明らかに一つの手段であって、基礎ともいうべき最後的なものではない。あらゆる場合にこれを土台として表現を工夫すべき手法だと誤解させるおそれがある。（写真の軟調をさいはいにするようなものだ）例えば、本当の巨大な爆発をうまく撮せなかったから、他の方法によったに過ぎない。本当の轢殺の情景を撮せないから、こういう表現をとったのではないのか。ダイナマイトの爆発をそのまま撮して、甚だ物足りなかったのは、あらゆる場合に通ずる決定的な現象ではない。基礎は本当のダイナマイトの爆発を写そうとする、その意図にある。

本当の巨大な爆発を素直に写すことができたら、これ以上のことはなかろうと思う。ことさらにそれを逃げて、モンタージュによる創造によらねばならぬ何の理由もない。轢殺の本当の光景を得ることができなかったから、短いフラッシュによる編集がつくられたのだ。いつの場合にも、それはやむ得ずなされた逃げの手であった。

プドフキンの場合は特に音を持たなかった。今や我々は、本当の爆発が得られるならば、それを堂々と正面から写すことは芸術的に誤りである筈はない。あらゆる観客は本当の爆発を見て、眼を瞠るだろう。

こういう解釈を妨げているものは勿論、映画誕生時以来のコンラッド・ランゲによる、現実の機械的な模写はなんら芸術とはなり得ないということ、つまり、プラトン以来の模写説であると思うが、影像はこの機械的な再現、即ち私が車窓として規定する現実そのものである。

映画の成長はレンズの精神の成長である。音が加わること、色彩が加わること、全てこれであり、映画の誕生以来それは今後いつまでも続く筈だ。この道だけは一度もそれたことはない。映画芸術の基礎がこのような動かぬ土台のもとに置かれるべきことは、誰しも考えるところである。

スクリーンの中にある影像は、本当の像とそっくりのものである。遠近がうまく出ていなかったりすることは責めらるべきことだ。即ち、道具や人間や草木は、実際と寸分ちがわぬ音を出し、かたちをもっている。だが、これは、枠の中のそれらの組み合せや動き方までが、我々の日常とそっくりのものだということにはならない筈だ。ところが、これまでは撮影された画面のなかの全部が自然的事象そのままと錯覚され、それを勝手につなぎ合してはじめて、自然との相異、即ち芸術たらしめる創造があるとされた。けれども、例えば画面の中の本物の人間や風や道具は、それら自身の法則に従って動いたり発展したりしているようで、実は演出者の法則に従って動いているのである。ここにこそ一番大きな創造があるのである。アルンハイムの所論の中に「画面内のモンタージュ」という言葉があるが、彼はこれを二重焼の現象のためにあたえたのだった。けれどもモンタージュによって呼ぶ自然現象との相異は、一画面の中に既に考えられることである。ものを撮すということを、創るということと別に考えるのは既に間違いであろう。

本当のものが写されていると信ずること、映画ほど強いものはない。幸福らしい世界、貧乏の世界、すべて字で書かれたのでなく、その姿を目のあたり見るからである。「自然が芸術を模倣する」という逆説を甚だ映画は味もそっけもなくやる。よい風景を見て絵のようだと感心するように、世界はきそって映画をまねている。模写説に反撃を加えるものは、単なるモンタージュという手法の発見よりも、自然をそのままうつすこの影像でなければならない。

映画作者は自分だけのキャメラの眼で、自然事象を視る。実写映画に非常に興味深いものと、退屈で仕方のないものがあるのは、この目の強弱、有無である。映画芸術の基礎をこのレンズにおいても、ただガラガラうつした実写影像は、映画ではない。ただ実写的であれば、ただちにその映画が芸術的であるとは云えない。では作者の眼で見た影像とは、一般的に云ってどのようなものであるのか。

それは段階に高低あり複雑多岐に分れるけれども、一言にして言えば、普通人の眼（概念）をアッといわせる何物かがあることだ。影像の豊富ということだ。車窓ににじり寄るだけのものが窓外になければならない。車窓に倚る観客は常に何物かであることを要求している。それに答えるものが、映画芸術の影像でなければならない。

即ち、凡俗の目にとって深いもの、異常なもの、美しいもの、珍らしいもの等、影像の豊富ということが意味する全てである。その他大トリック映画もこれである。フィルムを組み合せて作るよりも、本物とそっくりのセットなり状景なりをつくって、それを実写するという点に非常な値打があるのだ。実写的な映像として提供することが理想的なのだ。『キング・コング』然り、『透明人間』然り、『颱風《たいふう》』〔Riptide〕然り、これらは映画芸術史上を飾るべき諸作である。

何物かであるということは、本質的には普通人がただ眺めるものとは違うものだということである。つねに、映画作家の眼は発見していなければならない。これは異常なアングル、構図から、人生的な内容にまでひろがる。映画作家は、この眼の「見方」を一番要求される芸術家である。「発見する人」としての芸術家は映画においても変りはない。ここに興味探い実写映画と退屈きわまる実写映画との区別がある。

何物かであるならば、爆発も轢殺も本物が撮られるだけで充分である。費用や手間や事情が誤魔化しの手を用いさせない限り、ただ本物を真向から見ることが重要なのだ。プドフキンは俳優を人間材料と呼んで、芝居と感じさせる誤魔化しを避けようとしている。それと同じことで、本物の爆発を写すのが本来の精神である。爆発や轢殺は、その本来の異常さの故に、その真向からの撮影だけで影像として成立つ。

実写的であるべきだというのは、映画芸術の自覚である。この自覚のもとに、以上に述べた映像の性格を生かすことによってはじめて映画芸術は成立しはじめる。実写的であるべしという自覚が早急にすぎて、映像の性格をふみこえて行くところには映画芸術は成立しない。何ら家庭のシネコダックとえらぶところはなくなるのである。俳優よりは、通りすがりの人間の顔が採用される方がいいと云うけれども、その顔は誰でもどれでもいいのではないのだ。『人生案内』〔旧ソ連のトーキー映画〕のムスターファの親しげな顔も、スターと同じ努力で選ばれねばならなかった。この映像の性格に対する無自覚の実写的精神は、大いに警戒すべきである。例えば短見者流は、劇映画においても、一つの状景を写すと、影像もまたその状景自身のもつ法則にあくまで従うべきだと思い込む。即ち音楽のきこえそうもない場所には、伴奏音楽をつけてはならないと信ずるのである。これが甚だ意味あり気で実は間違っていることは、全世界のすぐれた芸術映画の示すところであり、映像が作者の眼によって創造され、そして何物かであるべきだという私の見解の証明である。

さきほど、私は、本物の爆発を写すのに一カットでうまく撮せれば用は足ると書いた。ここで当然、本物を二カット三カットに撮す方がもっといいと云う見解があると思う。そこで一体カットバックとはどういう意義をもつものか、そして映画の実写的本能と、カットバックということとどういう関係にあるのか。観賞の側からの考えをそこへ進めたいと思う。

沢村勉

変貌する映画

映画は変貌する。それに携わる芸術家の意志を冷酷に無視して映画の芸術は、その表現の可能性は変貌する。この冷酷さは二十世紀的であり、科学的である。科学は人間の欲求を愕《おどろ》くべき能力で充足して行く。一八九五年、リュミエール Lumière 兄弟によって製作された世界最初の映画は『リオン市、リュミエール工場の出口』と題する一巻の実写であった。これは、現実を再現してみたいという欲求の実現に外ならなかった。これは、静止した写真につづく人間の再現欲充足の第二の段階である。静止していた写真に動きが与えられ、時間的連続性が与えられたということは、非常な進歩と言わねばならぬ。人々はこの再現された現実に、非常な興味と満足を覚えた。こういう大衆の興味に資本家が着目し、一人でも多数の人々に観せるための映画がつくられるようになった。併し、この無音映画の世界は、現実再現とは言うものの、現実からは遥《はる》かに遠いものである。音響がない。色彩がない。温度がない。匂いがない。現実再現という目的から見れば欠陥には相違ないが、無音映画の作家たちは、この欠陥をその芸術的制約と化し、その制約の中で無音映画の芸術を築くべく努力した。映画が発明されて三十年、それらの人々の撓《たわ》みなき努力の結果、無音映画はかなり高度の芸術性を獲得した。そこへ音響、言葉が突然闖入《ちんにゅう》して、彼等を狼狽させた。音響、言葉の闖入は、芸術的制約の改変である。三十年の間、心魂を打ちこんだ芸術が、芸術家の意志とは全く別の処でその制約を変更してしまったのである。彼らは憤激した。この横暴の責任を資本家のせいにした。〔ルドルフ・〕アルンハイムは言う。「芸術家は、昔から傭主の意志に屈服しなければならなかったが、しかし、今日のように芸術家が、事もあろうに、職場から投げ出されたり、折角絵を描こうとしているときに、作曲することを要求されるようなことは嘗てなかった。」「無音映画は使いつくされてはいなかった。反対に、発展はまさに、新しい芸術の最もよい可能性が結合しはじめるところまで到達していたのである。これらの可能性を、もはや汲みつくすことが出来ないということ、無音映画の偉大な映画芸術家は、全く退却するか、或いは十中八九まで彼等の性にあわず、これまでのように彼らが尖端的な仕事を提供することを妨げるような転換に甘んずるか——そしてこれは何れも映画の製作が、ちょっとわれわれに想像出来ないほど高価なもので、従って単に少数の識者のために製作することが出来ないからであるが——立派な、有望な芸術をかように絞殺することは悲しいことである。」

明らかにこれは真実である。嘗て、絵画が音響を発したり、建築が移動しはじめたりしたような例はなかった。芸術の素材に変化があった場合も、その殆どすべての場合は、芸術家の意志によって、芸術家が変化させたものであった。

アルンハイムも述べている如く、映画の製作には莫大な費用を要する。映画芸術は経済的方面から孤立して考えることは出来ない。無音映画が如何に芸術的に高貴なものを示し始めていたにもせよ、大衆が有音映画の出現を求めているとすれば、資本家は有音映画発明の完成をまって、直ちにそれを採用するに違いない。併し、有音映画が瞬時にして、無音映画の領域を侵略しつくした理由は、単に資本家の利欲のみとは言えない。その証拠に、資本主義とは全く隔絶されたソヴエト・ロシアに於ても、独仏と殆ど歩調をともにして有音映画が採用されている。無音映画芸術の輝やかしい闘士であったヴェ・プドフキンは「音響が導入され発声映画が優勢になって以来、監督は西欧諸国に於ても、ソヴエト連邦に於ても、かつて彼らが無声映画の最終の数年間に築きあげたあのダイナミックなリズムの感覚を突如失ってしまったことを発見するのは悲しいことである。」（有音映画に於けるリズムの問題）とのべている。

有音映画の出現を白眼視する無音映画の芸術家、理論家達は、無音映画に心魂を打ちこみすぎたあまり、映画が発明されたそもそもの動機たる人間的欲求を忘れていたのである。更にはまた、その人間的欲求を実現する為に、彼らとは全く別のところで研究をつづけている科学者達の存在を忘却していたのである。だが、人間は現実の再現を欲求しつづける。併し、有音映画の世界も、やはり現実再現ではない。人間はさらに色彩映画を、立体映画を要求しつづけるに違いない。映画のかかる変貌は、映画芸術の科学性に根ざしたものであり、この変貌を如何にして芸術的に意義づけるかは、映画美学の重要な命題となり得るものだが、ここでは殊更に触れないことにする。いずれにしても現実再現が映画科学の究極の目的であり、有音映画はさらに色彩映画へ、立体映画へと変貌して行くに違いないことは動かし難いところである。多くの研究家が無音映画への愛惜の言葉をのべていた中で、ベエロ・ボラアジュ〔ベラ・バラージュ〕だけは、「映画の精神」に於て、すでに述べている。「歴史には危期のみあって、悲劇はない。歴史が進展するからである。」「技術的可能性は最も効果的な霊感である。これはミュウズそのものである。最初の絵具を発見したのは画家ではない。また、槌と鑿を発明したのも彫刻家ではない。活動写真もまた、われわれがこれを或る特種な芸術の形成手段として使用しようと考えついたずっと以前からすでに存在していたのであった。」「芸術に於いても、機械がまず最初に無機的な非精神的な原理として現れている。ところが、いつも人間はその機械を次第に自分の器官に同化させ、やがてはそれが人間の指先になってしまう。今日でもまだ『非芸術的な写真術』について話すようなものが一人でもいるだろうか。録音キャメラも、やがてはこう反問し得る程度に発達するだろう。活動写真の初期を考えてみ給え、そうすれば、諸君もこのことについて確信を得られるであろう。」

1　有音映画と現実

有音映画は無音映画に比較して、現実再現の可能性を拡張したことは明らかである。だが併し、映画科学が現実再権を究極の目的として発展し、人類がそれを欲求するにしても、現実を果して人間が再現し得るものであろうか？これは極めて愚かしい問であろう。答は勿論否である。だが、この愚問を、ここでいま一度再吟味してみる必要がある。

無音映画の研究家達は、映画が音響を獲得したとき、それが現実再現へ接近することを非常に怖れた。それは芸術の破壊以外の何ものでもないとした。フィヨドル・スチェパン Fedor Stepum は、一九三二年ベルリンで出版されたその著『演劇と映画』Theater und Kino に於て「蓋し、映画の画面を幼稚な意識のもつ現実性から遠ざけずに却って反対に、それをそういうものに出来るだけ接近させようとする意志は、発声映画の努力としては根本的に誤っている。」と述べる。アルンハイムも同じようなことを「事実上、音の付加が画面をより立体的にし、画面空間をもっと『現実的』にするものとすれば、これは美学上大きな危険を意味するものである。若しもそうだとすれば、立体鏡的映画の発明に対して言われることが、おそらく発声映画のためにも考慮されねばならぬことになろう」と言う。例はいくらでもある。

なるほど、現実へのいたずらなる接近は芸術を破壊する。芸術は現実への、自然への追随であってはならない。「芸術美の概念に就て考えてみると、これは本来の原理的意味に於ては、或る素材を形成することによって生ずる美であるから、その意味に於て、必ず常に一種の形式美でなくてはならぬ。また形成作用と言う概念は、自然から与えられた材料の単なる受容に対する、一種の発動を意味する」（大西克礼博士著『現代美学の問題』）併し、有音映画が音を得ただけで、忽ち現在が再現され得るものではないのである。けれども、また「第一章に於て吾々は映画美のモメントを摘出するにあたって『先ず平面的に写されたもの』なる性格の設定から入って来た。そして夫《それ》は広く映画的芸術に共通な性格であると説いた。画面とは『平面的に写されたもの』であった。音は前節によって明らかなる如く、「平面的」でなく、空間充足的である。Raumzeigend ではあるが Raumbildend でない。又光の如く直線的でないから、二次元的 Zweidimensional 従って平面ではない。併しながら、映画芸術にあっては、前節に説いたようにあくまで画面が第一次的であるが故に『平面的』という性格は許容されるだろう」（満井達氏著『モンタージュ論と有音映画論』）と肯定してしまうことも、あまり観照者の心理的事実を無視しすぎたものと言わねばならぬ。エクラン〔仏語、スクリーン〕に展開される画面は平面的なものであるが、三次元的な音の付加した有音映画の画面が、観照者の心理に惹起する印象は、無音映画にくらべてはるかに現実的であり、立体的であるという事実を無視してはならない。有音映画に馴れた今日、無音映画の画面が、如何に平面的に、絵画的に見えることであろう！

有音映画の表現の可能性は、明らかに、現実再現へ一歩接近した。それは、映画が当初から有する意志を、さらに一歩現実へ接近させ得たものであり、人間一般が有音映画に希むものは、その一歩の現実性に外ならない。それにも拘らず、スチェパンやアルンハイムのように有音映画の現実性への接近を、間違った努力であるとし、美学上の危険であると断定するのは、根本的に矛盾している。有音映画の世界が現実へ接近したと言っても、そこには厳然たる一定の限度があり、現実再現への距離ははるかに遠い。有音映画の表現能力を極度に発揮することは現実への無気力な追随であり、芸術を破壊するものであるとして彼らが大騒ぎをするほどのことはないのである。表現に音の三次元性が加入することに依って、無音映画の制約に変動が起り、その芸術美は破壊されるだろう。彼らが、その旧い芸術美を守ろうとする気持は理解出来る。だが、映画は変貌の予定された芸術である。有音映画に関しては、われわれは、有音映画の表現能力を極度に発揮したのちに残る現実との距離を新しい制約として、新しい芸術美を形成しなければならぬ。

絵画でも彫刻でも、あらゆる模倣芸術は、現実再現の欲求から出発した。現実の、自然の美を再現したいと努力した。併し、絵具や、石材、石膏という素材と現実との間には遙かな距離があった。彫刻では鋳型に石膏を流しこむことによって、現実の形態を模すことは出来る。だが、そうして得られた石膏像は、形態こそ現実を再現しているが、それ以外の要素はすべて脱落し、ためにそこには自然美もなければ芸術美もない。脱落したすべての要素は、芸術家が独自の技巧、様式によって形成しなければならぬものなのである。絵画、彫刻の芸術家の努力は、そういう芸術美形成を完成した。映画に於てもこれは同様である。有音映画の世界が現実性を獲得したからと言って、その些かの現実性を極度に発揮することが、美学上の危険であったり、有音映画の努力として間違ったものであったりすることは決してない。無音映画と有音映画とでは、その制約が異ったというだけであり、異ったと雖《いえど》も有音映画にも非常な制約があり、その制約の中で異った芸術美を形成することができる。将来、有音色彩立体映画が完成されたとしても、それは同じことだろう。スポティスウッドは「立体性は観客の鑑賞に何ら新機な複雑性を課するわけではない。否、むしろ、現実により接近することによって、観客の仕事を単純化するわけだ。しかし、これは次第にモンタージュの諸可能性を減少させて行く。」「モンタージュの最も重要でないタイプを法外に強化することは、恐らく他のタイプを圧倒し、そして映画全体の価値を減少させる結果になるだろう。」「立体性のこれ以上の増加は多分利益をもたらすまい。却って夥しい害をもたらすだろう。」と述べているが、無音映画美のみを映画芸術の最も重要なものとして物を言うことは、映画全体を把握する広さに欠け、危険である。立体映画の世界と雖《いえど》も現実でない以上、それは、それ自身の制約の中の表現の可能性を獲得するだろうということは、すでに色彩映画のいくつかの作品に於てさえ予想出来るのである。われわれは映画の変貌に従順であらねばならぬ。

2　色彩映画と現実

色彩映画の技術は、早くから科学者によって研究され、新機軸をもとめるアメリカやフランスの映画業者は、かなり古くからこれを商業的に採用していたが、それらの映画の色彩は、天然色には甚だ遠いものであったと言わねばならない。従て、正確な意味で第一回総天然色映画と言えるのは、一九三四年に、新様式「三色法テクニカラー」によって、アメリカのパイオニア Pioneer 社が製作した『クカラチヤ』La Cucaracha であったと言えるだろう。だが、これは二巻の短篇であって、普通の長さをもった三色法総天然色映画は、その翌年に製作されたテクニカラー社とパイオニア社が協同の『虚栄の市内』Becky Sharp が最初である。続いて『丘の一本松』The Trail of the Lonesome Pine『踊る海賊』Dancing Pirate『大森林』God's Country and the Woman『沙漠の花園』The Garden of Allah『ラモナ』Ramona と、アメリカ製の五作品が、われわれの前にもたらされた。総じて七作品である。やがて、やはりアメリカの『スタア誕生』Star is Born が提供されようとしているし、欧洲諸国でもすでに色彩映画製作に着手している。

われわれが観照する機会を得た天然色映画の七作品を通じて、ここに非常に興味ふかい事実がみられる。それは、七つの作品が、いずれも甚だ現実離れのした題材を撰んでいるという事実である。そこに撰択された題材はすべて、或は時間的に、或は空間的に、映画観照者の大部分が生活する現代生活の現実を離れているのである。

『クカラチャ』は、メキシコ地方の酒場風の室内で、ハンガリイ生れのダンサー、ステフイ・デュウナを中心として、歌と踊りをみせる。『虚栄の市』は、ウオータアロー〔ワーテルロー〕大会戦前後の絢爛たる貴族社会を舞台とする。『丘の一本松』は時代は現代を扱って居り、天然色カメラを野外にもちだし、自然の風物を把握した第一回劇映画として記憶すべき作だが、場処はケンタッキイの遙か山奥にとっている。都会の場面としては、ホテルの室内が一ショット現れるだけである。『踊る海賊』は『クカラチヤ』の拡大版とも言うべく、時代も古い上に、仮想の街が背景となり、しかもレヴューの舞台再現を作者が意識して、すべての点で現実を離れている。『大森林』の舞台は、いずことも解らぬ深山であり、『沙漠の花園』はサハラ沙漠、『ラモナ』はアメリカ開拓時代のカリフォルニア田野である。やがて公開される『スタア誕生』は、現代のホリウッドを舞台にしている点で興味がある。併し、まだ接する機会がないので断言は出来ないが、これも恐らく現実離れのしたものに違いない。夥だしい映画ファンが夢にみる映画のメッカ、ホリウッドを、ロマンティックな幻想をもって描きだしているに相違ないと思う。

現在のアメリカ映画の思潮が、ロマンティックな方向をたどり始めているのでは決してない。現在のアメリカ映画は一般的に言って芸術的であるとは言えないが、あらゆる現代生活の断面を描きだしている点で、ドキュメンタリイとしての意義ならあると思われるほどである。それにも拘らず、天然色映画のみが、かようにロマンティックな、現実離れのした題材を撰択していることは、当然何らかの本質的な根拠がなければならない。即ち、現在の未完成な天然色映画技術が、期せずして題材を、かかるロマンティックな方向に於て統一しているのである。（社会的、経済的理由もその背後にはひそんでいるが、ここでは必要を認めぬから触れぬことにする。）

自然の風物を背景にした『丘の一本松』『大森林』などを観ても解ることであるが、静止した風景を撮している限り色彩もかなり美しいものとして享受できるのである。紺青の空や、夕映の色、樹々の緑、川のしわぶきなど、原色版写真からうけとる美のように、または泰西名画に観るごとき美をさえ稀には感じさせる。だが、一度それらの風景の中に人間が現れると、人間の人間らしからぬ色彩に愕かねばならない。彼らは生きた皮膚の色をもっていない。赤い砂糖菓子を食べた如き唇をしている。そうして更に、それまでは美的にさえ見えていた背後の風景さえ、偽ものの自然として、不自然に見えはじめるのである。これはどういう理由であろう?

曾《かつ》て、アメリカの映画会社M・G・M社の提供した天然色映画に、スイスを撮した優秀な短編実写があった。その中に、白雪をいただくアルプスを背景にした白壁の家の前に、女たちの群れているショットがあったが、それらの女たちは殆ど静止のポオズをとって居り、人物はいても、このショットには、すぐれた一幅の絵画を観る美しさがあった。だが、人物の動き始めた瞬間、その画面の美は破壊されてしまった。

たとえば、ダヴィンチ Leonardo da Vinci の『モナ・リザ』でもよい。チチアン Titian〔ティツィアーノ、Tiziano Vecellio〕の『ヴィナス』でもよい。それらのまたなく美的な、芸術的な画中の女が、若し額縁をぬけ出して現実の世界に歩きだしたとすれば、人はもはやその女を美しいと感ずるよりも、不自然な、気味わるいものと思うに違いない。画中ではごく自然に美的に観られても、そこには、色彩に於ても構図に於ても一定の様式化が行われているからである。美的に構図され配置された天然色フイルム画面の人物が動くということは、決してエクランの枠からぬけ出るわけではないが、フイルム上の人物が現実界におけるわれわれと同じ動作をなし、立体的な音声で言葉を語るということは、なかば以上現実の世界に足を踏みいれることを意味するのである。そういう現実感をもった人間が絵具に塗られていることをわれわれの感覚は素直にうけいれ得ない。不自然に彩られた人間も同じほど不自然な風景を背景としている限り、エクランの中のものとして通用しそうに思われるが、事実は逆で、人物の自然な立体的な動作、言語は、それまで美的にさえみえていた風景の色彩を、不自然なものとして暴きたててしまう。画面が無音映画的に沈黙を守り、人物が静止している場合、即ち、画面が無音映画的に平面の印象を与える場合には、色彩の不自然も美的に享受しうる可能性があるが、有音映画が観者に与える現実感は、色彩にも同様の現実感を要求し、不自然な色彩を反発する。有音映画以前に色彩映画技術が完成されていたなら、即ち、無音映画の次に色彩映画が完成されていたなら、映画の色彩は、現在よりもはるかに自由な絵画的発展をみたであろう。色彩が有音映画の中で通用するようになる為には、色彩もまた音と同じほど現実的にならねばならない。現在、アメリカの色彩映画作品が一様にロマンチックな現実遊離をみせているのは、題材を観者の生活する現実から遊離したところから撰択することによって、不自然な色彩に対する反発をゆるめ、それを美的に享受せしめようという策略に違いない。初歩的な色彩映画として、この態度は妥当であると言わねばならないだろう。（恐らくは、色彩自身の心理的な能力を思い、そこから色彩映画の芸術論を発展させることも可能であろう。周知のごとくゲエテは色彩の感覚的印象の背後に何物かがあることを認識したし、又、カンジンスキイは「芸術に於ける精神的なものに就て」という論文の中で、色彩を芸術に於ける精神的なものとよんでいる。併し、カンジンスキイのその成果は、所謂「絶対絵画」の、それこそ無形象な色彩の音楽を意味している。こういう方法による色彩映画も存在するだろう。現実に、オスカア・フイッシンガアによって試みられている「青の交響楽」などがそれである。しかし、映画があくまで現実再現を目的とする科学に依拠する芸術であり、今日、有音映画において、現実的な有音画面の深大が、立派な芸術性をもちつつあるとき、かかる方向における色彩映画芸術は、むしろ傍系的なものであると断言してもよいと信ずる。今は、映画芸術の大道にたって、ひたすら、色彩映画と現実との関連を究明して行きたい。）

　現在の天然色映画における色彩は決して天然色ではない。不自然である。題材の浪漫性に緩和され、比較的反発を覚ゆること少なく観照し終っても、改めてその印象を問われれば、誰しもそう返答するに相違ない。私もそう返答するものの一人である。併し、最近になって、色彩映画を注意深く観照しているうちに、色彩映画の科学は、愕くべき程度にまで現実の色彩へ肉迫していることを発見したのである。これは充分興味深い発見であった。それにも拘らず全体として作品を観照しようとすれば、やはりこの色彩が否現実的なものに感じられ、反発を覚えねばならぬのは如何なる理由によるものであろうか。

これは心理学の命題である。われわれは、われわれの周囲を注意して見渡したとき、われわれを取巻く色彩の多さに愕かねばならない。色彩映画の画面のようにけばけばしいのである。色彩映画の画面があくどいのではなく、その対象たる現実があくどい色彩に氾濫しているのである。それをわれわれが日常自覚しないのは、われわれの感覚が無意識的な撰択の能力を具えているからに外ならない。われわれは、われわれの注意を意志するもののみへ常に注集し、他のものは感覚知覚の圏外へ意識なく除外する能力を与えられている。不意に眼を瞑《つむ》って、その室内の色彩のすべてを想起しうる人は恐らくないだろう。ところが、色彩映画を観るときはすべての注意をエクランへ集中する。平素は知覚しない色彩要素をも同時に享受するために、色彩の過剰に反発し、不自然と感ずるのである。いささか逆説を弄する嫌いはあるが、われわれは灰色の無色映画をみながら、経験を誘発することによって、われわれは色彩映画よりも美的な色彩を享受しているとも言える。その証拠に、無色映画を見ながら、色彩にあふれた現実と比較して、不自然な印象に妨げられる人があるであろうか。習慣の力も大きいが、以上の如き心理学的事実もまた看過すべきではない。

即ち、色彩映画科学が発達して、天然色そのままの色彩を再現し得ても、そのままでは決して観者に現実感を与え得るものではないのである。有音映画が現実感を与えるのも、それは決して現実の音響をそのままを再現しているからではない。手紙をひらくのに、現実ではあのように美しい音響は聞こえないし、モオタア・ボオトの音は、あのように澄んだ打楽器の如き音をたてはしない。不要の騒音は排除され、美的な現実感を与えるためには、種々の芸術形成がなされているのである。色彩映画に於ても、このことは同様である。あらゆる発動的な形成がなされねばならない。無音映画の理論家達は、映画が音を得、色彩を獲得することは現実への接近であり、芸術の堕落であると簡単に考えたが、カメラが現実の像を撮し、録音機が現実音を録音し、色彩の科学が天然色を再現しても、それは決して観者の知覚に現実感を与えはしない。現実感を与えるためには、それぞれの方向から芸術形成が行われねばならぬ。映画科学の目的は現実再現だが、科学的技術は現実を再現しうるものではない。そういう技術の範囲内に於ける芸術家の努力によって、形成された映画の現実性は、それ自身、すでに芸術形成されたものであり、美的なものであると言わねばならない。映画の現実性への接近を否定することは、映画を否定することである。この美的に形成された現実性を素材として、より高度の芸術美を如何にして形成するか——これが映画芸術家にとって最も重要な課題でなければならぬ。

3　立体映画と現実

このことは、立体映画が発明され、実現されたのちも同様であろう。立体映画の技術は決して観者に美的なる現実感を与えはしないだろう。技術が如何に進歩しても、映画の世界と現実との間には距離がある。この距離の制約の中で、立体映画は立体映画としての芸術形成を行わない限り、現実性は生みだされるものではない。

色彩映画『沙漠の花園』の観照中に経験したことであるが、クロオズ・アップ Close up という映画の最も原始的な表現が、非常に不気味に感じられた個処がある。この作品は七つの天然色映画のうちでも、美的な現実性からは遠いが、天然色の再現という点ではもっとも優れたものであったが、その中に、主役俳優シャルル・ボアイエの懊悩する恋が、エクラン一杯に拡がったクロオズ・アップとなって、かなり長く続くところがあった。このことは映画の表現として何ら珍らしいものではない。ところが、この画面は天然色の再現にもっとも成功していたし、画面に現れているものは俳優の顔だけなので、現実体験に比較した色彩の過剰感に悩まされる事もなく、このクロオズ・アップされた顔の表情が非常に立体的に見えはじめた。そこで私は、この画面の継続時間の長さを利用して片方の眼を閉じてみた。単眼のカメラのレンズで撮影された写真をみるとき、単眼が視た方が、より立体感を与えられるのは常識である。恰度そのとき、この顔は唇を動かして言葉を発し始め、私は瞬時、不気味な圧迫感を覚えた。人間の幾十倍もあろうかと思われる巨人の身体の一部としての顔をそこに観たように思われたのである。

その顔には表情の動きがあり、不自然感を伴わぬ天然色の再現があり、さらに音声という三次元性が付加し、これで両眼撮影さえ為されて居れば完璧な立体映画である。両眼撮影こそ行われていなかったが、観照者たる私がそれを単眼で視ることによって、私はそこに、殆んど完璧と言ってもいい立体映画を体験したわけである。そのとき、俳優の顔のクロオズ・アップは、カメラを接近して拡大表現されたものであるという技術的な過程の観念が消滅し、私の知覚は対象としての俳優の巨大な顔を、現実世界の中のものとして観ていたのである。従来も映画に於ける顔のクロオズ・アップは、数限りなく経験して来たのだが、表現過程の観念が消滅し、それを巨人の顔として享受したのは、その時が最初であった。

無音映画の世界は二元的であった。平面の世界であった。クロオズ・アップされた顔と現実の人間の顔との矛盾は脆弱であり、この自由な拡大手段を、絵画的な芸術形成手段として使用することが出来た。有音映画の世界は現実性を増加した。この現実性は、クロオズ・アップの絵画的効果を減じた。併し、この現実性は完璧な現実とは遠い。その証拠に、クロオズ・アップを巨人の顔とみるよりも、カメラが接近して拡大したものだと解釈する余裕があった。

クロオズ・アップもなお現実的たり得るのである。だが、完全な立体映画では、クロオズ・アップの顔と現実の顔との矛盾は強力に反発しあうに相違ない。

だが併し、ここで一つの問題が起ってくる。立体映画の世界が強度に現実化され，クロオズ・アップが拒否されるとして、それでは、現実の形象をそれと同じ大きさで再現していて、美的な現実性を表現し得るかというと、そういうわけには行かぬことは解りきっている。第一、現実の形象を同じ大きさに再現すると言っても、それは不正確きわまる。われわれは現実の知覚に於ける不正確さを知っている。月の大きさをいうのに、天文学者は科学的な数字を述べるし、普通人は、盥《たらい》ほどだと言い、洗面器ほどだと言い、ボオルほどだと言い、一銭銅貨ほどだとも言う。また五間先に身長五尺五寸の人が居り、一間さきに身長五尺の人がいるとき、われわれは果して、五間先の人の方を小なりと知覚するだろうか、一間先の人を小なりとするだろうか。立体映画と雖《いえど》も、そこに再現された形象は一定の大きさを持つ。それが第一列の観者にも、最後列の観者にも、同様の現実感を与えるためにはどうすればよいか。また、立体映画と雖《いえど》も、エクランという一定の枠をもつ。観者は、現実にはない立体映画のこの枠を基準にして、無意識のうちに、そこには表現された形象の大小を判断することになるだろうが、それは、如何にして解決すればよいか。

これらは、ここで判断を与え得る問題ではない。立体映画の時代が招来され、幾年かの模索、研究が続けられてのち、始めて解決し得る問題であろう。ここでは唯、立体映画の世界の現実から遠いものであること、それが観照者に美的なる現実感を与えるためには、種々の困難な芸術形成が行われねばならぬことを知れば足りる。不自然な巨人感を与えるクロオズ・アップもそれが巨人感を与えるという意味で、無音映画とは違った芸術形成手段の一つとなり得るだろう。立体映画が発明されて映画が現実へ接近するとき、映画の芸術性は失われるという皮相な杞憂を私は否定したいと思う。映画と現実の間には遙かなる距離がある。この距離がある限り、映画はいつまでも芸術の表現形式たりうるであろう。

映画の科学は現実再現を理想とする。だが、絵画も彫刻も、最初の動機はそれであった。素材と対象の距離を埋めるものが芸術形成である。鋳型の塑像は現実再現ではない。これに倦き足らぬ芸術家は他の形成を撰んだ。ただ、映画の科学は変貌する。それに従って、映画の素材と対象との距離も変貌する。形成手段も変貌する。だが、一貫して映画であることは間違いない。無音映画の芸術は有音映画の中へ遺産をもちこしたし、有音映画の芸術は、立体映画へ何らかの意味で貢献するに違いない。映画芸術家は、時々刻々の技術、その表現の可能性に忠実でなければならぬ。現在の有音映画時代には、その本質を知り、その表現の可能性を考えることに努力しなければならない。

これは、とりも直さず映画美学研究者にとっても、最も重要な課題であり、任務であるべきである。

大槻憲二

夢と映画の相似性と相違性

*二は省略。

一、社会的意識的芸術と個人的無意識的芸術

あらゆる形式の芸術の中で最も古代的、原始的なものは夢である。尤も、芸術と云う語の概念内容の規定方法如何によっては夢は芸術とは云えないと主張する向きもあろう。もし芸術を以て、個人と個人との間の思想感情の交流の美的、社会的方法であると云うならば、夢は芸術と呼ばれる資格はなくなりそうに思える。何となれば、夢は純粋に個人的な現象であると思われているからである。併し実際に於いては、夢は必ずしも純粋に個人的な現象ではないのだ。何とならば、万人はその無意識の根底に於いては遠い祖先の生活経験を伝承し、精神分析学徒はこれを集合無意識と称し、この集合無意識が夢の中には常に現れて来るからである。

芸術をこのように社会的なもの（個人と個人との間の意識的意図的交流の手段）として解せず、広い意味に於ける（換言すれば意識的及び無意識的の）技術と解するならば、夢は立派に一つの芸術であることを私は証明し得るのである。私は分析者として極めて多くの人々の夢の研究を試み、万人が実に驚くべき芸術家、而もその技術を全然意識

していない天衣無縫的の芸術家であることに感嘆しているのである。而も夢に見られる技術の多くが映画に於いても極めて適切に利用せられているのを見ることは、私にとって愈々興味の深まり行くことである。

三、夢の映画的表現法

夢は個人の映画であり、映画は現実社会の夢であると云う命題が成立ち得るだろう。実際、我々は真暗な映画館内で白日の夢を期待していると、やがて幻のように眼前に浮び出るのが映画である。夢は原作者も監督も俳優も撮映者も観客も一人全役兼備の映画であって、その意味は原作者にさえも分らず、分析者の解説を待って始めて領解せられると云う不思議な映画であるが、映画の方は、原作者、監督、俳優は固より、観客もみな当然別人から成立する社会的の夢である。併しこの社会的の夢もやはり分析者の解説を待たないと、存外その真意義が領解せられていないのではないかと思われる節がある。

何れにもせよ、今や我々は、夢の表現が如何に映画的技法を用うるものであるかを、次の二三の実例によって証明して見ようとする段取りとなった。

（一）私はかつて或る吃音患者の青年を分析的に処置したことがあった。彼は従前に種々な療法を試みて悉く失敗していた。それ等の方法は何れも、患者に対して怒るな、大人しくせよ、諦念せよと消極的な精神修養法をのみ説いてきかせていたらしい。私はそれに反し、腹が立ったら遠慮なく怒れ、但し人前で怒っては社会生活を壊すから陰で怒れ、その怒りを肉体的に表現せよ、総て心理態度を積極的にして男性的気魄の外攻を計れと教えた。彼は或る時、次のような夢を報告した。

「僕は泉岳寺に詣で、市電で品川まで行き、今来た道を逆戻りして宮城前を通って何処かへ行ったようです。」と。

そこで私は尋ねた「君は嘗て泉岳寺に詣でたことがありますか」と。彼然りと答える。「では、その時はどう帰りました?」「青年団の一員として参りまして、泉岳寺前から円タクで日比谷辺を通り、宮城前に最敬礼し、上野動物園へ行ったのです。」「その時は愉快でしたか。」「ええ非常に愉快でした。」「夢の中でも愉快でしたか?」「そうです。」「では実際の経験と夢との違いは品川まで廻り道しただけが違っているのですね。」「ええ。」「それではその夢の意味は分った。君は今まで吃音治療に全然見当違いの途を進んでいた。これから新に正反対の方向に出直すのだという覚悟の夢ですね。」「ああ、成程、そうで御座いますね。」この夢は実に巧みに彼の観念（決意）を影像化し、映画化し、戯曲化しているではないか。

(二)　次は或る同性愛者の夢である。

「火事である。自分はその場に行きたくないのだが、行かねばならぬと思い、仕度をゆっくりして行く。その途中に朝鮮牛が車をひいて道に立ち塞がっている。その牛が退いてくれるとよいと思ったが、なかなか退かない。他の人々は棒を上下に振りつつわっしょわっしょと一生懸命に消しているが、自分はそこに立止ってしまった。」

夢に於ける火事は大抵は情火である。特にこの場合は異性愛の情火である。この患者の場合には他にも二三火事の夢があったが、何れもみな同じ意味を帯びていることが明かになっている。上下に動く棒は男性的なものであり、朝鮮牛は父親であることが分った。彼は父をやや恐ろしいが御し易くて朝鮮牛のようだと思っているのである。それでも異性愛の情火への途に立ちふさがるものは父であると思っているのである。彼は火事場へ行きたくないのだが行かねばならないと思っているように、異性愛の方へも行きたくないのだが行かねばならないと思っているのである。

(三)　親への強烈な幼児的愛着のために性能力の弱くなっている或る恐怖症患者の同じく火事の夢。

「K市で大工場が火事である。自分は警防団員であるから消防に出動せねばならない。ようやくの思いで消防服をきたが、身体はふらふらしている。脚絆を穿かず、靴も素足に穿く。行って見ると火事はもう消えている。自家から七八丁離れているところである。女工が甲斐々々しく働いている。行けば工場の入口のあたりに鉄の格子があって、入れない。工女たちが工場の人たちに話しているところで眼がさめた。」

この火事も同じく異性愛の情火を象徴している。第二例の場合のように、この夢の本人も勇躍して行こうとせずに躊躇ばかりしている。行って見るが鉄の格子が入口にしまっている。と云うことは自分の能力では突破出来ないと云うことである。身体がふらふらしていること、脚絆を穿かぬこと、素足で靴を穿くことなど、実に微に入り細を穿って表現技法は精緻である。何れも意味のある象徴である。異性愛に十分の興味はあるのだが、行って見ても十分に徹底した幸福を感じ得ないことの嘆きがこう云う映画的形式で表現せられているのである。

(四) 幼時に右脚の腰の関節を傾って多少不具的になり、そのために劣等感に囚われているB君の夢。或る時、妻の両親が彼の事を血統が悪いと云っていたと云うことを妻から聞き、直ちに妻の両親に宛てて反駁の手紙を書き、最後に「そんなことはまアどうでもよいが、とにかく長生きをなさい。」と書き添えた。最後の一句は表面は穏かではあるが、実は反語であって、「老いぼれのくせに生意気な口を利いていないで、早く死んでしまえ」と云う効果を帯びていたのである。気の弱い君はこんな強気なことを書きはしたもののあとで云い過ぎたかとやや後悔していた。その夜の夢。

「家の造りは私の生家に似ているが、中に住んでいるのはS(私の叔父で今の勤先の電気の会社の社長でもある)一家であるからSの家のようでもあるし、庭の具合は家内の生家の庭である。その母屋の東側に三畳くらいの掘立小屋か番人小屋のようなものが建っていて、そこに私が住んでいる。Sの息子が来て泥棒が這入ったから来てくれと告げる。庭へ出て見ると、ゴム底の地下足袋の足あとが歴然とついている。それが左足の足跡ばかりで右足のはない。それを伝って行くと入口のところに導く。そこから引返して南側に行き、正面から入ろうとしてあと戻りし西側に廻る。そこの雨戸が破れているから泥棒がそこから入ったと分る。と、その下の縁側の下にも板が張ってあってそこにも穴があき、そこから出て行ったと分る。覗いて見ると電灯の光が明々と見える。電気の装置は三相四線式と云うのである。盗まれた金は四万円（ヨンマンエンとは読まずシマンエンと読んだらしい）その時自分は夢見ていると気がついたが、まだ睡っていた。シマンエンとは「シンデシマエ」と云う意味だと解して息をつめて死のうとする、苦しさのあまりに眼がさめた。」

夢の本人が自分の父の家と叔父の家と妻の生家との何れに対しても非常に劣等感を持っていることは、母屋と番人小屋との関係に於いて判然と出ている。庭は定石通りに解釈すれば妻か女であり、そこに印せられた足跡は自分の性的足跡である。その足跡は片足のそれであるから犯人は彼自身であることは明かである。三相四線式の電線と云うのは、外から見ればその内一本はあってもなくてもよい一線で、重要なる三本は父と叔父と妻とであり、最後のどうでもよい一線は自分である。シマンエンは自分の放言（犯罪）のあとであると共に、自分への懲罰の宣告でもある。彼の後悔の感情の驚くべき巧みな映画化ではないであろうか。

（五）最後に米国の分析者ブリル（A.A.Brill）博士の分析した一会社員の夢を報告して、実例を終ろう。

「彼は或る会社に数ケ年働いて居り、才能は認められて居たが、その会社の計画されて居る改革が行われると、彼にとって椅子がなくなるのが明かであった。新たな組織の中に止まろうとする為には、自分は新組織の中に於ける一要因であり得るし、又自分が処理する事の出来る特別な部門が有ると云う事を示さねばならない、さもなくば自分が椅子を失わねばならぬのは分りきったことであった。彼は翌朝評議員の前で披瀝すべき計画をたて、絶えずその問題を考えながら寝につく。彼は自分がその重役連の前に居る姿を想像し、二人の反対者の議論を予期し、如何なる最上の答をしようかと考えて居る。時計が一時を、二時を、三時を報じたが、彼は未だ眠れない。然し遂に疲れ果てて眠りに陥ち、次の様な夢を見た。――彼はニューヨーク湾内で板に乗り、それを恰も立派なモーターボートのように自分で操縦しつつ泛《こ》ぎ廻って居る。汽船が出入りして居るが彼は少しも慌てない。大きな船が近づくと何時でも彼はそのコースから非常に器用に漕ぎ出るか、波にのって安々と楽々と進んでゆく。彼は水の上の遊泛《ゆうはん》を非常に楽しんで居る。――彼は満足の感情をもって眼をさました。翌日、彼は私の所へ来てその夢が一体如何なる願望を表わして居るのか不思議がった。私はただちに夢は必ずしも腹蔵なき願望とは限らず、抑圧されたる願望の秘かなる実現であると告げた。解釈は極めて簡単である。彼は翌日、私が前に云った様に、評議員の前へ行き、その前でその会社の改革に対して自分のプランを示す事になって居た。若し彼が評議員達に自分の計画を納得せしめる事が出来ないと、自分は椅子を失う運命にあると云う事を知って居た。又、その上或る重役連は自分と相容れず、如何なるプランを彼が提出しても見向きもせず、反対を唱えるであろう事も知って居た。又一方、大部分の委員たちは彼に好意を寄せて居る事も知っていた。眠りに就くのに時間がかかった。彼の心が絶えずその事態全体に拘泥して居たからである。彼は夜中眠りたくなかったかも知れないが彼は疲れて睡眠を欲したので、己れを悩まして居る問題は何等かの方法で解決されねばならなかった。これは彼の本能感情的に高調されている観念を、彼の願望の成就として夢に織り出す事によってのみ果され得た。その夢に就いて何を想うかと尋ねた所、彼が少年時代にオハイオ河で水泳競争大会があり、それに出場するのを常として居て、その大会で彼が非常に有能であったと語った。ここでお解りの如く、彼は如何にして重役(ボード)を制圧しようかと考えて居た為に、自分が実際に船板(ボード)を巧みに処理し、勝利を得たと云う過去の一場景が彼の前に現れて来たのだ。“double entendre”即ち一語両義の機制に依って彼の心に、船板を完全に操縦した少年時代からの一場面が再びうつし出されたのであった。夫《それ》は固より別のボード(board)であったが、そんな事は無意識にとっては大したことではなく、重要な事は彼が総ての障碍を克服して己れを導いてゆく事が出来たと云う事である。」云々。

日本語では「ボード」の一語両義は当てはまらないが、官界や会社内を「泳ぎ廻る」と云う言葉はあり得る故に、日本人でもこう云う場合にこう云う夢を（板にのるのらぬはともかくとして）見ると云うことは必ずしもあり得ないわけではない。

また、映画の方が如何に夢の技法に似た技法を用うるかと云うことは、次章〔省略〕に於いて数々の実例で証明するであろう。

長江道太郎

時間　表現的時間と現在性

一

映画という表現形式をもっとも特徴づけるものは、何であるだろうか。それは、映画が時間的な表現形式であるということをおいては、ほかにないであろう。しかし、ここで注意されねばならないことは、映画がもののすがたをうつすという、その造型性の特異さのまずみとめられねばならぬということである。この造型性が、絵画や彫刻の造型概念と質をことにするものであることが十分にみとめられた上で、もののすがたを運動においてとらえることができるという性質が考えられなければならぬとおもうのである。なぜかなれば、映画の造型性は、絵画的なものの延長ではないからである。絵画におけるもののすがたを描くことの意味や立場は、映画におけるそれとは、はなはだしい懸隔が存在している。すでに我われのみてきたごとく、それは、質的な発展であった。かかる点から、まず映画の造型性は、あきらかにせらるべきであった。それ故に、映画が時間的な表現形式であるということは、勿論わけて考えるべきことではないけれども、まずその造型性の特異さをみとめた上での時間的な表現形式であることが、考えられねばならぬとおもうのである。映画の時間の問題は、かかる立場からながめねばならないものである。映画と時間とをむすびつけて考えるとき、我われは、一般につぎのような場合をあげうるとおもう。すなわち、そのひとつは、映画の形成する内的な時間ともいうべきものである。映画がみずからの構造としてもつ時間であって、映画の表現的世界の時間である。その二は、映画が表現する時間である。時のクローズ・アップとか、時間経過の表現といわれるごとく、映画の時間表現である。その三は、映画のおかれる時間である。すなわち、映画のおかれる「環境」としての時間であって、それは、また歴史的時間ともいわるべきものであろう。その四は、映画の形成する外的な時間、映画が映写されるに要する時間、フィルムのながさであって、これは、純粋な物理的時間に入るであろう。この最後の時間は、いまの我われにとっては問題のそとにあるものであるから、我われは、以上三つの時間の問題にふれてゆこうとおもう。

我われが、いま舞台をみているとしよう。舞台には、室内の装置がしてあって、劇はおわりにちかづいている。主要人物をめぐって、いま劇のクライマックスがすでに過ぎ、舞台にあった俳優のいくたりかは去って、いまはない。ただ主要人物ひとりをのこして、舞台は森閑としている。その主要人物は、何かほっとしたあとの感慨にひたり、ひとところをじっとながめたままで、身うごきもしない。そのとき、壁にかけられた時計が、時刻をうつ。彼は、その音にふと我にかえり、もうこんな時刻になっていたのかと、おどろく。観客である、我われも、そのとき彼といっしょに、そんなにもはやくたった時間に、おなじような感慨をいだき、ここまできた劇と人間のめぐりあいをふたたび回想したりする。そこで、幕になってもいい。幕切れとしてはたいへんまずい例だが、こんな場合を、いま想像してみることにする。そして、考えてみるのである。いま舞台で時刻をうった時計も、観客席の我われがもっている腕時計も、そのときおなじ速度で時間をきざんでいる時計であって、何のかわりもない。ただちがっていたのは、舞台の時計と我われの時計とは、時間が幾時間かくいちがっているだけであった。そこで、あたかも舞台にも観客席の我われにも、おなじ時間がながれているかのやうに、ふと我われは感ずる。観客席の我われは、「今日」の時間のなかにいるが、舞台の人物は、「ある日」の時間にいるだけであるようにおもわれる。時間そのものは、おなじようにながれているかのごとくである。まるで観客席の我われのいる空間が、舞台の空間へいつかしらず限界なしに通じてしまっているかに、我われがふと感ずるのとおなじである。事実、演劇論は、そういう風に一般にはうけとられている。舞台の時間も空間も、かかる現実性でうらづけられているとするのが、我われの常識のようである。またそこに、舞台の、演劇形式のつよみがあるとさえ、されているのではないだろうか。いわゆる第四の壁をとりはずしただけで、あとは現実さながらのひろがりと時間とがある世界とみるのである。それが我われの現実の世界とのちがいはただつくられた世界だということになる。それで、べつにさしさわりなくドラマツルギーは形成されるかもしれない。しかし、厳密に考えたならば、それではこまる場合がでてくるにちがいない。もともと演劇にしても映画にしてもどんなに現実に酷似していたとしても、その現実性は現実性であって現実ではない。それはあきらかなことであろう。表現というものは、人間の表現行為によってつくられるものでなければならない。それは、つくられるものでありつくられたものである。実写映画や記録映画が、いかに現実の事実に即してとられているからとて、その事実性《アクチュアリティ》のためにねうちがあるのではなくて、表現されたものがいかに現実の現実性《リアリティ》をよくあらわしているかにかかっているとみられるのもやはり、そのためである。

　むろん常識は常識で、それでいいであろう。それで十分にとおる話だし、そう感ずることがつよみになるような場合でもある。しかし理論は、常識ではすまされない。たとえばいまでもよく例にひかれるが、ウファ〔UFA＝ドイツの映画会社〕のある文化映画に、豆の発芽の状態や、豌豆の蔓の生長をうつしてみせたものがあった。日常の我われの眼ではみることのできない植物の生長を、齣おとし撮影によって、いわば時間の超時間的映像としてみせてくれたとき、このあたらしい現実発見に我われは目をみはった。それは我われにとって、おもいもよらない時間の映像であった。齣おとし撮影そのものは、べつにめずらしいことではなかったのだ。ふるい喜劇映画ならば、かならずといってもいいほどこれをつかったものである。しかし、ここでは、生長する生命が、まるでするどい叫びをともなっているかのごとくに、我われの眼に、あきらかにみられたのであった。それは時間そのもののすがたが、映像化されたともいえよう。これも、いってみれば常識をこえたところに、おどろきがあったのである。科学者が実験のために映画をつかう。昔は目とか、耳とかつまり人間のもってうまれた身体が、自然観察の道具であったが、今日ではおどろくほど大きな実験装置をまずつくって、実験がおこなわれるという。かかるとき、映画も人間の眼にかわって、実験を観察し記録するのにつかわれている。こんな映画が、うつされたとする。そのとき、我われのみる時間も空間も、とうてい常識では想像のつかない世界を現出するにちがいない。その世界の特異性は、ただちに常識をこえたものであるから、我われはまちがいはしない。その世界は、実験によってつくられた世界であり、その時間も空間も、その世界の形式としてうまれたものと理解することができる。しかし、映画や演劇の場合は、あまりにも現実性をもちすぎている。それ故に、我われは、その時間や空間の本質へは、ただちに眼がむかないのである。

二

まず考えなければならぬことは、舞台にしろ映画にしろ、どんなに現実性をもっていようと、事実性にとんでいようと、もともとは人間によってつくられるものであるということである。表現とは、人間がつくるものであって、現実でもなければ自然そのままでもないことはあきらかなことである。

舞台の時間にしても、そうである。なるほど時間は、眼にはみえない。みえないけれども、舞台の時間は、やはり舞台の時間でなければならぬであろう。壁にかかった時計も、我われの腕時計も、おなじ速度の時間をしめしてはいるが、だからといって、おなじ「時間」ではありえない。時計は、舞台の時間のあるときの表現ではあっても、それが舞台の時間そのものをあらわしているものではない。時計の時間は、人間がつくった物理的時間をあらわすだけのものであって、この「時間」の本質には関係がない。あたかも寒暖計の目盛と我われの熱寒の感覚とがいつもひとしいものとはかぎらないごとく、時計のしめす一時間が、我われにとっていつもおなじものでないことは、ありふれた経験であろう。こんなにもはやくたった時間、はやくたてばいいのになかなかこない時間、それがおなじ時計の一時間であったことは、あとになって我われがしることである。舞台にかかっている時計は、舞台の空間のなかでひとつの表現としていきるときのほかは、つまり時刻をうったり、あるときの時間をしめしたりするときのほかは、舞台の背景にかけられてある画の額とおなじような存在でしかない。時計は、舞台の時間には無関係であり、まして我われの時計とおなじものであることが、それの何の説明になるものでもない。勿論ここで、時間とは意識のながれだとか、純粋持続だとかいう時間論までもちだすほど厳密にいわないとしても、映画なり舞台なりのそこにある時間が、たとえ眼にそれとみえなくとも、それはまずつくられたものとしてあるということは、みとめざるをえないであろう。舞台の時間は、かかる表現的時間でなければならない。つまり、表現的時間は、人間の表現行為によってつくられるものである。それは、時計のしめす物理的時間でも、いわゆる自然的時間でもないものである。それは、人間の表現行為によってうまれなければ存在しない時間である。ここから、この時間のふかい意味がうまれてくる。

それがつくられたものであるということは、たとえば、舞台のあるひと場面を考えてみてもいい。そのひと場面のなかに継起する事柄は、我われの実生活において経験する事柄とすこしもかわりはしないし、その事柄のおこりあらわれてくる継起のしかたは、やはり実生活においておこるとおりの秩序をふんでおこってくることはたしかである。それほどよく酷似しているのであるが、しかしよく考えてみると、たとえば我われの実生活において、事柄はそれほどの密度ではあいついでおこりはしないということに、まず気づきはしないだろうか。現実においては時間のなかみが、そんなにつまった密度でもないし、またそういう風にはひと色になってもいない。いろんな事柄が、もっと複雑にいりまじっているはずである。そして、はるかに間《ま》のびのした時間でもあるであろう。だから、もしも我われがつねに舞台の時間のごとき密度の生活に事実おかれていたならば、たちまち病気になるか、気が変になってしまうだろう。しかし、舞台の人物は、別にそれだからといって、劇のなかで病気になりもしないし、気が変になりもしない。それどころか、彼等は劇の世界を、いきていってみせるのである。それをみていて、我われもまた別にそれを気にかけようともしない。そんなことを、考えてみようとさえもしないであろう。それが、あたりまえのことである。舞台の時間は表現的時間であって、もともとそういう風につくられたものであるからである。そういう風につくられることに、むしろ舞台の時間の現実性がかえって存在するのである。かかることは、アリストテレス以来のドラマツルギーの常識ではあるが、表現的時間の構造とても、かかるものとしての限定のほかにはありえぬ時間である。観客席の空間が、いつかしらずその限界もなく舞台の空間に通じてしまっているかにみえるのは、そのとき我われの眼がただそうみるだけである。それだからといって、我われは舞台の空間をおなじ意味の次元において、共通のものと感ずるものではありえない。舞台は舞台として、実生活とはちがった次元の意味で、一応は理解しているはずである。すでにいったごとく、舞台の人物が、舞台の上で歩いた十歩の距離はかならずしも実生活における十歩の意味にはひとしくもなく、あるときは我われが実生活では一時間かかってあるく距離にもひとしい意味をあらわしているであろう。距離は、距離をこえた意味の距離であり、空間は、空間をこえた意味の空間であるのが、つくられた表現的世界の構造である。時間は、なるほど眼にはみえない。時間そのものは、みえないものであり、我われの意識の上にのみ存在するものであろう。それだからといって、表現的時間も、人間のつくるものであり、いってみればほかならぬ人間の時間でありながら、我われの意識の「眼」にさえもみえないものなのであろうか。

三

ジャン・コクトオがその絵画論のなかで、映画がうごかぬ自然の風景をうつしていても写真とちがってみえるのは、映画が時間をうつしているからだという意味のことをかいているが、これはおもしろい言葉だとおもう。おそらく、彼らしい表現のうらをさぐってみると、時間をうつすということは、眼にはみえない時間を、もののうごきもない風景のような静止的な画面の上においてすら、あたかも眼にみえるごとく時間を映像化してみせるとの意味なのであろう。かかる経験は、映画をみていると屡々であうもので、別にふしぎともおもわなかったことであるが、彼にそういわれてみると何かのあたらしい事実のようにもみえてくるからふしぎである。そこに眼をつけたのは、彼らしくて興味のあることとおもう。映画の可能性の実験ともいえるような『詩人の血』という映画をつくった彼として、なかなかいいところをみぬいている。劇映画のなかによく挿入される実景のショットでも、おなじような経験をするであろう。実景をじかにうつしてきたショットと、実景をうつした写真を、さらにうつしたショットとふたつの場合がでてくるが、みている我われには、ちがっているともおもえないのにあきらかにその区別がわかる。よほどみじかいショットでもないかぎり、これは実景からじかにうつしたものか、それとも実景写真を映画にとりなおしたものであるかは、たちまちそれとわかってくる。写真からのショットは、前者にくらべて何としても生命感がきえてしまっているのである。この生命感とでもいった感じに、コクトオは、時間をみたのであろうか。

無論この両者の区別は、技術的にも一応説明のつくことだとは考えられもするが、しかし、その事実の意味は、その説明だけでつきるものではないであろう。そこで、何ひとつうごくものとてない自然の風景がひとたび映画にうつしとられると、コクトオのいうごとく、現実には感じえない時間を、そこに感ずることができるということは、映画の根源的な本質にふれた問題となってくるのである。コクトオがいっていることは、時間をうつしているということ以上に、はるかに映画の時間の本質にふれたことを、その背後にかくしているのかもしれないのである。なぜ自然の風景に我われが実際むかいあったときには感じとることのできなかった時間の生命感が、映画の上ではありありと感じられるのであろうか。現実にこそあるべき時間が、なぜ表現の上でなくては存在しないのか。実際のショットと、その実景写真のショットでは、なぜみる我われにかかる区別がうまれてくるのか。ここに、映画の表現的時間の主体のありかがもとめられることになるのである。

そして、それは、舞台の時間ともその本質において大きな異りをもつものでなければならぬであろう。なぜかなれば、それはすでに、我われのみてきたごとく、映画ほどにそのおかれかたの「環境」において、我われのみるということの空間性をけしたものは、他になかったからである。舞台において、いかに我われの視野が一点に集中されようとも、構成主義的な分割舞台のかたちをとろうとも、いずれにしても我われの観点は、やはりこちらから一方的にみるという方向づけをうけざるをえないものである。すなわち、そこに在るものとしてみられるものであった。舞台の空間が、かくみられるものであるのとおなじように、舞台の時間も、結局は我われにとって対象的にみられる時間であるという根源を、もっている。表現的時間は、人間の表現行為によってつくられるものであるが、舞台の時間は、ついにそのつくられるものとして対象的にみられるもの以上には至ることのできない時間である。映画ほどに、表現的時間を、みる我われの自己がつくるものとするまでには至っていないのである。表現的時間の主体のありかは、こここにもとめられるのである。

我われは、映画のおかれかたとしての「環境」についてすでにしるものであった。みる我われが、みずからをむなしき自己となることによって、純粋に映画をうけとるものであり、我われの意識において、時間さえもみたされざる空虚となっていることをいってきた。かかる環境の場において、我われは映画の表現的時間と出会うものである。映画の時間が、我われの時間となり、我われの時間が映画の時間となることについても、簡単にふれてきたとおもう。かくのごとき関係では、音楽の時間のことが当然おもいおこされるであろう。音楽をきくとき、人はよく我をわすれて聴きほれるという。音楽のながれともいうべきその時間において、かかるとき我われは、たとえてみれば、流れのなかにたっている一本の杭のごときものではないだろうか。流れのなかの一本の杭がながれにさからい、ながれをみずからでささえて、それでもって流れ自体をしるようなものではないだろうか。音楽の我われへのあたえられかたは、かかるかたちだとおもわれる。音楽と我われとの関係は、おなじ地平にともにあるものの出会いかたといったものであり、我われはただみずから自己をむなしゅうして、音楽の時間にながされるのであろう。時間は、我われという一本の杭にささえられ、はじめて我われに時間となるのである。しかしかく考えてみると、映画の時間は、かかる音楽の時間とはことなっている。映画の表現的時間は、みたされざる空虚となった我われの意識を、たちまちにひきこむものであろう。そのとき、あたかも音楽の時間にながされるむなしき自己のごとく、映画の時間にながされる自己となっている。音楽におけるながされかたは、流れの一本の杭のごとく、つねに他動的であった。しかし、映画においてはどうであろう。映画においても、また他動的だといえるであろう。しかし、その他動を、かえってそれを媒介とすることによってこれを能動にかえすのが、ちがっている。なぜかなれば、映画では、ひとたびはむなしき自己となった我われは、環境においてあたらしき自己、行為する自己にいきかえるからである。音楽の時間にのるということは、むなしき自己を音楽によっていよいよ純粋化の方向にむかわしめることであり、自己が現実性よりいよいよ遠ざかって、自己にもどされる方向へむいていないことを意味している。映画でも、絶対映画かオスカァ・フィシンガァ〔Oskar Fischinger〕の短篇音楽映画であるならば、おなじかもしれぬ。しかし、それらは、特殊の場合にしかすぎない。映画の表現的世界は、みる環境において、自然の存在をもつつみこんだあたらしい現実性をもって、我われの自己へよびかけてくるのである。ひとたびはむなしき自己となった我われも、環境によって現実と隔離されてうしなった現実性の足場を、このあたらしき現実性によってふたたびとりかえし、あたらしい自己にかえることができるのである。ここが、音楽とことなるところである。他動によって、みずからを能動にいきかえし、他動的であると同時に能動的となるのである。それ故に、映画においては、かかる自己のめざめによって、ただ時間にながされる一本の杭のごときものの立場から、さらにたかい立場へみずからを向かわしめてゆく。一本の杭がただながれにさからい、ながれをみずからでささえていることによって流れをしるのではなく、流れそれ自身をながれしめている河自体と、我われがなるのだともいえよう。表現的時間のなかに自己をみうしなった我われではなく、あたらしい現実性によって、表現的時間を、みずからもあたらしき自己となることによっていきる方向にむかわしめているのである。いってみれば、映画の環境の場において、いったいそれ以外にどんないきる時間を我われはもっていたであろうか。我われは、むなしき自己であり、意識において時間はみたされざる空虚であるのみではなかっただろうか。

　なぜ自然の風景に、我われが実際にむかいあったとき感じとることのできなかった時間が、映画の上では、ありありと感じられるのであるか。現実にこそあるべき時間が、なぜ表現の上でなくては存在しないのかという問いはここに答えられるのである。表現的時間は、我われがいきる時間である。我われの自己が行為する時間であったのである。自然の花は、みずからでいきてもいよう。みずからでいきる時間をもっていよう。豆は、自分の時間において発芽し生長してゆくし、豌豆はみずからではうごいて蔓を巻いてゆく。自然の風景でさえも、自然の時間においては、静止的とみえるものが真実はうごきかわっているのであろう。ただ我われには、それらがみえないだけである。しかし、ひとたびそれらのものが表現的世界のなかの存在となるや、それらは我われがいきる時間のなかの存在となっている。それ故にこそ、それらのものは、現実にあっては、我われの感じとることのできなかった時間を顕現するのである。

四

映画は、書物のごとく一度すぎさったものをふたたび翻してみることができないということは、すでに自明の事実にしかすぎないであろう。しかし、この事実こそ、それは映画の欠点ではなく、むしろかかる時間性にあることが、映画のすぐれた表現をうむ足場となっているものであったのだ。すなわち、ふたたび翻してみることができないという「現前」の時間であることの故に、映画の時間は、我われにとって生命感をもった時間となるのではないだろうか。すぎゆけば、ふたたびかえることのない時間である。その時間を我われがいきるのであった。映画はまず無からはじまる時間である。我われはその無からはじまる時間をいきるのである。映画の時間は、かくいきている。いきている時間である。いきている時間は、ただ瞬間がいきられることに意味があるのではない。そのいきていることを外からながめるのではなくして、その内にあって、我われの自己がはたらく立場において体験される時間であることにそのすぐれた本質があった。たとえば、この画はまるでいきているようだというとき、そのいきているということは、造型概念的にながめられたものでしかない。造型において、たとえそれがいきているもののごとく一見みられても、それは、いきているのではなくして、いきて在ることである。いきている時間は、いきているのである。映画の時間はまさにその言葉どおりに「現前」にいきた時間である。映画の時間がいきていると同時にまた我われによっていきられる時間でもある。このいきているということは、造型概念にも音楽にもみられない事実である。我われは、ふとおもうことがある。音楽のなかには、人間がいないと。しかし、音楽にも人間はいるであろう。ショパンでも、ベートーヴェンでも、作品のなかに人間がいる。人間がいるからこそ、我われは今日も感動するのである。しかし、そこにある人間性は、いきた具体的人間の呼動《ママ》ではない。抽象的な音楽形式は、具体をこばむものでなければならぬ。音楽のなかにある人間性は、だから象徴的人間の影である。音楽の時間も「現前」の時間性においてながれてゆくものであり、我われによっていきられるものであるが、かかる意味で、いきた時間ではない。象徴的な純粋の時間である。音楽は、現実の埃や垢から遠ざかるほどたかく純粋になる。時間は、そこではいよいよ清められ、あらゆる色をのみつくしたはての透明にまで、純粋化されている。我われは、音楽をききながら食欲をおもわない。現実への関心にまで、もどることがない。そこには、人間の具体のかげは存在しないのである。ながれゆく時間は、まるで清らかな谷川のようなものである。それにくらべて、映画の時間の内容は、もっとも人間的である。人間の脈搏にひびくような具体性をもつものである。ここに、いきられる映画の時間の現実性がある。

　映画において、映画がスクリーンにうつしだされるとき、そのときが、つねに映像の現在となることに意味が存すると、我われはすでにいってきた。映像は、いつうつしとられたかに問題はない。スクリーンにうつされれば、それがそのときの現在にいきるものとなるのであった。さいている花のショットがスクリーンにうつされる。うつされた花は、いつさいていた花なのか。それは、我われの関心のなかにはない。花は、現にいまさいているのである。それだけでいいのである。ちがったときに撮影された花のふたつのショットをつづけてスクリーンにうつしても、花々はやはりおなじ現在にさいているのである。ひとたびフィルムにうつしとられた映像は、いわば超時間的現在としてあるのである。しかも、かかる現在へ現前するということは、上にのべた映画の時間の現実性に支えられていることに意味がある。それ故に、かかる現在が、つねにいきいきとしたいまとして、いきてくるのである。映像の花は、つねにいきいきとさいている。現実の花は枯れるであろう。映像にうつされたその花は、すでに現実にはそのすがたもないであろう。それなのに、映像となった花は、スクリーンにうつされれば、そのたびに現在いきいきとさいているのである。映像は、かかる未来をもっている。現実の自然をうつしとることは、自然のすがたをショットとしてうつすことであった。たとえそれが時間的にうつしとることではあってもフィルムの上に画像としてそのすがたをとどめることである。それもいってみれば造型的定着でないとはいえない。それがまた映画の造型性のよりどころでもある。フィルムについて考えれば、あきらかにそれは造型的な定着である。しかし、そのショットは、造型において造型的定着がいつもそうであったごとく、定着によって時間をも固定としてとどめてしまうものではない。ショットは、映写機によってうつしかえされることによって、時間をとりもどす。造型的な一面をもったショットは、かくしてつねに現在としていきる未来性をおびているのである。ショットは、みずからのかなたに、かかる未来性をもつものである。しかも、その未来は、決してかつてあった原現在のくりかえしではないことである。映画の時間の現実性に支えられることによってショットはつねにあたらしい現在にいきかえることができるのである。あたらしい現在にいきかえることは、そのときにうまれることでなければならない。原現在のくりかえしであるならばいきた現在とはなりうるものではないであろう。それは、みられた現在となり、すでに過去となっているであろう。映像の現在にいきることは、かかるくりかえされる現在ではありえない。映画が書物のごとく過ぎさったものをふたたび翻してみることができないということは、かかる「現前」の現在において考えられて、はじめてその真のすがたがあらわれてくる。それは、ただ翻すことができないという事実だけではない。この現在が、やがてすぎゆくものであることへの愛惜にかけられる我われの眼の緊張を、意味しているのである。いきている時間は、それ故にいきられるのである。映画の時間は、その意味で、人間の自覚的時間でもあるであろう。翻すことができないということは、映画にとって、欠点ではなかった。それがもし欠点であるならば、これほどすぐれた欠点もまたないであろうといわねばならない。

映画のかかる現在性は、しかしそれだけで考えられるべきではない。すでにいったごとく、映画は、そのおかれたかたとしての「環境」があった。この「環境」は、ただ空間的なおかれかたばかりを意味するものではない。映画は、また時間のなかへも、おかれているのである。その時間は、歴史的時間である。映画がいかに現在にいきることをいのちとするものであっても、つねにそうでありうるとはかぎらない。映画がおかれるその時間が、映画にはたらくものであるからである。我われが、すでに映画の古典ともいわるべき作品をみるとき、我われが現にみる今日の映画ほど、それは直接的なものではなくなっている。そこに、我われは、古びをみる。今日からかけはなれた距離を感ずる。映像はいかにも現在にいきて現前しはする。しかし、もはやそれは我われが古びをみ、距離を感ずるへだたりが生じている。かかるへだてのある現在は、過去も同然の現在であろう。そのとき映画のすぐれた特徴である現在性は、すでに褪色してしまっている。まるでいきいきとした時間が褪色してしまったかのようにみえるのである。それは、何によっておこるのであるか。ひとことでいえば、映画の表現のもっている様式であろう。フィルムがきずついていることよりも、その表現の様式性は、たちまち我われに時間の褪色化を感じさす。映画ほど現在においてつよい魅力をもつものが他にみいだせないとともに、また映画ほど時間にもろいものも他にはないのであろう。我われはいかに古い画をみても、その古びは気にならない。画の描いてみせる世界は、我われにとってやはりいのちをうしないはしないであろう。レンブラントもラファエロもゴッホやルノアルとならんで、すこしもおかしくない。映画は、それにくらべると十年の時間にさえも、たえないもろさを何としようもない。いわゆる映画の古典ともいわるべきもののなかで、今日も我われがみて、古びや距離の気にかからない作品が、はたしていくつあるか。ほとんど十指にみたないのではないだろうか。

第13章　映画と国家——戦争と統制

解説

岩本憲児

本章では映画法に関する三つの記事と戦時下の映画政策に関する一つの論考を収めたので、本解説では国家による映画統制の動きを中心に歴史的な経緯を述べておきたい。

一九二〇年代から三〇年代にかけて、映画が大衆娯楽の大きな存在となり、影響力を増していくにつれ、検閲体制も強化と厳しさの一途をたどっていった。その過程や実態については参考文献に譲るとして、映画検閲の全国統一化のみにふれておくと、〈活動写真「フィルム」検閲規則〉が一九二五年七月一日より施行されたことである。取り締まり側の基準が統一されただけでなく、興行権の保護という観点もあり、これはのちの「映画法」作成過程でも考慮されていく。地方の警察によっては内務省検閲より厳しく判断する場合があり、地方の事情ごとにばらつきも残った。戦前の映画検閲で重要視されたのは思想関係（共産主義、社会主義など）と皇室関係であるが、前者は検閲がうるさく干渉して削除や修正が絶えなかった。一方、日本映画が皇室を題材にすることはなく、不敬問題が生じた例はきわめて稀で、偶発的な場合のみである。

検閲という対処法とは別に、一九三〇年以降、映画国策の必要性が議論されるようになった。いち早く、民間の山根幹人編集による『映画国策』が創刊（一九三〇・一二）されているが、直接のきっかけは『映画国策之提唱』（一九三

一、私家版）を書いたスポーツマンの映画俳優・浅岡信夫と、代議士・岩瀬亮が出会ったことである。岩瀬自身はジュネーヴ会議に出席中（一九三二）、たまたま目にした芸者の姿（外国人による撮影）に恥辱を感じていた。浅岡は映画製作を統一指導する機関「映画局」の設置を要望し、岩瀬亮は「指導統制の確立と文化事業の助長発達」を図るためとして「映画国策に関する建議」を衆議院へ提出（一九三三・二）、これは可決され、翌年三月には映画統制委員会規定もできた。国内外へ向けて、官庁による映画の利用――とりわけニュース映画や記録映画――が活発化するのもこの時期である。満洲事変（一九三一・九）、上海事変（一九三二・一）、満洲国建国（同年三）と続き、日本軍部の暴走や国際連盟脱退（一九三三・三）などから、対外イメージが悪化した。そのイメージ回復の役割を映画が担わされた。こうして政府プロパガンダとしての映画の重要性は、日中戦争（一九三七）から大東亜戦争（太平洋戦争、一九四一）へ、戦時下に増大するばかりであった。トーキー化した映画の音声は日本側の主張を明確にするのにも便利な道具であり、ニュース映画や記録映画は海外における有力な宣伝媒体となった。執筆活動に制限を受けた村山知義は、映画俳優の演技や演出という表現技術に主題を絞り、『日本映画』で連載を続けた。トーキー台頭以降、共通する課題に「演技と演出」があったからである。

映画国策の確立を目指して検討が重ねられ、「映画法」の公布（一九三九・四）と施行（同年一〇）へ至った。映画法は映画製作・配給・興行などの全体に網をかける画期となるもので、成立までの推進者は内務省の館林三喜男が中心となり、文部省の不破祐俊が手伝った。映画法は「文化法」として映画の地位を高める積極面があると弁護する人々もいたが、事前（製作前）のシナリオ検閲、製作用フィルムおよび興行時間の制限、文化映画とニュース映画の強制上映、俳優はじめスタッフの登録制や許可制、外国映画の輸入制限など、その基本思想は国家による全面的統制にあった。すなわち国策を浸透させ、大戦の遂行に協力させることである。とはいえ、映画は民間企業による製作と興行にあったから、観客の支持なくしては経営が成りたたなかった。「国策映画」という呼称は日中戦争前後から使われ、当初は政府のプロパガンダ記録映画を指していた。また「国民映画」は太平洋戦争初期から、情報局や文部省が脚本募集または委嘱製作により国民に鑑賞を推奨した映画を指している。『マレー戦記』(一九四二)や『ハワイ・マレー沖海戦』(同年)などを別にすると、国策映画も国民映画も観客には不評だった。一九四〇年末に情報局が独立すると、ここの第二課が「映画・演劇」担当になり、国民映画・国民演劇運動を行なった。映画雑誌も一九四一年一月号から四社九誌へ統合された。戦時下の映画論は個別の映画評を除くと、記録映画論(本書の第11章参照)、国策映画論、技術論が多くなっているが、日本映画の国際性、文化度も議論の的となった(本書の第12章参照)。

本章には、映画法作成の推進者・館林三喜男と、全体として法案受容の姿勢を見せた長谷川如是閑、そして法案への強い危惧を述べた岩崎昶、三名の見解を収め、最後に、映画評論家として積極的に国策に協力した津村秀夫の一文を収めた。

【参考文献】不破祐俊『映画法解説』大日本映画協会一九四一。佐々木能理男・柴田隆二『独逸映画を如何に学ぶべきか』青山書院一九四二。市川彩・石巻良夫『映画新体制論』国際映画通信社一九四二。岡田眞吉『映画と国家』生活社一九四三。柴田芳男『世界映画戦争』北隆館一九四四。内務省警保局『活動写真フィルム検閲時報』(未公開)、復刻版『映画検閲時報』不二出版一九八五。同『活動写真フィルム検閲年報』複製版、不二出版一九八五。奥平康弘「映画と検閲」講座日本映画2『無声映画の完成』岩波書店一九八六。「映画の国家統制」講座日本映画4『戦争と日本映画』岩波書店一九八六。ピーターB．ハーイ『帝国の銀幕　一五年戦争と日本映画』名古屋大学出版会一九九五。岩本憲児編『日本映画とナショナリズム　一九三一―一九四五』森話社二〇〇四。古川隆久『戦時下の日本映画　人々は国策映画を観たか』吉川弘文館二〇〇三。牧野守『日本映画検閲史』パンドラ／現代書館二〇〇三。加藤厚子『総動員体制と映画』新曜社二〇〇三。

解題

①　長谷川如是閑「映画法と映画の芸術性」

【出典】『日本映画論』大日本映画協会、一九四三年、二五三―二六四頁

長谷川如是閑の経歴に関しては第5章⑤の解題を参照。映画法の公布がほぼ一年後（一九三九・四）に迫っていたころ、『日本映画』誌は「映画法を廻る座談会」を特集した（一九三八・四）。一一名の出席者のうち、政府関係者が七名（陸軍省一名含む）、日活・松竹・東宝から四名、館林三喜男が司会をした。これを踏まえて彼は次号（五月号）の「映画法特集」に単独で寄稿。「映画法特集」の執筆者名と題名を挙げておこう。まず、長谷川如是閑の「映画法と映画の芸術性」、続いて館林三喜男「映画統制の精神」、北載河「映画法について」、川喜多長政「映画法と外画輸入業者」、佐生正三郎「映画法と外画輸入の問題」、中谷博「映画統制の理論的根拠としてのナチス精神」、末尾に諸氏への意見を聞く「映画法に希望する」。

なかで、「映画法と映画の芸術性」は、その背景にある大きな課題、文化や芸術が法に組み込まれることの是非を問いかけることから始めている。これまでの自由放任主義では「悪貨が良貨を追放する」と、筆者は十九世紀後半以降に「文化の洗練性」が失われていくことへ危惧の念を抱く。具体例で、映画俳優の演技・セリフの不自然さに比べて歌舞伎俳優の作為の自然らしさが述べられる、ここらは首をかしげるが、トーキー台頭期以降、日本人映画俳優の

演技とせりふの貧弱さを問題視する識者は多かった。大正デモクラシーを代表するこの筆者には、文化・芸術に対して古典派とも言える発言が目立ち「原形芸術と複製芸術」（本書第5章⑤）に見られた筆者の限界——映画は演劇の複製であるという認識——がここにもある。筆者は四つの利点を挙げて映画法に賛成している。①映画の芸術性が向上する、②映画企業者が淘汰される、③濫作が制止される、④俳優養成の体系的な制度ができると。筆者は幅広い分野の評論家でもあり知名度も高かったので、映画法支持寄りの発言は大方の読者を納得させたかもしれない。（岩本）

【参考文献】長谷川如是閑『日本映画論』大日本映画協会一九四三。『長谷川如是閑集』全八巻、岩波書店一九八九—九〇。古川江里子『大衆社会化と知識人—長谷川如是閑とその時代』芙蓉書房二〇〇四。なお、本書第5章の⑤の文献も参照のこと。

②　館林三喜男「映画統制の精神」

【出典】『日本映画』一九三八年五月号、大日本映画協会、一一—一三頁

館林三喜男（たてばやし　みきお　一九〇四—七六）は、東京帝国大学法学部卒後、内務省に入って、警察畑を進み、検閲事務官になった。映画法作成に当たっては、文部省の不破祐俊と共に検討を進め、法の実現化を推進した中心人物である。戦後は一時公職追放となったが、その後は衆議院議員を経て、リコー社長など実業界へ移った。

解題第13章①でふれたように、館林三喜男は『日本映画』誌の「映画法を廻る大座談会」特集（一九三八・四）に参加、同誌次号（五月号）の「映画法特集」に本論を寄稿した。全体として長い文章ではないが、本書の収録に際して、冒頭の二段組二頁ほど（初出誌）を省略したので、まずそこを説明しておこう。館林三喜男はかつて、ある映画監督が、観客が大笑いのあまり二階席から転げ落ちるような映画を作りたいと言ったことを引き合いに出して、だが、笑いの押し売りをやるかぎり、かえって馬鹿にされたという気持ちだけが観客に残るだろう。目下は腹の底から笑い

を爆発させることができない。それは時局が迫っているからだと言い、ひとしきり、対中国戦線の戦局の説明を続ける。「抗日長期戦」に直面する帝国国民にとって、時局の迫力が押し寄せているのだと。このように時局への憂慮の念が冒頭で述べられ、以下、本書収録の文章へと続く。収録個所の冒頭も省略個所の補足、強調のようなものなので、読者はここから読んでも差し支えないだろう。

本論には「国体精神を中心とする国民の思想的統一」「日本的指導原理の一元的把握」「文化機関の全機能の集中」とあるように、映画をその一部に包み込む文化全体の活動の一元化が考えられていた。文末では、なかでも、「映画は、其の持つ威力の絶大なる故に」と強調され、思想政策の一翼を担うべく統制の形態をとるのは当然であると、映画法策定への基本理念が熱っぽく語られる。新聞、雑誌、ラジオ、その他のメディアのなかで、最大多数の観客を集める映画に国策を浸透させることが時の課題であった。（岩本）

【参考文献】（＊本章解説の参考文献も参照のこと）市川彩・石巻良夫『映画新体制論』国際映画通信社一九四二。不破祐俊・奥平康弘・佐藤忠男「回想　映画法」、講座日本映画４『戦争と日本映画』岩波書店一九八六。加藤厚子『総動員体制と映画』新曜社二〇〇三。

③　岩崎昶「映画法案を検討する」

【出典】『朝日新聞』一九三九年三月一三日―一六日

岩崎昶の経歴に関しては第３章④の解題を参照。映画法の公布（一九三九・四・五）直前、岩崎昶は『朝日新聞』に「映画法を検討する」（四回分載）で見解を述べた。対象となる映画法二六条（昭和一四年法律第六六号）を本書に収録しておらず、読者にはわかりづらいかもしれないが、筆者の見解を注意深く読み取っていただきたい。

各見出しが内容を要約しているように、「非大衆的の立法」（三・一三）で、筆者は法文全体のわかりにくい文章を批判しつつ、その内容においても、表面的、形式的、消極的、ネガティヴだと判断した。「官僚臭の処罰法」（三・一四）では、第四条が映画製作業者および配給業者への違反行為があるとき、業務の停止または制限、または許可の取り消しを行うという脅しが先に書かれていることへの反発がある。企業家に有利な条項があるにしても、映画芸術家たちの作家的精神やその権利には考慮が払われていないと述べる。「数量制限が問題」（三・一五）では、日本映画業界における粗製乱造、そのための経済的無駄と内容的劣悪さ、この点で筆者は映画法の理念に同意はするが、具体性を欠き、映画製作および配給業の許可制と従業員の登録制のみが明示されていることへ不満を示す。「片手落ちの立法」（三・一六）では、この許可制が特定の業者のみに特権を与え、先駆的で野心的な独立プロの存在を許さなくなる、また、従業員の登録制も、映画人の生活権と芸術生産権を脅かすと批判、文末には筆者の強い憤りが噴出している。彼の論調は、思想の一元化を目指す館林三喜男の「映画統制の精神」と対立し、映画文化の多元性と製作者の自由な精神性を保証することにあった。北載河「映画法について」（『日本映画』一九三八・五）も前号の座談会を批判しており、岩崎昶と共通の立場が見られる。映画法は一〇月一日から施行、細則を記した「映画法施行規則」もその後に続いた。一九四〇年一月、岩崎昶は治安維持法違反で逮捕され、翌年二月下旬に釈放された。（岩本）

【参考文献】（＊第3章④、第10章④も参照のこと）岩崎昶「統制の〈効果〉——ナチスの映画」『日本映画』一九三七・七。「事前検閲の蔽」『朝日新聞』一九三九・四・一一。『日本映画私史』朝日新聞社一九七七。風間道太郎『キネマに生きる　評伝・岩崎昶』影書房一九八七（とくに14「映画法」とのたたかい）。清水晶『戦争と映画　戦時中と占領下の日本映画史』社会思想社一九九四（とくにⅣ章「映画法とその影響」）。

④ 津村秀夫「宣伝技術としての映画」

【出典】『映画政策論』中央公論社、一九四三年、四一二―四一九頁

津村秀夫の経歴に関しては第7章⑥の解題を参照。政府の統制が進み戦況が逼迫するにつれて、筆者も映画国策化と映画の海外政策を評論・研究する方向へ突き進んだ。「宣伝技術としての映画」は出典の出版年月に注意してほしい。一九四一年一二月に「大東亜戦争」へ拡大した日本の戦局は、四二年六月のミッドウエー海戦を峠に壊滅や撤退など劣勢が続き、四三年には敗色濃厚となった。政府は国内の体制強化を図る施策を次々と打ち出して、国民総動員体制を強化した。『映画政策論』はこのような緊張下の評論集である。目次のいくつかを紹介すると、《映画新体制以前》の章に「私はなぜ映画評論を書くか」「国策映画と国民映画」、《映画新体制の展開》の章に「映画事業の国家管理」「映画人に告ぐ」、《映画新体制の現段階》の章に「新観客層の獲得運動について」、《大東亜映画政策その他》の章に「文化戦としての映画」「宣伝技術としての映画」などが並んでいる。

「宣伝技術としての映画」は表題上、戦局がらみのプロパガンダ映画論の印象を与えるが、内容はメディアとしての映画の特質――光と速度とセンセーショナリズム――を論じている。伝達の速度ではラジオが速いものの、映画の速度は受容者側の速度感を満足させ、芸術としても宣伝技術としても映画の強みだと言う。ここで「センセーショナリズム」とは日本で使う意味合いの「卑俗な煽情主義」ではなく、「人間精神を昂揚せしめ、昂奮せしめる」意味だと説明される。具体的にはレニ・リーフェンシュタールのベルリン・オリンピック映画『民族の祭典』（一九三八）を例に挙げ、芸術的価値と文化的感覚を持つ見事な宣伝映画であると判断する。日本映画に欠けるのは編集技術であるとも。時局がら論じられていないが、『戦艦ポチョムキン』（一九二五）の煽動力を学んだナチス・ドイツと、学ばなかった軍国日本の違いが推察される一文である。筆者は「近代の超克」をめぐる議論にも参加、『文学界』一九四二

年九月号に掲載された。（岩本）

【参考文献】 津村秀夫『映画と批評』正続、小山書店一九三九—四〇、『映画と鑑賞』創元社一九四一、『映画政策論』中央公論一九四三、『映画戦』朝日新聞社一九四四。戦後は『新しい映画美』正続、創元社一九四九—五一、ほか多数の著作がある。河上徹太郎ほか『近代の超克』創元社一九四三、冨山房版（一九七九）は竹内好の批判的論考付き。長谷正人「日本映画と全体主義　津村秀夫の映画批評をめぐって」（解説参考文献『日本映画とナショナリズム　一九三一—一九四五』所収）。

①　長谷川如是閑　―　映画法と映画の芸術性

②　舘林三喜男　―　映画統制の精神

③　岩崎昶　―　映画法案を検討する

④　津村秀夫　―　宣伝技術としての映画

長谷川如是閑

映画法と映画の芸術性

一　法制化の必要

我国に於ても映画に関する国家的統制の問題が、政府側にも民間側にも考慮され、早晩映画法の制定を見るべき機運にあるということだが、この問題については、大体二様の見地があるようである。即ちその一は、これまでの国家が、文化的なるもの、芸術的なるもののすべてに対して採って来た態度と同じく、法はただ消極的に、公けの秩序、善良の風俗に触れることを防止する以外に、文化内容、芸術内容そのものの向上というような、積極的態度に出ないという原則の上に立たんとするものであり、他の一つは、そうした消極的態度に止まらず、文化内容、芸術内容そのものに対して、ある程度まで、法的に規定するという積極的態度に出でんとするものである。今日の処では、多少とも後者の態度に出ているのはドイツだけのようだが、これは同国が敢て文化的なるものに止まらず、全体の組織に於てとっている原則から来ていることである。

映画の文化的、芸術的内容を法的に規定するということは、事実上行われないことではあるが、然し映画の統制そのことが、映画の文化的、芸術的性質に対して、何らかの積極的効果をもつということは望ましいことである。今日までのそうした法的統制が、全く消極的効果に止まらねばならぬという限界をもっていたということは、これ亦その時代全体の組織として「自由放任」が人文的発達のために要求されるべき根拠があった時代だったからである。然るにそうした組織の下に於ける発展が極限に達した二十世紀後の世界に於ては、国家はただ「障碍を除く」というだけの消極的の態度を越えて、少くとも「組織を与える」という程度の積極的態度に出でねばならなくなった。その関係から、文化的方面に於ても、文学、美術、技芸等に対して、中世の朝廷、貴族等の与えた保護を、新らしい形で国家が与えるという風を生ぜしめたのは、早い頃からのことである。アカデミーの制度などもその一例だが、アメリカのように、そうした保護政策を国家が敢てしない所では、財団が行うというのも、同じ現象の新らしい形の現われに過ぎない。

勿論これらの制度は、ただ「組織を与える」のであって、国家や公共団体が、文学、芸術の内容に立入って規定するのではないけれども、そういう風に、組織を自然的興廃に任せずして、国家の統制という意識的構成をとらねばならなくなったのは、自由放任に委ねた結果、動《やや》もすれば悪貨が良貨を駆逐する「自然状態」に堕したからである。

二　芸術性の擁護

他の方面は暫らく措いて、芸術に関してこれを見ても、古代及び中世から近代にかけて発達した芸術の洗練性は、十九世紀後半に至って、その伝統的持続が失われて、いわゆるモダーニズム的飛躍となった。勿論人間発達の歴史的持続は、そうした一時的乖離によって全然失われてしまうものではないが、そうした伝来の人間文化の洗練性が、新時代の人間に譲渡され、新らしく発育せしめられる組織が崩れたために、国民的の芸術的性能の蓄積が、文化的遺産として、文化資本として、現代に作用する力が頗る薄弱になったのである。美術工芸でいえば、中世までの徒弟制度に代って出来た、近代の美術工芸の学校の組織だけでは、そうした伝統的の文化的性能の蓄積が、——具体的にいえば、人間そのものに具有された、美術工芸の精神的又肉体的の洗練性が——新時代に満足に伝承されないのである。科学が起こったお蔭で、表現形式に新らしいものを創造したが、美術工芸の表現形式は、今云った、人間そのものに具足する精神的又肉体的洗練の歴史的発達に依るものであるから、その歴史の中断された、近代の産物は、古代、中世の産物に見るような、芸術性の極致を示し得ないのである。一本の線を引いても、一寸手足を動かしても、歴史的に洗練された中世的芸術家の曲線が、今の芸術家には出せないのである。近代の産物の多くはアマチューア的であり、自由画的であって、そこに新らしい出発点はあるが、芸術としては未製品的であることを免れない。

芸術的なるもののそうした現代的情勢の下に於ては、映画は最も有利の地位を占める新時代の産物であった。映画の機械性は、前世紀までのあらゆる芸術的表現形式の洗練性の伝承を必要としないのみか、それから離れることが必要とされたのであった。「機械性」と「自然性」——前者は「芸術性」に対し、後者は「作為性」に対する——とが、映画芸術の出発点となって、すべての、伝統的に「芸術的」なるものは、一先ず清算されねばならないと観念された。

然しかかる観念は、一面に於て真実であると同時に、他の一面に於ては錯誤であった。映画芸術のもつような「機械性」こそ、伝統的芸術のもち得なかった手段ではあるが、映画芸術に於ける「自然性」は、伝統的芸術のもっていないものでは無かったのである。伝統芸術のすべては、人間的洗練性で濾過された「自然」に外ならないのであった。歌舞伎の時代物せりふ廻しは、現代人の耳には「不自然」に響くかも知れないが、あれはエロキューション式歌舞伎を産んだ時代の人々の言語の調子を芸術的に誇張したに過ぎない。世話物のせりふなどは、今の映画俳優の現代語を語るせりふの不自然さに比べると、遥《はる》かに「自然」なのである。又芸術的曲線に富んだ歌舞伎の仕草の方が、今の映画俳優の地のままの動作よりは「自然」なのである。われわれの日常の動作が演技的動作として再現される場合、それが単純に下手な「模写」であったら、決して「自然」とはならないのみか、確かに「不自然」となるのである。書生俳優時代の新派劇の俳優の言語・動作などもそれに属する。

これは全く現代の組織が、長い年月を経て蓄積されて芸術的洗練性の持続、伝承に適しなかったことを証拠立てるものである。歌舞伎は早晩滅びるか低級化するかの外はないのではないかといわれるのもああした芸術を伝承する組織が失われやしまいかと懸念されるからである。

その意味からいうと、法律が芸術内容に踏み込んで、どんなものが芸術であるかを規定するといったようなことも、強《あなが》ち無意味とはいわれない。然しドイツの法制を瞥見したところでは、まるで中世の技芸ギルドの親方が、口にこそ出さなかったが、自派の芸術を一定の典型で規定して、そこから一歩も踏み出すことは許さないといった態度を、国家がとるに等しいような趣があって、中世ギルドのそれと同じく、時代の現実から産れる芸術の創造性を、一定の芸術的典型で固定せしめ、芸術の動的性質を減退せしめることによって、国民の芸術的性能の発達を妨げる危険が案じられる。そのことはドイツ芸術の将来によって判断されることで、議論よりは時日に待つべきであろうが、何ずれにしても、そうした制度は、前に云った如く、国家全体の組織制度と伴って始めて可能のことで、ただ映画だけをそうしようとしても無理である。

されば望み得られることは、これまでの自由放任に対して、単に在来の消極的の「行政」的態度の常石を置くに止まらないで、より積極的に、少くとも「組織を与える」ことから始むべきである。映画法の目的や内容は、製作者の合同問題、配給統制の問題を始め、内外映画の割当て制度の問題、興行組織の問題、映画の輸出入の問題、観客の性又は年齢による制限の問題、殊に我国の現状に於ては、生フィルムの輸入、生産の問題、教化映画、文化映画、教育映画等の問題、学校その他各方面に於ける映画利用の問題、其他に関係して、極めて複雑多岐に亘《わた》るであろうが、根本の問題としては、映画の文化性、芸術性を向上せしめる態度に向って一歩前進する必要が感じられるのである。勿論、それはドイツ流に、こうしたものが文化的であるかないかということを、法律が、映画教科書のように規定することは、我国のみならず、大抵の国では不可能のことだが、然し映画の文化性、芸術性を向上せしめる組織を与えることは、間接に、実質を規定する道ともなるのであって、それは産業や教育の方面に於けると等しく、ここでも要求されるのである。

三　芸術性の向上

この根本的要求を充たそうとすると、自然、今日の製作者の組織が第一に問題となる。商業的に国際性をもった映画をもつ国では、商業主義の組織が、おのづから映画の芸術性や機械性を向上せしめる組織を、自からもつ財政上の余裕もあろうが、我国のように、配給の領域が、狭く国内に限られている所では、製作者は、その日稼ぎに喘いでいるようなもので、勿論映画の芸術的向上のための施設などは夢想だも出来ない。そうした状勢を脱するため、日本映画を国際商品たらしめるのも、重要な一方途であるが、映画の海外進出は、そうした経済的動機よりは、文化的意図によるべきもので、そうするためにも、第一の条件は、日本映画の芸術性の向上である。

されば映画統制の出発点は、国民教育に於けるような積極的方法を、映画芸術のために国家がとるということである。勿論グレシャムの法則に堕するような状態を清算することがその階梯であるが、それに止まらず、日本的芸術の樹立を目的として、その方法をもつ組織を与えるのである。正しい意味で芸術的なるもののみが製作され、悪質の映画の生れ得ない組織を理想として邁進すべきである。今日でも、芸術的に良質の映画は、商業的にも有利であるといわれるが、然し現にそうしたもののみが製作され得ない種々なる理由があって、低級のもの、悪質のものが、盛に産出されている。そうしたものを産む「種々なる理由」を排除するのである。それは全く積極的の映画法に待つ外はない。

日本映画に於て最も閑却されていることは、映画芸術の演技の方面である。我が中世の劇に於ては殆んど演技の外のことは考えられなかったが、今の映画に於いては演技以外のすべてのことが忠実に考えられて、演技だけが考慮の外に置かれている。しかし演技の問題を除外して映画の芸術の問題は考え得られないのである。今のいわゆる「演出」とは演技の形式のことで、演技の実質即ち其芸術的洗練のことではない、何よりの屈辱は、完全な日本語さえ日本映画では話されていないという事である。ドイツ映画法の何処かに「正しいドイツ語を読み且《か》つ聴かすべきこと」という条項があるが、これはドイツのみならず、仏国でも英国でも、劇や映画の第一条件であるといわれている。そうした第一条件さえももち得ない日本映画――徳川時代の劇はそれを立派にもっていた――であるということが、独自の創意のある映画法を日本がもたねばならぬ理由の一つでもある。

けれどもその目的のために「映画国営」に飛躍することは不可である。歌舞伎の保存には国営が適しているともいえるのは、歌舞伎芸術は、能楽のそれほどではないが、もはや静態に固定しているからであるが、芸術としての動態の保たれる条件の下に於てのみ発達すべき映画に対しては、その動態が阻止されないような、芸術的性能の培養過程をもち得る組織でなければならない。

映画の芸術性の向上をもち来す組織がいかなるものであるべきかは、衆智を集めて研究されることが望ましいが、現在の欠陥を目安として、誰れにも考えられることを云うならば、第一には貧弱な映画企業者の淘汰で、これは既に自然に行われてもいるが、一層それを意識的に、企画的に行う必要がある。第二には、現在の興行制度のために生ずる濫作の制止である。従って第三に、前に云った、企業者や製作者の組織の問題となる。これこそ日本の映画法の特殊性を最もよく発揮すべき点だが、当面の実情が理論や原則以上の力をもつのも此問題で、それだけ実際の事情の最も困難なのもこの問題であって、実情に通じている人々は、それが如何なる組織でなければならないかについては、今のところ誰れも具体的に語り得ないのである。けれどもそうした実際を余り無視しないで、実現可能と思われる机上論をいうならば、製作者の組織は現在の性質をつづけさせて、ただそれを統合する位に止め、映画の製作過程に干与〔関与〕する映画技術家――作家より監督、カメラマン以下のすべての技術家を含む――の組織を、強制的に設けることが考えられないものだろうか。而してそれと別に又は一緒に、映画俳優をも組織化せしめることはいう迄もない。これは芸術家組合のような組織だが、その芸術内容に法律が干与せずに、ただ国家はその組織を保護又は補助することによって、これに対して指導性をもつのである。それが可能ならば、製作者の商業主義から芸術家を解放することも出来るであろうし、又芸術内容にこそ干与しなくとも、国家の側からこの組織に向って国策上からの註文をつけることも出来るのである。

然し組織の問題として、殊に強調したいのは、第四に、俳優養成の体系的制度の確立である。これは今云った、映画技術家の組織の事業として、中世の徒弟制度的精神をもって、新らしい方法による教育を施す機関となすべきである。映画芸術の組織的訓練の全く行われていないのは、日本のみのことではなく、世界一般がそうであろうが、それは映画芸術が最近の発達によるものだからである。外国では、わが徳川時代と同じく、社会的に言語・動作の何らかの典型の成立しているところもあるらしく、また言語についての教養も相当行われているので、自然映画芸術にもそれが反映している。わが徳川時代の人々が、階級的に言語・動作の典型をもっていたために、それが歌舞伎の芸術的曲線に反映したようなものである。現代の日本には、旧形態の典型が失われて、新形態の典型が完全に成立しないために、昔の武士や町人のもっていたような、生活曲線の芸術味は、今の人々の日常生活には見られない。これが、殊に演技者の日常の言語に、動作の「躾」を必要とする所以だが、中世の日本人の教養であり、学校の課目にもあった、「容儀」「躾」というような訓練は今はない。生活曲線に芸術味の失われたことが、新劇や映画の演技に、ガサガサな非芸術的感覚を与えている原因である。日本の映画がそうである間は、彼等のいう、イデオロギーやプロットが何んなに発展しても、決して日本映画は向上したとはいわれないのであり、従って国際性も得られまい。芸術的感覚の優秀性は、それだけで人間共通に訴えるのであって、それの欠乏は、最も人間に共通のものを欠いていることとなるのである。

要するに映画法が、その他の多くの問題について考えるに当っても、映画の芸術性をいつも目標に置くことを忘れてはならないのである。

館林三喜男

映画統制の精神

＊冒頭文は省略、解題参照。

支那事変は、前にものべた如く、日本の、東洋の敵としての共産主義と、イギリス帝国主義を正面に露出した。支那を東洋的道義国家として再建せしむるためには、国共合作、イギリス帝国主義依存の現政権を打倒しなければならないが、そのことたる、コミンテルンとイギリス帝国主義とを支那の天地より完全に掃蕩することなくしては完成され得ないであろう。戦争は武力的に争わるると同時に必ず思想的に争われる。支那事変はまさしく一面に於いて欧洲資本主義制度下に於ける双生児たる共産主義と帝国主義に対する日本主義、東洋主義の対立抗争である。基本的なるイデオロギーの抗争である。指導精神の抗争である。

従って戦争が一面武力に依り争わるる分野に於ては、最も強力なる軍備を擁せざる可からざると同様の重要性を以て、思想の戦いの分野に於ては同様に強固なる国民の思想的団結を必要とする。国民思想の一元化を必要とする。

国民の思想的団結と云い、或は国民思想の一元化と云う、之は何れも、ある中心への帰一であり、統合であること云うまでもない。而して国民の思想的昏迷と云うは其の逆の相であること之亦云うまでもないことである。然らばわたくし達は其の中心を何れに求むべきであろうか。

わたくし達は屢々我国の現状を維持すべしとなす主張がパーラメンタリズムに、或はデモクラシーに其の論拠を置き、現状を打破すべしとの論がナチズムに、或はファシズムに其の基礎を求めていることを見るし、又個人主義に対する否定の主張が、ドイツ的全体主義の立場よりなされ、或は統制主義に対する非難が、イギリス的自由主義の観点より、或は人民戦線的イデオロギーよりなされていることが見受けられるし、正邪善悪、是非曲直の判断が欧米に於ける種々雑多なる指導原理を借り来ってなされていることを見出す。

日本は一つである。わたくし達日本人の直面せるものは一つの現実日本であり、歴史的日本であって決して他の国ではない。従って率爾として他国の指導原理を借り来って、我国民の思想乃至行動の基準たらしめんとするが如きは、全く木につぐに竹を以てせんとするものであり、其の事の如何に徒労であり、おろかしき事であり、更に百弊の根源であるかは、既に試験済の筈である。

今こそ自らの指導原理を肇国《ちょうこく》以来一貫して変ることなき国体精神の中に求め、これを中心として、現下我国の種々雑多なる指導原理を一元化すべきである。この事なくしては、思想の昏迷は永久に救われないし、国民の思想的団結も期し得べくもない。百万一心、国民が各々其の指導原理を一元的に把握するとき、始めて如何なるものを打破すべきか、如何なるものを維持すべきか、こは是か非か、正か邪かの判断は、国民自ら昭々として明らかとなるであろうし、其の暁こそ、我国の対支政策、進んでは世界政策が其の勝利を占めるときであろうと思う。

思いを茲《ここ》に致すとき国家の思想政策は、政治、行政の最前線に最も重要なるものとして押し出されて来る。国家は何よりも先ず国体精神を中心とする国民の思想的統一へ、日本的指導原理の一元的把握へと、其の持つ文化機関の全機能は集中しなければならぬ。謂う所の国民精神総動員運動もかかる意味に於て活発に動き出さねばならぬと思う。

それは現在国民の間にある日本製、外国製の種々雑多なる精神乃至思想の雑然たるよせ集のための運動であってはならない。国民精神の――肇国の理想に即した魂の総動員でなければならぬ。非日本的、反日本的なるものに対する総動員の示威運動でなければならぬ。国民の精神総動員か国民精神の総動員か、「の」の置き所は総動員の方向を決する重大な問題である。

かかる考え方に対しては、いろいろの異見もあり得るであろう。思想の自由、批判の自由等々があって始めて国民文化の向上を期し得るとなすが如きは其の例であろう。併《しか》しわたくしはすべての国民がゆるぎなき指導原理を一元的に把握した基礎の上に於てのみ始めて、思想の自由探求、批判の自由が国民文化の向上に寄与し得るものと確信する。それなくしては国民文化の混乱がある許《ばか》りだ。まず大死底《だいしてい》〔禅語、大いなる死からの蘇生〕に大活して、大日本帝国本来の面目を体得せしめ帰一せしめよ。そこに始めてあらゆる自由が与えられるであろう。ハイド・パークの言論の自由は、自由主義イギリスに対する英国民の確信と矜持の上にあるものとわたくしは思う。

映画政策は、右の如き国歌の思想政策の一翼として、映画の持つ威力を自らの分野に於て十二分に発揮せしむる様仕向けらるるものでなければならぬ。映画が其の持つ営利的性質の故に、或は芸術的性質の故に、或は娯楽的性質の故に国家の思想政策の圏外に置かるべき理由は毫も存しない。否それあるが故に有力なる文化的機関として最も有効に指導的任務をも果し得る様利用されなければならないのである。

あり態《てい》に云えば、我国には真の映画政策はなかった、と云って語弊があれば蓋《けだ》し稀であったと思う。少くとも映画の有する力を総合し、発展せしむるが如き積極的なる映画政策はなかったと思う。

毎年三億に垂《なんな》んとする観客を擁し、其の影響する所言論著作、教育等の諸機関と同等に或は其れ以上に大なるものありしにも拘らず、之に対する積極的なる工作に欠除し、唯あるものは消極的なる警察取締に止まっていた状態である。わたくし達は、世界の主なる国々の中で所謂映画法を持たざるは、日本位のものであることを必ずしも恥じとするものではない。唯慚《ただは》ずる所は映画の持つ力を看過し、之に対する積極的なる工作に怠慢にして、今に到れることに在る。

とにかく映画は、其の持つ威力の絶大なる故に、国民の思想的団結の強化のために、思想政策の一翼として、最前線に積極的に動員されなければならない。而して其の動員は、我国映画事業並に映画内容の現状に鑑み国家の立場よりする統制の形態をとらざるべからざることも亦自明の理だ。問題は統制がよいか、悪いかの問題でなく、如何なる形態に於て、如何なる範囲に於て統制が行わるべきかにかかっている。具体的に云えば映画法の内容に如何なるものを盛るかにかかっている。今や映画法の内容は具体的に各方面に於て着々検討を加えられつつあり、追々と一般に発表せらるることと思うので、茲《ここ》には其の具体的内容にはふれず、以上簡単に其の基本的方向について述ぶるに止めることとする。

岩崎昶

映画法案を検討する

（一）非大衆的の立法

いろいろな意味で注目されていた映画法が愈《いよいよ》上程の運びになった。映画法は、今期議会に提出された無数の法案の中のただ一つであるにすぎない。それは軍馬法、航空法、米穀法、等、等と時を同じくして議題に取り上げられていながら、ジャーナリズムの上では最も前面に強い光を浴せられて登場している。しかもわれわれの生活との連関に於ては、米穀法などの方が、米の飯の問題だけに本来ははるかに切実なものを持っている筈なのであるのだが。

映画法のこの人気（?）は、つまるところ映画に対する大衆の異常な関心を立証し、且《か》つ現代に於ける映画の社会的文化的重要性を裏書きするものに外ならない。また実際映画の大衆的魅力と浸透力とを基礎として考えると、映画法は日本の全民衆に多少深浅の度こそあれ関係するものに違いないのだ。

映画法はいつも言われるように「わが国最初の文化立法」であるのみならずまた最初の大衆立法だと称すべきであろう。

だが、この法案本来の大衆的性質を頭に置いて、今度発表された全二十六条の法文を通読して見ると、それが法律としての形式内容において大衆に密着していないことを感ずる。一生懸命に熟読して見ても、この法案によって日本映画がどのような形態を与えられるのであるかが明確に摑めないのである。第一、文章そのものからして、もっと大衆的にならないものであろうか。

例えば第五条の「映画製作業者の映画の製作に関し業として主務大臣の指定する種類の業務に従事せんとする者は――云々」などは、法律的なテクニカリティーの上では、のっぴきならぬ精緻さを持った表現なのかも知れないが、われわれ法律的素人にはひどく晦渋で迂遠な文言に響く。

もっと日常的常識的でしかも正確な表現があり得ない筈はない。此種の欠点はこの法に限らず、日本のあらゆる法文の共有の性質なのだが、この場合が前記のように特別に大衆的な関連を持った文化立法であるだけに、その表現にも素直に大衆の理解に流れ込んで行くものが望ましい。

尤も、これはいわば法律の民衆化という広汎な問題の一つの小さなサンプルにすぎないので、その形式が内容を対比的に暗示している事実がなければ、ここで取り上げることは不当であろう。

では法案の内容を概観して見よう。この出来上った二十六箇条を、昨年末に発表された「映画法要領」という下絵的なプラン十数条と比較して見ると、驚くべきことを発見する。

というのは、映画法の正文よりも「要領」の方がより具体的で正確なのである。「要領」と対置して見ると、今度の法案は、法律技術的にはより洗練され完成されたのかも知れないが、それだけに却ってポジティヴな規定性がなくなり、表面的形式的になり、実行力を著しく減少したように見える。映画について法律が出来ましたよ、というだけの一つのジェスチュアもむろん文化政策的に無意味ではないだろう。だが、映画について法案を作るということが映画法の目的である筈はない。それはもっと積極的行動的なものでなければなるまい。

ところが、今度の映画法は、それを逐条検討した読者が先ず気づかれることだが、甚だ消極的であり、時にはネガティヴでさえあるのである。

(二) 官僚臭の処罰法

映画法を逐条検討して見ると、その各条項は日本映画の今後のあるべき姿については極めて僅な漠然たることを物語っていながら、一方これへの罰則に至っては、どんな場合に人は六箇月以下の懲役又は二千円以下の罰金に処せられるか、をはじめとして実にこと細かに規定している。紙幅の分量から言っても全文の半ばに近い程である。

本文が余りに抽象的で罰則の方がこれ程具体的、しかも分量も殆ど相匹敵する程度だとすれば映画法がまるで映画処罰法であるかのような錯覚と暗い翳《かげり》とを感ずるのは、敢て僕だけではあるまい。

この法の立案者は、この法を以て何処の外国の模倣でもない、と主張しているが、これは疑いもない事実であろう。地球上のどの国でも、懲役と罰金とによって映画の「質的向上」を図ったり「国民文化の進展」を企て得ると考えた法律などはあるまいからだ。こういう根本的な立法の精神に於て、われわれは古い型の中学教師のような暴力的教育学と官僚主義の奥の紛々たるを覚えざるを得ない。この法律が決して刑務所や犯罪者についての規定ではなく、最も明朗な文化的な大衆立法であるという見地からしても、われわれはもっと愛情と尊敬とを、映画及び文化一般に対する愛情と尊敬とを、要求したいのである。

この映画法はドイツのそれの真似ではないということを、当局はこれまでしばしば弁明しているが、事実ドイツの映画法の方がこの法規よりは遥《はる》かに愛情に充ちて居り、それだけ進歩している。

それはドイツでは一挙にまとまった映画法が作られることなしに、個々の部分的な法律が順次に出来上って来たので、そこに一種の実践的な柔軟性があるということにもよるが、それ以上に、そこには法律それ自身の中に、映画を芸術として文化現象として尊重する視点が絶えずが積極的にとられていることである。後に闡明《せんめい》する通り、日本の映画法案では、企業家の権利と権威は可成り認められていながら、映画芸術家達の作家的精神やその権利や権威は全く認められていない。それらは法律的なディメンションにおいてはあらわれて来ない観念的な権利であり権威である、と立法者が考えているならば、それは大きな誤りである。

ナチスの芸術統制は□の如く厳重なものとして日本では有名であるが、政権掌握初期とは違い、現在のドイツでは、映画作家達の芸術的イニシアティヴはわれわれが普通考え易いよりは遙かに尊重されているのである。

たとえば映画法芸術家達に各種の名誉や褒賞を与えるだけでなしに彼等の有能分子を代表者として映画会社の首脳部に重役の椅子を与え、企業家の企画方針に対して芸術家の発言権を対等のものとして存在せしめるように、映画事業の再組織を行っているのである。また統制するだけではなく、保護助長にも重点が置かれている。半官半民の映画銀行の設立によって業者の金融難を救ったり、映画従業員の公定賃銀を設けたり、等、等である。

模倣をしないことが自慢ではなく、むしろ模倣した方が自慢になる場合に、模倣しないことを自慢するのは独創性と背中合せのものである。

(三) 数量制限が問題

映画法の制定に当って、最も深く考えらるべきは、過去の経験においてその効果がつねにその目的を裏切って来た、という悲劇的な皮肉である。それは一般に芸術統制の本質とその技術との問題に遡って考えらるべきであるが、とに角、現実は、ドイツでもソヴェート連邦でもイギリスでも、多くの国々で、映画の企業と芸術とを進展させ高揚させるべき法律がいつもそれらを二つながら萎縮し沈滞せしめるにしか役立たなかったのだ。わが国が今から映画法を立案する以上、これらの先例、これらの失敗を研究し、そこから教訓を得ていなくてはならない。

映画に関する法律が作られなければならないとあれば、それは映画企業を保護し促進するための中心的な一つの大綱をぐっと掴えて、その細部においては各個人各芸術家の文化的創造的自由を許すのが最良の方法であると信ずる。

映画法の中心目標は、第一条に掲げられてある通り「国民文化の進展に資するため映画の質的向上を促し映画事業の健全なる発達を図る」ことにある。その目標に達するための方途については各人各説あろう。だが、僕の見るところでは、枝葉においての異説は結局根幹において一に帰する。即ち、現在の殆ど破廉恥な粗製濫造を廃し、有効適切な生産制限を行うこと、これである。

今の日本の資本と市場とを基準とすれば、映画製作は年産額を現在の三分の一以下に切下げて然るべきであろう。その代償として潤沢にされ得る金と時とを善用して、良心的な作品を生産する、という理想的な場合を持ち来すことが、日本映画の質的向上の最もプラクティカルな方法である。そしてなおこれと平行して、撮影所に働いている芸術家技術家達の創造的経済的生活を擁護し向上せしめるための努力が必須なのである。

幸にして、映画法の立法者もこれと同じ意見を抱懐し時々発表している。けれどもそれが果して新しい法案に具体的にあらわれているかどうか。

甚だ漠然とではあるがこれに該当する条項がなくはない。

第十八条「主務大臣は公益上特に必要ありと認むるときは映画製作業者、映画配給業者又は映画興行者に対し製作すべき映画の種類若くは数量の制限、映画の配給の調整、設備の改良又は不正競争の防止に関し必要なる事項を命ずることを得」

というのがそれである。それは直接に生産制限を規定してはいないが、併《しか》しそれを適当に発動させれば目的は達し得るわけである。だが、どのような形で、どのような程度で、主務大臣が映画製作業者に対して数量の制限を命ずるか、そこに問題のすべてはある。それ故、この点に関する限り、日本映画を質的に向上せしめる「可能性」はこの法案の中に含まれているとは言える。

だが、それがすでに成文化されていながら、具体性確定性を欠いていることは矢張りこの法の弱点でなければならない。われわれは更に細則を俟って検討すべきであろう。

映画法では大部分のことが細則の発令をまって全貌をあらわして来るのであるが、その中で例外的にただ二つ重要な事項が決定されている。即ち、映画企業（製作配給の両部門）の許可制と、製作部門従業員の登録制と、である。で、われわれはこの二つのことに関してだけは結論を抽き出すことが出来る。

(四) 片手落の立法

映画企業の許可制は第二条―第四条に明示されているが、それは一体何の目的を持っているのか立案者の意は、映画業者の濫立とそれによる無益な競争を防止しようというのにある。だが、これは考えようによっては、現在の映画業者のみを保護する特許政策であり、むしろその点に重要性を持っている。

即ち、彼等の既得の営業権を外部に向って擁護し、彼等の利益を保障するものである。これは他のすべての起り得べき弊害を語らずとしても、兎に角映画事業から清新な推進力を奪いこれを安易に停滞せしめる副作用なしとしない。特にこの制度の映画作家に与える影響は忽諸《こっしょ》に付し得ない。

即ち、数個の映画製作会社の存在が限られたまま合法的に永久化されるわけであるから、作家はまるである広さの柵の中に押し込められたように、拘束されいよいよ隷属的になって行く外はない。許可された製作会社の圏の外には、彼等にとって生活の可能性がないのだから、彼等はいや応なしに会社に鎖でつながれ独立性を失う。

映画の色々な時期に於て、新しい独立的作家の独立プロダクションや小会社が幾多となく先駆的な野心的な仕事をして、これに生気を注入して来たことは、多くの国々の歴史が照明している。また現にフランス映画の優秀さとその小プロダクション単位の企業組織とは切離して考えられない。日本映画界では近来著しく資本の集中が行われ、小さい独立製作者の存在の余地が漸次に狭められつつあるが、だからといって独立製作者の進歩的な役割の可能性は少しも減少してはいない。

僕は日本にも完備した貸スタディオを中心に集った野心的な独立プロデューサーの何人かが出現して、その企業的芸術的自由を利用する余地が存置されねばならぬと信じている。この意味で、許可制により映画事業界の現状固定化は、出現し得べき将来の新鮮な映画業者の門を閉じ乃至は狭めるものであろう。

製作関係の従業員の登録制（第五条―第七条）は、正しく運用された時は、特に悪質な映画人を撮影所から駆逐する効果は持つであろうが、これは映画人の生活権や芸術生産権と密接且《かつ》微妙な関係がある重大問題であることに注目されねばならない。殊に、登録という義務のみを課して、これに権利や保護が付随してないのは余り片手落である。登録された人々は無過失で馘首され得ないとか、その人々の適当な最低賃銀の公定とか、傷病保険及び老後のための年金制度とが、そういった生活権の擁護のない登録は無意味である。

僕は今の映画人が他の社会人に対して人格的に道徳的に劣っているとは信じない。彼等がつねに必ずしも良質有能でないことの最大の原因は、彼等が今の撮影所で受けている非人間的待遇の故である。下級の映画人は信じられないような安い給料で働かされ、本を買う金もなく、自己の専門技術を勉強する暇もないのである。

この不幸をそのままに放置しておいて、彼等の姓名を内務省の帳面に載せたからといって、彼等の品性が高潔になり、彼等の頭脳が明晰になる、と考える者は居るまい。映画人を登録するより前に、先ず彼等を経済的に精神的に支持することが急務なのだ。

映画法は実のところまだ完了していない。進行形である。これを今批判するのは、巨きな長篇小説を第一章だけ読んで批評するようなものかも知れない。ただ、僕はここではだから第一章だけを批評したつもりである。そして作者はまだこれから書き変えることも出来るのである。

宣伝技術としての映画

津村秀夫

1

宣伝技術としてのラジオと映画が現代機械文明の最も優秀な武器であり、政治的にも文化的にも活用されているのはいうまでもない。しかしその宣伝技術の中の文化的啓発の外貌を呈せるものでも、実は内に強力な政治的意味を蔵しているものが少くない。これは特に現時の国際関係では注意を要するであろう。

たとえば、アメリカ映画の曾ての世界映画市場制覇の如きものはその一つの好例であって、民間映画資本のための繁栄が同時に国家としての米国の宣伝力拡張に莫大な貢献をなしつつあったのである。

宣伝力としての映画性能をラジオに比すると、一方は耳に訴えるばかりであり、これに反してトオキイは耳と眼に訴える合成力を持つ。ラジオは宣伝の時間的速度において優位を持つが、全く言葉に依存するという弱点がある。映画の中から言語的性格を払拭することはできないが、言語的性格の最も濃厚な劇映画ですらも翻訳語によって映画を鑑賞することは強《あなが》ち不可能ではない。ましてニュース映画や記録映画になると、この言語に依存する不便は余程稀薄になる。勿論、アナウンスがあるから言語というものから記録映画も絶縁はできないが、記録映画においてはそのアナウンスの力より画面の視覚的迫力と音響的効果（現実音や音楽）の方がより強烈だからである。記録映画はそれ故に単に理解という点からいえば、会話のニュアンスを重要な要素とする劇映画よりもより国際的で、普遍性を持つものである。しかし又、劇映画はその物語的興味によって別な普遍性と滲透力を持つ。

かくして、電波による速度という点ではラジオの宣伝力は他に類を見ないが、しかし強烈なインプレッションを与える宣伝力の滲透性においては映画に優るものはないであろう。

2

現代の宣伝力としては、映画やラジオの如き感性的手段以外に文字を手段とする新聞紙、雑誌（この中には普通写真、即ちスティル・ピクチュアを駆使する宣伝技術も含まれるが）等の宣伝技術も有力なことはいうまでもない。しかし物質文明の高度な発達につれて社会生活は一般に感覚的要素を深化するのが通則である。中でも光に対する感覚は文明人ほど磨かれて行くものである。光と速度は物質文明が永遠に追求すべき目標の中でも重要なものであろう。こういう物質文明の世界においては、宣伝の感性的技術が歓迎されるのは当然である。ラジオの速度は伝達の速度にあるといえるが、映画における速度とは伝達の速度ではない。映画という性能に内在する速度に特性があるからである。即ち換言すると、人間が映画を享受するその作用において速度感を満足せしめつつこれを鑑賞できるという点にあるからである。光と速度に対する感性を地盤として人間に訴える映画は、芸術としてもその点に特性があるのだが、同時にこれは宣伝技術としても矢張りそこに特性があり、強味があるといえよう。

しかも、若し色彩映画が将来においてますます発達すれば、トオキイは新たに光に対する感覚のみならず、色彩に対する感覚をも人間に享楽せしめ得るのであるから、感性的宣伝技術としてはより複雑な多角的構成を持つことができるわけである。

3

映画芸術のもう一つの特質はその速度感と関連してセンセイショナリズムにあるといえる。ただしここにセンセイショナリズムというのは決して卑俗な意味における煽情主義というような意味ではない。煽情という日本語は軽蔑的な意味に主として使用されているが、私がここにいう煽情とは人間精神を昂揚せしめ、昂奮せしめる場合の煽情という風に解してもらっても余り大差はないのである。

そしてこの映画のセンセイショナリズムは、主としてトオキイの画面的構成力、換言すると時間芸術としての半面にも由来するが、同時にトオキイの音響的効果にも由来するであろう。

たとえば、諸君は『民族の祭典』を鑑賞して感動する場合、先ず何処にセンセイショナルなものを発見するかというと、第一にあのオリンピック・スタディアムという大建築物の表現する空間が、モンタアジュ構成によって描かれていることであろう。が、同時にあの群集の歓呼や落胆のため息やその他様々の音響的効果でもあろう。群集を描くセンセイショナリズムにおいてトオキイの技術は他の如何なる芸術形式にも優るのであるが、各競技のスリリングな瞬間という微妙な時間的描写が我々に固唾を飲ませると同時に、その瞬間を境として群集より爆発する音声的効果の偉力も一応看過すべからざるものがある。のみならず、映画は芸術の表現形式としてはいわば最も経済的な形式である。この点では演劇と比較にならず、演劇も集団鑑賞によってこそ成立する芸術形式であるが、映画はプリントさえ作製すれば一本のネガ・フィルムから百本のプリントを作製することもでき、その各一本がかりに一日に一万人の群集に向って作用するとしても一日に百万の観客を動員することは容易である。が、こうした群集の獲得という経済的問題のみならず、映画が個々の群集に接する場合の接し方にも心理的な意味で興味のある問題がある。

それは人間が群集を成して暗闇の中で映画を鑑賞するという方法である。場内が暗くなって各自がスクリーンに向う瞬間を心理的にいえば、各自が群集の一人としての意識を失っているとの解釈もあろう。けれども、映画を見物するために作られた一定の雰囲気の影響からは結局脱し得ないのである。映画館であろうが、公共建築物であろうが、兎に角映写場には群集によって様々の雰囲気が作られるが、各個人はその影響下に鑑賞する。この点では演劇の集団鑑賞と全く心理的に同一とはいい得ないにしても、しかし又他の芸術形式の鑑賞とは全く事情を異にすることは確実である。映画が集団により、群集により鑑賞されるべき本質的な運命を持つことは、必然的に映画芸術の方向を規定しているのであって、前述の如く映画は現に良い意味でのセンセイショナリズムを最大の武器とする性能を持つことと照応すればよい。スペクタクルというものや、群集描写というものや、微妙な時間のきざみ方の表現力や、音響世界の迫力などは、何れもこの映画のセンセイショナリズムを構成する主なる要素である。

4

映画が人間社会と接触する場合は、人間は集団を成し、一定の時間において緊縛されながら、然も暗黒の中での緊張を持続しつつ鑑賞する。こういう芸術形式としての映画が広い意味での宣伝技術として現代で重要な位置を占めているのは無理もないことである。殊に文化戦の熾烈化した第一次大戦以後は、第二次大戦を高潮時として、ますます威力を発揮しつつある。宣伝技術としての映画はかくて、国家の威厳も規模も、民族文化の在り方をも表現できるのである。しかし呉々も注意すべきは、宣伝技術というものが民衆にその目的意識を看破されては効果のないものであるということである。換言するとその宣伝目的の達成には芸術的価値と文化感覚を持たねばならぬのである。その見事な一例が『民族の祭典』において発見されるであろう。

『民族の祭典』はナチ・ドイツの国家的理想と国力をよく表現し得たが、同時に二十世紀の世界映画文化史上にも永く記念さるべき独立の価値を持ち、映画芸術の進展に明かな段階を画したものといえるからである。

宣伝技術としての映画の様々の形式の中では、記録映画は言葉に頼らない点で劇映画形式よりも普遍性があると前にいったが、その中でもニュース映画は伝達の時間的速度において最も有利である。記録映画はそれが現実を撮したものであるという信頼感によって民衆に特別な作用を与えるが、しかしニュース映画で最も大切なのは矢張り編輯技術であろう。この編集技術によって同じ現実を撮ったフィルムでも全く異る表情を示すことがある。我国の映画技術の中で最も後れているのは編輯技術ともいえるから、今後の宣伝力のためには何よりもこれの進歩を計らねばなるまい。

あとがき

マーク・ノーネス

＊

一九八〇年に起こったいくつかの偶然が重なり、私は大学院で日本映画を専攻することになる。日本映画の批評を読むために日本語を学ぶことに決めた。私は南カリフォルニア大学にいたが、この大学の蔵書は映画に関する書籍や雑誌に関して最高の場所のひとつだった。ところが、日本語での映画批評といえば、（どういうわけか）『ぴあ』と『キネマ旬報』が数年分、あとは佐藤忠男の著作が数点。これが全てだった。

私はこれらに飛びつき、必死に読んだ。私はゼミでは映画理論に没頭していたので、佐藤の映画理論に関する著作には特に惹かれた。アーロン・ジェローが序論で引用しているのと同じ一節をメモした。ある日、書庫を目的もなくぶらついていると、戦前の『映画評論』（一九二六―七五年）が第一号から始まってそっくり揃っているのに出くわした。理由は定かではないが、これらは蔵書目録に載せられていなかった。そのため私が発見するまで、事実上「存在」すらしておらず、闇と埃の中に山積みにされたまま眠っていたのである。実際、紐解いてみるとショックなことにページが切られてさえいないことに気づいた。誰ひとりとして読むことなく、半世紀も書棚に鎮座していたのである。

ページを切って読み始めた私は、この時はじめて本当の意味で日本の映画批評、映画理論の豊穣な世界を垣間見たのだった。自分が見つけ出したものに私はとても感銘を受けた。そして、次の年もまた次の年も、書庫に閉ざされていた驚異から学んだ。黒澤、溝口、小津という正典（カノン）を超えて日本映画を次々と見ながら、日本語の書庫を訪れ、日本人の映画学者や評論家に会い、またもちろん古書店にも通った。日本映画に関して書かれた言説は映画の黎明期からたいへん豊かであり、世界のどこよりも豊かであることに気付くのにそう時間はかからなかった。それらを本書の冒頭にある目次の内容に収めるのは極めて骨の折れる作業であったが、同時に喜びと新たな発見に満ちた作業であった。日本の映画批評、映画理論は、泉のように私たちに何かを与えてくれる。

本書の準備は喜びだったが、それは日本の映画批評、映画理論の新たな領域を発見する機会を得たからだけではない。ゆまに書房、ならびにイェール大学から頂いたすべてのサポートに感謝したい。論文選びの長い道程で私は常に共編者の幅広い知識に感銘を受けた。とりわけ岩本憲児先生へは感謝している。私たちが心から尊敬する学者との共同作業は素晴らしく、身の引き締まるような学びとなった事をアーロンの分も代弁して述べておきたい。

さあ、次の一歩は本書の英語版だ。

（翻訳：松本弘法）

*

岩本憲児

日本映画に関する言説は戦前に限っても数多くあり、発表された文章も映画雑誌にとどまらない。論じられた内容は多岐にわたり、筆者たちも多彩である。映画の登場と大衆への広がり、その活力が人々に注目されていたことの証だろう。娯楽、芸術、教育、啓蒙、宣伝（プロパガンダ）等々、その影響力はサイレント映画の隆盛期、一九二〇年代半ばから、トーキー期に入ったあと、戦後の一九六〇年代半ばまでが最も大きかった。

本書は戦前期の言説を一巻にまとめたものであるが、当初予定より大幅に省かざるを得なかった。収録文でも、省略をよぎなくされたものがある。編者三名の方針により、個別の映画評や、監督論、スタッフ論などは省いた。ただし、製作現場にいた帰山教正、高原富士郎、森岩雄らの文章は収めた。本書の論考の多くは理論的、美学的、あるいは社会的な立場のものであるが、個人的で自由な随想も含まれている。現在の読者、研究者が新たな読みを試みていただければ幸いである。

本書の企画を熱心に主導したのはアーロン・ジェローである。私は過去に『映画理論集成』全三冊（フィルムアート社）の編纂に関わったことがあるが、収録された論文は外国語からの翻訳が多数を占めていた。ジェローには日本語による映画論、とくに理論的言説を集めたいという意図が強くあり、結局、私は彼と共編者のマーク・ノーネス、二人の手伝いをするかたちで参加することになった。収録論考の文字打ち込み作業には、ジェローの所属先イェール大学から研究助成金を得ることができた。企画が進み始めると、私もだんだん深入りするはめになってしまった。論考の校正を進める過程で、最初から最後まで順に熟読していくと、改めて当時の著者たちの強い熱気を感じるとともに、いくつかの主題が反復継承されていること、それらは戦後から現代まで形を変えながら継続していたことを痛感した。ただし、ディジタル映像が普及した現代では、新たな主題と課題が登場してきたことも当然である。個人的に私は大学で飯島正と出会い、映画学校（正式名称は「日本演技アカデミー　再建日本映画学校」）で岩崎昶と出会ったことは幸運であった。対照的な二人から私は大きな恩恵を受けた。それにしても、参考文献に何度か挙がっている拙著『サイレントからトーキーへ』（とくに第一章と第二章）で、岩崎昶への言及を失念したのが悔やまれる。彼の問題意識（「日本映画の様式」）が念頭にあったはずなのに。

最後に、編者以外で「解説・解題」を担当された方々に心から感謝申し上げる。限られた文字数の中で、できるだけ関連資料の提示もお願いした。そして、このような出版物の刊行を引き受けていただいた、ゆまに書房の荒井秀夫社長、編集担当の吉村聡さん、前任者の山崎啓子さん、平沢桂さん、企画の初期段階に助力を頂いた森話社へも厚くお礼を申しあげたい。

二〇一八年一〇月

執筆者紹介

編・解説・解題

アーロン・ジェロー（Aaron Gerow）イエール大学教授。専攻＝日本映画史、日本のポピュラーカルチャー、テレビ等。単著に*Kitano Takeshi,* British Film Institute, 2007. *A Page of Madness: Cinema and Modernity in 1920s Japan,* University of Michigan, 2008. *Visions of Japanese Modernity: Articulations of Cinema, Nation, and Spectatorship 1895-1925,* University of California Press, 2010. 共著に『日本映画研究へのガイドブック』洞ケ瀬真人訳、ゆまに書房、2016。

岩本憲児（いわもと　けんじ）早稲田大学名誉教授。専攻＝日本映画史、映画理論、戦前の映画と諸芸術の交流。単著に『幻燈の世紀　映画前夜の視覚文化史』森話社、2002。『サイレントからトーキーへ　日本映画形成期の人と文化』同、2007。『「時代映画」の誕生』吉川弘文館、2016。編著に『村山知義　劇的尖端』森話社、2012。『日本映画の海外進出　文化戦略の歴史』同、2015。

マーク・ノーネス（Markus Nornes）ミシガン大学教授。専攻＝アジア映画、日本映画、映画と翻訳、ドキュメンタリー映画。単著に*Cinema Babel: Translating Global Cinema,* University of Minnesota Press, 2007. *Forest of Pressure: Ogawa Shinsuke and Postwar Japanese Documentary,* University of Minnesota Press, 2007. *Japanese Documentary Film: The Meiji Era through Hiroshima,* University of Minnesota Press, 2003. 共著に『日本映画研究へのガイドブック』洞ケ瀬真人訳、ゆまに書房、2016。

解説・解題

古賀太（こが　ふとし）日本大学芸術学部教授。専攻＝映画史、映画ビジネス。国際交流基金、朝日新聞社勤務を経て、2009年より現職。「小津安二郎生誕百年記念国際シンポジウム」など多くの映画イベントを企画。翻訳に『魔術師メリエス』フィルムアート社、1994。共著に『日本映画の誕生』森話社、2011。『日本映画の海外進出　文化戦略の歴史』同、2015。

斉藤綾子（さいとう　あやこ）明治学院大学教授。専攻＝映画理論、ジェンダー・フェミニズム批評。編書に『映画と身体／性』森話社、2006。共編著に『映画女優　若尾文子』みすず書房、2003。『男たちの絆　アジア映画』平凡社、2004。『可視性と不可視性のはざまで　人種神話を解体する1』東京大学出版会、2016。

角田拓也（つのだ　たくや）コロンビア大学助教授。専攻＝日本映画・メディア文化、ドキュメンタリー映画等。共著に『戦後史の切断面　公害・若者たちの叛乱・大阪万博』東京大学出版会、2018。*Films That Works Harder,* University of Amsterdam Press, 近刊。*A Companion to Japanese Cinema,* Willey-Blackwell, 近刊。翻訳に『日本映画は生きている』岩波書店、2010。

洞ヶ瀬真人（どうがせ　まさと）中部大学他非常勤講師。専攻＝日本映画史、映像表現理論、テレビドキュメンタリー研究。共著に、「小津安二郎の戦後とモダニズム」『イメージとしての戦後』青弓社、2010。'Dialogic Social Protest: Documentary on/with Student Movement', *Japanese Cinema Book,* British Film Institute, 2019（近刊）.

山本直樹（やまもと　なおき）カリフォルニア大学サンタバーバラ校助教授。専攻＝日本映画、映画理論。論文に "Eye of the Machine: Itagaki Takao and Debates on New Realism in 1920s Japan." *Framework* 56.2."'Our Dream Cinema' Revisited: Soviet Montage Theory and Japanese Film Criticism" *The Japanese Cinema Book,* BFI, 近刊。共著に『転形期のメディオロジー』森話社、近刊。『映画史を読み直す』岩波書店、2010。『入門・現代ハリウッド映画講義』人文書院、2008。

渡邉大輔（わたなべ　だいすけ）跡見学園女子大学文学部講師。専攻＝日本映画史、映像文化論、メディア論。単著に『イメージの進行形　ソーシャル時代の映画と映像文化』人文書院、2012。共著に『日本映画の誕生』森話社、2011。『日本映画の海外進出　文化戦略の歴史』同、2015。『1990年代論』河出書房新社、2017。『リメイク映画の創造力』水声社、2017。

日本《にほん》戦前《せんぜん》映画《えいが》論集《ろんしゅう》　— 映画《えいが》理論《りろん》の再発見《さいはっけん》 —
Rediscovering Classical Japanese Film Theory — An Anthology

2018年11月15日　印刷
2018年11月26日　発行

監　修　　アーロン・ジェロー　岩本憲児　マーク・ノーネス

発行者　　荒井　秀夫

発行所　　株式会社　ゆまに書房
〒101-0047　東京都千代田区内神田2-7-6
電話　03-5296-0491（代表）

印刷・製本　　株式会社シナノパブリッシングプレス
組　版　　有限会社ぷりんてぃあ第二

◆落丁・乱丁本はお取替致します。

定価：4,800円＋税

ISBN978-4-8433-5365-3 C1074